DIPLOMATARIUM REGNI VALENTIAE
REGNANTE IACOBO I EIUSDEM CONQUISTATORE
EX REGISTRIS PAPYREIS CANCELLARIAE
DEDUCTUM
II: DIPLOMATA 1-500

DIPLOMATARIUM OF THE
CRUSADER KINGDOM OF VALENCIA
THE REGISTERED CHARTERS OF ITS
CONQUEROR, JAUME I, 1257-1276
II: DOCUMENTS 1-500

Foundations of Crusader Valencia: Revolt and Recovery, 1257-1263

Muslim army besieging Christian town. A gravity-driven artillery piece (trebuchet) is prominent in the foreground, with massed crossbowmen firing. Under a protective mantle, sappers are eroding the wall. The tent encampment (higher, as a form of perspective) has "behind" it pot-helmeted cavalry in European-style equipment, led by two religious figures in turbans. The Virgin, saints, and angels look down from heaven, prepared to intervene. From the thirteenth-century *Cantigas de Santa Maria* of King Alfonso X the Learned, of Castile, *circa* 1250, El Escorial Library (Patrimonio Nacional).

DIPLOMATARIUM OF THE
CRUSADER KINGDOM OF VALENCIA
THE REGISTERED CHARTERS OF ITS
CONQUEROR JAUME I, 1257–1276
II: DOCUMENTS 1–500

Foundations of Crusader Valencia

REVOLT AND RECOVERY,
1257–1263

Robert I. Burns, S.J.

PRINCETON UNIVERSITY PRESS
PRINCETON, NEW JERSEY

Copyright © 1991 by Princeton University Press
Published by Princeton University Press, 41 William Street,
Princeton, New Jersey 08540
In the United Kingdom: Princeton University Press, Oxford

All Rights Reserved

Library of Congress Cataloging-in-Publication Data
Burns, Robert Ignatius
Foundations of crusader Valencia : revolt and recovery, 1257–1263
/ Robert I. Burns
p. cm. — (Diplomatarium of the crusader kingdom of Valencia : 2)
Includes bibliographical references.
ISBN 0-691-05435-5 (acid-free paper)
1. Valencia (Spain : Region)—History—Sources.   2. Valencia
(Spain : Region)—Charters, grants, privileges.   3. James I, King of
Aragon, 1208–1276.   I. Title.   II. Series.
DP302.V205D56 1985 vol. 2
946'.76302—dc20   90-8837

Publication of this book has been aided by a grant from
The Program for Cultural Cooperation Between
Spain's Ministry of Culture and United States Universities

This book has been composed in Adobe Laser Galliard

Princeton University Press books are printed on acid-free paper,
and meet the guidelines for permanence and durability of the
Committee on Production Guidelines for Book Longevity
of the Council on Library Resources

Printed in the United States of America by
Princeton University Press
Princeton, New Jersey

1 3 5 7 9 10 8 6 4 2

O que Valença conquereu
por sempre mais valenç' aver,
Valença se quer mantẽer,
e sempr' en Valenç(a) entendeu.
E de Valença é senhor,
pois el manten prez et valor
e pres Valença por valer.

E per valença sempr(e) obrou
por aver Valença, de pran;
e por valença lhi diran
que ben Valença gaanhou.
E o bon rei Valença ten;
que, pois prez e valor manten,
rei de Valença lhi diran.

Ca Deus lhi deu esforç' e sen
por sobre Valença reinar,
e lhi fez valenç(a) acabar
con quanta valença conven.
El rei de Valença conquis,
que de valença en ben fiz!
e per valença que obrar.

Rei d'Aragon, rei do bon sen,
rei de prez, rei de todo ben
est, e rei d'Aragon, de pran.

[You who conquered Valencia
Evermore have valor . . .
God gave him power and prudence
For ruling over Valencia
And made him worthy
With what worth was needed . . .
The King of Aragon is a king of good sense
A king of merit, a king of all good,
A true king of Aragon.]

Pero da Ponte,
cantiga on Jaume I, ca. 1250.

CONTENTS

ILLUSTRATIONS	ix
PREFACE	xi
SIGLA	xv
Charters 1–100	3
Charters 101–200	88
Charters 201–300	171
Charters 301–400	257
Charters 401–500	344
Years 1255–1257	3
Year 1258	55
Year 1259	176
Year 1260	231
Year 1261	275
Year 1262	327
Year 1263	362

ILLUSTRATIONS

Muslim Army Besieging Christian Town *frontispiece*

(following page 228)

Zayyān Surrendering Valencia
Expulsion of the Muslims
Onda and Its District
Town and Castle of Morella
Montroy and Monserrat
Valencia City Environs

CHART

Common Sigla in Text and Notes   xv

PREFACE

The introductory volume to this series, *Society and Documentation in Crusader Valencia*, presented the world of the Realms of Aragon or Mediterranean Spain, the conquest of Islamic Valencia and its reorganization as a pluri-ethnic kingdom by the king of those realms, Jaume the Conqueror, and the allied details of chancery, notariate, and administrative structure. Six chapters analyzed the 'Paper Revolution' which made possible a bureaucratic amassing of records about every step of this epic story. (These records were official originals, not copies, of which the lost charters themselves were once mirrors). The introduction also covered every context underlying the texts, from paleography and codicology, through ink, seals, chronology, metrology and authentication, to rhetoric, the six languages, and legal formulas.[1]

The contents of these first five hundred charters, about a fifth of the total for Valencia in this reign, were schematized in eight essays as chapters 29 to 36. I have titled this first set 'The Foundations' of Crusader Valencia. This perception rests upon my theory that the crusade did not end in the traditional year 1245. King Jaume merely patched up a truce, and announced victory before Christendom, in order to attend to desperately urgent affairs in southern France. The sequel in Valencia was not a post-crusade revolt but a decade-long guerrilla continuation of the conquest, during which al-Azraq maintained a mini-Granada in the southern Valencian mountains. Only after the mop-up campaign of 1258 could King Jaume turn his full attention to the reconstruction and metamorphosis of his new kingdom.[2] The first two hundred documents

---

[1] Publications affecting our themes continue to appear relentlessly since the bibliography in volume one, and will be gathered into a supplementary bibliography in the final volume. Several items merit immediate notice: F. M. Gimeno Bley's *La escritura gótica en el país valenciano después de la conquista del siglo XIII* (Valencia: 1985), and Zerdoun Bat-Yehouda, *Les encres noires au moyen-âge* (Paris: 1983), on the material side; M. C. Barceló Torres, *Minorías islámicas en el país valenciano: historia y dialecto* (Valencia: 1984), and her *Toponímia aràbica del país valencià* (Valencia: 1983), with Ana Labarta's *La onomástica de los moriscos valencianos* (Madrid: 1987), for exploring the Muslim context; Maurilio Pérez González, *El Latín de la cancillería castellana (1158-1214)* (Salamanca: 1985), and M. D. Martínez San Pedro ed., *La crónica latina de Jaime I* (Almería: 1984); and two toponymical aids, J. L. Román del Cerro and Míkel de Epalza, *Toponimia mayor y menor de la provincia de Alicante* (Alicante: 1983), and Atanasio Sinués Ruiz and Antonio Ubieto, *El patrimonio real en Aragón durante la edad media* (Zaragoza: 1986). Above all, the articles and books of Míkel de Epalza continue to clarify important points for this crusader epoch, including his history of Játiva into Jaume's reign (Alicante : 1987); many of his articles, as well as a continuing bibliography of Muslim-Mudejar publications, appear in the successive issues of *Sharq al-Andalus: estudios árabes*.

fall within the closing year and a half of the revolt. The next three hundred record the realm's society during the crucial five years following. Wherever a document has been previously published (a circumstance more common among these first five hundred), I have thoroughly re-edited it here; a chart appended to the final volume will list and correlate all such items.

The introductory volume also presented the problems inherent in a radically abbreviated or shorthand text, especially when complicated by deteriorated or even ruined paper. It outlined all the strategies of footnotes and symbols by which the texts will be both 'respected' and rendered practically accessible for the historian. (Its chart of common sigla is reproduced below for convenience). Among practices the introduction explained are the Castilian place-names as against Catalan/Castilian names of persons, when translating from the Latin. Most of the persons themselves will be identified later in a biographical appendix. Though starred words will be defined in an appended glossary, many other words (more obvious from context) will also be included. The deliberately full English abstracts allow easier access to the materials by weak or even non-Latinists. Finally, the earlier volume called attention to the annoying anomalies in the text which can seem contradictions (the name San Vicenç but Sant Vicent monastery; *solidi iaccenses* but *solidi regalium*); the double gender *bisancius/bisancium*).

A recurring problem not resolved there was the Latin form of the pure kalends, nones, and ides. In affixing a date to a charter, the Roman calendar requires the ablative, the model common to Classical letters (kalendis, nonis, idibus). Whenever those three dates of each month chance to be spelled out in King Jaume's charters and registers, however, they retain the accusative proper to the other 27 or 28 days. (Document 82 is the sole exception in the present volume). This medieval peculiarity is masked, because each of the three days is both relatively rare and also abbreviated. It is tempting to avoid editorial responsibility by leaving them in abbreviation, or extending them 'correctly' in the ablative, or at least offering both together (*idus [idibus]*). The great documentary collections for the Realms of Aragon offer no sure model; Fritz Baer, Heinrich Finke, and Johannes Vincke, for example, each vacillated in his practice. The successive editors of the *Monumenta Hispaniae vati-*

---

[2] See my 'The Crusade Against al-Azraq: A Thirteenth-Century Mudejar Revolt in International Perspective,' *American Historical Review*, XCIII (1988) 80–106, my *Muslims, Christians, and Jews in the Crusader Kingdom of Valencia* (Cambridge, Engl.: 1984), ch.10, my "The Loss of Provence: King James's Raid to Kidnap Its Heiress (1245): Documenting a 'Legend'," *XIIe Congrès d'histoire de la Couronne d'Aragon* 3 vols. (Montpellier: 1987–1989), III, 195–231, and with Paul Chevedden my 'Al-Azraq's Surrender Treaty with Jaime I and Prince Alfonso: Arabic Text and Valencian Context,' *Der Islam*, LXVI (1989), 1–37.

cana follow three opposed systems! With apologies for the scandal it may occasion, I shall stay with the practice of Jaume's own chancery, understanding each such abbreviation as (illogically) accusative.

Some words going from text to abstract defy proper translation and must be more fully explicated in the glossary. The terms *ra(f)al* and *re(i)al* cannot be so postponed. They have occasioned much confusion and still mislead social historians, despite the recent clarification by M. J. Rubiera Mata and Elías Tereś Sádaba. The two words are not synonyms. Hispano-Arabic *raḥl* came into Latin as *ra(h)al* or Catalanized *rafal*, meaning a sheepfold, a shepherd's rest, or a stockraising rural property, developing later the meanings also of a rural shack, country place, or even farm. In our first set of documents the Latin form is *rahal(l)us* and *rafal(l)us*. We must respect its primary connection with livestock, as well as its lowly character, not confusing it with a private estate. Hispano-Arabic *riyāḍ* came into Catalan as *re(i)al* and into Latin (in our documents) as *realus/reyallus* or *regale/reyale* (neuter). It meant a large and fruitful vegetable farm, orchard, or irrigable land or villa-estate; sometimes accompanied by the synonym *ortum* or farm, it was usually given by the crown to important people. Confusingly, the identical Catalan form *re(i)al* and Latin *realus* can derive from Latin *regalis* for royal, to which cognate forms like *reyale* can then assimilate, with meanings such as army encampment and royal residence such as Valencia city's palace. 'False *rafals*' further confuse the picture, as when the urban *rabaḍ* or suburb becomes *raval/rafal*, and the *raḥa 'l* or mill (with name attached) similarly transmogrifies. Any of these various situations might evolve into a population center, as the suburbs already were, and socio-linguistic changes doubtless complicated the scene after the conquest. The basic pattern nevertheless underlay the conquest era: cattle-centered *ra(f)al* as against farm or garden-estate *re(i)al*.[3]

As with the first volume I must thank John Moniz S.J. for his heroic typing, sharp eye, and valuable suggestions. My students Clifford Backman, Paul Padilla, and Rhona Zaid helped read proof. Support for this project by Guggenheim and American Council of Learned Societies fellowships, and particularly for a decade by the National Endowment for the Humanities, deserves a special note of gratitude. The staff of the Arxiu de la Corona d'Aragó, under Federico Udina Martorell and later under María-Mercedes Costa Paredes, have been generously helpful.

Valencia	*Robert I. Burns, S.J.*
1988	University of California, Los Angeles

---

[3] M. J. Rubiera Mata, "Rafals y raales; ravals y arrabales; reals y reales," *Sharq al-Andalus*, I (1984), pp. 117–122.

COMMON SIGLA IN TEXT AND NOTES

[ ] = editorial addition
⟦ ⟧ = addition supplied for holed text
⟨ ⟩ = difficult, sometimes largely conjectural, reading
\ / = inserted by scribe above the line of script
* = defined in glossary, in last volume
… = lacuna
( ) = (not editorial) only used for punctuation
(1258) 1259 = ambiguous double date, with preferred year outside
Boxed (or semiboxed, crescent, flourishes) = frame around a title
Deleted = scribal deletion, reconstituted
H = Huici version (old edn.; amplified reissue is indicated as H-C)
IP flourish = Initial Paragraphing rubric
MF = Martínez Ferrando catalog's document number, or word(s)
MI = Miret, *Itinerari*
MSup = supplied by archivist's hand on reinforcing tabs of the manuscript
Sic (within text: *sic*) = appearing thus; not an error
T = text original
Cats. = Manuscript catalogs in Arch. Crown reading room. (CDR: *Catálogo de registros*; IJR: *Índices*, José Laris)

[For names in the paraphrases: Catalan and/or common names are given first and openly, Aragonese or usually Castilian equivalent elements in brackets, variants or added matter in parentheses. See preface volume, ch.15: Onomastics]

Foundations of Crusader Valencia:
Revolt and Recovery,
1257-1263

1a

Calatayud? 26? November 1255.
Reg. 8, fol. 21v. MF: 2.

Imposes taxes, in the earliest such list for Valencia, dividing the kingdom into two collectories of thirteen towns each, with assignations of creditors' payment. Domènec del Cavall [Domingo de Caballo] and Joan [Juan] de Borja supervise. Assignees as creditors or subcollectors include: Pere [Pedro] Lienda, Domènec Enages [Domingo Iñiguez], Ramon Rod(e)ric [Ramón Rodríguez], Blasc (d'Alagó [Blasco de Alagón]), Ferrís de Lliçana [Ferriz de Lizana], Ferran Garcés (Garcia) de Roda [Fernando Garcez (García) de Roda, or Rueda], Gauceran [Galcerán], and Eimeric Ballester [Américo Ballestero] or 'the archer'. The largest assignment was 14,675 Jaca sueldos from the army tax to (E)ximèn Pere (Peris) d'Arenós [Jimeno (Eximeno) Pérez de Arenoso]. Most money here is Valencian sous. Town names in order are: Alcira, Corbera, Cullera, Gandía, Denia, Luchente, (Vall de) Albaida, Onteniente, Cocentaina, Valencia, Játiva, Almirra (Almisra), Benejama, (Buñol), Morella, Peñíscola, Burriana, Onda, Eslida, Veo, Ahín, (Vall de) Uxó, Almenara, Murviedro (modern Sagunto), Segorbe, Liria, Buñol.

[Anno] domini MCCL quinto, [VI kalendas Decembris],[b] iactavit domin[us] rex has peitas* in regno Valencie:

Algez[i]ra	II milia solidorum. [Recipit][c] Petrus Lenda.[d]
Corbera	MD solidos. Dominicus Eneg[iz].[e]
Cullera	II milia solidorum.
[G]andia	III milia solidorum, in opere murorum.
D[e]nia	II milia solidorum.
Luchente[f]	Mille solidos.
Albayda	Mille solidos. Raimundus Rodrigiz.
Ontiynen	Mille solidos.
Cocentania	II milia solidorum.
Valencia	XXX milia solidorum.
Xativa	X milia solidorum. Remisit IIII milia.
Almizra Benixamen	D solidos.

Ist[as] colligit Dominicus de Caballo, et eciam Buynol, et debet solvere viro Marie[g] de Gerona DC solidos.

DOCUMENT 2

I[st]as colligit Iohannes de Borgia, preter Buynol:

Morella	X milia solidorum. Blascho [colligit] IIII[h] milia solidorum, Ferricius[i] de Lizana IIII milia solidorum.
Peniscola	II milia solidorum.
Burriana	III milia solidorum.⎫ Ferrandus Garcez de Roda
Onda	III milia solidorum.⎭
Eslida	M solidos. Tenet Gaucerandus in pignore.
Beo et Ayn	D solidos.
Uxon	MD solidos.
Almenar	CCCC solidos.
Murvedre	V milia solidorum.
Segorb	MD solidorum, pro opere castri.
Liria	III milia solidorum. Eymerico ballista[rio],[j] CC solidos.
Buyn[o]l	II milia solidorum.

Assignavit d[ominu]s rex, [in] redempcione exercitus Valencie, Eximino Petri de Arenoso, XIIII milia DCLXX[V][k] solidos, VIII denarios iaccenses.

a) Over a dozen holes, but with text largely intact. For MF: 2, a late copy of a 1233 grant, see below, under 21 October 1270.
b) The companion lists for Aragon and Catalonia, following on fol. 24, are so dated. From November 24 through February, the king was at Calatayud.
c) Editorial supplement, from analogy with previous lists: *recipit* or *colligit*.
d) H: *III; per leuda*.
e) Various forms of Eneco [Enecón], and of the different name Éneko [Íñigo] from Ignasi [Ignacio], evolved into one name with many variants, both as prename and surname. The *Repartiment* for example has prename Enneco (with modern translation Enyego) and surnames such as Eneges (with the modern editors favoring Enyéguez). We shall follow the Alcover-Moll *Diccionari* forms Enyego [Iñigo] with surname Enages [Iñiguez]. Our alternate Catalan form Ennec reflects the more usual Latin of our texts; *iz* in the present document is suggested by fragments.
f) T: *Luch* with overstroke.
g) T: *M* with suprascript e; H: *M(ichael)*.
h) H: *mille solidos*.
i) H: *Focius*.
j) Fragment suggests dative.
k) Probably IV or V; considering size of space, and the strokes missing, other numbers are improbable.

2a

Zaragoza. 6 March (1256) 1257.
Reg. 9, fol. 12. MF: 4.

Grants to the commune and council of Morella in perpetuity 'a market in the town of Morella, in which fairs and a market may always be held and celebrated,' in a plaza fronting on the buildings of the deceased Pere de Sant Melià [Pedro de San Emiliano], on those of Arnau [Arnaldo] de Barberà, and on those of Bernat [Bernardo], thence 'extending by the buildings of the hospice of the inn and by the buildings of Domènec [Domingo de] d'Arís'[b] and those of Arnau de Romaní, upwards to the cemetery and back to the buildings of Sant Melià. At their own expense they are to build a grain exchange and weighing station in that plaza near the property of Vinatea, with a monopoly for all grains and the usual fee per customer, using the official crown measure. They are also to build fifty shops 'all around' the plaza, to be distributed by the castellan (*alcait*) of Morella, (E)ximèn Pere (Peris) [Jimeno (Eximeno) Pérez] de Pina, and to pay a rental to the crown of one morabatin apiece yearly.

⟨Quo⟩d nos Iacobus etc. per nos et nostros concedimus et assignamus vobis toti concilio ⟨et universitati hominum de Morella presentibus et futuris⟩[c] quod sit mercatum[d] in villa Morelle, in quo semper teneantur sive celebrentur feria et mercatum,[d] ⟨vide⟩licet ⟨quod habeat terminos[e] de domibus que⟩ fuerunt Petri de Sancto Melione quondam, cum domibus Arnaldi de Barberano, cum domibus ⟨Bernardi de . . .⟩, sicut vadit et protenditur per domos hospitalis albergarie,* et per domos Dominici de Areis, et ⟨per domos Arnaldi de Romanino . . .[f] et⟩ vertitur superius usque ad cimiterium, et per extremum illius cimiterii vadit usque ad predictas ⟨domos que fuerunt Petri de Sancto Melione⟩.

Concedimus eciam vobis locum et domum ad opus almudini* et pensi, in ipsa platea que est ante ⟨. . .[g] que fuit . . .[f]⟩ de Vinatea, que est in capite iam dicte platee, ita quod vos domum ipsam, cum vestris missionibus, construatis. Firmiter ⟨et⟩ in perpetuum statuentes quod in predictis locis et non in aliis in villa Morelle teneantur et celebrentur feria et mercatum,[d] et sit semper almudinum et pensum prout superius assignatum est et terminatum, et in domo predicta et non alibi mensuretur cum faneca* nostra totum bladum, cuiuscumque sit generis, quod vendetur in Morella, et ponderentur omnia que vendentur ad pondus. Et omnes illi qui mensuraticum vel ⟨i⟩us ponderis dare debeant, donent et solvant pro mensuratico et pro penso secundum quod est [h]actenus consuetum, et secundum quod in civitate Valencie observatur.

Concedimus autem vobis quod possitis edificare[h] et construere quinquaginta operatoria, in circuitu platee iam dicte quam pro feria et mercato vobis assignamus, cum vestris propriis missionibus et expensis, ita tamen ⟨quod⟩ ille et illi qui ibi operatoria habuerint et construxerint, ex concessione Eximini Petri de Pina alcaidi* Morelle, donent nobis et nostris in perpetuum unum morabatinum* censualem pro quolibet operatorio in festo Sancti Michaelis annuatim.

Et sic predicta operatoria teneant et habeant ipsi et eorum quilibet et sui ad expletandum, possidendum, dandum, vendendum, alienandum et ad omnes suas suorumque voluntates libere perpetuo faciendas, exceptis sanctis clericis, militibus, et personis religiosis, salvo tamen nobis et nostris perpetuo censu, laudimio,* et fatica,* secundum forum* Valencie.

Datum Cesarauguste, II nonas Marcii, anno domini MCCL se[ptimo].[i]

a) Deteriorated, with upper right section nearly illegible.
b) Besides the Catalan surname Arís, this may be the Aragonese toponyms Arguis (*de Ariis*) or Arresa (*de Ares* or *Aries*). For Sant Melià, see docs.113, 174, 412. He is in the *Repartiment* twice, with editorial translation as Melió and Meló. Related Catalan surnames are also Milià, Malià. The San Emiliano equivalent is found in Leonese toponyms.
c) Fragments.
d) Medieval variant of *mercatus*.
e) By analogy with a similar Valencian grant of 1261: *volumus quod carraria mercati habeat terminos de*.
f) One word.
g) Three words?
h) T: *he-*.
i) MF: *MCCLVI*. But the series in these pages is from 1257, and the shading of the fragment hints rather at *sep-* than *sex-*. Because the document was given at Zaragoza, either interpretation points to the year 1257. For this ambiguous month of the incarnational calendar, 1256 would almost certainly *mean* 1257; James was in the Calatayud area during this period of 1256 but at Zaragoza in 1257, including March 7. Similarly an ambiguous 1257 (1258) would exclude the choice of 1258, since the king stayed at Tortosa during that period, including March 7. If my reading is correct, the proper translation would be '6 March 1257 (or 1258),' rather than the MF's implied '6 March (1256 or) 1257.' With the document's reconstruction so obscure and the historical modifiers so clear, however, the MF's version can stand. In that case, though 1256 cannot be excluded, 1257 is the more plausible choice.

3a

Tortosa. 25 March 1257 (for 1258?).
Reg. 10, fol. 51v. MF: 5.

Appoints Arnau [Arnaldo] de Maials the official surveyor to measure landholdings throughout southern Valencia (below the Júcar River). Of his twelve-pence fee per jovate of land, four go to the crown.

⟨Quod⟩ nos Iacobus etc. concedimus tibi Arnaldo de Maials[b] quod sis sogiator* omnium hereditatum regni Valencie que fuerint sog⟨i⟩ande ultra[c] Xucarum,[d] ita quod tu sogies dictas hereditates et nullus alius sit ausus sogiare eas. Et si forte aliquis alius eas sogiare attemptaverit, sogiamentum* quod ibi fecerit nullum habeat valorem, set sogiamenta que tu feceris plenam obtineant firmitatem. Volentes et concedentes tibi quod de omnibus iovatis* quas sogiaveris recipias duodecim denarios pro unaquaque iovata, de quibus habeas pro tuo officio et labore duas partes, et terciam partem integre et fideliter nobis dones.

Datum Dertuse, VIII kalendas Aprilis, anno domini MCCLVII.[c]

a) Original title, semiboxed: *Carta quod Arnaldus de M[a]yals sit sogiator hereditatum regni Valencie*. At bottom right: *XII denarii*. Waterstained down the left side.

b) T: *Mayals.*
c) MF: *citra.*
d) T: *Xuqa-.*
e) The scribe may easily have erred here; he had been using the ambiguous 1257 (1257-1258) for the months up to this day. If not, MI must be altered to accommodate an unlikely trip to Tortosa. King James was in residence at Tortosa during this month in 1258, but would have had to detour from Zaragoza through Tortosa to Lérida to have been there in 1257. A three-week gap in his itinerary makes the detour possible, if not plausible. Though the preceding document is dated 1257, the following document on this verso has the seventh kalends of April (24 March) 1258, suggesting that our document also belongs to 1258.

4a

Tortosa. 27 March 1257 (for 1258?).
Reg. 10, fol. 50. MF: 6.

Awards to Guillem [Guillermo] de Villebra (?) a vegetable farm in the countryside of Cocentaina, together with a piece of land formerly held by the region's Muslim *amīn*. To this is added forty jovates fronting on the estate (or encampment ground, royal villa, or farming-complex: *re(i)al*) at Cocentaina, on the hamlet-estate of Ponç Guillem [Poncio Guillermo], on a public road, and on the town; as well as a vineyard, and a new planting in this district previously added illegally by Romeu Martí(nis) [Romeo Martín(ez)] and his brothers to their grant, and bounded by the vineyards of Ramon [Ramón] de Golmés, the highway to Algar, a ravine, and a hill. In return for all these gifts, the crown discounts 600 sous from the debt it owes Guillem.

⟨Quod nos Iacobus rex Aragonum etc. per nos et⟩ nostros damus et concedimus per hereditatem propriam et francham* et liberam [t]ibi Guillelmo [de] ⟨Villebra [?]⟩ quandam ortam*b in termino Cocentanie,c cum terra eid[em] contigua quam alaminus* Cocentanie habebat ⟨et tenebat, et⟩ illas quadraginta iovatas* terre quas [s]ibi dedimus et concessimus in eodem termino, sicut affrontatd ⟨ex una⟩ parte in reialo*e nostro Cocentanie, et ex alia in reialoe Poncii Guillelmi, et ex alia in via public[a], ⟨et⟩ ex alia in villa Cocentanie. Concedimus eciam et donamus vobisf quandam vineam, et quendam mayolum* in eodem termino quem tenebat et possidebat Romeus Martini et fratres eius ultra donacionem quam eis feceramus, sicut affrontant ex una parte in vineis que fuerunt Raimundi de Golmers, et ex alia in carraria* qua itur ad Algar, et ex alia in barancho,* et ex alia in monte.
Predicta itaque omnia, prout tibi assignata sunt, tu et tui habeatis, teneatis, possideatis, et expletetis, cum introitibus et egressibus, affrontacionibus et suis pertinenciis universis, ad dandum, vendendum, impignorand[um],g alienandum, et ad omnes vestras et vestrorum voluntates cuicumque volueritis faciendas, exceptis militibus et sanctis. [Et]g faciemus

vobis secundum quod faciemus civibus Valencie ad bonum intellectum. Recognoscentes nos a te rece[pisse]g per huiusmodi donacionemh sescentosi solidos regalium, quos levavimus de debito quod tibi debemus.

Datum [Dertuse],g VI kalendas Aprilis, anno domini MCCL septimo.j

a) Badly deteriorated down left and at top. Possibly some overtracing in the first two lines.
b) Not *ortum*, though *hort* rather than *horta* is meant.
c) T: *-taine*. Elsewhere: as given.
d) Sic: singular.
e) T: *rey-*.
f) Sic; above and below: *tibi*.
g) MSup.
h) Not: *pro* with ablative.
i) T: *sexc-*.
j) On the date, see the argument in doc. 3, note e.

5a

Cariñena. 25 July 1257.
Reg. 10, fol. 1. MF: 7.

Assigns all the crown revenues from the castle and town of Arcos de las Salinas, then part of Valencia, not Aragon, to the Jew Salamah (Salimah)[b] of Daroca, until he has recovered the 5,000 Alfonsine morabatins 'of Castilian currency,' which Guillem d'Entença [Guillermo de Entenza] owes him. This excludes expenses but includes hospitality and army taxes, fines, mills, ovens, vine plantings, grazing, saltworks etc.; and the surrounding Teruel district of Aragon must use this salt.

Pateat universis quod nos Iacobus dei gracia rex Aragonum, Maioricarum et Valencie, comes Barchinone et Urgelli, et dominus [Montispessulani],c recognoscimus et confitemur nos debere vobis Çaleme de Daroca et vestris quinque milia morabatinorum*d alfonsinorum de paga* [Castellec quos] Guillelmus de Entença vobis debebat.

Pro quibus V milibus morabatinorum obligamus vobis et vestris castrum et villam de Archubus [cum omnibus suis re]ditibus, exitibus, et proventibus, peitis,* cenis, redempcionibus exercituum, et caloniis* que in dicto castro et villa et eius [terminis, de hominibus]e et feminis ibi habitantibus et habitaturis, debemus percipere quoquo modo, et specialiter salinas, molendina, furnos, vinea[s, herbas, et omnia]f alia et singula que nos in dicto castro et villa et eius terminis habemus vel habere et percipere debemus quolibet modo et [qualibet racione];c ita quod predictum castrum et villam teneatis vos et vestri, et recipiatis omnia et singula supra dicta, et deductis missionibus quas [in eisc donetis] totum illud quod inde superfuerit recipiatis in solucionem predictorum morabatinorum, tam diu quousque in eisdem de omnibus predictis morabatinis sitis [vos et vestri]g persoluti.

DOCUMENT 6

Et promittimus vobis quod votabimus et votari faciemus districte quod homines Turolii et suarum aldearum* non utantur [alio sale nisi] tantum de salinis de Archubus supra dictis.

Datum Caraynane, VIII kalendas Augusti, anno domini MCCL septimo.

a) Original title, semiboxed at upper right: *Assignacio facta Çaleme (de Daroca, super redditibus) rivi de Arcubus.* Modern title, centered: *Assignatio Çaleme de Daroca.* Original annotation, in upper left: *Anno domini MCCL septimo*; continued by modern supply: [*kalendas Augusti*]. Badly worn, trimmed along three sides; with many words cut off at the right side.

b) Medieval Jews not infrequently used Arabic Salāmah or Salīmah as a cognate for their Hebrew name Solomon (Catalan Salamó or Salomó, Hebrew Šělōmō).
c) MSup.
d) Deleted: *solidorum.*
e) MSup.: *terminis et hominibus.*
f) MSup. only: *erbis et.*
g) MSup.: *vos et vestros.*

6a

Lérida. 1 August 1257.
Reg. 10, fol. 4. MF: 8.

Circular to Jaca and 35 other towns, including Valencian Morella and Peñíscola, blaming their officials for allowing uncontrolled grain exports, and prohibiting the export of any kind of grain except where sworn to be in transit from a foreign land. Anyone can confiscate such grain and its pack animals; officials must act or suffer penalties. The towns, in column sequence are: Jaca, Ena or Vall(e) de Tena, Canfranc, Hecho, Ansó, Salvatierra de Escá, Ruesta, Tiermas, Ulle, Fillera, Sos del Rey Católico, Uncastillo, El Bayo, Exea, Tauste, Tarazona, Borja, Aranda de Moncayo, Calatayud, Ariza, Daroca, Teruel, and Zaragoza, all in Aragon; from Catalonia, Valencia, and southern France are: Lérida, Morella, Peñíscola, Tortosa, Tarragona, Barcelona, Gerona, San Feliu de Guixols, Collioure, Perpignan, Salses, Villefranche de Conflent, and Puigcerdá.

Iacobus etc., fidelibus suis iusticie,* iuratis, et toti concilio Iacce, salutem et graciam. Intelleximus quod bladum de terra nostra extrahitur et ad alienas partes portatur indifferenter, quod nobis multum displicet eo quia poterit cedere ad magnum dampnum et [d]etrimentum nostri et vestri et tocius terre nostre. Quare vobis dicimus et mandamus, firmiter et districte, quatenus vos non extrahatis nec permittatis extrahi ab aliqua persona de mundo bladum alicuius generis de terra nostra quod ad alienas terras portetur. Immo istud prohibeatis omnino et faciatis prohiberi ac publice preconizari, quod nullatenus attemptetur; set quilibet possit portare bladum de una terra nostra ad aliam terram nostram prout voluerit, ipso iurante et assecurante quod bladum ipsum extra terram nostram non portet.

DOCUMENT 7

Et hoc racione aliqua non mutetis, si de nostri gracia confiditis vel amore. Qui[cumque] vero contra hoc mandatum nostrum aliquem vel aliquos invenerit facientes, bladum et bestias que illud portabunt capiat ad suas voluntates inde libere faciendas. Per vos autem baiulum et iusticias hoc specialiter prohiberi, custodiri, et defendi mandamus sub pena corporum et rerum, quia sicut nobis asseritur hoc totum provenit ex culpa vestra. Unde in hoc vos taliter habeatis quod iram et ingratitudinem nostram vitetis, quoniam sciatis in veritate quod de hoc nullam graciam vel mercedem[b] invenietis nobiscum.

Datum Ilerde, kalendas Augusti, anno domini MCCLVII.

Sub forma premissa scripsit civitatibus, villis, et locis inferius scriptis.

Iacca	Unicastrum	Turolium	Cauqumliberum
Tena	Elbayo	Cesaraugusta	Perpinianum
Campfranch	Exeya	Ilerda	Salsas
Echo	Taust	Morella	Villafrancha Confluentis
Anson	T[i]rasona	Peniscola	Podium Ceritanum
Salvaterra	Borgia	Dertusa	
Rosta	Aranda	Tarrachona	
Termas	Calataiubum	Barchinona	
[Ul][c] et Filera	Fariza	Gerunda	
Sos	Daroca	Sanctus Felix Guixillensis	

a) Original title, semiboxed: *Littera missa per dominacionem de blado non extraendo de terra.*
b) T: *-dam.*
c) Two letters, improbably three, with three tails or remnants.

7a

In Castilian (Aragonese influenced)
Lérida. 8 August 1257.
Reg. 10, fol. 6. MF: 9.

General notice that King Jaume (Jacme) [Jaime] promises to Alfonso X redress of all injuries done by subjects of the crown of Aragon to Castilian lands since the beginning of Alfonso's reign (1252), according to pacts between the kings done at Soria and the siege of Biar. By 'open letters' sent through Alfonso's scribe Ruy Díaz, King Jaume appoints the justiciar Martí Peris [Martín Pérez] with Rod(e)ric Peris [Rodrigo Pérez] of Tarazona to

DOCUMENT 7

act for Aragon, and (E)ximèn de Tovia [Jimeno (Eximeno) de Tovía] with Gonsal(bo) Llop(is) [Gonsal(v)o López] de Pomar for Valencia, the Balearics, Catalonia, Urgel, and Montpellier.

Conosçuda cosa sea a todos quantos esta carta vierren, como nos Don Jaime por la gracia de dios rey d'Aragon,[b] [de][c] Mayorquas,[d] e de Valencia, comde de Barcelona e de Urgel, e seynnor de Montpesler, otorgamos a vos don Alfon[so],[c] por essa misma gracia rey de Cast[i]ella, de Tholedol,[e] de Leon, de Gallicia, de Sevilla, de Cordova,[f] de Murcia, e de Jah[en],[c] de fazer \emendar/ e endreçar todos los tuertos e todos[g] los dannos e todas[g] les [= las] peyndras que fueron fechas del nuestro s[eynno][c]rio de los regnos de Aragon, de Malorgas, e de Valencia, del comdado de Barçelona e del comdado de Urgel e del [seynno][c]rio de Montpesler a la vuestra tierra e al vuestro se[y]nnorio de[s]pues que vos regnastes, assi como dizen la[s] cartas que fu[eron][c] fechas entre nos e vos en Soria, sacado ende lo del regno de Murçia que deve seer emendado e endreç[ado][c] de[s]pues que vos lo ganastes fa[s]ta agora, assi como dizen la[s] cartas que son entre nos e vos que fueron fechas [en][c] la cerca de Biar.

E sobre todas estas cosas damos poder a don Martin Perez justicia de Aragon e a don Rodr[igo][c] Perez de Terasçona, o a aquellos que nos di\e/remos poder en su logar con nuestra carta abierta, de fazer las emen[das][c] por to[do] nuestro seynnorio del regno de Aragon. E otrossi damos poder a don Exemen de Tovia[h] e a don Gonçalvo L[opez] de Pomar, o a aquellos que nos dieremos poder en su logar con nuestra carta abierta, de fazer complir las emend[as][c] por todo el nuestro seynnorio de los regnos de Mayorgas e de Valencia e de los comdados de Barzalona e [de Ur]gel[c] e del seynnorio de Montpesler, segund que dizen las cartas abiertas que vos enbiamos con Roy Diez vuestro [escri]vano.[c] E otrossi que estos sobredichos que reciban las emiendas[f] de la nuestra parte, por todo el vuestro seynnorio e por tod[a la] vuestra tierra.

Dada en Lerida, VI idus Augusti, anno domini MCCL septimo.

a) Original title, semiboxed: *Carta concessionis super emendis faciendis inter Aragoniam et Castellam*. Folio trimmed on all sides, with loss of letters in each line down right margin. MF gives this simply as 'Aragonese'. My copy respects the text. Ampersands become e, reflecting the manuscript's three such extensions. *Seynnor(io)* appears clear and also in abbreviation.

b) Sic; the other three uses are clearly unelided *de*, as also with *de Urgel* in this document.

c) MSup.

d) Sic; cf. below: *Malorgas, Mayorgas*.

e) Variant reflecting Arabic *Ṭulayṭula*.

f) Sic.

g) T: *totos*.

h) On Tovía, see doc. 80, note b.

DOCUMENT 8

8a

In Castilian (Aragonese influenced)
Lérida. 8 August 1257.
Reg. 10, fols.6r-7. MF: 10.

Orders all Christian, Jewish, and Muslim subjects, including magnates (*rics homs [ricos [h]ombres]*), Orders, and town councils, to cooperate with the commissioners of doc. 7, in the mutual redress of grievances agreed by the treaties of Soria and Biar. Reparations to Castile must be accomplished by St John's day, in three stages of three months each. The commissioners for Aragon will travel from the western border, Alfaro-to-Requena; the others are to operate from Albentosa to the sea, and to the borders of Aragon and Murcia. The commissioners for Valencia, the Balearics, Catalonia, and southern France are (E)ximèn de Tovia [Jimeno (Eximeno) de Tovía] and Gonsal(bo) Llop(is) [Gonsal(v)o López] de Pomar. For Aragon they are Martí Peris [Martín Pérez] de Pina and Rod(e)ric Peris [Rodrigo Pérez] de Tarazona.

Don Jaimes[b] por la gracia de dios rey de Aragon,[c] de Mayorgas, e de Valencia, comde de Barcelona e de [Urgel, e][d] seyn[n]or de Montpesler, a todos los homnes del nuestro seyn[n]orio del regno de Aragon, de Mayorgas, e de [Valencia, e del com]dado de Barcelona e de Urgel, e del seynnorio de Montpesler, tam bien a cristianos quomo a moros e [a judios, a quien][d] [= quantos] [*fol.6v*] esta nuestra carta vieren,[b] saludes e gracia.

Fazem vos saber que agora, quando oviemos nuestras viseras [= visitas?] con el mucho honrado rey de Castiella, que tomamos acuerdo am[b]os a dos de quomo se emendasen todas las pendras e todos los daynos que se fazieren de la nuestra tierra a la suya, \e de la suya/ a la nuestra. E diemos nos de la nuestra parte que reciben estas enmiendas[e] e las fagan por el regno de Aragon Martin Perez justicia de Aragon e Rodrigo Perez de Taraçona, o aquellos que nos enviaremos por eyllos en su logar con nuestra carta abierta, por complir esto. E mandamos que andidiessen recibiendo estas enmiendas[e] e faziendo las assi quomo parte la frontera de los regnos de Aragon e de Castiella, desde Alfaro fa[s]ta Requena.

E[f] otrossi diemos poder ad Eximen[g] de Tovia e a Gonçalvo Lopez de Pomar que reciban estas enmiendas,[e] e que las fagan por todos los regnos de Mayorgas e de Valencia e del comdado de Barçelona e de Urgel e del seynnorio de Montpesler ellos o aquellos que nos enviaremos en su logar con nuestra carta abierta. E[f] an de andar recebiendo estas entregras[b] e faciendo las por todos estos logares sobredichos, desde Alventosa fasta la mar, assi como parte el regno de Valencia con el regno de Murcia e con el regno de Aragon.

DOCUMENT 8

E[f] estas entegras[b] e estas enmiendas[e] deven seer fechas de la nuestra parte e de la suya de[s]pues que el regno fa[s]ta agora, assi quomo dizen las cartas que son entre nos e el rey de Castiella que fueron fechas en Soria, aquellas que mostraran estos sobredichos por los regnos de Aragon, de Mayorgas, e de Valencia, e por el comdado de Barcelona e de Urgel, e por el seynnorio de Montpesler, sacado ende el regno de Murcia que deve seer emendado desque el rey de Castiella lo gano fasta agora, assi quomo dizen las cartas que son entre nos e el rey de Castiella que fueron fechas[h] \a/ la cerqua de Biar, aquellas que mostraran estos sobredichos. E sobre todas estas cosas diemos poder, a cada unos [= uno] de estos sobredichos, que ayan poder de lo fazer assi quomo nos mandamos, tan bien sobre los richos homnes quomo sobre ordenes e conceyos e cristianos e judios e moros e sobre todos los homnes otros de nuestro seynnorio.

E[f] porque todos no podriemos venir ad un plazto a recibir estas enmiendas e fazer las, prisiemos tres plaztos[i]: el primero del dia que fue fecha esta nuestra carta a tres meses, e el otro plazto ad otros III meses, e el terçero plazto ad otros tres meses. E[f] aquellos que vinieredes a estos tres plaztos seynalados ho entre'l uno plazto e el[j] otro fasta estos nueve meses, que aquello que podierdes mostrar ho provar ho que seya cosa manifesta o sabuda que estos sobredichos a qui nos lo mandamos fazer que lo fagan luego entegrar e emendar. E lo que conoscudo ni manifesto nin provado non podierde seer que los sepan estos a qui nos lo mandamos fazer. E aquellos que el rey de Castiella dara de su parte los mas verdaderamente[k] que lo pudieren saber, e de[s]pues que lo sopieren que lo fagan emiendar segunt que las nuestras cartas dizen aquellas que mostraran estos sobredichos assi que todas las enmiendas[e] sean fechas e complidas fasta este Sen Johan primero qui viene que sera en l'ayno de esta carta. E aquellos qui en estos nueve meses non vinieren ellos ho otri pro ellos que dent adelante no sean oydos, ni les vala [*fol.7*] la demanda que fiezieren. Onde mandamos a todos aquellos de nuestro seynnorio e de nuestros reinos que cumplan estas cosas que nos mandamos por estos sobredichos, e que se las ayuden a complir. E aquellos qui lo non quisieren fazer perdrien nuestro amor, e en lo suyo lo mandariemos entegrar doblado.

Datum[l] en [*sic*] Lerida, VI idus Augusti, anno domini MCCLVII.

a) Original title, semiboxed: *De eodem*. Trimmed at top right, with loss of some ten words. MF gives simply as 'Aragonese'. On textual peculiarities, cf. previous document.
b) Sic.
c) T: *de Aragon* (and *de Urgel*) throughout, without contraction.
d) MSup.
e) T: *emiedas* with stroke over full word; but cf. verb form in document.
f) T: *et*; yet both initial and interior e (or a symbol) appears elsewhere here.
g) T: -*mien*.
h) Deleted: *quando*.
i) T: -*tes*, here only.
j) T: *entrel; e(t)* [symbol] *el*.
k) T: -*mientre*.
l) T: *dat*.

DOCUMENT 9

9a

Lérida. 9 August 1257.
Reg. 10, fol. 1,v. MF: 11.

Instructs the bailiff of Valencia, Bernat [Bernardo] Escrivà, to repay from his earliest tax collections 2,700 Valencian sous to Bernat de Cogo(y)lls, and to recover the debt bond from him.

[Iacobus etc.] fideli suo Bernardo Scribe,[b] baiulo Valencie, salutem et graciam. Mandamus vobis firmiter et districte quatenus de primis denariis quos [recipie]tis de baiulia Valencie donetis et solvatis Bernardo de Coguellis[c] civi Valencie duo milia et DCC solidos regalium Valencie, [quo]s debemus secundum quod in instrumento inde confecto plenius continetur. Quibus solutis, recuperetis instrumentum ab eodem. Et hoc non mutet[is] aliqua racione si de nostri confiditis gracia vel amore.

Datum Ilerde, V idus Augusti, anno domini MCCLVII.

a) Original title, boxed: *Assignacio facta Bernardo de Coguellis super reditibus baiulie Valencie.*
b) Probably for his surname (Escrivà), though he was also a crown secretary; cf. *Bernardus scriptor* in doc. 13. Doc. 348 has *Bernardus Scriba* contrasting with *Petrus scriptor noster* in the same line.
c) Cogolls is near Les Planes (Vall d'Hostoles); *de Cogollis, de Cucullis* etc. MF: de Coguellis.

10a

Lérida. 10 August 1257.
Reg. 10, fol. 7v. MF: 12.

Establishes an investigation by the Lérida canon and royal scribe Ramon [Ramón de] d'Oliola, together with the Lérida lawyer Miquel [Miguel] de Montornés, into the frequent and grave charges by the Hospitaller master, the abbot of Benifassà [Benifazá], the local Templar commander, and 'certain others,' that the Tortosa citizens have severely damaged their interests and properties. The Tortosa commune and officials must facilitate the inquiry in every way or suffer the consequences.

Iacobus etc. fidelibus suis, probis hominibus et toti universitati Dertuse, salutem et graciam. Noveritis nos ex parte venerabilium magistri Hospitalis, abbatis et conventus de Benifasçano, commendatoris Templi Dertusie, necnon et aliorum quorundam, graves querimonias multocies accepisse quod aliqui de civibus et vicinis vestris eisdem et rebus suis dampna gravia nequiter intulerunt. Cum itaque nolimus, ut iustum est, quod dicta maleficia impunita remaneant, mittimus ad vos dilectos nostros Raimundum de

Uliola[b] canonicum ilerdensem scriptorem nostrum, et Michaelem de Montetornesio civem ilerdensem iurisperitum, qui de meritis huius cause diligenter cognoscant et inquirant fideliter veritatem.

Quare mandamus vobis firmiter et districte quatenus eisdem circa execucionem dicti negocii prebeatis consilium et iuvamen quandocumque et quocienscumque ab eisdem fueritis requisiti, ita in hoc facto vos habentes et ita sollicite quod de fidelitate vestra possimus nos merito commendare et ne manus nostras in defectu vestri ad alia graviora extendere nos oporteat.

Datum Ilerde, IIII idus Augusti, [anno domini MCCLVII].

a) Original title, semiboxed: *Littera super facto inquisicionis dertusensis.* b) Oliola, a village near Balaguer.

11[a]

Lérida. 10 August 1257.
Reg. 10, fol. 7v. MF: 13.

Requires the crown vicar and bailiff of Tortosa to render advice and assistance, including the 'summoning of witnesses and others,' to the investigation described in doc. 10, so that 'the guilty criminals receive due punishment' and 'lest in default of your' help the crown must have recourse to other expedients.

Iacobus etc. fidelibus suis vicario et baiulo Dertuse, salutem et graciam. Cum ad instanciam dilectorum abbatis de Benifasça, et magistri Hospitalis, et preceptoris domus Templi Dertuse, et quorundam aliorum, qui coram nobis graves proposuerunt querelas de al[i]quibus concivibus vestris, merito moti simus, et ne maleficia remaneant impunita, ad rei veritatem inquirendam mittimus vobis dilectos nostros Raimundum de Uliolam[b] canonicum ilerdensem scriptorem nostrum et Michaelem de Montetornesio civem ilerdensem.

Mandantes itaque vobis firmiter et districte quatenus impendatis eisdem consilium[c] et auxilium in hiis que ex parte nostra vobis duxerint requirenda, tam super compellendis testibus quam super aliis personis, que ad execucionem mandati nostri necessarie fuerint, quas vobis duxerint nominandas, taliter facientes quod mandatum nostrum veniat ad effectum et quod malefactores culpabiles pena debita puniantur, et ne manus nostras in defectu vestri ad alia extendere nos oporteat.

Datum Ilerde, IIII idus Augusti, [anno domini MCCLVII].

a) Original title, semiboxed: *De eodem.*
b) Sic, accusative case; see preceding document.
c) Deleted: *et iuvamen.*

12a

Lérida. 11 August 1257.
Reg. 10, fol. 8. MF: 14.

Allows the Mudejar aljama of Cuart and its *amīn* Aḥmad an-Najjār (Ahamet Anayar) to sell or divide among themselves all the properties and buildings of Ibn Būna or al-Būnī (who can also share), in Cuart (de Poblet) and its countryside. The owner(s) are to have free disposal to their children, relatives, or Muslims of equal status, and are to pay the usual crown rents. For this transaction they have paid the crown 600 Valencian sous.

Per nos et nostros damus et concedimus tibi Ahamet Anaiar[b] alamino,* et toti aliame* Sarracenorum de Quarto, totam heredi[tatem][c] cum domibus ab integro quas Avinbona[d] Sarracenus vicinus vester habebat in loco predicto de Quarto et terminis eius, ita quod vos heredi[tatem][c] predictam et domos possitis dare, dividere, et vendere inter vos, et ipsi eciam Avinbone, et quod inde fiat nobis servicium quod fiet de [aliis][c] hereditatibus vestris. Et sic ille et illi, qui partem habebunt de hereditate in domibus predictis, habeant et teneant partem suam ad [possidendum],[c] expletandum, dandum, vendendum, et ad omnes suas voluntates libere faciendas filiis vel parentibus suis vel aliis consimilibus [Sarra][c]cenis.

Pro hac autem donacione et concessione concedimus a vobis recepisse et habuisse sescentos[e] solidos regalium Valencie, de [quibus bene] paccati* sumus ad voluntatem nostram, renunciantes omni excepcioni non numerate pecunie atque doli.

Datum Ilerde, [III idus] Augusti, anno domini MCCL septimo.

a) Original title, semiboxed: *Carta donacionis facte aliame de Quarto de hereditate Avimbone*. Margins trimmed with loss of words all down right side.
b) T: *Anayar*. See him below in doc. 399n., which indicates that this is Quart or Cuart de Poblet (Valencia city's *huerta*), not Quart de les Valls (Sagunto).
c) MSup.
d) Cf. form in title.
e) T: *sexc-*.

13a

Lérida. 11 August 1257.
Reg. 10, fol. 1. MF: 15.

Instructs the bailiff of Valencia Bernat [Bernardo] Escrivà to apply the full (king's share of the ecclesiastical) tithe on wine and bread this year, suspending payment to others, to retire the debt of 1,300 Valencian sous owed Pere Sanç [Pedro Sánchez] and Ferrer Matoses, eventually recovering the debt bond.

Iacobus dei gracia etc., fideli suo Bernardo scriptori,[b] baiulo Valencie, salutem et graciam. Noveritis nos debere Petro Sancii et Ferrario[c] Matoses civibus [Valencie] MCCC solidos regalium Valencie, prout in albarano* quem inde habent a nobis plenius videbitis contineri. Quare mandamus [vobis] quatenus de denariis, quos percipere debetis de decima* vindemie et panicii, donetis et solvatis eisdem vel quibus [mandaverint][d] MCCC solidos regalium Valencie.

Et hoc non mutetis, nec solucionem aliquam alicui inde faciatis, quousque de predicta [pecunie quantitate][e] fuerint persoluti. Quibus denariis eisdem solutis, recuperetis albaranum predictum quem inde tenent. [Hanc autem assignac][f]ionem eisdem faciatis de decima predicta istius presentis anni.

Datum Ilerde, III idus Augusti, anno [domini MCCLVII].

a) Original title, semiboxed: *Assignacio facta Petro Sancii et Ferrario de Matoses super reditibus baiulie Valencie.* Holed and damaged, with loss of words at right margin.
b) Probably for his surname rather than office; see above, doc. 9, note b.
c) T: F. He is in the *Repartiment* as *Ferrarius* and F (incorrectly extended to Ferran).
d) MSup.: ... *mand ... na*....
e) MSup., only: *quantitate.*
f) MSup.: *annuali.* ...

14a

Lérida. 11 August 1257.
Reg. 10, fol. 1. MF: 16.

Orders Bernat [Bernardo] Escrivà to pay the 500 Valencian sous owed to two Valencian citizens, Pere [Pedro] Mercer or 'the draper' and Guillem [Guillermo] de Na G(u)ilsen,[b] from the first crown rents received from cloth-merchants' shops in Valencia, and to recover the debt bond.

Iacobus dei gracia etc., fideli suo Bernardo scriptori, baiulo Valencie, s[alutem] et graciam. Mandamus vobis firmiter quatenus, de primis denariis sive [peita]*[c] quam recipietis de censualibus nostris operatoriorum draperie Valencie, solvatis et donetis Petro Mercer et Guillelmo de Na Gilcen [civibus] Valencie D solidos regalium quos eis debemus, et hoc non mutetis vel differatis aliqua racione, non expectato[d] super hoc nostro [alio mandato].[e]

Et solutis eisdem dictis denariis, recuperetis ab eis albaranum* debiti quem inde habent a nobis.

Datum Ilerde, [III idus Augusti],[f] anno [domi]ni MCCL septimo.

a) Original title, semiboxed: *Assignacio facta Petro Mercer et Guillermo de Na Gilsen super reditibus baiulie Valencie.* Cats. (CDR): Na Gelcen. Trimmed, with small loss of words at right side; cracked and holed at left. At upper right of text, in modern hand: 83, 105, 253. On the *Bernardus scriptor* name in text, see doc. 9, note b.

b) On these two names, see doc. 363, notes b, c; our text's *Gilcen* and title's *Gilsen* become *Guilsen* there.
c) Or: *colleccione*?
d) T: *sp-*.

e) MSup.: *alio*.
f) MSup. The preceding document was at Cariñena, VIII kalends of August, the subsequent document Lérida, III ides of August.

15ª

Lérida. 17 August 1257.
Reg. 10, fol. 9. MF: 17.

Grants forever to the king's officer Bonanat de G(u)ia [Guía] a bakery on a corner of the main street of Alcira, at a rental of eight gold Josephine mazmodins every January 1, to hold or develop or alienate. It fronts on 'the main street' of Alcira, with another public street along one side, the buildings of En Comabella on a third side, and on the fourth those of Pere Pere (Peris) [Pedro Pérez de] d'En Destre.

[P]ateat universis quod nos Iacobus etc. per nos et nostros damus et concedimus per hereditatem propriam vobis Bonanato[b] de Gia,[c] portario* nostro maiori, et vestris in perpetuum illum furnum quem habemus in Algazira iuxta carrariam* maiorem, sicut affrontat[d] ex una parte in ipsa carraria maiore, ex alia parte in alia carraria publica, ex alia parte in domibus de En[e] Comabela, de quarta parte vero in domibus Petri Petri [*sic*] de En[e] Destre; ita tamen quod vos et vestri donetis inde nobis et nostris annis singulis pro censu octo mazmudinas*[f] bonas iucifias in auro, quas solvatis in kalendis mensis Ianuarii annuatim.

Et sic iam dictum furnum cum suis affrontacionibus, introitibus, exitibus, melioramentis factis et faciendis, suis iuribus, et pertinenciis omnibus a celo in abissum habeatis et teneatis vos et vestri in perpetuum ad possidendum, expletandam, dandum, vendendum, alienandum, impignorandum, et ad omnes vestras voluntates cui et quibus volueritis libere perpetuo faciendas, exceptis sanctis clericis, militibus, et personis religiosis, salvo tamen semper nobis et nostris predicto censu, iure, laudimio,* et fatica* secundum forum Valencie.

Datum Ilerde, XVI kalendas Septembris, anno domini MCCL septimo.

a) Original title, semiboxed: *Donacio facta Bonanato de Gia de quodam furno Algazire*. Modern title, at upper right: *Furnus in Algezira*. IP flourish.
b) MF: Bonat.
c) Sic here and in some other documents, but frequently *Guia* (see Index).
d) Deleted: otiose overstroke.
e) T: *den*. If double Petri is a scribal error, omit Peris [Pérez] in the abstract above.
f) T: *macem-*.

DOCUMENT 17

16a

Lérida. 21 August 1257.
Reg. 10, fol. 16v. MF: 18.

Presents a debt bond, acknowledging 130 Jaca sueldos owed to the royal butler Pascasi Llop(is) [Pascasio López de] d'Estella for a light riding-horse, which the king bought and gave to the son of Sanç Martí(niç) [Sancho Martínez de] d'Oblites, and assigning its payment to the Játiva bailiate held by Pascasi.

Nos Iacobus etc. recognoscimus debere vobis Pascasio[b] Lupi de Stella, repositario* nostro, centum triginta solidos iaccenses pro uno roncino,*[c] quem habuimus a vobis et dedimus filio Sancii Martini de Oblitis, quos assignamus vobis recipiendos sup[er] baiulia Xative quam tenetis.
Datum Ilerde, XII kalendas Septembris, anno domini MCCL septimo.

a) Original title, semiboxed: *Albaranus P[ascasii] Lupi super reditibus baiulie Xative.*
b) MF: Pedro.
c) English rouncy or nag, but Catalan *rossí* can mean a horse of middling quality, often used by esquires.

17a

Lérida. 21 August 1257.
Reg. 10, fol. 3. MF: 25.

Presents the formula of homage to be sworn on the Gospels throughout Valencia, taking Prince Alfons (Anfós) [Alfonso] as heir to the crown; sent to the range of subjects to whom doc. 18 goes.

Iacobus etc., viris nobilibus et dilectis ac fidelibus suis universis richis* hominibus, militibus, alcaidis,* civibus Valencie, et universis [aliis[b] homin]ibus omnium castrorum et villarum tocius regni Valencie, salutem et dileccionem.
Sciatis quod mittimus vobis formam sacramenti quod [facere][b] debetis dompno Alfonso infanti Aragonie filio nostro, cuius tenor hic[c] est:[d]
Ego talis iuro, per deum et hec sacrosancta ei[us evangelia][b] manibus meis corporaliter tacta, quod ego et mei habebimus vos dompnum Alfonsum infantem Aragonie[e] in regem nostrum et dominum natura[llem et uti-lem][f] post dies ill[u]stris domini nostri regis Iacobi patris vestri.
Datum Ilerde, XII[g] kalendas Septembris, anno domini MCCL sep[timo].

a) Original title, semiboxed: *Forma iuramenti et homagii quod homines Valencie fecerunt infanti dompno Alfonso.* Torn at left; trimmed at right with loss of a word in each line.
b) MSup.
c) Deleted: n stroke, from *hinc.*
d) Deleted: *videlicet.*
e) T: *Aragon*, with stroke over last half.
f) MSup.: *et uti.*
g) MF: *II kalendas.*

18a

Lérida. 29 August 1257.
Reg. 9, fol. 30 *bis* v.b MF: 19.

Absolves all subjects in the Valencian kingdom, including magnates (*rics homs*, Aragonese *ricos [h]ombres*), knights, castellans (*alcaits*), citizens of Valencia city, and residents of castles and towns, from their oath of homage to Prince Jaume (Jacme) [Jaime] 'that you would consider him king and natural lord after Our days.' Orders them to do homage instead to Prince Alfons (Anfós) [Alfonso] as heir to Valencia.

Iacobus etc. absolvimus vos, nobiles et dilectos nostros richos* homines et milites, ac vos fideles nostros alcaidos,*c cives Valencie, [et] universos homines castrorum et villarum tocius regni Valencie, a iuramento et homagio quod karissimo filio nostro infanti Iacobo de mandato nostro fecistis, quod ipsum post dies nostros haberetis regem et dominum naturalem nisi voluntatem nostram aliter mutaremus, volentes et concedentes ac mandantes vobis firmiter quatenus karissimo filio n[ostro] dompno Alfonso infanti Aragonie iuretis ac faciatis homagium, quod ipsum et suos post dies nostros habeatis regem vestrum et dominum naturalem.

Datum Ilerde, IIII kalendas Septembris, anno domini MCCL septimo.

a) Original title, semiboxed: *Carta absolucionis hominum Valencie de homagio quod fecerant infanti Iacobo, et quod faciant infanti Alfonso*. Large stain at center; worn along left end.

b) Alien folio intruded into register, as compatible by such indices as date and paper.
c) T: *-aydos*.

19a

Lérida. 29 August 1257.
Reg. 9, fol. 30 *bis* v. MF: 20.

Confirms in writing the king's oral command to Prince Jaume (Jacme) [Jaime], to release all Valencians from their 'oath and homage' to him as heir and to solemnize the release by a charter with the prince's seal.

Filio suo infanti Iacobo. Dicimus et mandamus vobis firmiter quatenus, secundum quod iam ore ad os vobis diximus, visis pres[en]tibus absol[vat]is richos* homines, milites, alcaidos,*b cives Valencie, et universos homines castrorum et villarum tocius regni Val[encie] a iuramento [et h]omagio, quod vobis de mandato nostro fecerant, quod vos post dies nostros haberent regem et dominum naturalem.

Et de hoc faciatis eis publicum instrumentum, sigillo vestro pendente signatum. Et hoc aliquatenus non mutetis.
Datum Ilerde, IIII kalendas Septembris, [anno domini MCCLVII].

a) Original title, semiboxed: *De eodem*. Closely trimmed, holed at left; letters lost down right side.   b) T: *-aydos*.

20a

Lérida. 29 August 1257.
Reg. 9, fol. 31. MF: 21.

Notifies Prince Alfons (Anfós) [Alfonso] about the letter of release to the Valencians (doc. 18), ordering him now to swear to them to respect Valencian laws, customs, money, and past or future gifts and sales by the crown, according to a formula just published.

Dompno Al[fon]so infanti Aragonie. Scribimus richis* hominibus, militibus, alcaidis,* c[ivibus] Valencie, et universis hominibus [castrorum]b et villarum omnium regni Valencie, quod vobis iurent et faciant homagium quod post dies nostros habeant vos et vestros regem suum [et] dominum naturalem, absolventes eos ab ipso iuramento et homagio quod iam infanti Iacobo filio nostro fecerant de mandato nostro, de qua absolucione eis fecimus instrumentum fieri, sigillo maiore nostro signatum.

Unde vos rogamus et dicimus ac mandamus vobis firmiter, quatenus vos iuretis eis similiter observare foros* et consuetudines suas ac monetam istam quam habent, secundum quod in instrumento quod inde eis fecimus continetur, et donaciones et vendiciones eis a nobis et a quibuslibet aliis hucus[que]b factas et de cetero faciendas.

Datum Ilerde, IIII kalendas Septembris, [anno domini MCCLVII].

a) Trim at right edge loses some letters and a word. Stain over top center. Under backlighting, no title.   b) MSup.

21a

Lérida. 29 August 1257.
Reg. 9, fol. 31. MF: 22.

Licenses the Valencian citizen Arnau [Arnaldo] de Romaní to pierce the city wall 'fronting' on his buildings, in order to make two windows for the upper rooms.

Quod nos Iacobus etc. per nos et nostros damus et concedimus licenciam et liberam potestatem vobis Arnaldo de Romanino [civi]^b Valencie et vestris, quod possitis aperire et facere aperiri murum civitatis Valencie in frontem domorum vestrarum contiguarum [ipsi]^b muro, scilicet in cameris superioribus domorum ipsarum, ac ibi facere duas fenestras.

Mandantes baiulis, iusticiis,* [et universis]^b aliis officialibus et subditis nostris presentibus et futuris quod contra hanc concessionem [nost]^bram non veniant, [nec aliquem venire] permittant aliqua racione; immo eam observent, et faciant firmiter ab omnibus observari.

Datum Ilerde, IIII kalendas [Septembris, anno domini] MCCL septimo.

a) Original title, semiboxed: *Carta Arnaldi de Romanino, quod possit facere duas fenestras in muro civitatis Valencie.* IP flourish.   Trimmed down right side, with loss of about ten words.   b) MSup.

22[a]

Lérida. 29 August 1257.
Reg. 9, fol. 31v. MF: 23.

Privilege to all in Valencia city and its surrounding jurisdiction, that any letter of delay or moratorium issued henceforth against one of them cannot apply to goods under deposit or in special charge, or to debts incurred for a dowry, trousseau (the Valencian *aixovar*), or real estate purchase or sale, unless the moratorium specifically mentions this.

⟨Pateat⟩ universis quod nos Iacobus etc. concedimus et indulgemus vobis, universis et singulis hominibus Valencie et terminorum eius ⟨present⟩ibus et futuris, quod per litteras elongacionis, quas alicui vel aliquibus contra vos vel aliquem vestrum de cetero concedamus, non intelligatur aliquis esse elongatus a re deposita seu a commanda,* nec a debitis que racione dotis vel exovarii* aut racione vendicionum et empcionum hereditatum seu quarumlibet aliarum possessionum vel rerum mobilium^b aut pro facto anime debeantur, cum neminem intendamus ab hiis vel eorum aliquo elongare.

Unde si aliquis a nobis litteras elongacionis obtineat, littere ipse quoad premissa vel eorum aliqua nullius penitus sint valoris, nisi de eo in ipsis fiat mencio specialis. Mandantes etc.

Datum Ilerde, IIII kalendas Septembris, anno domini MCCL septimo.

a) Original title, semiboxed: *Concessio facta hominibus Valencie.* . . . Closely trimmed; deteriorated at left side; stain over center top.   b) *Aureum opus* version: *inmo-*. H copies a (variant) municipal ms.

23a

Lérida. 31 August 1257.
Reg. 9, fol. 32v. MF: 24.

Agrees to let the people of Murviedro (modern Sagunto) purchase the castles and towns of Serra and Torres Torres with their surrounding jurisdictions. If they later sell Serra, the crown has first option and at the original price; otherwise they can sell to anyone, including cleric or knight. But Torres Torres can be sold, in whole or part, only to those in the royal service. Because of the king's affection for Murviedro, he awards 10,000 Valencian sous to help it buy Torres Torres.

Quod nos Iacobus etc. per nos et nostros scienter et consulte damus licenciam et liberam potestatem vobis, fidelibus nostris \universi⟨s⟩/b hominibus Muriveteris et terminorum eius, quod possitis emere castra et villas de Serra et de Turribus Turribus cum omnibus terminis et per[[ti]]cnenciis suis, sub hac condicione adiecta quod quandocumque vos vel vestri predictum castrum de Serra vendere volueritis, vos ipsum nobis et nostris vendatis et reddatis pro illo precio pro quo ipsum habuistis. Si vero illud nos vel nostri pro eo precio noluerimus retinere, vos et vestri possitis ipsum vendere clericis, ordinibus, militibus, et quibuscumque personis velitis libere et sine impedimento ac contradiccione nostra et nostrorum [[ac]]d cuiuscumque persone.

Cum autem castrum de Turribus Turribus vos vel vestri volueritis vendere, possitis ipsum simul et particulariter vendere tantum hominibus qui sint de servicio nostro et non aliis. Et quamcumquee vendicionem vos vel vestri de ipso castro aut de aliqua parte terminorum vel pertinenciarum eiusdem hominibus nostri servicii facietis, nos eam per nos et nostros ratam in perpetuum habere promittimus atque firmam. Verum cum semper proponamus vos prosequi gracia, beneficio, et amore, promittimus vobis quod quandocumque empcionem facietis de predicto castro de Turribus Turribus, ⟨da⟩bimus vobis X milia solidorum regalium Valencie in ipsius auxilium empcionis.

Datum Ilerde, II kalendas Septembris, anno domini MCCLVII.

a) Original title, semiboxed: *Quod homines Muriveteris possint emere castra de Serra et de Turribus Turribus.* Modern title: *Licentia emendi castra.* IP flourish. Worn down left side, especially at the bottom.

b) Over deleted: *univs.*
c) MSup.
d) Probable, from fragment. H: *vel.*
e) T: *quamcumcumque.*

24a

Lérida. 1 September 1257.
Reg. 10, fol. 17v. MF: 26.

Acknowledges a total debt of 2,865 Jaca sueldos to Arnau [Arnaldo] de Montseny. 2,000 is the price for purchasing back from him the previously granted estate of the deceased Brother Martí [Martín], archdeacon of Valencia. 865 is salary and expenses for governing the castle of Ponts, though the crown has recovered the debt bond; he must continue to administer it without any expense to the crown until All Saints (November 1).

Nos Iacobus etc. profitemur et recognoscimus debere vobis, Arnaldo de Montcenis[b] militi, et vestris duo milia solidorum iaccensium pro emenda* hereditatis Fratris Martini quondam[c] archidiaconi Valencie, quam vobis dederamus. Item recognoscimus nos vobis debere vobis [*sic*] octingentos sexaginta quinque solidos iaccenses, quos vobis debebamus pro custodia castri de Pontibus[d] cum albarano* quem inde a vobis recuperavimus. Et sic debemus vobis, inter totum, duo milia et octingentos sexaginta quinque solidos iaccenses, quos promittimus vobis et vestris solvere in pace.

[E]st tamen sciendum quod vos debetis tenere et \custodire[e]/, sine aliquibus missionibus et sumptibus nostris, predictum castrum de Pontibus usque ad primum veniens festum omnium sanctorum, scilicet cum propriis sumptibus et missionibus vestris.

Datum Ilerde, kalendas Septembris, anno domini MCCL septimo.

a) Original title, semiboxed: *Albaranus Arnaldi de Montcenis*.
b) MF: *Montzenis*.
c) Throughout these documents often as 'deceased,' though MF interprets here as 'formerly.' Master Martí d'Entença [Martín de Entenza] was archdeacon of Valencia ca. 1240-1257; Martín López de Bolas succeeded him.
d) Non-Valencian; probably Castell de Ponts at the confluence of the Segre and Llobregat.
e) Above deleted: *possidere*.

25a

Lérida. 4 September 1257.
Reg. 9, fol. 33v. MF: 27.

Gives in perpetuity, to keep or sell, to Sanç Pere (Peris) [Sancho Pérez] de Cabezón and his wife Fortada the caravanserai (Arabic *funduq*) on the public road in Biar, with stables, beds, and all the necessities for lodging transient merchants with their goods and animals, at a rental of half the profits. 'The buildings' of Ferran Pere (Peris) [Fernando Pérez de] d'Alló (? or Aragonese de Ulle) also bound it. Remits rents for two years to help him 'rebuild and repair' at his own expense. Licenses a tavern and sale both of Biar and imported wines; anyone else retailing imported wine within town is to be fined sixty sous each time. If fraud was involved in securing this contract, the king will seek redress during his next visit to Valencia.

[Quod] nos Iacobus etc. [per] nos et nostros damus et concedimus per hereditatem prop[ri]am, tibi ⟨Sancio [?]⟩[b] Petri de Cabeçon et uxori tue ⟨dompne⟩[c] Fortade et vestris in perpetuum, totum illud alfondicum* ab integro quod habemus in [B]iar,[d] [sicu]t affrontat in via publica ex una p⟨arte, et⟩ ex alia parte in domibus Ferrandi Petr[i] Dollo; ita tamen quod vos et vestri alfondicum ipsum rehedificetis vestris propriis ⟨missionibus⟩,[e] et repar[e]ti[s] et teneatis ipsum condirectum et paratum de stabilis [= stabulis], lectis, et aliis omnibus necessariis, ut mercatores et alii advenientes poss[i]nt ibi bene hospitari cum mercibus, bestiis, et rebus suis.

Et de omnibus reditibus, exitibus, et proventibus qui inde exierint donetis [v]os et vestri nobis et nostris pro censu integre et fideliter medietatem; et aliam medietatem habeatis vos et vestri ad vestras voluntates libere faciendas, hoc tamen salvo quod ipsum alfondicum habeatis franchum* et liberum per primos duos annos, in auxilium expensarum et missionum quas facietis in rehedificacione et reparacione alfondici[f] supra dicti, sic quod medietatem predictam nec aliquid inde non donetis nec dare teneamini per spacium ipsorum duorum annorum. Et sic vos et vestri habeatis iam dictum alfondicum cum suis affrontacionibus, melioramentis factis et faciendis, et cum iuribus et pertinenciis suis omnibus a celo in abissum, ad tenendum, possidendum, expletandum, dandum, vendendum, alienandum, impignorandum, et ad omnes vestras vestrorumque voluntates cui et quibus volueritis libere perpetuo faciendas, exceptis sanctis et clericis, militibus et personis religiosis, salvo tamen semper nobis et nostris predicto censu, laudimio,* et fatica*[g] secundum forum Valencie.

Concedimus autem vobis et vestris quod possitis vendere vinum in predicto alfondico[f] et tenere tabernam, sive vinum sit de termino et collecta de Biar sive aliunde apportetur; firmiter statuentes quod nullus preter vos audeat nec possit vendere vinum in minuto in villa ipsa de Biar, quod non sit de termino et de collecta de Biar, et quicumque hoc facere attemptaverit, sexaginta solidos usualis monete nobis et nostris solvat pro pena quocienscumque id attemptet. Denique salvamus et retinemus nobis quod si, quando nos fuerimus in partibus Valencie, inveniremus nos fuisse deceptos in hac donacione, quod vos teneamini restaurare nobis decepcionem ipsam ad cognicionem et voluntatem nostram.

Datum Ilerde, II nonas Septembris, anno domini MCCLVII.

a) Original title, semiboxed: *Carta donacionis facta ⟨S[ancio]⟩ Petri de Cabeçon, de [al]fondico in Biar.* Compare the title's S with *Sancii* in title on fol. 34 of this register. IP flourish. Deteriorated at upper right; holed at upper left.
b) Holed, dim. H: *Grucio.*
c) Probable, under quartz lamp. H: omits, gives name as *Forcada.*
d) Modern insert, above line: *Biar.*
e) H: *impensis.*
f) T: *alfun-.*
g) T: *-iga.*

26ᵃ

Lérida. 6 September 1257.
Reg. 9, fol. 34rv. MF: 28.

Orders all Valencian subjects, including magnates (*rics homs*, Aragonese *ricos [h]ombres*), knights, castellans (*alcaits*), citizens of Játiva and Valencia city, and people of every town or place whether Christian, Jew, or Moor, to welcome the Aragonese (E)ximèn [Jimeno (Eximeno)] de Foces as vicegerent throughout the kingdom of Valencia; to assist and obey him as to the king in military activity, justice, and all else useful for the kingdom of Valencia; and to address to him initial appeals in legal cases, reserving final appeal to the crown.

Iacobus etc., viris nobilibus et dilectis richis*ᵇ hominibus, militibus, ac fidelibus suis civibus Valencie, hominibus Xative, alcaidis,*ᶜ et u[niversis] hominibus castrorum, villarum, [et] omnium locorum tocius regni Valencie, tam Christianis quam Iudeis et Sarracenis, salutem et graciam. Noveritis nos [commi]sisse ac tradidisse nobili viro et dilecto nostro Eximino de Foçibusᵈ procuracionem et regimen tocius regni Valencie.

Quare vobis di[cimus]ᵉ et mandamus firmiter et districte quatenus, recipientes ipsum bene et honorifice, eidem omnimodam reverenciam et dileccionem in omnibus [pro]curetis,ᶠ et obedientes ei fideliter et devote eundem iuvetis ad tenendam et exercendam iusticiam, et in exercitibus et cavalcatis [et]ᵍ omnibus aliis faciendis et complendis que cedant ad utilitatem et salvamentum nostri et defensionem regni Valencie ip[sum]ᵉ [*fol. 34v*] sequamini quandocumque et quocienscumque ab ipso fueritis requisiti, \ac faciatis pro eo in omnibus/ sicut pro nobis specialiter faceretis.

Preterea cum nos primas \appellaciones/ causarum omni[um]ᵉ que inter quoslibet [vestru]m tractabuntur sibi concesserimus audiendas et determina[nd]as, mandamus vobis firmiter quatenus primas appel[la]ᶜciones omnes universi et singuli in causis vestris faciatis ad eum, et ab eo vel locum eius tenente super eis sentencias audiatis, ita tamen quod a[b] ipsius sentencia seu sentenciis vel tenentis locum ipsius quilibet ad nos valeat appellare.

Datum Ilerde, VIII idus Septembris, anno domini MCCL septimo.

a) Original title, semiboxed: *Littera concessionis facte Eximino de Focibus, de regno Valencie*. Trimmed down right side, losing a half-dozen words; the verso is deteriorated at the upper right, with some modern overtracing (not indicated here).
b) T: *riquis*.
c) T: *-aydis*.
d) T: *Foçi-*.
e) MSup.
f) MSup.: *exhib[eatis]*. H: *exhibentes*.
g) MSup.: *de*.

DOCUMENT 28

27a

Lérida. 6 September 1257.
Reg. 10, fol. 18. MF: 29.

Instructs the bailiff of Zaragoza, Jahudà or Jafudà (Judà) [Judá] (Yĕhūdāh) b. Lavi de (la) Cavalleria [Caballería], to assign the 500 Jaca sueldos owed to the Valencia citizen Joan Domènec [Juan Domínguez]b for repayment from the earliest taxes (*peita*) of Alfajarín, before all other claimants, and to recover the debt bond.

Iacobus etc., fideli suo Iahudano de Cavalleria, baiulo Cesarauguste, salutem et graciam. Sciatis quod nos assignavimus Iohanni Dominicib civi valentino, super peita* de Alfaiarino,c quingentos solidos iaccenses quos sibi debemus cum albarano.*

Unde vobis dicimus et mandamus firmiter quatenus in hoc sibi nullum impedimentum faciatis. Immo, de prima peita quam ibi iactabimus, donetis et faciatis donari iam dicto Iohanni Dominici, et cui vel quibus ipse mandaverit loco sui, predictos quingentos solidos, ita quod inde primo fiat sibi solucio quam alicui alii persone. Et hoc aliquatenus non mutetis. Quibus solutis, recuperetis albaranum predictum quem habet a nobis.

Datum Ilerde, VIII idus Septembris, anno domini MCCLVII.

a) Original title, semiboxed: *Albaranus Iohanni Dominici de Valencia super peita de Alfaiarino.*

b) MF: *de Denia* (!).
c) T: *Alfaye-*; title: *Alfaya-*. Alfajarín is just southeast of Zaragoza.

28a

Lérida. 13 September 1257.
Reg. 9, fol. 37v. MF: 30.

Commands (E)ximèn [Jimeno (Eximeno)] de Foces, king's lieutenant over Valencia, to be at Almudébar a week after St Michael's feast (September 29), 'with all the knights and your full force,' there to hear the king's strategic plans. A copy of this goes 'to all other magnates' (*rics homs*, Aragonese *ricos [h]ombres*) of Aragon.

Iacobus dei gracia etc., viro nobili et dilecto Eximino de Focibus tenenti locum nostrum in regno Valencie, salutem et dileccionem. Mandamus vobis firmiterb quatenus, octava die post proximum venturum festum Sancti Michaelis, sitis in Almudevarc cum omnibus militibus et toto posse vestro et tunc ibi nostrum arditum* habebitis, quid facere debeatis. Et hoc non mutetis aliqua racione.

DOCUMENT 29

Datum Ilerde, idus Septembris, anno domini MCCLVII.

Sub ista forma omnibus aliis richis* hominibus de Aragonia.

a) No title or flourish.
b) H: *et districte*.

c) Almudévar or Almudébar, near Huesca in Aragon.

29a

Lérida. 17 September 1257.
Reg. 9, fol. 37v. MF: 31.

Requires all his subjects of Polop, who are responsible for their castle, to administer and garrison it 'up to the time [the Muslim rebel] al-Azraq will leave the country'; they may use all revenues of the castle to this end.

Iacobus etc., fidelibus suis[b] universis hominibus de Polop, salutem et graciam. Sciatis quod placet nobis quod vos teneatis et custodiatis castrum de Polop; quare vobis dicimus et mandamus quatenus dictum castrum bene et fideliter custodiatis. Et nos ob graciam vestri volumus quod vos accipiatis reditus et exitus dicti castri, quousque Alazdracus exiverit de terra, et habeatis eos pro custodia dicti castri.

Datum Ilerde, XV kalendas Octobris, anno domini MCCL septimo.

a) Stained and worn at upper right. Cropped down right side.

b) H-C: *meis, Pop* (wrong castle: see following document).

30a

Lérida. 19 September 1257.
Reg. 9, fol. 39rv. MF: 32.

Confers upon 'Carròs [Carroz], lord of Rebollet,' in return for 40,000 Valencian sous, lifetime possession of the castles and towns of (Vall de) Laguart and Jalón, with their countrysides, villages, ovens, mills, revenues, and taxes (a dozen specified), though forbidding 'immoderate' taxation; the crown reserves nothing and is to contribute no expense money. This includes further the castle and town of Pop, for life; but its revenues and taxes go entirely to the crown, except for 300 silver besants yearly only 'while [the rebel] al-Azraq is in Our land'; then and later Carròs is to garrison it at crown expense. In all parts of the three regions he may settle Muslims in houses and farms temporarily or permanently. The three revert to the crown at his death, free of debt or encumbrance; all are in Valencia's Marina Alta region, as distinct from Polop of the preceding document in the Marina Baja region.

DOCUMENT 30

Noverint universi quod nos Iacobus etc. per nos et nostros damus et concedimus vobis, nobili et dilecto nostro Carrocio domino Rebolleti, diebus omnibus vite vestre, castra[b] et villas de Algarr[c] et de Exalone, cum alqueriis* et rahalibus* omnibus ad ipsa castra pertinentibus et debentibus pertinere, et cum furnis, molendinis, pratis, pascuis, venacionibus, piscacionibus, s[ilvis],[d] nemoribus, terris cultis et incultis, eremis[e] et populatis, et cum omnibus terminis et pertinenciis eorundem et cum questiis, peitis,* cenis, iusticiis civilibus et criminalibus, exercitibus et cavalcatis ac eorum redempcionibus, cum donis, serviciis, caloniis,* ademprivis,* çof[ris],*[d] et cum reditibus, exitibus, proventibus, et aliis iuribus omnibus que nos ibi habemus et habere et percipere debemus aliquo modo vel aliqua racione, ad vestras voluntates inde libere faciendas, sine aliquo nostro nostrorumque retentu; ita tamen quod nos vel nostri non teneamur [vobis][d] dare aliquid pro custodiis vel retencionibus castrorum ipsorum; nec immoderatas peitas, cenas,[f] questias, çofras, vel alias [exacciones][d] quaslibet extorqueatis ab habitatoribus predictorum castrorum vel terminorum eorum.

Item, per nos et nostros concedimus [et tradimus][d] vobis similiter in vita vestra castrum et villam de Pop, cum alqueriis et terminis omnibus ad ipsum castrum pertinentibus [et debentibus pertinere],[d] [*fol. 39v*] cum furnis, molendinis, pratis, venacionibus, silvis, nemoribus, pascuis, terris cultis et incultis, eremis[e] et populatis, ac omnibus pertinenciis suis, cum questiis, peitis, cenis,[f] donis, serviciis, ademprivis, caloniis, çofris, iusticiis civilibus et criminalibus, exercitibus et cavalcatis ac eorum redempcionibus, reditibus, exitibus, proventibus, et aliis iuribus omnibus que nos ibi habemus et habere ac percipere debemus aliquo modo vel aliqua racione; hac tamen condicione adiecta quod, dum Aladracus sit in terra nostra, vos habeatis de reditibus et exitibus iam dicti castri de Pop annis singulis CCC bisancios argenti pro custodia illius castri; et de toto residuo ipsorum redituum et exituum, proventuum, ac quorumlibet iurium aliorum respondeatis nobis et nostris et cui vel quibus nos mandemus.

Postquam autem Aladracus de terra exiverit, vos de omnibus reditibus, exitibus, proventibus, ac aliis iuribus omnibus predicti castri de Pop et terminorum eius respondeatis nobis et nostris integre, et cui vel quibus nos mandaverimus, ita quod nichil inde retineatis. Set teneatis ipsum castrum in vita vestra, sicut dictum est, et teneatis ibi ad ipsius custodiam et retencionem tot homines quot nos velimus et componamus vobiscum, et quod nos et nostri donemus vobis expensas et missiones pro ipsis. Et sic vos castra predicta omnia teneatis, prout superius dictum est, quam diu vobis fuerit vita comes.

Pro hiis autem donacionibus, confitemur nos habuisse et recepisse a vobis XL milia solidorum regalium, de quibus bene paccati* sumus ad voluntatem nostram, renunciantes omni excepcioni non numerate pecunie atque doli. Concedimus eciam vobis quod possitis dare et stabilire in castris et villis

29

DOCUMENT 31

predictis ac eorum alqueriis et terminis,^g Sarracenis et Sarracenabus^h tantum, domos et hereditates ad tempus et in perpetuum, ad commodum et salvamentum nostri et nostrorum.

Nos enim omnes donaciones et stabilimenta que ibi facietis semper ratas habebimus atque firmas, dum tamen[i] facte sint ad utilitatem et salvamentum nostri et nostrorum. Post obitum vero vestrum, predicta castra et ville, cum omnibus terminis ac pertinenciis suis, sine onere debitorum ac sine aliquo alio obligamento et impedimento, nobis et nostris libere revertantur.

Datum Ilerde, XIII kalendas Octobris, anno domini MCCL septimo.

a) Original title, semiboxed: *Carta donacionis facte Carrocio, de Alaguar et aliis castris in vita sua.* IP flourish. Trim down right cuts away a half dozen words. Top right of verso is badly worn and stained.
b) T: -*as*, with final s deleted.
c) Sic; double r clarified by accents; in title: *Alaguar*. MF interprets as Algar.
d) MSup.
e) T: *he*-.
f) T: ϛe-.
g) Repeated: *dare et stabilire* down to *terminis*, then a third time *dare et stabilire*.
h) Sic (like doc. 129, note c), an invented form, medieval adaptation as in classical *filiabus* (below in doc. 231, note j).
i) Deleted: second *tamen*.

31a

Lérida. 19 September 1257.
Reg. 9, fol. 38. MF: 33.

Appoints Garcia Pere (Peris) [García Pérez] de Castalla[b] to the office of police superintendent and criminal prosecutor (*sobrejunter*) for Valencia below the Júcar 'as far as the country and governance of the king of Castile,' excepting Gandía and Denia, to serve at the king's will. Orders all subjects to accept and when necessary help him, for the defense and good of the realm; and every place with a market is to pay him ten Valencian sous yearly, and every other town or place five sous.

Quod nos Iacobus etc. damus et concedimus vobis, Garcie Petri de Castaylla,[b] superiunta[r]iam* totam ab integro omnium villarum, castrorum, et locorum que sunt a flumine Xucari ultra, quantum regnum Valencie durat et protenditur ex omnibus partibus usque in terram et dominacionem regis Castelle, exceptis villis de Candia et de Denia; ita quod vos sitis inde superiunctarius,* et faciatis et exerceatis recte et bene ibi quecumque pertineant ad officium superiuntarie; firmiter statuentes quod pro vestro officio et labore donent et solvant vobis annis singulis homines singularum villarum seu castrorum et locorum in quibus mercatum[c] celebretur singuli[d] decem solidos usualis monete, et homines singularum villarum et castrorum ac locorum in quibus mercatum[c] non celebret[ur] singuli[d] tantum quinque solidos.

DOCUMENT 32

Et sic habeatis et teneatis predictam superiuntariam, quam diu nostre voluntati placeat; manda[ntes]^c universis hominibus predictorum locorum omnium, presentibus et futuris, quod vos habeant et teneant pro superiuntario suo et vos ad[iuvent] et sequantur^f in hiis que sint ad commodum et defensionem illius terre quandocumque et quocienscumque^g a vobis fuerint requisiti, ac vobis d[e]^c predictis denariis et cui vel quibus vos volueritis respondeant, non expectato alio mandato nostro.

Datum Ilerde, XIII kalendas O[ctobris],^{e} anno domini MCCL septimo.

a) Original title unboxed, under tape but visible by back lighting: *Carta superiuntari[e] Garcie Petri de Castaylla de terra ultra Xucarum*; modern title: *Garcia Pedro* [sic] *de Castalla*. Trim at right loses letters and words. Upper left, water damaged, apparently has some modern overtracing.

b) See the forms in docs. 68, 405 (*Castaylla*), 81 (*-tella*), and 204 (*-talla*). This is the Valencian castle of Castalla near Alcoy.
c) Medieval variant of *-tus*.
d) T: *-los*.
e) MSup.
f) Deleted: otiose overstroke.
g) T: not *quocies-*.

32ª

Lérida. 21 September 1257.
Reg. 10, fol. 19v. MF: 34.

Arranges for the Valencian citizen Bernat d'Arrom (or perhaps Romà) [Bernardo Román or Romano]^b to receive 2,500 Valencian sous, owed by the crown out of 5,000 promised, by assuming ownership of Olocaiba castle and countryside (Castell d'Olocaiba, near Pedreguer: cf. Castellet de l'Ocaibe, and Olocaibe), with all revenues and taxes (including the seven specified) until paid. The crown had repurchased from him, for 5,000 sous, the perpetual annuity of 500 it had given to his father Bartomeu [Bartolomé] and his heirs from the revenues of Planes castle; but so far it had paid only half the purchase price, while recovering 'the deed of gift.' Christians and Muslims of Olocaiba are to obey and pay taxes to him as though to the king, and only the king may conduct an audit.

Confitemur et recognoscimus nos debere vobis Bernardo de Roma civi Valencie et vestris duo milia et D solidos regalium Valencie, qui remanent vobis ad solvendum de V milibus solidorum regalium quos dedimus vobis pro emenda* D solidorum regalium quos olim dederamus annuales in perpetuum Bartholomeo patri vestro et suis super reditibus castri de Planis, cuius donacionis instrumentum nos postmodum recuperavimus a [vo]bis.

Pro quibus II milibus et D solidis regalium obligamus per nos et nostros, ac tradimus in presenti vobis et vestris, castrum de Olocaiba cum alqueriis,* pascuis, venacionibus, et terminis ac pertinenciis suis omnibus, cum peitis,* cenis, redempcionibus exercituum et cavalcatarum, et cum reditibus, exitibus, proventibus, iusticiis, caloniis,*c çofris,* et omnibus aliis iuribus que nos ibi habemus et percipimus, ac percipere et habere debemus, aliquo modo vel aliqua racione, ita quod predictum castrum cum omnibus supra dictis et singulis tam diu habeatis, teneatis, et percipiatis vos et vestri in solucionem iam dicti debiti donec in eis sit vobis et vestris de eo debito plenarie satisfactum.

Promittentes vobis in bona fide nostra quod ibi vobis vel vestris aliquid non emparabimus* nec tangemus, nec tangi vel accipi ab aliquo permittemus; immo faciemus vos et vestros totam integre predictam obligacionem habere, tenere, et in pace percipere quousque de toto iam dicto debito sitis plenarie persoluti. Mandantes universis hominibus eiusdem castri et terminorum eius presentibus et futuris, tam Christianis quam Sarracenis, quod vobis obediant et respondeant de omnibus iuribus nostris sicut nobis respondere tenentur, donec de toto iam dicto debito sitis bened paccati.* Et de premissis omnibus computetis et teneamini computare nobiscum et non cum aliqua alia persona.

Datum Ilerde, XI kalendas Octobris, anno domini MCCL septimo.

a) Original title, semiboxed: *Albaranus Bernardi de Roma super castro de Olocaiba quod tenet inde*; but here and in text: *Olocayba*.
b) If a toponym, de Roma (Rome) or even de (Vall de) Rom near the Coll de Panissars. Rom is also a form of Arrom (ar-Rumī, 'the Christian') as well as a surname in itself; (de) Romà or Roman is another surname ('a Roman').

c) Part of the tax list is repeated here twice; between *caloniis* and *çofris* comes: 'redempcionibus exercituum et cavalcatarum et cum reditibus, exitibus, proventibus, iusticiis, caloniis, çofris, redempcionibus exercituum et cavalcatarum, et cum reditibus, exitibus, proventibus, iusticiis, caloniis.'
d) Smeared.

33a

Lérida. 21 September 1257.
Reg. 9, fol. 38v. Not in MF.

The same text as in document 32, with slight variations and entered into a different register. The text breaks off, perhaps because the scribe came to know of the earlier registration.

Confitemur nos debere vobis Bernardo de Romab civi Valencie et vestris duo milia et D solidos regalium Valencie, qui remanent ad solvendum de quinque milibus solidorum regalium, quec dedimus vobis pro emenda* D solidorum regaliumd quos olim dedimuse an[nuales] in perpetuum Bartholomeo patri vestro et suis super reditibusf castri de Planis, cuius donacionis instrumentum nos postmodum recuperavimus a vobis.

Pro quibus II milibus et D solidis regalium obligamus per nos et nostros, ac tradimus in presenti vobis et vestris.g

[Datum Ilerde, XI kalendas Octobris, anno domini MCCLVII].h

a) Canceled by a line of a half-dozen loops. No titles.
b) First letter ambiguous.
c) Above as *qui (solidi)*, but here as *que (milia?)*.
d) Deleted: *pro quibus dedimus.*
e) T: *dedimus* with (otiose?) overstroke; *dederimus* for *dederamus?*

f) T: *reddi-*.
g) Document breaks off; but see complete text in doc. 32.
h) Previous item is *XII kalendas Octobris*, following is *eodem in anno IX kalendas Octobris*; but see date on doc. 32.

34a

Lérida. 21 September 1257.
Reg. 10, fol. 20. MF: 35.

Tells Pala(h)í (Palasí) [Palazín]b de Foces to maintain 'ten men regularly to garrison the castle of Alpuente which you hold,' and promises to give him 150 Valencian sous per soldier every year for combined 'sustenance and salary.'

[Iacobus etc. d]amus et concedimus vobis, nobili et dilecto Palazino de Focibus, quod de cetero teneatis decem homines continue a[d] custodie[ndum] castrum de Alpont quod vos tenetis; pro[m]ittentes vobis quod dabimus vobis pro unoquoque illorum hominum annis singulis CL solidos regalium Valencie, inter comestionem et soldatam.*
Datum Ilerde, XI kalendas Octobris, anno domini MCCL septimo.

a) Modern title: *Palavecini de Focibus.* Mounting tape and holing obscure the original title; the title on verso frustrates recovery by back-lighting. Left top of script is holed; some staining and damp damage.

b) MI prefers Palahí as Catalan equivalent of this Aragonese name, Soldevila Palasín and Palasí. Both are Catalan surnames; as a surname it appears in doc. 292. The Palavicini of the modern title were a different family, of Italian origin, only later in Valencia.

35a

Lérida. 21 September 1257.
Reg. 10, fol. 20. MF: 36.

Records a successful crown audit of 'all expenses and disbursements' by the same Pala(h)í de Foces 'in the administration and improvements' at Alpuente castle since his taking command. From a reckoning of mutual debts involved, the crown owes him 2,000 Jaca sueldos. As usual, future claims arising from factors overlooked are waived.

Pateat universis quod nos Iacobus etc. confitemur et recognoscimus quod vos nobilis et dilectus noster Palazinus de Foçibus computastis nobiscum de expensis omnibus et missionibus quas fecistis in custodia et in operibus castri de Alpont a die qua ipsum emparastis* usque in present[em] diem, et de omnibus debitis que nos vobis debuimus et que vos nobis debuistis umquam usque in hodiernam diem aliquo modo vel aliqua racione; et facto recto et diligenti computo de omnibus supra dictis inter nos et vos, est certum quod debemus vobis restituere duo milia solidorum iaccensium, quos promittimus vobis et vestris solvere in pace.

Habentes nos igitur de predicto computo per bene paccatos* et contentos, et renunciantes errori calculi ac omni iuri et consuetudini quod contra illud venire [po]sset, vos et vestros et omnia bona vestra mobilia et immobilia ubi\cum/que sint inde penitus et perpetuo absolvimus et liberamus; ita quod vos vel vestri umquam nobis vel nostris super predictis vel eorum aliquibus non teneamini respondere in aliquo nec aliud computum[b] reddere vel racionem.

Datum Ilerde, XI kalendas Octobris, anno domini MCCL septimo.

a) Original title, semiboxed: *Albaranus Palazini de Focibus, racione castri de Alpont.* b) T: *-potum*; harmonized with previous spellings.

36a

Lérida. 24 September 1257.
Reg. 9, fol. 39. MF: 37.

Empowers Bernat [Bernardo] Escrivà, bailiff of Valencia, to distribute all properties available in the town and region of Denia to any settlers he chooses, either in perpetuity or temporarily, providing he acts for the advantage of the crown; past and future distributions here are ratified.

Quod nos Iacobus etc. per nos et nostros damus et concedimus vobis, fideli nostro Bernardo Scribe[b] baiulo Valencie, plenam licenciam et potestatem dandi et stabiliendi in villa et terminis de Denia domos et hereditates et quascumque alias possessiones, que in villa et terminis predictis fuerint dande sive stabiliende; dantes vobis licenciam quod possitis eas dare et stabilire ad[c] tempus et in perpetuum quibuscumque personis volueritis, dum tamen feceritis ad commodum et salvamentum nostri et nostrorum; promittentes vobis quod quicquid per vos ibi factum fuerit ad commodum et utilitatem nostram, sive datum aut stabilitum, firmum habere promittimus atque ratum, dum tamen sit factum ad utilitatem et commodum nostri et nostrorum.

Datum Ilerde, VIII kalendas Octobris, [anno domini MCCLVII].

a) Original title, semiboxed: *Licencia data Bernardo Scribe quod possit dare et stabilire in Denia et terminis eius.* IP flourish. Closely trimmed at right. b) See doc. 9, note b. c) T: *at*.

37a

Lérida. 24 September 1257.
Reg. 9, fol. 40v. MF: 38.

Transfers to Alaman (Alemany) de Roda [Alemán de Roda, or Rueda] six jovates of land in the Ondara region, previously confiscated from Jaume (Jacme) [Jaime de] d'Alà[b] because of non-claiming and non-residence. He is to hold it in perpetuity and exempt, but on three conditions: (1) to sell all his non-Valencian properties; (2) to maintain his chief residence (*capud maius*) here; (3) not to sell during his lifetime, but to leave it to his children or relatives, or to a person of equal status.

Per nos et nostros damus et concedimus per hereditatem propriam, francham,* et liberam vobis Alamanno de Roda et vestris in perpetuum sex iovatas* terre, quas Iacobus de Alla habebat ex donacione nostra in termino Ondare; quas quidem ipse Iacobus amisit propter absenciam, quia ibi non fecit residenciam nec fuit diebus et terminis assignatis.

Predictas itaque sex iovatas terre damus vobis et vestris cum introitibus, exitibus, et suis pertinenciis omnibus a celo in abissum ad habendum, tenendum, possidendum, et expletandum, [et] dandum, vendendum, alienandum, impignorandum, et ad omnes vestras vestrorumque voluntates cui et quibus volueritis libere perpetuo faciendas, exceptis sanctis et clericis ac personis religiosis; ita tamen quod eas non vendatis nec aliter alienetis umquam aliquo tempore vite vestre.

Set in obitu vestro possitis eas dimittere vel dare filiis vel parentibus vestris aut persone vobis consimili in regno Valencie residenciam facienti. Et omnes possessiones quas habetis extra regnum Valencie vendatis; et de precio quod de ipsis habueritis, ematis possessiones in regno Valencie, et ibi semper vestrum caput[c] maius teneatis.

Datum Ilerde, VIII kalendas Octobris, anno domini MCCLVII.

a) Original title, boxed: *Carta donacionis hereditatis Alamani de Roda.* Modern title at left: *In termino de Ondara.* IP flourish.
b) Probably not Alà (Cerdagne toponym) but either Ala or Alà. Besides Catalan Roda, Aragonese Roda and Rueda are separate toponyms and families.
c) T: -*ud*.

38a

Lérida. 24 September 1257.
Reg. 9, fol. 39v. MF: 39.

Dismisses 'every penalty you incurred,' and all legal action the crown might ever apply to Carròs [Carroz] the lord of Rebollet and his nephew Andreuel·lo [Andresito], or to their possessions, 'by reason of certain Saracens of Denia whom Andreuel·lo sold.'

Per nos et nostros remittimus, absolvimus, et definimus[b] vobis, nobili et dilecto nostro Carrocio domino Rebolleti, et vobis Andreolo nepoti eius, et vestris in perpetuum omnem penam quam incurristis, et omnem questionem et demandam quam contra vos vel bona vestra movere au[t] facere possemus, racione quorundam Sarracenorum de Denia, quos vos Andreolus vendidistis; ita quod nos vel nostri non possimus contra vos vel bona vestra racione predictorum Sarracenorum questionem aliquam facere vel demandam, nec vos vel vestri teneamini umquam nobis vel nostris inde in aliquo respondere, set sitis inde cum omnibus bonis vestris habitis et habendis liberi penitus et immunes.

Nos enim vobis et vestris super eis finem et pactum facimus de non petendo, sicut melius dici potest et intelligi, ad commodum et salvamentum vestri et vestrorum.

Datum Ilerde, VIII kalendas Octobris, anno domini MCCL septimo.

a) Original title, semiboxed: *Absolucio facta Carrocio, et Andree nepoti eius, super Sarrace-nis venditis de Denia*. Some wear at left. Closely cropped.
b) T: *diffi-*.

39a

Lérida. 24 September 1257.
Reg. 10, fol. 20v. MF: 40.

Records the successful audit of revenues, rents, and taxes (including eight specified) collected by Carròs [Carroz] the lord of Rebollet in all his castles, towns, and places ever held from the crown, especially Denia, Segàr(r)ia (Segarra), (Vall de) Laguart, Pop, Jalón, Calpe, Castell d'Olocaiba (see doc. 32), and Polop; this covers as well expenses, disbursements, and mutual debts, so that 'each owes the other nothing' and possible future claims are waived.

Confitemur et recognoscimus quod vos Carrocius dominus Rebolleti reddidistis nobis rectum et legale compo[tum] de omnib[us redi]tibus, exitibus, ce[nsuali]bus, s[er]viciis, percac[iis,* pe]itis,* cenis,[b] av[e]nturis,* çofris,* iusticiis, caloniis,* et quibuslibet aliis iuribus et proventibus quos recepistis vel habuistis de castris et villis Denie, Segarrie, Alaguar, Pop, Exalo, Calp, Olocaiba,[c] et Polop, et de omnibus aliis locis que umquam pro nobis tenuistis usque in hodiernum diem, et de omnibus expensis, datis, et missionibus et custodiis dictorum castrorum et locorum. Unde facto diligenti compoto et recto inter nos et vos, tam super predictis [o]mnibus et singulis quam super omnibus debitis que umquam vobis debuimus usque in hunc presentem diem, ac coequatis receptis cum expensis et datis, est certum quod ita remanemus^d equaliter quod nichil alter alteri debet restituere nec tenetur.

Habentes igitur et tenentes nos de toto predicto compoto per bene paccatos* et contentos ad voluntatem nostram,^e ac renunciantes errori calculi et omni consuetudini et iuri quod contra hoc compotum insurgere vel valere posset, ideo per nos et nostros vos et vestros cum omnibus^f bonis vestris mobilibus et immobilibus habitis et habendis inde penitus et perpetuo absolvimus et liberamus, ac clamamus et pronunciamus quitios* et absolutos, facientes vobis et vestris super predictis omnibus et singulis bona fide finem et pactum perpetuum de non petendo, ita eciam quod de cetero super eis vos vel vestri non teneamini nobis vel nostris iterum compotum reddere vel racionem, nec in aliquo [res]pondere. Nec nos vel nostri possimus vobis vel vestris aliquam questionem facere vel demandam; immo nobis et nostris perpetuum duximus silencium imponendum.

Datum Ilerde, VIII kalendas Octobris, anno domini MCCL septimo.

a) Original title, semiboxed: *Carta abso-[lucio]nis Carrocii, super compoto f[ac]to de omnibus cum domino rege*. Damp damage and wear in upper left section, obscuring the text; spreading ink stains within letters; holes especially at right and top.

b) T: ҫe-.
c) T: -cayda (!).
d) Possibly *remaneamus* (stroke indicates vowels).
e) T: *vestram*.
f) Repeated: *cum omnibus*.

40ª

Lérida. 25 September 1257.
Reg. 10, fol. 20. MF: 41.

Appoints Domènec Mateu [Domingo Mateo] to receive the taxes (*peites*) and hospitality fees of Onteniente and Albaida, until he recovers in full the 600 Jaca sueldos owed for 150 rams purchased from him at Zaragoza; and orders the residents to pay him.

Nos Iacobus etc. confitemur et recognoscimus nos debere tibi Dominico Mathei habitatori de Ontinent sescentos^b solidos iaccenses, pro centum quinquaginta arietibus quos a te habuimus in Cesaraugusta. Quos DC solidos assignamus tibi et tuis habendos et percipiendos in peitis* et cenis de Ontinent et de Albayda, ita quod dictas peitas et cenas^c tam diu percipias, donec de toto predicto debito sit tibi et tuis in eis plenarie satisfactum.

Mandantes universis hominibus predictorum locorum, presentibus et futuris, quod de i[psi]s peitis et cenis tibi et tuis respondeant fideliter et integre, donec de predictis denariis [sitis]^d tu et tui plenarie persoluti, non expectato^e alio mandato nostro.

Datum Ilerde, VII kalendas Octobris, anno [domini] MCCLVII.

DOCUMENT 41

a) Original title, semiboxed: *Albaranus Dominici Mathei de Ontynent super cenis et peitis de Ontynent et de Albayda.* Trimmed, with only two words lost at right margin. In title *Ontyne* with overstroke, in text *Ontinen* with stroke, for *Ontinyen(t)*?
b) T: *sexc-*. c) T: *çe-*.
d) MSup. e) T: *spe-*.

41a

Lérida. 25 September 1257.
Reg. 10, fol. 20v. MF: 42.

Promises 'Our knight' Gauter d'Arrom (or perhaps Romà) [Gualterio Román or Romano]b 300 Alfonsine morabatins to aid his transition whenever he delivers up his Valencian castles.

Promittimus vobis Gauterio de Roma militi nostro quod, quandocumque vos quitetis* castra vestra que habetis in regno Valencie, nos dabimus vobis in auxilium ipsius quitacionis CCC morabatinos* alfonsinos.
Datum Ilerde, VII kalendas Octobris, anno domini MCCL septimo.

a) Original title, semiboxed: *Promissio Gauterii de Roma facta de CCC morabatinis.*
b) On this name, see doc. 32, note b.

42a

Lérida. 26 September 1257.
Reg. 9, fol. 41. MF: 43.

Awards the governance of Calpe castle, town, and territory to Pere Martí(niç) [Pedro Martín(ez)] Perixolo,b to continue at the king's pleasure. He is to maintain a regular garrison of fifteen men, receiving 150 Valencian sous yearly for the sustenance and salary of each, and supplies for three pack-animals.

Commendamus et tradimus vobis, Petro Martini Perixolo, castrum et villam de Calp cum omnibus terminis et pertinenciis suis. Et volumus quod teneatis ibi pro custodia illius castri XV homines continue, quam diu placeat nobis. Et dabimus vobis pro unoquoque predictorum hominum singulis annis CL solidos regalium Valencie, pro comestione et soldada.* Et promittimus vobis dare porcionem ad III bestias, dum ipsum castrum teneatis pro nobis.
Datum Ilerde, VI kalendas Octobris, anno domini MCCLVII.

a) Original title, semiboxed: *Carta facta Petro Martini Pedrixolo, de commendacione castri de Calp.* Worn and stained at left side, cropped; water damage on right side of text.
b) King Jaume's *merino* at Huesca was Martí de Peroxolo, Peroixolo, and Pereyxolo, variants of this name (*Llibre dels feyts*).

43a

Lérida. 4 October 1257.
Reg. 9, fol. 42v. MF: 44.

Grants 'all those buildings' in Alcira as an estate in perpetuity to Guillem [Guillermo] de Llauró[b] and his wife Alvira [Elvira], without cost so as to compensate for 'expenses and outlay' invested. Llauró had mistakenly purchased them from Alfons (Anfós) [Alfonso] Figuera and his wife; but the crown had already confiscated them on account of non-residence and had given them to Muslim tenants.

Quod nos Iacobus etc. per nos et nostros damus et concedimus per hereditatem propriam, francham,* et liberam vobis Guillelmo de Lauro et uxori vestre Alvire et vestris in perpetuum illas domos omnes ab integro, quas emistis ab Alfonso Fig[u]era et uxor[e] sua, que sunt in Algezira, quas quidem domos ipsi amiserant propter absenciam.

Predictas itaque [d]omos vobis et vestris damus in perpetuum, cum introitibus et exitibus et cum suis pertinenciis omnibus a celo in abissum (pro emenda* expensarum et missionum quas feceratis in hereditate quam emeratis a predictis Alfonso et uxore sua, quam quidem hereditatem nos a vobis accepimus et dedimus Sarracenis pro eo quia iidem Alfonsus et uxor sua eam amiserant propter absenciam) ad habendum, tenendum, possidendum, expletandum, dandum, vendendum, alienandum, et ad omnes vestras vestrorumque voluntates cui et quibus volueri[tis] libere perpetuo faciendas, exceptis sanctis et clericis, militibus et personis religiosis.

Datum Ilerde, IIII nonas Octobris, anno domini MCCL septimo.

a) Original title, semiboxed: *Carta donacionis Guillelmi de Lauro et uxoris sue Alvire, de quibusdam domibus in Algazira.* IP flourish. Holed at right side.
b) H and MF: Lauro.

44a

Lérida. 6 October 1257.
Reg. 10, fol. 22v. MF: 45.

Assigns 6,750 Valencian sous to be recovered half-and-half from the annual revenues of Játiva and Valencia city bailiates, for the time being, to pay the lieutenant of the Valencian kingdom (E)ximèn [Jimeno (Eximeno)] de Foces for Pertusa and the Barbastro Jewry, since the crown had purchased both places from or through him as a gift for Prince Alfons (Anfós) [Alfonso].

Quod nos Iacobus etc. recognoscimus et confitemur nos debere vobis, nobili et dilecto nostro Eximino de Focibus tenenti locum nostrum in regno Valencie, sex milia septingentos quinquaginta solidos regalium Valencie, racione emende* Pertuse et Iudeorum Barbastri, que loca dedimus infanti Alfonso karissimo filio nostro.

Quorum medietatem [solidorum] assignamus vobis habendos et percipiendos singulis annis super reditibus et exitibus baiulie Valencie, et reliquam medietatem assignamus vobis habendos et percipiendos similiter annis singulis super reditibus et exitibus baiulie Exativ[e]],[b] donec nos[c] alibi vobis donemus emendam pro ipsis.

Mandantes baiulis Valencie et Exative, presentibus et futuris, quod de predictis denariis vobis et cui vel quibus volueritis singulis annis respondeant, ut superius continetur, non expectato alio mandato nostro.

Datum Ilerde, II nonas Octobris, anno domini MCCLVII.

a) Original title, semiboxed: *Albaranus Eximini de Focibus super reditibus baiuliarum Valencie et Xative.*

b) MSup.
c) T: *vos.*

45a

Lérida. 10 October 1257.
Reg. 10, fol. 10v. MF: 46.

Confirms in perpetuity to Berenguer Dalmau [Dalmacio] the exchange stall in the Valencia city banking center (*canvi*), previously held by Domènec [Domingo de] d'Agde but transferred by (E)ximèn Pere (Peris) d'Arenós [Jimeno (Eximeno) Pérez de Arenoso][b] in a charter stipulating two Alfonsine morabatins' rent.

Pateat universis quod nos Iacobus etc. per nos et nostros laudamus, concedimus, et confirmamus vobis Berengario Dalmacii civ⟨i⟩ Valencie et vestris in perpetuum illam donacionem et stabilimentum quod Eximinus Petri de Arenoso, tenens locum nostrum in regno Valencie, de quadam tabula, quam olim Dominicus de Agde campsor* Valencie habebat in cambio ipsius civitatis Valencie, vobis fe⟨cit⟩ ad censum duorum morabatinorum* alfonsinorum, prout in instrumento inde confecto lacius et plenius continetur. Mandantes, etc.

Datum Ilerde, VI idus Octobris, anno domini MCCLVII.

a) Original title, semiboxed: *Carta confirmacionis Berengarii Dalmacii de Valencia de quadam tabula in cambio Valencie.* IP flourish. Badly worn down left side.

b) Formerly de Tarazona, until given the Valencian castle and barony of Arenós, near modern Pobla d'Arenós [Puebla de Arenoso].

46ᵃ

Camarasa. 15 October 1257.
Reg. 10, fols.10v-11. MF: 47.

Gives to Simó Pere (Peris) [Simón Pérez de] d'Arnedo the buildings in Alcira of Guillem [Guillermo] de Cabirac, and an estate in the city's territory at Algerós of the esquire Ermengod [Ermengaudo]. Both properties had reverted to the crown because these settlers 'did not come to take up residence on the assigned days and places.' The buildings are bounded by a public road, the king's baths, and buildings of Bonanat de G(u)ia [Guía]; the estate is bounded by a canal, a hilly sector, and the properties of Babot and the Jew Musa (Arabic Mūsā, Catalan Moisès or Mossè [Moisés]).

Pateat universis quod nos Iacobus etc. per nos et nostros damus, concedimus, et assignamus per hereditatem propriam, francham,* et liberam tibi Simoni Petri de Arnedo et tuis quasdam domos in Algezira que fuerunt Guillelmi de Cabirac, et totam illam hereditatem quam Ermengaudus scutifer habebat in termino Algezire in loco vocato Algerof.ᵇ Quas domos et hereditatem dictus Guillelmus de Cabirac et dictus Ermengaudus scutifer propter absenciam perdiderunt, quia non veneruntᶜ facere residenciam personalem in Algezira, diebus et terminis assignatis a nobis. Que domus affrontant in domibus Bonanati de Gia, et in balneis nostris, et in via publica. Hereditas autem affrontat in terra Baboti,ᵈ et in terra Muse Iudei, et in cequia,*ᵉ et in ⟨m⟩ontanea.ᶠ

Predictas itaque domos et hereditatem tibi damus et tuis, sicut in predictis includuntur affrontacionibus, cum introitibus, exitibus, et suis iuribus et pertinenciis universis a celo in abissum, ad habendum, tenendum, possidendum, ex⟨ple⟩tandum, vendendum, al[[i]]enandum, et ad omnes tuas tuorumque voluntates cui et quibus vol[[u]]eritis libere perpetuo faciendas, ex[*fol.11*]⟨ceptis militibus, clericis, et personis religiosis. Immo sitis inde cum omnibus bonis)ᵍ vestris mobilibus et immobilibus, habitis et habendis, liberi perpetuo et absoluti sicut mel[[ius]]ʰ ⟨dici vel intelligi potest ad vestrum⟩ vestrorumque profectum. Mandantes etc.

Datum apud Camarasam, idus Octobris, anno d[[omini]]ʰ ⟨MCCLVII⟩.

a) Original title, semiboxed: *Carta donacionis hereditatis Simonis Petri de Arnedo in Alyacira*. IP flourish. Fol. 11 has all the text overtraced by later hand, with line endings and horizontal strokes supplied.
b) Clearly an f, though the scribe may have intended the proper s; cf. the initial s and medial f in *scutifer* also below it.
c) T: *pdidert* and *venert* with abbreviatory strokes; tense and mood uncertain.
d) On the name, and probably this person, see doc. 96.
e) T: *ϛe-*.
f) T: *-ana* with horizontal overstroke on last three letters; perhaps Catalan *montanya*.
g) Conjectural in good part.
h) MSup.

47a

Lérida. 29 October 1257.
Reg. 10, fol. 23. MF: 48.

Allows Zaragoza's bailiff Jahudà (Jafudà, Judà: Yĕhūdāh) b. Lavi de (la) Cavalleria [Caballería] to recover 3,000 Jaca sueldos from his earliest collections of crown revenues there. The crown originally owed the sum to Pala(h)í (Palasí) [Palazín] de Foces, to recover his administrative and other expenses of Alpuente castle; but since Palahí owes Jafudà an equal sum, the crown had become Jafudà's debtor directly.

Nos Iacobus etc. recognoscimus et confitemur debere vobis Iahudano[b] de Cavalleria, baiulo Cesarauguste, tria milia solidorum iaccensium, in quibus nos vobis instituimus debitores pro Palazino[c] de Foçibus, cui debebamus tria milia solidorum racione custodie et expensarum quas fecit in castro de Alponte, et ipse eos denarios vobis debebat.

Que III milia solidorum assignamus vobis et vestris habenda et recipienda in primis collectis quas facietis pro nobis et[d] in reditibus baiulie Cesarauguste quam pro nobis tenetis.

Datum Ilerde, IIII kalendas Novembris, anno domini MCCL septimo.

a) Original title, semiboxed: *Albaranus Iahudani, super baiulia Cesarauguste, de III milibus solidorum racione Palazini de Focibus.*
b) T: J form of I.
c) Rather z than ç at center.
d) Sic.

48a

Lérida. 30 October 1257.
Reg. 9, fol. 43v. MF: 49.

Appoints Guillem [Guillermo de] d'Anglesola (Latin Angularia) to take over the castle, town, region, and crown revenues of Segorbe for the next three years. Deducting expenses, especially for maintaining a garrison of eight, he must return to the crown a flat fee of 2,400 Valencian sous the first year, and 2,500 in each of the following years, but annually send 900 Jaca sueldos from this to the king's secret wife Teresa Gil (de Vidaure).

Nos Iacobus etc. commendamus et tradimus vobis, dilecto nostro Guillelmo de Angularia,[b] castrum et villam de Sogorb, cum omnibus terminis et pertinenciis suis, et cum reditibus, exitibus, proventibus et aliis iuribus omnibus eius, hinc ad III annos primo venturos et continue completos; ita quod vos teneatis ibi ad custodiam castri predicti VIII homines continue.

Et deductis expensis et missionibus predictorum VIII hominum (et omnibus aliis que facietis in ret[enc]ione ipsius castri) quas vos faciatis,[c] donetis

DOCUMENT 49

et teneamini inde dare nobis et nostris pro isto \primo/ anno II milia CCCC solidos regalium, quitios* et absolutos; et de unoquoque predictorum duorum annorum subsequencium, II milia et D solidos regalium; hoc tamen addito et intellecto, quod in unoquoque predictorum III annorum donetis de predictis denariis DCCC solidos iaccenses dompne Taresie[d] Gil et cui vel quibus ipsa mandaverit loco sui.

Datum Ilerde, III kalendas Novembris, [anno domini MCCLVII].

a) Original title, semiboxed: *Carta Guillelmi de Angularia, super commendacione castri de Sogorb*.
b) This *Angul-* is more usually *Angle-* in Catalan, and variants for the Catalan family and castle of Anglesola include Anglarola, Angulariola. H translates the name as Anglaria.
c) Sic: *que, quas*, and repeated verb.
d) Or: *Ter-?*

49a

Lérida. 30 October 1257.
Reg. 9, fol. 43v. MF: 50.

Confirms the Aragonese Gonsal(bo) Llop(is) [Gonzal(v)o López] de Pomar as castellan-governor (*alcait*) of Játiva; he is to draw the recompense stated in his contract from the Játiva bailiate, especially from the salt monopoly, dyeworks, and Moorish jurisdiction. After the bailiff auctions these revenues, their buyers are to pay Gonsal directly; the bailiff is to recover any surplus for the crown, and to supplement any deficiency by assigning revenues similarly elsewhere.

[Nos Iacobus etc.] concedimus et assignamus vobis Gonçalvo[b] Lupi de Pomar alcaido* castri Xative ⟨custodiam eius; et⟩ promittimus et damus pro custodia predicti castri secundum quod in carta quam inde a nobis habetis plenius continetur, super denariis ⟨baiulie⟩ Xative et super denariis salis, tinturarie, et morarie* eiusdem loci; ita quod postquam reditus \et/ exitus omnium predictarum[c] rerum et singul⟨arum⟩ annis singulis per baiulum nostrum venditi fuerint et collocati, emptores eorum intrent vobis per manus et obligent se vobis pro preciis empcionum ipsarum, vobis solvendis per tres[d] terminos ut est hactenus consuetum, ut vos et ille et illi quos vos volueritis recipiatis et colligat⟨i⟩s ipsos denarios usque ad summam \quam vos habere et recipere debetis pro castri iam dicti custodia annuatim, hoc tamen addito quod si aliquid inde defecerit, usque ad summam/[e] predictam quam vos debetis recipere, baiulus noster Xative assignet vobis complementum in aliis locis, terris, et bonis ibidem, ut vos colligatis et faciatis colligi ad manum vestram. Si vero aliquid inde superaverit, baiulus noster predictus[f] retineat ad opus nostri illud quod superabit de eo.

DOCUMENT 50

Mandantes baiulo nostro Xative presenti atque futuris quod contra hanc concessionem et assignacionem nostram non veniant aliqua racione; immo eam observent, omni excusacione remota.

Datum Ilerde, III kalendas^g Novembris, anno domini MCCL septimo.

a) Title trimmed off, with part of its frame remaining. Badly deteriorated, especially at top, and difficult to read. H version mutilated: first lines and addressee omitted, kalends altered, *morarie* as *notarie*.
b) MF: Guillermo Alvaro(!).
c) T: *-torum*.
d) T: *tras* or *tres* with *er*-loop: otiose loop or *terras* in error?
e) The insert runs above two lines of script, in confusing mélange.
f) T: *-tos*.
g) Deleted: *nonas*.

50a

Barcelona. 8 November 1257.
Reg. 10, fol. 24. MF: 51.

On behalf of Ramon [Ramón] the king's falconer (apparently also surnamed Falconer) the crown assumes a debt of 220 Valencian sous owed to the Valencian citizen Ramon de Clapers, for 'one animal' (donkey or mule) bought by the crown as a gift (to the falconer: see note d). Assigns the debt to those mills in Valencia already held by Clapers to pay a previous debt owed by the royal scribe Mateu [Mateo], recovery to start as soon as that first debt is satisfied.

Nos Iacobus etc. recognoscimus et confitemur nos debere vobis Raimundo de Claperiis civi Valencie ducentos viginti solidos regalium, pro q[uibus]^b constituimus nos debitores et paccatores* vobis pro Raimundo falconerio^c cui^d eos dare debebamus pro una bestia quam sibi dedimus.

Qu[os]^b denarios assignamus vobis habendos et percipiendos in molendinis nostris Valencie, ita quod statim cum solutus fueritis de debito, quod [Ma]^{b}theus noster scriptor vobis debet et pro quo iam tenetis obligata ipsa molendina, percipiatis ex tunc reditus ipsorum molendinorum tanto t[empore]^b quousque de dictis CCXX solidis sitis inde plenarie persolutus.

Mandantes baiulo nostro Valencie quatenus^e contra predicta non veni[at],^{b} immo dicta molendina faciat vos et vestros habere et tenere.

Datum Barchinone, VI idus Novembris, anno domini MCCLVII.

a) Original title, semiboxed: *Albaranus Raimundi de Claperiis super molendinis Valencie*. Trimmed down right side, losing letters in each line.
b) MSup.
c) His office rather than, or as much as, his surname: see doc. 76.
d) The transcription of this section is exact, but the meaning is unclear. If *cui* has *vobis* as antecedent, the king bought the animal from Clapers for Falconer; but perhaps the king simply assumes the debt for the gift he'd encouraged Falconer to buy from Clapers. If one understands: *pro una bestia quam ex vobis emimus et ei dedimus*, Falconer may have been billed for the beast, a situation the crown now redresses.
e) Deleted: *predicta*.

DOCUMENT 52

51a

Barcelona. 10 November 1257.
Reg. 9, fol. 45. Not in MF.

At the petition of Gerald Amic(h) [Geraldo Amigó]b the Hospitaller castellan of Amposta, the crown allows the people of Cervera del Maestre castle and region to receive two cents' more per measure than the Tortosa measure contains (after comparing both the measures and moneys of Cervera and Tortosa), when purchasing salt at the depository (*almodí*) of Peñíscola.

Quod nos Iacobus etc., ob graciam et preces venerabilis et dilecti nostri fratris Geraldi Amici castellani Emposte, per nos et nostros concedimus et indulgemus vobis, universis hominibus castri de Cervaria et terminorum eius, presentibus et futuris in perpetuum, quod cum vos et quilibet vestrum sal emere volueritis in almudino* nostro Peniscole, habeatis mensuram eiusdem loci duobus denariis mag[is] quam mensura valeat in civitate dertusensi, facta computacione et proporcione de mensura ad mensuram et de moneta ad monetam predictorum l[oco]rum; firmiter ac perpetuo statuentes quod quicumque almudinum predictum salis Peniscole pro nobis vel pro nostris aut [pro] qualibet alia persona tenuerit, donet et tradat vobis ibi mensuram salis pro precio iam dicto iuxta formam superius comprehensam, et contra non veniat nec aliquem venire permittat aliquo modo vel aliqua racione.
Datum Barchinone, IIII idus Novembris, anno domini MCCLVII.

a) Original title, semiboxed: *Quod si homines de Cervaria vel eius terminis emerint sal in almudino Peniscole, habeant mensuram pro III* [sic] *denariis magis quam vendatur Dertuse*. IP flourish. Trimmed closely at right. Holed.

b) This may be the Navarro-Aragonese surname Amici (also Amizi), or less likely a genitive Latin *amicus* (not really a name), or perhaps related to the Aragonese and Catalan surname Amigó. His prename Gerald is related, in both its Latin and Romance forms, to Gerard and Guerau.

52a

Barcelona. 17 November 1257.
Reg. 9, fol. 49. MF: 52.

Conveys to Pere Dies (Dias, Diegueç) [Pedro Díaz (Díez)]b son of the deceased Rod(e)ric Munyós (Monyós) [Rodrigo Muñoz], free and forever, houses and a vegetable farm (*hort*) at Planes, plus six jovates 'at a suitable place' in Benicapsell village of Planes castle, with the privileges of citizens of Valencia city.

[Q]cuod [no]s Iacobus etc. per nos et nostros damus et concedimus per hereditatem propriam, francham* et [l]iberam tibi, Petro Didaci [filio]c quon[dam] Roderici Muynnos, et tuis in perpetuum domos et ortum* in loco [de]ᵈ Planis, et sex iovatas* terre in loco competenti [apud]ᵉ alqueriam* que vocatur Benahcapcel, termino illius castri.

Quos quidem domos et ortum, ac predictas sex iovatas terre, habeasᶠ et teneas cum introitibus, exitibus, affrontacionibus, et suis iuribus et pertinenciis omnibus a celo in abissumᵍ ad possidendum, expletandum, dandum, vendendum, alienandum et ad omnes tuas tuorumque voluntates cui et quibus volueritis libere perpetuo faciendas, exceptis sanctis clericis, militibus, ac personis religiosis.

Et faciemus tibi ad bonum intellectum secundum quod faciemus civibus Valencie.

Datum Barchinone, XV kalendas Decembris, anno domini MCCL septimo.

a) Original title cut by mounting-tape; modern title on tape: *Petri Didaci.* Trimmed away at right top. Badly damp-damaged and stained, with some modern overtracing (not indicated here).
b) Dias, Dies and Diegueç all mean son of Diego (Latin Didacus, modern Dídac plus the others), Catalanized forms of Castilian and Aragonese Diego. MF indexes two men, both *porters*: Pedro Diego and Pedro Díez; but any distinction in this first set of documents must be between Didaci, son of Muñoz, and the porter Dies. Both may be the same man. Note Pere *Didaci* in docs.52, 60, 297; Pere *Díez* in docs.208, 225; Pere *Diaç* in doc. 475; and the *porter* both as *Díez* (e.g. doc. 208) and as *Didaci* (doc. 297). There are also a Roy *Díez* (doc. 7) and a Maria *Díaz* (doc. 358).
c) MSup.
d) The space might have accommodated a longer phrase, such as: *qui dicitur de.*
e) MSup.: *vel* (unlikely, in context).
f) Deleted: *terre in loco ipso.*
g) T: *ha-*.

53ᵃ

Barcelona. 24 November 1257.
Reg. 8, fol. 36. MF: 53.

Specifies taxes (*peites*) for each of thirty 'Saracen' communities throughout Valencia, to be collected by the crown agent Pere Guillem [Pedro Guillermo]. The sums for many entries are annotated as waived in part or whole, returned, or assigned to individuals. Buñol's Moors substitute the goats demanded. The towns in sequence are: Segorbe, (Vall de) Uxó, Chulilla, Castillo de Montornés (near Benicásim), Eslida, Valencia, Alcira, Millares, Tous, Tárbena, Cortes de Arenoso (or Cortes de Pallás?), Dos Aguas (Catalan Dosaigües), Cárcer, Sumacárcel, Mogente, Jijona, Relleu, Guadalest, Confrides, (Vall de) Seta, Cherol(l)es, Calpe, Castell d'Olocaiba (near Pedreguer: cf. Olocaibe district, and Castellet de l'Ocaibe), Rugat, Carbonera, Alfàndec de Marinyén (today La Valldigna), Buñol, Navarrés, Onda, Castellón de la Plana (= Castellón de Burriana).

Anno domini MCCLVII, VIIIᵇ kalendas Decembris, iactavit dominus rex has peitas* Sarracenis civitatis et regni [Valencie],ᶜ qua[s co]lligit Petrus Guillelmi portarius* suus.

46

DOCUMENT 53

Segorb	C bisancios. Habuit Michael Violeta
Uxo	DC bisancios
Xulella	CL bisancios. Remisit L bisancios
Castello de Montornes	C bisancios
Eslida	CCC bisancios
Valencia	CC bisancios.^d Dimisit L bisancios^d
Algesira	C bisancios. Dimisit totum
Millar	CC bisancios
Tous Terrabona	} CCCC bisancios. Remisit CCC solidos^e
Cortes	CCCC bisancios
Duos^f Aigues	CCC bisancios
Carcer Somacarcer	} C bisancios. Remisit L bisancios
Moxente^g	CCCC bisancios. Dimisit C bisancios
Saxona	CCC bisancios. Dimisit C bisancios
Releu	CC bisancios. Remisit totum
Godalest	D bisancios } Remisit totum
Confrides	CCC bisancios } Bernardo^h de Matarone
Seta Cero\ll/esⁱ	} CC bisancios. Remisit CL bisancios
Calp	CC bisancios. Habuit Petrus Martini Pedrixolo, alcaydus*
Locayba	C bisancios
Rogat	CCCC bisancios } Remisit totum
Carbonera	DC bisancios }
Alfandec de Mariynen^j	DCCC bisancios. Remisit, racione vendicionis quam inde fecit
Buynol	CCCC bisancios, quos retinuerunt Sarraceni de mandato domini regis racione caprarum quas eis da[ri mandavit]^k

[*Column* 2]

Navarres	L bisancios^l
Onda	C bisancios. Rem[isit]^c
Castello de Borriana	C bisancios. [Remisit]^c

a) Trimmed, with loss of five words at right margin, stained and holed especially at upper left. The text is aligned in two columns. Long lines are in the original; but the junctures, represented here by braces, are two such lines converging. It appears in a series of such tax lists. H-C misdates as September 24 (VIII kalendas Octobris), and gives Saxena, Corrolles.
b) On November 24 the king was at Barcelona.
c) MSup.
d) Corrected in text from: *solidos*.
e) Sic; uncorrected error?
f) Less probably: *dues*.
g) Or: *Moxen* (final letters only indicated).
h) Less probably: *Bernardus*.
i) More usually Cherolles: on its possible identification with Chirles see doc. 142.
j) On function of *yn*, see preface volume, p. 228.
k) MSup.: *-ti mandavit*.
l) These last three items form a second column at the upper right, paralleling the first three entries (*Segorb, Uxo, Xulella*).

54a

Barcelona. 28 November 1257.
Reg. 10, fols.25v-26. MF: 54.

Sells to Pere [Pedro] Barceló (de Barcelona), Bernat Mir [Bernardo Mirón], and Gerard Campsor (or perhaps 'the banker,' *canviador*) [Gerardo Cambista], for a full year from next January 1, all crown revenues and taxes of Alcira and its region. Specifically names eighteen taxes, including bridge fee, baths, and the Muslims' tribute, but forbids converting corporal punishment into fines. The price is the same as last year plus a thousand Valencian sous more, paid half on St John the Baptist's feast and half on Christmas day. They assume responsibility for the Alcira bridge and its repairs at their own expense 'as has been the custom up to now.'

Quod nos Iacobus etc. per nos et nostros vendimus vobis Petro de Barchinona, Gerardo Campsori,[b] et Bernardo Mir, et vestris et cui vel quibus vos volueritis, a kalendis Ianuarii proximo venturi usque ad unum annum continue completum, omnes reditus, exitus, et proventus nostros Aliazire[c] et terminorum eius, videlicet decimam pa[n]is, vini, carnium, et rerum quarumlibet aliarum,[d] lezdas,* pedagia, obulos pontis, censualia, percasia,* aventuras,* servicia, cu[m] reditibus seu tributis Sarracenorum, balnearum, furnorum, molendinorum, salis, carnicerie, almudini,* cum caloniis,* iusticiis civilibus et criminalibus, exceptis [*fol.26*] iusticiis corporalibus et sanguinis, q[u]antis[e] precio redimi nolumus sine voluntate nostra ⟨propria⟩[f] speciali, et cum aliis iuribus o[mnibus][f] que nos ibi percipimus et percipere debemus aliquo modo vel racione.

Predicta itaque omnia et singula vobis et vestris, et [cui][g] vel quibus vos volueritis, vendimus pro illo precio pro quo anno transacto ea fuerunt vendita, et pro mille solidis regalium [Valencie][g] ultra illud. Quod totum precium, cum predictis M solidis, nobis et nostris et cui vel quibus nos mandaverimus persolvatis per [duos][g] terminos anni, videlicet medietatem in festo Sancti Iohannis Baptiste[h] et aliam medietatem in festo natalis domini.

Nos autem [promi]gttimus^i quod vendicionem istam non revocabimus prece vel precio maiore aut minore. Immo faciemus vos et vestro[s, et]g quos volueritis, supra dicta omnia et singula habere, tenere, ac in pace et integre percipere per totum annum predictum, hoc [tamen]g salvo et intellecto quod teneatis pontem Algazire condirectum, et faciatis ibi reparari et operari quicquid necesse sit cum [vestris]g propriis missionibus et expensis, sicut est hactenus consuetum.

Datum Barchinone, IIII kalendas Decembris, anno domini MCCL septi[mo].g

a) Original title, semiboxed: *Carta vendicionis facta Petro de Barchinona et Gerardo Campsori de redditibus Algazire ad I annum.* Fol. 26 is trimmed, with loss of a word or letters from each line.
b) If not surname: *ca-*.
c) Sic; below and in title: *Algaz-*.
d) T: *alior-*
e) Dative of reference.
f) Fragments in the fiber, visible under high magnification.
g) MSup.
h) T: *Babt-*.
i) Deleted: *vobis*.

55a

Barcelona. 4 December 1257.
Reg. 10, fol. 14. MF: 55.

Assumes the debt of 2,135 Barcelona sous owed by the deceased Bernat Quintí [Bernardo Quintín] to the citizen of Valencia Berenguer Dalmau [Dalmacio], because Quintí held a debt bond on the crown for that sum. Assigns recovery by Dalmau from those shops in the merchants' *qaysārīya* (Catalan *alcaceria*) at Valencia city formerly held by Guillem [Guillermo] de Porcià (a variously garbled name: see note c), but excepts any rents already contracted to be paid 'on time' to Arnau [Arnaldo] de Romaní.

Nos Iacobus etc. recognoscimus et confitemur nos debere vobis, Berengario Dalmacii civi Valencie, duo milia centum triginta et quinque solidos barchinonenses, pro quibus nos constituimus debitores vobis pro Bernardo Quintini quondam, qui eos vobis debebat et cui nos ipsos solvere debebamus cum albarano* nostro.

Quos denarios assignamus vobis et vestris habendos et percipiendos in omnibus reditibus, exitibus, et proventibus omnium illorum operatoriorum alchaçerie*^{b} que fuerunt Guillelmi de Porzario,^{c} salva tamen vendicione inde facta ad tempus A[rnaldo] de Romanino.

Mandantes baiulo nostro Valencie presenti et futuris quatenus, in dicta assignacione vobis facta, nullum impedimentum faciant vel contrarium; immo permittant predicta te^d et tuos tenere [et] habere, quousque de dictis denariis sitis plenarie persoluti.

Datum Barchinone, II nonas^e Decembris, anno domini MCCL septimo.

a) Original title, semiboxed: *Albaranus Berengarii Dalmacii super operatoriis alquaçerie Valencie*. Closely trimmed, but without loss of words.
b) Sic; cf. title.
c) The Latin Porzario here becomes Porciano in docs. 96 and 443. MI has him as Porcí (index) and de Porcio. F.A. Roca Traver in the standard *El justicia de Valencia* (Valencia: 1970) gives de Porciano. Valencia's *Aureum opus* in its sixteenth-century (and only) printing has de Porcano. The name seems unrelated to families like Porcell (Pursell) and Porcellàs, probably representing the Catalan family Porcia or Porcià whose later arms bore a golden church on a blue shield. Though rarely encountered in the name lists, Guillem is in the *Repartiment* four times, always as Porça.
d) Sic, singular.
e) MF: *II kalendas*.

56a

Barcelona. 4 December 1257.
Reg. 9, fol. 53. MF: 56.

Licenses the crown agent (*porter*) Pere de Pont [Pedro de la Puente] to seize and store 'all grains of whatever species' transported by anyone on sea or land across the Guadalaviar (modern Turia) River or south of Valencia 'towards the parts of Cullera and Alcira' without permit from crown, bailiff, or the Valencia city notables deputized to handle this problem. Pont is to keep half the contraband and the crown the other half. Orders all officials and subjects in Valencia not to impede but to assist Pont.

Nos Iacobus etc. concedimus et damus licenciam et potestatem vobis Petro de Ponte portario* nostro emparandi,* capiendi, et retinendi omne bladum, cuiuscumque sit generis, quod ab aliquo vel ab aliquibus portetur per mare aut per terram, ultra civitatem Valencie et ultra fluvium de Godalaviar, versus partes Cullarie vel Algazire, sine littera vel albarano* nostro aut baiuli seu illorum proborum hominum Valencie qui ad hoc custodiendum sunt specialiter deputati; ita quod de toto ipso blado, quod predicto modo capiatis, habeatis vos medietatem ad vestras voluntates libere faciendas, et aliam nobis medietatem donetis.

Mandantes baiul[o], iusticie,* probis hominibus, et toti universitati Valencie, ac universis aliis officialibus et subditis nostris, quod in hoc nullum vobis faciant impedimentum; immo donent vobis consilium et iuvamen.

Datum Barchinone, II nonas Decembris, anno domini MCCL septimo.

a) Original title, semiboxed: *Quod Petrus de Ponte portarius possit accipere et emparare bladum quod sine albarano portabitur ultra Valenciam*. Closely cropped on both sides.

57a

Barcelona. 6 December 1257.
Reg. 10, fol. 27. MF: 57.

Assigns a total, for past debts, of 5,500[b] Valencian sous to the citizen Ramon [Ramón] de Mirambell on all the revenues of Alcira, to be received 'at Our bailiff's hand' but only after the Valencian citizen Arnau [Arnaldo] Isern has recovered his 400 Valencian sous there. This is besides the 600 Valencian sous already assigned on the rents, in Josephine mazmodins and two morabatins, owed by Ramon to the crown but retained by him until that debt is satisfied.

N[os] Iacobus etc. recognoscimus et confitemur nos debere vobis Raimundo de Mirambello [c]ivi Valencie et vestris, pro omnibus ⟨debitis que⟩ vobis debuimus usque in hodiernum diem, ultra debitum s[es]centorum solidorum regalium quos vobis assignavimus in ⟨videlicet monetis⟩[c] i[u]cefiis* et duobus morabatinis,* quas et quos nobis facitis censuales sicut in albara[n]o* pro debituris[d] inde a nobis habitis continetur, quinque[e] milia et quingentos solidos regalium Valencie.

Quos assignamus vobis et vestris habendos et percipiendos in reditibus et exitibus nostris omnibus Algazire; ita quod predictos reditus et exitus omnes tam diu percipiatis et habeatis in solucionem dicti debiti, per manum ⟨baiuli nostri⟩, quousque inde siti[s] soluti de denariis supra dictis, solutis tamen prius Arnaldo Isarn[f] civi Valencie quadringentos solidos regalium Valencie ⟨quos⟩ sibi debemus et mandavimus de predictis reditibus solvi.

Datum Barchinone, VIII idus Decembris, anno domini MCCL septimo.

a) Original title trimmed off, with modern hand supplying on the folio's mounting: *Albaranus Raimundi de Mirambello super reditibus Algecire*. Text badly dimmed by damp damage, especially along the top and the left side, and holed. Later overtracing on top line and over the portions of the text at right.
b) Not, as in MF, 9,500.
c) These mazmodins would not be the full 135 or so which, with the morabatins, equal the sum of sous; but rather a smaller rental sum like those morabatins, repeatedly kept.
d) Sic, future participle.
e) Folio torn away at end of abbreviated *quinqu-*.
f) T: *Ysarn*, reflecting the primitive form of Isern (Isarnus). MF: Isarn.

58a

Barcelona. 7 December 1257.
Reg. 10, fol. 27. MF: 58.

Orders the Alcira bailiff to pay to Arnau [Arnaldo] Isern the 400 Valencian sous of doc. 57, from the earliest revenues received, and to recover the debt bond.

DOCUMENT 59

Iacobus etc., fideli suo baiulo Algezire vel eius locum tenenti, salutem et graciam. Mandamus vobis firmiter quatenus de pri[mis]^b denariis quos accipietis de reditibus sive exitibus Algezire donetis et solvatis Arnaldo Isarn^c civi Valencie et cui[cumque]^b ipse voluerit, omni excusacione remota, quadringentos solidos regalium quos sibi debemus.

Quibus solutis, recu[pere]^btis albaranum* quem tenet inde a nobis. Et hoc racione aliqua non mutetis.

Datum Barchinone, VII idus Decembris, anno domini [M]CCL septimo.

a) Original title, semiboxed: *Littera baiulo Algazire quod solvat Arnaldo Ysarn*. Trimmed along the right, with some loss of letters.

b) MSup.

c) In text and title: *Ysarn*. See doc. 57, note f.

59a

Barcelona. 11 December 1257.
Reg. 10, fol. 14v. MF: 59.

Arranges for the bailiff of Alcira to give to Domènec [Domingo] de Loarre^b or his representative, from the earliest revenues there, 15 cafises of wheat, 7½ of barley, and 7½ of millet, as a year's rent on the estate purchased from Domènec by the crown at Liria. After ascertaining whether the king's 'chief agent' Bonanat de G(u)ia [Guía] has already paid 'in whole or part,' the bailiff must satisfy Domènec without fail, so that the king need not put up any more with his complaining.

Iacobus etc. fideli suo baiulo Aljazire vel eius locum tenenti, salutem et graciam. Mandamus vobis firmiter quatenus, visis presentibus, de [p]ri[mis] reditibus quos per nos^c collegistis vel colligere seu percipere debetis in Aljazira et eiusdem pertinenciis quoquomodo, solvatis Dominico [de] Loarre vel nuncio eius XV caficias*^d tritici, et VII et medium ordei, et VII et medium panicii, que sibi debemus racione honoris* eiusdem Dominici, quia^e ab ipso emimus apud Liriam, et hoc^f racione census unius anni.

Tamen sciatis a Bonanato de Gia portario* nostro m[ai]ori utrum dictus census tantus sit, vel si forte ipse Bonanatus de Gia dicto Dominico de Loarre vel procuratori suo ex parte nostra si^g aliquid solvit de predicto censu. Et quicquid inde inveneritis quod dictus Bonanatus non solvit eidem in parte vel in toto, visis presentibus solvatis, occasione et excusacione cessantibus et remotis, taliter facientes quod ipsum non videamus de cetero conquerentem.

Datum Barchinone, III idus Decembris, anno domini MCCL septimo.

a) Original title, semiboxed: *Littera baiulo Algazire quod solvat Dominico de Loarre.* Holed down right side.
b) Northeast of Huesca in Aragon; he appears several times in the *Repartiment.*
c) Sic, not *pro nobis.*
d) T: *ka-.*
e) Sic, for *quem?*
f) Sic, not modifying *racione.*
g) Sic, repeated.

60a

Barcelona. 12 December 1257.
Reg. 10, fol. 2. MF: 60.

Gives to Pere Dies (Dias, Diegueç) [Pedro Díaz, (Díez)]b, son of the deceased Rod(e)ric Munyós (Monyós) [Rodrigo Muñoz], free and forever one jovate of irrigated land and two for dry farming 'in that place called (the) encampment [or villa etc.; *re(i)al:* see doc. 4], behind the castle of Cocentaina, adjoining that castle's upmost part,' and also 'the building on that encampment,' with the privileges of Valencia city's citizens.

Quod nos Iacobus etc. per nos et nostros damus et concedimus per hereditatem propriam, francham,* et liberam tibi Petro Didaci filio quondam Roderici Munyos et tuis in perpetuum unam iovatam* terre in regadivo* et duas iovatas [terr]e in seccano,* in loco illo qui dicitur reial,*c qui est retro castrum de Cocentania contiguo pinne ipsius castri, et domum ipsius reialli,c ad habendum, tenendum, possidendum, expletandum, dandum, vendendum, alienandum et ad omnes tuas tuorumque voluntates cui et quibus volueritis libere faciendas, exceptis militibus et sanctis clericis et personis religiosis.

Et faciemus tibid secundum quod faciemus ad bonum intellectum civibu[s]e civitatis Valencie.

Datum Barchinone, II idus Decembris, [anno domini MCCLVII].

a) Original title, semiboxed: *Carta donacionis hereditatis Petri Didaci in Cocentania.* IP flourish.
b) On these forms, and Dídac, see doc. 52, note b.
c) T: *reyal,* and *reyalli.* MF: *regal.*
d) Two words affected by mold damage.
e) MSup.

61a

Barcelona. 27 December 1257.
Reg. 9, fol. 5rv. MF: 61.

Exchange by which the crown gives Berenguer de Vic(h), acting as procurator for Berenguera [Berenguela] the widow of Guillem [Guillermo] de Vic(h), five gold Alfonsine morabatins every Christmas as 'an exempt, free, and quit alod,' to be drawn from the crown's share of those Valencia city mills held in two-thirds part by Berenguera and in third part by the crown. The procurator's appended document gives in return her sandy property outside Barcelona next to the Franciscan priory toward the west, which extends to the lagoon or basin called Cagalell (modern Cagadell) and from the road on the east between that lagoon and the irrigated farmland up to the seawalls.

Quod nos Iacobus etc. pro hiis que tu Berengarius de Vico procurator Berengarie uxoris quondam Guillelmi de Vico nomine eiusdem Beren[garie de Vico][b] inferius causa permutacionis donas, remittis, et absolvis, per nos et successores nostros excommutamus, damus, et abso[lvimus predicte][c] Berengarie de Vico et suis et tibi nomine eiusdem per alodium franchum,* liberum, et quietum quinque morabatinos* censuales bon[os in auro][d] curribiles alfonsinos rectos et recti ponderis, habendos et percipiendos annuatim in ipsis molendinis \que dicta Berengaria tenet [per nos in civitate][c] Valencie. In quibus molendinis/[e] nos recipimus ter[ciam partem][c] et dicta Berengaria residuas duas partes; de qua nostra tercia parte dicta Berengaria et sui perpetuo retineant et accipiant, singul[is annis][c] in festo natalis domini, predictos quinque morabatinos vel eorum estimacionem[f] sicut valuerint quolibet anno tempore predicto in tabulis c[ampsorum].*[g]

Quos quidem quinque morabatinos censuales secundum formam superius comprehensam damus et concedimus dicte Berengarie et su[is, et][h] (nomine procuratorio) recipienti hanc donacionem pro dicta Berengaria, pure et sine retencione per franchum alodium ad d[andum, ven][c]dendum, impignorandum, et ad omnes voluntates dicte Berengarie et suorum cuicumque voluerint facienda[s][i] [fol. 5v] [exceptis mili]tibus atque sanctis, ita tamen quod in [ipsis] molendi[nis] racione huiusmodi nullum alium dominium sibi vel suis [accipiet].

Ad hec ego Berengarius de Vico procurator predictus procuratorio [nom]ine dicte Berengarie promitto et excommuto, absolvo et definio, vobis domino Iacobo illustrissimo regi Aragonum, Maioricarum, et Valencie, comiti Barchinone et Urgelli, et domino Montispessulani, et successoribus vestris totum illud ⟨arenale⟩ quod dicta Berengaria habet in [su]burbio urbis Barchinone iuxta monasterium Fratrum Minorum versus occasum, in quantum est ab ipso monasterio vel eius tenedone* usque ad riariam* que dicitur de Cagalello, et ab ipsa via que transit versus circium inter ipsum arenale et ortam* usque in ⟨para⟩das*[j] maris.

Iam dictum itaque arenale secundum formam predictam procuratorio nomine excommuto, absolvo, et definio[k] vobis et vestris et cui velitis per franchum alodium, pure et sine omni retencione, ad dandum, vendendum, impignorandum, alienandum, et ad omnes vestras voluntates cuicumque volueritis faciendas.

DOCUMENT 62

Datum Barchinone, VI kalendas Ianuarii, anno domini MCCL septimo.

a) Original title, semiboxed: *Carta concambii facti inter dominum regem et Berengariam uxorem Guillelmi de Vico*. IP flourish. At left margin center: large s-symbol. Right margin is cut, losing some twenty words. Damp has badly washed out the text at the side and top of the verso.
b) MSup.: *-garie vel*.
c) MSup.
d) MSup.: *in Vico*.
e) The insert continues, running above a subsequent line as well, so that the reader must later return to the carat where the insert began, making for confusing reading.
f) T: *ext-*.
g) MSup.: *camp*...
h) MSup.: *-orum cum*.
i) MSup.: *-am*.
j) Catalan *parades* (levees); less probably: *partidas*.
k) T: *diffi-*.

62a

Barcelona. 3 January (1257) 1258.
Reg. 10, fol. 30v. MF: 62.

Owes 300 Valencian sous to the Valencian citizen Bernat Vicenç [Bernardo Vicente] de Montpeller (French: Montpellier), out of 500 'you had once loaned Us at Valencia and had transferred at Our command' to Berenguer Arnau [Arnaldo de] d'Anglesola (Latin Angularia). Assigns payment from the revenues of Alfândec de Marinyén (now La Valldigna), but only after Maria [María] the wife of Guillem [Guillermo] de Castellar has recovered her debt there.

Nos Iacobus etc. confitemur et recognoscimus [nos] debere tibi Bernardo [V]inc[encii] de Montepessulano civi V[alencie] trecentos[b] solidos [re]galium, qui remanent tibi ad solvendum de quing[entis solidis re]galium quos olim apud Valenciam nobis mutuaveras et tradideras de mand[at]o nostro Berengario Arnaldi de Angularia.

Quo[s] trecentos[b] solidos assignamus tibi et tuis habendos et percipiendos super reditibus de Alfandech de Marinyen,[c] ita quod ipsos inde retineas, solut[o] tamen prius eo quod debet ibi percipere Maria uxor Guillelmi de Castellario.

Datum Barchinone, III nonas Ianuarii, anno domini MCCLVII.

a) Original title, semiboxed: *Al⟨baran⟩us Bernardi [Vincen]ti de Montepessulano super [reditibus de Al]fandech de Marym[en]*. Overtracing at left margin of text, not indicated here; badly holed down right side and across top. The king's itinerary confirms the preferred date 1258. The title's [*Vincen*]*ti* may have a nominative *Vincentius*; the Catalan Vicenç derives from the Latin vocative *Vincenti*, which may have influenced this medieval Latin form. On the surname Angularia/Anglesola, see doc. 48, note b.
b) T: *tresc-*.
c) The title's *Maryn-* and the text's *Mariny* both convey the effect of Catalan *ny* and Spanish *ñ* (see preface volume, p. 228).

DOCUMENT 63

63a

Barcelona. 13 January (1257) 1258.
Reg. 9, fol. 10. MF: 63.

Release to Arnau [Arnaldo] de Torralquer (?) to sell to any Christian his Valencian estate, Forna village near Villalonga, notwithstanding the conditions in his charter of grant requiring residence in Valencia kingdom and forbidding sale to churchmen or knights. Buyers, including the latter, retain the privileges of the original grant, owing no crown taxes, but need not reside in the kingdom.

Quod nos Iacobus etc. per nos et nostros ex certa sciencia concedimus, indulgemus, ac damus licenciam et potestatem [v]obis Arnaldo de ⟨Torralquer [?]⟩[b] quod possitis quandocumque volueritis libere et sine aliquo impedimento vendere sanctis,[c] clericis, [m]ilitibus, et quibuscumque aliis Christianis alqueriam* de Forna quam vobis dedimus per propriam hereditatem et francham,* que est in regno Valencie prope Villalongam; [non] obstante condicione posita in instrumento ipsius donacionis, quod vos teneremini stare et residere in regno Valencie, ⟨et⟩ quod umquam[d] sanctis et clericis vendere non possetis nec aliqua alia condicione huic nostre concessioni in aliquo repugnante; ita tamen quod si sancti vel clerici aut milites predictam alqueriam emerint, habeant ipsam francham et liberam, sic quod inde nobis vel nostris non teneantur servire nec racione ipsius in regno Valencie residere.

Datum Barchinone, idus Ianuarii, anno domini MCCL septimo.

a) Holed and deteriorated badly over top third, and down the right side, with some later overtracing (not indicated here). On the preferred date 1258, see doc. 62, note a. Title fragments under tape.

b) Difficult to decipher (MF, Cats.: CDR, and H omit the name; Cats.: IJL has Torralquer): *Torn-* (?), *Tornid-* (?), *Tor Na-* (?).

c) Usually *sanctis clericis*; my punctuation reflects the division later in the sentence: *sancti* as distinct from *clerici*.

d) Written over original, possibly *omnino*; for *militibus*?

64a

Tortosa. 23 January (1257) 1258.
Reg. 9, fol. 16v. MF: 64.

Guarantees the Valencian citizens Bonanat Mercer [Mercero] (or better: 'the draper'), and T(h)omàs Sedassaire [Tomás Cedacero] (or better: 'the sieve dealer'), that the crown will refuse moratoriums to their debtors and underwriters during the next three years, and voids any it henceforth issues inadvertently or otherwise. Officials must compel both groups to pay all they owe these men, 'notwithstanding any extensions conceded.'

DOCUMENT 65

Nos Iacobus etc. promittimus vo[b]is Bonanato mercerio* et Thomasio sedacerio,*b civibus Valencie, quod hinc usque ad tres annos primo venturos et continue completos non elongabimus aliquem vel aliquos debitores vel fideiussores vestros, ab aliquibus debitis in quibus vobis sint obligati.

Et si forte causa ignorancie vel alia qualibet racione ipsos vel eorum aliquem elongaremus a debitis, ipse elongaciones non habeant aliquam firmitatem. Immo omnes illi qui sunt vobis in debitis obligati teneantur ipsa debita vobis solvere, non obstantibus aliquibus prolongacionibus concedendis.

Mandantes baiulis, iusticiis,* et universis aliis officialibus et subditis nostris quatenus, non obstantibus aliquibus prolongacionibus faciendis, distringant omnes debitores vestros et fideiussores ad solvendum omnia debita que vobis debeant aliqua racione.

Datum Dertuse, X kalendas Februarii, anno domini MCCLVII.

a) Original title, semiboxed: *Quod debitores non elongantur per triennium contra Thomasium sedacerium et Bonanatum mercerium de Valencia*. Damp damage and holes at top left. The preferred date 1258 is supported by MI; Jaume resided at Tortosa from 23 January to 9 April 1258, into which the present run of documents fits. 1257 has only a scattering of dates during which Jaume might have gone there—e.g. 1-17 January and 19 January-7 February.

b) Sedassaire is an unlikely surname; datives, instead of genitives, also persuade to this position. In Catalan at this period Thomas kept its h in a first name.

65a

Tortosa. 31 January (1257) 1258.
Reg. 9, fol. 17v. MF: 65.

Confirms to Maria Nunis [María Núñez], daughter of Nun(y)o Sanç [Nuño Sánchez] of the comital house of Roussillon 'deceased relative' of the king, buildings plus 4½ jovates of farmland and a jovate of vineyard in Bocairente town and region, free and exempt forever, 'just as assigned you' by the Valencian kingdom's crown lieutenant (E)ximèn Pere (Peris) d'Arenós [Jimeno (Eximeno) Pérez de Arenoso].b

Noverint universi quod nos Iacobus etc. per nos et nostros damus et concedimus et assignamus per hereditatem propriam, francham,* et liberam vobis dompne Marie Nuniz, filie quondam Nunonis Sancii consanguinei nostri, et vestris in perpetuum domos et quatt\u/or iovatas* et mediam terre et unam iovatam vinearum in villa et terminis de Bocayren, scilicetc sicut vobis assignate fuerunt perd Eximinum Petri de Arenoso, tenentem locum nostrum in regno Valencie.

Quas quidem domos et iovatas terre ac vinearum habeatis vos et vestri in perpetuum, cum introitibus et exitibus suis, [et] iuribus et pertinenciis omnibus a celo in abissum ad tenendum, possidendum, expletandum, dandum, vendendum, alienandum, impi[g]norandum, et ad omnes vestras vestrorumque voluntates [cu]i et quibus volueritis libere perpetuo faciendas, exceptis sanctis clericis ac personis religiosis.

Datum Dertuse, pridie kalendas Februarii, anno domini millesimo CCL septimo.

a) Original title, semiboxed: *Carta confirmacionis hereditatis dompne Marie Nuniz filie quondam Nunonis Sancii*. On the 1258 date, see doc. 64, note a.

b) On Ximèn, see doc. 45, note b.
c) Or undeleted false start for: *sicut*.
d) Scribe's correction from *pro*.

66a

Tortosa. 2 February (1257) 1258.
Reg. 9, fol. 18. MF: 66.

Approves the transfer to Umbert [Humberto] de (la) Volta, son of La(n)franc(o) de (la) Volta, by his grandfather Ser Umbert de Volta (all from Genoa), of Alboraya, Almácera, and the buildings and estate (*re(i)al*) at Valencia city, probably at Alcudia—all of which the bishop of Huesca had previously owned. The tenure, perpetual and exempt (six taxes are especially named), is described in the grandfather's deed drawn by the notary public of Tortosa, Pere [Pedro] de Tamarit, with the added condition of not selling or alienating for ten years 'by reason of the guarantee [*guarença*] of the castle of Flix [near Gandesa, above Tortosa on the Ebro] to which you obligated yourself.'

Noverint universi quod nos Iacobus etc. per nos et nostros scienter et consulte laudamus, concedimus, et confirmamus vobis,[b] U[mberto][c] de Lavolta filio Lefranchi[d] de Lavolta et vestris in perpetuum illam donacionem quam Ser Umbertus de Volta avus vester v[obis][c] fecit de alqueriis* de Alboraya et de Almaçera, et de domibus ac reali* \que sunt/ apud Valenciam, que fuerunt episcopi oscensis prout in[e] [instrumento] ipsius donacionis confecto per manum Petri de Tamarito notarii publici dertusensis plenius continetur.

Ita [tamen][f] quod predicta omnia et singula habeatis et teneatis francha* et libera ad possidendum, expletandum, dandum, vende[ndum],[c] alienandum, impignorandum, et ad omnes vestras vestrorumque voluntates cui et quibus volueritis perpetuo faciendas, exceptis sanctis clericis et personis religiosis, sine potestate, exercitu, et cavalcata ac eorum redempcionibus, cena, questia,* [et] peita,* a[c] sine omni alio onere[g] et servitute, que ibi nobis vel nostris non retinemus, et absque alio nostro nostrorumque vinculo et reten[cione]. Hoc tamen salvo, quod predictas alquerias, domos, vel realum,[h] nec eorum aliquid hinc ad decennium non donetis nec v[endatis][c] nec aliquo modo alienetis; immo totum hoc retineatis usque ad predictum terminum, \racione/i guarencie* castri [[de]]c Flix ad quam vosj obligastis.

Datum apud Dertusam, quarto nonas Februarii, anno domini M[[CCL]]c septimo.

a) Fragment of IP flourish. Trim at right loses letters down that side. On the 1258 date, see doc. 64, note a.
b) Deleted, false start: *Umbertum*.
c) MSup.
d) MF: Lafranchi.
e) Deleted: *ipsius*.
f) MSup.: *eciam*.
g) T: *honore*.
h) T: *reeal-* with abbreviatory stroke.
i) Above deleted *tuum*.
j) Deleted: *obligatis*.

67

Tortosa. 5 February (1257) 1258.a
Reg. 10, fol. 33. MF: 67.

Accepts the audit on the expenses and disbursements by Blasc Pere (Peris) [Blasco Pérez] of Alcira in building 'your mill at Alcira next to the bridge.' Since the crown had pledged half the costs, it now assigns the thousand Valencian sous it still owes, to be recovered from 'Our whole claim on the revenues and profits' of the mill for one full year beginning on Easter Sunday, together with the same collection as already taken during the (unspecified) past.

Quod nos Iacobus etc. confitemur et recognoscimus quod vos Blascus P[e]tri de Aliez[[ira]]b r]eddid[[is]]tis nobis rectum et legale compotum de expensis etc missionibus quas fecistis in opere et construccione molendini vestri, quod habetis apud Alieziram iuxta pontem, in quibus quidem mission[i]bus et expensis nos debebamus ponere medietatem. Et est inventum per rectum compotum quod debemus inde vobis restituere mille solidosd regalium Valencie.

Pro quibus mille solidise obligamus et tradimus vobis totum ius nostrum redituum et exituum molendini, \ita/ quod vos illud habeatis et percipiatis hinc ad primum venturum festum pasce resurreccionis domini, et ab ipso festo usque ad unum annum continue completum, in solucionem predictorum de\na/riorum.

Et transacto predicto tempore ab integro, cum alio tempore preterito per quod iam illud receperatis racione predictarum expensarum, illud ius nobis et nostris libere revertatur quitium* et immune.

Datum apud Dertusam, nonas Februarii, anno domini MCCL septimo.

a) On the preferred 1258 date, see doc. 64, note a.
b) T: *Alj-*.
c) Deleted false start: *me*.
d) Repeated (given both as symbol and word).
e) Deleted false start: s.

68a

Tortosa. 9 February (1257) 1258.
Reg. 10, fols.33v-34. MF: 68.

'Sells' to Garcia Pere (Peris) [García Pérez] de Castalla for 7,000 Valencian sous all the crown revenues of Alcira city and region from next January 1 for one full year, specifying over fifteen taxes by name, such as baths and bridge fees, the grain-exchange charge, and 'the revenue or tribute of the Saracens.' Garcia is to apply 500 Jaca sueldos from the sale price to pay the crown's debt to Pere Enages [Pedro Iñiguez] in three equal installments, and 414 Valencian sous for a similar debt to Bonanat de G(u)ia [Guía]. Except for managing and maintaining Alcira's bridge at his own expense, as has been the custom, Garcia is to retain 'all the remainder' to retire the debts owed him by the crown, keeping any surplus as a gift.

Quod nos Iacobus etc. per nos et nostros vendimus vobis Garcie Petri de Castaylla et vestris, et cui vel quibus vos volueritis, a kalendis Ianuarii proximo preteriti usque ad unum annum continue completum, omnes reditus, exitus, et proventus nostros Aliazire et terminorum eius, \videlicet/b decimam panis, vini, carnium, et rerum quarumlibet aliarum, lezdas,* pedagia,* obulos pontis, censualia, percacia,* aventuras,* servicia, cum reditibus seu tributis Sarracenorum, balneorum, furnorum, molendinorum, salis, carnicerie, almudini,* cum caloniis,*c iusticiis civilibus et criminalibus, exceptis iusticiis corporalibus et sanguinis quas precio redimi nolumus sine voluntate et nostra licencia speciali, et cum aliis iuribus omnibus que nos ibi percipimus et percipere debemus aliquo modo vel aliqua racione.

Predicta itaque omnia et singula vobis et vestris, et cui vel quibus volueritis, vendimus pro septem milibus solidorum regalium Valencie. De quibus solvatis per tres tercias anni Petro Eneci quingentos solidos iaccenses quos ei debemus et pignora que nos ei dare voluerimus per ipsum annum,d et Bonanato de Gia quadragintos et quattuordecim solidos regalium quos ei debemus. Et residuum totum retineatis et accipiatis in solucionem debiti quod vobis debemus.

Nos autem promittimus vobis quod vendicionem istam non revocabimus prece vel precio maiore aut minore. Immo faciemus vos et vestros et quos volueritis supra dicta omnia et s[in]gula habere, tenere, ac in pace et integre [fol. 34] percipere per totum annum predictum, hoc tamen salvo et intellecto quod teneatis pontem Aliazire condirectum et faciatis ibi reparari et operari quicquid necesse sit cum vestris propriis missionibus et expensis, sicut est hactenus consuetum. Si vero hec vendicio plus valet vel valebit precio ante dicto, totum \i[llu]d/ quod plus valet vel valebit habeatis ex donacione nostra ad vestras voluntates libere faciendas.

Datum apud Dertusam, quinto idus Februarii, anno domini MCCL septimo.

a) Some modern overtracing on the right side of fol. 34, not indicated here; half a dozen small stains. On the preferred 1258 date, see doc. 64, note a. On the name Castalla see doc.

3In.; on Enyego [Iñiguez], see doc. 1, note e.
b) Deleted: *videlis*.
c) T: *col-*.
d) Sic. Understand: *recuperetis*?

69

Tortosa. 9 February (1257) 1258.[a]
Reg. 10, fol. 34. MF: 3.

Confers on Berenguera [Berenguela] 'the dye-worker' or 'of the dyeworks'[b] a tax-free monopoly in Alcira for three years. Her establishment and its appurtenances, with 'the blue-dye preparations' and all improvements, except for the iron cauldron, then revert to the crown.

Quod nos Iacobus etc. per nos et nostros damus et concedimus tibi Berengarie tinturarie et tuis et cui vel quibus volueritis, hinc usque ad \tres/[c] annos primo venturos et continue completos, tinturariam totam ville de Aliezira franc[h]am* et liberam cum omnibus exitibus et iuribus suis, ita quod nulla alia persona nisi tu et tui tingat[d] vel audeat[d] tingere in villa predicta, per totum spacium predictorum trium annorum. Et de exitibus vel iuribus ipsius tinturarie nichil donetis nec teneamini dare tu vel tui nobis vel nostris, set faciatis inde vestras libere voluntates. Tu autem et tui tingatis omnia que ibi tingenda fuerint, et bene et legaliter in ipso officio vos habeatis.

Transactis vero predictis tribus annis, tu et tui dimittatis nobis et nostris tinturariam predictam, cum instrumentis et paramentis* tinte blave* et cum omnibus melioramentis que ibi feceritis, excepta caldaria* ferrea quam inde possitis extrahere et portare quocumque velitis et inde vestras facere voluntates prout est consuetudo Valencie.

Datum Dertuse, V idus Februarii, anno domini MCCL septimo.[e]

a) On the preferred 1258 date, see doc. 64, note a.
b) Though *tin(c)turarius* may be taken as an adjective modifying both subject and shop or office, yielding both 'the dye(worker)' and 'the dye(shop),' in fact Jaume's documents regularly use *tinturaria* for the shop or office of dyeing, as in Catalan *tintoreria*; this seems therefore 'of the dyeworks' rather than a substitute for *tinctora*. Cats. (CDR): Berenguera Tinturera.
c) Deleted: false start: *ters*.
d) Deleted: pluralizing n.
e) MF: MQCLV.

70a

Tortosa. 10 February (1257) 1258.
Reg. 10, fol. 34rv. MF: 69.

Endorses an audit covering all crown revenues received by (E)ximèn Pere (Peris) d'Arenós [Jimeno (Eximeno) Pérez de Arenoso] and all expenditures borne, in connection with any castles or places 'which you ever held for Us' in the kingdoms of Valencia and Aragon, up to next January 1, especially for Valencia city, Játiva, Alcira, Bocairente, Alcoy, Segorbe, Agres, Navarrés, Mogente, Cortes, and (in Aragon) Daroca with its villages; it covers as well the cost for twenty knights he maintained at the king's orders in the Valencian kingdom. The audit has revealed a crown indebtedness to d'Arenós of 153,055 Valencian sous; he is to hold Daroca with its villages and crown income until repaid, plus the crown share in those mills of his, previously owned by Pere [Pedro] de Valls. But he must prededuct 1,600 Jaca sueldos both for his annual salary as castellan of Daroca and for maintaining a fifteen-man garrison there from next January 1; he is also to deduct the legal fines of the Daroca villages, which support the four knight-fiefs he holds as an estate. Not included in the audit is his work on Daroca castle from the last Thursday of July onwards, and similar projects yet to be done there, all at the crown's expense.

Quod nos Iacobus etc. per nos et nostros recognoscimus et confitemur quod vos dilectus noster Eximinus Petri de Arenoso reddidistis nobis rectum et fidele computum de omnibus recepcionibus quas pro nobis recepistis de Valencia, de Xativa, de Aliezira, de Bocayren, de Alcoy, de Sogorbio, de Agres, de Navares, de Moxen, [de] Cortes, de Daroca, et de denariis aldearum* Daroce, et de pedagio* Daroce, de percaciis* et serviciis regni Valencie, et de omnibus aliis reditibus, exitibus, et proventibus quos habuistis et recepistis de castris, villis, et locis que umquam pro nobis tenuistis in regno Valencie et in regno^b Aragonie, et ab omnibus [aliis] predictorum castrorum, villarum, et locorum usque ad kalendas mensis Ianuarii proximo preteriti, et de omnibus donacionibus, missionibus, et expensis quas fecistis [pro] nobis et mandato nostro in custodiendis dictis castris et locis et in custodibus eorundem, et eciam de omnibus missionibus et exp[en]sis quas fecistis pro nobis et mandato nostro racione viginti \militum/ [*fol. 34v*] quos de mandato nostro tenuistis in dicto regno [Va]lencie.

De quo compoto nos confitemur bene esse pa[c]ca[tos]* a vobis et vestris in perpetuum, renunciantes errori calculi et omni iuri et auxilio iuris, fori,^c* et consuetudinis quibus contra predicta ⟨omnia⟩^d in aliquo venire possemus. Ita quod numquam de cetero teneamini nobiscum vel cum aliquo alio loco nostri vel nostrorum ⟨de predictis⟩ vel aliquo predictorum iterum computare, nec ullam nobis vel nostris vel alicui alii loco vel nomine nostri vel nostrorum reddere racionem; set sitis in[[de]] vos et vestri, cum omnibus bonis vestris mobilibus et immobilibus ubique habitis et habendis, penitus et perpetuo absoluti sicut melius \dici/ et intelligi potest ad vestram utilitatem et vestrorum.

Sciendum est tamen quod computatis et coequatis omnibus et singulis predictis recepcionibus, quas pro nobis et mandato nostro fecistis, cum expensis, donatis, et missionibus predictis et cum omnibus debitis que nos vobis quolibet modo debebamus usque ad kalendas predictas, debemus nos restituere vobis et vestris centum quinquaginta tria milia et quinquaginta quinque solidos regalium Valencie.

Pro quibus omnibus obligamus vobis et vestris, et cui vel quibus volueritis, castrum et villam de Daroca cum omnibus aldeis eiusdem, et omnes reditus,[c] exitus, et proventus nostros ville Daroce et aldearum suarum, et eciam omnes reditus et exitus quos nos percipere debemus in molendino vestro quod fuit Petri de Vallibus. Ita quod dictum castrum, villam, et aldeas Daroce et omnes reditus, exitus, et proventus predictos habeatis, teneatis, et percipiatis integre et sine diminucione aliqua in solucionem debiti predicti, tam diu quousque in eisdem sit vobis et vestris de omnibus predictis centum quinquaginta tribus milibus et[f] quinquaginta quinque solidis plenarie satisfactum, deductis tamen et levatis de predictis reditibus, exitibus, et proventibus[g] ville Daroce et aldearum eiusdem mille sescentis[h] solidis iaccensibus quos vobis damus annuatim pro custodia et retencione castri Daroce et pro solidata* et comestione quindecim hominum quos vos tenere debetis[i] in custodia ipsius castri a dictis kalendis citra et deinceps, dum dictum castrum tenueritis pro nobis, et deductis omnibus caloniis* aldearum Daroce quas pro quattuor cavalleriis a nobis tenetis pro honore.* Promittentes vobis et vestris bona fide quod dictum castrum et villam et aldeas Daroce vel aliquid de predictis vobis non auferemus \nec/[j] emparabimus,* nec emparari vel auferri faciemus vel permittemus, aliquo modo vel aliqua racione. Immo ipsa omnia et singula faciemus vos et vestros et quos volueritis habere, tenere, possidere, et percipere integre et in pace, quousque in eisdem sitis vos et vestri de omnibus predictis denariis plenarie persoluti.

Certum est[k] quod remanet ad computandum opus quod fecistis in castro Daroce a die[l] Iovis ulti[[m]]a mensis Iulii proximo preteriti citra, et opus quod ibi de cetero facietis; et quod nos debemus vobis restituere expensas et missiones quas in dicto opere fecistis et facietis.

Datum Dertuse, IIII idus Februarii, anno domini MCCL septimo.

a) Small stains; damp damage on top left of verso, with modern overtracing (not indicated here). On the preferred 1258 date, see doc. 64, note a. On Ximèn, see doc. 45, note b.
b) Repeat, deleted: *et in regno.*
c) T: *foris*, with s deleted.
d) Badly worn, perhaps an erasure.
e) T: *-idus.*   f) T: *et et.*
g) T: *-tiis* or *-tus.*   h) T: *sexc-.*
i) T: *-tes.*   j) Over deleted *non.*
k) Deleted: *omnibus.*   l) T: *dia.*

DOCUMENT 71

71ª

Tortosa. 10 February (1257) 1258.
Reg. 10, fol. 35. MF: 70.

Acknowledges a debt of reimbursement to Madona (Italian: Madonna), widow of Martí de Sicília [Martín de Sicilia] (= of Sicily) of 2,900 Jaca sueldos, the price they had paid Guillem [Guillermo de] d'Aguiló^b for Rascaña in the Valencian countryside, a village the crown had then forced them to restore to Guillem. Orders the collector(s) of the next taxes on Christians or Muslims in the kingdom of Valencia to pay Madona and recover her debt bond.

[Nos Iacobus][c] etc. confitemur et recognoscimus nos debere vobis Madonne,[d] uxori quondam Martini de Sicilia, et vestris duo [mi]lia nongentos solidos iaccenses; [in quibus][c] nos vobis[e] instituimus debitores pro Guillelmo de Aguilone, racione hereditatis de Rascanna termini Valencie quam vos et iam [d]ictus maritus vester emeratis ab eo pro denariis ante dictis, et [n]os postmodum compulimus vos[f] ad restituendum eidem hereditatem predictam, l[ic]et iam sibi predicti denarii essent soluti.

Que duo milia et nongentos solidos iaccenses assignamus vobis et vestris habenda et percipienda super primis peitis* quas iactabimus in regno Valencie Christianis vel Sarrace[ni]s. Mandantes collectori[g] seu collectoribus peitarum ipsarum quod de primis denariis quos inde colligent,[h] donent[i] et solvant vobis et cui vel quibus vos volueritis omnes denarios supra dictos, non expectato alio mandato nostro. Quibus solutis, presentem a vobis recuperent albaranum.*

Datum Dertuse, IIII idus Februarii, anno domini MCC quinquagesimo septimo.

a) Upper left corner cut away, with loss of four words. Damp damage along top and upper right side, and some overtracing (not indicated here). On the preferred 1258 date, see doc. 64, note a.
b) The form does not have reference to Aguilón in Aragon, nor does the surname derive probably from Catalan *aquiló* (northeast wind) or *aguiló* (young eagle). Though existent in Romano-Visigothic form, the precise family in question here descended from Robert Bordet of Tarragona, either with a version of his Norman fief Aculley or his Catalan castle Aguiló.
c) MSup.
d) MF, and Cats. (CDR): Andonna.
e) Deleted: *intituimus*.
f) Deleted: second *vos*.
g) Deleted: final s.
h) For: *-gant?*
i) Deleted: second *donent*.

72a

Tortosa. 15 February (1257) 1258.
Reg. 9, fol. 20v. MF: 71.

Announces to Bishop Bernat [Bernardo de] d'Olivella and his successors in the see of Tortosa that Morella and all other Valencian towns and places within the Tortosa diocese will pay him firstfruits just as the other places of that kingdom pay to the diocese of Valencia. Burriana, however, will fulfill any of its legal obligations after court hearings under crown direction. All officials must respect this royal concession.

Quod nos Iacobus etc. per nos et nostros concedimus et donamus vob[is] venerabili et dilecto nostro Bernardo dei gracia episcopo dertusensi, et vestris successoribus et ecclesie dertusensi, in perpetuum quod omnes homines Morelle et omnium aliarum villarum et locorum regni Valencie diocesis dertusensis donent primicias vobis et vestris s[uc]cessoribus et ecclesie dertusensi de omnibus, sicut alii homines eiusdem regni, Valencie diocesis, donant episcopo et ecclesie [V]alencie; exceptis tamen[b] hominibus Burriane, qui faciant vobis et ecclesie dertusensi super premissis in posse nostro iustici[e] complementum.

Mandantes baiulis, alcaidis,* iusticiis,* iuratis, ⟨et⟩ universis aliis officialibus et subditis nostris, presentibus et f[u]turis, quod contra hanc donacionem et concessionem nostram[c] non veniant, nec aliquem venire permittant, aliquo[d] modo vel aliqua racione; immo eas observent et faciant firmiter ab omnibus observari.

Datum Dertuse, quinto decimo kalendas Marcii, anno domini M[CC]L septimo.

a) Original title, within flourishes: *Episcopi Dertuse*. Modern title, at right: *Super primicia ville Morelle et aliarum villarum regni Valencie diocesis dertusensis*. IP flourish. Holed down center; dim from heavy damp damage at the right, especially along the bottom. On the preferred 1258 date, see doc. 64, note a.
b) Or: *tantum* (*tm* with horizontal overstroke).
c) T: *nostras*, with m stroke also added.
d) Deleted: *aliis m*.

73a

Tortosa. 15 February (1257) 1258.
Reg. 9, fol. 22. MF: 72.

Empowers the same Bishop Bernat [Bernardo] to compel the payment of the tithe by every Valencian belonging to the Tortosa[b] diocese, by attaching their possessions. Officials must not impede the taking of such pledges but actively assist, if they value the king's favor.

DOCUMENT 74

Quod nos Iacobus per nos et nostros damus et concedimus integram po[te]statem [vobi]s venerabili et [d]ilecto nostro Bernardo, dei gracia episcopo et ecclesie dertusensi, quod possitis a[u]ᶜctoritate propria [co]mpellere et pignorare ac compelli [et] pignorari facere omnes homines regni Valencie diocesis dertusensis ad dandum vobis decimas [de omnibus sicut debent].ᶜ

[Mandantes]ᶜ baiulis, alcaidis,* iusticiis,* iuratis et universis aliis officialibus et subditis [nostris, presentibus et futuris quod de predictis]ᶜ pignoribus faciendis nullum impedimentum faciant vel contrarietatem, immo prestent ad ea facie[nda] vobis et vestris consilium et iuvamen, si de nostri confidunt gracia et amore.

Datum Dertuse, XV kalendas Marcii, anno [domini] MCCL septimo.

a) Modern title, supplied on manuscript's mounting, for original title lost: *Episcopi Dertuse*. Fragment of IP flourish. Badly holed over whole right side; central patch, with modern hand supplying lost words. On the preferred 1258 date, see doc. 64, note a.
b) H title: *al obispado de Morella*.
c) MSup.

74ᵃ

Tortosa. 18 February (1257) 1258.
Reg. 9, fol. 22v. MF: 73.

Grants to Joan de Móra (Morà) [Juan de Mora],ᵇ exempt and in perpetuity, a shop for the entrance he is making to his building at Murviedro. The shop, formerly owned by Ramon Panicer [Ramón Panadero] (or else 'the baker'), fronts on the public street on one side and at the other three sides on the buildings of Jaume (Jacme) [Jaime] the hairdresser. A condition forbids sale of any merchandise there ever again.

Quod nos Iacobus etc. per nos et nostros damus et conced[im]us vobis Iohanni de Mora et vestris in perpetuum per hereditatem propriam, francham,* et liberam, ad opus intrate ⟨domorum⟩ᶜ vestrarum, illud operatorium in Muroveteri ante domos Raimundi panicerii, quod affrontat ex tribus partibus in domibus Iacobi barbitonsoris, et in quarta parte in via publica, totum integre cum introitibus et exitibus, affrontacionibus, et suis pertinenciis universis a celo in abissum, ad omnes vestras vestrorumque voluntates cui et quibus volueritis libere perpetuo faciendas, exceptis militibus et sanctis clericis et personis religiosis; ita tamen quod in dicto operatorio numquam possit aliquis tenere aliqua mercimonia ad vendendum.

Datum Dertuse, XII kalendas Marcii, anno domini MCCL septimo.

a) Modern title: *Iohannis de Mora*. IP flourish. Blotch obscures parts of first two lines. On the preferred 1258 date, see doc. 64, note a.
b) The first two are Catalan toponyms as well as surnames. Aragonese toponyms (Mora, La Mora) are in the Teruel and Huesca regions.
c) Obscured by large blot.

75a

Tortosa. 22 February (1257) 1258.
Reg. 10, fol. 40. MF: 74.

Entrusts to Bonanat de G(u)ia [Guía],[b] the 'chief agent' (*porter major*) in the king's entourage, the custody and administration for four years of the castles of Sumacárcel, Tous, and Tárbena[c] with all their effects and villages, together with the village of Cárcer; and all crown revenues from the four places, especially a tax on irrigated land (*almagran*), but excluding hospitality tax and tallage (*peita*), from the present and future Christians and Muslims. In return, he must care for those castles on behalf of the crown at his own expense and give a thousand Valencian sous annually at year's end to the king.

Quod nos Iacobus etc. damus et concedimus vobis Bonanato de G[i]a, maiori portario* nostro, castra de Somacarcel, de Toves, et de Terrabona, et al[queria]m* de Carcel, cum omnibus terminis et pertinenciis et alqueriis dictorum castrorum, et cum almagram*- et omnibus aliis reditibus, exitibus, et proventibus quos nos in predictis castris et alqueriis et terminis eiusdem et a Christianis et Sarrac[e]nis ibi habitantibus et habitaturis[d] debemus percipere quoquo modo, excepta çena et peita,* hinc ad quattuor annos continue co[m]pletos. Ita quod vos, pro predicto almagr[am][e] et reditibus, exitibus, et proventibus supra dictis, custodiatis et retineatis bene et fideliter ad opus nostr[i] castra predicta cum expensis vestris; et detis nobis mille solidos regalium in unoquoque dictorum quattuor annorum, videlicet in fine anni.

Et sic habeatis [et] te[ne]atis dicta castra et alqueri[a]s, [et] omnes reditus, exitus, et proventus[f] predictos percipiatis integre et sine diminucione aliqua, sicut superius est expressum.

Datum Dertuse, VIII kalendas Marcii, anno domini MCCL septimo.

a) Holed, especially down right center. On the preferred 1258 date, see doc. 64, note a.
b) MF: Gamaori. The scribe has carelessly formed G[i]a and run it into the following word; MF, further removing an i, read it all as a new name.
c) MF: Toves and Terrabona.
d) T: -*riis*.
e) MSup.
f) T: -*tibus*? Perhaps a clumsy correction.

76a

Tortosa. 23 February (1257) 1258.
Reg. 10, fol. 37v. MF: 75.

Confers on the king's falconer Ramon [Ramón] Falconer (see doc. 50) a life annuity of 200 Valencian sous drawn from the revenues of mills held for the crown by Octavià (Octovià) [Octaviano] 'next to Our royal residence

DOCUMENT 77

[re(i)al] at Valencia city, beyond the mills which Master Gui(u) [Guido] similarly holds for Us.' Ramon is to collect the full revenues from the current tax farmer, answering to the city's bailiff for the remainder, or he may himself enter 'the auction or public bidding' on these rents 'like anyone else,' deducting from his winning low-bid the 200 sous annuity. At his own expense he must annually give the king three falcons.

Quod nos Iacobus etc. [per nos et nostros da]mus, concedimus, et assig[namus tibi] Raimundo, falchonerio nostr[o], diebus omnibus vite tue ducentos solidos r[egalium] Valencie censuales, quos assig[na]mus tibi habendos et percipiendos super reditibus[b] et exitibus nostris molendinorum, que[c] Oct[av]ian[us] tenet pro nobis ad censu[m] iuxta reiale*[d] nostrum Valencie, supra molendina que magister [G]uido[e] similiter tenet [pro] nobis. Ita quod quicumque molendina [ip]sa sive ius[f] molendinorum extraxeri[t] de encanto* sive de almoneda* donet ann[is] singulis[g] et solvat inde[h] tibi et cui vel quibus tu volueris predictos ducentos solidos, et de residuo respondeat b[aiu]lo nostro Valencie.

Si vero tu illud emere volueris vel extrahere de encanto, possis[i] hoc facere sicut aliquis alius, et de preci[o e]ius retineas tibi predictos ducentos solidos, et residuum quod superfuerit dones et solvas baiulo nostro predicto, hoc tamen sa[l]vo et intellecto quod annis singulis mutes* et tenearis mutare nobis et nostris tres falchones nostros cum tuis missionibus et expensis.

Et sic [h]abeas, teneas, et percipias iam dictos ducentos solidos de molendinis predictis, quam diu tibi fuerit vita comes.

Mandantes baiulo nostro Valencie presenti atque futuris quod contra hanc concessionem nostram non veniant, nec aliquem venire permittant, aliqua racione; immo eam obser[ven]t, et faciant firmiter ab omnibus observari.

Datum Dertuse, VII kalendas Marcii, anno domini MCCL septimo.

a) Holed along top in large triangular gaps, and at right; some later overtracing at upper left, not indicated here. On the preferred 1258 date, see doc. 64, note a.
b) T: red\d/itubus.
c) T: qui.
d) T: *reyale*.
e) The shorter form *Gui* appears in doc. 372.
f) Deleted: *ipsorum*.
g) Smeared.
h) Rewritten upon symbol for *denarios*.
i) T: *poossis*.

77a

Tortosa. 27 February (1257) 1258.
Reg. 9, fol. 24. MF: 76.

Hands over to Yaḥyā b. Muḥammad b. ʿĪsā, tributary *qāʾid* of Montesa in Valencia, the grazing tax of six sheep or goats out of each thousand new-born in all the transhumant flocks from Aragon and Castile using the Montesa and Vallada regions, the same amount the king 'receives in the regions of Our other castles of the kingdom of Valencia.'

Quod nos Iacobus etc. concedimus vobis, Yafie Aben Mafomat [A]ben Ayça alcaido* de Montessa, quod possitis accipere [her]bagium*b de omnibus ganatis* Aragonie et Castelle in termino de Montesa [et] de Vallata, videlicet de mille ovibus parturientib[us sex]c oves, et de mille capris parturientibus sex capras,d si[cut] nos dictum [h]erbagium recipimus in terminis aliorum [castrorum] nostrorum regni Valencie.

Datum Dertuse, tercio kalendas Marcii, anno domini MCCL septimo.

a) Modern title: *Yafie Abenmafomat Benayça, alcaidi de Montesa*. IP flourish. Long hole down center; right side trimmed, with loss of three words. On the preferred 1258 date, see doc. 64, note a. H: *Abenaixa, Aragonum, de mille cabras*.
b) MSup.: *erbagina*.
c) MSup.
d) T: *cabras*; cf. *capras* shortly before.

78a

Tortosa. 27 February (1257) 1258.
Reg. 9, fol. 24v. MF: 77.

Confers on the same *qāʾid* life tenure of two ruined mill-housings or structures in the Játiva village of Ayacor, then Y[o]cor, to rebuild and reoutfit at his own expense, with their 'ponds, mill races, and all other appurtenances and rights,' the costs to be borne by the crown's waiving all profits or revenues for three years. Thereafter the *qāʾid* and crown are to divide all income, but before the expenses and the miller's salary are drawn from the Muslim's half. At his death the mills and their improvements revert to the crown 'without any complaining [or: legal claims].'

Quod [no]s Iacobus etc. per no[s] et n[ostr]os damus et sta[bilim]us vobis Iahia Aben Mafomat Aben Eyça, alcaido* de Montesa, dieb[us] omnibus vite vestre illa [du]o casalia* inferiora [molendi]norum diruta,b que sunt in termino Exative in alqueria* que dicitur Yocor, ita quod [vo]s rehedificetis ⟨ipsa casali⟩a cum propriis expensis vestris. Et omnes reditus, exitus, [et e]molumentum que inde ex[ier]int [h]ab[e]atis et recipiatis ⟨vos et vestri⟩ hinc ad tres annos continue completos pro expensis et missionibus quas feceritis ⟨ibi in⟩ rehedificacione et reparacione dictorum casalium et apparamentorum eorundem, ad faciendum vestram ⟨propriam volun⟩tatem.

⟨Et transactis tribus annis⟩, in antea detis nobis et nostris de omnibus reditibus et exitib[us et] emolumentis dicto[rum] casalium medietatem, francham*c et liberam et sine omni missione nostra ⟨et⟩ nostrorum, aliqua multura vel iure molendinarii non levatis.ᵈ Et sic [h]abeatis, teneatis, et possideatis dicta casaliaᵉ molendinorum cum aquis, cequiis,* et omnibus aliis iuribus et pertinenciis suis toto tempore vite vestre.

Et statim post obitum vestrum, revertantur nobis et nostris integre cum omnibus melioramentis que in ipsis feceritis et sine aliqua mala voce.ᶠ

Datum Dertuse, III kalendas Marcii, anno domini MCCL septimo.

a) IP flourish. Badly holed and blotched, including vertical strip holes; damage especially at center and over the upper right of the text, a considerable portion of the whole. On the preferred 1258 date, see doc. 64, note a.
b) T: *dirutta*, past participle either for *dirumpo (diruptus)* or *diruo (dirutus)*.
c) T: *franqam*.
d) Not *levetis* but an ablative absolute.
e) T: *cassalia*.
f) Cf. Catalan *malparlar*. Latin *vox* also meant legal action, or grounds for it.

79a

Tortosa. 28 February (1257) 1258.ᵇ
Reg. 10, fol. 67. MF: 78(a).

Summons Alvar [Álvaro] (de Cabrera) the count of Urgel, to come for a major campaign against 'the traitor al-Azraq' (the Valencian rebel), prepared to offer such service as will win the king's praise. The king needs his help and that 'of the other nobles of Our land,' and the count is obligated by 'the fief of the castles of Urgel you hold for Us.' If he refuses, 'We propose to take action against you as We would against anyone who refused to give service to a lord for his fief.'

Iacobus et[c.] nobili et dilecto Alvaro, per eandem comiti Urgelli, salutem et [d]ileccionem. Cum nos proponamus incedere potenti [manu]ᶜ contra Aladrachum traditorem nostrum, et auxilium vestrum et aliorum nobilium de terra nostra sit nobis necessarium, dici[mus] et mandamus vobis quatenus veniatis ad nos parati servire, pro feudo* castrorum Urgelli que pro nobis tene[tis], contra predictum A[la]drachum, taliter quod nobilitatem vestram possimus merito commendare.

Alioquin propon[i]mus proce[d]er[e] contra vos, sicutᵈ esset procedendum contra aliumᵉ qui denegaret servicium exhibere domino suo pro feudo quod pro eo teneret.

D[atum] Dertuse, II kalendas Marcii, anno domini MCCL septimo.

a) MSup., replacing cropped title: *Alvaro comiti Urgelli*. Trimmed along right, with loss of letters.
b) On the preferred 1258 date, see doc. 64, note a.
c) MSup.
d) Deleted: *contra*.
e) Sic, not *illum* or *aliquem*.

80[a]

Tortosa. 28 February (1257) 1258.
Reg. 10, fol. 37v. MF: 79.

Allows 'full license and power' to Bishop Andreu d'Albalat [Andrés de Albalate] O.P. of Valencia, (E)ximèn de Tovia [Jimeno (Eximeno) de Tovía], and Marc [Marco] de Tovia, executors for the deceased Ferran Garcés (Garcia) de Roda [Ferrando Garcez (García) de Roda or Rueda][b] to carry out his last testament by selling the tower and villages of Sot and all his properties in the kingdom of Valencia, the crown pre-ratifying and protecting the sales and purchasers.

Quod nos Iacobus etc. damus et concedimus integram licenciam et potestatem vobis dilectis nostris, Arnaldo dei gracia episcopo Valencie, Eximino de Tovia,[c] et March[o] de Tovia,[c] manumissoribus testamenti Ferrandi Garcez de Roda quondam, vendendi turrem et alquerias* de So[t][d] et omnes alias hereditates quas ipse Ferrandus Garcez tenebat in regno Valencie, pro complendo testamento [i]psius Ferrandi Garcez.

Promittentes quod omnem vendicionem seu vendiciones quas inde facietis ratas habebi[mus] perpetuo atque firmas, et eas salvabimus contra omnes personas emptoribus earum.[e]

Datum Dertuse, pridie kalendas Marcii, anno domini MCCL septimo.

a) Holed down left center of text. On the preferred 1258 date see doc. 64, note a.
b) Tovía was south of Nájera in Navarre. Roda and Rueda are separate families and toponyms, both Aragonese. Garcez, a variant of García, can be prename or surname, with Catalan variants.
c) T: *Tovya*.
d) Crossbar fragment suggests t.
e) T: scribe's correction from *eiusdem*.

81[a]

Tortosa. 7 March (1257) 1258.
Reg. 10, fol. 40. MF: 80.

Reassigns the continued recovery of 5,500 Valencian sous owed to Ramon [Ramón] de Mirambell, on all crown revenues 'of grain as much as of [money] rents' in Valencia city's region, with priority until repaid. A previous assignment on the 'tribute' from the Muslims (?) of Liria (?) has proved insufficient; revenues had been blocked by a priority assignment in favor of Garcia Pere (Peris) [García Pérez] de Castalla.

Quod nos [Iacobus] etc. [c]onfitemur nos debere vobis [Raimundo de] Mirambello quinque milia et quingentos solidos regalium Valen[cie], quos vobis assigna[vi]mus habendos et percipiendos in trib[u]to[b] quod nobis faciebant [Sarraceni Li]rie.[c]

Et quia illos in dicto tributo h[a]bere non potuistis, assignavimus eos vobis super reditibus de Al[ia]zi[ra]. Et quia illos in dicto loco habere non pot[u]istis, et eos dedimus \Garcie/[d] Periz de [Ca]stalla,[e] volumus et mandamus [quat]enus[f] dicta quinque milia et quingentos solidos h[a]beatis et percipiatis de primo festo venturo natalis domini [in] antea super omnibus [red]itibus et exitibus tam bladi quam censualis[g] nobis pertinentibus [et] nobis[h] pertinere debentibus in omnibus molendi[nis][i] que pro nobis tenentur in termino Valencie.

Mandantes baiulo presenti et futuris qua[te]nus, in dicta assignacione a nobis vobis facta, non tangant nec tangi permittant donec vobis et vestris de pre[di]ctis denariiis fuerit[j] satisf[actum].

Datum Dertuse, nonas Marcii, anno domini MCCL septimo.

a) Trimmed down right, with loss of several letters; badly holed, especially along the top; some modern overtracing (not indicated here). On the preferred 1258 date, see doc. 64, note a.
b) Scribe's correction from: *tribus*.
c) Conjectural and dubious; the tail of an initial s, in the context of 'tribute' suggests *Sarraceni* or perhaps *Iudei*, though 'tribute' very occasionally was used for Christian taxes. The place name, if there is one, has a blotted letter which seems an r; less probable choices include Denia, Gandía, or even Valencia.
d) Over deleted false start of same name.
e) T: *Castella*. On this name see doc. 31n., here as Periz.
f) T: *quatinus*.
g) T: *sen-*.
h) T: *vobis*.
i) MSup.
j) Last syllable clumsily rewritten (corrected *fueritis*?).

82[a]

Tortosa. 7 March (1257) 1258.
Reg. 9, fol. 25. MF: 81.

After a hearing in which Ramon [Ramón] de Mirambell 'your co-citizen' explained Valencia city's 'business' in the king's presence and on behalf of that commune and its officers, it pleases the king to order two elections. Each parish must 'elect one notable [*prohom*] for supervising the trades, roads, underground channels, and canals, within or outside the city, and all other affairs pertaining to the community.' Serving at the king's pleasure for three-month periods, they must also advise the city's justiciar 'according to the law-code [*fur*] given you by Us.' The city is also to elect two notables as 'secretaries,' who are to 'request, receive, and hear the audit of all claims which pertain to the city's community'; they must maintain 'a strongbox with the privileges given you by Us and all [such] claims,' and answer to the parish electees as often as these demand an audit.

Quod nos Iacobus etc. fidelibus suis baiulo, iusticie,* et probis hominibus ac toti universitati Valencie, salutem et graciam. Nov[eritis][b] nos vidisse Raimundum de Mirambello concivem vestrum coram nostra presencia, qui

DOCUMENT 83

ex parte vestra nobis ostendit^c negocium vestru[m].^b Quo audito, placet nobis quatenus^d de unaquaque parochia civitatis eligatur unus probus homo super regendis officiis, carrariis,* albellonibus,* et cequiis* infra civitatem et que sunt extra, et super omnibus^e aliis negociis pertinentibus communitati, et qui dent consilium et auxilium iusticie secundum forum* a nobis vobis datum. Et mutentur de tribus in [tribus]^b mensibus, et sint ibi dum nobis placuerit.

Item volumus et mandamus quatenus^d eligatis duos probos homines, qui nom[inentur]^b secretarii. Qui duo petant, accipiant, et audiant compotum omnium iurium que pertinent communitati civitat[is],^f et quod teneant caxiam* cum privilegiis a nobis vobis factis et omnia iura pertinencia communitati. Qui tamen duo dent ⟨et⟩ ten[eantur]^g reddere compotum coram dictis electis de parochiis, quocienscumque^h ab eis fuerint requisiti.

Datum Dertuse, nonisⁱ Marc[ii],^b anno domini MCCL septimo.

a) Modern title: *Valencie.* IP flourish. Trimmed at right, with loss of letters. A long line is drawn across the folio above the title. On the preferred 1258 date, see doc. 64, note a.
b) MSup.
c) T: *hos-.*
d) T: *-tinus.*
e) T: *hominibus.*
f) MSup.: *-i.*
g) MSup.: *-net.*
h) Or abbreviation as *quociensque.*
i) Sic, classical form here.

83a

Tortosa. 7 March (1257) 1258.
Reg. 9, fol. 25v. MF: 82.

Acknowledges receipt of a letter from the bailiff, justiciar, and notables (*prohoms*) of Valencia 'complaining that We do not observe the statute [*fur*] given you by Us in the [law code's] section about appeals,' and promising and ordering its observance. The justiciar consequently will judge cases of the first instance, and a judge appointed by the justiciar will take any appeals; further appeal goes 'to Our presence.' But a money or other case involving less than three hundred sous can go before the king only after two appeal judgments; and if such an appellant seems to act out of malice in seeking a third judgment on so small a matter, then 'immediately in the very first step of the journey he is to make satisfaction for expenses raised or arising from the appeal, at the decision of the justiciar, to the other litigant.' Finally, the Valencians must strictly observe their law and privilege 'that no one loses possession except by sentence of a judge.' The justiciar will not go contrary to the abovesaid, if he values the king's favor.

Quod nos Iacobus etc., fidelibus suis baiulo, iusticie,* et probis hominibus ac ⟨toti⟩^b universitati Valencie, salutem et graciam. Noveritis nos vidisse quandam litteram vestram conquerentem quod ⟨non⟩^c observaremus forum* a nobis [vobis] datum in titulo de appellacionibus. Quem forum vobis presentibus et futuris mandamus et volumus observari in hunc modum, videlicet quod prima causa determinetur per iusticiam Valencie. Et si appellatum fuerit super sentencia, quod iusticia possit alium iudicem non suspectum delegare. Et si super hac sentencia eciam steterit appellatum, volumus quod secunda appellacio ad nostram presenciam devolvat; ita quod coram nobis fine debito terminetur.

Tamen si causa pecuniaria erit vel alia ⟨minus⟩ valens trecentorum solidorum, volumus quod veniat ante nos postquam bis super ⟨eadem⟩ fuerit iudicatum; hoc tamen intellecto quod si ille qui appellat venire ⟨vol⟩uerit coram nobis per maliciam pro tercia sentencia audienda, quod statim in ipso ⟨ing⟩ressu itineris satisfaciat alteri parti, arbitrio iusticie Valencie, in expensis factis ⟨vel⟩ faciendis circa appellacionem.

Item iam vobis concessimus, per forum et per privilegium quod inde [h]abetis et tenetis, quod nemo exeat de possessione nisi per sentenciam iudicis. Quem forum et dictum privilegium volumus et mandamus in omnibus observari, et non in aliquo deperiri.

Mandantes iusticie Valencie, presenti et futuris, quod contra predicta non venia[n]t, si confidunt de nostri gracia vel amore.

Datum Dertuse, nonas Marcii, anno domini MCCL septimo.

a) Badly deteriorated, the top half by damp damage, obscuring a fifth or more of the text. On the preferred 1258 date, see doc. 64, note a.
b) H: *ceteri*.
c) A blot; may be s for *scilicet*, or *nos*, without altering the meaning as interpreted conjecturally. H: *non*; but *Aureum opus* omits. Perhaps omit as simple blot.

84a

Tortosa. 15 March (1257) 1258.
Reg. 9, fol. 27. MF: 83.

Ratifies the contract of gift and exchange, by which Pere Alfons (Portuguese: Pedro Afonso), son of the deceased king of Portugal and commander of Alcañiz, received for himself and for his Order of Calatrava buildings and a property in Valencia city and its region(s) from (E)ximèn Pere (Peris) [Jimeno (Eximeno) Pérez] de Pina.[b] In return Alfons gave him the Valencian castle and town of Favara.

Quod nos Iacobus etc. per nos et nostros laudamus, approbamus, et confirma[mus] vobis Petro Alfonso filio quondam regis Portugalie (commendatori Alcanicii) et ordini Calatrave in perpetuum concambium quod fecit vobis Eximinus Petri de Pina de domibus et hereditate sua quam[c] habebat in Valencia et suis terminis, quas dedit vobis pro castro et villa de Favara que vos dedistis ei.

DOCUMENT 86

Volentes et concedentes vobis quod dictum concambium et donacionem, que dictus Eximinus Petri fecit vobis et dicto ordini de predictis, plenam obtineant perpetuo firmitatem, sicut in instrumento quod vobis inde fecit dictus Eximinus Petri plenius continetur.

Datum Dertuse, idus Marcii, anno domini MCCL septimo.

a) Worn down left side. Modern title: *Commendatori Alcanici et Calatrave*. IP flourish: fragment. On the preferred 1258 date, see doc. 64, note a.

b) This family name derives from the Aragonese toponym Pina de Ebro.

c) Sic.

85a

Tortosa. 18 March (1257) 1258.b
Reg. 10, fol. 67. MF: 78(b).

Summons Alvar [Álvaro] (de Cabrera), the count of Urgel, for the second time, immediately to join the war against the Valencian rebel al-Azraq, by reason of his fief of Urgel. Neglect will bring down upon him the reprisals any other vassal so acting 'against the usage' or feudal code (*Usatges*) of Barcelona would suffer.

Iacobus dei gracia etc., nobili viro et dilecto Alvaro, per eandem comiti Urgelli, salutem et dileccionem. Sciatis quod proponimus ire contra Aladrach traditorem nostrum, manu armata. Quare rogamus et mandamus vobis firmiter quatenus visis litteris veniatis ad nos paratus servire nobis feudum,* quod pro nobis tenetis in comitatu Urgelli.

Et hoc nullatenus differatis; alias sci[a]tis quod non poterimus esse quin contra vos procedamus [*sic*] sicut procedendum esset contra alium qui denegat facere servicium domino suo pro feudo quod ab eoc tenet, contra usaticum* Barchinone.

Datum Dertuse, XV kalendas Aprilis, anno domini MCCLVII.

a) Modern title: *Eidem Alvaro*. Ink-spread within some words.

b) On preferred 1258 date, see doc. 64, note a. MF: 28 February 1257-1258. Cf. below, doc. 91, note b.

c) T: *abeo*, a form easily confused with [*h*]*abeo*.

86a

Tortosa. 20 March (1257) 1258.
Reg. 10, fols. 50v-51. MF: 84.

Approves the donation to Abbot Arnau [Arnaldo] de Montsant and his Benifassà [Benifazá] monastery by Guillem [Guillermo] Bartol 'of the place called Lombar in the region of Burriana,' according to the terms stated in his deed. The crown exempts this property from five taxes listed 'and from all other service and regalian exaction forever,' despite any contrary custom and law, including the prohibition against alienating to clerics or Religious 'any possessions in the kingdom of Valencia of men in Our service.'

Quod nos Iacobus per nos et nostros laudamus, concedimus, et conf[irmam]us vobis Arnaldo abbati et monasterio de Benifassano illam donacionem quam Guillelmus Bardol vobis fecit, de loco qui dicitur Lorabar [= Lombar]^b in termino Bu[rr]iane, sicut in carta ipsius donacionis ab ipso vobis facta plenius continetur.

[*Fol. 51*] Quam donacio[nem] cum omnibus pertinenciis suis p[red]icto abb[at]i et monasterio supra dicto enfranquimus et francham* et liberam facimus ab [o]mni questia,* peita,* cena, exercitu et cavalcata et eo[rum] red[em]pcionibus, et ab omni alio servicio et exaccione regali in perpetuum; ut de cetero ⟨ip⟩sam hereditatem habeatis vos et successores vestri et dictum monasterium [f]rancham et liberam, ad omnes vestras voluntates perpetuo faciendas, sicut ⟨me⟩lius et utilius ac plenius potest dici vel intelligi ad utilitatem et salvam[en]tum monasterii memorati, non obstante consuetudine, foro,* sive statuto aliqu[o] a nobis factis quod alique possessiones regni Valencie hominum nobis serviencium non vendantur vel aliquo modo distribuantur clericis sive personis religiosis, nec obstante aliqua alia racione.

Datum Dertuse, XIII kalendas Aprilis, anno domini MCCLVII.

a) Original title: *Carta confirmacionis abbatis [et] monasterii de Benifassano.* IP flourish. Fol. 51 badly holed along top, and worn down the right side. Modern overtracing on part of line one, not indicated here. On the preferred 1258 date, see doc. 64, note a.
b) Seems: Lorabar; it is Lombar, within the territory of Llombay near Burriana. MF: Lorabar.

☆Tortosa. 25 March 1258. Cf. doc. 3, note e. Doc. 3 may belong here.

87a

Tortosa. 26 March 1258.
Reg. 10, fol. 41v. MF: 85.

Prescribes a salary of a hundred Josephine mazmodins annually 'to Our faithful notary Arnau [Arnaldo] de Bosc, Lérida citizen,' as long as 'you are Our notary by reason of the said office of notary,' to be drawn from those thousand Alfonsine morabatins which Bishop Andreu d'Albalat [Andrés de Albalate] O.P. of Valencia must pay the crown yearly 'by reason of [his] office of chancellor of Our court.' Orders compliance forthwith from the bishop and those 'who receive for him the revenues of the said secretariat.'

DOCUMENT 88

Quod nos Iacobus etc. damus et assignamus vobis, fideli[b] notario nostro Arnaldo de Boscho civi ilerdensi, centum mazmudinas* iucefias direc[[t]]as habendas ac percipiendas singulis annis dum notarius noster fueritis, racione dicti officii notarie, de [[il]]lis mille morabatinis* alfonsinis quos venerabilis et dilectus noster Andreas dei gracia Valencie episcopus habet [= debet] nobis dare singulis annis racione scribanie curie nostre.

Mandantes predicto episcopo, et illi vel illis qui pro eo reditus dicte scribanie recipiunt vel receperint, quod dictas C mazmudinas de predictis mille morabatinis annis singulis vobis solvant, non expectato[c] nostro alio mandamento.

Datum etc. [Dertuse, VII kalendas Aprilis, anno domini MCCLVIII].[d]

a) Original title, semiboxed: *Albaranum Arnaldi de Boscho*.
b) Deleted: *nostro*.
c) T: *spe-*.
d) Place and date supplied from document preceding this.

88a

Tortosa. 26 March 1258.
Reg. 10, fol. 51v. MF: 86.

Permits Estefania [Estefanía], wife of Gauceran de Montcada [Galcerán de Moncada], to purchase from Bernat [Bernardo] Escrivà of Burriana 'the entire estate he holds in Onda and its region(s),' and to retain it forever 'clear and free, namely as a clear and free alod, without any service' to the crown 'at any time, in any way, for any reason,' despite laws against alienating to churchmen and knights the Valencian properties of men in the royal service.

Quod nos Iacobus etc. damus integram licenciam et potestatem vobis Stephanie, uxori Gaucerandi de Montecatano, quod p[[ossi]]tis emere a Bernardo Scriba[b] de Burriana totam hereditatem quam ipse habet in Ondia[c] et suis terminis; et quod habeat[[i]]s vos et vestri in perpetuum ipsam hereditatem francham* et liberam sive per alodium franchum et liberum, sine aliquo servicio quod inde nobis vel nostris facere non teneamini umquam aliquo tempore, aliquo modo, vel aliqua racione, ad omnes \vestras vestrorumque/ voluntates libere perpetuo faciendas; non obstante aliquo statuto a nobis facto quod alique hereditates hominum nobis serviencium regni Valencie non possent vendi, dari, nec alienari militibus, sanctis clericis, nec personis religiosis.

Datum Dertuse, VII kalendas Aprilis, anno domini MCCLVIII.

a) Original title, semiboxed: *Carta, quod Stephania uxor Gaucerandi de Montecatano possit emere a Bernardo Scriba de Burriana hereditatem suam de Ondia* [sic]. At bottom right: *III solidi*.

b) Sic; since this is not genitive, his office rather than his surname may be meant (see doc. 9, note b).

c) Sic.

89a

Tortosa. 26 March 1258.
Reg. 10, fol. 52rv. MF: 87.

'Considering the exceptional damage that you, Our faithful subjects of Onteniente, have received and sustained on account of the earthquake which just now happened in the castle and town of Onteniente,' the crown waives three listed taxes plus all other services or regalian exactions for two full years ahead, except for those revenues already committed to a crown creditor, the knight Llop [Lope, Lupo] de Bailo.[b] 'In addition, to help in repairing the walls and towers which were demolished on account of the said earthquake in the said castle and town,' the crown contributes all its revenues and profits there during that period, providing they too are applied to this rebuilding. Present and future bailiffs of Onteniente must not cause or permit any obstacle.

Quod nos Iacobus etc., considerant[e]s dampnum maximum quod vos fideles nostri homines de Ontinyen[c] recepisti[s] et s[ustinuistis] propter terre motum qui fuit n[u]nc in castro et villa de Ontinyen,[c] per nos et nostros enfranquimus* vos omnes et si[ngulos homines] ad II annos completos [et] continue venturos ab omni questia,* exercitu, et cavalcata, et eorum redempcionibus, et a[b omni alio][d] [*fol. 52v*] servicio et exaccione regali. Ita quod a predictis omnibus sitis per totum spacium predictorum duorum annorum franchi, liberi penitus, et [imm]unes.

Preterea damus v[obis] in auxilium reparandorum murorum et turrium, que propter dictum terre[e] motum in dicto castro et villa sunt dirute et diruti,[f] omnes reditus, exitus, et proventus nostros castri et ville predicte de Ontinyen,[c] habendos et percipiendos integre et sine omni diminucione per totum spacium dictorum du[orum] annorum, exceptis tantum illis reditibus qui sunt obligati Lupo de Bailo[g] militi, racione debiti quod nos si[b]i debemus. Ita tamen quod dictos reditus, exitus, et proventus, quos vobis damus, ponatis in reparacione murorum et turrium predictarum.

Mandantes baiulis de Ontinyen[c] presentibus et futuris quod contra predicta non veniant, nec aliquem venire permittant, aliqua racione.

Datum Dertuse, VII kalendas Aprilis, anno domini MCCLVIII.

a) Original title, semiboxed: *Carta f*[*ran-c*]*hitudinis hominum de Ontinien*. Second original title in a different hand, at upper left margin: *Franquitates hominum de Ontinyent*. IP flourish. At bottom right: *II solidi*. Holed down center; damp damage; trimmed along right side of recto, with some loss of words.

b) Not a Catalan name (Bailló, Vailó) but an Aragonese noble family and toponym, southwest of Jaca (Huesca).

c) T: -*nen* with overstroke, possibly for *Ontinent*, more probably for the *Ontynen* (*Ontinyen*) of the *Repartiment*.

d) MSup.

e) MF: *guerre* (implied by listing the document as concerning *la guerra*).

f) T: -*utte*, -*utti*. Past participle more probably of *diruo* (*dirutus*) than of *dirumpo* (*diruptus*); cf. doc. 78, note b.

g) T: *Baylo*.

☆Tortosa. 27 March 1258. Cf. doc. 4, note j. Doc. 4 may belong here.

90a

Tortosa. 28 March 1258.
Reg. 10, fols.52v-53. MF: 88.

As court of appeal, supports the sentence passed by Guillem [Guillermo] de Barberà, lieutenant of Arnau [Arnaldo] de Romaní the justiciar of Valencia city, 'in the case waged between Guillem de Vic(h) the merchandise broker [*correter*] acting on one side and Pere [Pedro] de Colen(t) defending himself on the other, about certain dried-mud [adobe] walls which the said Pere de Colen(t) built and caused to be made next to the buildings and tannery of the said Guillem de Vic(h), and about other things contained in the said sentence.'

Quod nos Iacobus etc. laudamus, concedimus, et confirmamus sentenciam latam per Guillelmum de Barber[a]no,b tenentem locum Arnaldi de Romanino iusticie* Valencie, in causa que vertebatur inter Guillelmum de Vico curaterium* [a]gentem ex una parte et Petrum [*fol. 53*] de Colenc se ex altera defend⟨entem⟩, super quibusdam tapiis* quas dictus Petrus de Colen construx[it] et fecit fieri iuxta domos et adobarias* dicti Guillelmi de Vico, et [super] aliis que in dicta sentencia contine[n]tur; volentes et concedentes [quod] dicta sentencia plenam obtineat firmitatem.

Datum Dertuse, V kalendas Aprilis, anno domini MCCLVIII.

a) Original title, semiboxed: *Carta confirmacionis sentencie late per Guillelmum de Barberano, tenentem locum Arnaldi de [R]omanino iusticie Valencie*. IP flourish. At end of text: *XII solidi*. Holed down right side of both folios.

b) For Catalan Barberà; MF: Barberino.

c) Surname in *Repartiment* several times as Colent, perhaps from old Catalan for cultivator, settler. MF: Colen.

91a

Tortosa. 4 April 1258.b
Reg. 10, fol. 67. MF: 78(c).

'Firmly requests, tells, and commands' Alvar [Álvaro] (de Cabrera) the count of Urgel, upon receiving this, to come 'with your knights and weaponry' to the war 'against al-Azraq the betrayer.' He is not to delay or refuse, since this is his final message and chance.

Iacobus dei gracia etc., viro nobili et dilecto Alvaro, eadem [gracia] urgellensi[c] comiti, salutem et dileccionem. Rogamus, dicimus, et mandamus vobis firmiter quatenus ad nos, visis presentibus, cum vestris militibus et armis veniatis paratus servire nobis (contra Aladrach proditorem[d] nostrum) feudum*[e] quod pro nobis tenetis.

Et hoc non mutetis nec differatis aliqua racione, quoniam alias litteras super hoc vobis de cetero non mittemus.

Datum Dertuse, II nonas Aprilis, anno domini MCCL octavo.

a) Heavy pressure on the pen contributed to blurring and blotting of letters.
b) This clear date establishes also the dates of its two companion documents (see note c), though those have been left in their technically ambiguous dating. The king's itinerary tends to confirm this 1258 date for all three. MF: 28 February (1257-1258).
c) T: *Urglln* with stroke through *lln*; the same phrasing in the two companion documents 79 and 85 ends in i, presumably *Urgelli*.
d) Cf. *traditorem* in the documents of note c.
e) Sic, as also in doc. 85: *servire feudum*; in doc. 79: *servire pro feudo*.

92a

Tortosa. 8 April 1258.
Reg. 10, fol. 59v. MF: 89.

Allows Joan [Juan] de Borja,[b] royal agent (*porter*) 'to build and construct in Valencia city's Moorish quarter one oven for baking, in a certain outbuilding [or lot, *casal*] of Yūsuf, the *amīn* of the said quarter.' The site fronts along two sides on the buildings of the *amīn*, along a third side on the public street, and along the fourth on the buildings of Arnau de Santvicenç [Arnaldo de San Vicente]. Joan may own and operate the place and bakery, with all its monopoly revenues, to keep in perpetuity or sell, paying the crown every Christmas a rental of four gold Josephine mazmodins.

Quod nos Iacobus etc. per nos et nostros concedimus ac damus licenciam et potestatem tibi, Iohanni de Borgia portario* nostro et tuis, quod possitis edificare[c] et construere unum furnum ad coquendum panem in \moraria/* Valencie in quodam casali* Iucephi, alamin[i]* eiusdem morarie. Quod quidem casale affrontat de duabus partibus in domibus ipsius alamini, de tercia parte in via publica, de qua\rta/ vero parte in domibus de Arnaldo de Sancto Vincencio. Ita tamen quod tu et tui donetis inde nobis et nostris pro censu singulis annis IIII mazmudinas* iucefias bonas in auro in unoquoque festo natalis domini.

Et sic predictum furnum cum affrontacionibus, introitibus, exitibus, ac iuribus et pertinenciis suis omnibus a celo usque in abissum habeatis tu et tui in perpetuum a[[d]] tenendum, possidendum, expletandum, vendendum, alienandum, impignorandum, et ad omnes vestras vestrorumque voluntates cui et quibus volueritis libere perpetuo faciendas, exceptis sanctis clericis, militibus, et personis religiosis, salvo tamen predicto censu, iure, laudimio,* et fatica.*

Datum Dertuse, VI idus Aprilis, anno domini MCCLVIII.

a) Original title, semiboxed: *Carta* [deleted: *Bernardi] Iohannis de Borgia porterii domini regis.* Modern title, at upper right: *Furnus in moraria Valencie.* IP flourish. In bottom right margin: *XII denarii.*

b) MF: *Boria.* Both (La)bòria and Borges are etymologically different from Borja, an Aragonese toponym with variant (Aragonese) spelling Borgia.

c) T: *he-*.

93a

Valencia. 26 April 1258.
Reg. 10, fol. 60v. MF: 90.

Grants to Sanç Pere (Peris) [Sancho Pérez] de Ribabellosa in perpetuity 'for use as buildings [or houses] those baths or cellar(s) [*celler*] which are in Játiva in front of the butchery plaza,' on condition that he 'never have or be able to have there a shop' with anything for sale. The grant fronts on public streets along two sides, and on the buildings of Pere Sanç [Pedro Sánchez] the banker along another; no separate fourth boundary is given.

Quod nos Iacobus etc. per nos et nostros damus et concedimus per hereditatem propriam, francham,* et liberam vobis Sanci[o] Petri de Riba Vel[l]osa^b et vestris in perpetuum ad opus domorum, illa balnea seu cellarium que sunt in Xativa ante placiam* car[nice]rie,^{c} que affrontantur^d ex duabus partibus in viis publicis, et ex alia parte in domibus Petri [San]cii campsoris,* ad habendum, tenendum, possidendum, et expletandum, cum introitibus et exitibus suis et pertinenciis, de celo in abissum, ad omnes v[estras] vestrorumque voluntates cui et quibus volueritis perpetuo faciendas, [ex]ceptis clericis et sanctis et personis religiosis. Ita tamen quod numquam ibi vos vel aliqui successores vestri teneatis, vel possitis tenere, operatorium in quo aliqua mercimonia vendantur.

Datum Valencie, VI kalendas Madii, [anno domini MCCLVIII].^{e}

a) Original title, semiboxed: *Carta ⟨hereditatis Sancii⟩ Petri.* IP flourish. Text holed down left side.
b) First l probable; MF has only de Riba. For Ribabellosa near Álava.

c) Improbably: *carrarie.*
d) Deleted: *ab oriente.*
e) The documents before and after are dated 1258.

94a

Valencia. 27 April 1258.
Reg. 10, fols.60v-61. MF: 91.

Grants to Antolí Alaman (Alemany) [Antolín Alemán], as an exempt property in perpetuity, three jovates of dry-farming land in the Liria region 'in the place called Toparet'; contiguous, they front along one side 'on the ravine [*barranc*] which divides the countryside' of Liria from that of Benaguacil, along another on the road going from Liria to Villamarchante, along the third on the property of ([E]ximèn Peris [Jimeno (Eximeno) Pérez] de?) Pina, and along the fourth on that of Arnau de Maldà [Arnaldo de Maldá]. Grants also 'that you can irrigate the aforesaid three jovates gratis and free with water from the spring of Liria, if you can do it satisfactorily without prejudice to anyone.'

Quod nos Iacobus etc. per nos et nostros damus, concedimus, et assignamus per hereditatem propriam, liberam, atque francham* tibi Antolino Alemani et tuis perpetuo tres iovatas* terre in termino de Liria in seccano,*b in loco qui dicitur Toparet. Que quidem sunt contigue, et affrontant ex una parte in barrancho* quod dividit terminos inter Liriam et Benalguazirem, et ex alia parte in via qua itur de Liria apud Vilamartxant, et ex alia parte in hereditate de Pina, de quarta vero parte in hereditate Arnaldi de Amaldano; ad habendum, tenendum, possidendum, et expletandum, cum introitibus et exitibus, iuribus et pertinenciis suis omnibus, a celo in abissum, ad dandum, vendendum, alienandum, impignorandum et ad omnes tuas tuorumque voluntates cui et quibus volueritis libere^c perpetuo faciendas, exceptis sanctis clericis, militibus, et personis religiosis.

Concedimus eciam tibi et tuis, et damus licenciam et potes[*fol. 61*]tatem, quod possitis predictas tres iovatas terre rigare franche et libere de [a]q[u]a fontis de Liria, si bene possitis facere sine preiudicio alicuius.

Datum Valencie, V kalendas Madii, anno domini [M]CCL octavo.

a) Original title, semiboxed: *Carta hereditatis Antolini Aleman*. IP flourish.
b) T: *sechano*.
c) Deleted: *et absolute*.

95a

Valencia. 28 April 1258.
Reg. 10, fol. 61. MF: 92.

Confirms to Adam (not Ada) [Adán] de Paterna 'the charter of exemption We conferred on you for life,' with immunity from all crown taxes or charges, especially the three listed, 'as contained more fully and clearly in the deed of exemption.' Further concedes that his share, though waived or returned to him, is to be reckoned in the crown audit, and orders collectors and authorities to respect this privilege 'and receive the aforesaid part belonging to you from the abovesaid [revenues] in Our audit and payment.'

Quod nos Iacobus etc. laudamus, concedimus et confirmamus vobis Ade[b] de Paterna cartam franquitatis,* quam vo[bis][c] fecimus in vita vestra de peitis,* questiis,* exercitibus et cavalcatis ac eorum redempcionibus, et aliis serviciis et exaccionibus regalibus, [pro]ut in instrumento i[psius][d] franchitatis melius et plenius continetur. Volentes et concedentes quod pars que vobis[c] competat in predictis, vel eorum aliqu[i]d, [semper][d] cedat in compotum et solucionem nostram.

Mandamus igitur baiulis, iusticiis,* collectoribus, portariis* et universis aliis of[ficia][d]libus et subditis nostris presentibus et futuris quod contra hanc confirmacionem nostram non veniant, nec aliquem venire permitt[ant],[d] aliqua racione; immo eam observent, et iam dictam partem vobis competentem in predictis recipiant in compotum et solucionem nostram, ut superius continetur, non expectato alio mandato nostro.

Datum Valencie, IIII kalendas Madii, anno domini MCC[L] octavo.

a) Original title, in subcrescent: *Carta Ade de Paterna*. IP flourish. At bottom left: *II solidi*. Trimmed and mounted, losing letters down right side.
b) Martínez Ferrando, Miret i Sans, Soldevila, and others read this name as Ada or Ade, a variant perhaps of Ad(a) or At(ó) [Otón]. But the owner's alternate name Adam, especially when used in combination with Ade as in doc. 103 shows that the scribe is availing himself of the late but acceptable first-declension form *Adam, -ae*, rather than alternating different names while following the preferred, indeclinable *Adam*.
c) Sic; not: *nobis*.
d) MSup.

96a

Valencia. 28 April 1258.
Reg. 10, fol. 58v. MF: 93.

Redrafts a debt bond, recovering an unredeemed previous bond for 13,580 Valencian sous, for the same Adam so as to include 4,420 sous 'you have now loaned Us in Valencia,' to a new total of 18,000 Valencian sous. For prompt repayment 'We commit and transfer to you all revenues and profits of the Moorish quarter of Valencia city,' including 'the profits from all those shops' formerly belonging to Guillem [Guillermo] de Porcià[b] in the merchants' *qaysārīya* (Catalan *alcaceria*), so that from next January 1 onwards, Adam is to receive and keep those moneys until fully repaid, 'notwithstanding any assignments made to anyone else.' A separate document is appended 'for your greater surety,' by which the king's clerics Martí Llop(is) [Martín López] de Bolas[c] and Mateu [Mateo] Babot[d] swear for the king, with him 'present and intervening,' that he will faithfully observe all these terms.

Quod nos Iacobus etc. recognoscimus et confitemur nos debere vobis Ade de Paterna et vestris tredecim milia quingentos et octoginta[c] solidos, quos vobis debebamus cum instrumento nostro quod nunc recuperamus a vobis, et quattuor milia quadringentos viginti solidos que [= quos] nobis nunc in Valencia mutua[s]tis. Et sic debemus vobis inter hoc totum decem et octo milia solidorum regalium.

Pro quibus omnibus obligamus et tradimus vobis reditus omnes et exitus morarie* Valencie, cum omnibus pertinenciis suis, et reditus ac exitus omnium illorum operatoriorum alcaçerie* que fuerunt Guillelmi de Porciano, ita quod a kalendis mensis Ianuarii proximo venturi in antea predictos reditus et exitus omnes incipiatis recipere; et ipsos tam diu habeatis, teneatis et percipiatis vos et vestri in solucionem predictorum denariorum donec inde sitis plenarie persoluti, non obstantibus aliquibus assignacionibus alicui vel aliquibus factis.

Nos enim promittimus vobis quod ibi nichil tangemus vel accipiemus nec tangi vel accipi aliquid ab aliquo permittemus. Immo faciemus vos et vestros omnes predictos reditus et exitus habere, tenere, ac percipere integre et in pace, donec de toto debito sit vobis et vestris plenarie satisfactum.

Et ad maiorem eciam vestri securitatem facimus iurare in animam nostram Martinum Lupi de Bolas et Matheum Baboti, clericos nostros, quod nos predicta omnia et singula attendamus et compellamus vobis et vestris.

Et nos predicti Martinus Lupi et Matheus Baboti iuramus in animam predicti domini [r]egis, ipso presente et mediante, quod premissa omnia et singula ut posita sunt ipse vobis et vestris observ[a]bit et faciet o[bser]vari.

Datum Valencie, IV kalendas Madii, anno domini MCCL octavo.

a) Holed, especially at right; text not much affected.
b) On this variously garbled name (Porciano, Porzario, Porça etc.), see doc. 55, note c. MF gives no names here.
c) The Aragonese toponym, near Asqués (Huesca).
d) A French name, early into Catalonia and Aragon alike.
e) T: *octuag-*.

97a

Valencia. 28 April 1258.
Reg. 10, fol. 61. MF: 94.

Stipulates for the same Adam and Ramon [Ramón] de Mirambell, 'that if the Saracens surrender to you the tower of Masa . . . s [Torremanzanas?] which is on the borders of the kingdom of Valencia,' or if the tower can be recovered 'by them or any other persons in any way,' these two can keep it with its countryside and appurtenances, 'just as in the deed of gift or confirmation We had formerly given you.' The king also promises that if royal forces win the place, he will immediately and fully transfer it to them.

Quod nos Iacobus etc. concedimus vobis, Ade de Paterna et Raimundo de Mirambello, quod si Sarraceni vobis reddant turr[im]^b de Massa⟨. . .⟩s,^{c} que est in finibus regni Valencie, vel vos ipsam ab eis vel aliis quibuslibet personis quocumque modo pot[ueritis]^d recuperare, quod vos eam cum terminis et pertinenciis suis habeatis et teneatis ad vestras voluntates libere faciendas, pro[ut]^b continetur in instrumento donacionis seu confirmacionis quod iam vobis olim feceramus de ipsa.

Promittimus eciam vobis quod [si nos]^b forte eam recuperare possimus, eam vobis incontinenti* cum terminis et pertinenciis suis restituamus omnino.

Datum Valencie, IIII kalendas Madii, anno domini MCCL octavo.

a) Original title, in subcrescent: *Carta Ade de Paterna*. IP flourish. At bottom center: *II solidi*. Right side trimmed, with loss of words and letters.
b) MSup.
c) Perhaps two letters missing. Ramon's eight appearances in the *Repartiment* offer no clue. The Arabic prefix *manzil* (rural travelers' hostal) as Mas-, Massa-, Maç, and the similarly frequent Catalan prefix *Mas-* (hamlet, farm-complex) merely confuse the search. Likely toponyms can be eliminated as not on 'the kingdom's borders' or frontier zones, even in this year of wide Muslim rebellion in Valencia; thus 'Maçamagreles' (Masamogrell), Massarojos, Masanasa, and Maçalterras are all close to Valencia city. Masalavés, near Alberique and upriver at the edge of the *huerta* is more promising. Almusafes, though also in the *huerta*, bore such forms as (al)Maçafes and (al)Mançofes, in Arabic meaning a frontier customs-post for merchandise going or coming into the Valencian region; however inland from the borders, it may fit. More promising perhaps is modern Torre de les Mançanes (Torremanzanas in Castilian), also Torremançanes in Jaume's day; bounded by Alcoy and Penáguila at the north, Jijona at the south and west, and Relleu at the east, its rugged location makes a real frontier in wartime. MF has only Massa . . . s, and omits it from the index. Cats. (CDR): Torre de Massa.
d) MSup.: *potuerit*.

98a

Valencia. 28 April 1258.
Reg. 10, fol. 61v. MF: 95.

Awards to the same Adam, for his 'many and welcome services' previously and currently done, 'Benifallim^b hamlet [*alqueria*] which is in the region of Penáguila, with its defensive works, houses, outbuildings, farms, walled crofts, land cultivated and uncultivated, empty and settled, [with] ovens and mills, timber, woods, mountains, trees of various kinds, water, meadows, grass, pastures, hunting, and with revenues,' boundaries, and all rights, including treatment just like 'the citizens of the city of Valencia.' If other grants encumber the site, this deed supersedes them, and their holders will receive 'suitable compensation.'

⟨Quo⟩d nos Iacobus etc., atten[den]tes multa et grata servicia que vos fidelis noster Adam de Paterna nobis olim fec[is]t[is]^c et [cotidi]e facitis, ideo per nos et nostros damus, concedimus, et assignamus per hereditatem propriam, francham,* et liberam vobis et vestris in perpetuum a[l]queriam* de Bonihalim, que est in termino castri de Beniaguila, cum sua fortalicia,* casis, casalibus,* ortis,* ortalibus,* [v]ineis, terris cultis et incultis, eremis^d et populatis, furnis et molendinis, lignis, silvis, montibus, arboribus divers[o]rum generum, aquis, pratis, herbis, pascuis, venacionibus, et cum introitibus, exitibus, terminis, iuribus, et pertinenciis suis om[nibus], a celo in abissum, ad habendum, tenendum, possidendum, expletandum, dandum, vendendum, alienandum, impignorandum, et ad omnes vestras vestrorumque voluntates cui et quibus volueritis libere perpetuo faciendas, exceptis sanctis clericis, militibus, et personis religiosis; et faciemus vobis ad bonum intellectum secundum quod faciemus civibus civitatis Valencie.

Revocamus igitur ex certa sciencia omnem donacionem et donaciones, si quas alicui vel aliquibus personis fecimus de predicta alqueria vel terminis eius; promittentes vobis in fide nostra quod illi et illis, cui et quibus donaciones inde fecimus dabimus congruentem emendam* pro ipsis.

Datum Valencie, IIII kalendas Madii, anno domini MCCL octavo.

a) Original title, in subcrescent: *Carta Ade de Paterna*. IP flourish. At bottom right: *X solidi*. Holed, especially at upper left.
b) MF: Bonihallim.
c) T: *fed[i]t* incorrectly intended? Below the hole is a descender-stroke: *i, is?*
d) T: *he-*.

99a

Valencia. 28 April 1258.
Reg. 10, fol. 62. MF: 96.

Grants in perpetuity to Arnau Pellisser (Pellicé(r), Pallisser) [Arnaldo Pelizero]^b (or processor or tradesman in hides) 'a certain shop in Alcira in the plaza of Santa Caterina [Catalina] on the main street of that town,' at a yearly rent of twenty Valencian sous, half at Christmas and half on the feast of St John the Baptist, retaining the usual crown rights and options.

Q[uod] nos Iacobus etc. per nos et nostros da[mus], concedimus, et stabilimus ad censum tibi Arnaldo pellipario et tuis in perpetuum quod⟨dam⟩ operatorium in A[l]gezira in placia* Sancte Katerine, que est in carraria* maiori eiusdem ville. Ita quod pro dicto operatorio detis tu et tui nobis et nostris in perpetuum singulis annis [X]^{c}X solidos regalium Valencie, medietatem videlicet ipsorum in festo Sancti Iohan[nis] Baptiste^d et aliam medietatem in festo natalis domini.

DOCUMENT 100

Et sic habeatis tu et tui dictum operatorium cum introitibus et exitibus et affrontacionibus \et/ suis pertinenciis universis a celo in abissum, ad vendendum ibi omnes res quas volueritis ⟨ad⟩ omnes tuas tuorumque voluntates cui et quibus voluer[it]is in perpetuo faciendas, exceptis militibus et sanctis clericis et personis religiosis, salvo nobis et nostris in perpetuum dicto censu, dominio, et fatica,* et laudimio.*

Datum etc. [Valencie, IIII kalendas Madii, anno domini MCCLVIII].[e]

a) Top trimmed away; undoubtedly there was a title in subcrescent, as with the others in this run of documents, probably as: *Carta Arnaldi pelliparii*. Text worn, down the right.

b) MF: Arnaldo Pellipario. The forms *peliçer* and Pelizero appear in medieval Aragonese documents. The dative here, and context of a shop, suggest a merchant in hides (Castilian *peletero*); if a member of the aristocratic Pellisser (Pellicer) family, however, the name derives from Pellicérie (Castro Pellice) near Albi in southern France.

c) Conjectural, but tail remains.

d) T: *Babt-*.

e) Date taken from last explicit dates above this, on fol. 6Iv; next dated documents have *III kalendas*, on fol. 62v.

100a

Valencia. 28 April 1258.
Reg. 10, fol. 62. MF: 97.

Consigns in perpetuity to Bernat [Bernardo] de Cardona, with exempt status and the privileges of the citizens of Valencia city, 'that rustic cottage [*barraca*] which you have built at the basin [*conca*] of the Albufera [lagoon] of Valencia [city], and the farm you have made there,' fronting on the highway of the Albufera, on the canal, and on the meadow ground or marsh (*[a]marjal*).

Quod nos Iacobus etc. per nos et nostros damus et concedimus per hereditatem propriam, francham*, et liberam tibi Bernardo de Cardona et tuis in perpetuum illam barracham* quam tu construxisti apud concham* de Albufera Valencie, et ortum* quem ibi fecisti, sicut affrontat ex una parte in carraria*[b] de Albufera, et ex alia parte in amariallo,* et ex alia parte in cequia.*

Quam barracham et ortum habeatis tu et tui cum introitibus et exitibus suis, et pertinenciis universis a celo in abissum, ad omnes vestras vestrorumque[c] voluntates cui et quibus volueritis libere perpetuo faciendas, exceptis militibus et sanctis et personis religiosis. Et faciemus vobis ad bonum intellectum secundum quod faciemus civibus civitatis Valencie.

Datum etc. [Valencie, IIII kalendas Madii, anno domini MCCLVIII].[d]

a) Original title, in subcrescent: *Carta Bernardi de Cardona*. Stained down right.

b) T: *ccara-*.

c) From here on, the recipient shifts to plural verbs and pronouns.

d) As in last document.

101a

Valencia. 28 April 1258.
Reg. 10, fol. 62. MF: 98.

Announces to the bailiff and justiciar of Játiva, and all officials, a moratorium from now until next St Michael's day in September, for the Játiva residents Bernat [Bernardo] de Pàmies (French: Pamiers), Bernat de Soler, and Ramon [Ramón] Colteller (or perhaps 'the cutler'). No one can confiscate their persons or property to satisfy any debt owed for themselves or for others, anywhere, to Christian, Jew, or Muslim, as long as the three mean to settle up at the period's end. Creditors can seize their movables, however, 'except for plow animals, agricultural implements, wine containers [or: wine-making apparatus], household furnishings and utensils, clothing, and bed coverings.'

Iacobus[b] etc., fidelibus suis baiulo Xative et universis aliis officialibus et subditis nostris ad quos presentes pervenerint, salutem et graciam. Mandamus vobis firmiter quatenus hinc ad primum venturum festum Sancti Michaelis Septembris non compellatis nec compelli permittatis Bernardum de Pamies, Bernardum de Solerio, et Raimundum [de] Coltellerio[c] habitantes de Xativa nec bona eorum ad solvendum aliqua debita que ipsi debeant in aliqua parte Christianis, Iudeis, vel Sarracenis tam pro se quam pro aliquo alio, ipsis tamen assecurantibus quod dicto termino solvant.

Hanc elongacionem volumus non valere, si habent bona mobilia unde solvant, exceptis bestiis aratoriis, vasis,[d] vinariis, supellectilibus et utensilibus domus, vestibus, et pannis lectorum.

[Datum Valencie, IIII kalendas Madii, anno domini MCCLVIII].[e]

a) Original title, in subcrescent: *Carta elongacionis Bernardi de Pamies.*
b) Deleted before name: *Quod nos*; and after name: *per nos et nostros.*
c) T: *Coltellio* with stroke over last four letters. Cats.: Colcellino.

d) Not: *vasibus.* Punctuation assigns different meanings: agricultural implements plus wine containers or implements (*vasa, vinaria*), or the latter alone (*vasa vinaria*).
e) As for doc. 99, since it comes in a run datelined *Datum etc.*

102a

Valencia. 29 April 1258.
Reg. 10, fol. 62v. MF: 99.

Dismisses and waives for Joan Sanç [Juan Sánchez], ward of Adam [Adán][b] de Paterna, all penalties, legal action, or grounds for prosecution 'by reason of Our Saracen Ibn Ghamr [Gamer][c] whom you wickedly killed some time ago.' Joan 'can stay and reside in Valencia and in all other places of Our land and dominion safely and securely' in person and property.

Quod nos Iacobus etc. per nos et nostros remittimus, absolvimus et definimus[d] tibi Iohanni Sancii, alumpno Ade de Paterna, et tuis in perpetuum omnem accionem et demandam ac penam civilem et criminalem quam et quas nos contra te habemus et habere possumus aut tibi infligere racione[e] Avingamerro Sarraceni nostri, quem olim nequiter occidisti. Ita quod racione ipsius mortis nos vel nostri non possimus contra te vel bona tua questionem aliquam facere vel demandam, nec penam civilem vel criminalem tibi aut tuis infligere,[f] nec tu vel tui teneamini unquam[g] nobis vel nostris super premissis in aliquo respondere, set sis inde cum omnibus bonis tuis mobilibus et immobilibus, habitis et habendis, liber perpetuo et absolutus; et possis stare et habitare in Valencia et in omnibus aliis locis terre et dominacionis nostre salve et secure.

Mandantes firmiter baiulis, iusticiis,* et universis aliis officialibus et subditis nostris presentibus et futuris quod contra hanc remissionem et absolucionem nostram non veniant nec aliquem venire permittant aliqua racione; immo eam observent et faciant firmiter ab omnibus observari.

Datum Valencie, tercio kalendas Madii, anno domini MCCLVIII.

a) Original title, in subcrescent at upper right: *Carta Iohannis Sancii absolucionis*. In right bottom margin: *VIII denarii*.
b) MF: Ade. See doc. 95, note b.
c) Conjectural possibilities include ʿĀmir, ʿAmr; Ghumār might reflect the heavy ending better.
d) T: *diffi-*.
e) Deleted, false start: *Avgmer*. Subsequent name not in genitive: *-o*.
f) T: *infling-*; immediately above: *inflig-*.
g) Repeated: *unquam*.

103a

Valencia. 29 April 1258.
Reg. 10, fol. 61. MF: 100.

Until the 18,000 Valencian sous owed to Adam [Adán][b] de Paterna is paid, for which he holds a debt bond on all revenues of the Valencia city Moorish quarter and of all those shops previously owned by Guillem [Guillermo] de Porcià[c] in its *qaysārīya* merchandising area, no 'Jew, Saracen, or convert may dare have or conduct any shop in which any merchandise is sold in the city or a suburb of Valencia without the permission of Adam,' except for the case of a vacancy in the *qaysārīya* shops. The bailiff and justiciar are to see this is observed, 'despite any contrary document or letter.'

Quod nos Iacobus etc. volumus, statuimus, et mandamus quod donec Adam de Paterna et sui sint soluti et paccati* de XVIII milibus solidorum regalium, pro quibus sibi obligavimus cum carta nostra reditus et exitus omnes morarie* Valencie, et operatoriorum omnium alquaçerie* que fuerunt Guillelmi de Porciario, nullus Iudeus, Sarracenus vel baptizatus[d] audeat habere vel tenere operatorium aliquod in quo aliqua mer[cat]oria ven-

DOCUMENT 104

dantur in civitate vel in suburbio Valencie sine voluntate predicti Ade et suorum, nisi tantum^e in predicta alquaçeria^f [dum] tamen aliquod operatorium ibi va[c]cet.

Mandantes baiulo et iusticie* Valencie quod contra hoc mandatum [et statutum]^g nostrum non veniant nec aliquem venire permittant aliqua racione; immo ipsum observent et faciant firmiter obser[vari, non obstante]^g aliqua carta vel littera a nobis in contrarium impetrata.

Datum Valencie, III kalendas Madii, anno domini [MCCL octavo].^g

a) Original title, in subcrescent: *Carta Ade de Paterna.* IP flourish. At bottom right: *XII denarii.* Folio torn away at bottom left, words trimmed away at bottom right.
b) MF: Ade. See doc. 95, note b.
c) See doc. 55, note c.
d) T: *babtitz-*.
e) T: *tm* with stroke, probably not *tamen*.
f) Or: *alqace-*; the simple stroke here between q and c contrasts with u sign in first use above (Catalan: *alcaceria*).
g) MSup.

104a

Valencia. 30 April 1258.
Reg. 9, fol. 28v. MF: 101.

Instrument of auction-sale, issued by the king as guarantor of debts of his deceased cleric Guillem Bernat de San(t)romà [Guillermo Bernardo de San Román or Romano], and with the royal seal. 'Annoyed by the assiduous complaints by Guillem Ramon [Ramón] de Canet and his wife Astruga,' that Sanromà as crown distributor of properties of Játiva had incurred a debt of 400 Valencian sous for bread, and that payment was refused by his executors Pere [Pedro] Bernat de Camprodón, Pere Berenguer d'Estrany, Pere David, Pere Bosc, Pere Pradells, and Pere Huc [Hugo] Revós (? or Hugues), the king instituted a search for movable or for untenanted real property of his cleric, finding only 20 morabatins in annual rent from 'vineyards and lands' in the Rascaña district. To gain an immediate sum for all creditors, he recently had 'the criers and public runners' call for bids the usual way at Valencia city, and now announces that Canet and his wife made the highest bid. If they recover a sum beyond the debt, they may keep the surplus in gift.

Quod \cum/ nos Iacobus etc. fuerimus querellis inquietati, assi[due] nobis factis ⟨a Guillelmo⟩ Raimundi de [Caneto] et Ast[ru]ga uxore sua, aff[irmantes] quod Guillelmus Bernardi de [Sancto Rom]^bano clericus \noster/ quondam^c defunctus [de]beb[at] CCCC solidos regalium Valencie, qui ⟨remanebant eis⟩ ad solvend[um] de pane quem emerat ab eisdem tempore quo [div]idebat pro nobis hereditates Xative atque domos, quod debitum ipsi manumissores dicti Guillelmi Bernardi solvere negligebant ac pariter resistebant, et licet diu conventi per eos et per nos admoniti extitissent, nobis constiterit evidenter dictum debitum esse verum per dicta testium manifeste, et non inveneramus tempore presenti aliqua bona mobilia que fuissent ante dicti Guillelmi Bernardi in posse manumissorum vel quorumlibet aliorum, de quibus satisfacere possemus creditoribus ante dictis, et bona sua sedencia seu immobilia aliqua non reperiantur vacancia scilicet que non sint iam aliquibus assignata, nisi XX morabatini* censuales quos dicti manumissores tenebant et possidebant de bonis dicti Guillelmi Bernardi et annuatim percipiebant pacifice et quiete, ipsos XX morabatinos fecimus exponi venales publice per precones ut de eorum precio ipsis creditoribus et quibusdam aliis quibus dictus Guillelmus Bernardi adhuc debebat satisfacere vos possemus in suis debitis.

Et cum \per/ precones ac cursores publicos per spacium legitimi temporis [in] civitate Valencie venales essent expositi ac sub[h]astati dicti morabatini, diu et ultra quam ius exigat vel requirat, de iuris sollempnitate nichil penitus obmittentes, nos dictus Iacobus etc. vendimus vobis predictis Guillelmo Raimundi de Caneto et uxori vestre Astruge predicte, tamquam plus et maius precium offerentibus quam ab aliquo alio reperire possimus, V morabatinos censuales de predictis XX morabatinis censualibus, qui dicto Guillelmo Bernardi sive manumissoribus supersunt, videlicet Petro Bernardi de Campo Rotundo et Petro Berengarii Strany et Petro David et Petro Boschi et Petro^d Pradels et Petro^d [H]uc Revos^e scilicet eorum singulariter uni. Quos quidem V morabatinos censuales vobis vendimus et concedimus, ac vobis et vestris in perpetuum tradimus, in solutum^f pro dictis CCCC solidis qui per dictum Guillelmum Bernardi vobis diu debentur ac per manumissores eiusdem.

Et quia non est alius a quo posset ita tuto^g fieri vendicio sive tucius quam a nobis, tum racione donacionis tum eciam racione execucionis nobis date ac commisse per eundem Guillelmum Bernardi de voluntatibus scriptis in suo ultimo testamento in debitis \eius/ et iniuriis^h solvendis et restituendis omnino, huius venditoribus vero fecimus fieri hoc instrumentum nostri sigilli pendentis munimine roboratum. Quos morabatinos dicti emphiteoti* annuatim dicto Guillelmo Bernardi sive suis manumissoribus faciunt propter vineas atque terras quas pro eodem Guillelmo Bernardi tenent in termino de Rascanya, transferentes vos in plenum ius et dominium ac possessionem dictorum V morabatinorum censualium, prout dicto Guillelmo Bernardi et [su]is pertinebant, cum dominio, laudimio,* ac fatica* ac eciam iure sibi pertinenti, racione morabatinorum censualium predictorum qualitercumque ei pertinere poterant et debebant.

Et si plus valent precio ante dicto, vobis et vestris illud propria donacione concedimus et donamus, ad omnes vestras vestrorumque voluntates perpetuo faciendas. Et defensores vobis et vestris esse promittimus nunc et

DOCUMENT 105

semper de tota vendicione predicta, facientes vos et vestros semper eam habere, tenere, ac pacifice possidere, obligantes super hiis vobis et vestris pro eviccione predicte vendicionis omnia bona Guillelmi Bernardi predicti, ubicumque sint constituta ac sita.

Datum Valencie, II kalendas Madii, anno domini MCCLVIII.

a) Modern title: *Venditio Guillermi* [sic] *Raimundi de Caneto*. Semiboxed original title, destroyed by damp, previously occupied the space. At end of text: *nichil*. Top line and upper right deteriorated.
b) Fragments remain.
c) T: *con-*.
d) T: p with stroke through descender, thus Catalan Pere! Boschi has only a plain p to denote the full name.
e) H: Ucreves. MF: no name. Basic *Ucruos*, with stroke over second syllable, may possibly begin as *Utr-*, or less probably as *Ver-*. The surname Hugues (Hugas) may possibly be garbled here, with otiose overstroke. These rather deformed letters almost seem *utrumque* (*utru* with symbol and overstroke); with the ambiguity of *Per* or *per* for *Petro*, and the temptation to see *vos scilicet* as a combination, the possibilities for interpretation multiply. Pere Uc does appear in the *Repartiment*, as does Uconi; did the scribe see Hugues as a genitive or surname for Uc?
f) Sic.
g) Either as ablative adverbial form, for *tute*, or possibly as agreeing with *quo*.
h) Deleted: three letters.

105a

Valencia. 30 April 1258.
Reg. 10, fols.64v-65. MF: 102.

Assigns the crown revenues of Denia and Segàr(r)ia (Segarra) to Sanç [Sancho] de Corella,[b] to recover 4,280[c] Valencian sous owed him for cows, rams, and fodder and 1,500 sous owed partly for a previous debt and partly for expenses Sanç paid Bernat [Bernardo] Escrivà during the latter's governance of both castles. Sanç is also to garrison Denia with fifteen men and Segàr(r)ia with ten, drawing 150 sous yearly for each man from the same revenues.

Quod nos Iacobus etc. per nos et nostros recognoscimus et confitemur debere vobis Sancio de Corella qua[ttuor] milia ducentos octoginta[d] solidos regalium Valencie pro vaccis, arietibus, et cibaria que nobis causa mutui tradidistis. Et eciam debemus vobis mille quingentos solidos regalium Valencie pro expensis quas Bernardus Scriba fecerat in custodia castrorum de Denia et de Sagarria, et pro assignacione quod [= quam] vobis fecimus in Denia. Et sic est summa: quod debemus vobis quinque milia septingentos et octoginta solidos regalium Valencie.

Pro quibus omnibus denariis impignoramus vobis de presenti omnes reditus, exitus, et quoslibet alios proventus nostros de Denia et de Segarria et terminorum suorum; quos tanto tempore habeatis et teneatis et percipiatis integre quousque de tota predicta quantitate pecunie sit vobis et vestris plenarie satisfactum. Promittentes vobis quod in predictis reditibus,

DOCUMENT 106

exiti[bus], [et] proventibus aliquid non tangemus nec accipiemus, nec tangi vel accipi ab aliquo permittemus, nec assignacionem aliquam inde alicui faciemus, quousque de dictis denariis sitis plenarie et integre persoluti. Mandantes universis hominibus Denie et Segarrie quod vobis respondeant de supra dictis omnibus fideliter, tamquam nobis.

Volumus autem quod teneatis in castro de Denia pro ipso custodiendo quindecim homines, et in castro de Segarria decem homi[nes], pro quorum quolibet promittimus vobis dare CL solidos regalium Valencie annuatim. Quos denarios assign[am]us [vobis [*fol. 65*] habendos et]^e percipiendos in reditibus supra dictis. Volumus tamen quod dictos homines ibi teneatis tanto tempore q[uo]usque n[ostrum alium man]datum receperitis quid ibi tenere debeatis.

Datum Valencie, II kalendas Madii, anno domini millesimo CCL octavo.

a) Text holed especially at bottom right of fol. 64v; top left of fol. 65 trimmed of some words and mounted. MF: fol. 64v.
b) Northwest of Tudela in Navarre, becoming now a Valencian surname.
c) MF: 1,780.
d) T: *octuag-*.
e) MSup., but only: . . . *s et*.

106^a

Valencia. 30 April 1258.
Reg. 10, fol. 64rv. MF: 103.

Installs Droc (Drogo) (E)ximèn [Jiménez (Eximénez)] as castellan at Sumacárcel, Tous, and Tárbena castles, and over the town of Cárcer, in order to retire the crown debt to him of 6,500 Valencian sous he contributed at Valencia city, and another 5,500 sous he expended to pay the crown's debt to Ramon [Ramón] de Mirambell. Droc may take 1,000 sous a year for 12 years, from all crown revenues including the land tax *almagran* but excluding the tallage *peita*. The king cannot recover the castles while the debt lasts; if others conquer them, he must help in their recapture, or repay said sum or the balance due.

[Quod] nos Iacobus etc. per nos et nostros recognoscimus et confitemur nos debere vobis Drogo Eximini et vestris sex milia et quingentos solidos regalium Valencie, quos nobis in Valencia causa mutui tradidistis. Et debemus vobis quinque milia et D solidos regalium Valencie, pro quibus constituimus nos vobis debitores et paccatores* pro Raimundo de Mirambello, cui eos debebamus. Et sic est summa: quod debemus vobis, per totum, duodecim milia solidorum regalium Valencie.

Pro quibus tradimus et obligamus vobis in presenti [castra^b de] Somacarcer, de Thovos, et de Terrabona, et alchariam* de Carcer, cum omnibus terminis et pertinenciis et alchariis dictorum [castrorum],[b] cum almagram,* et cum aliis reditibus, exitibus, et proventibus quos nobis in predictis castris et alchariis et terminis eorundem et a [Christianis[b] et] Sarracenis ibi habitantibus et habitaturis debemus percipere quoquo modo. Ita quod vos, pro dicto almagram et reditibus, [exitibus],[b] [*fol. 64v*] [et prove]ntibus supra dictis, custodiatis et ret[ineatis bene et fideliter castra de Somacarcer, de Thovos, et de Terrabona, et alchariam de Carcer. Et inde habeatis][c] singulis annis mille solidos regalium Valencie, quos r[e]tineatis et accipiatis quolibet anno in solucionem dictorum [denariorum].

Retinemus tamen nobis peitam* quam iactabimus Sarracenis et Christianis dictorum castrorum et locorum, prout iacta[mus hominibus] regni Valencie. Et promittimus vobis et vestris in fide et legalitate nostra quod in dictis castris et alchariis, et in red[itibus] et exitibus eorundem, aliquid non tangemus nec accipiemus nec tangi, forciari, seu capi faciemus, vel ab aliquo permittemus, nec a[ssi]gn[a]cionem aliquam inde alicui faciemus, quousque de predictis XII milibus solidorum fuerit vobis et vestris plenarie satisfactum.

Et volumus et concedimus vobis quod umquam[d] [ipsa[e] ca]stra nobis vel alicui alii tradere sive reddere non teneamini, quousque de tota predicta pecunie quantitate vobis fuerit plenarie satisfactum; absolventes vos ab omni fide et ab omni fidelitate, et specialiter super hoc quod racione fidei vel nature quam secundum forum Hispanie* naturales non debent suis dominis naturalibus castra pro debito retinere, et quod nos vel aliquis nostrum[f] non possimus vobis dicere malum si ipsa castra retineretis et ipsa nobis vel alii pro nobis non traderetis donec essetis de predicta pecunia persoluti.

Et si forte, quod absit, dicta castra vel aliqua illorum amiseritis aliquo casu vel racione sine culpa vestra, nos incontinenti* teneamur ea vobis restituere, aut solvere pecuniam ante dictam aut illud quod inde remanserit ad solvendum.

Datum Valencie, II kalendas Madii, anno domini MCCL octavo.

a) Text trimmed away at right on fol. 64, and torn away or holed badly at top and right of fol. 64v.
b) MSup.
c) Conjectural reconstruction; letter fragments remain.
d) *Umquam ... non*, for: *numquam*.
e) Fragment of *ipsa*.
f) T: *nrm* with overstroke; partitive use.

107a

Valencia. 30 April 1258.
Reg. 10, fol. 64. MF: 104.

Because the crown owed 2,135 Barcelona sous to the deceased Valencian citizen Bernat Quintí [Bernardo Quintín] who in turn owed that sum to

DOCUMENT 108

Berenguer Dalmau [Dalmacio], it now assumes the latter debt, assigning to Berenguer 1,220 Valencian sous from the rents of the shoemakers' shops at Valencia city.

Nos Iacobus etc. recognoscimus et confitemur nos debere vobis Berengario Dalmacii civi Valencii mille ducentos XX solidos regalium Valencie pro duobus milibus centum triginta et quinque solidis Barchinone, pro quibus constituimus nos debitores vobis pro Bernardo Quintini quondam, qui eos vobis debebat et cui nos ipsos solvere debebamus cum albarano* nostro.

Quos denarios assignamus vobis et vestris habendos et percipiendos in to[t]o illo censuali quod percipimus et percipere debemus in operatoriis nostris sabaterie* civitatis Valencie. Que operatoria tanto t[empore]ᵇ habeatis et teneatis, quousque de predictis denariis vos et vestri integre et plenarie fueritis persoluti.

Mandantes baiulo nostro Valencie presenti et futuris quatenus in dicta assignacione vobis facta nullum impedimentum faciant vel contrarium. Immo permittant predicta vos et vestros tenere [et] habere quousque de dictis denariis sitis plenarie persoluti.

Datum Valencie, II kalendas Madii, anno domini MCCL octavo.

a) Text trimmed down right edge, with small loss of letters.
b) MSup.

108ᵃ

Valencia. 30 April 1258.
Reg. 10, fol. 65rv. MF: 105.

Gives the crown revenues of Alcira to Arnau de Font [Arnaldo de la Fuente] from next January 1, until the 3,000 Valencian sous he had loaned the crown at Valencia city and other crown debts to him are recovered, but deducts 1,500 sous each year, to be given 'by your hand or your substitute's,' to Pere [Pedro] Barceló (of Barcelona) 'because of his wife,' until Pere's debt and the 3,000 Valencian sous owed to the deceased Berenguer of Montpeó (Monpaó) are paid.

Quod nos Iacobus etc. per nos et nostros recognoscimus et confitemur nos debere vobis Arnaldo de Fonte civi Valencie tria milia solidorum regalium Valencie, quos nobis modo in Valencia causa mutui tradidistis. Quos tres mille solidosᵇ assignamus vobis et vestris habendos et percipie[n]dos in universis exitibus, reditibus, et aliis proventibus nostris Algezire et terminorum suorum et tocius baiulie eiusdem.

Ita quod i[psos]ᶜ reditus, exitus, et proventus a kalendis Ianuarii proximo venturis in antea tanto tempore habeatis, teneatis, et percipiatis integre, quousque vos et vestri de supra dictis tribus milibus solidorum et de toto debito quod vobis debemus in aliis albaranis* quos a nobis tenetis prout in ipsis plenius continetur integre et plenarie fueritis persoluti; salvis tamen et levatis prius de dictis reditibus et exitibus quo[libet] anno mille et quingentos solidos[d] regalium, quos ibidem assignavimus percipiendos Petro de Barchinona racione uxoris sue, quousque [de tribus[c] mil]ibus solidorum Valencie quos debebamus Berengario quondam de Montepavone fuerit persolutus et quousque similiter solutus fuerit de debito [quod][c] eidem [Petro] de Barchinona debemus cum albarano nostro, quos denarios dictus Petrus percipiat per manum vestram vel vestri substituti.

Prom[ittentes][c] [*fol. 65v*] vobis quod in dictis exitibus, reditibus, et proventibus aliquid non tangemus nec accipiemus, nec tangi seu capi ab [aliquo permittem]us, nec assignacionem aliquam inde alicui faciemus, quousque de predictis tribus milibus solidorum et de toto debito quod in aliis [albaranis] vobis debemus ut est dictum vobis et vestris fuerit plenarie satisfactum.

Datum Valencie, II kalendas Madii, anno domini MCCL octavo.

a) At bottom right, semiboxed: *nichil*. Text trimmed down right, with loss of five words; verso badly holed, and first lines torn away at right. MF: fol. 65.
b) The *mil. sol.* here has a clear and elaborate context, so I do not reduce it (see preface volume, pp. 110–111) to: *que tria milia solidorum . . . habenda et percipienda*. T: *Quos tria mill*. Besides incorrect modifiers of *tria* here, the scribe mixes both usages in this charter, *tres mille solidos* and *tria milia solidorum*.
c) MSup.
d) Not as an ablative absolute, but: *salvis . . . mil. et quingentos sol.*

109[a]

Valencia. 1 May 1258.
Reg. 9, fol. 28. MF: 106.

Licenses Ser Bàrtoli[b] of Genoa and Jaume (Jacme) [Jaime] Tolosà (of Toulouse, less probably of Tolosa), citizens of Valencia, 'to export any number and kind of Saracen men and women from the land of the king of Castile and from the land which [the rebel] al-Azraq now holds,' by sea at Denia to North Africa [*Barbaria*] or anywhere else, paying the crown two silver besants apiece plus any local fee at Denia. Crown protection covers the Muslims within 'Our domination, as much at sea as on land.'

Quod nos Iacobus etc. concedimus ac damus licenciam et potestatem vobis, Ser Bartolino ianuensi et Iacobo tholosano civibus [Valencie],[c] quod possitis extrahere quoscumque et quotcumque Sarracenos et Sarracenas volueritis de terra regis Castelle et de terra quam nunc tenet [Alazdrachus][d] et eos ac eas mittere in mari apud Deniam; et portare ac facere p[o]rtari in

DOCUMENT 110

Barberiam, et ad quascumque alias partes volueritis, [libere et sine]^d aliquo impedimento. Ita tamen quod vos donetis nobis pro qualibet personarum ipsarum duos bisancios bonos argenti, salvo iure [tabule]^d de Denia quod ultra ipsos duos bisancios persolvatis.

Nos autem Sarracenos ipsos omnes et Sarracenas, cum omnibus rebus [suis, guidam]us*^{d} et assecuramus, ac recipimus et constituimus sub nostra proteccione et guidatico* speciali, per totam terram et dominacionem nostram [tam per terram]^d quam per mare. Quare mandamus, etc.

Datum Valencie, kalendas Madii, anno domini MCCL octavo.

a) Original title, in crescent: *Carta licencie extrahendi Sarracenos, de terra regis Castelle et Aladrachi, Ser Bartolino ianuensi.* At end of text: *III [denarii]*. Trimmed at right, losing a dozen words.

b) MF: Bartolino; H: B. The Italian name can be assimilated to the Catalan Bartolí (derivative from Bartomeu), encouraging the scribe's adding n plus dative ending. Much less likely: Bartolini.

c) MSup.; for *valentinis* (cf. *ianuensi* above)?

d) MSup.

110^a

Valencia. 1 May 1258.
Reg. 9, fol. 28. MF: 107.

Allows those having houses in the suburb of Murviedro (modern Sagunto) 'to stay and live in them always, and to sell bread and wine and anything else they wish,' and to take paying guests ('conduct an inn'), despite any contrary privilege or decree.

Quod nos Iacobus etc. per nos et nostros concedimus ac damus licenciam et potestatem vobis, universis hominibus qui habetis nunc domos in ravalli*^{b} Muriveteris, quod possitis semper de cetero in ipsis domibus stare et habitare, ac vendere panem et vinum et quascumque alias re[s]^c volueritis, et tenere hostalariam* libere et quiete, non obstante sentencia per aliquem lata nec carta vel indulgencia hominibus Muriveteris vel alicui persone in contrarium a nobis concessa.

Mandantes alcaido,* baiulo, iusticie,* et omnibus hominibus Muriveteris et aliis offi[cia]^{c}libus etc.

Datum Valencie, kalendas Madii, anno domini MCCL octavo.^{d}

a) Original title, in crescent: *Carta hominum ravalli Muriveteris.* Modern title: *Privilegium.* IP flourish. Trimmed at right, with loss of a few letters.

b) Sic, for: *-llo.*

c) MSup.

d) H: adds unrelated short document as conclusion.

111a

Valencia. 1 May 1258.
Reg. 10, fol. 62v. MF: 108.

Licenses the Tortosan Jew Abraham [Abrahán] Albanyà (or from Arabic: al-Albānī?) to export Muslims, in the same words and circumstances as in doc. 109.

Quod nos Iacobus etc. concedimus ac damus licenciam et potestatem tibi Abrahim Albanne, Iudeo Dertuse, quod possis quoscumque et quotcumque Sarracenos et Sarracenas volueris de terra regis Castelle et de terra quam nunc tenet Aladrachus extrahere et eos ac eas mittere in mari apud Deniam, et portare ac facere portari in Barberiam et [a]d[b] quascumque alias partes volueris, libere et sine aliquo impedimento. Ita tamen quod tu dones nobis pro qualibet personarum ipsa[rum] duos bisancios bonos argenti, salvo iure tabule de Denia quod ultra ipsos duos bisancios persolvas.

Nos a[u]tem Sarracenos ipsos et omnes Sarracen[as],[c] cum omnibus rebus suis, guidamus* et asseguramus ac recipimus et constituimus sub n[ostr]a proteccione et guidatico* speciali, per totam terram et dominacionem nostram tam per terram quam per mare. Quare mandamus firmiter baiulis, alcaidis,* iusticiis,* locum tenentibus etc.

Datum Valencie, kalendas Madii, anno domini MCCL octavo.

a) Original title, semiboxed: *Carta Abraim Albanne Dertuse*. Holed down right center and at right, text is generally unaffected. At left bottom margin, false start for a note: *Consimilem*. MF: fol. 62; Albane.

b) T: d.
c) Cf. the corresponding phrase in doc. 109; *-os* would have protected universally all Muslims in the realms.

112

Valencia. 1 May 1258.
Reg. 10, fol. 65. MF: 108.

Acknowledges a loan of 2,000 Valencian sous, now being given by Guillem [Guillermo] de Plana[a] at Valencia, and assigns its recovery to 'all the revenues you already hold bound at pledge,' for his previous debt, apparently in Valencia city or its district.

Nos Iacobus etc. confitemur et recognoscimus nos debere vobis Guillelmo de Plana civi Valencie duo milia solidorum regalium Valencie, quos nobis modo in Valencia causa mutui tradidistis. Quos denarios assignamus vobis et vestris habendos et percipiendos in omnibus reditibus [qu]o[s] iam tenetis obligatos in pignore pro alio debito quod vobis debemus.

Mandantes baiulo Valencie presenti et futuris quatenus nullum impedimentum vobis faciat vel contrarium in reditibus supra dictis, quousque de predictis denariis et de aliis quos vobis debemus fueritis persolutus.

Datum V[alencie],[b] kalendas Madii, anno domini MCCL octavo.

a) The related names Pla and Plan (all three are also toponyms) are less likely, strictly calling for Latin *de Plano*.
b) MSup.

113

Valencia. 1 May 1258.
Reg. 10, fol. 65v. MF: 110.

Retires the bond for 14,220 Valencian sous, of the Lérida citizen Guillem de Sant Melià [Guillermo de San Emiliano],[a] reassigning its 6,500 sous residue, consolidated with a new loan of 5,500 sous at Valencia, on the grain warehouse (*almodí*) and mills of Valencia city. He is to receive grain from the mills in quarterly payments according to the terms of the Valencian law code (*Furs*), and to sell the other income in the bailiff's presence 'at the usual time in the public auction [*almoneda*].'

Q[uod] nos Iacobus etc. per nos et nostros confitemur et recognoscimus nos debere vobis, Guillelmo de Sancto Melione civi Ilerde, VI milia et D solidos regalium, qui remanent vobis ad solvendum de debito XIIII milium CCXX solidorum quod vobis debebamus cum carta nostra quam recuperavimus a vobis, et \V milia D/[b] solidos quos nobis in Valencia mutuastis. Et sic inter hoc totum debemus vobis XII milia solidorum regalium Valencie.

Pro quibus obligamus et tradimus vobis reditus omnes nostros almudini* et molendinorum Valencie[c] ita quod, presente baiulo nostro, quolibet anno vendatis ipsos reditus in almoneda* tempore consueto, et bladum molendinorum recipiatis in solucionem iam dicti debiti secundum quod in presencia baiuli nostri valebit in foro, terminis solucionis de quattuor in IIII mensibus iam constitutis. Et sic iam dictos reditus omnes almudini et molendinorum predictorum habeatis, teneatis, et percipiatis a kalendis mensis Ianuarii proximo venturi in antea, donec de toto predicto debito sitis vos et vestri plenarie persoluti.

Nos enim promittimus vobis in bona fide nostra quod ibi non tangemus nec accipiemus, nec tangi vel accipi aliquid ab aliq[u]o permittemus; immo faciemus vos et vestros predicta omnia et singula habere et tenere in pace, ac integre percipere, donec de omnibus predictis denariis sit vobis et vestris plenarie satisfactum.

Datum Valencie, kalendas Madii, anno domini MCCL octavo.

a) MF: Santo Melione. On this name, see doc. 2, note b.
b) Deleted: d.
c) Deleted: *pro quibus oblig-*.

114a

Valencia. 2 May 1258.
Reg. 9, fol. 29. MF: III.

Grants to the king's chief agent [*porter major*] Bonanat de G(u)ia [Guía] two mill establishments, one called Mill of the Waterfall (also Woodland, or Leap: *salt*) in Algar village in the Tárbena district, with their mill races, water, adjuncts, and all revenues, the crown to receive half the profits but incur no expenses. From the crown's half he may reimburse himself for 'half of all outlay and expenses you incur in reconstruction and repair of those mills.'

Quod nos Iacobus etc. per nos et nostros damus, concedimus, et assignamus vobis, Bonanato de Gia portario* nostro maiori, et vestris in perpetuum duo casalia* molendinorum in alqueria* vocata Algar que est in termino de Tarbana, quorum unum vocatur molendinum de saltu, cum aquis et [aque]bductibus, glebis, [h]erbis, et re[s]closis,* et aliis iuribus et pertinenciis suis omnibus a celo in abissum. Ita quod vos et vestri donetis inde [nobis]b et nostris de omnibus reditibus, exitibus, et iuribus que de ipsis molendinis provenient et exibunt medietatem integre et fideliter [sine]b aliqua missione nostra et nostrorum.

Et sic vos et vestri molendina pred[icta] habeatis cum introibitus, exitibus, iuribus, et pertinenciis suis [omnibus]b a celo in abissum ad tenendum, possidendum, expletandum, dandum, vendendum, alienandum, impignorandum, et ad omnes vestras [vestrorumque]b voluntates cui et quibus volueritis liberec perpetuo faciendas, exceptis sanctis clericis, militibus, et personis religiosis; salvo tamen nobis et [nostris p]bredicto censu, iure nostro, dominio, laudimio,* et fatica.*

Nos autem promittimus vobis dare et restituere medietatem omnium missionum et [expensarum]d quas facietis in rehedificacione et reparacione molendinorum ipsorum, donec molant. Pro qua quidem medietate habeatis et retineatis [vos et vestri]e totam partem nostram ab integro exituum et iurium predictorum molendinorum donec inde sitis plenarie persoluti.

Datum Valencie, VI nonas [Madii, anno domini M]CCL octavo.

a) Original title, in combination of semibox and crescent: *Carta molendinorum Bonanati de Gia*. Modern title, at right: *Molendina in termino de Tarbana*. IP flourish. Trimmed at right, losing some fifteen words.
b) MSup.
c) T: *-ri*.
d) MSup.: *-sacionum*.
e) MSup.: *vos et vestris*.

115

Játiva. 4 May 1258.
Reg. 9, fol. 29v. MF: 112.

Awards to Muḥammad of Baymén (for Bairén? not for Ibn Yumn?),ª 'Saracen of Gandía,' a life-pension of thirty Valencian sous every feast of St. John the Baptist, to be drawn from the taxes (*peites*) of the Beniopa Muslims. Was al-Najjār (an-Najjār) an awkwardly placed element of his name for carpenter, or did Muḥammad hold the post of irrigation officer (cf. Catalan *enaiguar*) or an 'undertaker' (instigator, cf. *anagar, enagador*)?ᵇ

Quod nos Iacobus etc. per nos et nostros damus et concedimus tibi, Mahometo de Baymenª anagario* Sarraceno de Gandia, diebus omnibus vite tue triginta solidos regalium Valencie censuales, quos tibi assignamus habendos et percipiendos super peita* quam Sarraceni de Beniopaᶜ nobis donant.

Et ipsos inde recipias quolibet anno in festo Sancti Iohannis Baptiste.ᵈ Mandantes baiulo nostro de Gandia presenti atque futuris etc.

Datum Xative, IIII nonas Madii, anno domini MCCL octavo.

a) H: Laymen; MF and Cats. (CDR): Baymen. Probably the castle Bayrén, then an important village and defense of Gandía, now ruins.
b) Muḥammad al-Najjār (Annagar) appears several times in the *Repartiment*, as do variants such as M. Anagar, Anaxar, Anageri, Anasar, Nazcar etc. for various individuals. Latin *angaria*, messenger or transport service, seems less useful here. The dative form argues against a surname. On al-Najjār, an-Najjār, see docs.12, 157, 399.
c) H: *Ben*. . . .
d) T: *Babt-*.

116ª

Játiva. 4 May 1258.
Reg. 9, fol. 29v. MF: 113.

Grants Pere [Pedro] Vidal of Alcira 'one mill-establishment with two wheels in Ternils village of the Alcira district' on the same terms as in doc. 114, with no repair involved, retaining the usual residual rights in case Pere later sells or alienates it.

Quod nos Iacobus etc. per nos et nostros damus, concedimus, et assignamus tibi, Petro Vitalis de Algezira, et tuis in perpetuum unum casale* molendinorum cum duabus rotis, in alqueria* de Ternils, termino Algazire, cum aquis et aqueductibus, glebis, herbis, et re[s]closis,* et aliis iuribus et pertinenciis suis omnibus a celo in abissum. Ita quod tu et tui donetis inde nobis et nostris, de omnibus reditibus, exitibus et iuribus que de ipsis molendinis provenient et exibunt, medietatem integre et fideliter sine aliqua missione nostra et nostrorum.

Et sic tu et tui molendina predicta habeatis cum introitibus, exitibus, iuribus, et pertinenciis suis omnibus a celo in abissum ad tenendum, possidendum, expletandum, dandum, vendendum, alienandum, impignorandum et ad omnes tuas tuorumque voluntates cui et quibus volueritis libere perpetuo faciendas, exceptis sanctis clericis, militibus, et personis religiosis; salvo tamen nobis et nostris predicto censu, iure nostro, dominio, laudimio,* et fatica*.

Datum Xative, IIII nonas Madii, anno domini MCCL octavo.

a) Modern title: *Molendinum in alqueria de Ternils, termini Algezire*. IP flourish. Large s-sign in left upper margin. MF: fol. 29.

117a

Játiva. 4 May 1258.
Reg. 9, fols.29v-30. MF: 114.

Grants to the crown agent Guillem [Guillermo] de Loarre, on the same terms as in doc. 114, two mills in the Planes[b] district, 'each with two wheels'; Abraham [Abrahán] formerly owned one of the mills in Cardosa, and the son of Sitjar (?) the other mill in Portell.

Per nos et nostros damus et concedimus tibi, Guillelmo de Loarre po[r]tario* nostro, et tuis in perpetuum duo casalia* molendinorum in termino de Planis, quodlibet cum duabus rotis, quorum unum casale[c] fuit de Abrafim in Cardosa et aliud filii de Sedya[d] in Portell,[e] cum aquis et aqueductibus, glebis, [h]erbis, et re[s]closis, et aliis iuribus et pertinenciis suis a celo in abissum. Ita quod tu et tui donetis inde nobis et nostris, de omnibus reditibus, exitibus, et iuribus que de ipsis molendinis provenient et exibunt, medietatem integre et fideliter sine aliqua missione nostra et nostrorum.

Et sic tu et tui dicta duo casalia molendinorum habeatis cum introitibus, exitibus, iuribus, et pertinenciis suis omnibus a celo in abissum, ad tenendum, possidendum [*fol. 30*], [exple]tandum, dandum, v[en]dendum, alienandum, et ad omnes tuas tuorumque voluntates cui et quibus volueritis libere perpetuo [facien]fdas, exceptis sanctis clericis, militibus, et personis religiosis; salvo tamen nobis et nostris predicto censu, iure nostro, dominio, lau[dimio]*f et fatica.*

Datum Xative, IIII nonas Madii, anno domini MCCL octavo.

a) Modern title: *Duo molendina in termino de Planes*. Right side of verso trimmed, with loss of a word and letters. MF: fol. 30.

b) MF: Planes (Alicante). H: Llanes. There was no Cardosa in the Valencian kingdom; and any Portell or Portella does not fit the

Valencian Planes (de la Baronía) or its Vall de Planes, near Cocentaina in Alicante. Conversely La Cardosa is just northwest of Cervera in Catalonia and Portell just northeast, near places like Sant Guim de la Plana and Guissona de la Plana. Martínez Ferrando and his predecessors in cataloging saw Planes and the dateline Játiva, and assumed a Valencian locale, especially with the mill-context of the previous doc. 114. Loarre is northwest of Huesca in Aragon.
c) H: *censuale*.

d) Or: *Sedexar*, or *Odexar*. H: *Sedgar*. The abbreviation *Sdxar* or *Sdya*, possibly *Od*-, has a stroke through the d indicating a vowel before or after it or both. Catalan O(t)ger (from old German Audagar) may be meant, or some name related to words like *sitjar* or *seder*. If Jewish, one Latinized Setadar was a woman settler at Majorca in 1247; if Muslim, Ṣadaqah or Sīdah?
e) Or: *Portela*.
f) MSup.

118a

Játiva. 5 May 1258.
Reg. 10, fol. 55. MF: 116.

Conveys to Pere [Pedro] Barceló (de Barcelona), 'resident of Alcira,' buildings there of the deceased Jew of Valencia al-Mubārak (see doc. 131) al-Maʿdānī (or the *muqqadam* of the Jewish community? Mechadan) to be held exempt and free, with floors, roofs, entries, frontages, and all appurtenances, for a single flat fee of 200 Valencian sous. The property fronts on those of En Rostany and of En Ciprià [Don Cipriano], and along two sides on the roadway.

Per nos et nostros ven[d]imus vobis Petro de Barchinona habitatori Algezi[re] et vestris in perpetuum quasdam domos franchas* et liberas, quas Mechadanus quon[dam]^b Iudeus Valencie habebat in Aliagira, sicut affrontant ex una parte cum domibus domini Rostayn, et de duabus partibus in via publ[ica],^b et ex alia parte in d[o]mibus que fuerunt de En^c Cibrian. Iam dicta[s] itaque domos cum solis et suprapositis, introitibus, exitibus, affronta[cionibus],^b et suis pertinenciis universis a celo in abissum, vendimus vobis et vestris ad omnes voluntates vestras et vestrorum cuicumque volueritis perp[etuo]^b faciendas, exceptis militibus atque sanctis.

Pro hac autem vendicione recepimus a vobis CC solidos regalium Valencie, de quibus bene paccati* sumus ad voluntat[em] nostram, promittentes vobis quod faciem[us] vos et vestros dictas domos habere et tenere et in pace pacifice possidere contra omnes personas.

Datum Xative, III nonas Madii, anno domini MCCL octavo.

a) Text trimmed down right side, losing parts of words. IP. flourish.
b) MSup.
c) T: *den*.

119a

Onteniente. 5 May 1258.[b]
Reg. 9, fol. 30. MF: 115.

Appoints indefinitely Joan [Juan], the 'notary' or 'secretary' (probably also: Escrivà) of Alcoy, to the bailiate of that district, to oversee the collection of crown revenues and all things 'which belong to the office of bailiff,' keeping as salary 'for your position and labor' a tenth of all collections.

Per nos et nostros damus et concedimus tibi, Iohanni scriptori[c] de Alcoy, baiuliam eiusdem ville de Alcoy et terminorum eius; i[ta][d] quod tu colligas et recipias, ac colligi et recipi facias bene et fideliter fructus omnes, reditus, exitus, proventus, et alia omnia iura nostra predicte ville et terminorum eius que pertineant ad officium baiulie.
    Et habeas inde retrodecimam,*[e] de omnibus que ibi coll[iges][d] et colligi facies, pro tuo officio et labore. Et sic predictam baiuliam habeas et teneas, dum bene et legaliter te habueris [in][d] eadem. Mandantes etc.
    Datum apud Ontinien,[f] III nonas Madii, anno domini MCCL octavo.

a) Right margin trimmed, with loss of some letters.
b) Not a scribal error. King Jaume apparently signed documents at Játiva on the morning of May 5, then continued his trip south, staying that evening at Onteniente, where he put the same date on another set of documents. Consequently the MF numbers 115 and 116 should be reversed.
c) There is no indication that he belonged to the famous Escrivà family (both surname and craft) at Valencia. 'Johannes Scriptor' appears in the *Repartiment* six times.
d) MSup.
e) T: *redcimam* with stroke through d: also *redecimam*.
f) T: *Ontinen* with stroke over last two syllables; possibly for *Ontinyen(t)*, but see title of doc. 120 below.

120a

Onteniente. 5 May 1258.
Reg. 9, fol. 30. MF: 117.

Gives in perpetuity to Pere [Pedro de] d'Olite[b] and his wife Urraca, at a rental of ten Valencian sous every Christmas, a farm in the irrigated Onteniente countryside (*huerta*), bounded by the property of Bartomeu [Bartolomé] Borrell (Botella?) and on three sides by public roads, the conveyance including 'waters, trees, improvements' and all else.

Per nos et nostros damus et concedimus tibi Petro de Olito et uxori tue Urrace, et vestris in perpetuum illum ortum* nostrum quem ha[bemus][c] in orta* de Ontinien; et confrontatur de tribus partibus in viis publicis, de quarta parte in hereditate Bartolomei Borelle.[d] I[ta][c] quod vos et vestri donetis inde nobis et nostris, annis singulis in festo natalis domini, X solidos regalium pro censu.

Et sic vos et vestri pre[dictum]ᶜ ortum habeatis cum introitibus, exitibus, affrontacionibus, aquis, arboribus, melioramentis factis et faciendis, pertinenciis et iuribus suis omnibus a celo in abissum ad habendum, tenendum, expletandum, dandum, vendendum, alienandum, impignorandum, et ad omnes vestras vestrorumque voluntates cui et quibus volueritis libereᵉ perpetuo faciendas, exceptis sanctis clericis, militibus, et personis religiosis; salvo tamen predicto censu, iure nostro, dominio, laudimio,* et fatica.*

[Datum]ᶜ ap[ud] Ontinien,ᶠ III nonas Madii, anno domini MCCL octavo.

a) Original title, within flourishes: *Petri de Olito*. Modern title, at right: *Donatio cuiusdam horti in Ontinyen*. IP flourish (fragment). Right side trimmed with loss of letters. On Onteniente as sharing with Játiva the date May 5, see doc. 119, note b.

b) MF, H: Olito; Olit and Olito, both in the *Repartiment*, are forms for Olite in Navarre.
c) MSup.
d) Possibly: *Botelle*.
e) T: *li*.
f) As in doc. 119, note f.

121ᵃ

Biar. 8 May 1258.
Reg. 9, fol. 30. MF: 118.

Approves the ownership by Pascasi [Pascasio] de Calatayudᵇ and his wife Teresa, residents of Biar, of all 'buildings and properties' they have at Biar and Almirra (Almisra) and their districts, whether by grant of the king or of another or by purchase from Christians, as described in their deeds. The requirement of residence may be filled at either place.

Per nos et nostros laudamus, concedimus, et confirmamus tibi Pascasio de Calataiubioᵇ [hab]itatori de Biar, et uxori [tue Teresie]ᶜ et vestris in perpetuum, domos et hereditates quas habetis in Biar et in terminis eius et in Al[m]izrano et in terminis eius, [tam ex donacione]ᶜ nostra et cuiuslibet alterius persone quam eciam racione empcionis quam inde fecistis a quibuslibe[t] Christianis, prout in [instrumentis que inde]ᵈ habetis lacius et melius continetur.

Concedimus autem ac damus licenciam vobis et vestris quod possitis stare [et habitare]ᶜ in Biar vel in Almizrano, in quocumque istorum locorum vobis magis placeat, s[al]ve et secure sine im[pedimentoᵉ cuius]libet alterius persone. Mandantes, etc.

Datum apud Biar, VIII idus Madii, anno domini MCCL octavo.

a) Original title, within flourishes: *Paschasii de Calataiud.* IP flourish. Right side trimmed, with loss of a dozen words. Long hole down right center.

b) H: Calate. Cats.: Galeat/Calat. The couple appear in the *Repartiment.*
c) MSup.
d) MSup.: *instrumentis quod bene.*
e) MSup.: *-imento* . . .

122a

Játiva. 11 May 1258.
Reg. 9, fol. 30v. MF: 119.

Confirms the Aragonese Gil (Egidi) Sanç (Sanchis) d'Alagó [Gil (Egidio) Sánchez de Alagón] in the 9½ jovates he purchased in the Almirra (Almisra) district as exempt holdings: 3 from Alfons (Anfós) Pere (Peris) [Alfonso Pérez], 3 from Pere Garcia [Pedro García], 2 from Gonsal(bo) [Gonzal(v)o] and 1½ from Bertrana (feminine of Bertran(d) [Beltrán]).

Per nos et nostros laudamus, concedimus, et confirmamus vobis, Egidio Sancii de Alagone et vestris in perpetuum, novem i[o]vatas* et mediam terre, quas emistis in termino de Almizrano, videlicet ab Alfonso Petri III iovatas, a Petro Garsie III iovatas, a Gonçalvo II iovatas, et a Bertranda I iovatam et mediam. Ita quod vos et [vestr]i eas habeatis et teneatis franchas* et liberas ad vestras voluntates libere faciendas in perpetuum, prout in instrumentis inde confectis melius et plenius continetur; sub hac tamen condicione quod vos sitis habitator et populator terre nostre. Mandantes etc.
Datum Xative, V idus Madii, anno domini MCCL octavo.

a) IP flourish.

123a

Játiva. 14 May 1258.
Reg. 10, fol. 66. MF: 120.

Conveys to the knight Arnau [Arnaldo] de Romaní the castle, town, and villages of Pego district, with all the Christian and Muslim revenues including *almagran** and free of other debt-assignations, until he can recover the 10,000 Valencian sous he loaned the crown at Valencia city. The crown cannot reclaim the castle meanwhile, despite the 'code of Spain' provision that 'subjects [vassals] ought not to keep castles from their natural [hereditary] lords for a debt.'

[Per nos et nostros] recognoscimus et confitemur nos debere vobis Arnaldo de Romanino militi et vestris X milia [s]olidorum regalium Valencie, [quos nobis in] Valencia mutuastis.

Pro quibus impignoramus, tradimus, et obligamus vobis in presenti castrum et villam de Pego, cum omnibus terminis, pertinenciis, et alchariis* predicti castri et cum almagram* et cum aliis reditibus, exitibus, et proventibus quos nobis in predicto castro et villa et alchariis et terminis eorundem, et a Christianis et Sarrace[nis] ibi habitantibus et habitaturis, debemus percipere quoquo modo. Ita quod vos et vestri ipsum castrum cum predictis o[m]nibus et sing[ul]is habeatis, teneatis, et percipiatis in solucionem iam dicti debiti, donec de ipso sit vobis et vestris plenarie satisfactum.

[P]romittentes vobis et vestris in fide et legalitate nostra quod in dicto castro et alchariis, et in reditibus et exitibus eo[run]dem, aliquid non tangemus nec accipiemus nec tangi, forciari,* seu capi faciemus, vel ab aliquo permittemus, nec assignacionem aliquam inde alicui faciemus; immo faciemus vos et vestros ipsum totum ut predictum est habere, tenere, et in pace ac integre percipere, quousque de predictis X milibus solidorum sit vobis et vestris plenarie satisfactum. Volumus autem et concedimus vobis et vestris quod numquam ipsum castrum et villam nobis vel alicui alii tradere sive reddere teneamini, quousque de tota predicta pecunie quantitate vobis fuerit plenarie satisfactum.

Absolventes vos et vestros ab omni fide et ab omni fidelitate, et specialiter super hoc quod racione fidei vel nature quam secundum forum Hispanie*b naturales non debent suis dominis naturalibus castra pro debito retinere; et quod nos vel nostri aut aliqua persona non possimus vobis dicere malum, si ipsum castrum retineretis et ipsum nobis vel alii[s] pro nobis non traderetis donec essetis de predicta^c pecunia persoluti.

Datum Xative, II idus Madii, anno domini MCCL octavo.

a) Upper left partially torn away.
b) T: *Ys*-.
c) Deleted: *sum-?*

124a

Játiva. 14 May 1258.
Reg. 10, fol. 65v.b MF: 121.

Orders the same knight to garrison Pego castle with ten men 'while the war lasts between Us and al-Azraq' and with 'only four men' thereafter, plus 'one animal,' drawing 100 Valencian sous annually for the pack-animal and 150 'for the expenses, outlay, and salary' of each soldier from the same Pego revenues as in doc. 123, adding all this onto that debt.

Nos Iacobus etc. volumus et concedimus vobis Arnaldo de Romanino quod, dum guerra* duraverit inter nos et Aladracum, teneatis X homines in castro de Pego pro custodia ipsius, et unam bestiam. Transacta vero guerra, non teneatis ibi nisi tantum IIII homines et unam bestiam. Pro quorum quolibet omnium hominum promittimus vobis dare annis singulis CL solidos regalium pro expensis, missionibus, et soldada,* et pro bestia ante dicta C solidos.

Quos denarios omnes assignamus vobis et vestris habendos et percipiendos super almagram,* reditibus, et exitibus ipsius castri de Pego et terminorum eius.

Ita quod vos [et] vestri ipsos inde retineatis et accipiatis, sic quod non^c cadant in solucionem debiti X milium solidorum regalium pro quibus vobis obligavimus castrum iam dictum, prout in alio instrumento confecto laci⟦us⟧ co⟦n⟧t⟦in⟧etur.

Datum Xative, II idus Madii, anno domini MCCL octavo.

a) In Reg. 9, fol. 30v this same document is copied without differences down to *custodia ipsius*, then discontinued; H copies as independent document, with incorrect *IX homines*, and queried date, but omits this longer charter.
b) MF: 65.
c) Deleted: *cadant* (a repetition).

125a

Játiva. 16 May 1258.
Reg. 10, fol. 55. MF: 122.

Dismisses 'all investigation, suit, claim, or civil and criminal penalties' the crown could bring against Pere [Pedro] Barceló (de Barcelona), resident of Alcira, 'by reason of the quarrel you had with Pascasi [Pascasio] de Mallén,[b] then Our justiciar of Alcira.'

Per nos et nostros remittimus et definimus^c vobis Petro de Barchinona habitatori Aliazire omnem questionem, peticionem, et demandam, et ⟦penam⟧^d civilem et criminalem, quam vobis possemus exigere vel demandare racione rixe quam habuistis cum Paschasio de Mallen tunc i⟦usticia⟧*^d nostra Aliazire; ita quod de cetero nobis vel nostris nec alicui pro nobis non teneamini aliquo tempore respondere, et nos vel nostri non poss⟦imus⟧^d vos nec bona vestra inde aliquatenus demandare vel in causam trahere.

Immo sitis vos et vestri et omnes illi qui dicte rixe pro vobis interfuerun⟦t, et fide⟧^diussores pro vobis inde constituti, cum omnibus bonis vestris et eorum a predictis omnibus liberi, quitii,* et penitus perpetuo absoluti.

Ma⟦ndantes⟧^d baiulis, iusticiis, et aliis officialibus et subditis universis presentibus et futuris quatenus contra predicta non veniant nec aliquem ven⟦ire permi⟧^dttant.

Datum Xative, XVII kalendas Iunii, anno domini MCCL octavo.

a) Trimmed down right side, each line losing a word or letters.
b) Northeast of Borja in Aragon.
c) T: *diffi-*.
d) MSup.

126ª

Játiva. 16 May 1258.
Reg. 10, fol. 66. MF: 123.

Consolidates a debt of 2,600 Valencian sous owed to the same man, with 3,000 sous owed as dowry to his wife the daughter of Berenguer de Montpeó (Montpaó), recalling his and her bonds and reissuing another on the revenues of Alcira. Arnau de Font [Arnaldo de la Fuente], or whoever is in charge of collections there, is to pay him 1,500 sous a year, in installments of four months each, to retire the 5,600 sous.

Recognoscimus et confitemur nos debere vobis Petro de Barchinona habitatori Aliazire tria milia solidorum regalium Valencie, racione dotis uxoris vestre filie Berengarii de Montepavone. Quos denarios nos eidem Berengario dare et solvere tenebamur, cum albaranis* quos inde recuperavimus. Et debemus vobis duo milia DC solidos regalium, quos vobis dare tenebamur cum albarano quem a vobis recuperavimus.

Predictos itaque denarios assignamus vobis habendos et percipiendos in reditibus, exitibus, et aliis proventibus nostris Aliazire; ita quod Arnaldus de Fonte civis Valencie cui dictus reditus,[b] exitus, [et] proventus obligavimus, vel quicumque alius [qui] predictos reditus perceperit, vobis dare et solvere teneatur quolibet anno MD solidos regalium [Valencie],[c] prout in albarano quem ipse a nobis habet continetur, tanto tempore et tam diu quousque de V milibus DC solidis regalium vobis [et vestris][c] sit integre satisfactum et plenarie.

Mandantes dicto Arnaldo de Fonte vel recipienti reditus supra dictos quatenus vobis et vestris [de dictis mille][c] D solidis regalium respondeant quolibet anno, per tres terminos anni, scilicet de IIII[d] in IIII[d] mensibus, quousque de dictis denariis ⟨sitis inte⟩gre persoluti.[e]

Datum Xative, XVII kalendas Iunii, anno domini MCCL octavo.

a) Trimmed down right bottom, losing a half-dozen words.
b) T: *red[d]*-.
c) MSup.
d) T: *IIII ᵒʳ*.
e) T: *-tus*.

127ª

Játiva. 16 May 1258.
Reg. 10, fol. 66v. MF: 124.

Note recording the debt bond issued at Játiva to the Aragonese Pere Sabata [Pedro Zapata] for 10,000 Valencian sous, to be recovered from the crown revenues from 'Christians and Saracens' at Gandía.

DOCUMENT 128

⟦Quod dominus r⟧ex debet Petro Çabata X milia solidorum regalium, pro quibus tradidit et impignoravit sibi omnes ⟦reditus et⟧ exitus de Candia \⟦Ch⟧ristianorum et Sarracenorum/, quos tanto tempore teneat quousque sit integre persolutus, prout in albarano* ab ipso factum [= facto] in ⟦Xa⟧tiva, XVII kalendas Iunii, anno domini MCCL octavo,[b] plenius continetur.

a) Badly water-damaged and holed.
b) As stated, this is the date of the original; the note itself may have been entered on the same or following day, since it comes at the head of its folio-verso, preceded by a document of May 16 and followed by one of May 17.

128a

Cocentaina. 21 May 1258.
Reg. 10, fol. 80v. MF: 125.

Grants Ramon [Ramón] de Ros(s)et,[b] exempt and forever, houses and four jovates of land 'in the village called Frastina' in the Penáguila district, under the customs of Valencia city; a substitute grant will be arranged if it turns out that the crown 'had made a gift of the same [properties] to anyone else.'

Per nos et nostros damus, concedimus, et assignamus per hereditatem propriam, francham,* et liberam tibi Raimundo de Roset et tuis in perpetuum domos et quattuor iovatas* terre in alqueria* que vocatur Frastina,[c] que est in termino de Ben⟦ag⟧uila. Que omnia habeas cum introitibus, exitibus, affrontacionibus, et suis pertinenciis universis a celo in a⟦bi⟧ssum, ad omnes tuas tuorumque voluntates cui et quibus volueritis libere perpetuo faciendas, exceptis sanctis clericis, militibus, et personis religiosis.

Et faciemus tibi secundum quod faciemus, ad bonum intellectum, civibus civitatis Valencie; ita tamen quod dictas domos et iovatas possimus recuperare a te, si de ipsis donacionem alicui vel aliquibus aliis feceramus, dum tamen inde tibi donemus emendam.*

Datum Cocentanie,[d] XII kalendas Iunii, anno domini MCCL octavo.

a) IP flourish. Large stain disfigures text at upper left.
b) MF: Baset.
c) *Frasima* (?) Does this unknown village relate semantically to the Frainos River, an alternate name for the district's Río de Penáguila?
d) Or: *Conc-* (generous overstroke).

129a

Cocentaina. 22 May 1258.
Reg. 10, fol. 103v. MF: 126.

Contracts to give Gonsal(bo) Ferran(dis) [Gonzal(v)o Fernández] de Medrano (see doc. 142n.) for two years all the income 'and profits and taxes' the crown gets 'from male and female Saracens' (interlinear: '[and] Christians') in the castles and districts of Vall(e) de Seta and Cherol(l)es[b] in return for a flat 1,200 besants, to be drawn from the besant or household (poll) tax of Muslims there, 300 sous on each of the two Christmases and 300 on each St John's day.

Per nos et nostros vendimus vobis Gonzalbo Ferrandi et vestris, hinc ad duos annos continue completos, omnes reditus, exitus, et proventus, et peitas,* et omnia alia que nos debemus percipere in castris de Seta et de Cherolis et eorum terminis, et a \Christianis/ [et] Sarracenis et Sarracenabus[c] in eis habitantibus et habitaturis, precio \M/CC bisanciorum.

Ita quod de dictis bisanciis solvatis nobis et nostris de bisanciis in unoquoque dictorum duorum annorum, videlicet CCC bisancios in festo Sancti Iohannis et alios CCC bisancios in festo natalis domini, secundum quod Sarraceni regni Valencie solvent bisancios quos solvere tenebuntur. Et sic habeatis et percipiatis dictos exitus, reditus, proventus, et peitas per totum spacium dictorum duorum annorum, ad faciendum vestram propriam voluntatem.

Datum Cocentanie,[d] XI kalendas Iunii, anno VIII [anno domini MCCL octavo].[e]

a) At bottom right: *II solidi*. Large stain in center, not affecting legibility.
b) Cherol(l)es, in Arabic Jurūlash or Jarūlash, is not Cairola in the Ebo valley, nor Chirles (Catalan Xirles) in the Polop district. See doc. 142, note c, with its further references, to locate.
c) Sic: (like doc. 30, note h, above) an invented form, medieval adaptation as in classical *filiabus* (below in doc. 231, note j).
d) Or: *Conc-* (generous overstroke).
e) Previous and following documents: 1258.

130a

Cocentaina. 22 May 1258.
Reg. 10, fol. 78v. MF: 127.

'Wishing to improve the town of Játiva,' especially the area from St Mary's church to the gates of the Cocentaina and Valencia roads (an area 'almost completely destitute' because so far from the market, though 'a market could be held better and more effectively in the space near the Cocentaina

DOCUMENT 131

gate than in any other part of Játiva town') the crown establishes a market there every Tuesday, with a fine of a hundred morabatins on anyone selling market goods elsewhere in the town or its region on that day.

Volent[es] meliorare villam Xative et specialiter partem illam ip[sius] ville que est ab ecclesia Beate Marie usque portam de Coçentania et portam de Valencia, que propter mercatum[b] (qui erat ab ipsa parte valde remotum) erat quasi penitus destituta, et quia in ipsa parte (videlicet in placia* que est prope portam de Coçentania) melius et competencius quam in aliqua alia parte ville Xative mercatum[b] poterit celebrari, per nos et omnes successores nostros statuimus in perpetuum et [m]andamus quod in dicta placia semper de cetero singulis diebus Martis celebretur mercatum,[b] et ibidem et non in alio loco ville Xative vel eius termini diebus predictis vendantur omnia que in mercato publico consueverunt et debent vendi. Mandantes baiulo, iusticie* etc. sub pena C morabatinorum.*

Datum Coçentanie,[c] XI kalendas Iunii, anno domini MCCLVIII.

a) At bottom right: *II denarii*.
b) Medieval variant of *mercatus*.

c) Sic, not: *Conc-*; in text above, generous overstroke implies *Conç-*.

131a

Cocentaina. 26 May 1258.
Reg. 10, fol. 66 *bis* rv. MF: 128.

The crown has hanged al-Mubārak al-Maʿdānī (or the *muqqadam* of the Jewish community? cf. doc. 118) at Alcira, and confiscated his extensive properties, because he had killed the Muslim Ibn Ghamr (Ibn Gamer). The killer's widow Sitt, as highest bidder in the public auction now, gets the vineyard and field of al-Mubārak in Mislata and his four fields and two vineyards in (Rafal) Soternes. Having sued the crown for her third-share of the confiscated property, and for her 250 morabatins of dowry, she has applied their assessed value of 3,533 Valencian sous and four pence (*diners*) toward this purchase, and owes 566 sous and eight pence plus 200 sous of Soternes crown rent. The crown 'found' this data 'by the law and codes of the Jews.' At Mislata the vineyard was bounded by a road and by the properties of Joan Llop(is) [Juan López] and the castellan Garcia de Puig [García del Pueyo]; the field was bounded by a road and by the lands of Miquel Enages [Miguel Iñiguez], Miquel d'Alcàsser [de Alcácer], the same Joan Llopis and Garcia de Puig.

At Soternes the vineyard with new vines (*mallol*) was bounded by the neighbors Joan Claver and Martorell Picape(d)res (or the stonecutter), by properties of Nicolau [Nicolás], Arnau Bertran(d) [Arnaldo Beltrán], Pere [Pedro] Oller, Guillem [Guillermo] (de) Llers, and Domènec [Domingo]

DOCUMENT 131

Català. A field with buildings at Soternes, once owned by (E)ximèn Romeu [Jimeno (Eximeno) Romeo], was bounded by the estate of at-Tīfāshī on two sides, by the road to Cuart de Poblet at the field of Domènec d'Alfambra [Domingo de Alhambra], and by another road. Another field, also once held by Romeu, was bounded by a road, the buildings of the above Claver, the at-Tīfāshī estate, and the field of the deceased Pere de Campà and now of Miquel Pere (Peris) de Santamaria [Miguel Pérez de Santamaría]. Yet another field, formerly of Pere Guarner, fronted on the estate of Pere de Planes, on the farm of Llers, on the estate of Assenç [Asensio] de Teruel, and on the fig orchard of Pere d'Horta [Pedro de la Huerta]. A fourth field, formerly of En Marcó (Marçol?), faced properties of Claver, at-Tīfāshī, Llers and Santamaria. (Less probably, Picaperes may be Pich Peris but at-Tīfāshī is not the Christian surname Tibisí or de Tivissa, as his Muslim son shows in doc. 144).

Per n[os] et nostros vendimus et de presenti tradimus tibi Ceta^b uxori quondam Mubari[ch] Machadani Iudei Valencie et tuis in per[petuum] domos, ortos,* vineas, campos, et omnes alias hereditates ac^c possessiones quas predictus Mubarich Machadanus habebat in Mezlata et in Raffalsoternos, videlicet unam vineam que est in Mezlata et confrontatur ex [un]a parte cum vinea Iohannis Luppi, et ex alia parte cum honore* Garcie de Podio alcaidi* de Mezlata, [et] ex alia in carraria,* et ex [ali]a parte in campo [ia]m dicti Magadani; et quendam campum qui confrontatur ex una parte cum vinea Michaelis Enegeç, et ex alia in vinea dicti Garcie de Podio, et ex alia in campo dicti Iohannis Luppi, et ex alia in carraria, et ex alia parte in campo Michaelis de Alcheçer.

Item unum campum qui est in Raffalsoternos et fuit Eximini Romei, in quo sunt domus, et confrontatur ex duabus partibus in honore Tevicini^d et ex alia parte in carraria de Quart in campo Dominici de Alffambra, et ex alia parte in carraria. Et alium campum qui fuit dicti Eximini Romei, et confrontatur ex una parte in carraria, et ex alia in domibus Iohannis Claver, et ex altera parte in campo Petri de Campa [?]^e quondam et Michaelis Petri de Sancta Maria, et ex alia [parte] in honore iam dicti Tevicini. Et alium campum qui fuit Petri Guarnerii, et confrontatur ex una parte cum honore Petri de Planis,^{f} et ex alia cum hereditate Guillelmi de Lerç et ex alia cum honore Assencii de Turolio, et ex alia in figerali* Petri de Orta, et est unum brassal* in medio. Et alium campum qui fuit de En^g Março, et confrontatur ex una parte in honore Iohannis Claverii, et ex alia in honore Tev[ic]ini et in brassal, et ex alia parte in honore Guillelmi de Lerç et honore Michaelis Petri de Sancta Maria. Et quandam vineam cum quodam maiolio*^{h} et confrontatur in honore Iohannis Claverii ante dicti ex una parte et Martorelli Picaperes, et ex alia in vinea Nicholai et est unum brassal in medio, et ex alia in vineis Arnaldi Bertrandi, et Petri Olerii et Guillelmi de Lerç, et ex alia in maiolio^h Dominici Catalani.

DOCUMENT 131

Que omnia nobis confiscata fuerunt racione mortis Avingam[[er]]o Sarraceni, quem ipse maritus tuus fecit oc[cidi]; ex qua causa nos exercentes iusticiam fecimus ipsum suspendi. Sicuti igitur iam dicta omnia predictis includuntur affrontacionib[us] et terminantur, et sicut predictus Mubarich maritus tuus ipsa melius habebat et possidebat et sicut nos eciam eadem melius habemus et habere debemus, vendimus tibi et tuis in perpetuum, tamquam plus offerenti, facta legitima sub[h]astacione, cum suis affrontacionibus, introitibus, exitibus, aquis, arboribus fructif⟨er⟩is et infructiferis, melioramentis factis et faciendis, et cum suis iuribus et pertinenciis omnibus a celo in ab⟨iss⟩um integre, sine aliquo nostro nostrorumque retentu, et precio videlicet quattuor milium et C solidorum rega[[lium]] Valencie.

Et si quid predicta^i que tibi vendimus plus valent vel valebunt precio ante dicto, totum illud quod plus val[et] vel valebit^j damus tibi et tuis ad faciendum inde tuam propriam voluntatem, renunciantes scienter om⟨ni⟩ [iuri], foro,* et consuetudini, scriptis et non scriptis, quibus contra predicta vel eorum aliquid nos vel nostri modo aliquo ⟨ven⟩[ire] possemus. Et extrahentes predicta omnia et singula de iure nostro, dominio, et potestate, eadem in ⟨ius⟩, [*fol. 66 bis,v*] dominium, et potestatem tuam trans[feri]mus et tuorum, inducentes te et tuos de presenti in eorum corporalem possessionem cum hoc publico instrumento perpetuo v[ali]turo, ad habendum, tenendum, possidendum, vendendum, alienandum, impignorandum, et ad omnes tuas [tuorumque] voluntates cui et quibus volueritis libere perpetuo faciendas, exceptis sanctis [c]lericis, militibus, et personis religiosis.

Promittimus eciam tibi quod predicta omnia et singula faciemus te et tuos habere et tenere in perpetuum, integr[e et] in pace, contra omnes persona[s]; et tenebimur inde tibi et tuis de firma et legali eviccione. Est autem sciendum quod, cum post suspendium Mubarich Machadani predicti nos fecissemus bona ipsius omnia e[m]parari,* tu supplicasti nobis quod solvemus tibi ius tuum quod, tam racione dotis tue quam racione donacionis quam iam dictus maritus tuus tibi fec[er]at in bonis eius, habebas. Et nos fecimus discuti^k et videri quod ius tu habebas in [i]ps[i]s. Et invenimus quod secundum ius et foros Iudeorum, et secundum instrumenta que iam dictus maritus tuus tibi fecerat, habebas terciam partem in bonis predictis, que tibi vendimus, racione donacionis quam ipse tibi fecerat. Et ex alia parte habebas, super eisdem^l, CCL morabatinos* racione tue dotis. Quod totum fuit extimatum ascendere et valere tria milia quingentos [XXX]III solidos et IIII denarios regalium.

Quare volumus et concedimus tibi quod hec tria milia quingenti XXXIII solidi et IIII denarii cedant in solucionem iuris tui predicti, et tu ea re[tin]eas de precio vendicionis iam dicte. Residuos autem quingentos LXVI solidos et VIII denarios, et ex [a]lia parte CC solidos regalium, quos nobis donas pro domibus et fructibus hereditatis predicte de Rahal[s]o[t]ernos istius anni presentis, confitemur nos habuisse et recepisse a te et inde esse bene paccatos* ad voluntatem nostram, renunciantes omni excepcioni non numerate pecunie atque doli.

Datum Cocentanie,[m] VII [[kalendas]][n] Iunii, anno domini MCCL octavo.

a) This folio, trimmed smaller than the others, was bound into Reg. 10; though it obviously derives from a different register and bears the folio number 45, its material and dateline recommend its placing here. This document fills most of both sides, the recto being holed down the right side. I have discussed elsewhere the problems posed by names here. MF gives Mubanch, but the manuscript has Mubarich, a version of the Arabic name Mubārak ('blessed'). MF's Cote, but in the manuscript clearly Ceta, was one of the Arabic names most commonly used by medieval Jewish women, as Goitein found in the Geniza documents: Sitt (lady, ruler), usually implying an unexpressed companion word (mistress over). An obscure woman physician in fourteenth-century Valencia, a Jew, spelled it (Na) Ceti. Mechadanus and Magadanus, significantly not genitive as a surname might be when Latinate, probably stands for *muqqadam*, by now the aljama elder in Spain. On Abengamer as Ibn ʿĀmir, see doc. 102n.

b) For dative *Cete*? Sete was a name for a 'seventh' son; though the feminine is *setena*, Seta would be the traditional manner of making a woman's name directly from a man's, perhaps not declined to avoid confusion with Sete. But prefer as in note a.

c) Overwritten; probably *atque* begun.

d) T: *Tiv-*; below: *Tev-*.

e) Overwritten; last half less certain.

f) Overwritten from: *Planes*.

g) T: *den*.

h) T: *mayo-*.

i) For: *de predictis*, with singular verb.

j) T: both sets of verbs read *valent vel valebunt*.

k) Overwritten: probably *discerni* begun.

l) Sic.

m) Clearly *Coc-*, not *Conc-*.

n) MF queries the date, but enough fragments survive to favor *kalendas* over *idus*.

132a

Cocentaina? 26 May? 1258.
Reg. 10, fol. 66 *bis* v. MF: 129.

Conveys in perpetuity as a free and exempt property to Gil (Egidi) (E)ximèn(is) [Gil (Egidio) Jiménez (Eximénez)] (de Segura)[b] the castle of Margarida, 'near Planes and Alcalá castles, with Margarida and Llombo villages,' and with all crown taxes (thirteen specified) from Muslims and Christians, and 'the stronghold of that castle,' houses, mills, dovecotes, vineyards, waters, trees, fishing, and all else. (The crown's share or price was on another folio, now missing).

[Per] nos et nostros damus [et] concedimus per hereditatem propriam, francham,* et [libe]ram vobis Egidio Eximini et vestris in perpetuum castrum [de] Margarita, quod est in regno Valencie prope castra de Planes[c] et de Alcalano, cum alqueriis* vocatis Margarita et Lomo, videlicet cum fortitudine* illius castri, cum[d] casis, casalibus,* furnis, molendinis, columbariis, vineis, ortis,* ortalibus,* cum terris cultis et incultis, eremis[e] et populatis, silvis, lignis, arboribus diversorum generum, aquis, [h]erbis, pratis, pascuis, piscacionibus, venacionibus, montibus, terminis, introitibus, exitibus, et

DOCUMENT 133

cum melioramentis factis et faciendis, et suis perti[nen]ciis universis a celo in abissum, et cum omnibus eciam hominibus et feminis ibi habitantibus et habitaturis, Christianis et Sa[rra]cenis, cuiuscumque condicionis vel legis sunt vel erunt, et cum peitis,* cenis, questiis, ademprivis,* serviciis, donacionibus, caloniis,* iusticiis civilibus et criminalibus, tributis, monetaticis, exercitibus et cavalcatibus et eorum redempcionibus, et cum omnibus aliis iuribus que ibi habemus et habere debemus aliqua racione, integre absque alio nostro \nostrorumque/ vinculo et retentu, a[d] habendum, tenendum, possidendum, expletandum, dandum, vendendum, alienandum, impignorandum, et ad omnes vestras vestrorumque cui et quibus volueritis [voluntates] perpetuo faciendas. Hanc autem donacionem vobis facimus in hunc modum quod habeamus nos et nostros [*ends abruptly*].[f]

[Datum Cocentanie, VII kalendas Iunii, anno domini MCCLVIII].[g]

a) For description of this maverick folio, see doc. 131n. Original title, within flourishes: *Egidii Eximini*. Modern title, at upper right: *Donatio castri de Margarita*. IP flourish.

b) Gil Jiménez (Eximénez) de Segura, of Teruel in Aragon, bailiff for Valencia above the Júcar River from 1262 (see doc. 387 and the MF confusion in doc. 426).

c) Or: -*nis*, vowel supplied.

d) Deleted: *alcheriis*.

e) T: *he-*.

f) Folio and document ends, continued on next folio of its own, in missing register.

g) Conjectural dateline borrowed from previous document (the only other on this stray folio), our doc. 131.

133a

Alcalá siege. 31 May 1258.
Reg. 10, fol. 79. MF: 130.

Licenses Bernat [Bernardo] de Juneda,[b] resident of Onda, to bring in 'Saracen men and women' immigrants to settle his Onda villages of Artesa, Caballera,[c] and Tales, retaining for the crown only the poll or household besant; all these Muslims are put under special crown safeguard.

Per nos et nostros da[m]us licenciam et potestatem vobis, Bernardo de Juneta habitatori Onde, quod possitis populare Sarracenos et Sarracenas, quotcumque et quoscumque volueritis, in hereditatibus quas habetis in alqueriis* de Artesa, de Tales, et de Cav[alle]^dra, que sunt in termino Onde. Quos Sarracenos et Sarracenas habeatis vos et vestri in perpetuum, teneat[is],[d] et expletet[is][d] ad vestras voluntates libere faciendas, salvo tamen uno bisancio solvendo nobis et nostris annis singulis in festo Sancti M[ichae]llis[d] quod in unoquoque casato* \ipsorum/ perpetuo retinemus.

Volumus similiter et concedimus quod omnes illi Sarraceni et Sarracene m[a]^dneant, sint,[e] et vivant cum omnibus bonis suis mobilibus et inmobilibus habitis et habendis sub fide nostra et guidatico* sp[e]^dciali. Mandantes baiulis, alcaidis,* locum nostrum tenentibus, et universis aliis officialibus et subditis nostris presen[tibus]ᵈ et futuris quod contra hanc cartam non veniant etc.

Datum [in] obsidione Alcalani, II kalendas Iulii [= Iunii],ᶠ anno [domini]ᵍ MCCL oc[tavo].

a) Trimmed down right side, with loss of letters. IP flourish. At bottom right: *II [denarii?]*. Large central stain.
b) MF: Juneta. Juneda, near Lérida.
c) The Rambla Caballera is a small tributary of the Río Seco de Bechí (itself a stretch of the Río Seco or Sonella). Caballera must have been a village there, in the modern Bechí district, just west of the other towns given here.
d) MSup.
e) Less probably: *sicut*, as *sicut et vivant*.
f) Scribal error; cf. date of doc. 134, as against doc. 164.
g) This run of documents sometimes uses only *anno*.

134a

Alcalá siege. 31 May 1258.
Reg. 10, fol. 77. MF: 131.

Gives houses and five jovates to Sanç de Guillem Pere (Peris) [Sancho de Guillermo Pérez] de Borja (*sic*, as one man), and houses and three jovates to Rod(e)ric [Rodrigo] de Tudela, both at Benialí in the (Vall de) Alcalá (Vall de Gallinera) district, to hold exempt under the same conditions as the citizens of Valencia city, on condition that they not sell or alienate for three years and that they will accept a substitute if the properties are already granted.

Per nos et nostros damus et concedimus per hereditatem propriam, francham,* et liberam tibi Sancio de Guillelmo Petri de Borgia,ᵇ et Roderico de Tudela, et vestris—videlicet tibi Sancio de Guillelmo Petri domos et V iovatas* terre, etᶜ tibi Roderico de Tudela domos et III iovatas terre, in alqueria* que vocatur Benahalauᵈ que est in termino de Alcalano.

Que omnia habeatis cum introitibus, exitibus, affrontacionibus, et suis pertinenciis universis, a celo in abissum, ad omnes voluntates vestras vestrorumque cui et quibus volueritis libere perpetuo faciendas, exceptis militibus et sanctis et personis religiosis. Et faciemus vobis secundum quod faciemus ad bonum intellectum civibus civitatis Valencie. Ita tamen quod dictas domos et iovatas non possitis vendere vel alio modo alienare hinc ad III annos venturos et continue completos et quod possimus dictas domos et iovatas recuperare a vobis si de ipsis donacionem alicui vel aliquibus aliis feceramus, dum tamen inde vobis donemus emendam.*

Datum in obsidione Alcalani, II kalendas Iunii, anno domini MCCLVIII.

a) Modern title: *Sancii de Guillermo Petri de Borgia.* IP flourish. Symbol for *solidi* at left upper margin, amount destroyed by previous binding.
b) MF reads him incorrectly as two names: Sancho de Guillem and Pedro de Boria, possible only by scribal error *Petri* for *Petro*. Nor can a different scribal error, *de* for *et*, conceal relatives (Sancho and Guillermo Pérez de Borja), given the uses of *tibi* here. On the name Borja/Borgia, see doc. 92, note b.
c) False start precedes, blotted.
d) MF: Benihalan. Accent over u may indicate y intended.

135a

Alcalá siege. 1 June 1258.
Reg. 10, fol. 79v. MF: 132.

Grants Pere Ramon [Pedro Ramón de] d'Olesa three exempt jovates in the Calpe district, 'in the place called Alcudia'; these are bounded by a public road, by the highway to Binyent,[b] by the cistern (*aljub*) of Benicora, and by 'two dry streams.'

Per nos et nostros damus, concedimus, et assignamus per hereditatem propriam, francham,* et liberam tibi Petro Raimundo[c] de Ollesa et tuis in perpetuum tres iovatas* terre in termino de Calp, in loco qui dicitur de Alcutia,[d] que affrontant ex una parte in via publica, et ex alia in carraria* qua itur versus Aluynen,[e] et ex alia super aliub* de Benicora,[f] et ex alia in duobus rivis siccis.

Quas III iovatas terre habeatis tu et tui in perpetuum cum affrontacionibus, introitibus, exitibus, iuribus, et pertinenciis suis omnibus a celo in abissum, ad omnes tuas tuorumque voluntates cui et quibus volueritis libere perpetuo faciendas, exceptis sanctis clericis, militibus, et personis religiosis. Et faciemus tibi ad bonum intellectum secundum quod faciemus civibus civitatis Valencie.

Datum etc. [in obsidione Alcalani, kalendas Iunii, anno domini MCCLVIII].[g]

a) Modern title, right upper corner: *Petri Raimundi de Ollesa.* IP flourish. At bottom right: *XII denarii.* Large stain over text at left.
b) (Al)binyent is only three miles from Calpe. Aljub (cistern) de Benicora and Alcudia (a very common toponym, Arabic for hill) are difficult to locate close to Calpe; Alcudia de Cocentaina (Alcudieta del Comtat) with its partner Benita(h)er, for example, are too far west. Perhaps Alcudia district in neighboring Benisa?
c) For -*di*?
d) Or: -*ucia.*
e) T: *Aluyne,* with stroke over e; first letter blotted, but very probably A.
f) -*itora*?
g) As doc. three in a series of four, this probably has the same dateline as its predecessor, our doc. 133.

136a

Alcalá siege. 1 June 1258.
Reg. 10, fol. 79v. MF: 133.

Awards to three Muslims—Abū Zayd b. Ghālib or al-Qabrī (? Cablia), Saʿd b. Nuwās (Abenoahes), and Yūsuf b. Sulaymān[b]—houses and two jovates of irrigated land each in Alcudia village of the Navarrés district (also L'Alcudiola de Navarrés), extending from (on?) the crown property there toward the east (or as far as the eastern section?). They can sell or alienate 'only to your Saracen children or relatives.'

Per nos [et] nostros dam[us] et concedimus per hereditatem propriam, francham,* et liberam vobis Abzeit Avencablia,[c] Cahat Avinoahe[s], et Iuceph Avinçalamon Sarracenis et vestris in perpetuum domos et VI iovatas* terre in regadivo,* in alqueria* de A[l]cudia, termino de Navarres, videlicet unicuique vestrorum domos et II iovatas, scilicet de hereditate nostra quam nos ibi habemus usque partem orientis.

Quas domos et iovatas terre habeatis vos et vestri in perpetuum franchas et liberas cum introitibus, exitibus, affrontacionibus, iuribus, et pertinenciis suis omnibus a celo in abissum, ad ves[tras] voluntates libere faciendas. Ita tamen quod eas vel earum aliquid vos et vestri non possitis dare, vendere, dimittere, vel alienare aliquo modo alicui extranee persone, nisi tantum filiis vel parentibus vestris Sarracenis.

Datum in obsidione [Alcalani], kalendas Iunii, [anno domini MCCLVIII].[d]

a) Modern title, upper right: *Abzeit Aventablia*. IP flourish. At bottom right: *III solidi*.
b) The Latin Çalamon might seem to approximate Salāmah rather than Sulaymān, unless its Catalan equivalent is kept in mind: Salamó (Salomó).
c) Though Cats. (CDR) and the title (see note a) have *Aventablia*, the MF reading seems preferable.
d) As one in series from Alcalá siege.

137a

Alcalá siege. 1 June 1258.
Reg. 10, fol. 79v. MF: 134.

Grants to Bernat [Bernardo] de Colomé(r)s (Colom[b]ars),[b] exempt and forever, four jovates of land in the Murviedro (modern Sagunto) district, 'next to the La Riff[c] canal near the Puzol border, below the new canal there, according as Our distributors bounded and assigned you' that property.

Per nos et nostros damus, concedimus et assignamus per hereditatem propriam, francham,* et liberam tibi Bernardo de Columbariis et tuis in perpetuum quattuor iovatas* terre in termino Muriveteris, iuxta cequiam* de Larif prope terminum de Puçolio, subtus cequiam que modo sit ibi nova, secundum quod tibi sunt terminate et assignate per divisores nostros. Quas iovatas terre habeatis tu et tui cum introitibus etc.

Datum in obsidione [Alcalani], kalendas Iunii, [anno domini MCCLVIII].

a) Modern title, upper right: *Bernardi de Columbariis*. IP flourish. At bottom right: *XII denarii*.
b) Possibly the toponym Colomers (Girona) but much more likely the surnames reflecting Latin *columbaria*, Colomés and Colomars.

c) MF: Laris. Not Alarif or similar words; La Riff, one of the sub-zones of Murviedro's countryside, derives from Arabic for fertile riverbank farmland.

138a

Alcalá siege. 2 June 1258.
Reg. 10, fol. 79v. MF: 182.

Notes that 'the Denia resident Bartomeu [Bartolomé] de Collioure' in Roussillon (Catalan: Co[t]lliure) received a charter of protection in the usual form, with a violation penalty of a hundred morabatins.

Dominus rex recepit sub guidatico* in forma communi Bartolomeum de Cauquolibero habitatorem Denie, sub forma communi [et] sub pena C morabatinorum.*

[Datum in obsidione Alcalani], IIII nonas mensis Iunii,[b] anno [domini MCCL]VIII.

a) At end of text: *II solidi*.
b) MF: *Iulii*.

139a

Alcalá.[b] 2[c] June 1258.
Reg. 10, fol. 78. MF: 141.

Grants Bernat [Bernardo] de Claramunt houses and six jovates or plowlands in Ayello de Rugat, on condition that he not sell for three years 'and that you establish personal residence in the said village and keep your wife there.' Boundaries are: ravines along two sides, a hill (*montana*), and the property of Pere [Pedro] de Capellades.[d]

Per nos et nostros damus et concedimus per hereditatem propriam, francham,* et liberam tibi Bernardo de Claromonte[e] et tuis in perpetuum domos [[et]][f] sex iovatas* terre in alcheria* que dicitur Yelo, que est in ter-

DOCUMENT 140

mino de Rogat, sicut affrontantur ex duabus partibus in barranchis,* et in ter[cia] parte in montana, et in quarta parte in hereditate Petri de Capelatis. Que omnia habeas tu et tui cum introitibus et exitibus, af[fron]tacionibus, et suis pertinenciis universis a celo in abissum, ad omnes tuas tuorumque voluntates cui et quibus volueritis libere perpetuo faciendas, exceptis militibus et sanctis clericis et personis religiosis.

Et faciemus tibi secundum quod faciemus \civibus^g/ civitatis Valencie ad bonum [intellectum]. Predictas tamen domos \et iovatas/ damus tibi tali condicione, quod eas [vel] partem ipsarum non vendas nec aliter alienes hinc ad tres annos ven[turos continue]^h completos, et quod in dicta alcheria facias residenciam personalem et ibi teneas uxorem tuam.

Datum apud Alcala[num], IIII [nonas Iunii, anno]ⁱ domini MCCLVIII.

a) Modern title: *Donatio cuiusdam alcherie in Valentia*. IP flourish. Trimmed along right side, losing words throughout.
b) MF: Cocentaina.
c) MF: July 17 (see note i).
d) Each name represents both a Catalan toponym and a surname.
e) Middle vowel only indicated (from other mss: o).
f) MSup.
g) Above deleted: *cuilibet*.
h) MSup.: *-uos*.
i) MF missed place and day, and therefore probably the *nonas Iunii anno* supplied on mounting by modern hand; his *XV kalendas Iulii* with their place was borrowed from the preceding document on this folio, though that reads more precisely *XII kalendas*.

140a

Cocentaina. 8 June 1258.
Reg. 10, fol. 55v. MF: 135.

Confirms the purchase by Robau (Rubau) [Rodobaldo], nephew of Carròs [Carroz] lord of Rebollet, from Ramon de Fontanas [Ramón de Fuentes], for 120 Valencian sous, of six jovates of land in Jávea valley of the Denia district, tax-free like the holdings of other knights here, as described in the bill of sale drawn by the Denia notary Guillem [Guillermo] Escrivà.

[Per] nos et nostros laudamus, concedimus, et confirmamus tibi, Rubaldo nepoti Carrocii domini Rebolleti, et tuis in perpetuum illam vendicionem quam Raimundus de Fontanis tibi fecit de sex iovatis* terre que sunt in valle Yxabee^b termino Denie, pro C et XX solidis regalium, prout in instrumento inde confecto per manum Guillelmi Scribe^c notarii Denie melius et plenius continetur. Ita quod iovatas ipsas omnes habeatis tu et tui in perpetuum franchas* et liberas, sine aliquo onere^d et servicio, sicut milites regni Valencie suas habent hereditates, ad tuas tuorumque voluntates cui et quibus volueritis libere ac perpetuo faciendas, non obstantibus aliquibus condicionibus appositis in instrumento vel instrumentis factis a nobis de VI iovatis terre predictis huic nostre confirmacioni^e repugnantibus.

Datum Cocentanie,^f VI idus Iunii, anno domini MCCLVIII.

a) Modern title, centered: *Confirmatio Robaldi nepoti Carocii domini Rebolleti.* IP flourish. At bottom right: *nihil.* MF: fol. 55.
b) Sic, Catalan (Ei)xàbia.
c) The surname is Escrivà, though also a 'scribe'; see doc. 9, note b.
d) T: *ho-*.
e) Overwritten, from ablative to dative, yielding a malform.
f) Clearly *Coc-*, not *Conc-*.

141a

Cocentaina. 8 June 1258.
Reg. 10, fol. 55rv. MF: 136.

Permits the Aragonese Llop [Lope (Lupo)] de Bailo[b] to buy, even from men in the king's service or against contrary conditions of the seller's grant, four jovates of land in the Onteniente or Agres districts, exempt and forever, 'without any burden or service, as you and the other knights of the Valencia kingdom hold your properties in that kingdom.'

Per nos et nostros damus et conc[ed]imus licenciam ac potestatem vobis, Lupo de Baylo, quod possitis emere ab hominibus [nostris[c] quibuslibet] et a quibuslibet aliis personis IIII[d] iovatas* terre in termino de Agres, non obstantibus [aliquibus condicionibus][c] appositis in instrumentis donacionum quas f[e]cimus alicui vel aliquibus personis de ipsis iovatis quas emetis huic nostre [concessioni repu][c]gnantibus, quod eas militibus vendere non [v]aleant.
Concedimus eciam licenciam illi et illis, a quibus ipsas quattuor [iovatas terre][c] [*fol. 55v*] emere volueritis, quod possint eas vobis vendere libere et sine aliquo impedimento, non obstantibus condicionibus supra dictis.
Et predictas IIII[d] iovatas terre [qua]s emetis habeatis vos et vestri fra[n]chas* et liberas in perpetuum, sine aliquo onere et servicio, sicut vos et alii milites regni Valencie habetis hereditates vestras in [i]pso regno ad vestras vestrorumque voluntates libere et perpetuo faciendas.
Datum Coçentanie,[e] VI idus Iunii, anno domini MCCLVIII.

a) Holed down center and cut with loss of words at right margin of recto; on verso, words at left side retraced by later hand to recover. Title, in medieval script but probably by modern hand: *Licentia emendi IIII*or *iovatas in termino de O[n]tinyent vel de Agres.* IP flourish.
b) On this surname, see doc. 89, note b.
c) MSup.
d) T: *IIII*or.
e) T: *Coç-*, not *Conc-*.

142a

Cocentaina. 15 June 1258.
Reg. 10, fol. 103. MF: 137.

Confirms to Gonsal(bo) Ferran(dis) [Gonzal(v)o Fernández] de Medrano[b] twelve exempt jovates of land, as 'assigned to you and measured out already by Our surveyor,' to be held on condition of not alienating for three years. Eight jovates are 'in a place called Tollos between (La) Serrella and Font Avara' in the Cherol(l)es jurisdiction;[c] the other four lie between the spring of Pompeu (?) and the highway of Almohaja at Beniasmet in the Seta valley.[c]

Per nos et nostros damus, concedimus, et assignamus per hereditatem propriam, francham,* et liberam vobis Gonçalbo Ferrandis de Medrano et vest[ris][d] in perpetuum XII iovatas* terre, quarum VIII sunt in termino de Cherolles in loco vocato Tollo inter Serellam et Font[a][d]uaram, et relique IIII[c] iovate sunt in termino de Seta in alquaria*[f] vocata Binahamet inter fontem de Pom[pum][d] et carrariam* de Almohaya, secundum quod omnes vobis assignate et soguieyate* sunt iam per soguietorem nostrum.

Quas XII io[va][d]tas terre habeatis vos et vestri cum introitibus, exitibus, affrontacionibus, iuribus, et pertinenciis suis omnibus a celo [in][d] abissum, ad omnes vestras vestrorumque voluntates cui et quibus volueritis libere perpetuo faciendas, exceptis sanctis clericis et pers[o][d]nis religiosis. Ita tamen quod predictas iovatas vel partem earum hinc ad III annos continue completos vos vel vestri vendere non possi[tis].[d]

Datum Cocentanie,[g] XVII kalendas Iulii, anno domini MCCL octavo.

a) IP flourish. Right side trimmed, with loss of words. Cats. (CDR): Ferrandi.
b) Medrano lies south of Logroño in Castile. The Valencian surname, a family perhaps not involved here, had Aragonese antecedents. Latin *Ferrandis* in text is *Ferrandi* in doc. 129.
c) These toponyms are difficult to identify. Tollos is east of Cocentaina and northwest of Callosa de Ensarriá. (La) Serrella mountain and castle helps define the Vall(e) de Seta. Fontavara may be Font de la Favara near La Nucía just below Chirles or Xirles. Cherol(l)es, Arabic Jurūlash or Jarūlash, often paired with Seta but as a separate castle-cum-district, is not Chirles below Callosa and next to Polop; it can hardly be Chirel castle on the rather distant Cinto del Castillo mountain near Cortes de Pallás in the Valle de Cofrentes. (On Cherolles and Seta see also docs. 53, 129, 212.) Beniasmet is a now abandoned village in the Seta Valley, not to be confused with the abandoned Beniasmet de l'Arcada not far away near Cocentaina. Does the mutilated *Pom-* reflect Latin Pompeius, such as Catalan Pompeu or (a Catalan town) Pompià?
d) MSup.
e) T: *IIII[or]*.
f) With triple a here.
g) T: *Cocetanie*, with winged overstroke, for *Concenta-*.

143a

Cocentaina. 16 June 1258.
Reg. 10, fol. 103v. MF: 138.

Farms or bonds 'to the whole Islamic community of Biar,' from next August 1 for three years, all the crown income there, 'from Christians as from Saracens in any way or for any reason,' in return for 1,200 besants 'minus 25' each year, paid half in January and half in August, with the community keeping any excess collected beyond this sum. The revenues include taxes, civil and criminal fines, land-assessed *almagran*, hospitality fees, and all else but exclude 'homicide' income and the tavern fee. Also allows the Muslims 'to expel from Biar town, if you wish, all Saracen whores or prostitutes' without interference.

Per nos et nostros vendimus vobis toti aliame* Sarrace[no]rum de Biar et vestris, et cui vel quibus vos volueritis, a kalendis mensis Augusti proximo venturi ad tres annos primo [v]enturos et continue [co]mpletos, peitas,* almagran,*[b] pedagia,* cenas, calonias,* iusticias civiles et criminales, et reditus, exitus, proven[t]us, et omnia alia iura nostra que nos habemus et percipimus ac percipere et habere debemus in villa de Biar, tam a Christianis quam a Sarracenis aliquo modo vel aliqua racione, exceptis homicidiis et taberna, precio videlicet mille et ducen[torum bisanciorum] minus XXV bisanciis, in unoquoque predictorum trium annorum, secundum morem quo solvuntur bisancii in Valencia.

Quorum donetis et solvatis medietatem annis singulis nobis et nostris et cui vel quibus nos mandaverimus in mense Ianuarii, et aliam medietatem in mense Augusti. Et si predicta vendicio plus valet vel valebit precio ante dicto, totum illud quod plus valet vel valebit damus vobis et vestris ad vestras voluntates libere faciendas.

Nos autem promittimus vobis quod predictam vendicionem non revocabimus; immo faciemus vos et vestros et quoscumque volueritis eam habere et tenere integre et in pace per totum tempus iam dictum.

Concedimus autem vobis quod possitis expellere, si volueritis, de villa de Biar omnes putas seu meretrices Sarracenas, sine impedimento cuiuslibet persone.

Datum Cocentanie,[c] XVI kalendas Iulii, [anno domini MCCLVIII].[d]

a) Modern title: *Biar*. At bottom right: *III solidi*.
b) Sic, not -*am*.
c) Or *Conc-* (generous overstroke).

d) Companion documents on folio have *anno VIII* or no date; following documents give 1258.

144a

Cocentaina. 16 June 1258.
Reg. 10, fol. 77rv. MF: 139.

Confirms to the Muslim lord at-Tīfāshī (? Tevicinus), his son Sa'd, and his heirs forever the castles and towns of Orcheta, Finestrat, and Las Torres[b] 'with their fortifications and villages,' buildings, 'ovens, mills, waters, grasses, meadows,' every kind of landscape, and all revenues, to hold or freely alienate: but without alienating or willing the castles and towns as such in whole or part 'except only to your sons and their posterity,' or to sell them except by first offer to the crown. Also exempts him personally for life

DOCUMENT 145

from all tax, hospitality, army or raiding duties or commutation, and every 'regalian exaction.'

Per nos et nostros damus, concedimus, et assignamus per hereditatem propriam, francham,* et liberam tibi Teviçino, et filio tuo Cahat et vestris[c] in perpetuum [c]astra et villas de Orchita, de Fonestrat [= Finestrat], et de Turribus, cum suis fortaliciis* et alquariis,* cum casis, casalibus,* ortis,* ortalibus,* vineis, furnis, molendinis, aquis, herbis, pratis, pascuis [?],[d] venacionibus, piscacionibus, lignis, silvis, garriciis,* nemoribus, planis, montibus, terris cultis et incultis, eremis[e] et populatis, cum introitibus, [exitibus], terminis, et pertinenciis suis omnibus a celo in abissum, ad habendum, tenendum, possidendum, expletandum, dandum, [vendendum, alienandum, et ad omnes][f] [*fol. 77v*] vestras vestrorumque voluntates cui et quibus volueritis libere perpetuo faciendas.

Ita tamen quod vos nec vestri predicta castra seu villas nec earum [*sic*] aliquid, in toto vel in parte, non possitis dare, alienare, vel [d]imittere nisi filiis vestris ac vestre posteritati tantum, nec possitis ea vendere alicui persone nisi tantum nobis et nostris dum tamen ea nos velimus pro communi precio retinere.

Concedimus eciam tibi Teviçino iam [d]icto quod sis franchus et liber diebus omnibus vite tue ab omni peita* et questia,* pedido,* cena, exercitu et cavalcata ac eorum redempcionibus, et ab omni alio servicio et exaccione regali; ita quod de premissis aliquibus non tenearis dare aut solvere aliquid, set sis inde cum omnibus bonis tuis mobilibus et immobilibus, habitis et habendis, franchus, liber, et quitius* quam diu tibi fuerit vita comes.

Datum Cocentanie,[g] XVI kalendas Iulii, anno [domini][h] MCCL octavo.

a) Right bottom of recto torn away. Modern title: *Tevicini*. At bottom right: *X solidi*.
b) Near Villajoyosa on the coast.
c) Text varies, as does this sentence, from singular to plural form of address; cf. below: *tenearis*. And *Cahat* is without cedilla, unlike usage in doc. 167.
d) T: *pocius* (for: *peciis, pascuis, pecoribus?*).
e) T: *he-*.
f) MSup.
g) Or: *Conc-* (generous overstroke).
h) See doc. 133, note g.

145a

Cocentaina. 17 June 1258.
Reg. 10, fol. 77v. MF: 140.

At the request of the royal chancellor and bishop of Valencia Andreu d'Albalat [Andrés de Albalate] O.P., the crown awards to Ramon [Ramón de] d'Almenar, exempt and in perpetuity, an oil press or mill (*almàssera*) in Palomar village, 'which is in Alcoy [district],'[b] on condition it not be alienated for three years.

Ad preces venerabilis et dilecti cancellarii nostri Andree, dei gracia episcopi Valencie, per nos et nostros damus et concedimus tibi Raimundo de Almenar et tuis in perpetuum illam[c] almazaram* olei que est in Alcoy, in alcheria* que dicitur Palomar, francham* et liberam cum introitibus et exitibus, affrontacionibus, lapidibus, et melioramentis factis et faciendis, et suis pertinenciis universis a celo in abissum, ad omnes tuas tuorumque voluntates cui et quibus volueritis libere perpetuo faciendas, exceptis militibus et sanctis clericis et personis religiosis. Ita tamen quod ipsam almazaram vendere vel alio modo non possis alienare hinc ad tres annos venturos continue et completos.

Datum Cocentanie,[d] XV kalendas Iulii, anno [domini] MCCL octavo.

a) IP flourish. Stain at center. At bottom right: *II denarii*.
b) Actually just above Albaida, but here dependent on Alcoy further down the road, unless an undiscovered twin lay closer to Alcoy. MF ambiguously: Torres.
c) Repeated: *illam*.
d) Or: *Conc-* (generous overstroke).

146a

Valencia (for Cocentaina?). 17 June 1258.
Reg. 10, fol. 100. MF: 142.

At the request of the king's daughter-in-law Lady or Na Constança [Doña Constanza] (de Sicília), a grant is awarded to Polo[b] de Tarazona and his wife Guillema[c] [Guillerma]: houses in Beniaia village in the district of Peña Cadiel castle (Sierra de Benicadell), and four jovates in the countryside—two of irrigated land and two of dry farming, held on the usual conditions.

Per nos et nostros, ad preces karissime filie [nostre] dom[p]ne Co[n]stancie, damus et concedimus per hereditatem propriam, francham* et liberam vobis Polo de Tirasona et uxori vestre Guillelme et [vest]ris in perpetuum domos in alcheria* de Beniayar, termino de Penacadel, et quattuor iovatas* terre in termino eiusdem, duas videlicet in regadivo* et a[l]ias duas in seccano,* cum introitibus, exitibus, affrontacionibus, iuribus sui[s],[d] et pertinenciis universis a celo in abissum ad habendum, tenendum, possidendum, et expletandum, dandum, vendendum, alienandum, impignorandum, et ad omnes vestras vestrorumque voluntates cui et quibus volueritis libere perpetuo faciendas, exceptis militibus et sancti clericis et personis religiosis.

Et faci[emus][d] vobis ad bonum intellectum, secundum quod faciemus civibus civitatis Valencie, in hunc modum quod dictas domos et iovatas hinc ad III annos non vendatis nec aliter alienetis.

Datum Valencie,[e] XV kalendas Iulii, anno domini MCCLVIII.

a) IP flourish. In left central margin: *XII denarii perito*. Right margin trimmed, with three letters lost. Large stain at bottom.
b) The Aragonese first name, or perhaps the Polo family from Aragon which settled in Valencia. MF: Polo here, but later incorrectly Pablo (Catalan Pol). Polus de Tirassona appears in the *Repartiment*.
c) The forms Guilleuma and Guillemeta need not be preferred to this more basic version.
d) MSup.
e) Overwritten: *Datum Valencie*; originally *Cocentanie* or else scribal error (cf. companion documents of same date for Cocentaina)? Confused by his dating error for our doc. 139, MF has: 'Valencia' (sic).

147ª

Cocentaina. 18 June 1258.
Reg. 10, fol. 103. MF: 143.

In return for the estate (*re[i]al*: see docs. 4 and 60) with five jovates of vineyards and other farmland, which (E)ximèn Pere (Peris) d'Orís [Jimeno Pérez de Oriz] gave the crown in the Cocentaina district, the crown now gives six jovates, including one of irrigated land in Benilloba village 'of the Penáguila district,'ᵇ as already bounded and measured for him.

Per nos et nostros damus, concedimus, et assignamus per hereditatem propriam, francham,* et liberam vobis Eximino Petri de Oriz et vestris in perpetuum (pro emenda* unius regalis* cum quinque iovatis* inter vineas et aliam terram quam a vobis accepimus in termino Cocentanieᶜ) sex iovatas terre.

Quarum una est in regadivo* et alie sunt in seccano,* secundumᵈ quod iam vobis terminate et assignate sunt in alqueria* vocata Benaloba, termino de Benaguila, cum introitibus, exitibus, iuribus, et pertinenciis suis omnibus a celo in abissum, ad habendum, tenendum, possidendum, expletandum, dandum, vendendum, alienandum, impignorandum, et ad omnes vestras vestrorumque voluntates cui et quibus volueritis libere perpetuo faciendas, exceptis sanctis clericis et personis religiosis; ita tamen quod hinc ad tres annos continue completos eas vel partem earumᵉ vendere non possitis.

Datum Cocentanie,ᶜ XIIII kalendas Iulii, anno domini MCCL octavo.

a) IP flourish. At bottom right: *II solidi*.
b) Benilloba, east of Alcoy and just above Penáguila, not nearby Benillup. MF: Benaloba. The beneficiary belongs to a Lérida family.
c) Or *Conc-* (generous overstroke).
d) Deleted last letter, since overstroke conveyed.
e) T: *eorum*.

148a

Cocentaina. 18 June 1258.
Reg. 10, fol. 105. MF: 144.

At the request of Prince Alfons (Anfós) [Alfonso], exempts from all regalian taxes (ten examples include *tallia* and *fonsa*) 'you, Master Joan [Juan] de Tarazona, [Alfons's] physician, and your wife Pascasia, and your children born or to be born, and their whole posterity forever.'

A[d] instanciam et preces dompni Alfonsi karissimi filii nostri per n[o]s et nostros[b] enfranquimus ac franchos* et liberos[c] facimus vos magistrum Iohannem tirasonensem[d] phisicum suum, et ux[o]rem vestram Pascasiam, et filios ex vobis procreatos et procreandos, \ac eorum/ totam posteritatem in perpetuum ab omni peita,* questia,* tallia,* cena, dona, pedido,* fonsa,* monetatico, ex[er]citu et cavalcata ac eorum redempcionibus, et ab [om]ni alio servicio et exaccione regali et vicinali; ita quod in premissis, vel eorum aliquibus, numquam donetis aliquid, nec teneamini dare aut contribuere aliquo modo vel racione, set vos et filii vestri predicti ac tota eorum posteritas sitis in omnibus perpetuo franchi et liberi ac immunes, cum omnibus bonis vestris et suis mobilibus et immobilibus habitis et habendis. Mandantes baiulis, merinis,* etc.

Datum Cocentanie,[e] XIIII kalendas Iulii, anno domini MCCLVIII.

a) At bottom right: *V solidi*. Holed at top; damp damage especially at top and right side.
b) Deleted: *damus*.
c) Word inserted by later hand.
d) Sic, adjectival form.
e) Sic; not *Conc-*.

149a

Valencia. 24 June 1258.
Reg. 10, fol. 80. MF: 145.

Confirms to Rod(e)ric Sanç (Sanchis) [Rodrigo Sánchez de] d'Aibar,[b] exempt and in perpetuity, 'houses and twelve jovates of land' in Barchell (El Barxell)[c] village of the Alcoy district, 'as already assigned and bounded for you.'

Quod nos Iacobus etc. per nos et nostros damus, concedimus, et assignamus per hereditatem propriam, francham,* et liberam vobis Roderico Sancii de Ayvar et vestris in perpetuum domos et duodecim iovatas* terre in alqueria* de Barxel,[c] termino de Alcoy, prout vobis iam assignate sunt et terminate, cum introitibus, exitibus, affrontacionibus, iuri(bus)[d] et pertinenciis suis omnibus a celo in abissum, ad habendum, tenendum, possidendum, expletandum, dandum, vendendum, alienandum,^e impignorandum, et ad omnes vestras vestrorumque voluntates cui et quibus volueritis libere perpetuo faciendas, exceptis^f sanctis clericis et personis religiosis.

Datum Valencie, VIII kalendas Iulii, anno domini MCCL^g octavo.

a) IP flourish. Heavy stain over right half of text, with some overtracing to recover it; last line obscured by blottings from entry on opposite folio.
b) In Navarre.
c) Castle and village west of Alcoy on the Pla de Barxell, not to be confused with El Barxell village near Chelva.
d) Overtraced: three preceding words.
e) Overtraced: four words.
f) Overtraced: six words.
g) Overtraced, from *anno*.

150a

Valencia. 26 June 1258.
Reg. 10, fol. 80. MF: 147.

Rents to Joan [Juan] de Segàr(r)ia (Segarra), for 20 Valencian sous every Christmas, a public bakery in Játiva, bounded by the buildings of Bartomeu [Bartolomé] de Palanca, Domènec Pere [Domingo Pérez], Ramona Sabatera,^b and the public street.

Per nos et nostros damus, concedimus, et assignamus per hereditatem propriam et liberam, tibi Iohanni de Segarra et tuis in perp[etuum],^c unum furnum nostrum in Xativa, qui affrontat ex una parte cum domibus Bartholomei de Palanca [?],^d ex alia in via publi[ca],^c ex alia cum domibus Dominici Petri, de quarta vero parte cum domibus Raimunde Capaterie.^e Ita quod tu et tui donetis nobis et nostris annis singulis pro censu, in festo natalis domini, viginti solidos regalium.

Et sic tu et tui iam dictum furnum cum introitibus, exitibus, affrontacionibus, iuribus, [et] pertinenciis suis omnibus a celo in abissum habeatis, teneatis, [et] expletetis, ad omnes tuas tuorumque voluntates cui et quibus volueritis libere perpetuo faciendas, exceptis militibus, sanctis clericis, et personis religiosis.

Datum Valencie, VI kalendas Iulii, anno domini MCCL octavo.

a) IP flourish. At bottom right: *II solidi*. Trim down right side loses a few letters.
b) If a trade, 'the woman shoemaker': *sabatera [zapatera]*; the feminine genitive here could be either a surname or a modifier denoting trade.
c) MSup.
d) T: *Palata* or *Palaca* with stroke over last three letters; final element blotted. Probably not: *Palaciis* = Palau.
e) T: *Ca-* (no cedilla).

151a

Valencia. 27 June 1258.
Reg. 10, fol. 103. MF: 148.

Grants to Pere [Pedro] Barceló (de Barcelona), resident of Alcira, the plaza or space (*plaça*) in front of his Alcira buildings, to make an entrance for them.

   Per nos et nostros damus et concedimus per hereditatem propriam, francham,* et liberam tibi Petro de Barchinona, habitatori Aliazire, et tuis in perpetuum illam placiam*[b] que est ant[e] domos tuas qua[s] habes in Aliazira, ad opus intrate dictarum domorum tuarum, cum introitibus, exitibus, affrontacionibus, et [su]is pertinenciis universis a celo in abissum, ad habendum, tenendum, possidendum, et expletandum, et ad dandum, vendendum, [al]ienandum, impignorandum, et ad omnes tuas tuorumque voluntates, perpetuo libere faciendas, exceptis militibus ac sanctis et personis religiosis.
   Datum Valencie, V kalendas Iulii, anno domini millesimo CCL octavo.

a) IP flourish. At bottom right: *XII denarii.*   b) Variant of *-ateam.*

152a

Valencia. 28 June 1258.
Reg. 10, fol. 80v. MF: 149.

Licenses Garcia Llop(is) [García López] de Tierga (above Calatayud) to buy five jovates or plowlands in the Cocentaina district, even from men in the king's service, despite contrary law, custom, or provision of an owner's grant, to hold as do the other knights of the Valencian kingdom, free of all services and taxes.

   Per nos et nostros concedimus ac damus licenciam et potestatem vobis Garsie Lupi de Tierga quod possitis emere, ab hominibus nostri servicii et a quibuslibet aliis personis, quinque iovatas* terre in termino Cocentanie,[b] non obstante aliqua consuetudine sive foro in contrarium faciente.
   Concedimus eciam et damus licenciam illi et illis qui eas vobis vendere voluerint, quod possint hoc facere, non obstantibus aliquibus condicionibus huic nostre concessioni repugnantibus, positis[c] in instrumento vel instrumentis donacionum a nobis factarum quibuslibet personis, de ipsis quinque iovatis terre quam emetis.
   Et sic iam dictas quinque iovatas quas emetis, ut superius dictum est, habeatis vos et vestri in perpetuum franchas* et liberas ab omni onere[d] et

DOCUMENT 154

servicio, ad omnes vestras vestrorumque voluntates libere ac perpetuo faciendas, sicut vos et alii milites regni Valencie vestras hereditates habetis et tenetis.

Datum Valencie, IIII kalendas Iulii, anno domini MCCLVIII.

a) IP flourish. Bad stain at bottom center.
b) Or: *Conc-* (extended overstroke).
c) T: *possi-*.
d) T: *ho-*.

153a

Valencia. 28 June 1258.
Reg. 10, fol. 80rv. MF: 150.

Grants to the brothers Romeu and Joan Martí(niç) [Romeo, Juan Martín(ez)], exempt and in perpetuity, houses and ten plowlands or jovates 'in a good place' at Rugat village in the Rugat district, with all appurtenances, under the usual conditions governing alienation.

Per nos et nostros damus, concedimus, et assignamus per hereditatem propriam, francham,* et liberam vobis [Romeo Marti]ᵇni et Iohanni Martini fratribus et vestris in perpetuum domos et decem iovatas* terre, in alqueria* que vocatur [Rogat et]ᵇ in termino castri de Rogat in bono loco, cum introitibus, affrontacionibus, iuribus, et pertinenciis suis [omnibus a celo in]ᵇ [*fol. 80v*] abissum, ad habendum, tenendum, poss[i]dendum, expletandum, dandum, vendendum, alienandum, impignorandum [et ad] omnes vestras vestrorumque voluntates cui et quibus [v]olueritis libere perpetuo faciendas, exceptis sanctis clericis et personis religiosis.

Datum Va[len]cie, IIII kalendas Iulii, anno domini MCCLVIII.

a) IP flourish. Right margin trimmed, eight words lost.
b) MSup.

154a

Valencia. 28 June 1258.
Reg. 10, fol. 105. MF: 151.

A perpetual privilege to the people of Cullera and its district, singly and as a group, to export grain of any kind from Cullera or its district by sea and land, without impediment or fee to anyone, as often and as much and whenever they please, to anywhere 'except Saracen lands,' despite present or future contrary laws or opposing concessions, unless the crown proclaims a special prohibition for all the realm; and merchants or purchasers can also buy the grain there, then transport it anywhere. The people of Cullera have paid a privilege fee of 400 sous.

Per nos et nostros damus plenam licenciam[b] et liberam potestatem vobis, fidelibus nostris universis et singulis hominibus de Cullaria et terminorum eius presentibus et futuris in perpetuum, quod libere et sine impedimento ac contradiccione nostri et nostrorum ac cuiuslibet alterius persone, et absque aliquo dono vel servicio quod inde nobis vel nostris aut cuilibet alii persone non teneamini dare vel facere, possitis extrahere et facere extrahi, pro vestro[c] arbitrio voluntatis, bladum vestrum proprium cuiuscumque sit generis, de Cullaria et de terminis eius, quantumcumque et quandocumque ac quocienscumque velitis, et ipsum portare ac facere portari ad vendendum per terram et [per][d] mare, ad quascumque partes et ad quemcumque locum[e] volueritis, exceptis terris Sarracenorum, non obstantibus aliquo mandato, constitu[cione],[d] et ordinacione ab aliquo vel ab aliquibus personis factis et faciendis huic nostre concessioni et licencie repugnantibus, nisi nos forte in propria persona et nostri generaliter per totam terram nostram mandatum seu inhibicionem fecerimus[f] super blado non extrahendo de terra nostra, quam inhibicionem vel mandatum, si fieret, volumus prevalere.

Simili modo concedimus licenciam [et][d] potestatem omni mercatori et alii homini, qui bladum vestrum proprium a vobis emerit, quod possit ipsum de predicta villa de Cullaria et terminis eius extrahere, et ad quelibet loca portare secundum modum superius comprehensum. Mandantes, etc.

Pro hac autem donacione et concessione, confitemur nos habuisse et recepisse a vobis CCCC solidos r[e]galium Valencie; de quibus bene paccati* sumus ad [volun][d]tatem nostram, renunciantes omni excepcioni non numerate pecunie atque doli.

Datum Valencie, IIII kalendas Iulii, anno [domini M][d]CCLVIII.

a) Original title: *Hominum Cullarie*. Modern title: *Licentia extrahendi bladum*. IP flourish; long arabesque fills space below document. Trimmed down right, five to six words lost.
b) Deleted: *damus*.
c) T: *-re*.
d) MSup.
e) T: *loco*.
f) T: *fac-*.

155

Valencia. 28 June 1258.
Reg. 10, fol. 68. MF: 152.

Records a debt bond issued to Romeo Martí(niç) [Romeo Martín(ez)] for 2,250 Valencian sous in payment for 500 sheep (at 4½ sous each) which the crown received and gave to the castellan (or $q\bar{a}^{\prime}id$?) of Castellón; and for another 540 sous for 120 sheep in compensation 'for those which were stolen and seized by force at Our command.' Romeu is to hold the castle, district, and revenues of Castellón until repaid, deducting annually 'the expenses and outlay for fifteen men and for four dogs in place of one man, which you must maintain there for the governance and holding of that cas-

DOCUMENT 156

tle,' at 150 sous per man and per unit of four dogs. An appended note orders all Muslims of the district to give 'labor services [*sofres*] of water and wood.'

Quod nos Iacobus etc. confitemur et recognoscimus nos debere vobis Romeo Martini duo milia [d]ucentos et quin[quaginta]ª solidos, pro quingentis ovibus, quas a vobis habuimus et dedimus alcaido* de Castello. Et debemus vobis ex alia parte quingentos et ⟨quadraginta⟩ª solidos regalium, pro centum et viginti ovibus, quas vobis emendamus* pro illis que fuerunt raubate* et barreiate*ᵇ de mandato nostro. Et sic debemus vobis inter hoc totum duo milia septingentos et nonaginta solidos regalium Valencie.

Pro quibus impignoramus et tradimus vobis castrum de Castello, cum omnibus terminis et pertinenciis suis et cum reditibus, exitibus, ac aliis iuribus omnibus ipsius castri et terminorum eius, ita quod ipsum castrum cum reditibus et exitibus et iuribus omnibus suis habeatis et teneatis ac percipiatis vos et vestri in solucionem iam dicti debiti, donec inde sitis plenarie persoluti, deductis inde prius expensis et missionibus quindecim hominum et quattuor canum loco unius hominis, quos ibi tenere debetis pro custodia et retencione illius castri, videlicet centum et quinquaginta solidos regalium pro quolibet hominumᶜ et pro predictis quattuor canibus singulis annis.

Nos eciamᵈ promittimus vobis quod predictu[m] castrum nec de ipsius reditibus aliquid vobis non emparabimus,* nec auferemus aliquid, nec ibi tangemus; immo faciemus vos et vestros ea omnia habere et tenere integre et in pace donec de toto predicto debito \et/ expensis ac missionibus hominum, ut superius dictum est, sit vobis et vestris plenarie satisfactum. Est autem sciendum quod vos emparastis castrum predictum quinta die exeunteᵉ mensis Madii proximo preterito.

Datum Valencie, IIII kalendas Iulii, anno domini MCCL octavo.

Volumus eciam et mandamus quod Sarraceni omnes iam dicti castri et terminorum eius, presentes atque futuri, faciant ibi çofras* de aqua et lignis.ᶠ

a) Both numbers reckoned from mathematical context; *quadraginta* holed, uncertain: either *quinquaginta* or corrected to new form.
b) T: *-eyate*.
c) Sic.
d) Or *enim* (*em* with overstroke).
e) T: not *exeuntis*, thus 27 May 1259, not 5 May.
f) This addition continues in the same hand, as part of the text.

156ª

Valencia. 28 June 1258.
Reg. 10, fol. 68. MF: 153.

Conveys the castles of Cocentaina and Alcoy to [illegible (probably not the Andreu d'Odena of doc. 339)], to collect 2,550 Valencian sous per year until

133

his loan (probably specified in his debt bond) has been recovered. The Muslims of these castles and districts owe personal services (*sofres*) of wood and water. This creditor took over Alcoy on June 24 and will take over Cocentaina on July 30.

[Obligamus et tradimus vobis . . .ᵇ castra de Cocentaniaᶜ et Alcoy, ut vos ipsa teneatis et custodiatis perᵈ duos annos.ᵉ Et] nos promittimus vobis dare pro custodia et retencione ipsorum, annis singulis, duo m[i]lia quingentos et q[uinquagint]aᶠ solidos reg[alium. Quos] denari[os] omnes assignamus vobis et vestris habendos et percipiendos super reditibus dictorum castrorum et terminorum eorum. Quos re[di]tus et exitus teneatis et recipiatis vos et vestri, tam diu donec inde sitis plenarie persolu[t]i.

Volumus eciam et mandamus quod Sar[ra]ceni omnes iam dictorum castrorum et terminorum eorum presentes atque futuri faciant ibi çofras* de aqua et lignis. Est autem sciendum quod vos emparastis* castrum de Alcoy in festo Sancti Iohannis natali preterito, et debe[tis] emparare castrum de Cocentaniaᶜ III kalendas mensis Augusti proximo venturi.

Datum Valencie, IIII kalendas Iulii, anno MCC[L] octavo.

a) Badly holed, with first line cut away.
b) MSup.: dots; a space for normal-length name and surname.
c) Or: *Conc-* (generous overstroke).
d) MSup., full line. For *Alcoy et* I substitute *Alcoy ut*; standard formulas would also suggest *Alcoy, ita quod*.
e) Conjectural, suggested by appointment of new castellan at Cocentaina in 1260 (see doc. 288).
f) Fragments remain.

157ᵃ

Valencia. 28 June 1258.
Reg. 10, fol. 82. MF: 154.

Gives (E)ximèn Pere (Peris) [Jimeno (Eximeno) Pérez] de Foces 'one plaza for making and constructing houses' in Benejama village of Almirra (Almisra) castle near modern Campo de Mirra, exempt and in perpetuity, to install in them a settlement of 'as many Saracens as you wish,' whoever they are or whoever their present landlords; each Muslim household must pay the crown the usual poll tax of a silver besant. The space is bounded on two sides by a mill's canal, and on the other sides by the houses of Khalīl an-Najjār (? Jayel Anayar) and those of ʿAlī b. Ghabūl (? Gaful).

Per nos et nostros damus, concedimus, et assignamus per hereditatem propriam, francham* et liberam vobis Eximino Petri de Focesᵇ et vestris in perpetuum unam plateam ad faciendum et construendum domos, in alqueria* de Benixamen [in] termino de Almizra, sicut affrontat ex una parte cum domibus que fuerunt de Jaiel Anaiar,[c] ex alia cum domibus de Ali Avingaful, et ex aliis partibus in cequia* molendini.

In quibus quidem platea et domibus populetis Sarracenos et Sarracenas, quotcumque et quoscumque velitis et cuiuscumque ipsi sint. Ita tamen quod unusquisque casatus* Sarracenorum qui ibi sint donet nobis et nostris annis singulis unum bisancium argenti et preter hoc nihil aliud nobis \vel nostris/ donent[d] vel faciant, nec teneantur facere vel donare.

Et sic habeatis, teneatis, et expletetis iam dictam plateam, cum introitibus, exitibus, affrontacionibus, iuribus, et pertinenciis suis a celo in [[a]]bissum, ad omnes vestras vestrorumque voluntates, cui et quibus volueritis, libere perpetuo faciendas, exceptis clericis [sanc]tis et personis religiosis.

Datum Valencie, IIII kalendas Iulii, anno domini MCCL octavo.

a) IP flourish. At bottom right: *II denarii* (possibly *solidi*). Trim at right margin loses no letters, but overtracing carries strokes above onto mounting. Large stain at text right.
b) Malform: *Faces.*
c) T: *Jayel Anayar.* See docs.12, 115, 399.
d) Repeated: *donent.*

158a

In Aragonese.
Valencia. 28 June 1258.
Reg. 10, fol. 98. MF: 155.

Formal decision in the presence of the Barcelona and Zaragoza bishops, several magnates, and others, transferring the diocese of Segorbe from the Valencia to the Albarracín bishop. The pope had first resolved the struggle between the two by ordering the crown to install the Albarracín bishop. Then the Valencia bishop persuaded the king to give the churches to him, promising 'such service that We would be repaid.' The crown therefore ordered the Segorbe people to aid and defend the Valencia bishop, and Rome ratified his takeover. Albarracín protested so frequently that the crown asked Rome for a firm decision, because 'the pope's letters were contradictory, one to the other.' Consequently, 'because We are bound to comply with the request of the pope, just like other kings,' and acting not as judge 'but to comply with the pope's wish,' this document restores to the Albarracín bishop all the churches of Segorbe and Jérica taken by the Valencia bishop or by the archdeacon of Albarracín. Signatories are Alfons (Anfós) [Alfonso] 'prince of Aragon,' the bishops of Zaragoza and Barcelona, Guillem and Pere de Montcada [Guillermo, Pedro de Moncada], Bernat Guillem d'Entença [Bernardo Guillermo de Entenza], Egidi (Gil) [Egidio (Gil)] de Roda or Rueda, (E)ximèn [Jimeno (Eximeno)] de Foces, Bernat Ramon [Ramón] de Ribelles, 'and many others.'

DOCUMENT 158

C[om]o sea seido contrast [en]tre'l ⟨bisbe de Valencia⟩[b] [e] el bisbe de Santa Maria d'Albarrazin sobre la possessio de la e[s]glesia de Sogorb, de la qual esglesia l'apostoli[c] envio a nos, don Jaymes por la gracia de dios [r]ey de Aragon, de Maiorcas, e de Valencia, cuende de Barchinona e de Urgel, e seynor de Monpeslier, carta que tornassemos en possessio de la dita esglesia al bisbe de Santa Maria d'Albarrazin,[d] nos mittimos en possessio de la dita esglesia lo devandito bisbe d'Albarrazin, por priegos de l'apostoli.[c] E sobre [esto][e] nos [a]yamos grandas guerras en el reino de Valencia. E vino el bisbe de Valencia, que agora es bisbe de Saragoza, a nos, e dixo nos, que si nos lo metiessemos en la devandita possessio, que el nos faria en aquest negocio tal servicio que nos seriamos sospagados. E por esto nos mandamos a nostres homnes de Sogorb, que ellos nol feziessen nul contrario en la possessio ⟨de⟩ la dita esglesia de Sogorb; mas si menester era, que l'en aiudassen a deffender. E por esto cobro la possessio. E passado esto, enb[io][f] nos carta l'apostoli,[c] que nos deffendiessemos l'esglesia de[g] Valencia, e que l'aiudassemos a mantener la possessio de la dita esglesia de Sogorb e de Xericha. E sobre esto[h] muytas de vegades el bisbe d'Albarrazin se clamo de [nos][f] denant el bisbe de Valencia, e menos del porque nos fariemos tener aquela possessio de que l'apostoli[c] nos a[via][f] enviado a pregar.

E porque las cartas del apostoli[c] eran contrarias la[i] una de la otra, enviamos nos a pregar [al][f] apostoli[c] que el nos desembargas d'est[j] pleyto, e que metes en possessio aquel que el[h] querria, e que nos enviass[e a][f] dezir qual querria que tornassemos en possessio. E el envianos a desir que nos tornassemos el bisbe d'Albar[razin][f] en la davandita possessio, el qual el nombra en sus cartes en la primera e en la segunda[k] bisbe de Sogorb. E [por][f]que nos somos tenidos de fer los priegos del apostoli[c] asi como los otros reys, e denant todos los otr[os][f] avemos a ssegir la sua voluntat, e por los suyos priegos, metiemos en possessio de la dita esglesia de [So][f]gorb, e de las otras de que avia estat despullado por el bisbe de Valencia e por l'archidiacono, [el][f] bisbe de Santa Maria d'Albarrazin—e no por manera que nos fuessemos juys del davandito ple[yto],[f] mas por complir la voluntat del apostoli.[c]

Actum est hoc in Valencia, IIII kalendas Iulii, anno domini [M][f]CCL octavo, presentibus dompno Alfonso infante Aragonie, episcopo Cesarauguste, episcopo Barchinone, Guillelmo de Montecateno, Petro de Montecateno, Bernardo Guillelmi de Entença, Egidio de Roda, Eximino de Foci[bus],[f] et Bernardo Raimundi de Ribellis, et pluribus aliis.

a) IP flourish. Right margin: X [*denarii*]. Trimmed down right, with steady loss of letters; holed at top. My copy carefully respects this rare early Romance text. Ampersands become *e*, reflecting the manuscript's single extension of that ambiguous abbreviation. Contractions are erratic, as then in Aragonese; apostrophes are supplied where suitable. The form *dalbarrazin* (five times) and *de Albarrazin* (once) are both kept. Both *de Arago* and *de Urgel* respect the graphics of the text. Cf. also docs. 7, 8.
b) Worn, overtraced to restore.
c) T: *lapostoli*.
d) Malform, seeming: *Albarayn*.
e) MSup.: *isto*.

f) MSup.
g) Deleted: *Sogorb*.
h) No contraction.
i) Deleted: final s.
j) Sic.
k) Malform: *sega* with *er* loop.

159a

Valencia. 29 June 1258.
Reg. 10, fol. 82. MF: 156.

Grants a house and four jovates, free of taxes, to Bartomeu [Bartolomé] Donabayo (for Dona Bayo or Na Baió?) and the same to his son Bartomeu, in Zuagres, a Carbonera hamlet now long disappeared.

[Per] nos [et nost]ros damus, concedimus, et assignamus per hereditatem propriam, francham* et liberam vobis, Bartholomeo de Do[na]^bbayo et Bartholomeo filio vestro et vestris in perpetuum, domos et octo iovata[s]* terre in alqueria* que vocatur Çoag[ri]s^c [?], que est in termino de Carbonera, videlicet unicuique domos et quattuor iov[a]tas terre in bono loco, cum introitibus, exitibus, affrontacionibus, et pertinenciis suis omnibus a celo in abissum, ad habendum, tenendum, possidendum, expletandum, dandum, vendendum, alienandum, impignorandum, et ad omnes vestras vestrorumque voluntates cui et quibus volueritis libere perpetuo faciendas, exceptis sanctis clericis, militibus, et personis religiosis.

Et faciemus vobis ad bonum intellectum secundum quod faciemus civibus civitatis Valencie.

Datum Valencie, III kalendas Iulii, anno [domini] MCCL octavo.

a) Right margin trimmed, two letters lost. Holed at right and left.
b) MSup. Modern overtrace: *Bartholome de dona*. A Navarro-Aragonese surname is Baijo (Bayo, Bajo, Baio) and the toponyms El Bayo and Bayo are Aragonese. If the original Latin was *Domina*, Na Baió is a Catalan choice.
c) Final (two?) letter(s) unsure.

160a

Valencia. 29 June 1258.
Reg. 10, fol. 98. MF: 157.

Allows Pere Miquel [Pedro Miguel], canon of the diocese of Valencia, to purchase any houses or dwellings (*estatges*) in Valencia city, up to the sum of 1,000 Valencian sous, and to resell to anyone without restrictions, regardless of contrary laws or of conditions in the previous owners' charters.

Quod nos Iacobus etc. per nos et nostros damus ac concedimus plenam licenciam et potestatem vobis Petro Michaeli, canon[ico]^b valentino, quod possitis emere tot domos et staticas* in civitate Valencie, ab hominibus^c

nostri servicii et a quibuslibet [aliis]ᵇ personis, quot habere possitis pro mille solidis regalium Valencie, non obstante aliqua consuetudine sive foro* [in contra]ᵇrium faciente.

Concedimus eciam et damus licenciam illi vel illis qui eas domos vel staticas vobis [vendere]ᵇ voluerint, quod possint hoc facere libere, non obstantibus aliquibus condicionibus huic nostre concessioni im[pugnantibus]ᵇ positisᵈ in instrumento vel instrumentis donacionum a nobis factarum quibuslibet personis de ipsis domibus vel [staticis].ᵇ

[Sic eas percipia]ᵉtis, ut superius dictum est, habeatis, et teneatis vos et vestri in perpetuum franchas* et liberas ab omni pe[ita,* questia,*ᵇ exercitu] et cavalcata ac eorum redempci[o]nibus et a[b] omni alio servicio et exaccione regali, ad dandum, [vendendum, alie]ᵇnandum, impignorandum, et ad omnes vestras vestrorumque voluntates cui et quibus volueritis libere perpetuo faci[endas].ᵇ

[Datum Valencie],ᵇ III kalendas Iulii, anno d[omini] MCCL octavo.

a) IP flourish. At end: *Nichil.* Right margin trimmed, a dozen words lost.
b) MSup.
c) T: *omibus* with overstroke.
d) T: *possi-*.
e) Conjectural reconstruction. MSup.: only *staticas,* in wrong case (cf. *Valencia* as the supply in dateline).

161ᵃ

Valencia. 29 June 1258.
Reg. 10, fol. 98v. MF: 158.

Approves the holding by Pascasi (E)ximèn [Pascasio Jiménez (Eximénez)] de Segura of houses and nine jovates or plowlands in the town of Alcudia in Carbonera, exempt and in perpetuity, as already surveyed and conveyed to him.

Per nos et nostros damus, concedimus, et assignamus per hereditatem propriam, francham,* et liberam vobis Pascasio Eximeni de Segura et vestris in perpetuum domos et novem iovatas* terre in Alcudia, alqueria* que est in termino Carbonarie, sicut iam eas assignatas et terminatas tenetis et possidetis, ad habendum, tenendum, possidendum, expletandum, cum intro[i]tibus, exitibus, affrontacionibus, ac pertinenciis suis omnibus a celo in abissum, ad dandum, vendendum, alienandum, impignorandum, et ad omnes vestras vestrorumque voluntates cui et quibus volueritis libere perpetuo faciendas, exceptis militibus, sanctis clericis, et personis religiosis.

Et faciemus vobis ad bonum intellectum secundum quod faciemus civibus civitatis Valencie.

Datum Valencie, III kalendas Iulii, anno domini MCCL octavo.

a) IP flourish. Deleted, in right central margin: *III solidi*; below it: *V solidi*; at end: *IIII solidi*. Retained, at end: *V solidi*. Worn down left margin.

162a

Valencia. 29 June 1258.
Reg. 10, fol. 82. MF: 159.

Orders all property holders on the irrigation network of Alberique in the Alcira region to contribute 'your share of the expenses and outlay that arise in constructing [leading] the said canal from the Júcar River.' Non-participants who irrigate their farms with that water incur a fine of 60 Valencian sous each time, for whose payment Garcés (Garcia) Ortís [Garcez (García) Ortiz] de Beresim can seize their persons and properties.

Quod nos Iacobus etc. statuimus et mandamus vobis, universis herederiis[b] cequie* de Alberic, que est in termino Aliazire, quod omnes ponatis et mittatis partem vestram in expensis et missionibus que fient in extrahendo iam dictam cequiam de flumine Xuchari.

Volentes quod quicumque ex vobis partem non posuerit in missionibus ante dictis non riguet[c] hereditatem suam de aqua cequie ante dicte; quod si facere attemptaverit,[d] donet nobis et solvat pro pena LX solidos regalium quociensc[um][e]que illud faciet; ad quam penam Garcias Ortiz de Beresim[f] possit compellere et distringere vos et omnia bona vestra.

Datum Valencie, III kalendas Iulii, anno [domini] MCCL octavo.

a) Trimmed at right margin, two letters lost.
b) Form of *heredibus*, from Catalan *hereter*, here the owner of a *heretat* (Latin *hereditas*).
c) For: *riget*.
d) Center of word clumsily corrected by scribe's overwriting.
e) MSup.
f) Perhaps Bierge, near Barbastro in Aragon, a variant of which is Berexen.

163a

Valencia. 29 June 1258.
Reg. 10, fol. 81. MF: 160.

Endorses the exchange by which Bishop Arnau [Arnaldo] (de Gurb) of Barcelona acquired an annual rent of sixteen Josephine mazmodins, rights of direct ownership in them (*emfiteusi*), and permission to resell to anyone despite legal restrictions. Arnau de Riera had bought these from the executors of Guillem Bernat [Guillermo Bernardo], deceased canon of Barcelona, as ten mazmodins in Rafelterràs and six in Rafal Major or Mager (Almageri) near Valencia city; in return for them he received from the bishop the acquisition (or perhaps rents) of buildings adjoining the Templars' residence in Valencia city.

DOCUMENT 164

Per nos et successores nostros laudamus et concedimus et confirmamus in perpetuum vobis, Arnaldo dei gracia Barchinone episcopo, et cui vel quibus volueritis, illas XVI mazmudinas*[b] iucefias censuales cum omni iure emphitheotico* earum, quas Arnaldus de Riaria civis Valencie vobis dedit, tradidit, et assignavit habendas et percipiendas annuatim perpetuo pro accapte* sive intrata domorum vestrarum, quas eidem Arnaldo de Riaria stabilistis in civitate Valencie iuxta domum milicie Templi.

Quas quidem XVI mazmudinas[b] dictus Arnaldus de Riaria emerat a manumissoribus testamenti Guillelmi Bernardi de Sancto Romano canonici quondam ecclesie Barchinone, videlicet decem mazmudinas[b] in Rafaltarraz et[c] VI in Rafalmaiori terminis civi[tatis][d] Valencie, prout in cartis inde confectis plenius continetur.

Dantes eciam et concedentes vobis, predicto episcopo, plenam licenciam et potestatem dictas XVI mazmudinas[b] iucefias censuales, cum toto eorum dominio, fatiga,* [iure], et laudimio,* dandi, vendendi, assignandi, et alienandi personis religiosis, ecclesiasticis, vel mundanis [secundum quod][d] vobis de predictis placuerit ordinare—foro* Valencie (in quo cavetur quod nullus possit vendere, dare, [assignare] seu alienare possessiones vel alia immobilia militibus atque sanctis sive personis religiosis seu [ecclesiasticis][d]) in aliquo non obstante.

Datum Valencie, tercio kalendas Iulii, anno domini MCCL octavo.

a) Original title: *Episcopi Barchinone.* Modern title: *Confirmatio cuiusdam donationis.* IP flourish. Bad stain at upper right; text torn and trimmed along right, with half a dozen words gone.

b) T: *maçemuti-*.
c) Deleted: *XV*.
d) MSup.

164a

Valencia. 30 June 1258.
Reg. 10, fol. 82v. MF: 161.

Repeats in a special 'form of concession and permission' to the people of Alcira and its district the privilege given in a general way to present and future inhabitants of the kingdom of Valencia and contained more fully in the charter drawn by the Alcira scribe Pere Andreu [Pedro Andrés], that any grant of property surveyed and certified by the inspectors Ferrer de Torrelles and (E)ximèn [Jimeno (Eximeno)] Almoravit, with a receipt from them, is free from any future review. Approves also in perpetuity the inspectors' statement of certification of Alcira properties, as drawn by the Alcira scribe Domènec [Domingo] de Loarre.

Per no[s et] nostros laudamus, concedimus, et confirmamus specialiter vobis, fidelibus nostris universis et singulis hominibus [de A]lyaz[ira][b] et

DOCUMENT 165

terminorum eius presentibus et futuris, in perpetuum in forma concessionis et permissionis, quod generaliter fecimus univ[er]sis et singulis personis habitanti[bu]s et habitaturis in regno Valencie, super recognicione et soguiyacione* facienda per Ferrarium [de] Turillis et per Eximinum Almoravit de hereditatibus regni predicti, prout in predicto instrumento quod Petrus Andreas scriptor vester scribi fecit melius et lacius continetur. Volentes et concedentes quod hereditates vestre que per ipsos recognite et soguiyate fuerunt, de quibus possit^c albaranum*^{d} ostendi, numquam de cetero per aliquem soguiyentur.

Confirmamus igitur et approbamus adhuc, vobis et vestris in perpetuum, cartam recognicionis quam predicti Ferrarius de Turillis et Eximinus Almoravit vobis fecerunt super honoribus* et possessionibus vestris, secundum que^e in ipsa carta per Dominicum de Loarra scriptor plenius continetur.

Mandantes baiulis, locum nostrum tenentibus, iusticiis,* soguiyatoribus,^{f} et universis aliis officialibus et subditis nostris presentibus et futuris, quod contra has confirmaciones nostras non veniant nec aliquem venire permittant aliqua racione. Immo eas observent et faciant firmiter ab omnibus observari.

Datum Valencie, II kalendas Iulii, anno domini MCCLVIII.

a) IP flourish. Right center margin: *V* [*solidi*]. Holed at top.
b) MF: *Ayaz*!
c) T: -*is*.
d) Or -*nus*; T: *albaranu* (with overstroke)
[= -*nus*?] As in Catalan *albarà*, this vocable is usually masculine, but cf. neuter use in doc. 174.
e) Sic.
f) T: *sogey*-.

165a

Valencia. 1 July 1258.
Reg. 10, fols.82v-83. MF: 162.

Dismisses present or future claims and legal action by the crown against the Templars and their master for Aragon and Catalonia, Guillem de Muntanyana [Guillermo de Montañana], especially concerning their income from the castles of Liria, Eslida, Veo, Ahín, Tales, Burriana, Onda, Peñíscola, and (non-Valencian) Tortosa, from the Monzón transport tax, and from the regalian profit on Valencia's coinage—all pledged by the crown as security for the Order's loan of a thousand silver marks; and concerning their collection of the Jews' tally (*qüesties*) and of fees for Lérida city's exemptions—pledged because of the debts owed the Order by Guillem d'Anglesola (Latin de Angularia); and from the demesne of Mianes and its district, and from the vineyard formerly held by En (Bernat [Bernardo] de) Sabassona and his wife Maria [María] de Centelles; and from all tax income from Christians, Moors, and Jews at Tortosa city, but excluding the crown's interests in the houses in the estate of the deceased Guillem de Cervera in the

Tortosan castle of Suda, still to be adjudicated. Confirms also the agreements with previous kings on the functioning of Templar bailiffs at Tortosa. Finally, the crown will defend at its own expense against any action, in or out of court, brought against the Templars by the brother or associates of the Jew Aaron who died in Morocco, in connection with his merchandise or indigo dye.

Per nos et nostros scienter et consulte remittimus, absolvimus, et definimus[b] vobis Fratri Guillelmo de Monta[n]yana venerabili magistro milicie Templi in Aragonia et Catalonia, et per vos universis aliis fratribus Templi presentibus et futuris, ac ipsi ordini Templi, in perpetuum omnes acciones, peticiones, et demandas quas contra vos et fratres aliquos ac ipsam ordinem Templi habemus et habere possumus vel movere, specialiter super hiis que magister et fratres Templi vel aliquis seu aliqui no[mine] eorum receperunt et habuerunt de castris de Liria, de Eslida, de Beyo, de Ayn, de Tales, de Burriana, de Onda, de Peniscola, de Dertusa, de pedagio* Montissoni, et de lucro nostro monete Valencie, que omnia fuerant a nobis obligata eisdem pro mille marchis argenti, quos nobis mutuaverunt, et super hiis eciam que ipsi receperunt et habuerunt de questiis* Iudeorum et franchitatibus* civitatis ilerdensis, a nobis eisdem racione debitorum Guillelmi de Angularia obligatis, et super mansa* de Mianes ac terminis et pertinenciis eius \et sicut hodie tenetis et possidetis/, et super quadam vinea que fuit de En[c] Savasona [*fol. 83*] et Marie de Çentells uxoris eiusdem, et super reditibus, exitibus, proventibus, ac quibuslibet aliis iuribus et serviciis que in civitate dertusensi sunt per magistrum vel eius locum tenentem aut per commendatorem vel per aliquem v[icarium] aut baiulum Templi civitatis eiusdem a Christianis, Iudeis, et Sarracenis usque in hodiernum diem aliquo modo, causa, vel racione habita vel accepta, et generaliter super omnibus aliis super quibus nos usque in hunc presentem diem contra Templum vel fratres ipsius movimus vel movere potuimus questionem.

Ita quod vos vel fratres Templi numquam super premissis, tam specialiter quam generall[iter][d] \positis/,[e] nobis vel nostris teneamini in aliquo respondere nec reddere racionem. Set vos et omnia bona Templi, ubicumque sint, inde sint perpetuo libera et absoluta.[f] Nec nos vel nostri umquam vobis vel fratribus aut ordini Templi possimus super eisdem de cetero questionem aliquam facere vel demandam. Immo super omnibus predictis et singulis nobis et nostris perpetuum silencium[g] duximus imponendum sicut melius dici et intelligi potest, ad vestrum vestrorumque successorum commodum et salvamentum. Ab hac tamen absolucione et remissione excipimus domos illas que sunt in Çuda dertusensi, quas solebat tenere Guillelmus de Cervaria quondam, in quibus ius dicimus nos habere, volentes quod inter nos et vos exper[i]atur ius in posse communium iudicum super ipsis. Volumus autem et concedimus quod omnis baiulus Templi, qui pro tempore fuerit in civitate dertusensi, utatur plenarie ac libere et quiete iurisdiccione sua, et fideliter ac legaliter, secundum quod [in] instrumentis olim inter predecessores nostros et vestros factis plenius et melius continetur.

Promittimus eciam vobis iam dicto magistro et per vos universis fratribus Templi quod si peticio aliqua seu accio contra domum Templi, racione Aaron Iudei qui decessit apud Marrochs, in iudicio vel extra iudicium moveretur, racione indi*h et mercimoniorum seu quarumlibet aliarum rerum ipsius Iudei, nos defendemus vos et domum Templi tam contra fratrem et affines illius quam contra quoslibet alios homines, nostris propriis sumptibus et expensis.

Datum Valencie, kalendas Iulii, anno domini MCCL octavo.

a) Semiboxed at bottom right: *Rex mandavit quod traderetur.* Fol. 83 trimmed down right side. On the surname Angularia/Anglesola, see doc. 48, note b; on Muntanyana, see doc. 383, note b.
b) T: *diffi-*.
c) T: *den*.
d) MSup.
e) Above deleted: *possitis*.
f) Deleted: *ita quod vos vel fratres Templi numquam super premissis tam specialiter quam generaliter.*
g) T: *sci-*.
h) Sic.

166a

Valencia. 1 July 1258.
Reg. 10, fol. 83rv. MF: 163.

Exchanges to the knight Martí (E)ximèn(is) [Martín Jiménez] de Sovauren or Sobarre, for his village of Gayanes in the Cocentaina district, Alcocer in the same district with its ovens, mills, lands, waters, woods, and all appurtenances, and also the two jovates already in his possession at Los Adalils, and half the king's estate (see doc. 4) at Cocentaina (fronting on the church plaza, on two public roads, and on the half held by Ponç Guillem de Vilafranca [Poncio Guillermo de Villafranca]). Frees from regalian taxes in perpetuity, especially from the poll tax or besant, all Muslims settled or to come at Alcocer and at his estate near Alcoy.

Per nos et nostros damus, concedimus, et assignamus per hereditatem propriam, francham,* et liberam vobis Martino Eximini de Sovauren^b et vestris in perpetuum alqueriam* de Alcoçer que est in termino Coçentanie,^c cum omnibus iuribus et pertinenciis [et] cum furnis, molendinis, terris cultis et incultis, aquis, herbis, pascuis, arboribus fructiferis et infructiferis, silvis et lignis; et duas [iovatas]*d terre quas iam tenetis in alqueria de Los Adalils; et medietatem nostram regalis Cocentanie,^c cum domibus ibi [constructis]^d sicut affrontant ex una parte in alia medietate quam Poncius Guillelmi de Villafrancha habet ex donacione nostra, e[x alia]^d parte in illa platea que est ante ecclesiam illius loci, et de duabus partibus in viis publicis.

DOCUMENT 167

Predictas itaque alq[uerias]ᵉ [*fol. 83v*] ⟨et duas iovatas et nostram me⟩dietatem iam dicti regalis damus vobis et vestris cum introitibus,ᶠ exitibus, aff[rontacionibus], iuribus, et pertinenciis suis omnibus a celo in abissum ⟨et cum melioram⟩entis factis et faciendis, ad habendum, tenendu[m], possidendum, expletandum, dandum, vendendum, alienandum, impignorandum, et ad omnes vestras vestrorumque voluntates cui et quibus volueritis libere perpetuo faciendas, exceptis sanctis clericis et personis religiosis.

Enfranquimus eciam in perpetuum omnes Sarracenos qui populati sunt, et quos de cetero populabitis in hereditate iam dicte alquerie de Alcocer et in hereditate quam habetis in termino de Alcoy, de prestacione bisancii et ab omni alio servicio; ita quod aliquis eorum non donet nec teneatur umquam donare nobis vel nostris illud bisancium, nec aliquod facere servicium, set sint omnes et singuli liberi perpetuo et absoluti, cum omnibus bonis suis mobilibus et immobilibus habitis et habendis. Hanc autem donacionem vobis facimus pro emenda* et concambio quod vos inde nobis facitis de alqueria de Gayones,ᵍ que est in termino Coçentanieᶜ cum omnibus iuribus et pertinenciis suis.

Datum Valencie, kalendas Iulii, anno domini MCCLVIII.

a) Modern title: *Donatio cuiusdam alquerie in termino Cocentayne*. IP flourish. Torn away at right side; verso badly worn along top.
b) MF: Sovarre. Cats. (CDR): de Sozavien. Below, in a document of 1270, he is *de Sovarr*.
c) Or: *Conc-* (generous overstroke).
d) MSup.
e) MSup.: *-rium*.
f) Modern overtrace, to recover three or four words; same below: *abissum*.
g) Sic.

167ª

Valencia. 1 July 1258.
Reg. 10, fol. 83v. MF: 164.

Presents to Saʿd b. Yaḥyā, '*qāḍī* of the Saracens of Valencia [city] and to yours forever, that chamber which the deceased *amīn* of the Saracens of Valencia, your father-in-law, held in the Moorish quarter of Valencia, which chamber adjoins your buildings,' to be held tax free.

Per nos et nostros damus et concedimus tibi Çahat Avinjafiaᵇ alcadio*ᶜ Sarracenorum Valencie et tuis in perpetuum, illam cameram quam alaminus* quondam Sarracenorum Valencie socer tuus habebat in moraria* Valencie; que camera est contigua domibus tuis.

Quam cameram habeatis tu et tui, francham* et liberam, cum introitibus, exitibus, affrontacionibus et suis pertinenciis universis a celo in abissum, ad dandum, vendendum, impignorandum, alienandum et ad omnes voluntates tuas et tuorum cuicumque volueritis perpetuo faciendas, exceptis militibus, clericis sanctis, et personis religiosis.

Datum Valencie, kalendas Iulii, anno domini MCCL octavo.

a) In right margin: *XII denarii, perito*; above it: *XII*.

b) The Latin may rather be a variant of Ibn al-ʿAfiya. Cats.: *Avinjafra*.

c) Sic.

168

Valencia. 1 July 1258.
Reg. 10, fol. 68v. MF: 165.

Attests the successful audit of the tax receipts submitted by Pelegrí Baldoví [Pelegrín Balduino] for the castle, town, and district of Jijona, as well as of expenses claimed for his custody of the castle; the crown now owes him 1,049 Valencian sous and two pence.

Quod nos Iacobus etc. recognoscimus et confitemur vobis Pelegrino Balduvini quod reddidisti[s] nobis bonum et legale compotum de omnibus reditibus, exitibus, iuribus et quibuslibet aliis proventibus castri et ville de Sexona et terminorum suorum, que pro nobis habuistis vel recepistis aliquo modo vel aliqua racione, et de omnibus donatis, missionibus, et expensis quas pro nobis et de mandato nostro \fe/ᵃcistis in custodiendo castro predicto de Sexona.

Deᵇ quo compoto,ᶜ et de castro predicto quod a vobis recuperavimus, concedimus [nos] bene esse paccatos* ad voluntatem nostram; ita quod de predictis vel aliquo predictorum non teneamini de cetero nobiscum computare nec ullam reddere racionem, set sitis \inde/ vos et vestri cum omnibus bonis vestris perpetuo penitus absoluti.

Sciendum est tamen quod, coequatis recepcionibus cum missionibus et expensis, remanet quod debemus vobis restituere mille quadraginta novem solidos et [du]os denarios regalium Valencie, quos promittimus vobis solvere in pace ad voluntatem vestram.

Datum Valencie, kalendas Iulii, anno [domini] MCCL octavo.

a) Above deleted: *ma*.
b) Deleted: a preceding *de*.
c) T: *computo* this time.

169a

In Catalan.
Valencia. 1 July 1258.
Reg. 11, fol. 269. MF: 166.

Notes the same debt, the expense account put on file, and the bond given for it to the creditor, Pelegrí Baldoví [Pelegrín Balduino].

Comta lo senyor rey con Pel[egri de B]aldovi, del dia que tenc lo castel de Sexona tro a ara. E es assaber que, egalada toda la reebuda con la dona e la messio del castel, deu tornar lo senyor rey a Pelegri Baldovi MXLIX sous, II diners reals[b] ab alba[ra] que liuri [?] fo. El comte per menut que rete, tenc io escrit, car lo rey lo volra veer.

Actum est hoc in Valencia, kalendas Iulii, anno [domini] MCCL octavo.

a) Holed at right.
b) T: *sol. II d. regal.*; may be reconstructed as *sols, sous,* or Latin *solidos,* with *reials, reals,* or Latin *regalium.*

170[a]

Valencia? 1 July 1258?
Reg. II, fol. 273. MF: 170.

Notes that Bernat [Bernardo de] d'Os renounced the estate the crown gave him in Alfàndec de Marinyén (now La Valldigna), receiving 400 sous of Maguelonne.

Bernardus Do⟨s⟩[b] definivit[c] domino regi totam hereditatem quam sibi dedit in Alfandech de Merinye,[d] et habuit inde CCCC solidos malgurienses, de quibus paccatus* est.

a) No dates on the documents of this or the preceding page, nor back until fol. 268: kalends of July 1258.
b) Blotted.
c) T: *dif-.*
d) Sic.

171[a]

Valencia? 1 July 1258?
Reg. II, fol. 273. MF: 171.

'Reminder that, except for a certain woman, all the people of Alfàndec de Marinyén [today La Valldigna] came to terms with the lord king' concerning their land grants, so that the crown need not answer further complaints.

Memoriale quod omnes homines de Alfandech de Merinye composuerunt se cum domino rege, excepta quadam muliere, de omnibus hereditatibus quas dominus rex eis dedit, et dictus dominus rex non tenetur eis de aliquo respondere.

a) In the same series as doc. 170; on dating, see its note a.

172a

Valencia. 2 July 1258.
Reg. 10, fol. 81v. MF: 172.

Extends for two more years the charter of exemption from all tribute and regalian taxes held for five years by the Jew of Játiva Moisè(s) (Mossé, Arabic Mūsā) [Moisés] b. Ghiyat.

Cum nos concessimus tibi Mosse Avengayet, Iudeo Xative, quod esses franchus* et immunis ab omni peita* seu tributo et a quolibet alio servicio regali^b usque ad V annos completos, secundum quod in carta quam inde a nobis habes plenius continetur, volentes tibi facere graciam specialem concedimus tibi dicto Mosse quod transactis dictis V annis sis franchus et immunis per duos annos continue subsequentes ab omni peita, tributo, seu quolibet alio servicio regali, secundum formam contentam in alia carta quam tibi fecimus de franchitate predicta. Mandantes etc.

Datum Valencie, VI nonas Iulii, anno domini MCCL octavo.

a) IP flourish, obscured by hole and damp damage. In right margin: *II solidi*.   b) Blurred by damp.

173a

Valencia? 2 July 1258?
Reg. 11, fol. 266. MF: 167.

Notes a debt bond against Bernat [Bernardo] Escrivà, bailiff of Valencia, drawn by 'the notary Domènec [Domingo], son of Guillem [Guillermo] de Jaca,' covering 1,500 Valencian sous which the crown paid on Bernat's behalf to Sanç Rod(e)ric [Sancho Rodríguez] de Corella, and also covering Bernat's tax receipts and expenses at Segàr(r)ia (Segarra).

Bernardus Scriba, baiu[l]us Valencie, deb[et re]ddere compotum domino regi de mille quingentis^b solidis regalium, quos dominus rex solvit pro eo dilecto Sancio Roderici de Corella, et de omnibus hiis que recepit de reditibus et exitibus de Segarria et de missionibus et donatis q[ua]s fecit de dictis reditibus.

Et fecit inde fieri instrumentum; quod fecit Dominicus filius Guillelmi de Iacca notarius.

a) IP flourish. Dim and holed along left margin. This item begins a series of such notes or documents on fols.266-267; perhaps it can be dated generically as March-July 1258. This and the next document appear at the bottom of a page, after an undated canceled item. The items immediately following, in a series on fol. 266v, are also undated. The antecedent fol. 265v has two documents, separated by arabesques—the first a full but undated document concerning events at 'Valencia, VI nonas Iulii' (1258), the second a one-line note that 'nonas Marcii \in Tirasona/ mandavit dominus rex sigillari Matheo Baboti septem cartas scriptas quas predictus dominus rex mittebat apud Montempessulanum.' The nearest dates following our own document, but on fol. 269, are: (a) 'the first day of the month of June,' (b) without date, and (c) 'kalends of July 1250.' The closest precise date, apart from the brief note for March, is therefore July 2.

b) Second i overwritten on o.

174a

Valencia? 2 July 1258?
Reg. II, fol. 266. Not in MF.

Notes that Guillem de Sant Melià [Guillermo de San Emiliano][b] surrendered his debt bond, upon receiving its 14,220 Valencian sous, through the scribe Guillem de Roca, the king receiving and destroying it at Játiva.

Guillelmus de Sancto Melio[ne] tenetur reddere domino regi albaranum* XIIII milium CCXX solidorum regalium. Et reddidit illud[c] Guillelmo de Roca. Et ipse tradidit illud[c] domino regi in Xativa. Et est fractum.[c]

a) IP flourish. Next in series noted for doc. 173. For date and place see its note a.

b) For his identification with a Lérida family, see doc. 412; cf. also doc. 2.

c) Neuter; *albaranus* is usually masculine.

175a

Valencia? 2 July 1258?
Reg. II, fol. 266v. MF: 168.

Notes that, on the king's behalf, Mateu [Mateo] paid Gil (Egidi) [Gil (Egidio)] de Rada 2,000 Jaca sueldos at Valencia, and Berenguer Burguet a further 3,000 Barcelona sous; the king paid Gil another 500 Jaca sueldos indirectly, through García Sisura (Setzera?) of Pamplona.

Dominus rex solvit Eg[i]dio de Rada[b] in Valencia du[o] milia solidorum iaccensium, quos ei tradidit Mattheus.

Item, D solidos \iaccenses/ quos solvit, pro eodem, Garcie Ciçura[c] de Pampalona.

Item, solvit ei III milia solidorum barchinonensium, quos sibi solvit Berengarius Burgeti pro domino r[e]ge.

a) Third in series noted for doc. 173; for date and place, see its note a.
b) Not, as MF: *Roda*.

c) Probably for Sedzère, near Pau and east of Morlaas in the French Pyrenees; common spellings in Aragon there were Setçera, Seczera, Sezera, Sitzera. Cats.: Narciso Ciçur.

176a

Valencia? 2 July 1258?
Reg. II, fol. 266v. MF: 169.

To recover a loan from Gauceran de Montcada [Galcerán de Moncada] of 12,000 Valencian sous, assigns 1,500 sous on the revenues of Burriana and 600 morabatins on Eslida, leaving 5,100 sous to pay, plus a further debt of 733 sous and four pence (actually 200 besants 'which Pere Guillem [Pedro Guillermo] took at the rate of three sous and eight pence per besant'). For the total remaining indebtedness of 5,833 sous and four pence, Gauceran is holding the castle of Eslida for two years from the past Easter.

Debet dominus rex Gaucerando de Montecathano[b] XII milia solidorum regalium. De quibus assignavit sibi in Burriana mille et D solidos.

Item in Eslida DC morabatinos,* qui faciunt V milia et CCCC solidos. Et sic dominus rex debet sibi restituere V milia et C solidos.

Item ex alia parte DCCXXXIII solidos et IIII denarios pro CC bisanciis quos accepit Petrus Guillelmi ad racionem de III solidis et VIII denariis pro bisancio.

Et sic, inter totum, dominus rex debet restituere sibi V milia DCCCXXXIII solidos et IIII denarios. Et debet tenere Gaucerandus castrum de Eslida, et eius fructus recipere de pasch[[at]]e transacto ad duos annos cum suis expensis.

a) Last in the series noted for doc. 173; for date, see its note a. Stylized arabesques break the series, followed by a set of household expenses the king computed with his creditor Mateu at Játiva on the ides of May.
b) Or: -theno (vowel not stated).

177a

Valencia? 2 July 1258?
Reg. II, fol. 266v. Not in MF.

Notes that Bernat [Bernardo] Escrivà has received 3,000 sous from Adam [Adán] de Paterna, for which he must submit to crown audit.

Bernardus Scriba[b] debet reddere comp[[o]]tum domino regi de III milibus solidorum, quos recepit de Adam[c] de Paterna.

a) Second in series noted for doc. 173. Both men were Valencians. Cf. fol. 267, an undated list of disbursements, possibly of the same place and time as the series here; it includes: 'Item de Adam de Paterna, II milia CCCCXX solidos.'
b) See doc. 9, note b.
c) Adam can be indeclinable as here, or (more frequently in the registers) in the first declension (= *de Ada*).

178ª

Valencia. 2 July[b] 1258.
Reg. 10, fol. 69. MF: 146.

Awards the castles and towns of Puig de Santa María and Castel(l)novo[c] (near Segorbe) in the kingdom of Valencia to Eli(c)senda [Elisenda],[d] widow of Arnau [Arnaldo] de Fontova, and to her relative Arnau de Fontova, son of Pere Ramon [Pedro Ramón] de Fontova, for debts owed by the castles' previous holder (the deceased Guillem d'Entença [Guillermo de Entenza]) to Arnau and Pere de Fontova, both deceased, as well as for debts Arnau and Pere themselves incurred on behalf of Guillem. Receiving all revenues of both places at farm, Elicsenda is to keep each year 500 besants and Arnau 250, both retaining the revenue and castles until the debts are all recovered; Elicsenda may subtract 200 Valencian sous also as costs for pressing her claims.

Obligamus et tradimus vobis Elicsendi[d] uxori quondam Arnaldi de Fontova, et vobis Arnaldo de Fonto[va] filio Petri Raimundi de Fo[nt]ova, castra et villas de Podio Sancte Marie et de Castronovo, que sunt in regno Valenc[ie] et fuerunt Guillelmi de Entença quondam, cum terminis et pertinenciis suis et cum reditibus, exitibus, proventibus, ac aliis iuribus omnibus predictorum castrorum et terminorum eorum, [vid]elicet pro o[mni]bus debitis que iam dictus Guillelmus de Entença debebat iam dicto Arnaldo de Fontova et Petro de Fontova defunctis, et pro debitis [e]ciam que iidem debebant aliis personis pro prefato Guillelmo de Entença racione fideiussionis et alia qualibet racione. Ita quod reditus, [exitus], provent[us],[e] et alia iura omnia supra dicta habeatis et recipiatis annis singulis pro septingentis et quinquaginta bisanciis boni argenti, de quibus accipiatis vos Elicsendis duas partes et vos Arnaldus de Fontova terciam partem.

Et sic vos et vest[ri] iam dicta castra et villas cum reditibus, exitibus, proventibus, et aliis predictis iuribus omnibus suis habeatis et teneatis, donec de omnibus predictis debitis sitis soluti ad voluntatem vestram secundum formam premissam. Et eciam vos Elicsendis sitis soluta de ducentis solidis regalium, quos expendistis prosequendo factum debitorum predictorum.

Nos enim promittimus vobis quod castra pred[icta], nec de pert[in]enciis eorum aliquid, vobis non auferemus nec emparabimus* aliqua racione; immo faciemus vos et vestros ea cum omnibus iuribus suis habere et tenere in pace, donec de tota supra dicta pecunia sitis optime[f] persoluti.

Datum Valencie, VI nonas Iulii, anno domini MCCL octavo.

a) Trimmed at right side, losing only some letters; holed badly at upper right.
b) MF: June.
c) MF: Castellnou (Catalan form).

d) St Eli(c)senda's name is a variant of Elisa(beth). The Latin nominative suffix here is not *enda*, however, but *endis* (below) in the third declension.
e) MSup.   f) T: *obt-*.

179a

Valencia. 2 July 1258.
Reg. 10, fol. 81v. MF: 173.

Under the guise of an exemption, reduces by three pence the poll tax or silver besant owed by every Muslim of Valencia city's Moorish quarter and its extensions, so that present and future Muslims of the city pay 'only' three sous and six pence (a devaluation?).

Per nos et nostros concedimus et indulgemus ac statuimus vobis, universis et singulis Sarracenis morarie* Val[[en]]cie et pertinenciarum eiusdem presentibus et futuris in perpetuum, quod non donetis nec solvatis nec teneamini dare aut solvere umquam, pro illo bisancio argenti quem[b] vos et quilibet vestrum nobis et nostris dare debetis annis singulis pro tributo, nisi tantum III solidos et VI denarios regalium.
Et vobis solventibus predictos III solidos et VI denarios, ut predictum est, sitis inde cum omni[[bus bo]]nis vestris quitii* et absoluti. Mandamus igitur baiulis etc.
Datum Valencie, VI nonas Iulii, anno domini MCCLVIII.

a) IP flourish. At left margin (cropped, so figure may be higher): *II solidi et VI denarii*. Bad stain at center left.
b) Or *quod*; T: *quod* sign with overstroke.

180a

Valencia. 2 July 1258.
Reg. 10, fol. 81v. MF: 174.

Confirms in perpetuity to Martí Egidi (Gil) [Martín Egidio (Gil)] the grant by (E)ximèn Pere (Peris) d'Arenós [Jimeno (Eximeno) Pérez de Arenoso],[b] then lieutenant over the kingdom of Valencia, 'of certain small buildings in the town of Segorbe' as explained in his charter.

Per nos et nostros laudamus, concedimus, et confirmamus tibi Martino Egidii et tuis in perpetuum donacionem quam Eximinus Petri de Arenoso, tunc temporis tenens locum nostrum in regno Valencie, tibi fecit de quibusdam casalibus* sitis in villa de Segorbio, prout in instrumento quod inde habes ab ipso melius et plenius continetur.[c] Mandantes etc.
Datum Valencie, VI nonas Iulii, anno domini MCCLVIII.

a) At left margin: ⟨II⟩ *solidi, VI denarii.* IP flourish.
b) On Ximèn, see doc. 45, note b.
c) Deleted: *Datum.*

181a

Valencia. 2 July 1258.
Reg. 10, fol. 81. MF: 175.

Approves the tax-exempt gift, to Pere Sanç [Pedro Sánchez de] d'Oblites, of seven plowlands or jovates in Cárcer in the Sumacárcel district, 'as held by you today, bounded and assigned.'

Per nos et nostros damus, concedimus, et assignamus per hereditatem propriam, francham,* et liberam vobis Petro Sancii de Oblitis et vestris in perpetuum septem iovatas* terre, in alqueria* de Carçer in termino de Somacarçer, sicut eas terminatas et assignatas hodie possidetis, cum introitibus, exitibus, affrontacionibus, et suis pertinenciis universis a celo in abissum, ad habendum,[b] tenendum, possidendum, expletandum, dandum, vendendum, alienandum, impignorandum, et ad omnes vestras vestrorumque voluntates etc., [cui]c et quibus volueritis libere perpetuo faciendas, exceptis sanctis clericis et personis religiosis.

Da[tum] Valencie, VI nonas Iulii, anno domini MCCLVIII.

a) Original title: *Petri Sancii de Oblitis.* IP flourish. Closely trimmed at margins but with no letter loss.
b) Malform: reduced to two initial letters, seeming almost *ac,* for *te.*
c) Normal in this formula. The scribe may have intended the c for *cetera* to be the c for *cui,* confusing their overstrokes; more probably he carelessly caused one c to stand for both.

182a

Valencia. 2 July 1258.
Reg. 10, fol. 83v. MF: 176.

The donation of Sella castle and town to (E)ximèn Pere (Peris) d'Orís [Jimeno (Eximeno) Pérez de Oriz] had included permission to apply to further acquisitions in the kingdom of Valencia the price received from his non-Valencian holdings. The crown now confirms all such purchases in Valencia but revokes the clause that included 'men in Our service' among potential sellers.

Quod cum nos Iacobus etc. concessissemus vobis Eximino Petri de Oriz, in instrumento donacionis quam vobis fecimus de castro et villa de Sella, quod de precio quod habeatis de possessionibus quas habebatis extra regnum Valencie emeretis possessiones in regno eodem: ideo per nos et nostros laudamus, concedimus, et confirmamus vobis et vestris in perpetuum omnes hereditates et possessiones quas usque in hunc diem presentem in iam dicto regno Valencie, ab hominibus nostri servicii et a quibuslibet aliis personis emistis.

Ita tamen quod racione predicte concessionis ab hominibus nostri servicii hereditates aliquas vel possessiones in ipso regno de cetero non ematis, quoniam quantum ad hoc concessionem ipsam ex certa sciencia revocamus.

Datum Valencie, VI nonas Iulii, anno domini MCCLVIII.

a) Original title: *Eximini Petri de Oriz*. IP flourish. In right central margin: *II solidi*.

183a

Valencia. 2 July 1258.
Reg. 10, fol. 69v. MF: 177.

Statement of debt in favor of the Barcelona citizen Bernat Aimeric [Bernardo Eimerico]: the king, now at Valencia, will repay him 2,600 Valencian sous before leaving Barcelona. Half is owed for four 'animals' bought from Bernat at Valencia, and half for his expenses in coming by the king's order from Barcelona to Valencia and back.

[Quod] nos Iacobus etc. recognoscimus et confitemur nos debere vobis, Bernardo Aimerici[b] civi Barchinone, et vestris duo milia sescentos[c] solidos regalium Valencie.

Quorum[d] mille [tr]ecentos solidos vobis debemus pro missionibus et expensis quas fecistis[e] mandato nostro in ven[ie]ndo ad nos usque ad Valenciam et in redeundo de Valencia usque ad Barchinonam. Et residuos mille trece[nt]os solidos d[e]bemus vobis pro q[u]attuor bestiis quas a vobis emimus et habuimus in Valencia.

Que tria [= duo] milia sescentos[c] solidos [reg]alium prom[itti]mus in fide nostra vobis et vestris solvere in pace antequam de Barchinona aliquatenus reced[a]mus.

Datum Valencie, VI nonas Iulii, anno domini MCCL octavo.

a) Very badly holed over left third of text, and obscured by mold and damp.
b) Final two letters blotted together.
c) T: *sexc-*.
d) T: *cuo-*.
e) T: *fecestis*.

184a

Valencia. 3 July 1258.
Reg. 10, fol. 69. MF: 178.

As compensation for his Muslim (captive or slave), whom the king had given to the rebel leader al-Azraq, authorizes 'the citizen of Valencia [city]'

Ramon Barber [Ramón Barbero] to recover 210 Valencian sous by withholding the 'tribute or rent' of five morabatins he pays the crown for each of his four workshops in the Sant [San] Salvador district of Valencia city.

Recognoscimus et confitemur nos debere tibi Raimundo Barberio[b] civi Valencie et tuis CCX solidos regalium Valencie, precio cuius[dam][c] Sarraceni tui quem dedimus Alazrach, quos assignamus tibi et tuis habendos et percipiendos in tributo seu censu [quem][d] nobis dare debetis pro illis quattuor operatoriis que[e] pro nobis tenes in partida Sancti Salvatoris, qui census[f] [est][c] quinque morabatinorum;*[g] ita quod tam diu retineas tibi censum predictorum operatoriorum quousque de dictis CCX solidis sis [plena][c]rie persolutus ad voluntatem tuam.

Mandantes baiulo Valencie presenti et futuris quod contra hanc obliga[cionem][c] nostram non veniant nec aliquem venire permittant aliqua racione. Immo permittant te et tuos habere et re[tinere][c] totum dictum censum quinque morabatinorum, tanto tempore et tam diu donec sis solutus de debito ante dicto.

Datum [Valencie],[c] V nonas Iulii, anno domini MCCL octavo.

a) Trimmed off at right margin, losing all or part of seven words. Small o in left margin (for *nihil* as payment?).
b) Or: *Barbario* (central vowel only indicated); not genitive.
c) MSup.
d) MSup.: *quod*.
e) T: *quos*.
f) T: *quod censum*.
g) Sic, genitive.

185a

Valencia. 4 July 1258.
Reg. 10, fol. 100v. MF: 179.

Blocks any legal action or claim against Artal [Artal(do)] de Foces, or the castellans and vassals holding for him the castles of Peña Cadiel (Sierra de Benicadell), Palma de Gandía, Carbonera, Rugat, Borró, Vilella (near Albaida), Bélgida (as 'Beldixa'), and Montés (then near Carbonera), for not giving the thousand morabatins the crown ordered to be paid to Romeu Martí [Romeo Martín(ez)] (de Azagra?) 'by reason of the aforesaid castles.'

Per nos et nostros absolvimus, remittimus, et definimus[b] in perpetuum vobis, dilecto nostro Artallo de Focibus, et per vos universis alcaidis* et hominibus qui pro vobis ten[u]erunt castra de Penacadel, de Palma, de Carbonera, de Rugat, de Bor[ro],[c] de Vilella, de Beldixa, et de Montes omnem peticionem, questionem, et demandam quam vobis facere possimus, racione [quia][d] vos dictus Artallus non solvistis Romeo Martini illos mille morabatinos* quos racione dictorum castrorum de mandato nostro ei solvere debebatis, tempore inter nos et vos et ipsum Romeum inde[c] compre-

DOCUMENT 186

henso, et eciam quia vos nec dicti vestri alcaidi usque in [h]odiernum diem racione castrorum predictorum [*sic*].ᶠ

Ita quod de predictis omnibus et singulis sitis vos et dicti alcaidi, et homines vestri cum omnibus bonis vestris habitis et habendis, liberi perpetuo ac penitus absoluti, sine contradiccione et retentu nostro et nostrorum et alterius cuiuslibet persone, sicut melius dici potest et intelligi ad vestrum vestrorumque commodum et bonum intellectum.

Datum Valencie, IIII nonas Iulii, anno [domini MCCL]VIII.ᵍ

a) In left margin, center: *XVIII denarii, perito*. Stain at top center; badly worn left margin spares text. MF: Arnaldo de Foces.
b) T: *diffi-*.
c) Blurred and holed; but see doc. 187 for same castle.
d) Or: [*quod*].
e) Or: *incomprehenso, in com-*; stroke over i.
f) No verb included to complete the sense.
g) This is one of several 1258 documents in the registers, dated simply by the decade: *anno VIII*, identifiable from the wider series or run.

186ᵃ

Valencia. 4 July 1258.
Reg. 10, fol. 100. MF: 180.

Confers on the cleric Guillem Aimeric [Guillermo Eimerico] a lifetime benefice ('food and clothing') in the church of the monastery hospital of Sant Vicent [San Vicente]ᵇ at Valencia city, on the same terms as the other clerics serving there.

Damus et concedimus et assignamus tibi Guillelmo Aymerici clerico, diebus omnibus vite tue, victum et vestitum in domo Sancti Vincencii Valencie, que habeas sicut unus de aliis clericis dicte domus. Ita tamen quod tu reserviasᶜ honorifice, pro posse tuo, in eadem.

Mandantes priori dicte domus, presenti et futuris, quod tibi provideat in victu et vestitu, dum tibi fuerit vita comes, sicut unoᵈ de aliis clericis supra dictis.

Datum Valencie, IIII nonas Iunii [= Iulii?],ᵉ anno domini MCCL octavo.

a) In left margin center: *II solidi, perito*.
b) De la Roqueta, where Vicent is preferred to the usual Vicenç.
c) Sic. For: *des-*?
d) T: *unus*.
e) If *Iunii*, move document to June 2; but Jaume was still at the distant siege of Alcalá then (see doc. 139).

187a

Valencia. 4 July 1258.
Reg. 10, fol. 100rv. MF: 181.

In return for the eight Valencian castles named in doc. 185 and conferred for life upon Artal [Artal(do)] de Foces, the crown grants the castle and town of Estadilla in the county of Ribagorza, with present and future inhabitants of every status and religion, and with all appurtenances and profits, including seven taxes by name. In return Artal must serve the crown 'with one knight in all wars' whenever 'the other magnates' (rics homs, Aragonese ricos [h]ombres) of Aragon so serve, or else to send 'two knights well equipped to the aforesaid wars if you do not wish to come personally'; he must not exact the army tax there except when by custom the crown exacts it from the other high barons. Prince Sanç [Sancho] confirms, renouncing fully 'the grant made to me by the same lord king of the aforesaid castle and town.'

Per nos et nostros damus et concedimus vobis dilecto nostro Artallo de Focibus, diebus omnibus vite vestre, castrum et vill[am][b] de Stadella cum omnibus hominibus et feminis ibi habitantibus et habitaturis cuiuscumque legis vel condicionis sunt vel fuer[int],[b] et cum omnibus reditibus, exitibus, proventibus, peitis,* cenis, bovatico, monetatico, exercitibus et cavalcatis et eorum redempcionibus, quinta, montibus et planis eremis et populatis,[c] pratis, pascuis, aquis, herbis, nemoribus, venacioni[bus],[b] et cum omnibus aliis iuribus que ibi habemus vel habere aliquo modo debemus, introitibus, exitibus, affrontacionibus, et pertinenciis uni[versis][b] a celo in abissum, ad habendum, tenendum, possidendum et expletandum et ad omnes vestras voluntates libere faciendas diebus omnibus vite vestre; in hunc modum quod serviatis nobis pro predictis omnibus et singulis, vel heredi nostro comiti Barchinone, vos cum uno milite in omnibus guerris* quas cum aliquibus habebimus, quando alii richi* homines Aragonie nobis servient pro honoribus* quas [= quos] pro nobis tenent, vel quod mittatis nobis duo milites bene preparatos in guerris predictis si vos nolitis[d] personaliter venire.

Et sic habeatis, teneatis, possideatis, et expletetis castrum et villam predictam, cum omnibus et singulis su[pra dictis], sine contradiccione et retentu nostro[e] et nostrorum et alterius cuiuslibet persone, dum vobis fuerit vita comes. Post obitum [vestrum tamen],[f] castrum et villam predictam, cum omnibus predictis iuribus et pertinenciis universis, nobis vel heredi nostro [comiti Barchinone],[g] [fol. 100v] sine excusacione aliqua et onere[h] debitorum, penitus revertat[is].

Est autem [scien]ndum[i] quod vos possitis in dicta villa iactare peitam*[j] seu exercitus redempcionem quando nos peitam seu exercitum[k] iactaverimus aliis hominibus Aragonie, et non alio tempore; et ipsi tunc dent peitam sive exercitus redempcionem, secundum quod[l] hactenus nobis dare consueverunt. Hanc enim donacionem vobis facimus, ut dictum est,[m] in

156

DOCUMENT 188

concambium castrorum de Penacadel, Palma, Carbonera, Rugat, Borro, Vilella, Bellixa^n et Montes, que vobis dederamus in vita vestra, et ea modo recuperamus a vobis.

Ad hoc ego infans Sancius, illustris regis Aragonie^o filius, laudans, approbans, et confirmans donacionem predictam, per dictum dominum regem patrem meum vobis dicto Artallo factam, promitto ipsam observare et non in aliquo contravenire, non obstante donacione per ipsum dominum regem mihi^p facta de castro et villa predicta, quoniam ipsi donacioni ex certa sciencia penitus renuncio.

Datum Valencie, IIII nonas Iulii, anno [domini MCCL]VIII.

a) Modern title: *Artaldi de Focibus*; followed by later addition: *super donatione castri destadella*. IP flourish. On verso, left margin, center: *XVIII denarii, perito*. At bottom of recto, a partial line of modern script is deleted by close crosshatching. Recto is trimmed down right side, losing words especially at the bottom; verso is holed at top; staining on both sides of folio.
b) MSup.
c) If meant as nouns, supply a preceding comma for this pair; a kind of punctuation separates items in the list but not here. T: *heremis*.
d) Abbreviation suggests rather: *nolletis*, legitimate but unusual.
e) T: -*ra*.

f) MSup.: *nostram ipsam*.
g) MSup.: *comitatu*.
h) T: *ho-*. If the verb in this sentence is altered to *reverta[n]t*, then *villam predictam* of the manuscript must be made nominative.
i) Added in modern hand: *sciendum*/.
j) Next phrase shows *peitam* intended, despite careless resemblance to *peccuniam*.
k) Sic.
l) Deleted: *habemus*.
m) In doc. 185.
n) Cf. doc. 185: *Beldixa*.
o) Or: -*num*, if the conventional intitulatory formula is followed; the scribe avoids the problem by abbreviating as *Arag* with overstroke.
p) T: *michi*.

188a

Valencia. 4 July 1258.
Reg. 10, fols.69v-70. MF: 183.

Acknowledges receipt of a thousand gold Alfonsine morabatins from Peregrí [Peregrino] de Montagut, loaned to the crown 'for recovering the castle of Penáguila.' Assigns the castle and countryside, held by Peregrí from Wednesday, June 5, until its revenues repay the loan. He must maintain as garrison 'twenty men, and more if necessary by the judgment of (E)ximèn [Jimeno (Eximeno)] de Foces, Our lieutenant in the kingdom of Valencia,' receiving for each an additional 150 sous yearly from the same revenues. He is to reckon the worth of wheat each year from its price on January 1 and that of millet from the start of Lent, and to prededuct in his accounts the expense of garrisoning and administering the castle.

Per nos et nostros, quod nos Iacobus etc. confitemur et recognoscimus nos debere vobis Peregrino de Monteacuto et vestris mille morabatinos* bonos alfonsinos in auro, quos nobis ad recuperandum castrum de Benaguila mutuastis. De quibus sumus bene paccati* ad voluntatem nostram, [r]enunciantes omni excepcioni non numerate et non recepte pecunie atque doli.b

Pro quibus mille morabatinis obligamus et tra[d]imus vobis et vestris predictum castrum de Benaguila cum alqueriis,* terminis, ac pertinenciis suis, et cum reditibus, exitibus, proventibus, et aliis iuribus omnibus ipsius castri et terminorum eius. Ita quod vos et vestri predictum castrum, cum omnibus et singulis^c supra dictis, habeatis et teneatis tam diu donec de toto prefato debito sit vobis et vestris plenarie satisfactum—computando frumentum prout valebit singulis annis in principio mensis Ianuarii, et panicium prout valebit in principio quadragesime, deductis tamen inde prius expensis et missionibus quas facitis et facietis in cu[sto]dia et retencione castri predicti.

Nos autem promittimus vobis in bona fide nostra quod predictum castrum, nec de ipsius pertinenciis aliquid, vobis non auferemus nec emparabimus* aliqua racione. Immo ipsum cum omnibus supra dictis et singulis [*fol. 70*] faciem[us] vos et vestros habere et tenere, integre et in pace quousque de omnibus predictis [m]or[abatinis] sitis paccati [ad vo]^{d}lunta[tem] vestram. Nec vos nec vestri castrum predictum^e teneamini nobis vel^f nostris reddere aliquo iure, consuetud[ine],^{d} sive foro, donec de toto predicto debito sit vobis et vestris plenarie satisfactum; nec nos nec nostri possimus vobis vel vestris dicere m[alum]^d pro aliquo foro Hispanie,* si ipsum nobis non redderetis.

Est autem sciendum quod debeatis tenere ad cu[st]odiam [et r]etencionem predicti [castri]^g XX homines, et plures si necesse fuerit, ad cognicionem Eximini de Focibus tenentis locum nostrum in regno Valencie; [pro]^d quorum quolibet accipiatis et retineatis de reditibus ante dictis CL solidos regalium singulis annis.

Est au[tem] sciendum quod e[mparas]^{d}tis iam dictum castrum prima die Mercurii, mensis Iunii proximo preteriti, scilicet nonas Iunii.

Datum etc. [Valencie, IV nonas Iulii, anno domini MCCLVIII].^{h}

a) Fol. 70 badly holed at right and trimmed, with loss of letters at right margin.
b : *dolu*.
c) Deleted: *predictum castrum*.
d) MSup.
e) Deleted: *nobis*.
f) Undeleted here: n (false start for *nostris*).
g) Repeated: *predicti*.
h) Date indications within manuscript do not fix it precisely, but the documents immediately before and after, and the next as well, bear this dateline.

189

Valencia. 4 July 1258.
Reg. 10, fol. 69v. MF: 184.

Waives the 11¼ morabatins and 1 mazmodin that Arnau [Arnaldo] and his brother Pere Joan [Pedro Juan] de Montroig pay as rent to the crown yearly

DOCUMENT 190

'for the [work]shops you hold from Us in the drapers' section of Valencia city,' and waives as well any regalian taxes they fall under, including army commutation, until the brothers recover the 600 Valencian sous they are now loaning to the crown. If the waivers do not suffice, 'We will impose taxes on the Saracens of the kingdom of Valencia.'

Recognoscimus et confitemur nos debere vobis, Arnaldo de Monte Rubeo, et vestris sescentos[a] solidos regalium Valencie quos nunc nobis in Valencia mutuavistis, quos assigna\mus/[b] vobis et vestris habendos et percipiendos in illo censu undecim morabatinorum* et quarta [sic][c] et unius mazmudine,*[d] quod nobis quolibet anno dare debetis vos et Petrus Iohannis frater vester pro operatoriis que[e] pro nobis tenetis in draperia* civitatis Valencie; ita quod tam diu dictum censum vobis retineatis, quousque de predictis DC solidis sit vobis plenarie satisfactum. Promittimus eciam vobis quod si umquam de dicto debito in predicto censu vobis [non][f] fuerit satisfactum, peitas* Sarracenis regni Valencie iactaverimus, [et] quod de dictis peitis ipsos DC solidos vobis persolvamus.

Concedimus eciam vobis quod si homines Valencie nobis peitam darent,[g] tam racione exercitus redempcione[h] quam qualibet alia racione, quod vos habeatis plenam licenciam et potestatem retinendi de dicta peita et questia* totum illud quod in ipsa vos et dictus Petrus Iohannis frater vester dare oportuerit[i] aliqua racione, donec de dicto debito sit vobis satisfactum. Mandantes baiulo Valencie et collectori etc.

Datum Valencie, IIII nonas Iulii, anno domini MCCLVIII.

a) T: *sexc-*. b) Deleted: *-vimus*.
c) Possibly for: *et quarte partis [unius morabatini]*; probably not for *quattuor et unius*, where *quinque* would normally serve. Could *quarenta* have been intended, only the overstroke omitted?.
d) T: *mazem-*. e) T: *quos*.

f) Context and *umquam* (not: *numquam*) suggest the addition.
g) Sic, legitimate if less usual imperfect subjunctive for future condition.
h) Sic; for genitive?
i) Sic: neither *ut* construction nor accusative with infinitive.

190a

Valencia. 4 July 1258.
Reg. 10, fol. 70. MF: 185.

Promises to pay Jaume (Jacme) [Jaime] Gruny (Grony) 1,840 Valencian sous: '1,500 of which We owe you for outlay and expenses and other preparations you made in coming to Us from Barcelona down to Valencia in connection with the journey to Castile' (1,100 of this expended at the king's direction), 'and the remaining 340 to reimburse for the seventeen days you were with Us at Valencia.' This and a previous debt bond will be paid soon at Barcelona.

DOCUMENT 191

Nos Iacobus etc. recognoscimus et confitemur nos debere vobis, dilecto nostro Iacobó Gruni,[b] et vestris mille DC[CC][c]XL solidos re[g]alium Valencie, mille D quorum debemus vobis pro missionibus et expensis et aliis preparamentis que fecistis in venie[ndo][c] ad nos de Barchinona usque Valenciam pro viatico de Castella, in quo MC debetis mandato nostro. Et residuos CCCXL [solidos][c] debemus vobis pro quitacione* XVII dierum, quibus nobiscum fuistis in Valencia.

Quos MDCCCXL solidos promittimus in fide [nostra][c] vobis et vestris solvere in pace, simul cum denariis quos vobis debemus in alio albarano* nostro antequam de Barchinona aliquatenus [rece][c]damus.

Datum Valencie, IIII nonas Iulii, anno domini MCCL octavo.

a) Trimmed down right side, with text loss on each line.
b) T: *Gruni* with long overstroke, perhaps to indicate alternate spelling (e.g. *Grunyi* or *Grunni*). MF: Graner.
c) MSup.

191a

Valencia. 4 July 1258.
Reg. 10, fol. 70v. MF: 186.

Renews to Ferran Pere (Peris) [Fernando Pérez] de Pina full tenure over the Morella castle and district, with the revenues at a declared annual value of 15,000 Valencian sous (but deducting 2,000 for expenses of government and defense), to repay two loans: a thousand gold Alfonsine morabatins now being handed to the king at Valencia, and a debt outstanding of 3,117 gold Josephine mazmodins (from an original 5,000 being recovered by holding Morella). The crown binds itself not to interfere or make any claims at Morella; not to take it back for at least a year after the next feast of St Martin (November 11), even if the debts are repaid from another source; and if anyone seizes the castle by trickery or force, to recover it at crown expense. Ferran subjoins his acceptance on these terms.

P[er no]s et nostros recognos[cim]us et confitemur nos d[e]be[re] vobis, Ferrando Petri de Pin[a], et vestris tria milia centum ⟨et de⟩cem s[eptem][b] mazmudinas*[c] iucefias boni [a]uri iustique ponderis, que vobis remanent ad solvendum de quinque milibus mazmudinarum[d] pro quibus tenetis castrum de[e] Morella obligatum a nobis. Et debemus vobis mille morabatinos* bonos alfonsinos in auro, quos nunc nobis mutuavis[ti]s in Valenc[i]a; de quibus nos ⟨co⟩ncedim⟨us⟩ bene esse pac[ca]tos* ad voluntatem nostram, renunciantes excepcioni non numerate pecunie atque doli.

Pro quibus omnibus mazmudinis et morabatinis tradimus et obligamus vobis et vestris, de presenti, castrum et villam de Morella, cum terminis et pertinenciis suis omnibus, et cum omnibus reditibus, exitibus, iuribus, ac proventibus eiusdem et terminorum suorum; ita quod predictos[f] reditus, exitus, iura, et proventus omnes rec[ipia]tis et habeatis annis singulis pro quindecim mille solidis regalium. De quibus habeatis et retineatis duo mille solidos pro custodia et re⟨ten⟩cione illius castri; et residua tredecim mille [= milia] solidorum recipiatis in solucione debiti ante dicti.

Et sic iam dictum castrum et villam cum omnibus supra dictis et singulis habeatis et teneatis, donec in eis et non aliunde sit vobis et vestris de toto predicto debito plenarie satisfactum. Nec nos vel nostri possimus ipsum castrum, nec de predictis aliquid, repetere vel recuperare a vobis vel vestris, ut illud impignoremus vel tradamus alii persone, nisi forte nos \ipsum/[g] vellemus quitare* ad opus nostri, ut nos ipsum teneremus quousque in predictis reditibus et exitibus tantum[h] sitis vos et vestri de toto prefato debito persoluti. Nec nos eciam ipsum possimus quitare ad opus nostri hinc ad[i] primum venturum festum Sancti Martini, et ab ipso festo usque ad unum annum continue completum. Set transacto isto termino possimus illud recuperare ad opus nostri, ut superius dictum est; et vos restituere teneamini nobis ipsum tunc, tamen nobis solventibus quicquid de ipso remaneat ad solvendum.

Et promittimus vobis bona fide quod dictum castrum vel villam non auferemus nec emparabimus* vobis, nec aliquid tangemus vel accipiemus in dictis reditibus, exitibus, iuribus et proventibus, nec tangi vel accipi facie[mus] aut permittemus, quousque de omnibus predictis mazmudinis et morabatinis fueritis vos et vestri[j] persoluti plenarie ad voluntatem vestram secundum modum predictum. Nec vos vel vestri teneamini nobis vel nostris ipsum castrum reddere racione nature seu fidei, nec racione alicuius consuetudinis, iuris vel fori, quousque ut superius dictum est sit vobis et vestris de tota predicta pecunia satisfactum. Et nos vel nostri non possimus dicere malum vobis vel vestris per aliquem forum Hispanie,* si castrum ipsum nobis non redderetis.

Promittimus eciam vobis quod si forte vos vel vestri iam dictum castrum per furtum vel violenciam casu aliquo contingente amitteretis, quod nos iuvemus vos bene et fideliter cum nostris missionibus et expensis ad ipsum recuperandum; et cum recuperatum sit, quod tradamus et restituamus illud vobis et vestris ad habendum et tenendum, cum omnibus iuribus et pertinenciis suis, donec de tota predicta pecunia sitis soluti ut superius continetur.

Ego Ferrandus Petri de Pina iam dictus recipio a vobis, domino rege predicto, castrum et villam predictam de Morell[a], cum omnibus [a]lliis et singulis supra dictis, sub modis et c[o]ndicionibus ante dictis.

Datum Valencie, [IV nonas Iulii, anno domini MCCLVIII][k].

a) Badly holed at top; first line worn and stained, difficult to recover.
b) Conjectural, clumsy reconstruction.
c) T: *maçemutinas jucifias*; emended throughout.
d) T: *mazis* with overstroke.
e) Deleted: *Morella* (of two).
f) Deleted: *redditibus*.
g) Above deleted: *ipsum* (blotted).
h) T: *tm* with overstroke (= *tantum, tamen, tum* for *dum, tandem*?).
i) T: *ac*.
j) T: *-ris*.
k) This was the date of the two previous documents; the following two have 14 and 13 kalends of August.

192a

Valencia. 5 July 1258.
Reg. 10, fol. 63. MF: 187.

Installs Ramon Guillem d'Entença [Ramón Guillermo de Entenza], 'for as long as it pleases Our will,' in the office of police superintendent or criminal prosecutor (*sobrejunter*) over all castles, towns, and places between the Júcar and Ulldecona rivers, and to the districts of Ares, Albentosa, and Chelva (so far as the kingdom of Valencia extends into them). Every resident of a place where a market is held is to contribute five sous each Christmas toward his pay, and to assist him when asked in what pertains 'to the well-being and defense of that land.'

Damus et concedimus vobis, Raimundo Guillelmi de Entença, superiunctariam* totam ab integro [omni]um villarum, castrorum, et loco[rum que]b sunt a flumine Xuqari usque ad rivum de Uldecona, et usque ad ascensum et terminos de Aris, et usque ad ter[minos]c de Alventosa et de Xelba, sicut ex omnibus partibus infra istos terminos protenditur regnum Valencie; [ita quod] vo[s sitis]c inde superiunctarius, et faciatis et exerceatis recte et bene ibi quecumque pertineant ad officium superiunctarie; [firmiter]c statuentes quod pro vestro officio et labore donent et solvant vobis annis singulis homines singularum vill[arum et] castrorum ac locorum in quibus mercatumd celebretur singulos [*sic*] tantum quinque solidos.

Et si[c] habeatis et teneatis [predictam]c superiunctariam, quam diu nostre placeat voluntati. Mandantes universis hominibus predictorum locorum omnium, pres[entibus]c et futuris, quod vos habeant et teneant pro superiunctarioe suo, et vos adiuvent et sequantur in hiis que sin[t ad com]fmodum et defensionem illius terre quandocumque et quocienscumque a vobis fuerint requisiti, ac vobis de predictis dena[riis]c et cui vel quibus vos volueritis respondeant in festo natalis domini, non expectato alio mandato nostro.

Datum [Valencie],c tercio nonas Iulii, anno [domini MCCL]gVIII.

a) Trimmed down right, loses text on each line. Stained at left. Top damp damaged and dim.
b) MSup.: *-rum qui*.
c) MSup.
d) Medieval variant of *mercatus*.
e) T: *suprai-*.
f) MSup.: *co-*.
g) From surrounding documents.

193a

Barcelona. 23 July 1258.
Reg. 9, fol. 57. MF: 188.

Installs Felip [Felipe] de Denia and Ramon Arnau [Ramón Arnaldo] as coconsuls over the Christians' mercantile-diplomatic quarter (*alfóndec*; Arabic *funduq*) at Tunis. In selling them the office, the crown revokes a previous sale to Berenguer and Guillem [Guillermo] de Perelada. 'All Catalans and other men of substance [*prohoms*]' subject to the crown are to answer to them, 'under pain of [losing] all your goods.'

Quod nos Iacobus dei gracia etc., fidelibus suis universis Catalanis et aliis probis hominibus nostris et terre nostre in Tunicio existentibus, salutem et graciam. No[[ti]]^b ficamus vobis hiis presentibus quod nos vendidimus Philip[p]o de Denia et Raimundo Arnaldi alfundicum* nostrum Tunicii et consulatum eiusd[[em]].^b

Quapropter vobis dicimus et mandamus firmiter et districte, sub pena omnium bonorum vestrorum, quatenus ipsos vel illum sive illos quem vel quos dicti Philip[p]us et Raimundus Arnaldi pro consulibus in dicto alfundico ponere sive statuere voluerint, in consules habeatis; et ipsis Philip[p]o vel Raimundo Arnaldi, vel illis sive illi cui vel quibus voluerint, respondeatis et non alii sive aliis; quoniam nos ex certa sciencia revoca[[mus]]^b vendicionem et obligaciones quas inde Berengario de Periliata et Guillelmo de Periliata fecimus, non obstante aliqua littera vel mandato in harum [[con]]trarium impetratis. Et hec omnia predicta aut ipsorum aliqua nullatenus mutetis, si de nostri gracia confiditis vel amore.

Datum Barchinone, X [[kalendas]] Augusti, anno domini MCCL octavo.

a) Original title: *Vendicio, Philippo de Denia*. IP flourish. At left margin: *nihil*. Spotting, due to ink spread. Right margin trimmed, losing letters down side.
b) MSup.

194a

Barcelona. 30 July 1258.
Reg. 9, fol. 58. MF: 189.

Authorizes Bertran(d) de Vilanova [Beltrán de Villanova (Villanueva)], notary of Prince Alfons (Anfós) [Alfonso], to construct a public oven or bakery anywhere in the town of Navarrés. All local Christian and Muslim settlers present and future must have their bread baked there, paying what Valencian custom requires.

Per nos et nostros damus [et] concedimus plenam licenciam et potestatem vobis, Bertrando de Villanova notario karissimi filii nostri dompni Alfonsi infantis* Aragonie, faciendi et construendi furnum^b in quocumque loco vobis magis placuerit in villa de Navarres.

Ad quem^c furnum teneantur venire, ad decoquendum panem suum, omnes populatores tam Christiani quam Sarraceni de Navarres, presentes et futuri.

Et donent inde vobis illud quod in aliis furnis donant ac dare tenentur secundum consuetudinem regni Valencie. Et compellatis ac possitis compellere omnes [pre]dictos populatores ad decoquendum panem eorum in dicto furno et non alibi.

Datum Barchinone, III kalendas Augusti, anno domini MCCLVIII.

a) Modern title, redone on manuscript's mounting: *Furnus in villa de Navarres, in regno Valencie*. IP flourish. Left lower margin: *nichil*. Upper section stained.

b) T: *furnrum*, with second r canceled.
c) T: *quod*.

195^a

Barcelona. 30 July 1258.
Reg. 9, fol. 59v. MF: 190.

In exchange for the villages of Altea castle, which the king has already handed over to the Muslim rebel al-Azraq ('when We recently made a peace and treaty with him, and the same al-Azraq returned to Us all the castles he was holding in the kingdom of Valencia'), the crown puts Berenguer de Montcada [Moncada] 'in bodily possession' forever of 'all those caravanserais [foreign-merchant quarters: *alfóndecs*] and buildings and [work]shops which we have in the city of Barcelona, adjoining the seashore,' with the charters of alodial exemption and protection under which the king's deceased relative Nunyo (Nuno) Sanç [Nuño Sánchez] of the comital house of Roussillon had held them, and with the 160 Alfonsine morabatins in rent retained by the crown when granting an extended lease (*emfiteusi*) to Pere [Pedro] de Llisac, and with the bakery, plazas, 'frontages, floors, roofs, upper additions, entrances, doors, basements, sewers, lookouts, lamps, [or projecting] windows,' and all appurtenances, revenues, rights, and options. Of establishments in the complex, one is bounded on the east by the buildings of Marimon de Plegamans, on the west by those of Berenguer Durfort, on the south by those of Jaume (Jacme) Pellisser [Jaime Pelizero, or perhaps merchant in hides] along a public road, and on the north by a public road. Another lies on the public road 'toward the other fonduk,' and on public roads along the other sides. The third faces the seashore on the south and public roads on the other sides. A fourth adjoins the properties of Marimon and of Pere de Sitges on the east and public roads on the other sides. A fifth, held for the crown by Pere Ferriol [Ferreolo] and Rotlan

DOCUMENT 195

[Roldán], borders Marimon's holding on the east and public roads on the other sides.

\Noverint universi quod nos Iacobus[b] [etc.]/ per nos et nostros damus et concedimus, per alodium franchum* et liberum, vobis Berengario de Montecathano[c] et vestris in perpetuum, omnia illa alfondica*[d] et domo[s] et operatoria que nos habemus in civitate Barchinone iuxta litus maris cum furno qui est in uno ipsorum, et cum voltis* et domibus, locis et plateis et operatoriis,[e] et omnibus aliis dictis alfondicis et domibus et furno et operatoriis pertinentibus; et cum illa franchitudine et guidatico* et privilegio, quod dompno Nunoni Sancii quondam concessimus in predictis; sicut ea omnia prefatus dompnus Nuno Sancii, bone memorie[f] karissimus consanguineus noster olim defunctus, a nobis impetravit et in cartis inde sibi confectis plenius continetur; et sicut ipse dompnus Nuno Sancii eadem omnia melius habuit, tenuit, et possedit, et nos habuimus et tenuimus usque modo; et cum illis centum sexaginta morabatinis* alfonsinis quos nos in predictis alfondicis censuales retinuimus quando ea in emphiteosim* dedimus Petro de Lissacho et suis sub censu predicto.

Quorum alfondicorum cum domibus et operatoriis et plateis: unum cum furno confrontatur ab oriente in domibus Marimundi de Plicamanibus, a meridie in carraria* publica, ab occidente in domibus Berengarii Durfortis, [et] a circio in domibus Iacobi pellipariis[g] in via publica. Item, medium alfondicum cum eiusdem domibus et operatoriis et plateis confrontatur ab oriente, a circio, et occidente in viis publicis, et a meridie similiter in via publica versus aliud alfondicum. Item, tercium alfondicum, cum voltis, domibus eiusdem, operatoriis, et plateis, confrontatur ab oriente in carraria publica, a meridie in litore maris, [et] a circio et occidente in viis publicis. Item, domus cum earundem operatoriis et plateis, que se tenent cum honore* Marimundi, confrontantur ab oriente in honore ipsius Marimundi [et in] tenedore* Petri de Cigiis, [et] a meridie, circio, et occidente in viis publicis. Item, domus cum operatoriis et plateis, quas Petrus Ferriol et Rotlandus tenent pro nobis, confrontantur ab oriente in tenedore Marimundi, [et] a meridie, circio, et occidente in viis publicis.

Predicta siquidem alfondica cum furno, voltis, et domibus, operatoriis et plateis, usque in undis maris, et cum guidatico et franchitudine earundem domorum et alfondicorum, et locis, plateis, et operatoriis, et aliis ad predicta pertinentibus, et cum introitibus, exitibus, affrontacionibus, solis, tectis, superpositis, ostiis,[h] ianuis, foveis, cloacis, aspectibus, lucernis, fenestris, et aliis servitutibus, tabulis, anuanis,* stillis, stillicidiis, ademprivi[i]s, cum melioramentis factis et faciendis, et cum aliis iuribus et pertinenciis suis omnibus a celo usque in abissum, et censum predictorum centum sexaginta morabatinorum alfonsinorum, cum toto dominio, laudimio,* et fatica,* ac quolibet alio iure nostro, damus et concedimus vobis et vestris in perpetuum per franchum alodium proprium et liberum, ad habendum, tenen-

DOCUMENT 196

dum, possidendum, et expletandum, dandum, vendendum, alienandum, impignorandum, et ad omnem vestram vestrorumque voluntatem cui et quibus volueritis libere perpetuo faciendam absque aliquo nostro nostrorumque vinculo et retentu.

Mittentes vos et vestros successores de presenti, cum hoc publico instrumento perpetuo valituro, in corporalem possessionem tamquam in rem vestram perpetuam; promittentes vobis per nos et nostros quod faciemus vos et vestros omnia predicta et singula habere, tenere, et possidere in perpetuum franche, libere, et in pace sicut ea melius nos [et] predictus Nuno Sancii habuimus, tenuimus, et possedimus, et sicut in instrumentis que inde de omnibus dicto Nunoni Sancii concessimus lacius et melius continetur. Et de firma et legali eviccione, obligamus inde vobis et vestris omnia bona nostra.

Hanc autem donacionem vobis facimus in concambium et emendam* alqueriarum*i castri de Altea, quas a vobis habuimus et accepimus; et easdem dedimus Aladracho, quando nuper fecimus pacem et composicionem cum eo et ipse Aladrachus reddidit nobis omnia castra que tenebat in regno Valencie.

Datum Barchinone, tercio kalendas Augusti, anno domini MCCL octavo.

a) Modern title (imitation medieval script): *Donatio Berengarii de Montecatheno*; continued in different hand: *in Barcelona*. IP flourish. In left center margin: *nichil*. At upper left: *Librada certificación en 12 Agosto 1841*. Spotting, due to ink spread.
b) Inserted at left, above text (false start?).
c) Penultimate vowel merely indicated: cf. modern title; but the derivation is from Mons Scatanus (from *scatere*) via Mons-cadanus.
d) T: *alfun-*, harmonized with consistent spelling below.
e) Corrected clumsily from singular.
f) T: *bona memoria*.
g) If surname, capitalize.
h) T: *ho-*.
i) T: *alquar-*.

196a

Barcelona. 12 August 1258.
Reg. 9, fol. 62v. MF: 191.

Takes buildings and four jovates of land in Mitjanet (? Medianet) village of Almenara district from Domènec Llop(is) [Domingo López] de Portolés, giving him in exchange the crown farm in Murviedro district previously belonging to Pere de Na Miquela [Pedro de Doña Micaela], 'with the water which irrigates it and with a house and a certain mill'; the Murviedro farm is bounded by the farm of Sanç Sabater's sons [Sancho Zapatero], by that of Justa, the wife of the deceased crown agent (*porter*) Bartomeu [Bartolomé], and on the east by 'the public [irrigation] canal.' Fraud in this exchange, if detected within a year by the crown, will void the contract.

DOCUMENT 197

Quod nos Iacobus dei gracia etc., in concambium domorum et illarum quattuor iovatarum* terre, quas vos Dominicus Luppi de Portoles habetis in alcheria* que vocatur Medianet que est in termino de Almenara, per nos et nostros damus et concedimus vobis predicto Dominico Luppi totum illum ortum* nostrum qui fuit Petri de Na Michaela[b] qui est in termino Muriveteris, sicut confrontatur[c] ab oriente in cequia* publica, et in orto Iuste uxoris quondam Bartholomei portarii* nostri, et in orto filiorum Sancii Sappaterii.

Predictum i[t]aque ortum, cum aqua qua rigatur et cum domo et quodam molendino quod ibi est, habeatis vos et vestri cum introitibus, exitibus, affrontacionibus et suis pertinenciis universis, ad dandum, vendendum, impignorandum, alienandum, et ad omnes vestras voluntates et vestrorum cuicumque vos volueritis in perpetuum faciendas; exceptis clericis et personis religios[is].

Iam dictum itaque concambium vobiscum facimus sub ista condicione quod, si nos possemus ostendere[d] hinc ad unum annum fore deceptos in predicto concambio, presens instrumentum nullius sit valoris.

Datum Barchinone, II idus Augusti, anno domini MCCL octavo.

a) Modern title: *Comcambium Dominici Luppi de Portoles*. IP flourish. Left margin: *nichil*.
b) T: *Michla* with overstroke. MF toponym: only Medianat.
c) T: plural.
d) T: *ho-*.

197a

Barcelona. 13 August 1258.
Reg. 9, fol. 60v. MF: 192.

Establishes Pere [Pedro] Mercer 'guardian and administrator of all goods' belonging to his younger brothers Bernat Domènec [Bernardo Domingo] and Guillemó [Guillermito], in accordance with the last will of their deceased father Bernat Mercer. He is to restore their property only after they reach their majority. The justiciar of Valencia city is to respect and support this arrangement, despite any contrary local law in the code of Valencia.

Quod nos Iacobus etc. constituimus te, Petrum Mercerium,[b] tutorem et a[d]ministratorem bonorum omnium pertinencium Bernardo Dominici et Guillemoni[c] fratribus tuis, filiis quondam Bernardi Mercerii, prout dictus pater tuus et ipsorum ordinavit in sua ultima voluntate; ita quod tu bene et fideliter a[d]ministres et gubernes bona dictorum pupillorum [quo]usque perveniant ad etatem perfectam, et tunc et non aliter tenearis eis tradere omnia bona eorum.

Mandantes iusticie* Valencie presenti et futuris[d] quatenus te nec bona tua non compellant ad reddendum seu restituendum dictis pupillis, vel alicui alii nomine ipsorum, aliqua bona eisdem pertinencia racione patris sui, quousque compleverint [a]d etatem perfectam, non obstante aliquo foro* Valencie, cum bona dictorum pupillorum velimus in omnibus conservare et non in aliquo diminuere.

Datum Barchinone, idus Augusti, anno domini MCCL octavo.

a) Left margin: *nichil*.
b) For: *Mercerii*, a surname rather than only the trade of 'draper'?
c) T: G\one/; less probably *Guidoni* or *Gui-tone*; the original G points to Guillem, the later addition then specifying. Cats. (CDR): Guillermona.
d) Malform: *is* run into one letter.

198a

Barcelona. 13 August 1258.
Reg. 9, fol. 60v. MF: 193.

Presents to Arnau [Arnaldo] de Romaní 'the whole lordship and all Our rights' and revenues, exempt and forever, to keep or to alienate, at Beniparrell and its district, a village of Valencia city. If the place is currently yielding the crown more than a hundred Valencian sous yearly, however, the grant is void and the property reverts.

\Noverint universi/[b] quod nos Iacobus etc. per nos et nostros damus et concedimus per hereditatem propriam, francham,* et liberam vobis, Arnaldo de Romanino, et vestris in perpetuum totum dominium et omnia iura nostra, reditus, et exitus que nos habemus, et habere possumus vel debemus, quolibet modo vel qualibet racione in Beniperrel,[c] alcheria* Valencie, et terminis et pertinenciis suis; ita quod dominium predicte alcherie et omnia iura nostra, reditus, et exitus eiusdem habeatis, teneatis, possideatis, et expletetis vos et vestri in perpetuum ad vendendum, impignorandum, dandum, alienandum, et ad omnes vestras et vestrorum voluntates cuicumque volueritis perpetuo faciendas, exceptis clericis et personis religiosis.

Hanc autem donacionem et concessionem vobis facimus sub hac condicione quod, si reditus et exitus nostri ipsius alcherie valent nunc nobis ultra centum solidos regalium in anno predicto,[d] donacio et concessio nullius sit valoris; immo in dominium nostrum et proprietatem libere revertatur.

Datum Barchinone, idus Augusti, anno domini MCCL octavo.

a) Original title: *Donacio iuris cuiusdam alcherie in Valencia*. IP flourish. In left margin: *nichil*. Top right: *Librada certificación en 2 Abril de 1842*.
b) Afterthought, or false start.
c) Normally *Beniparrel*.
d) Sic: unspecified above.

199a

Barcelona. 13 August 1258.
Reg. 10, fol. 72. MF: 194.

Instructs the crown notary Arnau [Arnaldo] de Bosc to pay the Barcelona citizen Bernat Aimeric [Bernardo Eimerico], out of profits from 'the coinage We are currently causing to be struck at Barcelona,' the debts incurred at Valencia and described here in a repetition of doc. 183, plus 80 sous for a deluxe fur lining (marten or squirrel) (*pen(n)a vair*) the king bought from Bernat, all to a total of 2,680 Valencian sous.

Recognoscimus et confitemur debere vobis Bernardo Aimerici, civi Barchinone, et vestris duo milia sescentos octoginta[b] solidos regalium Valencie.

Quo[rum][c] mille trecentos solidos vobis debemus pro missionibus et expensis quas fecistis, mandato nostro, in veniendo ad nos usque Valenciam et in redeundo de Valen[cia][c] usque Barchinonam. Et mille trecentos solidos debemus vobis pro quattuor bestiis quas a vobis emimus et habuimus in Valencia. Et residuos octoginta[b] solidos d[e]bemus vobis pro quadam pena*[d] varia* quam a vobis emimus et habuimus. Que duo milia sescenti octoginta[b] solidos regalium assignamus vobis habendos et percipiendo[s][c] in presenti moneta quam cudi facimus in Barchinona.

Mandantes Arnaldum de Boscho notario nostro quatenus, de predictis duobus milibus sescentis octoginta solidis \regalium/,[e] integ[re][c] solucionem vobis et vestris faciat, non expectato[f] nostro alio mandamento.

Datum Barchinone, idus Augusti, anno domini MCCL octavo.

a) Trimmed down right, with loss of letters; holed at bottom right.
b) T: *sexc-, octuag-*.
c) MSup.
d) Sic.
e) Above deleted: *relgm*.
f) T: *sp-*.

200a

Barcelona. 14 August 1258.
Reg. 9, fol. 65rv. MF: 195.

Pre-ratifies any agreement, purchase, exchange, or other method by which Berenguer de Montcada [Moncada] 'can recover from [the Muslim rebel] al-Azraq or his heirs or relatives or anyone else' village(s) in the Altea district 'and restore it or them to the ownership of [Altea] castle' (which he holds 'as a free and frank alod' by a charter with the king's seal, hereby confirmed). Voids any attempt by others, except the crown, to acquire the village(s). 'Stipulates' that recovery in whole or part by Berenguer cannot nullify his acquisition of three fonduks or caravanserais (and two allied

DOCUMENT 200

properties) at Barcelona, given to him by the king in exchange for these very villages in doc.195, another charter with the royal seal.

Per nos et nostros successores, concedimus et promittimus vobis, Berengario de Montecathano,[b] quod vos et vestri possitis ab Aladracho, vel consanguineis eius vel quibuslibet aliis, recuperare alcherias* castri de Altea quod est in regno Valencie, vel illarum aliquam quas sibi nuper dedimus in composicione[c] quam fecimus cum eodem, scilicet per empcionem, permutacionem, composicionem, vel per quemlibet alium modum, et easdem vel eandem reducere ad proprietatem castri vestri predicti. Et quamcumque empcionem, permutacionem, composicionem, vel recuperacionem de predictis alcheriis vel earum aliqua [cum eis][d] feceritis, nos ratam in perpetuum per nos et nostros habere promittimus atque firmam.

Promittimus eciam vobis firmiter [quod nos][d] non sustinebimus nec senciemus[e] quod aliquis alius preter vos et vestros possit emere a predicto Aladracho, [heredibus, vel][d] consanguineis suis, vel quibuslibet aliis, predictas alcherias vel aliquam illarum, nec habere per composicionem aut [donacionem][d] [fol.65v] vel per quamcumque aliam racionem vel causam. Quod si c[o]ntingeret, volumus et promittimus vobis et vestris, tam ex n[unc] quam ex tunc, quod nullum habeat valorem nullamque firmitatem; excipimus tamen personam nostram tantummodo. Im[mo] volumus quod carta, quam a nobis de predictis alcheriis et de predicto castro habuistis plumbatam, plenissimam in omnibus et perpetuo obtineat firmitatem.

Volumus eciam et promittimus vobis et vestris per firmam stipulacionem quod si vos vel vestri recuperatis a dicto Aladracho, heredibus, vel consanguineis eius, vel quibuslibet aliis, dictas alcherias vel illa[rum] aliquam in toto vel in parte[f] aliquo modo vel aliqua racione, quod propter hoc non revocetur in aliquo vel auferatur vobis vel vestris a nobis vel nostris in toto vel in parte illud quod vobis dedimus in Barchinona, videlicet tria alf[on]dica* cum furno, domibus, operatoriis, plateis, censualibus, et omnibus aliis pertinenciis eorum, sicut in instr[umento] a nobis vobis facto et cum nostro sigillo plumbato roborato melius et plenius continetur. Immo totum illud predictum sit vestrum propri[u]m et liberum et franchum* alodium, et vestrorum, omni tempore ad faciendas inde vestras libere voluntates.

Donacionem quorum[g] omnium predictorum vobis fecimus, racione concambii dictarum alcheriarum castri vestri de Altea superius memorati.

Datum Barchinone, XIX kalendas Septembris, anno domini MCCL octavo.

a) Modern title: *Concessio Berengarii de Montecatheno*. IP flourish. Upper left margin: *nichil*. Right side trimmed at bottom, losing some words.
b) Not -*theno* (abbrev.): see doc. 195, note c.
c) T: -*coem*, with stroke over last letters; for -*cionem*?
d) MSup.

e) T: *-ntiemus*, unambiguous departure from *ci* practice.

f) T: *totum vel in partem*.

g) Sic.

201

Barcelona. 20 August 1258.
Reg.10, fol.73v. MF: 196.

Recovers the original debt bond of 2,477 Valencian sous, 'for wine we had got' from the Valencian citizen Guillem de Font [Guillermo de la Fuente] and issues this new bond for the unpaid residue, 977 sous.

Recognoscimus et confitemur nos debere tibi Guillelmo de Fonte, civi Valencie, DCCCCLXXVII solidos regalium Valencie; qui remanent ad solvendum tibi de II milibus CCCCLXXVII solidis regalium Valencie, quos tibi debemus cum alio albarano* quem recuperavimus a te, pro vino quod a te habueramus.

Quos denarios omnes promittimus tibi solvere in pace et sine alia dilacione.

Datum Barchinone, XIII kalendas Septembris, anno domini MCCLVIII.

202ª

Barcelona. 20 August 1258.
Enclosure: Valencia. 21 July 1240.
Reg.9, fol.63rv. MF: 197.

Rectifies and replaces a grant. The crown had awarded in perpetuity to Garcia de Puig [Don García del Pueyo] the Valencian castle and town of Dos Aguas (Catalan Dosaïgues). On 21 July 1240 in 'a charter prepared and written at Valencia city' (and recopied here in full), the crown recovered this and gave in exchange a number of places between (but to the west of) Jaca and Huesca in the kingdom of Aragon proper, with their districts and inhabitants: the castle and town of Marcuello, and the towns of L(l)inás de Marcuello (Linares), Sarsamarcuello (Sarasa), nearby Pequera, and Saltiellos. As a supplement, Garcia received some houses (*casas*), a farm, and nine jovates of irrigated land in the district of Algirós in Alcira. Finding that it cannot deliver the Algirós lands, the crown has reached an accord with Garcia, 'has recovered and torn up' that first charter, and here attaches a replacement, nearly identical in wording but without the Algirós gifts. The formulas include: 'grazing, grass, wood, forests, woods, waters, ovens, mills, fishing, hunting, and with tallies, hospitality tax, demands, court fees, fines, leases, and road labor [*feinades* or *fazenderas*?], and with army and raid service and their commutations, and with moneyages' and all Our rights.

DOCUMENT 202

Per nos et nostros recognoscimus et confitemur quod, in concambium et permutacionem castri et ville de Dos Aguas—quod est in regno Valencie, quod vobis Garcie de Podio dederamus et vestris perpetuo—dedimus vobis et vestris perpetuo cum carta nostra quam a nobis habuistis (que carta fuit facta et scripta apud Valenciam, XII kalendas Augusti anno domini MCCXL) castrum et villam de Marcuello, et villam de Linares, et villam de Sarasa, et villam de Saltiellos, et villam de Peguera, que sunt in regno Aragonie, cum omnibus terminis et [pertinenciis]^b suis et cum omnibus hominibus et feminis ibi habitantibus et habitaturis.

Et sicut in dicta nostra carta quam inde a nobis habebatis [continebatur],^{b} debebamus vobis dare in complementum dicte emende* et permutacionis quasdam domos et quendam ortum* et IX iovatas* terre [in regadivo]*^{b} in Algezira, in termino de Algeros. Et quia dictas domos et ortum et IX iovatas terre vobis in dicto loco non dedimus nec dare [potuimus, et]^b de ipsis vobiscum composuimus, idcirco supra dictam cartam, quam de predictis omnibus a nobis habebatis, recuperavimus et eam scindimus. [Tenor tamen]^c ipsius [*fol.63v*] carte talis erat:

Noverint universi quod nos Iacobus dei gracia etc. pro castro et villa que dicuntur^d Dos Aguas, quod^e vobis Don^f Garcie^g de Podio dederamus in hereditatem, damus vobis in cambio castrum et villam de Marcuello, et villam de Lina[res], et villam de Sarasa, et villam de Saltiellos, et villam de Peguera, cum omnibus hominibus de Marcuello et de predictis villis, et cum omnibus suis terminis et pertinenciis universis eremis^h et populatis, et cum omnibus hominibus ibi habitantibus et habitaturis, et cum pratis, pascuis, herbis et aquis, furnis et molendinis, lignis et silvis et nemoribus, introitibus et exitibus, a celo in abissum, et cum peitis*^{i} et cenis, pedidis,*^{i} iusticiis, caloniis,* precariis, et facendariis, et cum exercitibus et cavalcatis et eorum redempcionibus, et cum monetaticis et redempcionibus eorundem, et cum omnibus nostris iuribus, que ibi habemus vel habere debemus de consuetudine et de iure.

Et damus vobis cum omnibus istis, unas casas et unum ortum et IX iovatas^k de terra in regadivo* in Algezira, in termino de Algeros.

Et istud castrum, videlicet de Marcuello, cum predictis villis et cum predictis casis et orto et hereditate vobis damus ad habendum, tenendum, possidendum, expletandum, dandum, vendendum, impignorandum, alienandum, et ad omnes vestras vestrorumque voluntates cuicumque volueritis perpetuo faciendas, exceptis clericis et viris religiosis.

Datum Valencie, XII kalendas Augusti, anno domini MCCXL.

Donacionem itaque, quam vobis fecimus de predictis castro et villa de Marcuello, et villa de Linares, et villa de Sarasa, et villa de Saltiellos, et villa de Peguera, cum omnibus terminis et pertinenciis eorundem in emenda et permutacione dicti castri et ville de Dos Aguas, laudamus et concedimus et perpetuo confirmamus; dantes et concedentes vobis et vestris per nos et nostros in perpetuum per hereditatem propriam, francham,* et liberam, in concambium et permutacionem dicti castri et ville de Dos Aguas et terminorum suorum, castrum predictum et villam de Marcuello, et villam de Linares, et villam de Sarasa, et villam de Saltiellos, et villam de Peguera, cum omnibus terminis et pertinenciis suis, et cum omnibus hominibus et feminis ibi habitantibus et habitaturis, et cum pratis, pascuis, herbis, lignis, silvis, nemoribus, aquis, furnis, molendinis, piscacionibus, venacionibus, et cum peitis, cenis, pedidis,ʲ iusticiis, caloniis, precariis, facendariis, et cum exercitibus et cavalcatis et eorum redempcionibus, et cum monetaticis, et cum omnibus aliis iuribus nobis et nostris ibi et inde pertinentibus et pertinere debentibus, quolibet modo vel qualibet racione, ad habendum, tenendum, possidendum, et expletandum, et ad dandum, vendendum, impignorandum,ˡ et alienandum, et ad omnes vestras vestrorumque voluntates cui et quibus volueritis franche et libere perpetuo faciendas, sine aliqua retencione nostra et nostrorum et cuiuslibet alterius persone, prout melius dici potest et intelligi ad vestrum et vestrorum commodum et bonum intellectum; hoc tamen excepto quod predicta vel aliquid de predictis vos vel vestri non possitis umquam vendere, dare, vel obligare clericis vel personis religiosis.

Datum Barchinone, XIII kalendas Septembris, anno domini millesimo CCLVIII.

a) Modern titles: *Concambium; Garcie de Podio*. IP flourish. Left margin: ⟨II⟩ *solidi*. Right side trimmed, losing words.
b) MSup.
c) MSup.: *tenore tamen.*
d) T: -*citur.*
e) Sic.
f) Holed; improbably *den (d'En)*, a genitive. As Don, the Aragonese knight would have the surname (toponym) Pueyo as in the abstract here (cf. docs.131, 440).
g) T: -*cia.*
h) T: *he-.*
i) Rare spelling, without y, seemingly *pectis.*
j) T: *pedidiis.*
k) T: -*adas.*
l) Deleted: *et ad.*

203a

Montpellier. 9 December 1258.
Reg.10, fols.86v-87. MF: 198.

Records a free-will loan of 7,242 Valencian sous and six pennies (*diners*) from the citizen of Valencia Guillem [Guillermo] de Plana 'while We were in the siege of Alcalá against [the Muslim rebel] al-Azraq,' and assigns for repayment full control of Peñíscola castle and town indefinitely, with the district, villages, and crown revenues from Christians and Muslims. Promises not to assign other debts there meanwhile, or to interfere or take any part of the income. Guillem is to garrison the castle with six men at 150 sous each yearly, at the crown's expense.

Per nos et nostros recognoscimus et confitemur nos debere vobis Guillelmo de Plana, civi Valencie, septem milia ducentos quadraginta duos solidos et VI denarios regalium Valencie, quos nobis in Valencia pro bono amore causa mutui tradidistis, dum eramus in obsidione de Alcalano contra Alaçrach.

Pro quibus trad[[i]]mus et obligamus vobis in presenti castrum nostrum et villam de Panischola, cum omnibus alcheriis,* terminis, et pertinenciis suis, et cum omnibus aliis reditibus et exitibus et proventibus ac iuribus nostris que in [predic]to castro et villa et alcheriis et terminis eiusdem, a Christianis et Sarracenis ibi habitantibus et habitaturis, debemus percipere quoquo[modo]. Ita[b] quod vos dictum castrum et villam, cum alcheriis, reditibus, et exitibus suis, et aliis proventibus universis, tanto tempore teneatis quousque de predictis denariis vobis et vestris sit in eisdem plenarie[c] satisfactum.

Et promittimus vobis et vestris, in fide et legalit[[a]]te nostra, quod in predicto castro et villa et alcheriis eiusdem et in reditibus et exitibus suis, aliquid non tangemus[d] nec accipiemus, nec tangi vel percipi ab aliquo faciemus, nec assignacionem aliquam alicui faciemus, quousque de predictis septem milibus ducentis quadraginta duobus[e] solidis et VI denariis[f] regalium vobis et vestris sit integre satisfactum.

Et volumus et concedimus vobis quod numquam ipsum castrum nec villam[g] nobis nec alicui alii tradere sive reddere teneamini, quousque de tota [*fol.87*] [predicte][h] pecunie quantitate sit vobis integre satisfactum; et quod nos vel aliquis nostrum non possimus vobis dicere [malum], si ip[sum] castrum[i] retinueritis,[j] et illud nobis vel alii pro nobis non trad[id]eritis, donec essetis de predicta pecun[ia] integre persoluti.

Et si forte, quod absit, dictum castrum amiseritis aliqua causa vel racione sine culpa vestra, nos incontinent[i] teneamur illud vobis restituere, aut solvere pecuniam ante dictam aut illud quod inde remanserit ad solvendum. Concedimus eciam vobis quod in dicto castro teneatis sex homines, pro quorum quolibet promittimus vobis dare centum quinquaginta solidos in anno.

Datum apud Montempessulanum, V idus Decembris, anno domini MCCLVIII.

a) Fol. 87 cropped at upper left and right; holed. On the name Plana, see doc. 112n.
b) T: *ita* with otiose overstroke.
c) Deleted: *satisfactum* (of two).
d) Apparent erasure here is a space skipped by the scribe because blottings from a line on the opposite folio had transferred.
e) T: *duos.*
f) Probably: *denarios.*
g) Deleted: *nec alcheriis.*
h) MSup.
i) Deleted: *reteritis.*
j) T: *reteneritis*, but *er*-sign is over second t.

204a

Montpellier. 13 December 1258.
Reg.10, fol.90. MF: 199.

The crown owes 4,000 Valencian sous to Abū Zayd, ex-ruler of Islamic Valencia and now baron of the crown; Abū Zayd in turn owes an equal sum to Berenguer de Plana and has assigned Ibi castle to him for repayment. To simplify this cross-indebtedness and to take control of Ibi, the crown assumes the debt to Berenguer, orders him 'now [to] hand over' Ibi to Garcia Pere (Peris) [García Pérez] de Castalla ('who will henceforth hold that castle for Us'), and reassigns Berenguer's 4,000 sous on the revenues of Peñíscola castle and town. Since Berenguer's brother Guillem already holds exclusive control of Peñíscola (see doc.203), Guillem is to extend the length of his tenure to cover the additional debt of Berenguer.

[Iacobus][b] etc. confitemur et reco[g]noscimus [no]s debere vobis Berengario de Plana,[c] civi Valencie et vestris quattuor milia solidorum regalium. [Pro quibus][b] constituimus nos debitores et paccatores* vobis, pro Çeyt Abuzeyt cui eos debebamus; et ipse eos vobis debebat et inde vobis [obligaverit][b] castr[um] de Ybi, quod castrum vos nunc de mandato nostro traditis Garcie Petri de Castalla, qui ipsum castrum de cetero tenebit pro nobis. Que IIII[d] milia solidorum regalium assignamus vobis et vestris habenda et percipienda in omnibus reditibus, exitibus, et proventibus n[ostr]is castri et ville de Paniscola.

Ita quod Guillelmus de Plana frater vester teneat dictum castrum et vill[a]m et percipiat omnes reditus, exitus, et proventus dicti castri et ville et aldeiarum* suarum et terminorum eorundem, ut in carta quam sibi fecimus continetur, tanto tempore et tam diu quousque ipse sit solutus de debito quod ei debemus, pro quo predicta sibi obligavimus, et quousque in eisdem reditibus, exitibus, et proventibus nostris de supra dicta quantitate pecunie vobis sit similiter integre satisfactum.

Datum apud Montempessulanum, idus Decembris, anno domini MCCL octavo.

a) Trimmed at upper right and left, with text loss. Some overtracing in first line? On the name Castalla, see doc. 31, note b. On Plana, see doc. 112, note a.
b) MSup.
c) Malform, seeming *Plano*.
d) T: *IIII*or.

205

Nîmes. 4 January (1258)a 1259.
Reg.10, fol.106v. MF: 200.

Acknowledges a debt of 900 Jaca sueldos to the king's esquire Joan Gallec [Juan Gallego] for the horse the king took from him and gave to the son of the castellan (or perhaps of the *qā'id*) of Castellón 'when We made him a knight.' Another debt of 300 sous of Maguelonne is for a light riding horse of middling quality (*rossí*) Joan loaned to the Muslims surrendering Alcalá castle; the *rossí* had died carrying away their burdens.

Recognoscimus nos debere tibi, Iohanni Gallego scutifero nostro, nongentos solidos iaccenses pro uno equo quem habuimus a te et dedimus filio alcaidi* de Castello quando ipsum fecimus militem.

Et debemus tibi CCC solidos malgurienses pro emenda* cuiusdam roncini* tui, quem de mandato nostro accommodasti Sarracenis de Alcalano quando ipsum castrum nobis reddiderunt, et dictus roncinus tunc deferendo dictas res obiit. Quos denarios promittimus tibi solvere in pace.

Datum apud Nemse, II nonas Ianuarii, anno domini MCCL octavo.

a) MI puts all the visit to southern France in early 1259, with the king at Barcelona, Tarragona, and Tortosa during the corresponding months of 1258.

206a

Montpellier. 8 January (1258) 1259.
Reg.10, fol.92. MF: 201.

Requires the lieutenant for Valencia, (E)ximèn [Jimeno (Eximeno)] de Foces to enforce at law delivery to the royal scribe Pere [Pedro] de Capellades, or in his place to Ramon de Riusec [Ramón de Rioseco], of two jovates of land Pere had bought in Valle de Segón from the executors of the deceased Pere de Na Miquela [Pedro de Doña Micaela] but which the crown surveyor for Murviedro had disallowed as exceeding his claim. The crown does this favor in compensation for two jovates it owed Pere in Uxó.

Iacobus etc. viro nobili et dilecto Eximino de Focibus, tenenti locum nostrum in regno Valencie, salutem et dileccionem. Sciatis quod damus Petro de Capellades scriptori nostro illas duasb iovatas* terre quas illi qui sogueiaverunt* hereditates terminorum Muriveteris invenerunt ipsum magis tenere quam debebat in valle de Segon, in illa videlicet hereditate quam emit a manumissoribus testamenti quondam Petri de Na Miquela.c Et dictas duas iovatas eidem damus et dimittimus, in emenda* duarum iovatarum terre quas eidem dare tenebamur in termino de Uxo.

DOCUMENT 207

Quare mandamus vobis quatenus predictas II iovatas permittatis et faciatis ipsum \Petrum/ de Capellades tenere, habere, et pacifice possidere. Et compellatis ac distringatis manumissores predictos testamenti quondam dicti Petri de Na Miquela,[c] et heredem dicti Petri de Na Miquela,[c] et omnia bona que fuerunt quo[n]dam dicti Petri de Na Miquela,[c] quod faciant emendam dicto Petro de Capellades, statim sine mora, et loco eius Raimundo de Riusech, de dictis duabus iovatis, ac si ipsas nos eidem abstulissemus, vel quod faciant inde sibi statim sine mora in posse vestro iusticie complementum. Et hoc non mutetis aliqua racione.

Datum apud Montempessulanum, VI idus Ianuarii, anno domini MCCL octavo.

a) IP flourish, cropped. Series of spots disfigures top third of manuscript, bleeding from blurred ink on verso; but text is clear. On the date, see doc. 205, note a.
b) Corrected by heavy overwriting.
c) T: *Miqla* with overstroke. Cf. Catalan *Miquela* and Latin *Michaela*.

207a

Montpellier. 17 January (1258) 1259.
Reg.10, fol.48v. MF: 202.

The king gives his cook Pere [Pedro][b] an open site near Valencia city's market, adjoining the buildings or plot of the veterinary (*manescal*) Guillem Ricard [Guillermo Ricardo] and of the same length and width; he holds it tax free, to dispose of at will or to raise 'houses or all other kinds of edifices.'

Quod nos Iacobus dei gracia rex Aragonum etc. per nos [et nostros da]mus et concedimus tibi Petro,[b] coquinario nostro, et t[uis] in perpetuum tantum de illa placia* nostra terre sive patuo quod est prope mercatum civ[it]atis Valencie, iuxta domos sive patuum terre quod Guillelmus Ricardi menescal[l]us* ibi habet, quantum tenent in longitudine et lat[i]tud[ine] domus predicte sive patuum terre predicti Guillelmi Ricardi.

Quam placiam sive patuum terre habeatis tu et tui in perpetuum per hereditatem propriam, francham,* et liberam, ad constituendum ibi domos et omnia alia quecumque edificia[c] volueritis, et ad dandum, vendendum, impignorandum, alienandum, et ad omnes vestras et vestrorum voluntates cui et quibus volueritis libere et franche perpetuo faciendas, exceptis militibus, clericis, et personis religiosis.

Datum apud Montempessulanum, XVI kalendas Februarii, anno domini MCCL octavo.

a) Left margin, center: *nichil*. IP flourish. Holed badly, especially at upper central text. On the date, see doc. 205, note a.
b) Probably Pere de Ripoll.
c) T: *he-*.

208ᵃ

Montpellier. 13 February (1258) 1259.
Reg.9, fol.55v. MF:203.

Awards Joan [Juan] de Mur fourteen houses at Nuches village in the Jijona region with fourteen nearby jovates (eight of irrigated land, six of dry farming), 'as assigned and bounded' for you by order of the Valencia kingdom's lieutenant through the bailiff of Játiva Pascasi Llop(is) [Pascasio López] and the crown agent Pere Dies (Dias, Diegueç) [Pedro Díaz (Díez)]. Revokes previous titles to the properties, if any, and retains from present and future Muslims there only the head tax of an annual silver besant 'as is the custom throughout Valencia.'

[Per n]os et nostros damus et concedimus per hered[i]tatem propriam, francham,* et liberam vobis, fideli nostro Iohanni de Muro, [et] vestris et cui [vel] ⟨quibus⟩ volueritis, in perpetuum quattuordecim domos in alcheria*ᵇ que vocatur Nahuges que est deᶜ termino de Sexona; et quattuordecim iovatas terre eidem alcherieᵇ con[t]iguas, quarum VIII sunt in regadivo* et VI sunt in seccano*; pro[ut] assignate et terminate vobis fuerunt, de mandato Eximini de Focibus tenentis locum nostrum in regno Valencie, per Pascasium Lupi baiulum Xative et Petrum Diez portarium* nostrum.

Que omnia habeatis vos et vestri, \teneatis/, et possideatis in perpetuum cum introitibus, exitibus, affrontacionibus, et suis pertinenciis universis a celo in abissum, et cum omnibus melioramentis ibi factis et faciendis, ad dandum, vendendum, impignorandum, alienandum, et ad omnes vestras vestrorumque voluntates cuicumque et quibuscumque volueritis perpetuo franche et libere faciendas, exceptis militibus, clericis, et personis religiosis. Revocantes ex certa sciencia donaciones et assignaciones, si que de predictis domibus et iovatis vel de aliquibusᵈ earum facte fuerunt de mandato nostro vel quolibet alio modo quibuslibet aliis personis.

Retinemus tamen nobis et nostris perpetuo quod, de quocumque Sarracenorum illorum qui modo ibi sunt vel de cetero fuerint, habeamus quolibet anno unum bisancium argenti, prout hoc est consuetum facere in regno Valencie. Et ipsi Sarraceni nichil aliud nobis nec nostris, nisi tantum dictum bisancium quolibet anno, dare et solvere teneantur.

Datum apud Montempessulanum, idus Februarii, anno domini MCCL octavo.

a) Modern title: *Iohannis de Muro*. At upper left margin: *Nichil*. Worn, especially at left top. On the date, see doc. 205, note a. MF: de Muro; Nahuges. On the name Dies, see doc. 52, note b.

b) Or *alchar-* (overstroke for central vowel).
c) Sic, not *in*.
d) Understood: *partibus*?

209a

Montpellier. 16 February (1258) 1259.
Reg.9, fol.55v. MF: 204.

Grants to Pere [Pedro] de Capellades the two jovates of Valle de Segón in the Murviedro district described in doc.206, repeating the circumstances elaborated there.

Per nos et nostros damus et concedimus per hereditatem propriam, francham,* et liberam tibi Petro de Capellades et tuis in perpetuum omnes illas duas iovatas* terre que sunt in valle de Segon,[b] termino Muriveteris, que sunt iuxta hereditatem tuam quam ibi habes et quam emisti a manumissoribus testamenti quondam Petri de Na Michaela; et quas duas iovatas terre illi qui sogueiaverunt* hereditatem tuam predictam, de mandato Eximini de Focibus tenentis locum nostrum in regno Valencie, invenerunt in dicta hereditate tua te[c] eas tenere ultra quam tenere debebas.

Quas siquidem duas iovatas terre habeatis, teneatis, et possideatis tu et tui in perpetuum cum introitibus, exitibus, affrontacionibus, et suis pertinenciis universis a celo in abissum, ad dandum, vendendum, impignorandum, alienandum, et ad omnes tuas et tuorum voluntates cui et quibus volueritis franche et libere perpetuo faciendas, exceptis militibus, clericis, et personis religiosis.

Datum apud Montempessulanum, XIIII kalendas Marcii, anno domini MCCL octavo.

a) Modern title: *Donatio Petri de Capallades* [sic] *duas iovatas terre, in termino de Muriveteris* [sic]. IP flourish. On date, see doc. 205, note a.

b) H: *Segoz.*

c) T: *tu*; seems *cum*, because of stroke in word above.

210

Montpellier. 17 February (1258) 1259.[a]
Reg.10, fol.95. MF: 205.

Orders the lieutenant (E)ximèn [Jimeno (Eximeno)] de Foces to put into execution immediately the mass grant of homes and farms Pere Arnau [Pedro Arnaldo] Cortes and his associates (or now their heirs) hold in Senija, Benisa, Morna (for Murla) and Parcent, villages of the Calpe and Pop districts, 'in such wise that We do not see this group or any one of them complaining about this again.'

Iacobus dei gracia rex Aragonum etc. viro nobili et dilecto Eximino de Focibus, tenenti locum nostrum in regno Valencie, salutem et dileccionem.

Mandamus vobis quatenus visis presentibus videatis instrumentum donacionis quam fecimus et fieri mandavimus Petro Arnaldi Cortes,[b] de domibus et iovatis* in alqueriis* que dicuntur Senisa,[c] Beneyça, Morna et Parsen, que sunt in terminis de Calp et de Pop.

Et secundum quod in dicto instrumento contineri videbitis, detis et dari faciatis et assignari statim[d] visis presentibus, omni mora et excusacione remotis, predicto Petro Arnaldi Cortes et sociis suis omnibus, vel heredibus illorum qui mortui sunt, omnes predictas domos et iovatas in dictis alqueriis et terminis[e] earundem.

Et hoc non mutetis nec differatis aliqua racione. Immo taliter faciatis, quod ipsos nec aliquem eorum non videamus super hoc iterum querelantes.

Datum apud Montempessulanum, XIII kalendas Marcii, anno domini MCCL octavo.

a) On the date, see doc. 205, note a.
b) Sic. MF: *Costes* (index: *Cootes*).
c) Or: *-iga* (s overwritten on g?) MF: Semga.
d) Deleted: *secundum quod in dicto instrumento*.
e) Large blot, above.

211

Montpellier. 14 March (1258) 1259.[a]
Reg.10, fol.106. MF: 206.

'For custody and tenure of Perpunchent castle' up to next April 1, orders 2,377 Valencian sous paid to Guillem [Guillermo] de Plana,[b] citizen of Valencia, to be drawn from the same revenues of Valencia city which he already holds in pledge for a previous debt of the crown.

Recognoscimus et confitemur nos debere vobis, Guillelmo de Plana, civi Valencie pro custodia sive retenimento*[c] castri de Perpunyen,[d] a die qua illud emparavistis* pro nobis usque in kalendas Aprilis proximo venturas,[e] duo milia CCCLXXVII solidos regalium Valencie.

Quos assignamus vobis habendos et percipiendos in illis reditibus nostris[f] quos tenetis a nobis pro alio debito, quod vobis debemus pignori obligatos in civitate Valencie. Ita quod ipsos reditus[g] tanto tempore habeatis et teneatis quousque de supra dictis denariis, et de alio debito quod vobis debemus, vobis[h] et vestris sit plenarie satisfactum.

Mandantes baiulo Valencie presenti et futuris quatenus super predictis nullum impedimentum vel contrarium sibi facia[n]t.

Datum apud Montempessulanum, II idus Marcii, anno domini MCCL octavo.

a) On the date, see doc. 205, note a.
b) Cf. doc. 112, note a.
c) Sic.
d) Or: *-nxen*.

e) T: -*ris*; the sign above base *ventis* may have been an error, intending *venientis* (to agree with *Aprilis*). Otherwise, this must be *venturos* or (with April) *venturi*. Abbreviated *kl* permits *in kalendis ... venturis*.

f) Or: *ves*-.
g) Deleted: *tantoq*-.
h) Deleted: *s[it]*.

212

Montpellier. 4 April 1259.
Reg.10, fol.108v. MF: 209.

Allows Gonsal(bo) Ferran(dis) [Gonzal(v)o Fernández] de Medrano (see doc.142), castellan of Vall de Seta and Cherol(l)es, to retain the crown taxes there for as much as the highest bidder would offer. Otherwise he is to surrender them, through the crown agent (*porter*) Bonanat de G(u)ia [Guía], because the crown 'will not tolerate' deception about the bidding price.

Iacobus dei gracia rex Aragonum etc., dilecto suo Gonçalbo Ferrandi alcaido* de [Ç]eta et de Cheroles,ª salutem et dileccionem. Mandamus vobis quatenus, si vultis, retineatis reditus et exitus de Çeta et de Cheroles, pro tanto quanto aliquis ibi dare voluerit. Alias dicta loca desemparetis* nobis, et ea tradatis Bonanato de Gia, portario* nostro maiori.

Et hoc aliquatenus non mutetis, quoniam si de precio dictorum redituum et exituum sumus decepti, illud non sustinebimus nec volumus sustinere.

Datum apud Montempessulanum, [II]ᵇ nonas Aprilis, anno domini MCCL nono.

a) Abbreviation; *Cherolis* possible. Fragment of first letter of *Ceta* lacks cedilla. MF: Cheroles. On identification, see doc. 142, note c.

b) Fragments remain; compare these to same date in the first document on this folio.

213

Montpellier. 4 April 1259.
Reg.10, fol.109v. MF: 210.

Forbids Mataróª to oppose or interfere with the *qāʾid* of Tárbena or with his properties (which he is peacefully to keep as described in his surrender charter), 'so acting as to occasion no complaint from him.'

Iacobus dei gracia rex Aragonum etc. dilecto suo Matarono salutem et dileccionem. Mandamus vobis firmiter quatenus non faciatis impedimentum aliquod vel contrarium alcaido* de Tarbana nec aliquibus bonis suis. Immo faciatis et permittatis ipsum tenere et pacifice possidere omnes hereditates quas a nobis habet, prout in instrumento inde confecto melius videbitis contineri, taliter facientes ne ab ipso querimoniam ullatenus [teneamus].[b]

Datum apud Montempessulanum, II nonas Aprilis, anno domini MCCL nono.

a) A surname; here possibly Ponç or Arnau (de), both knights prominent in King Jaume's Valencia.

b) Scribe omits verb; he may have reread his *tenus*, alone from *ullatenus* on the dateline, for his intended abbreviation *teneamus*.

214

Montpellier. 4 April 1259.
Reg.10, fol.109v. MF: 211.

The crown agent (*porter*) Pere Guillem [Pedro Guillermo] is to warn the Valencia city justiciar, then go to the king at Montpellier for an audit of accounts 'according as Bonanat de G(u)ia [Guía], Our chief agent, will tell you.'

Iacobus dei gracia rex Aragonum etc., fideli suo iusticie* Valencie, salutem et graciam. Mandamus vobis quatenus, visis presentibus, recipiatis caucionem idoneam a Petro Guillelmi portario,* quod s[t]atim veniat ad nos ad reddendum nobis compotum, prout vobis dicet Bonanatus de Gia portarius maior noster. Et hoc aliquatenus non mutetis.

Datum apud Montempessulanum, pridie nonas Aprilis, anno domini MCCL nono.

215

Montpellier. 4 April 1259.
Reg.10, fol.109v. MF: 212.

Warns all officials below the Júcar River to take under their effective protection the livestock of the *qāʾid* Muḥammad and of the *qāʾid* of Planes, al-Muʾadhdhin (Almafudinus),[a] not permitting anyone to trouble their flocks or stock, as long as they are willing to answer at law to any plaintiffs.

Iacobus dei gracia rex Aragonum etc., fidelibus suis baiulis, alcaidis,* et iusticiis,* ac universis aliis officialibus et subditis, nostri regni Valencie a rivo Xuchari ultra, salutem et graciam.

Mandamus vobis quatenus habeatis in vestra custodia et commanda* bestiare alcaidi Mafumet et Almafudini alcaidi de Planes, et non permittatis in dicto ganato* sive bestiario ab aliquibus personis molestiam aliquam fieri vel contrarium in aliquo loco, si confiditis de nostri gracia vel amore, dum tamen dicti alcaidi faciant querelantibus de se iusticie complementum.

Datum apud Montempessulanum, II nonas Aprilis, anno domini MCCL nono.

a) In doc. 221: *Almudinus*.

216ª

Montpellier. 4 April 1259.
Reg.10, fol.108. MF: 213.

Having studied the reports of Bonanat de G(u)ia [Guía], the king discontinues further collection of taxes from Valencian Muslims until St John's day in June, except that the 21 districts listed by name can substitute this reduced schedule. Gia is to postpone settling accounts with the various castellans until the arrival of the king. Meanwhile, the king's lieutenant (E)ximèn [Jimeno (Eximeno)] de Foces will gather information from the Muslims and others, and prepare a report. The king also advises that Artal [Artaldo] de Foces will return his castle (overdue by contract) as soon as he can finish his war with Sanç d'Antilló [Sancho de Antillón] and that Arnau [Arnaldo] de Romaní must surrender Pego castle's crown revenues. Assignees encumbering income must now wait until St John's day in June. Of the districts, Beniopa and Guadalest paid 300 besants each; Alcira, Almusafes, Dos Aguas, and Millares 200 each; Calpe, Cárcer with Sumacárcel, Chulilla, Confrides, Segorbe, and Valencia 100 each; and Murviedro (modern Sagunto) 50. Excused from any payment were Alcocer, Navarrés, Olocaiba (near Pedreguer and Castellet de l'Ocaibe), Pa(i)xarella (near Alberique), Relleu, Ribarroja, and (Vall de) Laguart (on Denia's Girona River, but here perhaps only a modifier or locator for Olocaiba).

[Iacobus]ᵇ dei gracia rex Aragonum etc., fideli portario* su[o] maiori, Bonanato de Guia,ᶜ, salutem et graciam.

Sci[a]tis nos vidisse litteras vestras [et transcriptum]ᵇ quod nobis misistis; et tenorem dictarum litterarum et transcripti diligenter intelleximus. Volumus enim quod alongetis Sarracenos regni Va[lle]ncie de peitis* quas ab eis pro nobis petitisᵈ usque ad festum Sancti Iohannis Iunii proxime venturum, de illis videlicet peitis quas adhuc non collegistis, et recipiatis et habeatis ab eis peitas prout inferius videbitis contineri. Compotum enim alcaidorum volumus quod prorogetur, quousque nos vel Eximinus de Focibus simus in regno Valencie. Interim enim petatis veritatem a Sarracenis et hominibus habitantibus in terminis castrorum que dicti alcaidi* tenent pro nobis, quid et quantum eisdem alcaidis dederunt et illud scribatis taliter quod possitis illud nobis ostendere^c vel dicto Eximino de Focibus.

Sciatis eciam quod propter hoc Artallus de Focibus non restituit vobis castra nostra que restituere tenebatur quia habet guerram* cum Sancio de Antillone; set statim debet fieri composicio inter ipsos, et credimus quod in brevi restituet vobis dicta castra. Interim tamen^f recipiatis vos et colligatis reditus dictorum castrorum, et compellatis omnes illos qui sunt populati in terminis castrorum ad ponendum partem suam in peitis, cenis et aliis regalibus exaccionibus, tam illos videlicet qui sunt de domo nostra quam alios, nisi fuerint milites.

A Sarracenis de Sogorb habeatis tamen pro peita C bisancios, et a Sarracenis Muriveteris L bisancios, et a Sarracenis Valencie C bisancios, et de Xulella C bisancios, de Ribaroya nichil, de Dos Aygues CC bisancios, de Millar CC bisancios, de Almossaffes CC bisancios, de Algezira CC bisancios, de Carçer et de Suma Carcer C bisancios, de Alcozer et de Paçarella et de Navarres et de Releu et de Olocayba [et?] de Alovar nichil, de Calp C bisancios, de Guadalest CCC bisancios, de Confrides C bisancios, de Beniopa CCC bisancios. Et si de predictis quantitatibus bisanciorum aliquid iam habuistis a dictis Sarracenis illud in compotum recipiatis.

Mandamus eciam vobis quod donetis et solvatis Artallo de Focibus, et aliis quibus de dictis peitis solucionem pro nobis facere debetis, omnes predictas soluciones in dicto festo Sancti Iohannis.

Si vendidimus, sicut nobis misistis dicere, Romanino reditus et proventus nostros de Pego per tres annos pro VIII milibus solidorum, petatis ab eo et recuperetis castrum de Pego. Et solvatis eidem statim illa X milia solidorum que nobis accommodavit super castro predicto, non obstante vendicione predicta, si tamen sicut nobis misistis dicere vos daretis quolibet anno octo milia solidorum in predictis reditibus et proventibus, quoniam dicta vendicio si ita est potest revocari, ideo quia facta est ultra dimidiam iusti precii.

Datum apud Montempessulanum, II nonas Aprilis, anno domini MCCL nono.

a) Torn away at top left and right; damp stained along top.
b) MSup.
c) Sic; cf. *Gia* in docs.15 and 46.
d) T: *petititis*.
e) T: *ho-*.
f) Deleted: *non*.

217a

Montpellier. 4 April 1259.
Reg.10, fol.108v. MF: 214.

Advised by Bonanat de G(u)ia [Guía], chief royal agent (*porter*), that the sale of Pego castle to Arnau [Arnaldo] de Romaní for three years for a total of 8,000 sous is less than half Bonanat's bid to pay that much each year, by Roman Law principles voids the contract with Arnau as illegal, transfers Pego to Bonanat, and instructs Bonanat to return the loan or sale price Arnau has deposited.

Iacobus dei gracia rex Aragonum etc., dilec[to] suo Arnaldo de Romanino, salutem et dileccionem. Sciatis quod Bonanatus de Guia[b] portarius* mai[or] misit [no]bis dicere quod nos vendidimus vobis reditus et exitus nostros castri de Pego per tres annos pro octo milibus solidorum, et quod ipse dabit inde nobis in anno octo milia solidorum.

Unde, cum dicta vendicio[c] sit facta ultra dimidiam iusti precii, et nos simus inde decepti, dicimus et mandamus vobis quatenus restituatis et tradatis predicto Bonanato castrum de Pego, ipso tamen solvente vobis totum illud quod remanet vobis ad solvendum de illa quantitate pecunie quam nobis accommodastis super dicto castro. Et hoc nullatenus differatis.

Datum apud Montempessulanum, II nonas Aprilis, anno domini MCCL nono.

a) Worn along right, especially at top corner.
b) Sic; cf. *Gia* in docs.15 and 46.
c) Corrected by scribe's overwriting.

218

Montpellier. 4 April 1259.
Reg.10, fol.109. MF: 215.

Forbids Arnau [Arnaldo] de Romaní to remove from office as *amīn* of Pego the Muslim placed there by the crown, unless he can do this within the law; if he has already removed him illegally, he must immediately restore him.

Iacobus dei gracia rex Aragonum etc., dilecto suo Arnaldo de Romanino, salutem et graciam. Mandamus vobis quatenus non auferatis alaminatum*[a] de Pego illi Sarraceno cui nos dictum alaminatum[a] cedimus et concessimus, nisi hoc facere potestis de iure.

Et si ipsum contra ius inde erescistis,[b] statim visis presentibus in dicto officio eum reducatis. Et hoc aliquatenus non mutetis.

Datum apud Montempessulanum, pridie nonas Aprilis, anno domini MCCL nono.

a) T: *-nat* with overstroke; second declension?
b) Sic; perhaps *erexistis* (for *eripuistis?*).

219

Montpellier. 5 April 1259.
Reg.10, fol.108v. MF: 216.

Bartomeu [Bartolomé] Sellart (Salart)[a] of Burriana has purchased the Muslim woman Fātin and her son Aḥmad from those 'who had kidnaped them at sea', and resold them to the *qāʾid* of Tárbena. (E)ximèn [Jimeno (Eximeno) de] d'Alberó,[b] lieutenant of the king's lieutenant over Valencia, (E)ximèn de Foces, is to force Bartomeu to repay to the *qāʾid* the price of 350 Valencian sous, because that Muslim pair had been under the crown peace (*pallia*).

Iacobus dei gracia rex Aragonum etc., dilecto suo Eximino de Alvero tenenti locum Eximini de Focibus in regno Valencie, salutem et dileccionem. Mandamus vobis quatenus, visis presentibus, compellatis Bartholomeum Çelart de Burriana et bona sua ad restituendum alcaido* de Tarbana illos CCCL[c] solidos regalium, quos ab eo habuit et recepit pro quadam Sarracena nomine Faton[d] et quodam Sarraceno filio suo nomine Azmet.
    Que Sarracena et filius suus erant de palia*; et ipse Bartholomeus emerat ipsam Sarracenam et filium suum, prout intelleximus, a quibusdam qui ipsos furati fuerant in mari. Et hoc non mutetis aliqua racione.
    Datum apud Montempessulanum, nonas Aprilis, anno domini MCCL nono.

a) Both surnames are found today in Valencia; the *Repartiment* lists two Çelarts. MF follows the manuscript: Çelart.
b) On the surname, here not Alvar, see doc. 278.
c) Superscript a, making L *quinquaginta*.
d) Or: *Facon*.

220

Montpellier. 5 April 1259.
Reg.10, fol.109. MF: 217.

An open order to the vicar of Barcelona, Pere de Castellasol [Pedro de Castillazuelo]:[a] wherever the bearer, Saʿd al-Muʾadhdhin[b] or perhaps al-Muʿtaḍid (? Almudatina), will point out a Muslim from Tárbena named Ḥassān, kidnaped at sea during Peace and Truce, deliver him over.

Iacobus dei gracia rex Aragonum etc., fideli suo Petro de Castro Aciolo, vicario Barchinone, salutem et graciam. Mandamus vobis quatenus ubicumque Çahat Almudatina, lator presencium, ostenderit[c] vobis quendam Sarracenum de Tarbana[d] nomine Açen, qui fuit furatus in mari prout intelleximus tempore pacis et treuge,* tradatis ipsum eidem et tradi ac restitui faciatis, libere et sine aliquo impedimento.

DOCUMENT 222

Et hoc aliquatenus non mutetis, si de predictis rei veritatem poteritis invenire.

Datum apud Montempessulanum, nonas Aprilis, anno domini MCCL nono.

a) MF: Castelltersol, but the Latin would be Castrum Terciolum. The castle (and family) of Castillazuelo lies just north of Barbastro in Aragon.
b) Cf. docs. 215, 221.
c) T: *ho-*.
d) Sic. In doc. 222: *-bena*.

221

Montpellier. 5 April 1259.
Reg.10, fol.109. MF: 218.

Commands Ponç Guillem de Vilafranca [Poncio Guillermo de Villafranca], on receipt of this note, to return the village of Beniarrés, which he had confiscated, to al-Mu'adhdhin (? Almudinus, but see doc.215), 'the $qā'id$ of the Saracens of Planes.'

Iacobus dei gracia rex Aragonum etc., dilecto suo Poncio Guillelmi de Villafrancha, salutem et dileccionem. Intelleximus quod vos emparavistis* Almudino, alcaido* Sarracenorum de Planes, alcheriam* de Benafarrez.

Quare vobis dicimus et mandamus firmiter quatenus, visis presen⟨tibus⟩, desemparetis* predicto Almudino alcheriam predictam, et in ipsa sibi nullum impedimentum vel contrarium inferatis. Et hoc aliquatenus non mutetis.

Datum apud Montempessulanum, nonas Aprilis, anno domini MCCL nono.

222ª

Montpellier. 8 April 1259.
Reg.10, fol.109v. MF: 219.

Instructs the 'chief agent' (*porter*) for the crown (Bonanat de G[u]ia [Guía]) to 'place the $qā'id$ of Tárbena in possession of those villages We gave him in the Calpe district,' as more fully explained in his charter, and maintain his rights there.

Iacobus dei gracia rex Aragonum etc., fideli portario* suo maiori, salutem et graciam. Mandamus vobis firmiter quatenus v[i]s[is] presentibus [mitta]tis in possessionem alcaidum* de Tarbena illarum alcheriarum* quas sibi dedimus in termino de Calp, secundum quod in carta quam nos inde sibi fecimus melius et plenius videbitis contineri.

Et in ipsa possessione ipsum manuteneatis et defendatis, si de nostri gracia confiditis vel amore.

Datum apud Montempessulanum, VI idus Aprilis, anno domini MCCL nono.

a) Badly worn at top; minor holing leaves text intact.

223

Montpellier. 8 April 1259.
Reg.10, fol.108v. MF: 220.

Tells Bonanat de G(u)ia [Guía] 'not to accept or demand from the Saracens of Navarrés those 200 besants We had imposed on them as tax [*peita*].'

Iacobus dei gracia rex Aragonum etc., fideli portario* suo maiori Bonanato de Guia,ª salutem et graciam. Mandamus vobis firmiter quatenus non accipiatis nec exigatis a Sarracenis de Navarres illos CC bisancios quos eis iactaveramus pro peita*.

Et hoc racione aliqua non mutetis, si de nostri gracia confiditis vel amore.

Datum apud Montempessulanum, VI idus Aprilis, anno domini MCCL nono.

a) Sic; cf. *Gia* in doc. 15.

224[a]

Montpellier. 9 April 1259.
Reg.9, fol.76. MF: 221.

Transfers for a period of three years to the Valencian citizen Berenguer (de) Roig [Rojo] (less likely Ros [Rubio] or de Rubí)[b] as 'a special favor' the crown's third of the church tithe at Benifayó and Alginet near Valencia city and notifies 'the laborers resident' there.

Nos Iacobus dei gracia rex Aragonum etc. concedimus et donamus vobis, Berengario Rubei civi Valencie, totum ius quod nos percipimus et percipere debemus in decima alcheriarum* de Benifaio et de Ianet,[c] que sunt in termino Valencie.

Quod ius habeatis et percipiatis pro nobis, de dono et gracia speciali, hinc ad tres annos completos primos continue venturos. Post dictos vero tres annos, dictum ius ipsius decime nobis et nostris libere revertatur.

Mandantes laboratoribus commorantibus in Benifaio et Ianet[c] quatenus de predicto iure, quod pro decima nobis dare tenentur quolibet anno, vobis respondeant et non alicui alii,[d] per spacium dictorum trium annorum, non expectato[e] nostro alio mandamento.

Datum apud Montempessulanum, V idus Aprilis, anno domini MCCL nono.

a) Modern title, hidden under mounting: *Confirmatio Berengarii Rubei, civis Valencie.* IP flourish. Left margin: *XII denarii*; symbol d confusingly runs into line three.

b) MF: Ros. Roig (red) corresponds to Latin *rubeus*; Ros (blond, fair) would correspond to Castilian and Aragonese *rubio.* *Vermell* (blood red) is unlikely in itself and because it is much rarer, appearing in the *Repartiment* only once; de Rubí, from Latin *rupinus*, might be considered only because the Berenguer de Robí in MI did live in that Barcelona village. Our Berenguer *Rubei*, in the *Repartiment* three times, is almost surely Roig. Cf. Latin *Russus* as Ros (doc. 371) and see also docs.305, 375.

c) T: *Benifayo, Janet.*

d) Corrected by overwriting, badly smeared.

e) T: *sp-.*

225a

Montpellier. 10 April 1259.
Reg.10, fol.109. MF: 222.

Letter of enforcement granted to the crown agent (*porter*) Pere Dies (Dias, Diegueç) [Pedro Díaz (Díez)] requiring that the bailiff and justiciar of Gandía make their townsman Siurà (Ciuró, Siuró)[b] pay 'for the oil he sold him, which came from the properties of Pere de Vilaregut (Vilaragut).'

Iacobus dei gr[acia] rex Aragonum etc., fidelibus suis baiulo et iusticie* Gandie, salutem et graciam.

Mandamus vobis quatenus, visis [presentibus,[c] com]pellatis Ciuranum[d] habitatorem Gandie et bon[a] sua ad solvendum[e] statim Petro Diez, portario* nostro latori presencium, totum illud quod [tenetur][c] solvere, pro oleo quod ei vendidit et quod exivit de hereditatibus Petri de Vilaracute. Et hoc aliquatenus non mutetis.

Datum apud Montempessulanum, IIII idus Aprilis, anno domini MCCL nono.

a) Trimmed on right side, losing two words.

b) The surname Ciuró (Siuró, Sigró) derives from Latin *Cicero.* The prename Siurà is the masculine form of Severianus, more common in its feminine Siurana both as surname and toponyms. If this is his first name, Siurà is more likely though very rare. As a surname it might stand for (En) Ciurana, though the first declension ending seems to signal Siurà or Siuró.

c) MSup.

d) Or: *-ronum.* On the name Dies, see doc. 52, note b.

e) What seems fragments from erasure here is apparently a blot from the facing folio's text.

226a

Barcelona. 29 May 1259.
Reg.10, fol.140. MF: 223.

Confers on Vidal de Sarrià, for two years from June 1, all crown revenues from Christians and Muslims in Confrides and its district, including labor services (*sofres*), pasturage, hospitality, and *peites*; from this he is to recover his bid or loan of 600 silver besants annually, take 700 Valencian sous for castle governance there, pay 'the bishop and church of Valencia' their claims, and apply the residue to cover the crown's main debt to him. The bishop then was Andreu d'Albalat [Andrés de Albalate], O.P.

Nos Iacobus dei gracia etc. vendimus vobis Vitali de Sarriano,[b] et vestris et cui vel quibus volueritis, a proximis venturis kalendis Iunii usque ad du[os][c] annos completos continue venturos, omnes reditus, exitus, et proventus nostros de Confrides et omnium terminorum et alqueriarum* eiusdem [et][c] çofram* et peitas* ac cenas, quando nos iactabimus eas in dicto loco et aliis locis regni Valencie, et pasturas et omnia a[lia][c] iura nostra que a Christianis et Sarracenis ibi habitantibus et habitaturis habere et recipere debemus quoquomodo. Ita tamen quod, pro predictis, detis nobis et nostris in unoquoque dictorum duorum annorum DC bisancios boni et fini argenti ac recti pensi.

Et sic habeatis, teneat[is],[c] et recipiatis omnia supra dicta per dictos duos annos integre, libere et quiete, ad vestram voluntatem libere faciendam. Et vos so[lvatis][c] de dicto precio episcopo et ecclesie Valencie totum ius quod in predictis debent recipere et habere. Et accipiatis ac retineatis si[militer de][c] dicto precio DCC solidos regalium Valencie, in unoquoque dictorum duorum annorum, pro retencione et custodia castri de Confrides.

Et [quod][c] totum illud quod inde superaverit recipiatis in solucionem debiti quod vobis debemus.

Datum Barchinone, IIII kalendas Iunii, anno domini MCCL nono.

a) In left margin: *III solidi*. Trimmed down right, with steady loss of words.
b) Or: *Serr-* (sign for *er, ar*).
c) MSup.

227a

Barcelona. 5 June 1259.
Reg.11, fol.169v. MF: 224.

Requires Ramon de Montcada [Ramón de Moncada], son of the deceased Guillem [Guillermo] de Montcada, to give his brother-in-law Berenguer d'Entença [de Entenza] 1,500 morabatins to help him purchase Montornés

DOCUMENT 228

castle. This is part of the 5,000 Guillem promised as dowry to his daughter Galbors,[b] the full residue of which his son and heir Ramon must pay.

Volumus et mandamus vobis, Raimundo de Montecathano,[c] filio quondam Guillelmi de Montecathano, quod donetis et solvatis Berengario de Entenza,[d] ad opus empcionis quam facit de castro de Mont Tornes, illos mille D morabatinos* qui remanent ad solvendum de V mille morabatinis, quos pater vester predictus dedit et dare promisit Gaul[bors] filie sue et sorori vestre et dicto Berengario de Entenza pro exovario.*

Et vobis solvente et dante eidem Berengario, ut dictum est superius, predictos mille D morabatinos, nos absolvimus inde vos per nos et nostros et per dictum Berengarium de Entenza et sororem vestram predictam.

Et clamamus inde vos quitium* et absolutum, sic quod numquam de cetero teneamini racione dictorum mille D morabatinorum alicui in aliquo respondere; hoc tamen salvo quod si adhuc remanet ad solvendum de aliis tribus milibus[e] et D morabatinis, illud quicquid inde remanet solvere teneamini.

[Datum Barchinone, nonas Iunii, anno domini MCCL nono].[f]

a) Left margin: *nichil*. Damp damage down left leaves text free.
b) The name is *Gaul*[...] or *Gaub*[...], suggesting Gauberta, the feminine of Gaubert [Gauzbert]; but genealogical lists give her as Galbors, Guillem's daughter and Ramon's sister, married to Berenguer the fifth baron of Entença, dying in 1259. Both names are rare.
c) T: *Montecath* with overstroke (cf. doc. 195, note c).
d) T: -*nsa*; cf. -*nza* below.
e) Sic; above: *V mil. morabatinis*, with *mille* there undeclined.
f) The first of three documents on fol. 169v has nones of June, the second (ours) and third carry no date but presumably reflect that of their predecessor; subsequent documents fall in the kalends of April.

228a

Barcelona. 21 June 1259.
Reg.II, fol.167v. MF: 225.

The Templars had continued to conduct the Islamic bakery within their 'domination' in the Bab Ibn Ṣajar [or Bab al-Ṣajar; modern Porta del Temple, also del Real] gate's section of Valencia city until one commander replaced it by a cemetery. Now Fra [Fray] Berenguer de Vilafranca [Villafranca] has rebuilt it as 'more useful and productive' than a cemetery. The crown therefore formally grants to Fra Guillem de Muntanyana [Guillermo de Montañana], Templar master in Aragon and Catalonia, this oven free and exempt, for use by anyone 'despite the jurisdictions' of neighboring ovens. Further, no other oven will be allowed from that gate all the way to the Dominican priory and from the city wall to the canal of the Guadalaviar (modern Turia) River.

DOCUMENT 228

Noverint universi quod nos Iacobus etc. recognoscimus et pro certo invenimus quod, infra terminos illius dominacionis[b] quam fecimus domui milicie Templi in civitate Valencie de domibus et turri que dicitur Barbazacar cum suis terminis et pertinenciis, [erat][c] constructus furnus tempore Sarracenorum. Et fratres eiusdem domus per spacium temporis eundem furnum pacifice tenuerunt et possiderunt.

Procedente vero tempore fuit de voluntate commendatoris, qui tunc erat in dicta domo, quod diruit[d] dictum furnum. Et fecit ibi fossarium ad sepeliendum fratres eiusdem domus. Nunc vero Frater Berengarius de Villafrancha, considerans[e] et videns dictum furnum e[sse] magis utile et fructuosum domui supra dicte quam fossarium ante dictum, re[e]dificavit[f] et construxit furnum de novo in eodem loco.

Unde nos dictam re[e]dificacionem, ratam et firmam perpetuo habentes per nos et successores nostros, damus, laudamus, concedimus, et confirmamus vobis venerabili et dilecto nostro Fratri Guillelmo de Montanyana,[g] magistro domorum milicie Templi in Aragonia et Catalonia, et fratribus ei[u]sdem in perpetuum dictum furnum, cum omnibus suis termi[nis] et pertinenciis [et] introitibus et exitibus suis, liberum et franchum,* sicut melius dici potest vel intelligi ad bonum intellectum, commodum, et se[cura]mentum predicte domus et fratrum eiusdem, sine vinculo, retentu, et contrarietate nostra et nostrorum atque persone alicuius. Ita quod omnes homines quicumque sint vel undecumque veniant, qui voluerint coquere panem et alia in dicto furno, possint [ea][h] licite facere sine impedimento alicuius, non obstantibus terminis aliorum furnorum qui iuxta[i] illum furnum sunt constructi et edif[ic]ati.

Promittimus eciam vobis et domui supra dicte, et [fratr]ibus eiusdem presentibus et futuris, quod numquam construemus nec construi permittemus ab aliquibus personis furnum sive furnos, a porta que dicitur [Babaza]char recto tramite usque ad domum fratrum predicatorum, et a muro civitatis quantum se extendit dicta carraria* in latitudine usque ad se[quiam* de] Godalaviar.

Mandamus igitur tenentibus locum nostrum in regno, baiulis, et iusticiis,* ac subditis nostris Valencie quod hanc nostram donacionem et concess[ionem] firmam ⟨habeant⟩ et observent; et contra hoc non veniant, nec aliquem venire permittant, aliqua racione vel causa. Immo ea faciant ab omnibus in⟨violabiliter observari.⟩[j]

Datum apud Barchinonam, ⟨XI⟩[k] kalendas Iulii, anno domini MCCL nono.

---

a) Modern title: *Domus militie Templi furnos in Valencia.* IP flourish. Damp damage at side and bottom.
b) T: *dmacois* with successive overstrokes. For *donacionis*, or *dominacionis*.
c) T: *et*, for *erat* or *est*.
d) T: *dirruit*, for *dirrueret*?
e) T: *conci-*.
f) Overwritten: second i on a. Here and above, the usual form for these documents would start *rehe-*.

g) Ambiguous stroke; possibly -*aynana* (on function of y, see preface volume, p. 137). On this name, see doc. 383, note b.
h) T: *et*, for *ea*?
i) T: *iusta*, more error than variant.

j) Conjectural (worn and holed).
k) Probable. Also, the preceding document is of Barcelona, 13 kalends; the following document is of Lérida, 6 kalends.

229a

Ogern. 4 July 1259.
Reg.10, fols.113v-114. MF: 226.

The crown owes the Valencian citizen Guillem [Guillermo] de Plana 16,334 Valencian sous and 6 pence or diners: namely, 2,380 remaining from 8,966 'in the visits of the king of Castile'; 7,242 and 6 pence loaned at Alcalá [siege]; 2,377 as salary for governing Perpunchent castle; 4,000 as salary to Berenguer de Plana for Ibi castle's governance; and 335 previously owed Ferran Garcés (Garcia) de Roda [Fernando Garcez (García) de Roda, or Rueda]. To recover this, it assigns full control of the revenues of Peñíscola and Perpunchent castles and districts indefinitely, but with an eventual audit; plus annual rental morabatins from shops at Valencia city: 34 'in the fig-tree plaza,' 28 on Malaynat street, 20 from 'the new shops' in the drapers' section, 21 from the fish market, 30 from woven-grass work (*esparteria*), 14 from weavers' shops (*teixidoria*), 20 from En Polo's oven and bath with the oven of Ferran [Fernando] de Remoli(ns), 50 from the meat market, 16 (and 2 mazmodins and 13 sous) from Lérida plaza, 12 (and 2 mazmodins) from the ironworks (smithy, cutlery), besides 100 mazmodins from the city's ovens, 20 from Guillem's own baths in the shoeworkers' street, and the tax revenue from dyeworks and vegetables. For each of six men Guillem puts in the Peñíscola castle, the crown will add a yearly 150 Valencian sous; it will also cover all the expenses at Perpunchent castle described in the report by Domènec de Mon(t)só [Domingo de Monzón].

Per nos et nostros recognoscimus et confitemur nos debere vobis, Guillelmo de Plana, civi Valencie et vestris duo milia trecentos octoginta[b] solidos regalium, qui remanent vobis ad solvendum de debito octo milium nongentorum sexaginta[c] sex solidorum quos mutuavistis nobis in vistis*[d] regis Castelle; item VII milia CCXLII solidos et VI denarios regalium, quos nobis mutuavistis in Alcalano; item II milia CCCLXXVII solidos regalium, quos vobis debemus pro custodia castri de Perpunxen; item CCCXXXV solidos re[g]alium pro Ferrando Garcez de Roda, cui eos debebamus et deduximus de debito suo; item pro Berengario de Plana IIII milia solidorum re[g]alium, quos sibi debebamus pro custodia castri de Ibi. Et sic est summa maior: quod[e] debemus vobis inter omnia sedecim[f] milia CCCXXXIIII solidos et sex denarios re[g]alium.

Pro quibus omnibus tradimus et obligamus vobis de presenti castra nostra et villas de Paniscolaᵍ et de Perpunxen, cum omnibus alcheriis,* terminis, et pertinenciis suis, et cum omnibus aliis reditibus, exitibus, proventibus, ac iuribus nostris que in predictis castris et villis et terminis eorundem a Christianis et Sarracenis ibidem habitantibus et habitaturis debemus percipere quoquo modo.

Et obligamus eciam vobis, pro predictis, illos XXXIIII morabatinos* censuales quos nos percipimus et percipere debemus annuatim in platea ficulnee Valencie; et illos XXVIII morabatinos censuales, quos recipimus annuatim in vico de Malaynat;ʰ et illos XX morabatinos censuales, quos recipimus annuatim in operatoriis novis draperie; et illos XXI morabatinos [*fol.114*] censuales, quos percipimus annuati[m] in piscateria; et illos XXX morabatinos, quos percipimus annua[t]im in operatoriis spartorie;* [et] illos XIIII morabatinos, quos annuatim percipimus in operatoriis textorie; et illos XX morabatinos, quos [ann]uatim percipimus in furno et balneis [de En] Polo, et in furno quondam Ferrandi de Remolins; et illas C mazmudinas,* quas annuatim percipimus in furnis Valencie; et illos XIIⁱ morabatinos et II mazmudinas, quos et quas annuatim percipimus in operatoriis ferrerie; et illos L morabatinos quos annuatim percipimus in carniceria; et illos XVI morabatinos et II mazmudinasʲ et XIII solidos, quos annuatim in operatoriis platee Ilerde percipimus censuales; et illos reditus omnes, quos annuatim percipimus in tintureria,ᵏ deductis DCC solidis quos Sancius Martiniˡ de Oblites ibi percipit annis singulis; et illas XX mazmudinas, quas vos annuatim nobis censuales facitis pro balneis çapaterie;* et totum ius quod habemus et habere debemus annuatim in decima ortalicie.*

Ita quod vos dicta castra et villas cum alcheriis, reditibus, exitibus, iuribus, et aliis proventibus universis,ᵐ et omnes predictos morabatinos et mazmudinasʲ et denarios censuales tanto tempore ten[eat]is, et predicta omnia per manum vestram vel illius quem ad ipsos colligendos et percipiendos duxeritis assignandum percipiatis, sicut nos percipere debemus, tanto tempore et tam diu, donec de omnibus predictis XVI milibus CCCXXXIIII solidis et VI denariis vobis et vestris sit plenarie satisfactum.

Promittentes vobis, in fide et legalitate nostra, quod in predictis castris et villis et alcheriis eiusdem,ᵍ et in reditibus et exitibus suis, nec in predictis censualibus Valencie, aliquid non tangemus nec accipiemus, nec tangi vel accipi ab aliquo permittemus, nec assignacionem aliquam alicui in predictis vel aliquo predictorum faciemus, quousque de omnibus predictis denariis sit vobis satisfactum ad voluntatem vestram.

Et volumus et concedimus vobis quod umquam ipsa castra nec villas non teneamini nobis nec alicui alii tradere sive reddere, quousque de tota predicta pecunie quantitate sit vobis integre satisfactum; et quod nos vel aliquis nostrumᵍ non possimus vobis dicere malum si ipsa castra retineretis, et illa nobis vel alii pro nobis non traderetis, donec sit vobis satisfactum de predictis denariis. Et si forte quod absit dicta castra amiseritis aliquo casu vel racione, sine culpa vestra, nos incontinenti teneamur ipsa vobis restituere, aut solvere pecuniam ante dictam aut illud quod inde remanserit ad solvendum.

Concedimus eciam vobis quod teneatis in castro de Paniscola\ufeffg VI homines, pro quorum quolibet promittimus vobis dare CL solidos regalium in unoquoque anno. Promittimus eciam vobis restituere missiones illas quas feceritis in custodia castri de Perpunxen, prout in carta quam inde fecimus Dominico de Monsone plenius continetur. Volumus eciam et mandamus quod aliquis baiulus noster Valencie, statutus vel statuendus, non possit aliquid[n] recipere in dictis censualibus quos vobis assignamus, nec aliquod impedimentum vobis facere in eisdem, quousque de omnibus predictis denariis sit vobis et vestris plenarie satisfactum.

Mandantes universis illis qui dictum censum nobis solvere tenentur vel tenebuntur, quod de predictis censibus vobis vel cui vos volueritis respondeant et non alii, quousque sitis solutus de denariis[o] supra dictis. Sciendum est tamen quod vos debetis nobis reddere compotum de toto eo quod recepistis de reditibus et exitibus Paniscole[g] a die citra quo castrum predictum de Paniscola[g] emparavistis,* et nos [debemus] restituere vobis missiones custodie dicti castri, ut dictum est superius.

Datum apud Ogern, IIII nonas Iulii, anno domini MCCL nono.

a) Top lines of fol. 114 worn, with one line overtraced by modern hand to recover (not indicated here); right top worn away. On the name Plana, see doc. 112, note a.
b) T: *octuag-*.   c) T: *sexsa-*.
d) Sic. Neither *vista* as here nor *visita* is Latin, classical or medieval; both are Catalancum-Castilian, the first for an interview, the second for a visit.
e) Sic, conjunction; if relative pronoun intended, despite disagreement of case, repunctuate.
f) T: *sexd-*.   g) Sic.
h) *mal* and *ynat* clearer in form than is the center.
i) Deleted: XX.
j) T: *mac* with overstroke.
k) T: *tinct-*.
l) T: *SM*.   m) T: *hu-*.
n) Or: *-qua*.   o) Deleted: p.

230a

Ogern. 11 July 1259.
Reg.10, fol.147v. MF: 227.

Confiscates and transfers to Guillem Pere (Peris) [Guillermo Pérez] Basté(r) or else 'the saddler': 'all the buildings, possessions, and whole estate' of Pere [Pedro] Borrós (Boroiz) in the Bocairente region, 'because when We were resident in Valencia city he struck and wounded with a sword the citizen and burgher of Barcelona Berenguer de Riera.'

Per nos et nostros damus et concedimus vobis, Guillermo Petri baster[b] et vestris in perpetuum per hereditatem propriam, francham,* et liberam omnes domos et possessiones et totam hereditatem quam Petrus Boroiz habebat, tenebat, et possidebat qualibet de causa in Bocairen[c] et terminis suis. Ita quod predictas domos et possessiones et totam hereditatem predictam habeatis vos et vestri in perpetuum, teneatis, possideatis, et expletetis ad dandum, vendendum, et impignorandum, alienandum, et ad omnes vestras et vestrorum voluntates cui et quibus volueritis libere perpetuo faciendas, exceptis militibus, clericis, et personis religiosis. Et faciemus vobis ad bonum intellectum prout faciemus civibus civitatis Valencie.

Predicta itaque omnia emparamus* ex toto, dicto Petro Boroiz, ideo quia nobis existentibus in civitate Valencie ipse cum gladio percussit et vulneravit Berengarium de Riaria[d] civem et burgensem Barchinone.

Datum apud Ogern, V idus Iulii, anno domini MCCL nono.

a) IP flourish. Left margin, center: *nichil, rex percepit*.
b) Probably *baster*, for his craft. Five men with this surname or craft appear in the *Repartiment*, none of them ours. MF's 'Guillén Pedro Baster' is improbable, given genitive *Petri*.
c) T: *-ayren*.
d) Riera derives from Latin *rivaria*.

231a

Ogern. 11 July 1259.
Reg.10, fol.147v. MF: 228.

Decrees that any legal action taken against the same Guillem Pere (Peris) [Guillermo Pérez] Basté(r) or 'the saddler,' by 'the Lombards or your other creditors,' cannot affect his properties of doc.230, nor are they collateral for his debts or contracts of investment partnership (*comandes*) but can be willed without encumbrance 'to your sons and daughters.'

Per nos et nostros concedimus vobis Guillelmo Petri baster[b] et vestris in perpetuum quod si Lombardi,* quibus estis obligatus in debitis seu commendis,*[c] vel alii[d] creditores vestri quibus obligatus estis in debitis vel commendis,[c] usque in hunc diem fecerint vel moverint questiones contra[e] vos racione dictorum debitorum vel commendarum, non pos⟨sint⟩ hoc facere racione domorum, possessionum et hereditatis[f] quas[g] vobis dedimus in Bocairen[h] et eius terminis, nec predicte domus, possessiones, et hereditas[i] sint obligate eis racione dictorum debitorum et commendarum. Set possitis ea omnia dare et dimittere filiis et filiabus[j] vestris, libere et sine impedimento alicuius persone.

Datum apud Ogern, V idus Iulii, anno domini MCCL nono.

a) IP flourish. Left margin, center: *nichil*.
b) Or *B-*; see doc. 230, note b.
c) T: *-mand-*; cf. *-mendarum* below.
d) Deleted: s (*aliis*).
e) T: q with *-ontra* sign.
f) Nominative plural, overwritten.
g) T: *quam* unless m stroke was intended as a completion sign, unusual in this case; but all three properties were in Bocairente (see previous document) and require the plural here.
h) T: *-ayren*.
i) Deleted: *quas vobis dedimus*.
j) Common classical form, especially legal; cf. the medieval cognate in docs.30, note h, and 129, note c.

232ª

Ogern? 11 July 1259?
Reg.8, fol.44v. MF: 207.

Part of the run of tax records, assigning unequal sums to be collected throughout the Valencian kingdom—by Ramon Elies [Ramón Elías] from thirteen town districts above the Júcar, and by Bernat [Bernardo] de Puigdàlber (Puigdalba) in twenty below it—including waivers. Requires special sums from the holdings of five magnates: Sanç Martí(niç) [Sancho Martínez de] d'Oblites, Arnau [Arnaldo] de Bosc, Bernat Guillem d'Entença [Bernardo Guillermo de Entenza], Ferrís de L(l)içana [Ferriz de Lizana], and Gauceran [Galcerán] de Pinos. The towns, in order of appearance are: Valencia, Murviedro (modern Sagunto), Almenara, Losa del Obispo, Burriana, Onda, Peñíscola, Morella with its hamlets (*aldeas*), Segorbe, Liria, Alcira, Cullera, Játiva, Corbera, Gandía, Denia, Rótova, Palma de Gandía with its villages, Luchente, Villanova de Carbonera (unknown, near Carbonera castle on the Penya del Castellet near Beniatjar), Berdia (near or at the later Fort de Bèrnia castle, near Benisa and Berdica in the Bèrnia hills), Montés (then nearby, near Carbonera and Rugat), Albaida, Onteniente with its villages, Sumacárcel, Cocentaina, Alcoy, Benixamar (Benejama near Bocairente), Almirra (Almisra), Calpe, Bocairente, and Agres.

Istas colligit Raimundus Helies			
	Valencia	XX milia solidorum accrevit.	XXX milia solidorum.
(C)	Murv[i]edro	II milia solidorum.	III milia solidorum.
	Populatores Christiani[b] de Almenar et de Losa.	D solidos.	DCC solidos.
(C bisancii)	Burriana	II milia solidorum.	III milia. Remisit M solidos.
(C)	O[n]da	III milia solidorum.	IIII milia solidorum.
(Bar.)	Peniscola	DCC solidos.	M solidos.
	M[ore]lla cum aldeis* suis.	X milia solidorum.	XV milia solidorum.
(L)	S[eg]orb	II milia solidorum.	III milia solidorum. Dimisit MD solidos.
(XL)	Alpont	M solidos.	MD solidos.
(XL)	L[i]ria	II milia solidorum.	III milia solidorum.
(CXX)	Aljezira	III milia solidorum.	IV milia solidorum.
(XL)	Cuyllera[c]	M solidos.	MD solidos.

DOCUMENT 232

Debet solvere Sancio Martini de Oblitis II milia solidorum iaccensium.
Debet solvere Arnaldo de Boscho MCCCL solidos regalium.
Debet[d] solvere Bernardo Guillelmi de Entença II milia [solidorum regalium?].

Istas colligit Bernardus de Puig d[e] Alber

	Xativa	VII milia solidorum.	X milia.
(XL)	Corbera	M solidos.	MD solidos.
(CX)	Candia	III milia solidorum.	IIII milia solidorum.
(XXX)	Denia	M solidos.	MD solidos.
(XL)	Rotova ⎫ Palma ⎭	D solidos.	DCCC solidos. Dimisit CCC solidos.
	alqueriis* de Palma	CCC solidos.	D solidos.
(L)	⟨Luchente⟩	DCC solidos.	M solidos.
(XX)	Villanova de Car[bonera][c]	CC solidos.	CCC solidos. Dimisit CC solidos.
	[Berdi]a[c] ⎫ [Mon]tes[c] ⎭	CC solidos.	CCC solidos.
(LXX)	Albaida[c]	DCC solidos.	M solidos.
(CXX)	Ontynen[c] cum alqueriis suis	II milia solidorum.	III milia solidorum.
(C)	Soma Carcer	CC solidos.	CCC solidos.
(L)	Cocentayna	DC solidos.	DCC solidos.
(L)	Alcoy	CCC solidos.	CCCC solidos.
	Benix[a]mar	CC solidos.	CCC solidos.
	Almizra	C solidos.	CL solidos.
	Calp	CC solidos.	CCC solidos.
	Bocairen[c]	D solidos.	DCC solidos. Remisit CC solidos.
	Agres	CL solidos.	CC solidos.

Debet[f] solvere Ferricio de Liçana IX milia CC solidos regalium.
Item Gaucerando de Pinos V milia DC solidos Barchinone novorum.

[Datum apud Ogern, V idus Iulii (?), anno domini MCCL nono].[g]

a) Each collectory fills half a folio in columns. The final items in each (beginning with *debet*) comprise the respective second columns in each collectory; the first collectory has both its second column and its heading in semibox. The last three items of collectory two are in its second column, but isolated at the bottom. The figures *before* each town, by a different hand, are subsequent notations (indicated here by parentheses); nearby similar

lists do not have such additions. Holed especially at left side and top right. For relation to surrounding documents, see note g.
b) Deleted: final s.
c) I have substituted i for y in *Albaida* and *Bocairente*, but retained it as having a function in *Cocentayna, Cuyllera,* and *Onteniente* (see preface volume, p. 137).
d) This sentence is just below the 'debet' box (see note a); it does not belong to the Burriana item in column one, as at first might appear.
e) Fragments remain; and cf. list on fol. 62.
f) Neither of these *debet* items goes with Játiva or Corbera, as at first might appear; despite omission of a box, they affect the collectory itself.

g) No date is supplied, but this seems clearly part of the dated list begun on fol. 42: 'anno domini MCCL nono, V idus Iulii, iactavit dominus rex infra scriptas questias in [*modern hand*: Cataloniam]'; the collectories, all undated and arranged like ours, are Barcelona, Gerona, Perpignan, two untitled, and then our two untitled. On fol. 45, immediately following our items, a new such series begins, with a similar encompassing date: '[a]n[no] domini MCCL nono, kalendas Marcii has peitas iactavit dominus rex apud Ilerdam in Pallares. . . .' MF dates our document March 14; it queries the year, though the run of documents here carries this with it as 1259. If my date and year are correct, the place has to be Ogern. MF date: (Montpellier), 14 March 1259.

233a

Tudela de Segre. 22 July 1259.
Reg.10, fol.137v. MF: 229.

Installs Jaume (Jacme) d'Alaric [Jaime de Alarico] as bailiff of Almenar, a non-Valencian[b] town above Lérida, to receive all crown revenues in the region at the salary enjoyed by its previous bailiffs, as long as he serves to the king's satisfaction.

Per nos et nostros damus et concedimus tibi, Iacobo de Alarico, baiuliam de Almenar et terminorum suorum. Ita quod predictam baiuliam habeas, teneas, et possideas, dum bene et fideliter te habueris in officio supra dicto.

Et colligas et recipias pro nobis omnes reditus, exitus, et proventus ac omnia alia iura nostra que nos habemus et habere debemus in villa de Almenar et terminis suis; concedentes tibi quod habeas et recipias inde, pro tuo officio et labore, totum illud quod alii baiuli in dicta baiulia[c] [h]actenus constituti consueverunt recipere et habere.

Datum apud Tudelam, XI kalendas Augusti, anno domini MCCL nono.

a) Upper left margin: *III solidi et medium iaccenses.*
b) An MF entry; see preface volume, p. 223.
c) Smeared but legible.

234a

Tudela de Segre. 23 July 1259.
Reg.10, fol.137v. MF: 230.

Approves the charter of tutelage, drawn by the justiciar of Valencia city Llop [Lope (Lupo)] de Sorigó (de Aizcorroç ?)[b] through the local notary public

Ramon [Ramón] Maçana (Masana), which appoints Arnau [Arnaldo] Escrivà guardian and property administrator over the minors Guillemó [Guillermito] and Arnautó [Arnaldito], sons of his deceased brother Guillem [Guillermo], thus Arnau's nephews.

Per nos et nostros laudamus,[c] concedimus, et ex certa sciencia confirmamus instrumentum tutele, factum per Luppum de Çorico[b] iusticiam* Valencie; in quo continetur quod dictus Luppus de Surico[b] [sic] iusticia dat et constituit in tutorem Arnaldum Scribam civem Valencie Guillelmono et Arnaldono pupillis, filiis quondam Guillelmi Scribe fratris dicti Arnaldi et nepotibus dicti Arnaldi Scribe. Quod instrumentum scripsit Raimundus Maçana, notarius publicus Valencie.

Volentes, mandantes, et concedentes quod, non obstante in[d] aliquo foro* Valencie, dictus Arnaldus Scriba regat, procuret, defendat, et legaliter administret dictos pupillos et omnia bona eorum, prout melius et plenius in instrumento predicto, a dicto Luppo de Çorico[b] iusticia Valencie inde facto, continetur.

Datum apud Tudelam, X kalendas Augusti, anno domini MCCL nono.

a) Upper right margin: *nichil* (symbol).
b) T: first occurrence: Çorico; second: Sur-; third: Çorico. MF: Çorito. Roca Traver and other historians carry it over into lists of justiciars of Valencia. The paleographer easily confuses c and t in this hand, however, and the name appears in doc. 488 no less than three times as Çoricho, to clarify the present charter's Çorico and Surico. Moreover in doc. 489 it becomes Açoricho. The surname commonly assigned to him is Sorito; the common name and toponym Sorita (Zurita) does not jibe in its last two letters, though Asçurito (for Astorito) might fit. The Aragonese toponym Zuriza might approximate, or the Catalan-Valencian family Sorigó, or in consideration of the form Açcoricho the toponym Aizcorroç, near Pamplona in Navarre. Tempting, but less likely, would be Catalan Astorch (Aragonese Austorch surname), or the Aragonese name Azor with Latin diminutive suffix *icium* as Azorich (Catalan Azoritx).
c) Deleted: *et*.
d) Abbreviation, possibly: *inde*.

235a

Lérida. 1 August 1259.
Reg.10, fol.146. MF: 231.

Licenses Pere Ramir(eç) [Pedro Ramírez de] d'Oria 'to give and establish' at rent (*establir*), to anyone he chooses, all crown properties available for distribution in Cullera and its district, and antecedently ratifies his arrangements.

Iacobus etc. damus licenciam et plenum posse vobis, Petro Remiriz de Oria, quod possitis dare et stabilire cui et quibus volueritis, omnes illas nostras hereditates quas habemus in Cullera et in terminis suis, que sunt ad dandas. Promittentes no[s][b] habere firmum quicquid per vos super dictis hereditatibus factum fuerit, et non contraveniemus nec aliquem venire contra permittemus, aliquo modo vel aliqua racione.

Datum Ilerde, kalendas Augusti, anno domini millesimo CCL nono.

a) Upper left margin: *XVIII denarii.*   b) T: *no.*

236

Lérida. 1 August 1259.
Reg.10, fol.146. MF: 232.

Releases Cullera's revenues to the same, until he has recovered the 7,600 Jaca sueldos the crown owes him.

Nos Iacobus etc. confitemur et recognoscimus nos debere vobis Petro Remiriz de Oria et vestris, pro omnibus debitis que umquam vobis debuimus usque in hunc presentem diem, septingentos[a] sexaginta solidos iaccenses.

Quos assignamus vobis et vestris habendos et percipiendos in reditibus et exitibus de Cullera, promittentes vobis et vestris quod in reditibus et exitibus ante dictis non tangemus nec tangi faciemus quousque vobis et vestris sit plenarie satisfactum.

Datum Ilerde, kalendas Augusti, anno domini millesimo CCL nono.

a) T: *-gintos.*

237a

Lérida. 29 August 1259.
Reg.11, fol.166. MF: 233.

Concedes to Sanç Martí(niç) [Sancho Martínez de] d'Oblites and his wife Oria[b] the castle and village of Bicorp, bounded by Pallá(r)s (?) in Castile, Cortes de Pallá(r)s, Millares, the sierra of Saidí or Zaidín [Çaydum?], the Castilian border, and Putri (?). Concedes also Benedriz village, which has as a border the Guadalaviar (Turia) River. Sanç is to hold these without reservation to crown or other, and with all jurisdiction over persons, land, income, and claims.

Per nos et nostros damus et concedimus vobis, Sancio Martini de Oblitis, et Orie uxori vestre et vestris in perpetuum, castrum et alcheriam*[c] de Becorb et alcheriam[c] de Benedriz, cum omnibus terminis et pertinenciis suis, et cum hominibus et mulieribus ibi habitantibus et habitaturis cuiuscumque legis aut condicionis sunt vel erunt, et cum terris eremis[d] et populatis, et cum montibus, lignis, silvis, et garrici[i]s,* et cum molendinis, furnis, aquis, piscacionibus, venacionibus et omnibus quibuslibet iuribus nostris, et cum omnibus melioramentis ibi factis et faciendis, integre sine aliqua diminucione, ac sine aliqua retencione nostra et nostrorum et cuiuslibet alterius persone, ad dandum, vendendum, impignorandum, alienandum, et ad omnes vestras et vestrorum voluntates cui et quibus volueritis libere perpetuo faciendas, exceptis clericis et personis religiosis.

Termini siquidem castri et alcherie de Becorb affrontant cum terminis de Palaz[e] quod est de regno Castelle, et cum terminis de Cortes et de Millar que sunt de regno Valencie, et cum serra de Çaidum[f] que est de regno Valencie, et cum terminis de Putri [?],[g] et prout dividuntur termini de Castella et de regno nostro Valencie. Termini similiter alcherie[c] de Benatriz[h] affrontant cum rivo de Guadala⟨via⟩r.[i]

Datum Ilerde, IIII kalendas Septembris, anno domini MCCL nono.

a) Modern title, centered: *Donatio quarundam alcheriarum in Valencia*. Below title, at left: *Librada certificación en 16 Noviembre 1837*.
b) Aragonese first name, from Aurea.
c) Center vowel unstated: e or a.
d) T: *he-*.
e) T: *-aç*.

f) Abbreviation: *Çayden* or *-dum*. I cannot identify this: *Çaydu* or *-dn*, with overstroke. MF merely follows the manuscript for this and other names.
g) Possibly Putan, for nearby Puntal?
h) Sic, with a and t. Benedriz was abandoned in early modern times.
i) Or: *-lqahiar*.

238a

Lérida. 1 September 1259.
Reg.II, fol.168v. MF: 235.

A privilege to the Muslims of Onda, by which fugitive slaves, 'native and resident,' who can elude their owners 'and come into Onda' will become fully free in person and property. Exempts Onda's Muslims from this year's poll tax, though they are normally to pay two silver besants yearly 'for each household' (the community supplying for the poor), and from all other crown taxes hereafter.

Per nos et nostros concedimus vobis, universis Sarracenis de Onda presentibus et futuris, in perpetuum quod si forte de cetero aliqui Sarraceni captivi, qui fuerint naturales et habitantes de Onda, adfugerint et poterint evadere de captivitate et de posse dominorum suorum et venerint apud Ondam, sint semper salvi et securi et a captivitate penitus liberi et perpetuo absoluti, cum omnibus rebus et bonis suis.

Concedimus eciam vobis quod, in festo Sancti Michaelis Septembris proxime venturo, non donetis illos singulos bisancios quos unusquisque casatus* vestrum[b] dare debebatis[b] in dicto festo, set sitis inde penitus absoluti. Volumus \tamen/[c] et statuimus quod in sequenti alteri festo Sancti Michaelis Septembris, et de cetero annuatim in dicto festo, donetis et dare teneamini nobis et nostris in perpetuum, pro unoquoque casato, duos bisancios boni argenti et recti pensi. Et si aliquis casatus vestrum non poterit solvere dictos duos bisancios, vos omnes ipsos duos bisancios pro eo donetis et solvatis.

Et vobis dantibus nobis et nostris annuatim ut dictum est predictos duos bisancios pro unoquoque casato, non teneamini dare nobis vel nostris aliquam questiam* sive peitam,* nec aliquam aliam regalem exaccionem; set sitis inde cum omnibus bonis vestris liberi et penitus perpetuo absoluti.

Datum Ilerde, kalendas Septembris, anno domini MCCL nono.

a) IP flourish. Upper left margin: *III solidi iaccenses*; probably a dot precedes, rather than I or V.
b) Sic.
c) Above deleted: *tamen* (?) as blotch.

239a

Morella. 10 September 1259.
Reg.10, fol.143. MF: 236.

Approves the 'sentence and arbitration' issued by Gonsal(bo) Pere (Peris) [Gonzal(v)o Pérez], delegated by the crown to hear the lawsuit by the prior of Sant Vicent [San Vicente] against the Mercedarians' debts and removals when they relinquished Sant Vicent. Releases Fra Guillem de Mont [Fray Guillermo del Monte], master of Santa Eulàlia at Barcelona, and all Mercedarians forever, from liability for debts or removals during their tenure at that hospital-monastery outside Valencia city.

Quod nos Iacobus etc. concedimus vobis fratri Guillelmo de Monte, magistro Sancte Eulalie Barchinone de Mercede Captivorum et de ordine Sancti Augustini, et universis fratribus vestri ordinis presentibus et futuris in perpetuum quod, cum sentencia lata fuerit et composicio facta, per Gondisalvum Petri archidiaconum Valencie iudicem a nobis delegatum in causa et peticione que vertitur inter priorem Sancti Vincencii de Valencia ex una parte et vos ex altera super facto rerum omnium que extraxistis et habuistis de dicto monasterio Sancti Vincencii, et super facto debitorum pro quibus obligastis dictum monasterium Sancti Vincencii et bona eiusdem, sitis ab omni peticione et demanda quam nos vel nostri vel dictus prior seu successores sui possemus \vobis/ facere racione computi quod inde reddere debebatis, et racione rerum omnium quas extraxistis et habuistis de dicto monasterio, et quia dictum monasterium et bona eiusdem obligaveratis, penitus absoluti.

Ita quod racionibus predictis non teneamini nobis vel nostris vel dicto priori vel suis successoribus umquam in aliquo[b] respondere, vobis tamen complentibus ea omnia que complere habebitis super premissis, prout in sentencia sive composicione quam dictus archidiaconus inde fecit et faciet melius et plenius continebitur.

Datum Morelle, IIII idus Septembris, anno domini MCCL nono.

a) IP flourish.   b) Deleted: *no[bis]*.

240a

Morella. 10 September 1259.
Reg.10, fol.119. MF: 237.

Appoints Arnau de Mon(t)só [Arnaldo de Monzón] to the governance of Biar and Almirra (Almisra)[b] castles, for as long as pleases the king. He is to garrison Biar with 15 men and Almirra with 3, drawing their annual expenses 'for board and salary' from local crown taxes: 150 Valencian sous per man 'and fodder for one animal.'

Nos Iacobus dei gracia etc. tradimus[c] tibi, Arnaldo de Montesono, ad custodiendum castra nostra de Biar et de Almidrano,[d] [quod inde[e] s]is alcaidus* dum nobis placuerit. Et teneas in castro de Biar XV homines, et in castro de Almidrano III homines.

[Et pro][f]mittimus tibi dare quolibet anno pro quolibet homine CL solidos regalium pro comestione et salario, et cibariam ad unam bestiam, dum dicta castra tenueris. Quos omnes denarios et cibariam habeas et recipias de reditibus, exitibus, et proventibus nostri[s] dictorum castrorum.

Datum Morelle, IIII idus Septembris, anno domini MCCL nono.

a) Left Margin: [... *denarii I*]*ac[censes]*(?). Trimmed away at right side; damp damage along top.
b) In Biar Valley near modern Campo de Mirra.
c) This and the next thirteen words have been overtraced in the manuscript to bring them out.
d) MF: Almizrano.
e) MSup.: *inde*.
f) MSup.

241a

Morella. (10, 11, 12, or 13) September 1259.
Reg.11, fol.150rv. MF: 234.

Solemn judgment issued by the king after personally hearing, in consultation with ecclesiastical and other personages, the suit by Tortosa's bishop to wrest from Morella's knights and people disposal of the region's firstfruits. Reviewing the case of both parties, King Jaume (Jacme) [Jaime] voids the gift to the diocese by his predecessor King Alfons (Anfós) [Alfonso], namely Almenara, Nules, Uxó, and the Mijares River as far as Morella, and voids as well the confirmation by King Jaume's father King Pere [Pedro] and by himself, on the principle that such grants must be conquered within the grantor king's lifetime. Jaume had himself used this principle to keep Peñíscola, despite Guillem de Montcada [Guillermo de Moncada], 'and other places of the kingdom of Valencia.' Blasc d'Alagó [Blasco de Alagón], 'who gained Morella from the Saracens,' settled it with the custom law of Zaragoza, which lets the town council spend firstfruits on church decoration (or liturgical apparatus: *ornamenta*) 'because the faithful are the church'. King Jaume had confirmed Blasco's gift to the Morellans antecedently to issuing his own to the diocese, and such a charter is his 'sacred word [or oath], against which We cannot act.' Advisors in making this judgment included Pere Ses(s)é, Llop Guillem d'Oteiça [Lope Guillermo de Oteyza], Guillem de Bellpuig, and a number of people identified by office. Witnesses included Pere de Montcada, Berenguer de Cardona, Jaspert [Jazperto] de Castellnou, Pere Gonsal [Pedro Gonzal(v)o (Gonzálvez)], Pere Ferran(dis) [Pedro Fernández] de Pina, Guillem de Sala, Arnau [Arnaldo] de Bosc, and Fra [Fray] Pere Peironet.

Anno domini MCCL nono, in mense Septembris, venimus nos Iacobus dei gracia etc. apud Morellam, et episcopus Dertuse comparav⟨i⟩t ibi coram nobis. Et ostendit[b] per suam peticionem quam faciebat contra milites et homines Morelle, [a] quibus petebat primiciam de Morella et aldearum*[c] ac terminorum suorum, hac de causa quia ius est generale ecclesiarum, et quia est mandatum domini nostri quod decime et primicie debeant dari deo.

Item ostendit[b] cartam a rege Alfonso donacionis ecclesiarum, que debebant esse de episcopatu et ecclesia Dertuse[d]; in qua quidem carta nominabat primo Almenar et Huxo et Nuules[d] et de rivo de Millars usque ad castrum de Morella; et in dicta carta continebantur decime et primicie. Et ostendit[b] similiter aliam cartam, de rege Petro patre nostro, confirmacionis et concessionis predicte donacionis facte a dicto rege Alfonso. Et ostendit[b] similiter cartam confirmacionis, a nobis factam, de dictis duabus cartis.

Et ostendit[b] similiter aliam cartam donacionis a nobis factam, que sic mencionem faciebat: quod nos dederamus episcopo et ecclesie dertusensi[d] primiciam Morelle et terminorum eiusdem, de qua retinebamus ad opus nostri terciam partem; et ipse episcopus dabat nobis terciam partem eiusdem primicie, cum carta quam nobis inde fecit firmata ab eodem et capitulo ecclesie dertusensis. Et carta predicta, quam ut predicitur nos fecimus eidem, feceramus in Barchinona, in mense Madii proxime preterito.

Ad que responderunt milites et homines de Morella et advocati eorum, quod predictam primiciam amittere non debebant, quia donaciones predicte que facte fuerant a regibus Alfonso et Petro non habebant valorem; quia donacio aliqua quam aliquis rex Hispanie fecerat de aliquibus que non fuissent adquisitis[d] adhuc a Sarracenis non debet valere, si ille rex qui dictam donacionem faciebat non adquirebat in vita sua ea[m].[e] Et sic propter hoc lucrati fueramus nos Peniscolam sentencialiter a Guillelmo de Montecathano[f] et alia loca regni Valencie. Et ex quo alie hec non valebant, tales donaciones non[g] debebant preiudicari nec dampnificari hominibus de Morella. Item responderunt:[h] ⟨generalis⟩ confirmacio[i] dictarum cartarum a nobis facta quod non nocebat eis, quoniam si prime carte donacionum non valebant confirmacio postmodum inde facta similiter non valebat. Item responderunt: alie[j] ultime carte quas ut dictum est nos fecimus episcopo et ecclesie predicte de donacione primiciarum, quod fuit impetrata, tacita nobis veritate de carta quam ipsi habebant; quoniam ipsi habebant donacionem de Blascho de Alagone, qui ipsos ibi populavit et qui Morellam lucratus fuit de Sarracenis.

[Et responderunt][k] quod f⟨u⟩erunt populati secundum forum* Cesarauguste. In quo foro continetur quod omnes primicie sunt conciliorum omnium villarum, et dicte primicie debent poni in ornamentis ecclesiarum. Et ex quo episcopus Dertuse petebat predictam primiciam racione ecclesie, et ipsi mittebant eam in ⟨ecclesiam⟩, et quia fideles Ihesu Christi est nomen eorum, quod sunt ecclesia, et ipsi ponunt et mittunt bona primiciarum[l] in servicio ecclesiarum, d[ebent] habere et possidere dictas primicias melius quam aliquis alius, et quia habent cartam a nobis in qua concessimus eisdem terminos, [dona]ciones, et possessiones quas habuerunt et tenuerunt a tempore populacionis eorum citra, et quod[m] concessimus et confirmavimus in⟨de dona⟩[*fol.150v*]ciones et assignaciones eisdem a dicto Blascho factas, et episcopus p[redi]ctus et milit[es in ter]minis Mo⟨rell⟩e miserunt et p[osuerunt] factum scilicet in posse nostro, ut nos illud sentencialiter determinaremus.

Et nos Iacobus dei gracia rex ⟨predictus⟩, auditis racionibus [et] allegacionibus utriusque partis, et conclusis cum consilio episcopi Valencie, commendatoris Montis Albani, Petri Sesse, abbatis de Benifaçano, Luppi Guillelmi de Ottyca,[d] et Magistri Vincencii precentoris maioricensis, sacriste Valencie, Guillelmi de Bello Loc[o], et quorundam aliorum, habendo deum ante oculos nostros, dicimus iudicando quod carte predictorum antecessorum nostrorum non habent [v]al⟨orem⟩; nec, quia aliqua donacio que facta sit per regem de hoc quod non adquisivit non valet nisi ipse adquisierit in sua vita illam donacionem, nec confirmacionem quas inde fecimus valet ideo quia donacio non valebat. Item dicimus quod carta, quam ut d⟨ictum⟩ est nos fecimus in Barchinona, non habet valorem ideo quia, antequam illam cartam fecissemus, feceramus cartam hominibus de Morella confirmacionis donacionum de Blascho de Alagone, in qua carta erat sacramentum nostrum quod non contraveniemus.

Et ideo imponimus, super predictis omnibus cartis, silencium perpetuum predicto episcopo et suis; et recuperavimus cartam quam ei inde f⟨ecera⟩mus. Tamen nolumus dicere in aliis iuribus spiritualibus, si episcopus ea vult petere hac de causa quia non habebat posse a[n] suo capitulo (quod esset firmum quicquid ipse faceret in dicta causa), et quia ius vult quod aliquid spirituale non possit iudicare aliquis homo laicus nisi coniuncta fuerit sibi persona ecclesiastica que haberet iurisdiccionem. Et ideo salvamus episcopo porcionem ecclesiasticam, si quam voluerit facere hominibus Morelle.

Lata est hec sentencia presentibus Petro de Montecathano, Berengario de Cardona, Jauzberto vicecomiti Castri Novi, Petro Gonçalves, commendatore de Alcanicio, Petro Ferrandi de Pina, Guillelmo de Sala, Arnaldo de Boscho, Fratre Petro Peyroneti et pluribus aliis.

[Datum Morelle, mense Septembris, anno domini MCCL nono].º

a) Modern title, preceded by cross: *Sententia inter episcopum Dertuse et homines Morelle super primitiis*. IP flourish. Worn, especially at bottom right recto and right side of verso.
b) T: *ho-*.
c) T: *-darum*, with loop; genitive, and possibly *-deiarum*.
d) Sic.
e) The scribe's antecedent may be *aliqua* here; but repetition of the legal principle, two paragraphs down, makes it *donacio*.
f) T: *Montecath*, with overstroke; see doc. 195, note c.
g) Deleted: p (false start for: *preiudicari*).
h) Displaced for elegant effect, understand *quod* as following *responderunt*.

i) Deleted: *a nobis facta*.
j) T: *alii*; perhaps read as *responderunt alii: ultime*.
k) The material above and below runs on in a continuous sentence, without break or punctuation.
l) Blot.
m) Sic, not *quia*.
n) Or: *de* (hole obscures).
o) Dateline from the opening line of the document. MF's September 1 is wrong, since Jaume was then at Lérida; his stay at Morella (September 10-14) brackets the possible choices of day.

242ª

Morella. 13 September 1259.
Reg.10, fol.143v. MF: 238.

As patron, the crown confers on Ferrer, the former prior of Sant Vicent [San Vicente] 'monastery and hospital,' a life benefice or annuity of 600 Valencian sous, from the monastery's 'rents and revenues' as received from Vinamargo village in the district of Castellón de la Plana, supplemented if necessary from any of their other villages; the townsmen are to pay directly to Ferrer.

Quod nos Iacobus dei gracia rex Aragonum etc. damus tibi Ferrario,[b] priori quondam[c] Sancti Vincencii de Valencia, in provisione et beneficio personali toto tempore vite tue, sescentos[d] solidos regalium Valencie quolibet anno, habendos et percipiendos super censu et reditibus pertinentibus ad monasterium et hospitalem Sancti Vincencii de Valencia in alcheria*[e] que vocatur Bin Amargo[f] in termino Castilionis de Burriana.

Et si forsan census et reditus dicte alcherie non sufficerent ad dictam quantitatem sescentorum[d] solidorum, quicquid deficeret de dicta quantitate habeas et percipias super censu et reditibus aliarum alcheriarum dicti castri, pertinentibus ad monasterium et hospitalem ante dictos, ubicumque magis et melius percipere volueris et habere.

Mandantes hominibus habentibus hereditates in dicto loco ut tibi de predictis reditibus et censu respondeant et nulli alii persone, usque ad quantitatem predictam sescentorum[d] solidorum. Item promittimus tibi predicta omnia facere, tenere, et habere in pace, libere et quiete, toto tempore vite tue, et te defendere contra omnes personas.

Datum Morelle, idus Septembris, anno domini MCCL nono.

a) Upper left margin: *XII denarii regalium*.
b) T: F.
c) T: *con-*.
d) T: *sexc-*.
e) T: *alqria* (below, twice: *alchria*) with overstroke.

f) Communal *Ordinacions* of 1381 give this as an irrigated section or locale, Vinamargo, in Castellón's countryside. In the sixteenth century, Villamargo was the area just southeast of the city. MF: Bin Amargo.

243a

Forcall. 15 September 1259.
Reg.10, fol.144v. MF: 239.

Confers a board-and-room annuity on Pere [Pedro] Gros, advanced to the priesthood by the crown to be a cleric of Sant Vicent [San Vicente] monastery-church; the benefice is conditional on lifelong residence.

Noverint universi quod nos Iacobus dei gracia [etc.] damus, concedimus, et assignamus in presenti tibi, Petro Grossi presbitero, in beneficium personale omni tempore vite tue, victum et vestitum in monasterio Sancti Vincencii de Valencia, quam diu tamen ibidem paratus fueris residere, sicuti quondam aliis clericis seu canonicis eiusdem ecclesie per nos eisdem in dicta ecclesia extitit ordinatum,[b] ad cuius titulum inde promotus ad sacros ordines extitisti.

Mandantes firmiter priori dicti loci, et successoribus suis, ut hanc donacionem et concessionem inrevocabiliter teneant et observent quam diu tibi fuerit vita comes.

Datum in Forcayllo, XVII kalendas Octobris,[c] anno domini MCCL nono.

a) Upper left margin: *XII denarii regalium*. Since the king signed other documents before leaving Morella for Forcall, datelines exhibit both places for September 15. Miret i Sans accounts for this in the body of his *Itinerari* but not in the more consulted listing he appends to his volume.
b) Sic, clumsily.
c) T: *-ber*.

DOCUMENT 244

244a

Forcall. 15? September 1259.
Reg.10, fol.144. MF: 244.

Confirms the crown's previous gift, to the Valencia city corporation and people, of the town 'walls, barbicans [defensive outworks], ramparts, and plazas' (especially the marketplace). No one can build there, and buildings raised even with the bailiff's license can be confiscated; buildings constructed antecedent to the privilege, or with the king's own confirmation, transfer their rents from crown to city. An exception is the buildings, oven, and all else belonging to the Valencian citizen Ramon Castellà [Ramón Castellano] 'next to the new gate of the market.'

Per nos et nostros laudamus, concedimus, et confirmamus vobis probis hominibus et toti universitati hominum civitatis Valencie presentibus et futuris in perpetuum omnes muros et barbacanas,* valla, et placias* civitatis Valencie ad ipsam civitatem pertinencia, ut ea omnia habeat[is]^b semper, prout in cartis^c quas inde a nobis habetis melius et plenius continetur. Et concedimus ac statuimus quod in predictis m[uris],^{b} barbacanis, vallis, et placiis^d alique domus vel aliqua alia edificia non fiant per aliquos.

Et si in placia mercati quam vobis dedimus, vel in aliquibus placiis aliis et muris, barbacanis, et vallis que vobis dedimus, [cum]^b cartis quas inde a nobis habetis, alique domus sive aliqua edificia facta sunt per aliquas personas, que inde licenciam et concessionem habuerint a baiulis nostris dicte civitatis, a diebus sive temporibus citra quibus^e predicta omnia vobis dedimus et concessimus, ut in cartis quas inde a nobis habetis continetur, volumus et concedimus vobis quod omnes ipsas domos et edificia^f predicta accipiatis et emparetis* et de ipsis faciatis vestras^g proprias voluntates, non obstantibus don[acionibus]^b sive stabilimentis a baiulis nostris inde factis, quoniam omnes ipsas donaciones et stabilimenta ex certa sciencia penitus re[vocamus].^{b}

Tamen volumus quod donaciones et stabilimenta a nobis in predictis facta cum cartis nostris, et donaciones similiter ac stab[ili]^{b}menta per baiulos nostros inde facta et a nobis specialiter confirmata cum cartis vel cum firmamentis a nobis factis specialiter, plenam in omnibus obtineant firmitatem. Ita videlicet quod de omnibus tributis, censibus, fatigis,* et laudimiis* [que]^b dare tenentur pro predictis domibus et edificamentis,^{f} respondeant vobis illi qui ea tenent et possident et sui in perpetuum. E[x]^{b}cipimus tamen a predicta donacione et confirmacione domos et furnum quas et quem Raimundus Castellani civis Valencie habet^h [iuxta]^b por[t]am novam mercati Valencie. Quas domos et quem furnum volumus ut dictus Raimundus Castellani et sui habeant^h [perpetuo],^{b} prout in ca[r]ta sive cartis a nobis i[nde] s[ibi] factis melius continetur.

Datum apud Forcayllo de Morella, XVII[i] kalendas [Octobris,[b] anno domi]ni MCCL nono.

a) Old title, within flourishes: *Valencie*. Modern title, at top right: *Confirmatio privilegiorum*. Right side trimmed, with loss of words; bottom right torn away; holes and damp damage at bottom left.
b) MSup.
c) Repeated: *in cartis*.
d) Deleted: *que vobis dedimus cum cartis*.
e) Sic.
f) T: *he-*.
g) Deleted: false start on *proprias*.
h) Overtraced clumsily.

i) The hastily scratched day, which is sloppily overtraced, could be XIII, XVI, or XVII, more probably XVI and least probably XVII. MF reads it as XIII; Valencia city's copy for its *Aureum opus* of privileges gives XVII, reprinted in Huici's collection. Since the king was at Villarroya on September 19 and proceeding steadily west, a hurried return to Forcall, as MF's date would demand, is improbable. If drawn during his recent stay at Forcall, only XVI and XVII are candidates for the date, the latter preferable because of the *Aureum opus* date.

245a

Cantavieja. 17 September 1259.
Reg.10, fol.144v. MF: 240.

Allows the consortium of Bernat [Bernardo] de Maderes, Ramon [Ramón de] d'Aguiló, and Pere Sanç (Sanchis) [Pedro Sánchez], residents of Morella, to distribute properties, construct houses, and otherwise settle 'the land between the church and the castle of Morella, namely from the said church as far as the farm' or hamlet (*mas*, Latin: *mansus*) or perhaps the complex (Catalan and Latin: *massa*) of Sant Miquel [San Miguel]. At the town's northeast, Sant Miquel was the main gate and a parish church.

Damus licenciam et plenum posse vobis Bernardo de Maderes, Raimundo de Aguilo, et Petro Sancii, habitatoribus Morelle, dandi ad populandum et domos edificandum,[b] quibuscumque personis volueritis exceptis militibus et sanctis et personis religiosis terram illam que est inter ecclesiam et castrum Morelle, scilicet de dicta ecclesia usque ad massam* Sancti Michaelis.

Et donaciones ac concessiones, per vos inde factas, nos ratas per nos et nostros in perpetuum habere promittimus atque firmas.

Datum apud Cantavellam, XV kalendas Oc[tob]ris, anno domini MCCL[n]ono.

a) Modern title: *Poblacio*. Left margin, top: *nichil*. Text largely unaffected by holes and damp damage at bottom.
b) T: *he-*.

246a

Cantavieja. 17 September 1259.
Reg.II, fol.150v. MF: 241.

Notes that the Morella justiciar Domènec [Domingo] de Remolins received a charter of safeguard in the usual formula, offenders to pay 500 morabatins.

Cartam[b] guidatici* Dominico de Remolins, iusticie* Morelle, sub forma communi et pena D morabatinorum.*
Datum Cantavelle, XV kalendas Octobris, anno domini MCCL nono.

a) Upper left margin: *XII denarii* [re]ga-[lium] (cf. money item with next document).

b) Sic, though sometimes nominative.

247a

Fortanete. 18 September 1259.
Reg.II, fol.151. MF: 242.

Grants to Berenguera [Berenguela] de Copons, widow of Guillem [Guillermo], and to her children, perpetual ownership of a public oven with its appurtenances and jurisdiction, at Portell, a suburban adjunct of Morella, for a yearly rent of 50 Valencian sous.

Damus et stabilimus vobis Berengarie de Coponibus, uxori quondam Guillelmi de Coponibus, et filiis ipsius Guillelmi de Coponibus, et vestris in perpetuum furnum illum qui est in Portel, aldea* Morelle. Ita videlicet quod pro dicto furno donetis[b] nobis et nostris, quolibet anno in festo natalis domini, L solidos regalium Valencie censuales.

Et sic habeatis, teneatis, [et] possideatis dictum furnum, cum omnibus suis terminis et pertinenciis universis a celo in abissum, ad dandum, vendendum, impignorandum, et alienandum, et ad omnes vestras et vestrorum voluntates cui et quibus volueritis libere perpetuo faciendas, exceptis militibus, clericis, et personis religiosis, salvis tamen nobis et nostris iure, censu, fatica,* et laudimio* ⟨de⟩ furno.

Datum apud Fortanet,[c] XIIII kalendas Octobris, anno domini MCCL nono.

a) Inserted down left margin, mingling with text: *XII denarii regalium; dominus rex recepit a vobis Raimundo Petri Perico [?] et fecit eis* [or: *eidem*] *reddi* ⟨...⟩ *denariis*. Three large strokes, slanted right to left across the text, cancel it. Holed at upper left.

b) T: *dontis* with overstroke.

c) T: *Fortan* with overcurl usually meaning *-er*, so that both MI and the MF catalog read the word as *Fortaner*. Here the sign stands for *et*.

248ᵃ

Villarroya. 19 September 1259.
Reg.II, fols.150v–151. MF: 243.

In view of the charter of Blasc d'Alagó [Blasco de Alagón], giving to the deceased Bernat de Mon(t)só [Bernardo de Monzón] and his heirs the tower in the Morella district called La Torre de la Soma de la Mata, of Enyego (Ennec) Sanç [Iñigo Sánchez], with its lands, ovens, and mills; and in view of the king's own confirmation of all Bernat had received from Blasc 'at the time you left Morella in obedient loyalty [to the king] when war began between Us and the said Blasc'; and aware of the suit by the settlers against this tenure: the king awards to Bernat's son Monsó the tower and holding, including all mills (at a fee of twelve cafises of wheat yearly) and the town's monopolistic oven (at twenty Valencian sous yearly). The crown recovers both charters, in place of this one.

Quod nosᵇ Iacobus etc., viso instrumento quod Blaschus de Alagone quondam fecit Bernardo de Monsone,ᶜ patri quondam tui Monsoni, in quo instrumento continebatur quod dictus Blaschus de Alagone dabat predicto Bernardo de Monsone quondam, patri tuo, et suisᵈ in perpetuum quandam turrem, cum sua hereditate et cum omnibus terminis et pertinenciis suis, et cum molendinis et molinaribus,ᵈ et cum furnis et aliis ad ipsam turrem pertinentibus in termino de Morella, que dicitur turris de la Çoma de la Mata Enneci Sancii; et viso similiter instrumento concessionis et institucionis quamᵈ tibi Monsono filio quondam dicti Bernardi de Monsone et tuis in perpetuum feceramus, de tota illa hereditate ab integro quam dictus Blaschus de Alagone assignaverat patri tuo in termino de Morella, sicut eam dictus pater tuus et tu similiter tenebatis et possidebatis, tempore quo exivisti de Morella pro mandato et fide nostra quando guerra* incepit esse inter nos et dictumᵉ Blaschum; intellecta eciam causa que erat super facto dicte turris et dictarum hereditatum suarum, inter te ex una parte et populatoresᵉ ac homines dicti loci ex alia; habita super hoc deliberacione et prudenc[i]um consilio, damus, concedimus, et confirmamus [*fol.151*] perᶠ nos et nostros tibi dicto Monsono, filio quondam predicti Bernardi de Monsone, et tuis in perpetuum, turrem predictam et totam hereditatem quam nunc ibi tenes et possides, ut dictam turrem cum ipsa hereditate habeatis tu et tui in perpetuum per hereditatem propriam, francham,* et liberam, et serviatis inde nobis et nostris quandoᵍ alii homines et populatores dicte aldee* de La Mata nobis servient racione possessionum et hereditatum suarum.

Et damus similiter ac stabilimus tibi et tuis in perpetuum omnia molendina omnium terminorum predicte turris de La Mata, et furnum qui est in aldea predicta. Ita quod pro predictis omnibus molendinis detis tu et tui

DOCUMENT 248

nobis et nostris in perpetuum duodecim caficia*ʰ [tr]itici annuatim censualia, in festo Sancti Michaelis Septembris; et pro dicto furno detis tu et tui nobis et nostris perpetuo viginti solidos regalium Valencie annuatim censuales in dicto festo. Concedentes tibi et tuis in perpetuum quod in dicta aldea numquam sit alius furnus, nisi tantumⁱ furnus predictus, quem tibi et tuis ut dictum est damus et stabilimus.

Et sic habeatis tu et tui in perpetuum predictam turrem in hereditate quam nunc ibi tenes et habesʲ francham et liberam, ut dictum est; et habeatis similiter tu et tui in perpetuum predicta omnia molendina et furnum predictum; cum introitibus, exitibus, affrontacionibus, et suis pertinenciis universis a celo in abissum, et cum aquis et aquarum ductibus et resclosis,* et cum omnibus melioramentis ibi factis et faciendis, ad dandum, vendendum, impignorandum et alienandum, et ad omnes tuas tuorumque voluntates cui et quibus volueritis libere perpetuo faciendas, exceptis militibus et sanctis et personis religiosis, salvis tamen nobis et nostris in perpetuum in dicto furno et molendinis dicto censu et dominio, fatica* ac laudimio.*

Recognoscimus eciam quod pro hac donacione, concessione, et stabilimento que tibi facimus de predictis, restituisti nobis, et nos recuperavimus a te, instrumenta predicta que a dicto Blascho et a nobis ut dictum est habebas et tenebas. Et ideo promittimus per nos et nostros quod faciemus et permittemus te et tuos in perpetuum supra dicta omnia, que tibi damus, concedimus, et stabilimus, habere et pacifice possidere contra omnes personas.

Datum Ville Rubee, XIII kalendas Octobris, anno domini MCCL nono.

Item eidem Monsono dedit dominus rex et concessit baiuliam de La Mata de Enego Sancii diebus omnibus vite sue et omnium terminorum eiusdem.

Datum Ville Rubee, \eodem/ die et anno.ᵏ

a) Original title, between flourishes: *Turris de la Çoma de la Mata in termino Morelle.* IP flourish. Upper left margin: *XL* (? remnants, hole). Some words overtraced, to recover, at bottom left of fol.150v. On the name Enyego, see doc.I, note e. The town here is *La* Mata de Morella, west of Morella; Catalan *soma* is high point.
b) Initial words inserted afterwards in different hand.
c) T: *-nus.*
d) Sic.
e) Overtraced.
f) IP flourish, a later rubric carelessly marking this continuation on a fresh folio as a new document!
g) Sic, not: *quomodo.*
h) T: *cafficia*, not *-sia.*
i) Or: *tamen.*
j) Sic, singular.
k) Inserted as run-on, in different hand and lighter ink, fitted between documents but in the form of a notation.

249

Jérica. 26 September 1259.
Reg.II, fol.15rv. MF: 245.

Installs Joan Sanç (Sanchis) [Juan Sánchez] of Tudela in the governance and revenue-collecting of Almirra (Almisra) castle and district,[a] including the Benejama region; he is to draw 200 Valencian sous as castellan's salary, and to retire his loan bond out of the rest of Almirra's crown revenues.

Quod nos Iacobus etc. tradimus et commendamus tibi, Iohanni Sancii[b] de Tudela, castrum nostrum de Almizrano. Ita quod tu custodias ipsum castrum bene et fideliter, et colligas[c] ac recipias pro nobis omnes reditus et exitus et proventus nostros de Almizrano et terminorum suorum, et de Benixama et omnium terminorum suorum. Concedentes tibi quod habeas et retineas de dictis reditibus et exitibus et proventibus, pro custodia dicti castri de Almizrano, ducentos solidos regalium Valencie; et residuum similiter retineas tibi in solucionem debiti[d] quod tibi debemus, prout in carta quam inde a nobis habes continetur.

Promittentes tibi quod in dictis reditibus, exitibus, et proventibus aliquid non tangemus nec tangi faciemus donec de predicto debito tibi fuerit satisfactum in eisdem.

Datum apud Xericham, VI kalendas Octobris, anno domini MCCL nono.

a) See doc.157.
b) T: *Sanccii*; a terminal s is really the double accent for ii, placed carelessly over the final i.
c) Malform a seems e.
d) Deleted: d.

250

Jérica. 26 September 1259.
Reg.II, fol.15rv. MF: 246.

Notes that Guillem Pere (Peris) [Guillermo Pérez] 'the saddler' (or Baster) received a safeguard, on the same terms as that in doc.246.

Cartam[a] guidatici* Guillelmo Petri baster,[b] sub forma communi et pena D morabatinorum.*

Datum apud Xericam, VI kalendas Octobris, anno domini MCCL nono.

a) Sic, accusative.
b) Or: *Baster*; see doc.230, note b. MF: Guillermo Pedro Baster.

251

Jérica. 26 September 1259.
Reg.II, fol.151v. MF: 247.

After inquiries at Burriana, through Arnau de Font [Arnaldo de la Fuente] 'a Valencian citizen,' into charges brought by Dolça [Dulce],[a] granddaughter or relative (*neptis*) of Berenguer de Calahorra, against the Burriana resident Berenguer de Torres ('that you deflowered her by force'), the crown finds that 'nothing could be proved' and therefore dismisses any legal jeopardy.

Noverint universi quod cum nos Iacobus dei gracia etc. fecerimus fieri diligenter inquisicionem per Arnaldum de Fonte civem Valencie in Burriana, super facto querimonie quam Dulcia neptis Berengarii de Calahorra habebat de te Berengario de Turribus habitatore Burriane, que dicebat quod tu eam deflorasti violenter, et nichil potuerit inde esse probatum contra te, ideo per nos et nostros absolvimus inde te cum omnibus bonis tuis.

Ita quod racione predicta non tenearis umquam nobis vel nostris, nec dicte Dulcie, nec alicui alii in aliquo respondere; set sis inde cum omnibus bonis tuis habitis et habendis liber et penitus perpetuo absolutus.

Datum apud Xericam, VI kalendas Octobris, anno domini MCCL nono.

a) MF: Arnaldo de Fonte and Dulce.

252[a]

Arcos de las Salinas. 29 September 1259.
Reg.II, fol.152. MF: 249.

Licenses the *qāʾid* of Montesa (Abū Yaḥyā b. ʿĪsā, of doc.253) 'to settle' Ayacor, then Y(o)cor village near Játiva, antecedently ratifying his dispositions. The crown will also buy from Christians and contribute eight jovates or plowlands for this, one of these to him personally in alod. Each settled property will pay the crown only a flat forty sous a year for three years, but thereafter normal regalian taxes. Muslims of knights or of Aragonese ordinary knights (*infanzones*) coming to settle are under crown protection. 'Saracen settlers of the said village can buy from Christians any properties they wish, and hold them forever,' with the usual taxation.

Quod nos Iacobus etc. concedimus vobis alcaido* de Montesa, et damus vobis licenci[am], quod populetis et detis ad populandum Sarracenis alcheriam* que dicitur Yocor, que est in termino Xative, prout vobis melius expedire videbitur. Et quicquid per vos factum fuerit, ratum habere promittimus atque firmum. Et nos ememus ibidem octo iovatas* terre, de illis quas tenent ibi Christiani; et dabimus vobis inde unam iovatam francham* et liberam, et vos donetis Sarracenis quos ibi populabitis alias septem iovatas.

Et vos cum dictas septem iovatas diviseritis et dederitis, ut dictum est, teneamini nobis dare per tres annos quadraginta solidos regalium pro unaquaque ipsarum iovatarum in unoquoque dictorum trium annorum. Et hinc usque ad tres annos Sarraceni quos ibi populabitis non donent nec teneantur nobis dare aliquos bisancios nec aliquam regalem exaccionem. Et completis dictis tribus annis, Sarraceni qui ibi erunt populati serviant nobis pro possessionibus et hereditatibus quas ibi habent et tenent.

Et concedi[mus] quod Sarraceni populatores dicte alcherie possint emere a Christianis quascumque hereditates voluerint, et eas habere et tenere in perpetuum, dum tamen inde nobis serviant. Et Sarraceni militum et infancionum,* qui ibi populabunt, sint ibi salvi et securi.

Datum apud Archos, III kalendas Octobris, anno domini MCCL nono.

a) IP flourish. Right margin, top: . . . *solidi regalium.* Top holed; water damage along top and right side.

253ª

Arcos de las Salinas. 29 September 1259.
Reg.II, fol.152. MF: 250.

Specifies the tax-free jovate in doc.252, to Abū Yaḥyā b. ʿĪsā,[b] as lying in the dry-farming part of the irrigated countryside of Ayacor, then Y(o)cor, and among the lands purchased for the king there by Joan Pere (Peris) [Juan Pérez] de Tromón.[c]

Per nos et nostros damus et concedimus vobis Aboyahia Abolhaçen, alcaido* de Montesa, et vestris in perpetuum per hereditatem propriam, francham,* et liberam, de illis quas Iohannes Petri de Tromon emet pro nobis, unam iovatam* terre in orta* de Yocor in regadivo.*

Ita quod ipsam iovatam habeatis vos et vestri, teneatis, possideatis, et expletetis cum introitibus, exitibus, et suis affrontacionibus universis a celo in abissum, ad dandum, vendendum, impignorandum, et alienandum, et ad omnes vestras vestrorumque voluntates cui et quibus personis volueritis franche et libere perpetuo faciendas, exceptis clericis et personis religiosis.

Datum apud Archos, III kalendas Octobris, anno domini MCCL nono.

a) IP flourish. Left margin, top: *XII denarii.*
b) His name in docs.77, 78, and 335 is Yaḥyā b. Muḥammad b. ʿĪsā (Jafia Abenmafomat Abenaiça). Abolhaçen here is the scribe's distortion for Abenaiça and Abenhaça, not an added element of the name Abu 'l-Ḥusayn or -Ḥasan.
c) Sic, and in following document. For Tormón in Huesca, or in Teruel, perhaps?

254a

Arcos de las Salinas. 29 September 1259.
Reg.II, fol.152. MF: 251.

Grants Muḥammad b. Farḥūn (? Farrin) four fanecates of land from the Ayacor, then Y(o)cor, area purchased by Joan Peris de Tromón in doc.253, to hold forever as an exempt alod or to alienate. In calling these four fanecates a jovate (normally some thirty-six fanecates), the king must be using the term descriptively rather than as a measurement.

Per nos et nostros damus et concedimus tibi, Mafumeto Abenfarrin, et tuis in perpetuum quattuor fanecatas* terre, de illis quas Iohannes Petri de Tromon emet pro nobis in orta* de Yocor in regadivo.*

Ita quod ipsam iovatam* habeatis tu et tui, teneatis, et possideatis et expletetis, cum introitibus et exitibus et suis affrontacionibus universis[b] a celo in abissum, ad dandum, vendendum, impignorandum et alienandum, et ad omnes tuas tuorumque voluntates cui et quibus volueritis franche* et libere perpetuo faciendas, exceptis militibus et sanctis.

Datum apud Archos, III kalendas Octobris, anno domini MCCL nono.

a) IP flourish. Left margin, top: *XII denarii*.   b) Undeleted here: a premature *ad d[andum]*.

255a

In Aragonese.
Arcos de las Salinas? 29 September 1259?
Reg.II, fol.219v. MF: 376.

'Report on the damages which the Moors of Chelva did to the people of Alpuente' during an 'assault,' when they 'carried off all the stock they wanted. And we were at El Raffir, and we traveled all the way to Chelva and said that they did evil' to a cost of a thousand sous. 'Three Moors came to the cows and took and stole a cow,' and they took two cafises of grain. Now the Chelvans 'say they have claims against' the Alpuentans. Legal devices failing, 'they threaten that they will kill them, and block the roads so that they dare not leave the town.' The crossbowman Pere Montfort (Aragonese Pero Monforte) was taken in Selmont and is held captive at Chelva. (A working transcription only).

R[elato] de los dannos que han los homnes de Alpuent de los moros de Xelva, e dieron salto en [. . .]aba[b] del Habat, e tomaron del ganado ⟨cuanto⟩ quiseron. E nos fuemos en el Raffiro e [le]vamos lo fasta en Xelva, e dix[e]mos que mal facien, e hielos tomaron nuestros veçinos ha preson, ficieron los dan[nos. . .]ga por mil sueldos ⟨h. . .⟩ᶜ [. . .E] vinieron tres moros a las vacas, e tomaron e furtaron una vaca, e fueron hotra ⟨veig [?] . . . de los⟩ moros, e dos caficesᵈ ha una casiᵉ de nuestro veçino dixieron que ⟨j. . .ienenᶠ⟩ ha nuestros vecinos, e dicen que han clamas de los ditos nuestros veci[n]os, e daran buenas fianças por complir delant nuestro senor el rey ho por el fuero de la tie[r]ra, e no los tienen, e sob[r]e esto menaçan los que mataran e tienen losᵍ caminos que non hosan salir de la vila, e facen, senor, ha vos gran torto, que se vos toman el dieçmo del campo, e ho nos toman se nos el montaygo la casa que nunga ficieron fasta hal dia de hoy; hon nos vos [ro]gamos e vos pedimos merce e besamos vuestras manos, que vos qui dedes conselo; e hal balesteroʰ Pero Mo⟨n⟩fort tomaronloⁱ en Celmontʲ e levaronlo preso ha Xelva e fasta que dio fiança que si tornasse hala preson non le quisieron dar de mano.

[In era MCCXCVII].ᵏ

a) Very badly deteriorated, with holes and stains, rendering half the manuscript barely legible. The transcription here is offered as a working study. On peculiarities of Aragonese, see doc. 158, and cf. docs. 7, 8.
b) Two letters missing?
c) *Sueldos* here is the symbol *sol[idos]*. Two words, before *E*.
d) Or: *cristianos*?
e) Sic.
f) Or: *cree-*?
g) Repeated: *los*.
h) T: *va-*.
i) Deleted: *el*.
j) Or: *cc* and blotch; perhaps *CC morabatinos*?
k) MF lists this, for lack of a date, as 1261 or 1262. This seems to have been a blank page on which the scribe fitted two undated documents, not part of the series before or after. If nearby dates can offer a clue, the second of these two undated documents has a reference to the eighth kalends of July 1259 at Ogern.

Before this set of two, there are 1½ blank pages, with the ninth kalends of October 1259 eventually as the closest date expressed; but further back still there is a run of documents for 1261. Going forward from our set of two, three documents on the next folio have: Barcelona, nones of June 1260 (twice) and fourth ides (no month) of 1260; the next document has Barcelona, ides of June 1260. From the king's itinerary, assuming a relation between the places in the document and its dateline, 1260 and 1262 can be excluded, with 1261 improbable. In September 1249 King Jaume, nearly arrived at Teruel from Morella in the northeast, turned southeast to Jérica, then doubled back via Arcos and Castielfabib, turning north to stay at Teruel from October 3 to 9. Probably the business of the nearby Alpuente-Chelva regions in our document was handled with the run of other documents he signed at Arcos de las Salinas around September 29, or at Castielfabib around October 2.

256a

Arcos de las Salinas. 30 September 1259.
Reg.II, fol.151v. MF: 248.

Permits Bernat [Bernardo] de Claramunt to settle any Muslims he wishes on his property at Ayelo (de Rugat). Residing there under crown protection, 'each household' of Muslims will give the king a silver besant annually plus the same court fines or profits given by 'other Saracens of knights or of any other persons.' All other revenues are to go to Bernat 'according as they shall negotiate with you and make agreements between you and them.'

DOCUMENT 257

Per nos et nostros concedimus vobis Bernardo de Claromonte quod possitis populare in hereditate vestra, quam habetis in alqueria* de Yello et habebitis in ⟨futu⟩rum, Sarracenos cuiuscumque^b volueritis.

Qui Sarraceni habitent ibi, et sint sub nostra custodia et commenda,* cum omnibus rebus et bonis suis. Ita videlicet quod unusquisque casatus* eorum det nobis et nostris, et dare teneantur,^{c} unum bisancium boni argenti et recti pensi quolibet anno. Et teneantur nobis et nostris respondere de omnibus caloniis,* prout inde nobis tenentur respondere alii Sarraceni militum et quarumlibet aliarum personarum.

Et aliquid ⟨aliud⟩ nobis vel nostris dare nullatenus teneantur. Set teneantur vobis dare omnia iura vestra Sarraceni quos ibi populabitis, presentes videlicet ⟨et⟩ futuri, prout vobiscum convenerint et inter vos ac ipsos feceritis pacciones.

Datum apud Archos, II^d kalendas Octobris, anno domini MCCL nono.

a) Modern title: *Poblacio*. IP flourish. Left margin, top: *denarii* (rest trimmed). Water damage at left side.
b) Sic.
c) Shift to plural, from here.
d) MF: *III*.

257a

Arcos de las Salinas. 30 September 1259.
Reg.II, fol.152v. MF: 252.

Conveys a public oven of Portell village in the Morella district, with land and appurtenances, to its town council; for this profitable utility they must pay the crown eighty Valencian sous every Christmas. Also confirms all grants of buildings or properties made to them in their district by crown distributors under the supervision of the former castellan of Morella, Joan Pere (Peris) [Juan Pérez]. Is this the same oven as in doc. 247?

Per nos et nostros damus et stabilimus vobis concilio hominum de Portel, aldea* Morelle, presentibus et [futur]is in perpetuum furnum illum qui est in dicta aldea de Portel. Ita videlicet quod pro dicto furno donetis nobis et nostris, [qu]olibet anno in festo natalis domini, LXXX solidos regalium Valencie censuales. Et sic habeatis, teneatis, et possideatis dictum furnum cum omnibus suis terminis et pertinenciis universis a celo in abissum ad dandum, vendendum, impignorandum, et alienandum et ad omnes vestras et vestrorum voluntates, cui et quibus volueritis, libere et perpetuo faciendas, exceptis militibus, clericis, et personis religiosis, salvis tamen nobis et nostris iure, censu, fatica,* et laudimio* in dicto furno.

Laudamus eciam, \concedimus/, et confirmamus vobis et vestris in perpetuum omnes donaciones et concessiones que facte sunt vobis de terminis vestris de Portel, et de domibus, hereditatibus, et possessionibus vestris, [factas]^b per divisores quos ibi posuit^c et constituit Iohannes Petri quondam alcaidus* de Morella. Ita quod omnes dictos terminos et dictas domos, hereditates, et possessiones cum omnibus suis terminis et pertinenciis habeatis in perpetuum, teneatis, et possideatis pacifice et quiete prout melius nunc ea tenetis et possidetis.

Datum apud Archos, II kalendas Octobris, anno domini MCCL nono.

a) IP flourish. Text unaffected by holing along top.

b) No verb or participle in text.

c) T: *poss-*.

258

Arcos de las Salinas. 30 September 1259.
Reg.II, fol.152v. MF: 253.

Untangles a complicated land transfer. Jaume (Jacme) de Pont [Jaime de la Puente] had bought 'two fields' from the then justiciar of Valencia Arnau [Arnaldo] de Romaní. Bernat [Bernado] de Togores (Tugores) secured a charter from the crown voiding this sale (since he actually held the property) but concealed the fact that the real owner, Guillem [Guillermo de] d'Aguiló, had already voided Bernat's claim in court. When 'contention had long' raged between Pont and Togores, 'after many quarrels and legal sentences,' the case came before the king; Pont's brother Bernat de Claramunt acted as his procurator in court, and Carbonell Soler as procurator for Togores. After hearing both sides, King Jaume found Romaní's sale to Pont valid and also revoked the voiding charter of Togores.

Cum diu contencio fuisset mota inter Iacobum de Ponte et eius procuratorem Bernardum de Claromonte fratrem ipsius ex una parte, et Bernardum de Tuguriis ex altera, tandem post multas altercaciones et sentencias habitas inter eos, dictus Bernardus de Claromonte procurator Iacobi supra dicti et Carbonellus Solerius procurator dicti Bernardi de Tuguriis compar[a]verunt coram nobis Iacobo dei gracia rege Aragonum, Maioricarum, et Valencie, comite Barchinone et Urgelli, et domino Montispessulani.

Et sic coram nobis dictis partibus constitutis, Bernardus de Claromonte supra dictus asseruit dictum Iacobum de Ponte emisse duos campos ab Arnaldo de Romanino, tunc temporis iusticia* Valencie, quos possidebat Bernardus de Tuguri[i]s supra dictus. Qui campi olim fuerant Guillelmi de Aquillone; pro cuius Guillelmi de Aquillone obligacione, sentencie[a] fuerunt late contra dictum Bernardum de Tuguriis prout in ipsis sentenciis continetur. Post quas sentencias dictus Bernardus de Tuguriis a nobis impetravit quandam litteram, tacita veritate quod dicta vendicio esset retractata.

Ideoque nos Iacobus dei gracia rex Aragonum supra dictus, dictis partibus presentibus, audita et diligenter intellecta utriusque partis racione, sentencialiter et de iure vendicionem factam per Arnaldum de Romanino supra dictum Bernardo de Claramonte procuratori Iacobi supra dicti in omnibus et per omnia confirmamus.

Et per hanc eandem sentenciam dictam litteram, impetratam a nobis per dominum Bernardum de Tuguriis, contra dictam vendicionem similiter in omnibus revocamus.

Datum apud Archos, II kalendas Octobris, anno domini MCCL nono.

a) Overwritten: i on e.

259a

Arcos de las Salinas. 30 September 1259.
Reg.II, fol.177. MF: 254.

'To help repair and rebuild the walls of the town of Alpuente,' the king awards two thousand Valencian sous out of the coming year's taxes at Liria, and if necessary from the year after that, to be transferred directly by the Lirians. Alpuente must match it with a thousand sous. Domènec Escolà [Domingo Escolano] of Teruel is to oversee the expenditures (or the engineering?)

Nos Iacobus etc. damus vobis [conc]ilio hominum de Alpont, in auxilium reparacionis et rehed[i]ficamenti murorum ville de Alpont, duo milia solidorum regalium. Quos assignamus vobis habere et percipere in peita* quam in hoc anno proximo venturo habebimus ab hominibus de Liria. Et quod inde deficiet vobis ad solvendum, recipiatis in aliis peitis quas dicti homines de Liria a dicto anno proximo venturo in anno nobis dabunt.

Mandantes hominibus de Liria quod de dictis peitis donent vobis predicta II milia solidorum regalium, non expectato inde a nobis alio mandamento. Ita tamen quod vos habeatis ab ipsis infra duos annos predicta II milia solidorum regalium; et quod in unoquoque dictorum duorum annorum ponatis et mittatis in [re]paracione[b] et rehedificamento dictorum murorum, de vestro proprio, simul cum dictis denariis quos ut dictum est vobis damus, mille solidos regalium Valencie, ad cognicionem Dominici Scolani de Turolio.

Datum apud Archos, II kalendas Octobris, anno domini MCCL nono.

a) Holed down right side; cropped close to text.   b) Deleted: overstroke.

260ᵃ

Arcos de las Salinas. 30 September 1259.
Reg.II, fol.152. MF: 255.

The king rents his ten butchery stalls at Murviedro (modern Sagunto) along with the farm belonging to each, and all income and rights from both sources, to four butchers there: Arnau [Arnaldo] de Cogot, Martí [Martín] Crespo, Domènec Sanç (Sanchis) [Domingo Sánchez] de Calatayud, and Azemar [Aznar] the son-in-law of Cogot. The term is three years, at a total of twenty-four Alfonsine morabatins each year, with the exclusive franchise 'in the said butchery and also in the town of Murviedro.'

Quod nos Iacobus etc. vendimus vobis Arnaldo Cogotᵇ et Martino Crespo, Azmarioᶜ genero dicti Arnaldi Cogot et Dominico Sanciiᵈ de Calataiubo, carniceriis Muriveteris, et vestris a proximo venturo festo natalis domini nostri ad tres annos primos continue venturos et completos, illas decem tabulas carnicerie nostre Muriveteris, et ortos* ipsarum tabularum, et omnia iura et exitus dictarum tabularum et ortorum, pro precio viginti quattuor morabatinorum* alfonsinorum, quos in unoquoque dictorum trium annorum nobis et nostris dare et solvere teneamini.

Et promittimus quod faciemus vos et quos volueritis tenere et habere predictas decem tabulas et ortos, et recipere omnia iura sua, pacifice sine aliquo impedimento per dictos tres annos contra quaslibet personas. Concedentes vobis quod in dicta carniceria, nec eciam in villa Muriveteris, non vendant aliqui alii carnes aliquas infra dictos tres annos, nisi tamen vos et quos \vos/ volueritis.

Datum apud Archos, II kalendas Octobris, anno domini MCCL nono.

a) Left margin: *XII denarii iaccenses*; confusingly runs into line two.
b) For Cugat? An Arnau Cogot settled nearby (*Repartiment*).
c) A Martí Crespo of Teruel is in the *Repartiment*. Azmar here is the Catalan Azemar, Castilian Aznar, a variant of Germanic Ademar; four Aragonese with the Aznar surname are in the *Repartiment*. Cats. (CDR): Azmarino; MF: 'diversos individuos.' The names here become four if punctuated as matching sets, a rhetorical device.
d) T: *Sanccii*.

261ᵃ

Castielfabib. 2 October 1259.
Reg.II, fol.152v. MF: 256.

The king lends sweeping approval, for the knight Arnau [Arnaldo] de Romaní, for 'all purchases you have made from whatever persons up to this day in the city and kingdom of Valencia, of buildings, farms, vineyards, fields, estates, and any other possessions whether from crown land or not.' Arnau can hold these as exempt alods under the same conditions as 'the other knights of the kingdom of Valencia,' despite prohibitions of sale to knights in any statutes, customs, or charters. Any property purchased from crown holdings 'from this day on which this letter is written,' however, must pay full rent and taxes.

Per nos et nostros laudamus, donamus, concedimus, et confirmamus vobis dilecto nostro Arnaldo de Romanino, militi, et vestris in perpetuum omnes empciones quas fecistis a quibuslibet personis usque in hunc diem in civitate et regno Valencie de domibus, ortis,* vineis, campis, hereditatibus, et quibuslibet aliis possessionibus usque in hunc diem, tam de nostro realenco* quam de quibuslibet aliis.

Ita quod predictas omnes domos, ortos, vineas, campos, hereditates, et quaslibet alias possessiones habeatis vos et vestri in perpetuum, teneatis, possideatis, et expletetis, prout alii milites regni Valencie tenent et habent hereditates et possessiones a nobis eis datas et concessas, ad dandum, vendendum, impignorandum, alienandum, et ad omnes vestras et vestrorum voluntates cui et quibus volueritis inde franche* et libere perpetuo faciendas, sine aliqua retencione nostra et nostrorum vel cuiuslibet alterius persone; non obstantibus in aliquo foris* Valencie sive consuetudinibus, nec condicionibus positis in instrumentis aliquibus, quod predicte domus, orti, vinee, campi, hereditates, et possessiones non vendantur nec aliter alienentur militibus; nec obstantibus aliquibus aliis racionibus, iuribus, foris, vel consuetudinibus, pro quibus contravenire possemus nos vel nostri.

Tamen si de cetero possessiones aliquas, ab hac die in antea qua hec scribitur carta, possessiones aliquas [sic]ᵇ de nostro realenco sive servicio emetis, de ipsis quas de cetero ab hac die in antea emetis, ut dictum est, serviatis vos et vestri nobis, et servire teneamini perpetuo atque nobis.

Datum apud Castrum Fabib, VI nonas Octobris, anno domini MCCL nono.

a) Original title, semiboxed: *Arnaldi de Romanino.* IP flourish. Lower left corner blurred by damp.

b) Intentional or rhetorical, as with other repetitions in this clumsy sentence.

262ᵃ

Castielfabib. 2 October 1259.
Reg.10, fol.120. MF: 257.

Warning to the justiciar and jurates of Valencia city, against confiscating any possessions of Arnau [Arnaldo] de Romaní to enforce crown taxes on previously purchased properties in and around Valencia city of the category in document 261, since these are now tax exempt. If they 'feel injured by this,' they themselves may return (or have the sellers return) his purchase price and expenses incurred by improvements, 'and recover and receive the said estates and possessions.'

[Iacobus][b] dei gracia etc.,[c] fidelibus suis iusticie* et probis hominibus civitatis Valencie, salutem et graciam. Mandamus vobis firmiter [quatenus][d] non co[m]pellatis nec[e] pignoretis, nec compelli vel pignorari permittatis vel faciatis, Arnaldum de Romanino militem, nec[f] [aliqua][b] bona sua, ad dandum vel ponendum aliquid pro hereditatibus et possessionibus quas emit in Valencia et eius terminis de realenco* ve[l] de nostro servicio usque in hunc diem, in questiis* nec aliquibus aliis regalibus exaccionibus; quoniam nos ipsum et suos semper facimus, cum omnibus predictis hereditatibus et possessionibus, liberos atque franchos,* non obstantibus foris* Valencie nec aliquibus condicionibus positis in instrumentis quod dicte[g] hereditates vel possessiones militibus non venderentur, nec obstantibus aliquibus mandatis contra hoc a nobis factis.

Tamen si de hoc senseritis vos gravati, mandamus vobis quatenus faciatis eidem restitui totam pecuniam quam dedit pro emendis dictis hereditatibus et possessionibus a venditoribus, et omnes missiones quas fecit in melioramentis que ibi fecit, vel vos hoc totum eidem restituatis et solvatis, et recuperetis ac recipiatis ab eo dictas hereditates et possessiones.

Et quousque hoc feceritis, non compellatis ipsum nec pignoretis, nec compelli vel pignorari permittatis, nec aliqua bona sua [compellatis] ad dandum aliquid in questiis et regalibus exaccionibus pro hereditatibus et possessionibus ante dictis.

Datum apud[h] Castrum Fabib, VI nonas Octobris, anno domini MCCL nono.

a) Text torn away at top left and right corners, losing three words; dim and water damaged along top and down left side, with modern overtracing to recover several words.
b) MSup.
c) Three-word phrase overtraced by modern hand.
d) MSup.: *mandatum*(!)
e) Overtraced: *non* through *nec*.
f) Overtraced.
g) T: *dictas*.
h) Deleted: *Turo[lium]*. The next document in the codex was copied at Teruel; thus this error suggests that our document was done there as part of a series, but predated, an insight into scribal methods.

263a

Teruel. 6 October 1259.
Reg.10, fol.119v. MF: 258.

Pere [Pedro] de Poc(h) of Agramunt married Ferrer(i)a with permission of her father, the Valencian citizen Guillem de Font[b] [Guillermo de la Fuente], then lived with her 'for some time in the houses' of the father. Later 'a quarrel broke out between' the two men, so that Pere left Guillem's

DOCUMENT 264

houses at Valencia city and went to Teruel 'for some time.' His wife remained with her father awhile, but soon joined her husband at Teruel. If official inquiry supports this version, the justiciar must protect the husband from legal harassment.

Iacobus dei gracia etc., fideli suo iusticie* Valencie, salutem et graciam. Intelleximus quod Petrus Pauci[c] de Acrimonte[d] duxit in uxorem Ferrariam,[e] filiam Guillelmi de Fonte civis Valencie, de voluntate et licencia ac auctoritate dicti Guillelmi de Fonte patris eiusdem Ferrarie. Et ipsam uxorem suam tenuit per aliquod tempus intus domos dicti Guillelmi de Fonte.

Et postmodum fuit mota rixa inter dictum Guillelmum de Fonte et ipsum Petrum Pauci. Propter quod dictus Petrus Pauci exivit de domibus dicti Guillelmi de Fonte, et recessit de Valencia, et venit apud Turolium, ac ibi fecit moram per aliquod tempus. Et ipso stante in Turolio, uxor sua predicta, que remanserat in domibus dicti Guillelmi de Fonte patris sui cum ipso patre suo[f], recessit de Valencia et venit ad dictum maritum suum apud Turolium.

Quare mandamus vobis firmiter quatenus, si predicta inveneritis ita esse, non gravetis nec impediatis dictum Petrum Pauci racione peticionis quam eidem faciat vel racione questionis quam contra eum moveat[g] dictus Guillelmus de Fonte pro predictis; set ipsum Petrum Pauci, cum omnibus bonis suis, habeatis inde penitus absolutum.

Datum apud Turolium, II nonas Octobris, anno domini MCCL nono.

a) Top margin left: *XII denarii iaccenses.*
b) MF: de Ponte.
c) T: *-chi*; cf. *pauci* four times below. Poc(h), from Latin *paucum*, has surname representatives at Agramunt; the genitive may indicate Romance de. MF: de Paucis. Contrast with the name Poses (*de pausis*) in docs.357, 403, 492.

d) The scribe properly declines *acri*, though etymology would suggest o and the surname a.
e) Deleted false start: *Guillelmi d.*
f) Different punctuation would have the father leaving with her, an interpretation not favored by the context.
g) A blot separates *mov* from *eat*.

264

Teruel. 9 October 1259.
Reg.10, fol.120. MF: 259.

The king leases 'the revenues, income, and any of Our [money] rights of the castle and town of Cullera' for the next three years, at 2,200 Valencian sous each year, to one of his executive agents (*porter*), Bonanat de G(u)ia [Guía]. Out of the total 6,600 sous sale price he is to transfer 500 a year directly to Pere Ramir(eç) [Pedro Ramírez de] d'Oria and to retain the further 2,660 Bonanat had paid for the king to the butcher Constantí [Constantino], actually giving the king a total of only 3,440 sous.

Vendimus vobis, Bonanato de Gia portario* nostro maiori, reditus et exitus et quelibet iura nostra castri et ville de Cuyllera hinc ad tres annos primos venturos, precio videlicet II milia CC solidorum quolibet anno.

De quibus donetis quolibet anno Petro Remires[a] D solidos, quos ibi accipit et accipere debet. Et retineatis de dicto precio II milia DCLX solidos quos solvi[s]tis[b] pro nobis Constantino carnifici Valencie. Et residuum[c] nobis donetis et dare teneamini.

\Datum/ Turolii, VII idus Octobris, anno domini MCCL nono.

a) Or: -*ris* (last vowel only indicated).
b) Or: -*vatis*? Middle vowel of original *solvitis* may have been corrected to a, but is blotted into a p shape. This may be a descender (i) with a blot above, or an i overwritten to be a.
c) T: *ress-*.

265a

Teruel. 9 October 1259.
Reg. 11, fol. 159. MF: 260.

The king arranges in perpetual alod for Pere [Pedro de] (d'Ayerbe) 'the dear son of Ours and of Our noble and beloved lady' Teresa Gil de Vidaure, his secret, rejected wife, the Valencian castles and towns of Fanzara and Sueras, with all inhabitants, crown taxes, pasturage fees, ovens, mills, baths, waters, and present and future improvements. 'If perchance (let it not be!) you happen to die without child from a legitimate union,' these castles and districts revert fully 'to the son or daughter, if any be born' of the king and Teresa, as long as 'it outlives you and unless another son or daughter be born.' If Pere dies without issue, the castles go to his brother Jaume (Jacme) [Jaime] (de Jérica), son of the king and Teresa.

Per nos et nostros, gratis et spontanea voluntate, donamus et concedimus vobis Petro, karissimo filio nostro et nobilis ac dilecte nostre dompne Taresie Egidii, et vestris in perpetuum per hereditatem propriam, francham,* et liberam cast[r]\u/m nostrum et villam de Cuera et castrum nostrum et villam de Fansara, que sunt in regno Valencie, cum omnibus alcheriis,* terminis, et pertinenciis suis et cum omnibus hominibus et mulieribus ibi habitantibus[b] et habitaturis cuiuscumque legis et condicionis sunt et erunt, et cum peitis,* cenis, monetaticis, herbaticis, exercitibus et cavalcatis et eorum redempcionibus, et cum molendinis, furnis, balneis, aquis, et cum omnibus aliis iuribus nostris, que nos ibi habemus et habere possumus vel debemus, integre et sine diminucione aliqua, et cum omnibus melioramentis ibi factis et faciendis prout melius dici potest et intelligi ad vestrum et vestrorum bonum commodum et sincerum intellectum, ad habendum, tenendum, possidendum, et expletandum, dandum, vendendum et impignorandum, et alienandum, et ad omnes vestras vestrorumque voluntates inde libere perpetuo faciendas, sine aliqua retencione nostra et nostrorum et cuiuslibet alterius persone.

Ita tamen quod, si forte (quod absit) vos mori contigerit sine filio legitimi coniugii, predicta castra et ville^c cum omnibus alcheriis suis, et cum omnibus supra dictis et singulis, sint et revertantur libere et sine aliqua diminucione filio vel filie si quis vel si qua nascetur a nobis et a dicta domina Taresia Egidii matre vestra, si vobis supervixerit et nisi alius filius vel alia filia nascetur a nobis et a dicta domina Taresia prout dictum est, vel si nascetur [et] vobis non supervixerit ut dictum est, predicta castra et ville^c cum omnibus alcheriis et pertinenciis suis et cum omnibus supra dictis singulis sint et libere revertantur Iacobo fratri vestro filio nostro et dicte domine Taresie^d matri vestre.

Datum Turolii, VII idus Octobris, anno domini M\CC/^{e}L nono.

a) Modern title: *Donatio ville de Cuera.* IP flourish, obscured by cropping. Otiose stroke in left margin, bottom. MF: Suera, Fonsara.

b) No overstroke for this abbreviation, nor below for *possidendum, alienandum, dandum, vendendum, impignorandum,* or *pertinenciis.* In our documents this is an occasional scribal device, or perhaps carelessness, during formulas.

c) T: *-las*!

d) First use in document was *Taresia,* thereafter *Tesia* with *-er* or *-ar* loop, and finally this *Te* with overstroke. Dative here, as co-heir.

e) Inserted later, apparently by modern hand.

266a

Teruel. 9 October 1259.
Reg. II, fol. 154. MF: 261.

Exempts 'the Muslim brothers, residents of Segorbe, Muḥammad the painter and 'Abd Allāh the woodworker,' from all regalian taxes for life, and especially from contributing to community money levies and from army service or its substitute. In return they must 'serve Us by your crafts, without any salary, in all works which We shall need.'

Per nos et nostros enfranquimus et franchos* et liberos facimus vos, Mahometum pictorem et Abdela fusterium fratres Sarracenos habitatores de Segorbio, ab omni questia* sive peita,* exercitu et cavalcata et eorum redempcionibus, et ab omnibus aliis quibuslibet legalibus exaccionibus, toto tempore vite vestre.

Ita quod non teneamini umquam aliquo tempore vite vestre dare aliquid vel ponere in questiis sive peitis nostris vel quibuslibet aliis regalibus exaccionibus, nec in eciam^b exercitu vel cavalcata, nec dare inde aliquam redempcionem; set sitis inde cum omnibus bonis vestris habitis et habendis franchi, liberi, et penitus absoluti dum ⟨vobis⟩ fuerit vita comes, vobis tamen servientibus nobis de vestris officiis sine aliquo salario in omnibus operibus que nobis erunt necessaria.

Nos enim^c re⟨cipimus⟩ vos cum omnibus bonis vestris sub nostro guidatico,* custodia, et commenda.*

Datum Turolii, VII idus Octobris, anno domini MCCL nono.

a) Badly worn and damp damaged down right side.
b) Not *vero* etc., but *in* plus *et* symbol with overstroke.
c) Sic.

267ª

Montreal. 14 October 1259.
Reg. II, fol. 154v. MF: 262.

Assigns 'to Carròs [Carroz] lord of Rebollet' 900 silver besants each year, from crown revenues at Denia, until such time as Jalón castle is restored to him. Acknowledges as well and similarly assigns a debt of 600 besants to Carròs, 'which [the Mudejar rebel] al-Azraq at Our order received from Jalón's revenues of the past year,' and 2,000 sous as salary 'for custody of the castle of Denia and of Segàr(r)ia (Segarra) [in the Serra de Segària] the past year.' The 1,500 besants are calculated at an exchange rate of three sous and four pence or diners per besant.

Nos Iacobus etc. concedimus vobis, dilecto nostro Carrocio domino de Rebollet, quod habeatis, percipiatis, ac retineatis de reditibus et exitibus nostris de Denia DCCCC bisancios quolibet anno, tam diu quousque nos restituerimus vobis castrum de Xalone; ita quod predictos DCCCC bisancios recipia[ti]s ad racionem trium solidorum et quattuor denariorum pro quolibet bisancio.^b

Et concedimus et recognoscimus debere vobis DC bisancios, quos Alazrach recepit de reditibus de Xalono anni transacti de mandato nostro, quos reditus vos^c recipere debebatis. Et recognoscimus debere vobis duo milia solidorum, pro custodia castri de Denia et de Segarria de anno transacto.

Quos DC bisancios, et quos [= que] duo milia solidorum regalium, assignamus vobis et vestris habendos et percipiendos in predictis reditibus Denie; ita quod tam diu teneatis et percipiatis dictos reditus, quousque de ipsis bisanciis et denariis^d fuerit vobis in eisdem plenarie satisfactum. Volumus enim quod predictos DC bisancios reti⟨neatis⟩^e ad racionem III solidorum et IIII denariorum pro quolibet bisancio, secundum quod predictos DCCCC bisancios recipietis.

Datum apud Montem Regalem, II idus Octobris, anno domini MCCL nono.

a) IP flourish. Badly worn at left bottom corner.
b) T: *-ios*, perhaps with attempt to delete s.
c) Deleted: second *vos*, corrected from *vobis*.
d) Deleted: *ip[sis]*.
e) Or: *reci⟨piatis⟩*.

1. Zayyān Surrendering Valencia. A public display from the fifth centennial of Jaume's conquest of Valencia. The figures of St. Michael, St. Denis, Faith, and Fame attest to Zayyān's surrender, illuminated by Biblical quotes celebrating Jaume's victory. This artist's copy was prepared by Joseph Vicente Ortí Mayor for *Fiestas centenarias con que la insigne, noble, leal, y coronada ciudad de Valencia celebró el dia 9 de Octubre de 1738 la quinta centuria de su cristiana conquista* (Valencia: 1740).

2. Expulsion of the Muslims. A drawing of a 1738 display celebrating Jaume's conquest of Valencia. The original model contained machinery which kept the crusaders (left) and the Muslims (right) in "continual motion." The Virgin of Victories hovers over the city, which is flanked by St. Peter and St. Andrew. From Ortí Mayor, *Fiestas centenarias* (1740).

3. Onda and Its District. Around Onda (a) lie Castellón de la Plana (b), Almazora (c), Burriana (d), Villarreal (e), Bechí (f), Alcora (g), and Penyagolosa Peak (h). From Antonio J. Cavanilles, *Observaciones sobre la historia natural, geografía, agricultura, población y frutos del reyno de Valencia*. 2 vols. (Madrid: 1795-1797).

4. Town and Castle of Morella. The walled town of Morella, with the castle of Morella high above it. Cavanilles, *Observaciones* (1795).

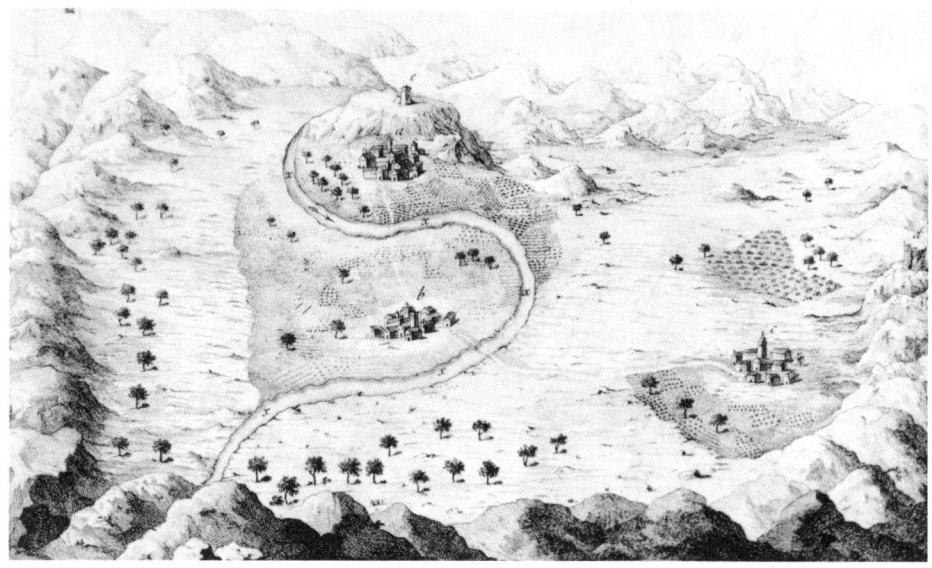

5. Montroy and Monserrat. The Río Magro (x) encloses the town (a) and castle (e) of Montroy and the huerta of Real de Montroy (b). To the right are the town of Monserrat (c) and its castle (d). Cavanilles, *Observaciones* (1795).

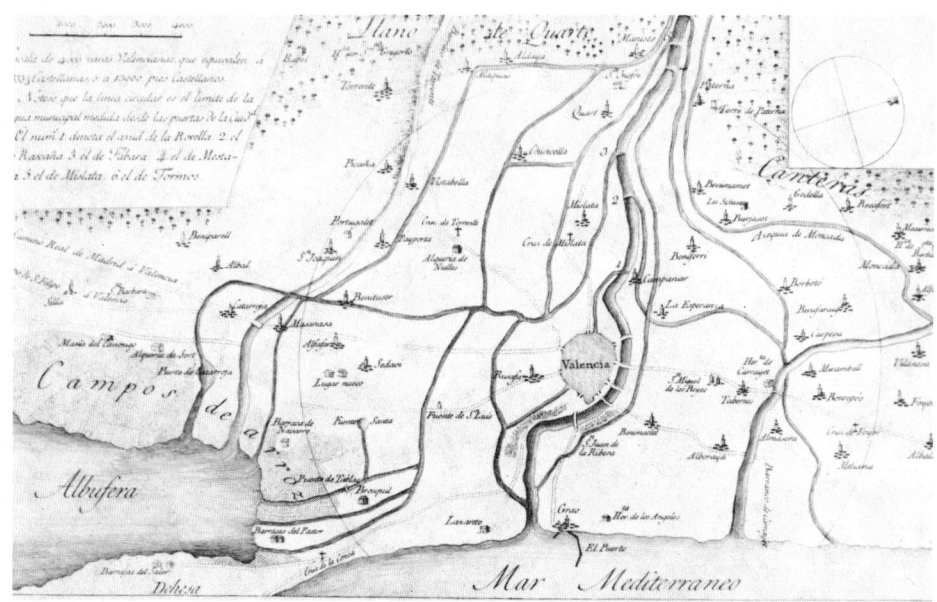

6. Valencia City Environs. The city lies on the bank of the Turia or Guadalaviar River, from which irrigation canals draw off water. At left is the Albufera lagoon. The semicircle indicates the distance of one league from the city walls. Cavanilles, *Observaciones* (1795).

268

Zaragoza. 21 December 1259.
Reg. 11, fol. 157. MF: 263.

'As indemnity, recompense, or exchange of two jovates of land' granted 'in the district of Liria to you Pere d'En Ferran [Pedro de Don Fernando],'a substitutes an income of 150 Jaca sueldos every Easter for life, from 'the general revenues and profits of Zaragoza's warehouse [*almodí*] for salt.'

Iacobus etc. per nos et nostros damus et concedimus per emendam* et recompensacionem seu concambium duarum iovatarum* terre, quas dederamus tibi Petro de En^b Ferrando^c in termino de Liria, centum quinquaginta solidos iaccenses habendos et percipiendos quolibet anno in festo pa[s]c[h]e resurreccionis domini in universis reditibus et exitibus almudini*^d salis Cesarauguste. Ita quod dictos CL solidos iaccenses habeas et accipias quolibet anno in predicto festo, diebus omnibus vite tue, in predictis reditibus [et] exitibus almudini salis.

Mandantes baiulo Cesarauguste, presenti et futuris, quod de predictis CL solidis reposdeant^e [= respondeant] tibi quolibet ⟨an⟩no in festo pa[s]c[h]e predicto, non expectato nostro alio mandamento.

Datum [Cesarauguste],^f XII kalendas Ianuarii, anno domini MCCL nono.

a) If *den Ferran* replaces the genitive here, this is probably the king's bastard by Berenguera Ferrandis: Pere Ferran(dis) d'Híxar [Pedro Fernández de Híjar (in Aragon)].
b) T: *den*.
c) Deleted: *in*.
d) T: -*nis*; cf. -*ni* below.
e) Sic; scribe's correction insufficient.
f) From the date (see document below).

269a

Zaragoza. 21 December 1259.
Reg. 11, fol. 157v. MF: 264.

Declares the hairdresser ʿAlī of (Vall de) Gallinera 'free, exempt, quit, and immune' for life from regalian taxes; 'nor can anyone hold seignorial dominion over you.' Grants him protection throughout the realms, so that no one 'injure or molest you because you are a Saracen, or for any other reason.' For this ʿAlī pays the crown '600 Jaca sueldos, as you proceed to earn them from your craft of barbering.'

Iacobus dei gracia etc. facimus te Ali de Gallinera forre,*^b franchum,* quitium,* ac immunem; ita quod sis forre,^b franchus, quitius, et immunis die[bus] omnibus vite tue, et non tenearis nobis nec aliquibus aliis personis in aliquo respondere. Nec aliquis vel aliqui habeant nec possint habe[re a]liquod dominium super te, te tamen dante et solvente nobis sescentos[c] solidos iaccenses prout ipsos lucratos fueris de officio tuo barbitonsorie.

Recipimus et constituimus eciam te in nostra proteccione, custodia, et commenda*; ita quod nullus de nostri gracia confi[d]ens sit ausus te in aliquo [loco] dominacionis nostre offendere vel gravare quodam modo[d] quia es Sarracenus vel aliqua alia racione.

Mandantes baiulis, iusticiis,* iuratis, et universis aliis officialibus et subditis nostris,[e] presentibus et futuris, quod predictum guidaticum* nostrum firmum habeant et observent, et contra ipsum non veniant nec aliquem venire permittant. Immo iuvent et defendant te in iure tuo contra omnes personas.

Datum Cesarauguste, XII kalendas Ianuarii, anno domini MCCL nono.

a) Worn and holed down right.
b) Not a form of *fore* (for *futurum esse*) but Catalan *forre*, a medieval form of *forro* (cf. Castilian *horro*, Arabic *ḥurr*) for 'freed'.
c) T: *sexc-*.
d) T: *Qdo* with overstroke, possibly *quomodo* in its less usual sense of *quodam modo*.
e) Deleted: *ad quo*.

270ª

Zaragoza. 25 December 1259.
Reg. 11, fol. 164v. MF: 265.

Confirms all arrangements and assignments of revenues entered into by Prince Alfons (Anfós) [Alfonso] in any way up to this day, to repay debts assumed by contract or borrowing (*manllevar*), on his personal income of 100,000 sous (sueldos of Jaca?) from the kingdoms of Aragon and of Valencia and from Lérida. Should Alfons die before the king, these arrangements will continue, and new revenues will be added if necessary, until all those obligations are met.

Iacobus dei gracia etc. concedimus, confirmamus, et approbamus omnes et singulas obligaciones et assignaciones, quas vos karissimus filius noster \dompnus Alfonsus/ infans Aragonie etc.[b] fecistis cuicumque vel quibuscumque, pro debitis que contraxistis vel manulevastis* cum cartis vel sine cartis, usque in[c] hodiernum diem in quo hec scribitur carta, de reditibus illorum centum milium solidorum quos a nobis tenetis in regno Aragonie et Valencie et in Ilerda; promittentes ipsas obligaciones et assignaciones, quas de dictis reditibus fecistis in toto vel in parte ex quibuscumque causis, ratas et firmas habere in perpetuum, et numquam in aliquo contravenire racione aliqua sive causa.

Et si forte contigeret vos mori antequam nos, promittimus quod faciemus habere, tenere, et pacifice possidere ipsas obligaciones et assignaciones illos[d] quibus[e] eas fecistis, donec eis satisfactum fuerit et solutum de debitis[f] suis secundum quod in cartis eorum a vobis sibi datis et concessis plenius continetur. Et si forte ipse obligaciones et assignaciones non suffecerint ad dicta debita persolvenda, promittimus solvere omnia ipsa debita creditoribus vestris, si vobis supervixerimus, sive fuerint cum cartis vel sine cartis, dummodo ea in veritate invenire possimus.

Promittentes bona fide omnia et singula supra dicta attendere et complere, ut superius sunt premissa, et in nullo vel in parte contrave[nir]e aliqua racione.

Datum Cesarauguste, VIII kalendas Ianuarii, anno domini MCCL nono.

a) Worn at right; dim from damp.
b) Deleted: repeated *fecistis*.
c) Intervening smear.
d) Sic, not -*as*.
e) Deleted: repeated *quibus*.
f) Clumsily corrected from *debetis*.

271a

Lérida. 19 January (1259) 1260.
Reg. II, fol. 163. MF: 266.

Pere Llop(is) [Pedro López de] d'Estella (in Navarre) had given his buildings near the royal residence or property (*rafal, reial**) at Alcira to the king. In exchange the king is giving two workshops near crown buildings in Alcira, in exempt alod, but only to adapt them for an entry to other buildings held by Pere. These workshops are bounded on both sides by crown workshops, in front by the main street, and behind by the buildings of Pere; their conversion as entry excludes use as 'workshops or shops where merchandise or anything is sold.'

Nos Iacobus dei gracia etc. per nos et nostros in concambium illarum domorum, quas \vos/ Petrus Luppi de Stella habebatis circa realum* nostrum Aliazire,b quas a vobis habuimus et recepimus, damus et concedimus vobis dicto Petro Luppi de Stella per hereditatem propriam, francham,* et liberam duo operatoria nostra que sunt circa domos vestras, quas habetis in Aliazira pro intrata domorum vestrarum predictarum; et terminantur in duabus partibus in operatoriis nostris, et ex alia parte in carraria* maiori, et ex alia parte in dictis domibus vestris.

Que dicta duo operatoria habeatis vos et vestri ad opus intrate predictarum domorum vestrarum per hereditatem propriam, francham, \et/ liberam a celo in abissum; et ad habendum videlicet, tenendum,c possidendum, et expletandum; et ad dandum, vendendum, alienandum, et impignorandum; et ad omnes vestras vestrorumque voluntates libere perpetuo faciendas, exceptis militibus et personis religiosis.

Volumus tamen quod dicta duo operatoria pro intrata dictarum domorum vestrarum habeatis; et in ipsis non possitis operatoria nec tendas facere, in quibus mercimonia vel res aliqua vendantur.

Datum Ilerde, XIIII kalendas Februarii, anno domini MCCL nono.

a) Original title, within flourishes: *Petri Luppi de Stella*. IP flourish. MI puts the king in southern France through January, February, and March of 1259; this and the following documents of double date are very probably of 1260 (see preface volume, ch.14).
b) T: *Aljazere*; below: *Aljazira*.
c) T: *-ntum*.

272

Barcelona. 28 January (1259) 1260.
Reg. 10, fol. 128. MF: 267.

Orders the castellan of Peñíscola and his lieutenant to allow the Lérida citizen Ramon [Ramón] de Torres (and his agent?) to export and carry anywhere the wheat he has at Peñíscola and is having brought from Morella and Peñíscola, as long as he pays the usual tariff (*lleuda*) and transit (*peatge*) fees.

Iacobus dei gracia etc., fideli suo alcaido* de Peniscola, vel eius locum tenenti, salutem et graciam. Mandamus vobis quatenus permittatis extrahere, Raimundo de Turribus civi ilerdensi,[a] bladum quod habet in Peniscola et quem [= quod] ibi facit deferre[b] de Morella ⟨et⟩ de Peniscola, et ipsum portare ad quascumque partes voluerit, ipso solvente vobis lezdam* et pedagium* pro ipso blado prout consuetum est.

Et nullum aliud servicium ab eo inde exigatis nec accipiatis. Et hoc aliquatenus non mutetis.

Datum Barchinone, V kalendas Februarii, anno domini M etc. [MCCLIX].[c]

a) Dative probably relating to *permittatis* (to Ramon), not *extrahere* (to Ramon), and therefore so punctuated.
b) Sic, though an exuberant afterstroke gives the effect of a letter (*defferret*). Two interpretations are possible: (1) *[illi] quem [Raimundus] ibi facit deferre [bladum]*; (2) *quem [= quod] ibi facit deferre [= deferri]*.
c) Only the last document on this folio expresses its date (1259), but those on nearby folios are 1258. The *etc.* ending is unusual. On 1260 as the more probable of the two dates implied by the ambiguous 1259, see doc. 271, note a.

273

Barcelona. 29 January (1259) 1260.[a]
Reg. 10, fol. 127. MF: 268.

Notifies officials and solid citizens (*prohoms*) of Segorbe that Andreu de Santmartí [Andrés de San Martín], his backers, and his debtors are free from legal pressure or confiscation for one year from the coming feast of St Michael in September in connection with 'any debts he owes Christians in any part,' as long as he gives surety that he will pay afterwards.

DOCUMENT 274

Iacobus[b] dei gracia etc., fidelibus suis iusticie,* baiulo, et probis hominibus de Sugurbio, [salutem et graciam]. Dicimus et mandamus vobis quatenus hinc ad proximum festum Sancti Michaelis Septembris non compellatis nec compelli permittatis Andream de Sancto Martino, nec debitores vel fideiussores pro ipso in debitis constitutos, nec aliqua bona eorum, ad solvendum aliqua debita que debeat Christianis in aliqua parte, ipse [= ipso] assecurante quod dicto termino solvat.

Datum Barchinone, IIII kalendas Februarii,[c] anno domini MCCL nono.

a) On the preferred 1260 date, see doc. 271, note a.
b) No overstroke: *Ja*.
c) T: *-roarii*.

274a

Calatayud (Calaf?). 13 February (1259) 1260.
Reg. 10, fol. 147rv. MF: 269.

Ambiguous document, erroneously catalogued and used as concerning Almonacid Valley in Valencia (comprising the districts of Vall and Algimia d'Almonesir or Almonacid). Creates Pedro (or Pero) Martínez de Luna ('the elder') lifetime lord of Almonacid de la Sierra in Aragon, with all its crown rents and its Muslims and Christians, but owing a military service of three knights and paying the crown a lump sum. Included here as MF, though non-Valencian: see preface volume, ch.37.

Per nos et nostros damus et concedimus vobis dilecto nostro Petro Martini de Luna, diebus omnibus vite vestre, castrum et villam de Almonezir cum omnibus terminis et pertinenciis et cum omnibus peitis,* cenis, donis, et serviciis, caloniis* et iusticiis civilibus et criminalibus, exercitibus et cavalcatis et eorum redempcionibus, quintis, quartis, novenis, et tributis, et omnibus aliis reditibus, exitibus, monetaticis, et proventibus, ac iuribus que nos et nostri in predicto castro et villa et eius terminis, et ab hominibus et feminis Christianis et Sarracenis ibi habitantibus et habitaturis, habemus vel habere aut percipere debemus de consuetudine vel de iure vel de alio quoquo modo, integre et sine ullo nostro nostrorumque retentu, tali condicione quod vos serviatis inde nobis et nostris in tota vita vestra de tribus militibus, secundum quod alii richi* homines Aragonie nobis servire tenentur pro honoribus* quos pro nobis tenent.

Et sic habeatis, teneatis, et possideatis, et expletetis vos et quos volueritis dictum castrum et villam, cum omnibus et singulis supra dictis, potenter et integre et in pace et sine omni diminucione, ac sine omni impedimento et contradiccione nostra et nostrorum et cuiuslibet alterius persone, et sicut melius, firmius, et utilius ad utilitatem et salvamentum vestrum potest dici vel intelligi, dum vobis fuerit vita comes.

DOCUMENT 274

It[a]^b tamen quod non iactetis peitas hominibus dicti castri et ville vel feminis, Christianis vel Sarracenis, nec accipiat[is]^b ab eis umquam aliquo tempore vite vestre, nisi quando nos vel nostri iactabimus peitas aliis hominibus nostris terre [nostre]; et quod statim post obitum vestrum dictum castrum et villam, cum omnibus et singulis supra dictis, et cum omni melior[amento] quod in [e]dificii[s] ipsius cas[tri] et ville feceritis, s[ine] ullo debitorum onere^c et obligacione et sine [fraude vel retentu, nobis et nostris tradatis].^{d}

[Pro hac autem] donacione confitemur nos recepisse a vobis, predicto [Petro Martini] de Luna [. . . solidos, quos]^e nobis dedistis ad faciendam nostram propriam [voluntatem].^{b} [*Fol. 147v*]. Renunciantes omni excep-[cion]i non numerate et non accepte pecunie et doli, inde de ipsis omnibus sumus b[ene] paccati* per nos et omnes nostros ad voluntatem nostram.

Et ideo promittimus \vobis/ predicto Petro Martini, per [nos] et omnes nostros, bona fide sine fraude, quod predictum castrum et villam cum omnibus et singulis supra dictis f[acie]mus vos et quos volueritis habere, tenere, possidere, et expletare integre et in pace contra omnes personas, in omni vita vestra, ut superius continetur.

Et ego predictus Petrus Martini de Luna, cum graciarum accionibus, recipio a [vobis] predicto rege domino nostro donacionem predictam quam mihi facitis de predicto castro et villa, et omnibus aliis [et] singulis supra dictis, sub condicionibus ante dictis.

Datum Calat[aiubio *or* Calafio],^{f} idus Februarii, anno domini MCCL [nono].

a) Left margin, center: [. . . denarios rex percepit]. Document is dim. The recto is trimmed at right, with loss of words, and left bottom torn away. The verso is dim, affected by mold and holes especially down right side. On the preferred 1260 date, see doc. 271, note a.
b) MSup.
c) T: *honere*.
d) Conjectural.
e) Hole destroyed a half-line (*solidos quos* is conjectural); the space would support a standard sum as written out. Next four words are overtraced.
f) T: *Calat* with overstroke. MF and I read it as Calat[aiubio], but it is improbable that King Jaume would have signed documents at Cervera on February 10 and again on February 20, but have traveled all the way to Calatayud for business on February 13. MI more reasonably leaves him at Cervera from February 3 to 20, as does the similar list by Chabás. Can the scribe have meant Calaf[io]? Calaf was a half-day's journey northeast of Cervera on a main road; Jaume signed an important agreement there, for example, in 1253. Assuming an error in the year does not help: of possible candidates, only 1257 might accommodate a stay at Calatayud on this day; among other objections, this places the event before the run of registered documents. That the beneficiary was a lord of Aragon might point to Calatayud; but he was often enough in the king's entourage, and anyway there need be no correspondence between subject matter and dateline.

275

Lérida. 24ª February (1259) 1260.
Reg. 10, fol. 130v. MF: 270.

Notifies the Muslims and Christians of Carbonera, Bélgida as 'Beldesa,' Rugat, and Vilella, in the district of Peña Cadiell (Sierra de Benicadell), that they are to answer in all matters of crown rents and revenues to the king's creditor Artal [Artaldo][b] de Foces or his lieutenant Joan de Mon(t)só [Juan de Monzón] until further notice.

Iacobus dei gracia rex Aragonum, Maioricarum, et Valencie, comes Barchinone et Urgelli, et dominus Montispessulani, fidelibus suis universis Christianis et Sarracenis de Carbonera, de Beldesa,[c] de Rugat, et de Villela terminis de Penacadel, salutem et graciam.

Mandamus vobis firmiter quatenus de cetero, visis presentibus, respondeatis dilecto nostro Artallo de Focibus, et loco eius Iohanni de Montessone, de omnibus reditibus, exitibus, et iuribus nostris, de quibus nobis quolibet modo tenemini respondere, quousque super hoc a nobis mandatum aliud habeatis, quoniam volumus quod predicta recipiat[d] in solucionem debiti quod sibi debemus.

Datum Ilerde, VII kalendas Marcii,[a] anno domini MCCL nono.

a) A leap year, thus not 23 Feb. for 1260. On the preferred 1260 date, see doc. 271, note a.
b) MF: Arnaldo; Penacadell.
c) Beldyja in the *Repartiment*, for Bélgida.
d) A jog on the t, though misleading, seems not to denote the passive; in any case, the singular passive here would disagree with its subject, and the formula appears clearly in the next document.

276

Lérida. 24ª February (1259) 1260.
Reg. 10, fol. 130v. MF:271.

Notifies the Christian settlers of Palma, Borró, and their districts to pay all crown rents and taxes directly to the king's creditor Artal [Artaldo][b] de Foces or his lieutenant Berenguer de Tamarit[c] until further notice.

[Iacobus dei gracia etc.], fidelibus suis Christianis de Palma et de Borro et terminorum eiusdem,[d] salutem et graciam.

Mandamus vobis firmiter quatenus de cetero, visis presentibus, respondeatis dilecto nostro Artallo de Focibus, et loco eius Berengario de Tamarito, de omnibus reditibus, exitibus, et iuribus nostris, de quibus nobis quolibet[e] modo tenemini respondere, quousque super hoc a nobis mandatum aliud habeatis, quoniam volumus quod predicta recipiat in solucionem debiti quod sibi debemus.

DOCUMENT 277

Datum Ilerde, VII kalendas Marcii[a], anno domini MCCL nono.

a) A leap year, thus not 23 Feb. for 1260. On the preferred 1260 date, see doc. 271, note a.
b) MF: Arnaldo.
c) Probably from the Catalan Tamarit in Tarragona, rather than from the Aragonese Tamarite in the Huesca province.
d) Sic, singular.
e) Deleted: *anno.*

277

Lérida. 24[a] February (1259) 1260.
Reg. 10, fol. 130v. MF: 272.

Consolidates 'all the debts We ever owed for any reason, up to the present day' to Llop [Lupo (Lope) de] d'Ochoa.[b] Of the total 2,439 Valencian sous (minus two pence or diners), the king assigns 1,000 to come from the crown monopoly of public ovens at Albaida; Llop 'may hold the said ovens, if you wish, yearly according to the profit set [for the crown] at the auction' of these tax-farmed revenues. The remaining 1,439 sous will be paid later.

Nos Iacobus, dei gracia [etc.] recognoscimus[c] et confitemur nos debere vobis, Luppo Ochova et vestris, duo milia[d] quadringentos triginta novem solidos, minus duobus denariis regalium Valencie, pro omnibus debitis que umquam vobis debuimus aliqua racione usque in hodiernum diem.

De quibus assignamus vobis et vestris mille solidos regalium Valencie habendos et percipiendos in reditibus et exitibus nostris furnorum de Albaida; ita tamen quod vos teneatis dictos furnos, si volueritis, annuatim secundum quod exierint in[e] encanto.*

Et dictos reditus et exitus accipiatis ac percipiatis in computo dictorum mille solidorum. Quos dictos reditus tam diu teneatis quousque de predictis mille solidis regalium sit vobis[f] et vestris integre satisfactum. Residuos vero mille ⟨quadringentos⟩[g] XXXIX solidos, minus II denariis regalium Valencie, promittimus vobis et vestris solvere in pace.

Datum Ilerde, VII kalendas Marcii,[a] anno domini MCCL nono.

a) A leap year, thus not 23 Feb. for 1260. On the preferred 1260 date, see doc. 271, note a.
b) MF: Ochova. Ochoa (variants Oxova, Otxova) was Navarrese; this Llop Ochoa is in the *Repartiment* as bowman, and below in doc. 338.
c) T: *Ja, re* without overstrokes.
d) T: numeral M, not the usual abbreviation; cf. numerals again below.
e) Or: *de* (faint i or d, with overstroke).
f) Repeated.
g) MF erroneously: 2,537.

278a

Lérida. 24b February (1259) 1260.
Reg. 10, fol. 131. MF: 273.

The king had ordered (E)ximèn d'Alberó [Jimeno (Eximeno) de Albero] to audit the accounts of Gauceran de Montcada [Galcerán de Moncada] for the revenues of Eslida castle and town. If these revenues cover the debt the king owed Galcerán, Ximèn is to hand over Eslida to Guillem [Guillermo de] d'Anglesola (Latin Angularia).

VII kalendas Marcii, anno domini MCCL nono, in Ilerda, mandavit dominus rex per litteras suas [Eximino de]c Alvero, quod acciperet compotum a Galserando de Montecathanod de reditibus castri [et vi]lle de Eslida; et si predictic [re]ditus suffecerint ad solucionem debiti, quodf sibi debebat, traderet castrum et villam de Eslida Guillelmo de Angularia.

a) Holed and torn at right. On the preferred 1260 date for this run, see doc. 271, note a. On the surname Angularia/Anglesola, see doc. 48, note b.
b) A leap year, thus not 23 Feb. for 1260.
c) MSup.
d) Middle vowel of *Alvero* and penultimate of *Montecathano* are unexpressed (see doc. 195, note c). As a first name, Alveró would not be Àlvar but a form of Adalbero. Here the surname derives from Albero Alto in Aragon (Huesca); in Catalan it can bear an accent, probably by confusion.
e) Badly erased terminal e joins and confuses the two words.
f) Superposited d, badly smeared.

279

Lérida. 24a February (1259) 1260.
Reg. 10, fol. 131. MF: 274.

As in document 278, Alberó is to audit the accounts of Arnau de Font [Arnaldo de la Fuente] for the town of Burriana. If they suffice to repay Arnau the money the crown had borrowed, Ximèn is to hand over Burriana to Guillem.

Consimilem cartam misit predicto Eximino de Alvero, quod reciperetb compotum ab Arnaldo de Fonte, de villa de Burriana. Et si suffecerit ad solucionem debiti quod dominus rex debet sibi, quod tradat villam de Burriana Guillelmo de Angularia.

Eodem die et anno. [Datum Ilerde, VII kalendas Marcii,a anno domini MCCL nono].

a) A leap year, thus not 23 Feb. for 1260. On the preferred 1260 date for this run of documents, see doc. 271, note a.
b) Cf. *acciperet* in doc. 278.

280ª

Agreda. 11 March (1259) 1260.
Reg. 10, fol. 131v. MF: 275.

Erroneously catalogued as Valencian, this charter of crown protection and full exemption from tariffs and transit fees covers the Aragonese Eximeno (Jimeno), son of (Do)menga (Dominga) Ibáñez,ᵇ resident of Almenar (just southwest of Soria), and 'one animal of any kind with all goods and merchandise which you bring or carry with this animal,' throughout all the realms of the king (thus indirectly including Valencia).

Per nos et nostros enfranquimus* tibi, Eximino filio Menge Iuannes, habitatori de Almenar aldea* de Soria,ᶜ diebus omnibus vite tue, unam bestiam tuam cuiuscumque generis, cum omnibus rebus et mercibus tuis quas cum ipsa bestia duxeris vel portaveris eundo, stando, et redeundo per omnia loca regnorum, terminorum, et dominacionis nostre.

Ita quod [de] ipsa bestia, vel [de] rebus aut mercibusᵈ tuis quas cum ipsa bestia portaveris, non dones nec dare tenearis in aliquo loco dominacionis nostre pedagium* neque lezdam.* Recipientes te et dictam bestiam et omnes res et merces tuas, quas cum ipsa bestia portaveris, in nostro guidatico* speciali; ita quod nullus sit ausus te vel dictam bestiam vel res aut merces predictas in aliquo loco dominacionis nostre invadere, capere, detinere, impedire, extrahere, vel pignorare, culpa, crimine, vel debito alieno, nisi debitor vel fideiussor fueris manifestus, te faciente querelantibus de te iusticie complementum. Mandamus igitur etc.

Datum apud Agredam, V idus Marcii, anno domini MCCL nono.

a) Perhaps MF read Agreda in Aragon as Agueda, and understood Almenar near Soria to be Almenara in Valencia, and so gave it a place in the Valencian canon. Though it does not concern Valencia, its transcription is included (see preface volume, ch.37). On the preferred 1260 date, see doc. 271, note a.
b) If the text's *Menge* is genitive, feminine (Do)menja (also in the Middle Ages Domenga) is meant; if a Catalan name here is intruded, without declension, then it is (Do)menge, still a variant of Domènec. See also doc. 284. On Iuannes/Ibáñez, see doc. 338n.
c) Flaw in paper distorts final letter.
d) Deleted: *tuu[s]*.

281

Tarazona. 14 March (1259) 1260.ª
Reg. 10, fol. 131v. MF: 276.

Bo(n)fill [Bonfilio], the construction engineer and currently superintendent of the irrigation network at Alcira, had received his salary in lands there. Now he may 'sell all those properties to any one you wish, except to knights, clerics, and religious persons.'

DOCUMENT 283

Concedimus vobis Bonfil, çequiario et magistro çequie* Aliezire,[b] quod vendatis et possitis vendere cui et quibus volueritis, exceptis militibus et clericis ac personis religiosis, omnes illas hereditates que vobis date sunt et obligate racione salarii quod vobis pertinet pro vestro magistratu et labore çequie Aliezire.[b]

Et vendiciones, quas inde facietis, laudamus in presenti et per nos et nostros in perpetuum confirmamus.

Datum Tirasone, II idus Marcii, anno domini MCCL nono.

a) On the preferred 1260 date, see doc. 271, note a.   b) T: *Alje-*.

282[a]

Tarazona. 16 March (1259) 1260.
Reg. 10, fol. 132. MF: 277.

The priest Bernat [Bernardo] de Caldes receives a lifetime royal corrody, or board and pension (about seventy sous annually then), at the new hospital-monastery of Sant Vicent [San Vicente] de la Roqueta at Valencia city. It includes the position and prerogatives of a canon there.

Concedimus tibi, Bernardo de Calidis[b] presbitero, victum et vestitum in monasterio Sancti Vincencii de Valencia, diebus omnibus vite tue. Ita quod de cetero sis canonicus, et habeas et recipias in dicto monasterio victum et vestitum sicut alii canonici eiusdem loci illud habent et recipiunt.

Mandantes priori eiusdem monasterii presenti videlicet et futuris quod te recipiant in canonicum eorum, et tibi dent victum et vestitum ut dictum est diebus omnibus vite tue, te tamen serviente predicto monasterio bene et legaliter.

Datum Tirasone, XVII kalendas Aprilis, anno domini MCCL nono.

a) IP flourish. On the preferred 1260 date, see doc. 271, note a.   b) Not Caldés (from *de caldariis*) but Caldes (from *de calidis*); both are Catalan towns and surnames.

283[a]

Tarazona. 16 March (1259) 1260.
Reg. 10, fol. 132. MF: 278.

Berenguer (de Prada), prior of Sant Vicent [San Vicente] de la Roqueta hospital-monastery and lord of its Castellón de Burriana, as well as 'all the people of Castellón,' receive the privilege of constructing 'a public road from the said town of Castellón [already moved down onto the plain] all the way to the sea, which is to pass through that marsh which is next to the said town.'

Damus et concedimus plenam licenciam ac[b] liberam potestatem vobis, dilecto nostro Berengario priori Sancti Vincencii de Valencia, et universis hominibus Castilionis de Burriana, faciendi viam publicam de villa Castilionis iam dicti usque ad mare, que transeat per ipsum mariale*[c] quod est iuxta dictam villam.

Datum ut supra [Tirasone, XVII kalendas Aprilis, anno domini MCCL nono].

a) IP flourish. On the preferred 1260 date, see doc. 271, note a.
b) T: *hac*.
c) The text opposes *mar* and *marial*, each with its overstroke.

284

Tarazona. 17 March (1259) 1260.[a]
Reg. 10, fol. 132v. MF: 279.

The guardian of the children of the deceased Ramon [Ramón] de Rocafull had deposited with (E)ximèn d'Alberó [Jimeno (Eximeno) de Albero], lieutenant of the king's procurator for the Valencian realm (Ximèn de Foces), 'a sum of money' derived from the castle revenues of Alfàndec de Marinyén, now La Valldigna, and intended to satisfy Ramon's creditors. Mengot de Boysal (Buisán)[b] had won a judgment from the crown's judge-delegate Guillem [Guillermo] de Bell·lloc, awarding him 1,568 Valencian sous from that sum. The king orders payment, despite the status of the money as deposit, and promises no blame will fall on the procurator's office. 'Carry this out in such wise that We do not see the said Mengot complaining about this again.'

Fideli suo Eximino de Alvero, tenenti locum Eximini de Focibus in regno Valencie, salutem[c] et dileccionem. Volumus et mandamus vobis quatenus visis presentibus de illa quantitate pecunie quam tutor filiorum quondam Raimundi de Rocafolio deposuit penes vos (que pecunia fuit de reditibus castri de Alfandec et de qua debent solvi creditoribus debita que dictus Raimundus de Rochafolio quondam eis debebat) solvatis[d] visis presentibus[e] Mengoto de Boysano illos mille DLXVIII solidos regalium quos [= qui] de dicta pecunia sibi debent solvi, prout in sentencia lata per Guillelmum de Belloch, super hoc iudicem a nobis delegatum, melius et plenius continetur.

Et hoc non mutetis, non obstante quia[f] dictam quantitatem[g] pecunie in commandam* tenetis ut dictum est; quoniam nos volumus ut dictos denarios solvatis predicto Mengoto, ut dictum est, prout sibi sunt adiudicati. Et nos promittimus vos inde servare idempnem.

DOCUMENT 285

Hoc autem taliter compleatis quod dictum Mengotum super hoc non videamus de cetero conquerentem.

Datum Tirasone, ut supra [XVI kalendas Aprilis, anno domini MCCL nono].[h]

a) On the preferred 1260 date, see doc. 271, note a.
b) MF: de Boisano. The Aragonese surname Boysal derives from the toponym Buisán. No Catalan names thus match the document's Latin *de Boysano* etymologically, including de Boixó or the invention Boïsa, or approach it as a practical choice. The Catalan name Mengot (from Armengot) is less likely as a first name here than Aragonese Domenge, as in (Do)-mengot, Catalan Domenjó. See also doc. 280,

note b. On the surname Alberó, see doc. 278, note d.
c) Abbreviation, possibly *graciam*.
d) Possibly -*vetis*: malform obscures center vowel.
e) Sic, repeated: *visis presentibus*.
f) Sic.
g) Large stain obscures.
h) The preceding document is dated *ut supra*, but the document above that has this date.

285a

Tarazona. 17 March (1259) 1260?
Reg. 10, fol. 133. MF: 208 and 280.

Records the results of auditing 'the levies, moneyage, homicide [income], and hospitality fee of all the towns and places you hold for Us in Aragon' as an 'honor,' in fief (or perhaps: for life), of (E)ximèn [Jimeno (Eximeno)] de Foces 'Our lieutenant in the kingdom of Valencia.' Foces had assigned these 'levies and *calonies*' (here therefore a general term) to redeem crown debts, with or without debt bonds. He had also 'collected for Us payment in the old money of Barcelona, which We caused to be struck.' On balance, the crown now owes him: 17,610 Jaca sueldos, 2,000 Alfonsine gold morabatins, 8,172½ Valencian sous (to repay a debt to the deceased Pere de Celles [Pedro de Cillas (Lascellas?)][b]), 3,000 Jaca sueldos also for a debt to Pedro (deducting what Martí Pere (Peris) [Martín Pérez] de Pina justiciar of Aragon said he had paid Pedro in the king's name), 1,000 'new' gold Alfonsine morabatins 'for the deceased At(ó) [Ató (Otón)] de Foces your father,' to whom the king owed it, and 2,084 new gold morabatins to repay 25,000 old Barcelona sous owed by the king. With all debt bonds of Foces retired, the king gives him for recovering these (now consolidated) sums the financial exchange (*taula*) of Valencia city, plus the district, castle, and town of Peñíscola to reimburse himself; the latter includes all crown revenues but specifically 'levies, hospitality, army commutation, and tariffs and transit charges on sea as on land.' Apparent continuation proves to be a non-Valencian note on legal action against Muslims in debt to Elvira, widow of Miquel [Miguel] de Foix.

[Per] nos et nostros recognoscimus et confitemur quod vos nobilis vir Eximinus de Focibus, tenens lo[cum] nost[rum] in regno Valencie, computavistis nobiscum nunc apud Tirasonam de omnibus recepcionibus quas umquam usque in [h]o[die]rnam d[iem] fecistis pro nobis de peitis,* monetaticis, homicidiis, et cenis villarum et locorum omnium que pro nobis tenetis in Aragonia pro honore.* Quas peitas et calonias* vobis assignaveramus in solucionem debitorum que vobis debebamus in^c cartis et sine cartis.

Unde, facto de predictis recepcionibus computo bene et fideliter, et de omnibus aliis que pro nobis recepistis de predictis locis, et de solucione quam pro nobis recepistis in moneta veteri Barchinone quando de ipsa operari faciebamus, et de omnibus aliis ⟨r⟩ecepcionibus quas umquam pro nobis fecistis qualibet de causa usque in hanc diem, confitemur nos esse bene paccatos* ⟨a⟩ vobis et contentos de ipso computo ad voluntatem nostram, renunciantes errori calculi, et omni alii iuri, foro,* et consuetudini pro quibus contra predicta vel eorum aliqua venire possemus.

Et deductis ac remotis omnibus recepcionibus predictis quas pro nobis fecistis ut dictum est de debitis que vobis debebamus, remanet quod debemus adhuc vobis predicto Eximino de Focibus et vestris pro omnibus debitis que umquam vobis debuimus et debemus usque in [h]odiernam diem, pro vobis et pro aliis qualibet racione, decem et septem mille DCX solidos iaccenses et duo mille morabatinos*^{d} alfonsinos bonos in auro et recti ponderis.

Item debemus vobis VIII milia CLXXII^e solidos et VI denarios regalium Valencie pro Petro de Ciliis quondam, cui eos debebamus; et III milia solidorum iaccensium pro dicto Petro de Ciliis, cui eos similiter debebamus. De quibus III milibus solidorum debet deduci totum illud quod Martinus Petri iusticia* Aragonie dicit se solvisse de nostro proprio pro predicto Petro de Ciliis.

Et debemus vobis mille morabatinos alfonsinos novos in auro et iusti ponderis, pro Ato de Focibus quondam patre vestro, cui eos debebamus. Et debemus vobis duo milia LXXXIIII^f morabatinos alfonsinos bonos novos in auro et recti pensi pro XXV milibus solidorum barchinonensium veterum, quos vobis debebam[us].

De quibus omnibus debitis, cartas omnes quas inde a nobis habebatis^g recuperavimus nunc a vobis. Pro quib[us]^h omnibus denariis iaccensibus et regalium, et pro omnibus morabatinis predictis, obligamus vobis et vestris, impignoramus, et tradimus de presenti castrum vestrum [= nostrum] et villam de Paniscola, cum omnibus alcheriis* ac terminis et pertinenciis suis, et c[um]^h omnibus questiis,* cenis, redempcionibus exercituum, pedagiis,* lezdis* tam maris quam terre, et cum omnibus aliis rediti[bus],^{h} exitibus, et iuribus nostris que ibi habemus et debemus habere qualibet racione.

Et obligamus similiter vobis inde tabulam nostram civitatis Valencie cum omnibus pertinenciis suis, et omnes reditus et exitus ipsius tabule. Ita quod dictum castr[um]^h et villam de Paniscola et dictam tabulam civitatis Valencie, cum omnibus supra dictis et singulis, tam diu teneatis vestro proprio pi[g]nore oblig[a]ta, habeatis, possideatis, et recipiatis vos et vestri et quos volueritis, quousque de omnib[us supra] dictis debi[tis sit] vobis [et] v[estri]s in eisdem plenarie satisfactum. Promittentes vobis bona fide et legalitate [nostra]^h [etc.].ⁱ

[Datum apud Tirasonam, XVI kalendas Aprilis, anno domini MCCLIX].^j

a) Trimmed at right side, losing letters at bottom. On the preferred 1260 date, see doc. 271, note a.

b) MI: Pere de Les Celles; *de Ciliis* is one form for Cillas (east of Jaca), with Lascellas (west of Barbastro) less probable; in this Aragonese context, as well as from etymology, the Catalan surname Sellés (Celles, Sellers) and toponym Sellés are unlikely.

c) For: *cum*.

d) T: *mill morbos* with overstrokes, instead of *milia morabatinorum*.

e) Or: *CLXXIII*.

f) Or: *LXXXIII*.

g) Deleted dittography: *habebabitis*.

h) MSup. A number of overstrokes are also carried by a modern hand onto the mounting.

i) The paragraph-long formula, omitted by the scribe, can be filled in from the *promittentes* clause and its allied sentences above in doc. 203. This sudden break at the bottom of the folio plus an almost illegible, ruined document at the top of the verso deceives the reader into assuming a continuation. This other document reads in full: '⟨Mandavit dominus rex apud Turolium⟩ [?] ut compellantur et distringantur Sarraceni qui sunt in territorio de fide⟨iussoribus, quod sunt⟩ obligati Elvire uxori q[uondam] Michaelis de Fois in quadam quantitate pecunie, racione quorundam Sarracenorum ⟨eius [?]⟩, et quod compellantur secundum for[u]m Sarracenorum.' This and another note fill the space already lined off for continuing our own document.

j) MF dates this 1 April 1259 as his number 208; but he inadvertently repeats the entry as his number 280, there tentatively dating it 17 March 1259-60. The interior clue, 'nunc apud Tirasonum,' narrows the possibilities. On fol. 132v three Tarazona documents are dated 16 kalends of April 1259; on fol. 133 ours stands alone; fol. 133v has a document dated as 16 kalends of April 1259, though a note later inserted bears as its date 17 kalends of March. Thus the date I supply seems soundly established.

286a

Zuera. 22 March (1259) 1260.
Reg. II, fol. 170rv.^b MF: 281.

Approves the accounts of (E)ximèn Pere (Peris) d'Arenós [Jimeno (Eximeno) Pérez de Arenoso] on crown revenues he collected from Daroca and its district, 'from the mill of Campanar in Valencia which Pere [Pedro] de Valls owned,' and from all moneys received in castles, towns, or places of the kingdoms of Valencia and Aragon, as well as his expenses in administering these castles and places. Balancing profit against expenses and against crown debts, the king owes Jimeno 110,771 Valencian sous, which the king assigns for recovery upon Alfàndec de Marinyén (now La Valldigna) castle and district, Burriana and its district, and the Albufera lagoon, the tribute of Valencia's Jews, the salt tax, and income from the royal mill rented by Jimeno. He is to take 750 sous more at Alfàndec, 'which We give you yearly for custody and garrisoning of [its] castle, and for the salary and keep of the five men you maintain' there.

DOCUMENT 286

Per nos et nostros recognoscimus et confitemur^c quod vos, dilectus noster Eximinus Petri de Arenoso, tradidistis nobis rectum et fidele computum de omnibus recepcionibus quas pro nobis recepistis de Daroca,^d de denariis aldearum* Daroçe, de pedagio* Daroçe, de serviciis aldearum Daroce, et de reditibus et exitibus nostris molendini Campanarii Valencie quod fuit Petri de Vallibus, et de omnibus aliis reditibus, exitibus, et proventibus quos habuistis et recepistis de castris, villis, et locis que umquam pro nobis tenuistis in regno Valencie et in regno Aragonie, et ab omnibus dictorum castrorum, villarum, et locorum usque in [h]odiernam diem, et de omnibus donacionibus, missionibus, et expensis quas fecistis pro nobis et mandato nostro in custodiendis dictis castris et locis et in custodibus eorundem.

De quo computo confitemur bene esse paccatos* a vobis et vestris; in perpetuum renunciantes errori calculi,^e et omni iuri, et auxilio iuris, fori,* et consuetudinis, quibus contra predicta in aliquo venire possemus. Ita quod numquam de cetero teneamini nobiscum, vel aliquo alio loco nostri vel nostrorum, de predictis vel aliquo predictorum iterum computare, nec ullam nobis vel nostris vel alicui alii loco vel nomine nostri vel nostrorum reddere racionem; set sitis inde vos et vestri, cum omnibus bonis vestris mobilibus et immobilibus ubique habitis et habendis, penitus et perpetuo absoluti, sicut melius dici et intelligi potest ad vestram utilitatem et vestrorum.

Sciendum est tamen quod, computatis et coequatis omnibus predictis et singulis recepcionibus quas pro nobis et [de] mandato nostro fecistis cum expensis, donatis, et missionibus predictis et cum omnibus debitis que nos vobis quolibet anno debebamus usque in [h]odiernam diem, debemus nos restituere vobis et vestris centum decem milia septingentos septuaginta et unum solidos regalium Valencie.

Pro quibus omnibus regalibus obligamus vobis et vestris, et cui vel quibus volueritis, castrum de Alfandeg^f de Maranyen cum omnibus alqueriis* eiusdem, et villam de Burriana cum omnibus terminis et pertinenciis suis, et Albuferiam nostram Valencie, et tributum nostrum Iudeorum Valencie, et salinas nostras Valencie, et omnes reditus, exitus, et proventus nostros ad dicta loca pertinentes et pertinere debentes, et eciam omnes reditus et exitus [*fol. 170v*] ⟨molendini⟩ nostri Valencie quod a vobis tenemus.^g Ita quod predicta omnia loca^h tam diu [t]eneatis et omnes reditus, [exitus], et proventus eorundem habeatis, teneatis, et percipiatis integre et sine diminucione aliqua, in solucionem predicti debiti, [tam] diu quousque in eisdem sit vobis et vestris de predictis CX milibus DCCLXXI solidis regalium plenarie satisfactum, deductis tamen donatis de predictis reditibus, exitibus, et proventibus castri de Alfandeg et alqueriarum eiusdem septingentisⁱ et quinquaginta solidis regalium Valencie, quos vobis damus annuatim pro custodia et retencione castri predicti et pro solidata*^j et comestione quinque hominum quos teneatis in dicto castro dum dictum castrum tenueritis.

Promittentes vobis et vestris bona fide quod dictum castrum de Alfandeg de Maranyen et omnes alquerias eiusdem, villam de Burriana cum omnibus terminis et pertinenciis suis, Albuferiam nostram Valencie, tributum nostrum Iudeorum Valencie, et salinas nostras Valencie, et omnes reditus et exitus et proventus nostros dictorum locorum, et eciam omnes reditus et exitus molendini nostri predicti, aut aliquid de predictis, vobis non auferemus nec emparabimus,* nec emparari vel auferri faciemus vel permittemus, aliquo modo vel aliqua racione. Immo[k] ipsa omnia et singula faciemus vos et vestros et quos volueritis habere, tenere, possidere, et percipere integre et in pace, quousque in eisdem sitis vos et vestri de omnibus predictis denariis plenarie persoluti.

Datum apud Çueram, XI kalendas Aprilis, anno domini MCCL nono.

a) Folio torn at upper right of recto; top lines of verso holed and heavily water damaged, with mold especially at top left. On the preferred 1260 date, see doc. 271, note a. On Ximèn, see doc. 45, note b.
b) MF: reg. 10, fol. 170.
c) False start on initial letter, corrected by overwriting.
d) T: -*occa*, perhaps as emphasis against soft ç of following *Daroçe* (twice) and *Daroce* (once).
e) T: *cauc-*.
f) T: Sic, with further flourish, perhaps for h.
g) Sic; not: *a nobis tenetis*.
h) T: *locca*.
i) Clumsy construction; ablative absolute is: *deductis (donatis) septingentis* etc.
j) Possibly malform for: *sold-*.
k) T: *ymo*.

287a

Huesca. 1 April (1259 for) 1260.
Reg. 11, fol. 161. MF: 282.

Transfers to Mengot de Boysal (Buisán)[b] in perpetuity, to keep or alienate, 'that millhouse for mills which is next to the hamlet of Riola and of the district of that hamlet, which hamlet is of the district of Corbera, so that you construct and build the said millhouse for mills at your own expense.' It includes water, irrigation canals, diverter dikes (*rescloses*), water channels, farm plots, gravel pits, waterwheels, and improvements. After deducting the miller's salary, he is to pay the crown a third of profits and bear all expenses.

Per nos et nostros damus et stabilimus[c] vobis, Mengoto de Boisano civi Valencie, et vestris in perpetuum illud casale* molendinorum quod est iuxta alqueriam*[d] de Riola et de termino ipsius alquerie, que alqueria est de termino Corbarie. Ita quod vos co[n]st[r]uatis[e] et edificetis[f] dictum casale molendinorum cum vestris propriis expensis; et de omni emolimento et lucro dicti casalis molendinorum detis vos[g] et vestri nobis et nostris in perpetuum terciam partem, francham* et liberam[h] sine omni missione nostri et nostrorum, levata tamen inde prius multura molendinarii de communi.

Et sic vos et vestri habeatis et teneatis et possideatis et expletetis dictum casale molendinorum, cum aquis, cequiis,* et resclosis,* aqueductibus, glebis,[i] glebariis,* introitibus,[j] exitibus, cum rotis et melioramentis factis et faciendis et suis^j pertinenciis universis a celo^j usque in abissum, ad dandum, vendendum, alienandum, impignorandum, et ad omnes vestras vestrorumque^j voluntates^k [cui] et quibus volueritis libere perpetuo faciendas, exceptis clericis, militibus, et personis religiosis; salvis nobis et nostris semper dicta tercia parte et dominio, laudimio,* ac fatica.*

[Datum Osce, kalendas Aprilis, anno domini MCCLIX].¹

a) Original title, within flourishes: *Mengoto de Buysano*. Modern title: *Molendina in termino Corbarie*. IP flourish, cropped. Overtracing at bottom right, by modern hand, to recover. In this run of documents, a cross in modern hand appears before the opening word.
b) On *Boysano* as Boysal and on Mengot, see doc. 284. Paleographically the final vowel of Mengot here is a.
c) First syllable blotted.
d) T: *alcariam*; the more usual spelling appears twice immediately after, *-que-*.
e) Overstroke omitted: *costuatis*.
f) T: *ehd-*, = *hed-*.
g) Corrected from *vobis*.
h) Abbreviations; possibly adverbs.

i) T: *-biis*; seems *-bariis*, but *-ar* loop is really dotting of *ii*.
j) Modern overtrace.
k) T: *-tum*.
l) MF gives *Oxafava* (for Utocafaba, Catalan Utxafava, east of Lérida) and the date as *VI idus Aprilis MCCLX* (April 8). In the absence of a dateline, the cataloguer apparently assumed that the dim writing continued on the verso and took his date there. My date is from the preceding document on the recto itself. Both the remaining items on the recto are dated 1259, those on the verso 1260; but the date-place excludes 1259, when the king was apparently in southern France. Either the scribe carelessly continued 1259 after the new year began in March, or else MI has to be wholly reconstructed at this point.

288

Barcelona. 21 May 1260.
Reg. 11, fol. 173. MF: 283.

Conveys the castle, town, and district of Cocentaina with their revenues, from now until the coming feast of St John the Baptist and then for three full years more, to Guic(h) de Guillem [Guido (?) de Guillermo]. He is to maintain the castle at his own expense, as castellan, and collect in the manner by which Romeu Martí(niç) [Romeo Martínez] (d'Azagra?) for the Christians and the *amīn* of Concentaina for the Muslims presently gather the king's taxes. Guic must pay the crown annually a flat 1,500 Valencian sous.

Concedimus vobis Guicco^a Guillelmi quod, hinc ad festum Sancti Iohannis Baptiste^b proximum venturum et ab eodem usque ad tres annos completos, teneatis pro nobis castrum et villam de Cocentania, et quod percipiatis et habeatis omnes reditus et exitus dicti castri et ville et termini sui, per totum spacium dictorum trium annorum. Ita tamen quod vos donetis et dare teneamini nobis et nostris, pro unoquoque dictorum trium annorum, MD solidos regalium Valencie; et quod custodiatis ipsum castrum bene et fideliter, sine nostris missionibus et expensis quas in ipso non teneamur facere per totum terminum supra dictum.

Et sic dictos reditus et exitus habeatis et percipiatis ad omnes vestras voluntates faciendas, per totum spacium termini supra dicti, prout melius et plenius Romeus Martini et alaminus* Cocentanie modo ipsos percipiunt pro nobis; promittentes vobis quod faciemus vos dictos reditus et exitus habere et percipere in pace per totum dictum tempus, et in ipsis aliquid non ⟨tan⟩gemus nec accipiemus, nec tangi vel accipi ab aliquo permittemus.

Datum Barchinone, XII kalendas Iunii, anno domini MCCLX.

a) Sic; Guic(h) may be a variant of Gui or Guiu, but may be an independent name from Germanic Wic as Guiu from Wido. MF: Guicco.
b) T: *Babt-*.

289a

Barcelona. 12 July 1260.
Reg. II, fol. 176. MF: 284.

Arranges for Pere [Pedro] de Berbegal, archpriest of Daroca, 'to keep, in the garrisoning and administering of the castle of Pego, four men and one animal [mule].' The crown supplies 150 Valencian sous yearly for each soldier and 100 sous for the mule, sums to be collected by him from crown revenues 'of Pego and all its villages and districts.'

Nos Iacobus dei gracia etc. volumus et mandamus vobis Petro de Berbegal,[b] archipresbitero Daroce, quod teneatis in custodia et retencione castri de Pego quattuor homines et unam bestiam.

Et promittimus dare vobis pro unoquoque dictorum hominum centum quinquaginta solidos regalium[c] in anno et centum solidos pro dicta bestia in anno. Quos omnes denarios habeatis et recipiatis in reditibus et exitibus nostris de Pego et omnium alcheriarum* et terminorum eiusdem.

Datum Barchinone, IIII idus Iulii, anno domini MCCLX.

a) Ink-spread spots many words; similar defacement of area above the text is caused by ink on the verso text bleeding.
b) Berbegal, near Huesca, is also a surname in Valencian districts.
c) Overwritten and blurred.

290a

Barcelona. 19 July 1260.
Reg. II, fol. 178. MF: 285.

Ribesalbes, Truchelles, and Bérita (all near Onda), formerly the property of Guillem [Guillermo] de Pacs (d'Espachs),[b] have been purchased by Pere [Pedro] de Salou from Roger [Rogelio] de Montrebei(g). The king approves and, as in Guillem's charter, waives all crown claims or retentions; but if alienated, the property must go to someone of Pere's status. Witnesses are Guerau (Guiral) [Guerao] VI (viscount) of Cabrera, Pere Saguàrdia (Sa or de (la) Guàrdia), (E)ximèn [Jimeno (Eximeno)] de Foces, Gauceran [Galcerán] de Pinos, and At(ó) [Ató (Otón)] de Foces.

Noverint universi quod nos Iacobus etc. per nos et nostros laudamus et confirmamus \tibi/,[c] Petro de Salou, et tuis empcionem quam fecisti a Rogerio de Monrebeig de alqueriis*[d] de Ribesalbes, de Trutxelles, et de Barita, que fuerunt Guillelmi de Pax quondam. Promittentes quod contra ipsam empcionem non veniemus, nec aliquem venire permittemus; immo faciemus ipsas alquerias[d] te et tuos tenere, habere, ac perpetuo pacifice possidere.

Definimus[e] eciam et absolvimus tibi totum ius quod in predictis alqueriis retinuerimus nobis, ut in carta quam dictus Guillelmus de Pax inde a nobis habebat melius continetur. Concedentes tibi quod dictas alquerias possis dare, vel alio quolibet modo alienare, tuo consimili et non alicui alii.

Datum Barchinone, XIIII kalendas Augusti, anno domini MCC sexagesimo.

Signum: [Iacobus etc.].[f]

| Testes sunt: | Petrus Caguardia | Gaucerandus de Pinos |
| Gueraldus de Capraria | Eximinus de Focibus | Ato de Focibus. |

a) IP flourish. Unusually small script, perhaps squeezed into free space at folio bottom.
b) The toponym Pac and its Latin foundation *pagus* gave rise to the surname Pacs (Pachs, Pax, d'Espachs). Latin *pax* in the document could translate into Catalan Pau, and Pau is also a toponym in the Gerona province; this seems less likely here. Both the Pacs and Pau families had representatives on Jaume's crusades. The surname Montrebei(g) is also a toponym in Pallars Jussà. MF: de Pox.
c) Above deleted *vos*.
d) T: *alquere-*.
e) T: *diffi-*.
f) Later addition (modern?).

291

Barcelona. 29 July 1260.
Reg. II, fol. 223v. MF: 286.

Approves the audit of revenues received for the crown by Arnau de Font [Arnaldo de la Fuente] 'citizen of Valencia,' from the castles of Buñol, Burriana, Onda, Murviedro (modern Sagunto), and Valencian Ribarroja, as well as 'outlay and expenses,' to the present day. Balanced against the debtbonds and bills outstanding held by Arnau, the crown owes him 39,947 Valencian sous, for which the present charter replaces those instruments of debt he has surrendered. To recover that sum, Arnau has leased the crown revenues of Murviedro on conditions detailed in a separate charter.

Per nos et nostros recognoscimus et confirmamus quod vos, fidelis noster Arnaldus de Fonte civis Valencie, reddidistis nobis fidele computum et legale de omnibus recepcionibus quas pro nobis fecistis vel habuistis aliqua racione vel causa de castro de Onda, et de Burriana, et de Muroveteri,ᵃ et de Buynol, et de Riba Roya et de omnibus aliis et singulis que pro nobis tenuistis vel recepistis aliqua racione, et de omnibus eciam donatis et missionibus quas pro nobis et de mandato nostro fecistis usque in hunc presentem diem.

Et facto dicto computo iusto et legali, cum debitis que vobis debuimus usque in hodiernum diem, est sciendum quod debemus reddere et refundere vobis adhuc triginta novem milia nonagentosᵇ quadraginta septem solidos regalium. Pro quibus vendidi[m]us vobis reditus et exitus Muriveteris, prout in carta vendicionis quam inde vobis fecimus continetur.

De quo predicto computo tenemus nos a vobis esse paccatos* et contentos ad voluntatem nostram, renunciantes ex certa sciencia errori calculiᶜ et omni alii iuri; ita quod de cetero nobiscum nec cum nostris, de supra dictis omnibus, non teneamini vos nec vestri computare nec ullam reddere racionem; immo sitis vos et vestri cum omnibus bonis vestris habitis et habendis liberi, quitii,* et penitus perpetuo absoluti, sicut melius dici potest vel intelligi ad vestrum et vestrorum bonum et sincerum intellectum. Et est certum quod recuperavimus a vobis omnes albaranos* et instrumenta debiti que vobis debuimus aliqua racione.

Datum Barchinone, IIII kalendas Augusti, anno domini MCCLX.

a) T: *Muro ve-* and *Riba ro-*; separation perhaps intended.
b) T: *non[a]gintis* (i.e. with overstroke), confounding *nonaginta* with *nongenti*, and using the wrong case.
c) T: *cauc-*.

292ᵃ

Barcelona. 29 July 1260.
Reg. II, fol. 223. MF: 287.

Transfers title over four jovates of land in the Alcira district 'near the walled tower' to Pere Enages [Pedro Iñiguez] 'otherwise called Navarrell' (the little Navarrese), to hold as do 'the other residents and settlers of Alcira.' The crown had confiscated these from Bartomeu [Bartolomé] of Pere de Pala(h)í (Palasí) [Pedro de Palazín]ᵇ for nonresidence 'and because he did not have them worked but let them stand idle.'

Per nos et nostros damus et concedimus tibi, Petro Eneci qui alias vocaris Navarellus, et tuis in perpetuum per hereditatem propriam, francham,* et liberam illas quattuor iovatas* terre que sunt in termino Algezire iuxta turrem muratam.*ᶜ Et fuerunt Bartholomei de Petro Palazini,ᵈ cui eas emparavimus* et emparari mandavimus ideo quia non faciebat in Algezira residenciam personalem ut debebat, et quia eas non faciebat laborare et dimittebat eas stare heremas.

Quas quattuor iovatas terre habeatis tu et tui in perpetuum, teneatis, possideatis, et expletetis, cum introitibus, exitibus, et suis pertinenciis universis a celo in abissum, ad dandum, vendendum, impignorandum, alienandum, et ad omnes tuas tuorumque voluntates libere perpetuo faciendas, exceptis militibus et sanctis clericis et personis religiosis.

Et faciemus tibi et tuis ad bonum intellectum, pro dictis quattuor iovatis, secundum quod faciemus aliis vicinis et populatoribus Algezire.[c]

Datum Barchinone, IIII kalendas Augusti, anno domini MCCLX.

a) IP flourish. On the name Enages, see doc. 1, note e.
b) On this name see doc. 34, note b.
c) Improbably a proper name (Torre Murada), and thus in lower case.
d) Textual sign makes: *Peralazini*.
e) T: *Alie-*.

293

Lérida. 18 August 1260.
Reg. II, fol. 224v. MF: 288.

Awards Andreu [Andrés] de Terré(r)s and Pere [Pedro] de Agramunt, citizens of Lérida, Valencia city's dyeworks ('dye cauldron'), from the coming feast of the Circumcision for four full years. Even if income grows, the price will remain the same: 2,200 Valencian sous a year, payable in installments every four months.

Per nos et nostros vendimus vobis, Andree de Terrers et Petro de Acromonte civibus Ilerde, caldariam tintorerie nostre Valencie cum omnibus reditibus et exitibus pertinentibus ad eandem, a proximo venturo festo circumcisionis domini usque ad IIII[a] annos continue completos; ita tamen quod donetis et dare teneamini nobis et nostris quolibet anno duo milia CC solidos regalium quos solvatis nobis de quattuor in quattuor mensibus prout consuetum est.

Et sic, vobis solvente [= solventibus] nobis supra dictos denarios de quattuor in quattuor mensibus ut predictum est, habeatis, teneatis, et possideatis dictam caldariam tintorerie, et reditus et exitus eiusdem, ad omnes voluntates vestras et vestrorum inde libere faciendas, per spacium dictorum quattuor annorum; promittentes vobis in fide et legalitate nostra quod predictam caldariam, cum omnibus reditibus et exitibus, faciemus vos et vestros habere, tenere, et pacifice possidere per totum spacium dictorum[b] quattuor annorum, et ipsam vobis non auferemus per totum spacium dicti termini, maiori precio vel minori. Immo, si predicta caldaria amplius valet vel valuerit precio supra dicto, tantum[c] illud, quantumcumque sit, vobis et vestris remittimus et ex certa sciencia condonamus.

Datum Ilerde, XV kalendas Septembris, [anno domini MCCLX].[d]

a) T: *IIII*ᵒʳ.
b) Deleted: *termini*.
c) Sic, for: *totum*?

d) All four documents on this folio, from Lérida (and the run of documents before and after) are 1260.

294a

Lérida. 21 August 1260.
Reg. ɪɪ, fol. 174v. MF: 289.

Leases to Vidal de Sarrià and any associates, for two full years from the coming June 1, all crown revenues from the Muslims and Christians of Confrides with its district. Vidal is to send the king 600 silver besants each year, deduct whatever belongs to 'the bishop and church of Valencia' there, keep 700 sous as annual castellan's salary for himself, and apply the remainder to retire the debt the king owes him.

Noverint universi quod nos Iacobus etc. vendimus vobis Vitali de Serraiano et vestris, et cui vel quibus volueritis, a primis venturis kalendis Iunii usque ad duos annos completos continue venturos, omnes reditus, exitus, et proventus nostros de Confrides et omnium terminorum et alqueriarum* eiusdem, et çofram,*ᵇ et peitas,* ac cenas (quando nos peitabimus eas in dicto loco et aliis locis regni Valencie),ᶜ et pasturas, et omnia alia iura nostra que a Christianis et Sarracenis ibi habitantibus et habitaturis habere et recipere debemus quoquo modo.

Ita tamen quod pro predictis detis nobis et nostris, in unoquoque dictorum duorum annorum, sescentosᵈ bisancios, boni et fini argenti ac recti pensi. Et sic habeatis et teneatis et recipiatis omnia supra dicta, per dictos duos annos integre, libere, et quiete ad vestram voluntatem libere faciendam.

Et vos solvatis de dicto precio, episcopo et ecclesie Valencie, totum ius quod in predictis debent recipere et habere. Et accipiatis et retineatis similiter de dicto precio septingentos solidos regalium Valencie, in unoquoque dictorum annorum, pro retencione et custodia castri de Confrides; et quod totum illud quod inde superaverit recipiatis in solucionem debiti quod vobis debemus.

Datum Ilerde, XII kalendas Septembris, anno domini MCC sexagesimo.

a) Text disfigured by spotting in and around words.
b) T: *çafram*.

c) Probably modifies *cenas*, not all three.
d) T: *sexc-*.

295a

Barcelona. 25 August 1260.
Reg. II, fol. 225. MF: 290.

Grants Benet [Benito] de la Reina eight jovates or plowlands of irrigated land at Beniaia and Beniarrés (? 'Rafal Belhares') in the Rugat jurisdiction, tax exempt and with the same conditions as the local settlers. The jovates are bounded by the property of Bartomeu [Bartolomé], son of Arnau [Arnaldo] de Maians, the property of 'Domènec Abat [Domingo Abad] scribe of the noble (E)ximèn [Jimeno (Eximeno)] de Foces,' an irrigation canal, and 'the mountain [*muntanya*] or Our property.'

Per nos et nostros damus et concedimus tibi, Benedicto de la Reyna, et tuis in perpetuum per hereditatem propriam, francham,* et liberam octo iovatas* terre in regadivo,* que sunt in rahallo* Abenahia et in rahallo Belhares,b termino de Rugat. Que iovate affrontant ex una parte cum hereditate Bartholomei filii Arnaldi de Mayano, et ex alia parte cum hereditate Dominici Abbatis scriptori[s] nobilis viri Eximini de Focibus, et ex alia cum cequia,* et ex alia parte cum montanac sive terra nostra.

Quas octo iovatas terre habeatis tu et tui in perpetuum, teneatis, possideatis, et expletetis cum introitibus, exitibus, affrontacionibus, et suis pertinenciis universis a celo in abissum; ad dandum, vendendum, impignorandum, alienandum, et ad omnes tuas et tuorum voluntates inde libere et franche perpetuo faciendas, exceptis militibus, clericis sanctis, et personis religiosis.

Et faciemus vobis ad bonum intellectum pro dictis octo iovatis prout faciemus aliis populatoribus de Rugat pro hereditatibus suis.

Datum Barchinone, VIII kalendas Septembris, anno domini MCCLX.

a) IP flourish. Left margin, top: *nichil.*
b) Or: *Belharrs?* Beniaia town is in the Vall de Alcalá region, and Beniarrés is a nearby town of the Condado region.
c) Sic; cf. doc. 46, note f. For: Catalan *muntanya* from late Latin singular *montan(e)a*, or as Latin adjective with another *terra* understood?

296a

Barcelona. 25 August 1260.
Reg. II, fol. 178v. MF: 291.

Arnau de Mon(t)só [Arnaldo de Monzón], castellan of Biar, has had his accounts audited for the revenues, expenses, and outlay of the castles of Almirra (Almisra), Benejama,b Biar, and their districts. Balanced, a deficit of 3,280 Valencian sous results in favor of Arnau, assigned now on these same castles. Until next December 1, he must bear all expenses in administering these castles, with no help from the king.

[Reco]gnoscimus et confite[mur] quod vos, Arna[l]dus de Monsso alcaidus* [de] Biar, reddi\di/stis nobis rectum et legale compotum de o[mnibus] recepcionibus quas fecistis de reditibus et exitibus castri de Biar, et castri de Almizra, et de Beniamar[b] et terminorum suorum, [et] de omnibus eciam missionibus quas fecistis in predictis castris qualibet racione, et de omnibus datis quas pro nobis et de mandato nostro fecistis de dictis reditibus et exitibus a die citra quam ipsa castra pro nobis emparastis* usque in hunc[c] diem.

De quo compoto[d] bene paccati* sumus ad voluntatem nostram,[e] facientes inde vobis finem et pactum de non petendo. Ita quod vos vel vestri non teneamini nobiscum nec cum nostris, umquam aliquo tempore, inde iterato computare, nec ullam reddere racionem; set si[t]is inde cum omnibus bonis vestris habitis et habendis franchi,* liberi, et penitus perpetuo absoluti, prout melius dici potest et intelligi ad vestrum vestrorumque bonum et sincerum[f] intellectum.

Est enim certum \quod/, coequatis recepcionibus predictis cum missionibus et datis, debemus tornare vobis tria milia ducentos LXXX solidos regalium Valencie, quos assignamus vobis habendos et percipiendos in reditibus et exitibus castrorum predictorum et terminorum eorumdem. Ita quod predicta nostra tam diu teneatis, et reditus et exitus eorumdem habeatis et percipiatis donec de dictis tribus milibus ducentis octoginta[g] solidis regalium sit vobis in eisdem plenarie satisfactum.

Est autem sciendum quod vos debetis facere omnes missiones necessarias predictis cast\r/is, hinc ad primam diem mensis Decembris proximi venturi, de vestro proprio sine aliqua missione nostra.

Datum Barchinone, VIII kalendas Septembris, [anno domini MCCLX].

a) Water damage and holes along top.
b) Malform: *Benyc-, Benix-,* or *Benyi-*? Contemporary documents have Benejama also as Beniama, Benixama, and Benixamen, and paired with Almizra. Possibly also Benamer, near Cocentaina. On Almirra (Almisra) see doc. 157.
c) Text modifies *dies* alternately as feminine and masculine. In this sentence *datis* is a variant of *donatis* in doc. 291.
d) T: *computo*; above: *-poto*.
e) Careless: n can seem v (*ves-*).
f) T: *sc-*.
g) T: *octuag-*.

297a

Barcelona. 26 August 1260.
Reg. 11, fol. 225v. MF: 292.

Grants to Pere Dies (Dias, Diegeç) [Pedro Díaz (Díez)],[b] an executive agent of the king (*porter*), 'a tower in the hamlet called Agullent [*Guxllen*] in the district of Onteniente,' as a free alod to hold or alienate.

Per nos et nostros damus et concedimus tibi, Petro Didaci portario* nostro, et tuis in perpetuum per hereditatem propriam, francham,* et liberam turrim^c illam que est in alcharia* que dicitur Guxllen,^d in termino de Ontienen.^e

Predictam itaque turrim habeatis tu et tui, teneatis, et possideatis in perpetuum, cum omnibus melioramentis ibi factis et faciendis, ad dandum, vendendum, impignorandum et ad omnes tuas tuorumque voluntates cui et quibus volueritis libere perpetuo faciendas, exceptis militibus, sanctis clericis, et personis religiosis.

Datum Barchinone, VII kalendas Septembris, [anno domini MCCLX].^f

a) Modern title: *Donatio turris in Ontinyen.* IP flourish cropped.
b) MF: de Diego. On Dídac, Dies, and other forms, see doc. 52.
c) Overwitten: i on e.
d) T: *Guxlln*, with stroke through *ll*; improbably for *Guyllen, Guxellen.*
e) T: *Ontiene* with overstroke; cf. doc. 1: *Ontiynen.*
f) Neither document on this folio has a year, but they are safely within a run of documents for September 1260.

298a

Barcelona. 6 October 1260.
Reg. II, fol. 222. MF: 293.

Orders Prince Jaume (Jacme) [Jaime] to audit personally the accounts of Maria Alvar [María Álvarez], widow of Ramon Guillem d'Entença [Ramón Guillermo de Entenza], and issue a charter detailing 'all purchases and expenses' in connection with Almenara castle, for reimbursment. This includes or perhaps constitutes 'that debt which We owe by reason of the obligation We assumed to the said Ramon Guillem in connection with Almenara castle.' The king also orders the main addressee, Arnau Llorenç [Arnaldo Lorenzo], to pay Maria the total set by Prince Jaume's charter, recovering it then from the revenues of Almenara castle and district. Arnau is to take over the castle for that purpose (as well as the 1,500 sous annually from Valencia city's financial exchange, which Maria had been regularly receiving), return a flat annual sum of a hundred besants to the crown, and garrison the castle with six men. Tenure is indefinite until full recovery of all outlay plus presumably interest or profit.

[Quod] ⟨nos Iacobus dei gracia etc.⟩ concedimus et recognoscimus tibi, Arnaldo Laurencii, quod de mandato nostro debes ⟨solvere⟩ Marie Alverez, uxori quondam ⟨Raimundi Guillelmi de⟩ Entensa, illud debitum quod nos debemus racione obligacionis quam fecimus dicto Raimundo Guillelmi de castro de Almenara, facto tamen com⟨puto⟩ per dictam Mariam Alverez coram infante Iacobo filio nostro de omnibus empcionibus et expensis quas recepit et fecit racione dicti castri.

Et soluto dicto debito eidem Marie Alverez, volumus quod dictum castrum de Almenara teneas inde tu pro nobis, sub^b hiis tamen pactis quod teneas in dicto castro VI homines ad custodiendum bene dictum castrum, et dones nobis et nostris C bisancios quolibet anno. Tu vero recipias similiter quolibet anno omnes reditus, exitus, et proventus et omnia alia iura, cuiuscumque generis sint, que nos habemus vel habere debemus aliquo iure vel in predicto castro, vel pro eo, vel racione alcheriarum* et terminorum eidem castro pertinencium vel pertinere debencium.

Quos C bisancios, et mille et quingentos solidos regalium quos dicta Maria Alverez accepit et accipere consuevit annuatim in tabula Valencie, habeas et accipias tam diu quousque integre sit tibi^c satisfactum de eo quod solver[is] predicte Marie [Al]verez, prout inventum fuerit per compotum^d a dicta Maria factum coram infante Iacobo predicto, et ut [in] instrumento quod tibi faciet inde dictus Iacobus continebitur.

Promittimus itaque tibi quod neque dictos mille et quingentos solidos regalium neque dictum castrum auferemus tibi vel tuis, vel auferri faciemus seu permittemus; nec aliquid de reditibus eiusdem castri [vel] exitibus vel proventibus tangemus, capiemus, diminuemus, vel forciabimus,* nec tangi, capi, diminui, vel forciari ab aliquo faciemus seu permittemus, quousque sit tibi \integre/ satisfactum de toto dicto debito. Immo faciemus te et tuos tenere et habere dictum castrum, et percipere et levare in pace fructus, exitus, et proventus eiusdem castri et dictos mille et quingentos solidos regalium ut superius est expressum.

Mandantes dicto infanti^e Iacobo quod omnia predicta et singula tibi dicto Arnaldo et tuis compleat, attendat, observet, et attendi, compleri et observari faciat incorrupte.

Actum est hoc [apud Barchinonam],^{f} pridie nonas Octobris, anno domini MCCLX.

a) Badly deteriorated over top third of text, especially at left, to near illegibility; mold at bottom.
b) Corrected by scribe from *super*.
c) Corrected by scribe: i into t so ti seems q.
d) T: *compotum*, with deleted stroke over *com*.
e) T: -*te*.
f) The next documents, in the same hand, are datelined Barcelona on the nones of October.

299a

Barcelona. 7 October 1260.
Reg. 11, fol. 228. MF: 294.

To Pere [Pedro] Piquer, the sons of the deceased Ramon de Miralles, and twenty-eight 'settlers and associates' at Benauaquil (Beni[b]oquer?) village and Rafalmussa (the *raḥl* of Mūsā, Rafal de Muza)^b in the Cullera district. Dismisses 'that eighth [share of income] which you have been accustomed to pay Us for your houses and plowlands [jovates] or estates,' which their group charter had required. Conditions of tenure are now to follow those of the settlers at Alcira, but without infringing on any rights of Cullera's colords, the Knights Hospitaller.

Noverint universi quod nos Iacobus, dei gracia rex Aragonum etc., per nos et nostros donamus, concedimus et remittimus vobis, Petro Picheri[c] et filiis Raimundi de Miralles quondam, et viginti octo[d] aliis populatoribus sociisque[e] vestris, et vestris in perpetuum, quod numquam de cetero donetis vel dare teneamini nobis vel nostris illam octavam quam hucusque nobis dare consuevistis pro domibus et iovatis* sive hereditatibus vestris, que sunt in alcheria* que dicitur Benihuaqil[f] et in raffal* de Muça et eius terminis, que sunt in termino de Cullera, quas tenetis et possidetis ex donacione a nobis vobis inter[g] facta cum instrumento, prout in eodem instrumento melius et plenius continetur.

Set volumus et concedimus vobis et vestris per nos et nostros in perpetuum, quod omnes dictas domos et iovatas ac hereditates teneatis, possideatis, et habeatis vos et vestri, prout homines sive populatores Aliazire habent, tenent et possident hereditates suas. Et donetis ac serviatis nobis et nostris pro ipsis domibus, iovatis, et hereditatibus vestris prout nobis et nostris donant et serviunt homines et populatores Aliazire, ac ⟨dabunt⟩ et servient nobis et nostris de cetero pro hereditatibus et possessionibus suis.

Hanc autem concessionem et remissionem vobis et vestris facimus, salvo in omnibus iure Hospitalis.*

Datum Barchinone, nonas Octobris, anno domini MCCLX.

a) Modern title: *Franquitas populatoribus in termino de Cullera*. IP flourish.

b) Beniachil and Benihuaquil in the *Repartiment* (the Ferrando i Francés edition identifies it in translation as Benanaquil), and Beniwaquil in local studies by Andrés Piles Ibars and Carlos Sarthou Carreres; though reminiscent of Beniaguila (Arabicized version of Penáguila near Alcoy) and Benaguacil (near Liria), this abandoned Morisco site may be Benihoquer, just west of Cullera near Llaurí in the Sierra de Corbera. MF: Benihuaquil. Mussa, a spring, is in this region, near Benifayó.

c) *Picher*, with overstroke on last syllable. H: Pichot.

d) Malforms: o as s-shape and as blot.

e) Malform: i, then corrected.

f) Or: *Benihuaql*, with (u)i sign before l.

g) Sic, for formulaic *inde*, as scribal fancy or error.

300a

Barcelona. 7 October 1260.
Reg. II, fol. 228rv. MF: 295.

Same dismissal of 'the eighth' with the same Alcira conditions and Hospitaller reservation as in doc. 299, to Bernat [Bernardo] de Vic(h), Guillem Octavià (Octovià) [Guillermo Octaviano], Guillem de Bo(n)fill [Bonfilio], Guillem de Boix, and the sons of the deceased Domènec de Castre [Domingo de Castro], for houses and jovates and estates acquired either by royal grant or by purchase from Joan [Juan] de Targuer, Pere [Pedro] Mas-sot (Maçot) the skin dresser (*pellisser*), and their companions, all in Vilella and Corcoix or Rafal Alcorco(i)x, villages of the Cullera district.

Noverint universi quod nos Iacobus, dei gracia rex Aragonum etc., per nos et nostros donamus, concedimus, et remittimus vobis Bernardo de Vico, Guillelmo Octaviano, et Guillelmo de Bonfil, et Guillelmo [de] Boxo,[b] et filiis quondam Dominici de Castro, et vestris in perpetuum quod numquam de cetero donetis vel teneamini dare nobis vel nostris illam octavam quam hucusque nobis dare consuevistis pro domibus et iovatis* sive hereditatibus vestris—que sunt in termino de Cuyllera in alcheriis* que dicuntur de Vilella et [in] raal* Alcortoix[c] et eius terminis—quas tenetis et possidetis tam racione donacionis a nobis [*fol. 228v*] inde vobis facte quam racione empcionum quas inde fecistis a Iohanne de ⟨Tar⟩ger et Petro Mazcot[d] pellipario et ab aliis sociis eorum, quibus do[mus] et iovatas sive hereditates ⟨et vobis, dictis Bernardo de Vico, Guillelmo Octaviano, Guillelmo de Bonfil, Guillelmo [de] B⟩oxo,[b] et dictis ⟨filiis Dominici de Castro⟩ quondam, dederamus cum instrumento nostro quod inde tenetis, prout in ipso instrumento melius et plenius continetur.

Set ⟨donamus et⟩ concedimus vobis et vestris per nos et nostros in perpetuum, quod ⟨omnes⟩ dictas domos et iovatas ac hereditates teneatis, possideatis, et habeatis vos et vestri prout homines sive populatores Aliezire habent, tenent, et possident hereditates et possessiones suas. Et donetis ac serviatis nobis et nostris pro ipsis domibus et iovatis et hereditatibus vestris, prout nobis donant et serviunt homines et populatores Aliezire[e] ac dabunt et servient nobis et nostris de cetero pro hereditatibus et possessionibus suis.

H[a]n[c] autem concessionem et remissionem vobis et vestris facimus, salvo in omnibus iure Hospitalis.*

Datum Barchinone, nonas Octobris, anno domini MCCLX.

a) Modern title: *Eiusdem*, referring to the title for doc. 299. IP flourish. Damp damage renders top half of verso nearly illegible.
b) My punctuation gives the second man two Christian names (therefore a double dative). As a surname, Box does not fit this pattern; so the scribe erred either in omitting *de* or its equivalent genitive or else in the stroke that gives the tiny, final o. Other choices of punctuation might vary the list. Boixó, diminutive of Boix, is a possible surname, but o may represent only the ablative here.
c) *Repartiment*: Alcorcox. MF: Alcortón.
d) *Repartiment*: Maçot; reading difficult here, possibly Maziot; Mazçot intended?
e) T: *Aliaz-*; conformed to *-ez-* of previous sentence.

301[a]

Barcelona. 7 October 1260.
Reg. II, fol. 228v. MF: 296.

Dismisses for Martí [Martín] de Graus[b] his 'eighth' as in docs. 299 and 300, 'which you accustomed to give Us up to now,' on eight jovates or plowlands, in the districts of two villages dependent on Cullera: Sueca and Alborx (the latter now the zone north of Sueca called Alborg). He is to give the crown nothing henceforth except what 'residents and settlers' of Alcira pay on properties within Alcira and its district.

Per nos et nostros donamus, concedimus, et remittimus vobis, Martino de Gradibus, et vestris in perpetuum quod umquam de cetero non donetis nec dare teneamini nobis vel nostris illam octavam quam nobis hucusque dare consuevistis, pro illis octo iovatis* quas habetis, tenetis, et possidetis in terminis alcheriarum* de Çueca et de Alborx, que sunt in termino de Cuyllera.

Set ipsas octo iovatas habeatis semper vos et vestri in perpetuum, teneatis, possideatis, et expletetis, sic quod non donetis nobis vel nostris dictam octavam nec aliquid aliud pro ipsis octo iovatis, nisi tantum^c prout nobis donant et dabunt de cetero habitatores et populatores Aliazire pro hereditatibus et possessionibus suis quas habent in Aliazira^d et eius terminis.

Datum Barchinone, nonas Octobris, anno domini MCCLX.

a) Modern title: *Eiusdem,* referring to doc. 300. IP flourish cropped.
b) Not the Catalan surnames Grau or Grauxes, but the town northeast of Barbastro in Aragon.
c) Or: *tamen*; T: *tm* with overstroke.
d) *Aljazire . . . Aliezira.*

302ª

Barcelona. 10 October 1260.
Reg. 11, fol. 230. MF: 297.

Licenses Domenja [Dominga] 'the miller' or Moliner^b and sons 'to build, make, and construct one mill, adjoining that other mill you already have in Morella in the place called Quadrella,^{c} of Joan de la Rama,'^{d} to hold forever or alienate, with water rights, channels, gravel (Catalan *grava*, and cf. doc. 287), grass, diverter dikes, and all else, at a yearly rent of three cafises of wheat 'by the measure of Morella.' With the five cafises owed by the present mill, all eight should be paid together, half at Shrovetide (before Lent) and half on the feast of St Michael in September.

Noverint universi quod nos Iacobus etc. ⟨per nos et nostros⟩ damus licenciam et potestatem vobis ⟨Dominice molinarie [?]^e⟩ et filiis vestris edificandi,^{f} faciendi, et construendi unum molendinum, contiguum illi molendino quod iam habetis in Morella (in loco qui dicitur Quadralla Iohannis de la Rama) [et] pro quo nobis dare tenemini quolibet anno V caficia*^{g} tritici pro censu. Pro illo autem quod nunc damus vobis licenciam construendi in dicto loco daretis et dare tenemini nobis et nostris in perpetuum tria caficia^g tritici. Et sic dabitis nobis et nostris et dare tenebimini annuatim in perpetuum, pro censu dictorum duorum molendinorum, octo caficia tritici mensure Morelle: medietatem in carnip[ri]^hvia quadragesime et aliam medietatem in festo Sancti Michaelis mensis Septembris.

Et sic habeatis, teneatis, et possideati[s] vos et vestri dicta duo molendina, cum aquis et aqueductibus, glebis,* herbis, et resclosis,* et aliis iuribus et pertinenciis suis omnibus a celo in abissum, ad habendum, tenendum, possidendum, expletandum, dandum, vendendum, alienandum, impignorandum, et ad omnes vestras vestrorumque voluntates cui et quibus volueritis perpetuo faciendas, exceptis militibus, clericis, et personis religiosis, salvo tamen nobis et nostris in perpetuum dicto censu, dominio, et fatica.*

Datum Barchinone, VI idus Octobris, anno domini MCCLX.

a) Much of top of text ruined by water damage but recoverable under quartz lamp. Left margin: large s symbol, and n[ichil] obscured by hole.
b) Possibly masculine: Domènec [Domingo] (see text). The *Repartiment* has a Domènec Moliner. See also doc. 280, note b.
c) Catalan *quadrella* can mean a sector of land (a 'fourth' of some zone or district); in the Castellón region it can mean a transverse or crossing road. The first meaning derives from the medieval land measure, (Latin)

quadrellus. Not a scribal garble for Todolella?
d) The woman Rama *domine regine* (Na Reina, or perhaps 'of the queen's household') and her husband appear in the *Repartiment*. This may be a colleague or servitor; without *la* it is also Catalan prename, as well as a surname with Valencian branch as is Ram.
e) Neither name is clear; not: *Domenico militi*.
f) T: *he-*.
g) T: *kaf-*, the third time as *caf-*.
h) But with otiose overstroke.

303a

Barcelona. 13 October 1260.
Reg. II, fol. 230v. MF: 298.

'Unless it was given to another or others already,' the king grants to Llorenç [Lorenzo] de Tarazona and his wife Teresa a plot of two plowlands or jovates next to the farm of Ramon [Ramón] de Calatayud (?) at Castellfort, a dependent village of Morella. Bounding it are: the village, a hillside, and the road toward a pass(age): *portell*.

Per nos et nostros damus et concedimus per hereditatem propriam, francham,* et liberam tibi Laurençio de Tirazona, et uxori tue Taresi[e], et vestris in perpetuum duas iovatas* terre in termino de Castielfort, aldea* de Muriella,^b iuxt\a/ hereditatem Raimundi de Cala⟨ta⟩[iubo].^c Et affrontant ex una parte in dicta aldea, et ex alia in via qua itur ad portellum, et ex alia in monte.

Quas duas iovatas terre habeatis vos et vestri in perpetuum, teneatis, possideatis, et expletetis, cum omnibus melioramentis ibi factis et faciendis, et cum introitibus, exitibus, affrontacionibus, et suis pertinenciis universis a celo in abissum, ad omnes vestras et vestrorum voluntates cui et quibus volueritis libere perpetuo faciendas, exceptis militibus, clericis, et personis religiosis.

Hanc autem donacionem tibi damus, si non est alio vel aliis iam pro nobis [= per nos?] data.

Datum Barchinone, III idus Octobris, anno domini MCC sexagesimo.

a) IP flourish. Ink smears at several points of text.
b) For: *Morella*.
c) The name may continue where the binding crops the paper. Possible readings include Calaf (surname, toponym), Calaforra for Calahorra, and diminutives of Calaf.

304a

Barcelona. 14 October 1260.
Reg. II, fol. 231. MF: 299.

Approves the purchase by Guillem Sa Fortià (not Safortea?), 'resident of Játiva,' from Bernada [Bernarda] de Fitor, the mother of the deceased Bernat [Bernardo] de Jorba, of ten plowlands or jovates, which had been given to Bernat and his son by the crown lieutenant in Valencia (E)ximèn [Jimeno (Eximeno)] de Foces at the king's order, in the country place (*rafal*) Beniatjar [Benasia] 'in the district of Carbonera and of Otos.' Conditions of tenure are those of the other Játiva residents and of Bernat's original charter.

⟦Quod nos⟧ [Iacobus dei gracia etc. per nos et nostro]s concedimus et confirmamus vobis, ⟨Guillelmo Sa Fortia[b] habitatori Exative, et⟩ vestris in perpetuum vendicionem quam vobis ⟨fecit Bernarda de[c] Fitor, mater⟩ quondam Bernardi de Iorba[d] de decem iovatis*[e] terre, que fuerunt predicti Bernardi de Iorba[d] ⟨et⟩ filii sui, ⟨quas dilec⟩tus noster Eximinus ⟨de Focibus tunc tenens⟩ locum nostrum in regno Valencie dedit de mandato nostro predicto Bernardo de Iorba[d] in ⟨r⟩eallo* Benasia,[f] qui est in termino de Carbonera et de Otos.

Quas decem iovatas terre damus et concedimus vobis Guillelmo predicto et vestris in perpetuum:[g] quod habeatis, teneatis, possideatis, expletetis, cum introitibus, exitibus, ⟨proventibus, iuribus⟩, et suis pertinenciis universis a celo in abissum, ad habendum, tenendum, possidendum, expletandum, et ad dandum, ⟨vendendum⟩, alienandum, impignorandum, ⟨et⟩ ad faciendum inde vos et vestri vestras proprias voluntates cui et quibus volueritis exceptis militibus, clericis, et person[is r]eligiosis, pro predictis vero iovatis faciens [= facientes] nobis et nostris prout alii habitatores Exative nobis facere tenentur de here[d]itatibus suis.

Et pro dictis iovatis habeatis prout superius continetur, et prout ipsas dedit dictus Eximinus de Focibus pro nobis Bernardo de Iorba[d] predicto.

Datum Barchinone, pridie idus Octobris, anno domini MCCLX.

a) Ruined and nearly hopeless, badly water damaged, but quartz-lamp readings and patience can extract enough to reconstruct the text. Holes along top.
b) Difficult to read; not Savarrés etc. Fortea, Fortesa, and Safortesa are variants of a possible alternate here.
c) T: *des*?
d) T: *Jorba*.
e) T: *-tas*.
f) Benaja or Beniatjar much later formed a single parish with Otos. Our Latin Benasia may be the Benaja identified by M. D. Cabanes as a section of Beniatjar now called La Benihaya. Not Beniatia (Jalón).
g) Or: *perpetuum, quod [= quas]*.

305a

Alcalá de Chivert. 29? October 1260.
Reg. II, fols. 182v-183. MF: 301.

Grants 'each and all the Saracens now in Peñíscola and your successors forever, as an exempt alod, Our vineyard' there, measuring fourteen *peonades* (each a unit of a day's work); it is bounded by the San Mateo road, the farm of Pere [Pedro] Ros,[b] and the vineyard of Pere Narbonès[c] and the torrent. They may sell, mortgage, or dispose of it 'to Saracens of like status.' Dispenses them also from the labor service of providing wood for the king's castellan (*sofra*) and restricts all wood-service to once a month. In collecting tariff 'from any passing ship or vessel' (*lleny, barca*), each Muslim who boards and actually collects is to receive two pence.

Per nos et nostros damus et concedimus[d] vobis, universis et singulis Sarracenis qui nunc estis in Peniscola et ⟨vestris⟩ successoribus in perpetuum, per alodium franc[h]um* et liberum, vineam nostram que est in Peniscola. Et sunt XIIII peonate,* que affrontant ex una parte in camino de Sancto Matheo, et ex alia in honore* Petri Russia, et ex alia parte in vinea Petri Narbo, et ex alia parte in torrente.

Quam quidem vineam, cum omnibus affrontacionibus, pertinenciis suis, [et] terminis universis, habeatis vos et vestri in perpetuum, \teneatis/,[e] possideatis[f] et expletetis per hereditatem propriam, franc[h]am, et liberam, ad [h]abendum, ⟨tenend⟩um, possidendum, expletandum, et ad dandum, vendendum, impignorandum, alienandum, et ad omnes vestras vo[l]untates vestris similibus Sarracenis libere faciendas.

Concedimus eciam vobis dictis Sarracenis et vestris [*fol. 183*] [quod non] teneamini pro çofra* lignorum alcaido* nostro castri[g] de Peniscola ⟨nec de çofra lignorum umquam dare plus quam⟩ in unoquoque mense. Volumus eciam et concedimus vobis quod, quandocumque et quocienscumque oportebit ⟨vos et vestros[h] ordi⟩nari racione accipiendi leudam* ab aliquo ligno ⟨vel⟩ barcha inde transeunte, quod unusquisque ill[orum qui lig]num vel barcam intrabitis[i] habeat inde pro suo ⟨officio⟩[j] II[k] denarios, si tamen de dicto ligno vel barcha lezdam habueritis; et si lezdam inde non habeatis, vos inde similiter nichil habeat⟨is⟩.

[Datum apud Alcalanum de Exivert, IV kalendas Novembris, anno domini MCCLX].¹

a) Fol. 183 badly worn; patched in upper left, with text very difficult to recover.
b) Etymologically probably Ros rather than Roig: see doc. 224, note b.
c) Narbo seems an unlikely name; Narbona and Narbonès are surnames, unless this is a scribal garble for Narro (= Navarro). The *Repartiment* has a Narboz.
d) T: *conse-*.
e) Above deleted: *tenu[er]is*, or *teneatis*?
f) T: *poci-*.
g) Malform, seeming *Euse*.
h) Conjectural: *et vestros*.
i) Deleted, between *intra* and *bitis: bistis*.
j) Conjectural.
k) T: *II*ᵒˢ.
l) No place or date. The nearest preceding document with a date has Tortosa, 6 kalends of November 1260; the document below ours has Castellón de Burriana, 4 kalends (? deleted: *nonas*) of November 1260, followed by another from Alcalá de Chivert, 4 kalends of November 1260. Neighboring documents therefore suggest October 27 (Tortosa or Chivert) or 29 (Chivert), while the Peñíscola content and travel distance argue against 27. MF: 31 October.

306ᵃ

Alcalá de Chivert. 31 October 1260.
Reg. 11, fol. 183. MF: 300.

The executors of the deceased Bernat [Bernardo] de Figuerolaᵇ have sold Pere Sanç (Sanchis) [Pedro Sánchez de] d'Aliagaᶜ 'the housing [structure: *casal*] of mills in the district of Morella, near the road which goes west,' which Bernat had held from the crown at a rent of 'six cafises of excellent and good grain, by the measure of Morella,' paid every St Mary's day in August (Assumption). The king here approves the purchase by Pere but alters one condition: the rent will be seven cafises now.

Per nos et nostros laudamus, concedimus, et confirmamus tibi, Petro Sancii de Aliaga et tuis in perpetuum vendicionem quam manumissores testamenti Bernardi [de] Figer⟨ola⟩ᵈ tibi fecerunt, de quodam casale* molendinorum quod est in termino de Morella prope viam qua itur ad vesperam, quodᵉ sibi dederamus ad censum VI caficiorum*ᶠ frumenti pulc[h]ri \et/ boni ad mensuram Morelle, nobis solvendum quolibet anno in festo Sancte Marie Augusti; promittentes etc.

Hanc autem laudac⟨ionem⟩, concessionem, et confirmacionem tibi facimus sub hac forma, quod sicut inde nobis quolibet anno in dicto festo Sancte Marie Augusti sex caficiaᶠ frumenti dare tenebaris, ut in carta vendicionis a dictis manumissoribus inde tibi facta continetur, donec nobis inde septem caficiaᶠ frumenti eodem festo.

Datum apud Alcalanum de Exivert, II kalendas Novembris, anno domini MCCLX.

a) IP flourish. Left margin: large s symbol, and small o.
b) Catalan and Aragonese toponyms and (with variant Figaralo) Catalan surname.

c) Both an Aragonese toponym (northeast of Teruel), and a Catalan surname independently derived.

d) : *Fig*, with loop above for *er* or *uer*, latter syllables lost.

e) T: *que* (q with overstroke).

f) T: *caff-*.

307a

Castellón de Burriana (= de la Plana). 2 November 1260.
Reg. 11, fol. 183v. MF: 302.

Gives 'license and full power to the whole town-council' to move Morella's grain deposit or warehouse (*almodí*) with the station for weights and measures (*pes*). They now stand in the plaza in front of the houses of Mateu [Mateo] Cortina, which belong to Bernat [Bernardo] de Vinatea, 'which plaza We gave to Flamenc [Flamenco de] d'Hospital (d'Espital) of Tortosa and to his own in perpetuity, with Our charter, for building homes there' (see doc. 309). The new location is 'in the midst of Morella's market plaza, in front of those fifty [crown] workshops, namely in that place in the plaza where Our castellan and bailiff of Morella agree is best to erect for Our good.'

Per nos et nostros damus et concedimus licenciam et plenum posse vobis, toti concilio Morelle, quod permutetis et permutare possitis almudinum* et pensum Morelle, quod[b] nunc est in platea que est ante domos Mathei Cortina que sunt Bernardi de Vinatea (quam plateam nos dedimus Flamencho de Hospitali de Dertusa et suis in perpetuum cum carta nostra ad edificandum[c] ibi domos, ut in carta quam inde a nobis habet continetur) medio[d] platee mercati Morelle que est ante illa quinquaginta operatoria nostra, in illo scilicet loco ipsius platee in quo alcaido* et baiulo nostro Morelle melius fore videbitur faciendum ad utilitatem nostram.

Datum apud Castilionem de Burriana, IIII nonas Novembris, anno domini MCC sexagesimo.

a) Original title, within flourishes: *Morella*. Cropped closely into letters on right side; a stain wrinkles the top center.

b) Sic, singular.

c) T: *he-*.

d) Dative; my punctuation clarifies this removal from one plaza to another.

308a

Castellón de Burriana (= de la Plana). 2 November 1260.
Reg. 11, fol. 183v. MF: 303.

The same Flamenc d'Hospital of Tortosa is awarded life tenure of the public secretariat of Morella: 'both of the city's legal tribunal [*cort*] and of the

DOCUMENT 309

city.' He is 'to write and draw up' all documents needed, 'and also all other public instruments of grant or sale, weddings, wills, and all other contracts, as notary public.' His salary is whatever previous secretaries received. He may also put in a competent substitute; and in that case 'you can appear as a lawyer in all cases which shall come into the said court.'

Quod [nos Iacobus] ⟨dei gracia etc. damus et conced⟩imus tibi, Flamenco de Hospitali de Dertusa, diebus omnibus vi[te tue], ⟨scribaniam de Morella tam curie quam ville. Ita quod eam⟩ habeas, teneas, et possideas diebus omnibus vite ⟨tue, cum omnibus iuribus suis, et scribas et conficias omnia que in vita tua⟩[b] fuerint scribenda ac eciam omnia alia instrumenta publica do⟨nacionum⟩ seu ⟨vendicionum⟩, nupciarum, testamentorum, et omnium quorumlibet contractuum, tanquam notarius [pu]blicus, dum bene et fideliter te ha\bueris/[c] in ipso officio.

Et habeas et percipias inde pro tuo officio et labore tantum quantum [alii] scriptores, qui [h]actenus in dicta scribania fuerunt, inde consueverunt percipere et habere. Concedentes tibi quod possis constituere in dicta scribania quem vel quos volueris, qui ibidem de dicto officio utantur loco tui, dum tamen ille vel [illi quem] vel quos ibi posueris seu constitueris sint in ipso officio sufficientes. Et nos laudamus et approbamus omnia [instrumenta] et quelibet alia scripta publica, per te vel per illum seu illos quos ibi posueris confecta, tamquam confecta [apud pub]licum tabellionem, sic quod \in/[d] omnibus et per omnia obtineant perpetuo roborem firmitatis.

Preterea concedimus tibi quod, te constituente[e] et ponente aliquem vel aliquos in dicta scribania loco tui ut dictum est, qui in ipso officio sint sufficientes, possis advocare in omnibus causis que in dicta curia fuerint. Mandantes universis hominibus Morelle presentibus et futuris quod contra predictam[f] non veniant, nec aliquem venire permittant.

Datum apud Castilionem de Burriana, \IIII nonas Novembris/,[g] anno domini MCC sexagesimo.

a) Badly washed away along top of text; holed down left side; gap torn at left-central side.
b) Largely conjectural, despite quartz lamp.
c) T: *has* with overstroke, no deletions, and above it *ueris*.
d) Above undeleted: *per* as correction.
e) T: *-tes*.
f) Sic, not *predicta*.
g) Later intrusion of date, because of place? Is nones deleted, or was the scribe careless? Document above this has 2 kalends of November, document below has 4 nones.

309a

Castellón de Burriana (= de la Plana). 2 November 1260.
Reg. II, fol. 184. MF: 304.

Conveys to the same Flamenc d'Hospital in perpetuity 'the place and house that were recently the grain deposit (*almodí*) of Morella, with every building that is there' (see doc. 307), bounded by the houses of Berenguer de Torner [Tornero] and Pere [Pedro] d'En Bo (Bono) [Bueno] on one side, those of Arnau de Barberà (Barbarà) [Arnaldo de Barbarano] on another, and by public streets on the other sides. He may 'construct and build there any houses and buildings' he wishes. The transfer includes gates (*portals*), entry and exit rights, drainage fall, collected water, and all appurtenances and frontages.

[Noveri]nt universi quod nos Iacobus, dei gracia rex Aragonum, Maioricarum, et Valencie, comes Barchinone et Urgelli, et [domi]nus [Montis]pessulani, per nos et nostros damus et concedimus tibi, Flamenco de Hospitali de Dertusa, et tuis in perpetuum locum illud [ter]re et domum que sunt nunc almudinum* Morelle, cum omni edificio^b quod ibi est. Et affrontant ⟨ex una parte⟩ in domibus Berengarii Tornarii^c et Petri ⟨de En Bono, et ex alia parte⟩ in domibus Arnaldi de Barbarano, et^d ex al[iis] duabus [par]tibus in viis publicis. Sic quod construhatis et possitis construhere ⟨ibi et edificare^b quascumque domos et⟩^{e} [ed]ificia^b volueritis.

Et sic habeatis, teneatis et possideatis ⟨tu et tui in perpetuum dictum locum ipsum et⟩ domum,^{f} ac edificium,^{b} que ibi sunt cum domibus et edificiis^b que ibi construhetis et edificabitis^b ⟨et cum portis, porta⟩libus, ingressibus et egressibus suis, stillis,^{g} stillicidiis, et cum omnibus aliis terminis et pertinenciis suis et affrontacionibus universis a celo^h in abissum, ad habendum, tenendum, possidendum, et explet⟨andum, ad d[andu]m, vendendum⟩, impignorandum, alienandum, et ad omnes vestras vestrorumque voluntates^i cui et quibus volueritis libere [perpe]tuo faciendas, exceptis militibus, sanctis clericis, et personis religiosis.

Datum apud Castili[onem]^j de Burriana, IIII nonas Novembris, anno domini MCC sexagesimo.

a) Badly damp damaged along top and side, with holes affecting text down right; right corner torn away.
b) T: *he-*.
c) Probable.
d) Hole pulls letters apart, distorting, but with no loss. Preceding *de En* is *den*. Bono is an Italianate form of Catalan Bo, and both are surnames. The Latin fits either version, though Bo is the more Catalan.
e) Largely conjectural.
f) Deleted: *ad* (false start for: *ac*).
g) First syllable smeared.
h) T: *acello*.
i) T: *-tis*.
j) Next document's dateline: *Castel-*.

310a

Castellón de Burriana (= de la Plana). 2 November 1260.
Reg. 11, fol. 184. MF: 305.

Turns over forever to the residents of Castellfort, a village near Morella: 'that [public] oven which you now have in your aforesaid dependent village [*aldea*], just as you now hold and possess it,' at a flat tax or rent of thirty

Valencian sous every All Souls' feast. The crown promises never to construct or allow any other oven there without their permission and retains both residual ownership (Catalan *domini*, versus usufruct) and option in case they sell.

Noverint universi quod nos Iacobus, dei gracia rex Aragonum, Maioricarum, et Valencie, comes Barchinone et Urgelli, et dominus Montispessulani, per nos et nostros concedimus et confirmamus vobis, universis hominibus habitatoribus de Castel Fort aldea* Morelle, et successoribus vestris in perpetuum, illum furnum[b] quem nunc habetis in dicta aldea vestra, prout ipsum tenetis et possidetis; promittentes vobis et vestris successoribus quod de cetero in dicta aldea non faciemus nec fieri permittemus aliquem alium furnum sine voluntate vestra.

Vos tamen et vestri dabitis nobis et nostris annuatim in perpetuum, per censum[c] ipsius furni, triginta solidos regalium in festo omnium sanctorum. Et sic habeatis et teneatis et possideatis[d] dictum furnum, cum introitibus, exitibus, affrontacionibus, et suis pertinenciis ac iuribus universis, prout melius dici vel intelligi potest ad vestrum vestrorumque salvamentum, salvo tamen nobis in perpetuum dicto censu, dominio,* et fatica.*

Datum apud Castilionem de Burriana, quarto nonas Novembris, anno domini millesimo CC sexagesimo.

a) Original title, within flourishes: *Castri Fortis aldee Morelle*. Modern title: *Furnus*. IP flourish. Initial n unusually elaborate; above it is an imitation, or a false start.

b) T: *for-*; below, scribe corrects by overwriting.
c) Sic for: *pro censu*.
d) T: *-deantis*.

311a

Onda. 5 November 1260.
Reg. II, fol. 184v. MF: 306.

After 'a struggle long agitated' between the Tortosa diocese and 'the men of Castellón in the district [Camp] of Burriana' over firstfruits of the town and district (which the bishop claimed 'belong to him and were unjustly appropriated by these same men'), the king personally heard the case at Castellón, with the bishop (Bernat [Bernardo de] d'Olivella) present and participating. The king awarded the firstfruits to the diocese because he found Castellón fell within it and because the town was subject to 'the custom law [*Furs*] of the kingdom of Valencia.'

Noverint universi quod cum contencio diu agitata fuisset inter venerabilem episcopum dertusensem ex una parte et homines Castilio[nis] campi de Burriana ex altera, super primiciis[b] eiusdem et terminorum eius, quas idem episcopus ad se pertinere dicebat et ab [eis]dem hominibus indebite detineri, coram nobis Iacobo dei gracia rege Aragonum etc., tandem apud eumdem locum personaliter constituto, dicto episcopo presente et super dicta peticione instante, super facto ipso cognovimus diligenter.

Unde quia nobis constitit quod dicte [pr]imicie eidem episcopo dari debebant, cum locus Castilionis^c predictus^d sit diocesis dertusensis episcopi et eciam ex consuetudine re[g]ni Valencie infra cuius fines locus ipse dinoscitur constitutus, nos Iacobus rex predictus etc. volumus et mandamus quod de cetero e[piscopus] dertusensis et eius successores habeant et recipiant primicias ante dictas, et homines Castilionis et terminorum eiusdem ipsas ei[s] v[el c]ui mandaverint dare et solvere teneantur.

Datum apud Ondam, nonas Novembris, anno domini MCC sexagesimo.

a) IP flourish cropped. Badly deteriorated on top and especially right side, nearly washed away. Overtraced by modern hand to recover half the text (not indicated here). H: variant copy from Tortosa archives.

b) Deleted: otiose overstroke.
c) Sic (twice); cf. *Castilionis* in datelines of documents above.
d) T: -*tos*.

312

Onda. 5 November 1260.
Reg. II, fol. 184. Not in MF.

The same letter, adjusted to apply to Peñíscola and its district, sent there at the same time.

⟨Sub⟩^a [eadem]^b forma^c de hominibus de Peniscola et terminorum eiusdem in eodem loco et eodem anno et die.^d

[Datum apud Ondam, nonas Novembris, anno domini MCCLX.]

a) Partly visible, but overtraced as beginning with r.
b) Cf. doc. 311.
c) Overtraced.
d) Refers to the document preceding it, now our number 311.

313^a

Valencia. 12 November 1260.
Reg. II, fol. 185. MF: 307.

The Muslims of Eslida claim 'the water or irrigation canal [system] of Vall de Uxó,' protesting that the Muslims of Uxó 'ought not to irrigate from it without their permission.' Appealing their case to the king, the Eslidans brought 'a charter of the purchase they made from certain Saracens of Uxó' who owned the water. The Vall de Uxó Muslims rejected this claim 'because when the Saracens of Eslida revolted against Zayyān, this Zayyān took away that water from them and awarded it to the Saracens of Uxó, and later a personal representative of Zayyān sold that water to these Saracens of Uxó'; they displayed the charters of both Zayyān and his lieutenant. The Eslidans replied that, 'after they revolted against Zayyān, they made peace with him, and Zayyān restored to them the ownership they had in the aforesaid water'; they displayed Zayyān's order that Vall de Uxó 'surrender that water to the Saracens of Eslida.' Reviewing these documents and arguments, King Jaume (Jacme) [Jaime], in the role of legitimate successor, orders that the Vall de Uxó Muslims 'surrender the said water to the said Saracens of Eslida, as is contained in the letter of the said Zayyān.'

Q[uo]d nos Iacobus dei gracia etc. vidimus Sarracenos de Eslida ante nostram presenciam conquerentes, asserentes quod aqua sive cequia* de Uxo erat et esse debebat eorum, et Sarraceni de Uxo sine eorum voluntate et licencia de ipsa rigare non debebant, ostendentes[b] nobis cartam empcionis ab ipsis facte de aqua predicta de quibusdam Sarracenis de Uxo quorum ipsa aqua [e]rat.

Et vidimus similiter ante nostram presenciam Sarracenos de Uxo, asserentes quod dicta aqua erat et esse debebat eorum, ideo quia quando ipsi Sarraceni de Eslida alzaverunt* se contra Zahen, ipse Zahen abstulit eisdem ipsam aquam et eam definivit[c] eis[dem] Sarracenis de Uxo, et postea quidam tenens locum ipsius Zahen ipsam aquam vendidit ipsis Sarracenis de Uxo, ostendent[e]s[b] nobis cartas de predicto Zahen et de illo qui locum eius tenebat inde eis factas.

Et e converso dicti Sarraceni de Eslida n[obis d]ixerunt quod postea, postquam ipsi alzaverunt se contra ipsum Zahen, composuerunt se cum eodem, et ipse Zahen restituit e[is]dem dominium quod in aqua predicta habebant, ostendentes[b] nobis quasdam litteras ipsius Zahen in quibus mandabat Sarracenis de [U]xo ut desempararent* ipsam aquam Sarracenis de Eslida.

Unde nos, visis et auditis racionibus supra dictis et cartis, et visa [eciam] littera predicta a predicto Zahen dictis Sarracenis de Uxo ut ipsam aquam desempararent Sarracenis de Eslida, sentencia[n]do mandamus quod dicti Sarraceni de Uxo desemparent dictam aquam dictis Sarracenis de Eslida, ut in littera dicti Zahen continetur; et quod dicti Sarraceni de Eslida habeant et teneant ipsam prout melius et plenius eam hactenus habuerunt et tenuerunt.

Datum Valencie, II idus Novembris, anno domini MCCLX.

a) Original title, within flourishes: *Sarraceni de Eslida*. Modern title at top left: *Super aqua*. IP flourish. Holes down left side damage text. Some fifty words overtraced (not indicated here) to recover from water damage, down right side.
b) T: *ho-*.
c) T: *diffi-*.

314a

Valencia. 12 November 1260.
Reg. 11, fol. 184. MF: 308.

'You, the Saracens of the Vall de Uxó, hold and have by Our gift those four mills We own in the Uxó district.' The king now reduces their perpetual rent or tax. Instead of half the mills' profits each year, they are to give 'only a third part,' but 'without any expenses' falling on the crown.

Per nos et nostros damus et concedimus vobis Sarracenis de Uxo, qui tenetis et habetis ex donacione nostra ad medietatem [[i]]lla quattuor molendina que nos habemus in termino de Uxo, quod de cetero vos et vestri non donetis nec dare teneamini nobis nec nostris de reditibus et exitibus ipsorum IIII molendinorum nisi tantum[b] terciam partem; set ipsam terciam partem nobis et nostris teneamini dare annuatim in perpetuum, sine aliqua nostra et nostrorum missione. Mandantes etc.

Datum Valencie, II idus Novembris, anno domini MCCLX.

a) Modern title: *Super molendinis de Uxo.*   b) Or: *tamen* (*tm* with overstroke).
IP flourish: remnant. Dim down right side.

315a

Valencia. 12 November 1260.
Reg. 11, fol. 184v. MF: 309.

Grants in perpetuity to the Muslim of Vall de Uxó, Ṭalḥah b. Nusair or Nāṣir (Talha Abenuser),[b] and his heirs ten *tafulles* of irrigated land (each about a two-hundredth part of a jovate or plowland) 'wherever you are able to find them' in Vall de Uxó district, with one restriction: no sale in whole or part 'to any Christian or Jew, or even to any other Saracen unless specifically to your neighbors the Saracens of Vall de Uxó.'

Per nos et nostros damus et concedimus tibi, Talha Abenuçero,[b] Sarraceno de Uxone,[c] et tuis in perpetuum decem tahullas* terre in termino de Uxone[c] in regadivo,* ubicumque eas poteris invenire ad dandum in termino ante dicto.

Volentes et concedentes tibi et tuis quod dictas X tahullas habeatis ad vestram propriam hereditatem, cum introitibus, exitibus, affrontacionibus, et suis pertinenciis universis a celo in abissum, ad omnes vestras vestrorumque voluntates perpetuo faciendas, excepto tamen quod ipsas X tahullas nec aliquam ipsarum vendatis nec vendere possitis alicui Christiano nec Iudeo nec eciam alicui alii Sarraceno, nisi specialiter Sarracenis de Uxone[c] vicinis vestris.

DOCUMENT 316

Datum Valencie, II idus Novembris, anno domini MCCLX.

a) IP flourish: remnant.
b) T: *Abenuçro* with curved overstroke; if er- loop intended, and omitting dative, (N)ucer results. Possibly Abenuçron, if straight overstroke is intended.
c) T: *Uxo* with large overstroke.

316a

Valencia. 25 November 1260.
Reg. 11, fol. 185. MF: 310.

'Our silversmith Parisi' [Aparicio]b receives in tax-exempt perpetual gift 'all the properties and possessions which belonged to the deceased Sanç [Sancho] Picador citizen of Huesca.' (Though drafted at Valencia city, these properties may be non-Valencian.) The crown had confiscated these 'because of the sodomitic crime [homosexuality] that Sanç, it is said, had committed.' The grant conditionally respects any claims the wife of Sanç may have.

Per nos et nostros damus et concedimus tibi, Parisio argentario nostro, et tuis in perpetuum per hereditatem propriam, francham,* et liberam omnes hereditates et ⟨posses⟩siones que fuerunt quondam Sancii Picador civis oscensis. Que hereditates et possessiones nobis fuerunt confiscate racione criminis sodomitice q⟨uod, ut di⟩cebat[ur],c dictus Sancius Picador commiserat.

Sic quod predictas hereditates et possessionesd habeatis tu et tui in perpetuum, teneatis, possideatis, et expletetis cum introitibus et exitibus et suis affrontacionibus universis a celo in abissum ad habendum, tenendum, possidendum, et expletandum, et ad dandum, vendendum, impignorandum, alienandum, et ad omnes vestras vestrorumque voluntates cui et quibus volueritis libere et perpetuo faciendas. Hanc autem donacionem tibi et tuis facimus salvo in omnibus iure uxoris [di]cti Sancii Picador quondam.

Datum Valencie, VII kalendas Decembris, anno domini MCCLX.

a) IP flourish. Holed, worn, and damp damaged down right side. Bottom trimmed and mounted without loss of text.
b) Aparici [Aparicio], also Aparició [Aparición], with its Catalan variants Parisi, Parici, París, is both a surname and a prename commonly given children born on the Epiphany. But another Parisi [Parisio] means Parisian, as does another, París [París], though not the classical Paris [Paris]. In several variants the name appears in the *Repartiment*, including (our?) 'Magister Paris.'
c) Conjectural reconstruction requires passive; the original may have been different.
d) T: *-nibus*.

317

Valencia. 1 December 1260.
Reg. 14, fol. 116. MF: 311.

Extensive receipt (*albarà*) acknowledging that the Jewish crown bailiff Astruc Jacob S(h)ashón, also Sassoon and Xixo(n), (Yaʿāqōb Šašon) presented his accounts for many cities of Valencia in a successful audit. Misdated by nearly a decade through the medieval scribe's error as 'MCC sexagesimo,' and therefore assigned to 1260 by the catalogs and MF, this charter will appear below in a subsequent volume under the date 1 December 1269.

318a

Alpuente. 12 December 1260.
Reg. 11, fol. 185v-186. MF: 312.

Bartomeu de Seinero (Senyer or perhaps Senyorans [Señero?]b had bought a mill in Segorbe's district, of which the crown owned half. The king now grants to his widow Sança (Sansa) [Sancha] the crown's half as well, at a flat fee of seventy Valencian sous every January. Sança may rent or alienate this second half, but the crown retains in it residual ownership (versus usufruct), its rental income, and the land-transfer fee (*lluïsme*).

Per [nos] et nostros damus et concedimus et stabilimus vobis Sancie, uxori quondam Bartholomei de Seyneron,c et vestris in perpetuum illam medietatem quam habemus in reditibus [et] exitibus illius molendini quod est in termino de Segorbio, quod dictus maritus vester emit. Predictam itaque medietatem nostram dictorum redituum ipsius molendini vobis et vestris damus sub hac forma: quod donetis vos et vestri nobis et nostris quolibet anno in mense Ianuarii pro censu LXX solidos regalium.

Et sic habeatis et percipiatis vos et vestri reditus ante dictos in perpetuum, ad dandum, vendendum, impignorandum, alienandum, et ad omnes vestras vestrorumque voluntates inde libere faciendas, exceptis militibus, sanctis clericis et personis religiosis, salvo tamen in omnibus iure, censu, dominio, etd laudimio,* et fatica* in dicto [*fol. 186*] [mo]lendino.

Datum apud Pontem, II idus Decembris, ⟨anno domini MCCLX⟩.e

a) Modern title, centered: *Donatio medietatis molendini in termino de Sugurbio*. Fol. 186 badly deteriorated.
b) MF: Sexnataron. Cats. (CDR): de Sexneron.
c) T: *Sexnero* (probably not *Seynero*), with overstroke backwards from o to n and then looping to the right, forming in all a c-shaped loop above the syllables *nero*. *Segnor* and *sènyer* are archaic forms of *senyor (señor)* while *Sex-* is easily *Seg-* in effect. *Senyer* is 'bellmaker' and also a Catalan surname. Senyorans [Señorans] is also a Catalan surname, from *sènyer* as *senyorant* or *senyerant*, and thus a plausible option. Castilian *señero* is unrelated to these meanings.

d) Sic.

e) The year is washed away; though the next two documents lack a year, the run of documents here is for 1260. The place poses a problem. MI has the king at Valencia throughout all but the last day of December 1260; but his text discusses documents that place Jaume both at Teruel and at Valencia on December 1. Possibly Prince Peter, who *was* at Teruel, acted in the king's name (improbable), or one dateline errs; probably the Valencia date, occurring in a mélange of documents stressing 1270-1271, with 1268 before it, is a misreading (MCCLX for MCCLXX). If Jaume went to Teruel, 'Puente' could be far from Valencia city; if he remained at the city, it is probable that 'Puente' was nearby. Complicating the search, Puente or Catalan Pont is a common toponym, usually in combination, most of the places being small and obscure. There are no obvious candidates in Aragon (e.g., Puendeluna or Puente de Luna, east of Egea de los Caballeros), too many in Catalonia, and hardly any in Valencia. Valencian hamlets include Puente de Mánega near Poble Nou de Fenollet (at Játiva) or Puente Nuevo close to Gandía. The most plausible choice is Alpuente, however, over halfway from Valencia to Teruel. MI records no other stop here.

319a

Valencia. 17 December 1260.
Reg. 11, fol. 186. MF: 313.

Stipulates that all Chulilla Muslims present and future need pay only a fifth of produce as rents 'from all new projects you will undertake [or: from all your toil] in the fertile plain [*vega*] or irrigated part of the Chulilla district,' and a tenth from the same *laboració* in the dry-farming part, plus one Valencian penny for each beehive and goat, and no other regalian tax to crown or castellan 'unless We impose an extraordinary tax on the other Saracens of the kingdom of Valencia.'

Per nos et nostros concedimus et indulgemus vobis, universis et singulis Sarracenis de Xulella presentibus et futuris, in perpetuum quod ⟨de⟩[b] tota [l]aborac[i]one quam feceritis ⟨in⟩ bega*[c] sive regadivo,* quod est in termino de Xulella, non donetis nec teneamini dare nobis et nostris nisi tantum[d] quintam partem; et quod de laboracione quam fecer⟨i⟩tis[e] in seccano,* quod est in termino predicto de Xulella, non donetis nec tenea[mi]ni dare nobis et nostris nisi tantum[d] decimam partem; et de qualibet arna apium donetis et dare teneamini nobis et nostris unum denar[ium r]egalium tantum; et de unaquaque capra I denarium tantum.

Et sic vobis dantibus et solventibus nobis et nostris in quolibet anno dictam quintam partem de [re]gadivo, et decimam de seccano, et dictos duos denarios, non donetis nec dare teneamini nobis nec alcaido* de Xulella [presen]ti[f] et futuris aliquam peitam,* nisi nos peitam et[g] aliis Sarracenis regni Valencie iactaremus. Mandantes etc.

Datum apud Valenciam, XVI kalendas Ianuarii, [anno domini MCCLX].[h]

a) Modern title at left: *Sarracenorum de Xulella super aqua*. IP flourish. Some thirty words overtraced (not indicated here) to recover from water damage. Badly holed on right.

b) Fragments.

272

c) Cf. *vega*.
d) Not: *tamen; tm*, overstroke, but repeated twice later in this sentence with context disallowing *tamen*.
e) Penultimate vowel a blot.

f) T: *-tis*.
g) For: *eciam* (lacking overstroke)?
h) The nearest, fully-dated documents above and below are 1260 and in series.

320a

Valencia. 18 December 1260.
Reg. 11, fol. 187. MF: 314.

As patron-founder of Sant Vicenç [San Vicente] de la Roqueta monastery-hospital at Valencia city, King Jaume [Jaime] endorses the action of Prior Berenguer de Prada, who has surrendered the revenues of the monastery's village Cuart de Poblet so that Peregrí d'A(h)onés (S'Ahonés) [Peregrino de Ahonés]b can recover the loan (*manlleu*) he made to the prior on that security. The loan (including future loans from Peregrí on these terms) was for construction on Sant Vicenç and 'for the good of the monastery.'

[L]audamus, concedimus, et confirmamus vobis, Peregrino de Sahonis, obligacionem quam Berengarius de Prada prior Sancti Vincencii vobis fecit ⟨et⟩ faciet de reditibus et exitibus de ⟨Quart, racione⟩ manuleute* quamc vobis fecit et faciet ad opus domus Sancti Vincencii [Valencie. Que] predicta manuleuta fuit et erit facta ad commodum monasterii Sancti Vincencii.

Promittentes quod contra hanc obligacionem non veniemus nec aliquem venire permittemus aliquo modo vel aliqua racione, donec de eo, quod dicto priori suprad dictis reditibus et exitibus accommodastis et de cetero accommodabitis, sit vobis in eisdem integre satisfactum, dum tamen ut dictum est dicta manuleuta sit ad commodum monasterii supra dicti.

Datum Valencie, XV kalendas Ianuarii, anno domini MCCLX.

a) First half of document washed away to near illegibility; large holes down left, with loss of phrases; trimmed down right.
b) The Aragonese family (de or Sa) Ahonés in contraction becomes Sahonés; it relates to the Jaca toponym (now gone) Aunés. Catalan surnames such as Saiós or the Galician toponym Sayanes are unrelated.
c) T: *a*; but *quam a vobis* makes no sense here.
d) T: *superdictis*.

321a

Valencia. 19 December 1260.
Reg. 11, fol. 186. MF: 316.

Privilege to the people of Liria that, 'in all services by reason of money or of help' to be given the crown, 'you may reckon' according to the manner of the Murviedro (modern Sagunto) people: 'by shilling [sou] and pound, both for movables and immovables [i.e., real estate].' (Perhaps as with *peita*, a base of one sou per pound is meant, or five percent, taxed in turn for example at ten percent).

Concedimus vobis omnibus et universis et singulis hominibus de Liria,[b] presentibus et futuris in perpetuum quod, in omnibus serviciis racione pecunie vel alicuius auxilii nobis faciendis, teneamini computare inter vos de hoc quod nobis debu[eri]tis per solidum et libram, secundum quod homines Muriveteris computabunt [per] solidum et libram inter se tam de mobili quam de [im]mobili [*sic*], et secundum sedentem vel mobilem vestrum teneamini nobis dare ad aliam racionem per solidum et libram. Mandantes etc.

Datum Valencie, XIIII kalendas Ianuarii, [anno domini MCCLX].[c]

a) Original title, within flourishes: *Universitati de Liria*. Modern title at right: *Super contributionibus*.
b) T: *Lyria*.
c) From this run of documents.

322[a]

Valencia. 19 December 1260.
Reg. II, fol. 186v. MF: 317.

Conveys to Martí Gil (Egidi) [Martín Gil (Egidio)] of Segorbe forever 'for constructing buildings': 'that plot of land near the gate of Segorbe's main marketplace [Catalan *mercadal*].' It is bounded on three sides by 'public streets that are around the said market,' and on the fourth side by the fonduk or commercial inn and center for foreign merchants (*alfóndec*) held by Maria [María] de Mengot.[b]

Per nos et nostros damus etc. tibi, Martino Egidii de Segurbio, et tuis in perpetuum illud solum terre quod est prope portam de mercatali de Segurbio, sicut confrontatur ex una parte in alfondega* Marie de Mengot,[c] et ex aliis tribus partibus in viis publicis que s[u]nt circa dictam mercatalem.

Predictum itaque solum terre tibi et tuis damus in perpetuum, sine preiudicio nostro vel alicuius alii persone, cum terminis, affrontacionibus, et suis pertinenciis universis a celo in abissum, ad construhendum ibi domos.

Et sic habeatis tu et tui in perpetuum ipsum solum terre, cum domibus quas ibi construhes, teneatis, et possideatis, ad habendum, tenendum, possidendum, et expletandum, et ad dandum, vendendum, impignorandum, alienandum, et ad omnes tuas tuorumque voluntates cui et quibus volueritis libere perpetuo faciendas, exceptis mili[ti]bus, sanctis clericis, et personis religiosis.

Datum Valencie, XIIII kalendas Ianuarii, anno domini MCCLX.

a) IP flourish. Left edge dim and holed.
b) Diminutive of Armengot.
c) T: *Mengot*, with stroke over most of the word. On this name see doc. 284.

323a

Valencia. 20 December 1260.
Reg. 11, fol. 186v. MF: 315.

Grants to the king's bailiff of Zaragoza, Jahudà or Jafudà, Judà: (Yĕhūdāh) b. Lavi (Labi) de (la) Cavalleria [Caballería], 'Our vine arbor, with the land supporting it, which We exchanged [got by exchange] with Sanç Martí(nis) [Sancho Martínez de] d'Oblites.' It is in Beniferri in Valencia city's district, bounded by public roads on two sides, by the irrigation canal, and by the farm of En Renobell (Renovell). The grant includes 'various kinds of trees,' rights to 'water for irrigating,' and 'the entire conducting passage [not pipe here; (canó)] connected to the [mother] irrigation canal.' A condition is 'that you settle one of your sons, whichever you choose, in the kingdom of Valencia.'

Per [nos et] nostros damus et concedimus per hereditatem propriam, franc[h]am*, et liberam vobis, Jafudano de Cavalleria baiulo Cesarauguste, et vestris in perpetuum illud parrale* nostrum, cum terra que fundatur,^{b} quod nos excommutavimus^c cum Sancio Martini de Oblites. Quod parrale est in^d Beniferre, termino Valencie, sicut confrontatur ex duabus partibus in viis publicis, ex alia in cequia,* et ex alia parte cum orto* de En^e Renovel.

Iamdictum itaque parrale cum terra que fundatur, et cum arboribus diversi generis factis et faciendis, cum aqua ad rigandum ipsum, et cum omnibus iuribus et pertinenciis, \et/ cum toto canono* contiguo cequie, damus et concedimus vobis dicto Jafudano et vestris successoribus in perpetuum ad dandum, vendendum, impignorandum, alienandum, et ad omnes vestras vestrorumque voluntates cuicumque volueritis perpetuo faciendas, exceptis militibus et personis religiosis.

Predictam itaque donacionem vobis facimus in hunc modum: quod unum de filiis vestris, quemcumque volueritis, in regno Valencie populetis.

Datum Valencie, XIII kalendas Ianuarii, anno domini MCCLX.

a) Initial IP flourish, cropped.
b) Sic; again below; deponent use, or understand: *(in) qua?* Or simply the q with overstroke may carelessly be meant as *qua*.
c) T: *exquomut-*.
d) Deleted: *termino*.
e) T: *den*.

324a

Játiva. 3 January (1260) 1261.
Reg. 11. fol. 190. MF: 319.

Mandate from the lord king Jaume (Jacme) [Jaime] to Rostagny^b Guillem [Guillermo] and the crown executive agent (*porter*) Domènec [Domingo] del Cavall^c to take full charge of the bridge structure at Alcira. They are to collect the half-penny toll that is customarily demanded there 'and with it erect the structure of the said bridge well and thoroughly of stone and lime,' submitting an account every year to crown audit 'until the work of the said bridge is in every way complete.' The two swear on the Gospels to accomplish the task 'well and faithfully.'

Concedimus vobis, Rostagno Guillelmi et Dominico del Caval portario* nostro, totum [o]pus pont[is] de Algazira; ita quod vos recipiatis de cetero obulos qui ibi sunt recipere [= recipi] consue⟨ti⟩ racione dicti pontis, et de ipsis faciatis opus dicti pontis bene et perfecte de petra et de [cal]ce, et computetis ac teneamini inde nobis vel cui mandaverimus reddere compotum quolibet anno, quousque opus dicti pontis ex toto perfectum sit.

Et nos Rostagnus Guillelmi et Dominicus del Caval predicti, recipientes a vobis domino Iacobo rege Aragonum supra dicto dictam commandam,* iuramus per deum et sancta quattuor evangelia quod in predicto opere bene et fideliter nos habebimus.

Datum Xative, III nonas Ianuarii, anno domini MCCLX.

a) Holed and patched at upper right; tear in center from scribe's pen; spotting, by ink spread, on recto and also bleeding through from verso. MI has Jaume in the Valencian kingdom during the January-March period of 1261, but in Aragon and Catalonia during the same period of 1260, thus resolving the ambiguity of date in this and the following documents.
b) Rostang is a variant of Rostan(y).
c) MF: Çavall (equivalently Savall). Domènec *de Caballo* and his wife Laura also appear in the *Repartiment* at Alcira.

325a

Játiva. 5 January (1260) 1261.
Reg. 11, fol. 238. MF: 320.

At the king's order his bastard Pere Ferran(dis) d'Híxar [Pedro Fernández de Híjar] had paid to (E)ximèn Peris d'Arenós [Jimeno (Eximeno) Pérez de Arenoso] the 4,000 Valencian sous owed by Prince Jaume [Jaime]. The king now hands over to Pere the castle and town of Cortes de Arenoso (not Cortes de Pallás, near Requena) with its district and all revenues, until Pere fully recovers the loan or until king or prince repays the residue.

Nos [Iacobus] dei gracia etc. confitemur et recognoscimus vobis, dilecto filio nostro Petro Ferrandi,[b] quod de mandato nostro dedistis et solvistis Eximino Petri de Arenoso IIII milia solidorum regalium Valencie, quos infans Iacobus filius noster ei debebat.

Pro quibus IIII milibus solidorum tradimus, impignoramus, et obligamus vobis castrum nostrum et villam de Cortibus,[c] cum omnibus alcheriis,* et pertinenciis suis. Ita quod tam diu predicta teneatis, et omnes reditus et exitus et iura eorumdem habeatis et percipiatis in solucionem dictorum denariorum quousque in eisdem sit vobis de tota predicta quantitate pecunie integre satisfactum.

Promittentes vobis quod faciemus et permittemus vobis et vestris predictum castrum et villam cum omnibus supra dictis habere, tenere, et percipere quousque ut dictum est sitis [= sit vobis] in eisdem de omnibus predictis denariis integre satisfactum, vel donec nos vel dictus filius noster solvamus vobis dictos denarios, vel illud quod inde vobis rema\nebit/ᵈ ad solvendum.

Datum Xative, nonas Ianuarii, anno domini MCCLX.

a) Worn at top, stained down left. On the preferred 1261 date, see doc. 324, note a.
b) T: *Ff.* (no case expressed); later in registers: *Ferrandus*.
c) Or: *Cur-* (no first vowel expressed).
d) Above deleted: *-net* altered to *-neb*.

326ᵃ

Játiva. 10 January (1260) 1261.
Reg. 11, fol. 190. MF: 321.

Appoints Bartomeu [Bartolomé] de Jaca lifetime crown surveyor for the kingdom of Valencia, with a monopoly on measuring all lands the crown will grant. His salary is to be 'what the other surveyors of the kingdom of Valencia were accustomed to get': that is, he is to keep half the fees or income and send the other half to the king.

Damus et concedimus tibi, Bartholomeo de Iacca, quod de cetero sis sogueiator*ᵇ regni Valencie; ita quod tu et non aliquis alius sogueietisᶜ hereditates [q]uas dabimus alicui vel aliquibus in regno Valencie, dum bene et fideliter in hoc te habueris.

Et habeas et percipias inde, pro tuo officio et labore, tantum quantum alii sogueiatores regni Valencie inde consueverunt percipere et habere; ita tamen quod de omni eo quod tu inde habueris habeamus nos et nostri medietatem, et aliam medietatem habeas tu ad tuas voluntates inde libere faciendas.

Et sic sis sogueiator dicti regni, dum bene et fid[eliter] in hoc ut dictum est te habueris. Mandantes etc.

Datum Xative, IIII idus Ianuarii, anno domini MCCLX.

a) IP flourish. Water damage and holes especially down right side; spotting, from ink spread, at top. On the preferred 1261 date, see doc. 324, note a.
b) The document uses both *soguei-* and *soguej-*, not MF's *sogueg-*.
c) Sic, plural.

327a

Játiva. 11 January (1260) 1261.
Reg. 11, fol. 190. MF: 322.

Privilege to 'the whole aljama of the Jews of Játiva': Jews holding crown exemption cannot withdraw themselves from local community obligations (*veïnatge*), and must respond to public alarm signals. During the tenure of their exemption, however, individual Jews need not participate in Jewish community payment of crown taxes.

[Concedimus] vobis toti aliame* Iudeorum Xative quod nullus Iudeus vestrum[b] possit se excusare, racione franchitatis* [a] nobis sibi conc⟨esse⟩, quin teneatur simul vobiscum facere vicinaticum*; nec possit se desistere de vestris catanis,* nec de vestris alarmis sicut [facit] ⟨aliama⟩[c] Iudeorum Valencie.

Volumus tamen quod illi, qui franchi ex concessione nostra sunt, per dictum tempus franchitatis non tenean[tur] p[ei]tare in aliquibus peitis* per tempus ipsarum franchitatum. Transacto vero tempore ipsarum franchitatum, peitent et peitare tenean[t]ur simul vobiscum in omnibus peitis. Mandantes etc.

Datum Xative, III idus Ianuarii, anno domini MCCLX.

a) Badly holed at right, clamped by patches; top left corner missing; most of document dim from water damage. On the preferred 1261 date, see doc. 324, note a.
b) Sic.
c) Conjectural.

328a

Játiva. 12 January (1260) 1261.
Reg. 11, fol. 238. MF: 318.

King Jaume [Jaime] acknowledges that he owes Benifassà [Benifazá] 'community and monastery' seven thousand Jaca sueldos, which he is giving them for the health of his soul, 'for paying debts which you owe.' He promises to pay this sum on the coming Easter 'without any other delay.'

Recognoscimus et confitemur nos debere vobis, conventui et monasterio de Benefaçano, septem milia solidorum iaccensium quos vobis damus ex gracia speciali ob remedium anime nostre, pro solvendis debitis que debetis.

Quos denarios promittimus vobis solvere bene [et] fideliter in pace, in proximo venturo festo resurreccionis domini sine aliqua[b] alia dilacione.

Datum Xative, II idus Ianuarii, anno domini MCCLX.

a) Dim, especially down left. On the preferred 1261 date, see doc. 324, note a.
b) T: *alica*.

329a

Játiva. 12 January (1260) 1261.
Reg. 11, fol. 190v. MF: 323.

Confirms the sale to Sança [Sancha] (?), 'the wife of the deceased Pere [Pedro] de Teruel,' by 'the abbot and community of Benifassà [Benifazá] monastery, of that whole estate and possessions that they were holding by reason of your aforesaid husband in Liria and its district.'

[Per] nos et nostros laudamus, concedimus, et confirmamus vobis, ⟨Sançe [?]⟩[b] uxori [...] P[etri de T]urolio quondam ⟨militis nostri⟩[c] illam vendicionem quam abbas et con[v]ent[us] monasterii de Benifasano vobis fecerunt, de tota illa hereditate et possessionibus q[ua]s habebant racione dicti viri vestri in Liria et eius terminis; ita quod hereditatem et possessi[one]s predictas habeatis, teneatis, possideatis, [et] expletetis[d] vos et vestri in perpetuum, prout [m]elius et plenius in carta vendicionis predicte inde vobis facte melius et plenius[e] continetur.
Datum Xative, II idus Ianuarii, anno domini MCCLX.

a) Badly deteriorated; left side a tissue of holes; right top missing, patched; top lines heavily water damaged; ink smear in center. On the preferred 1261 date, see doc. 324, note a.
b) About four letters or less.
c) Conjectural. Pedro de Teruel, knight, was at the parliament of 1214 (MI, p. 19).
d) T: *explect-*.
e) Sic: phrase repeated.

330a

Játiva. 18 January (1260) 1261.
Reg. 11, fol. 190v. MF: 324.

Appoints Bernat [Bernardo] de Claramunt lifetime secretary (*escrivà*) 'of Our [municipal] tribunal [*cort*] at Játiva.' He or his substitute must draft 'all contracts and records and all other writings of any kind' required by the office. His salary is what previous secretaries customarily got, and he is to pay the crown every year as fee ninety Valencian sous.

Per nos et nostros damus et concedimus tibi, Bernardo de Claramonte, diebus omnibus vite tue totam scribaniam curie nostre Xative; ita quod sis scriptor curie predicte, et quem vel quos ibi constitues loco tui, dum tamen bene et fideliter te habueris in ipso officio. Et scribas, ac scribi facias a substitutis tuis, omnia instrumenta et acta ac omnes alias quaslibet scripturas que ibi racione aliqua fuerint faciende et scribende.
Et tu et substituti a te[b] habeatis et recipiatis inde pro vestro officio et labore totum illud quod alii scriptores, qui [h]actenus dictam scribaniam tenuerunt, consueverunt inde recipere et habere; ita tamen quod pro dicta scribania des nobis et nostris singulis annis in festo natalis domini nonaginta

solidos regalium Valencie. Et sic habeas et teneas dictam scribaniam, dum tibi fuerit vita comes, et dum bene et fideliter te habueris in officio memorato.

Mandantes iusticie* et universis hominibus[c] Xative presentibus et futuris quod te, et illum sive illos quos tu volueris, habeant et teneant pro scriptore c[uri]e predicte toto tempore vite tue ut superius est expressum.

Datum Xative, XV kalendas Februarii, anno domini MCCLX.

a) Initial flourish: fragment. Spotting, especially at center, from ink spread; holes down right do not affect text. On the preferred 1261 date, see doc. 324, note a.

b) Sic; understand: *constituti*. Verbs become plural too.
c) T: *homibus* with jumbled lines above to correct mal-abbreviation.

331a

Játiva. 18 January (1260) 1261.
Reg. II, fol. 192. MF: 325.

Approves and confirms for Rod(e)ric de Sanç [Rodrigo de Sánchez de] d'Alfaro[b] 'that purchase you made from the $q\bar{a}^{\,}id$ of Montesa and his relatives, of the village of Bullent [near Pego],'[c] which he is to 'have and hold against all persons,' as fully explained 'in the charter that you have from the aforesaid $q\bar{a}^{\,}id$ and his relatives.'

Laudamus et confirmamus vobis, Roderico Desandelfaro, empcionem illam quam fecistis ab alcaido* de Monteza et consang[u]ineis suis, de alqueria* de Bullent; promittentes vobis quod contra ipsam empcionem non veniemus nec aliquem venire fac⟨i⟩emus, set [= seu] permittemus.

Immo faciemus[d] ipsam alqueriam vos et vestros habere et tenere contra omnes personas, prout in carta quam de predicto alcaido et [con]sang[u]ineis suis inde habetis melius continetur.

Datum Xative, XV kalendas Februarii, anno domini MCCLX.

a) Blots at center from facing folio. On the preferred 1261 date, see doc. 324, note a.
b) MF: Sandelfaro. Cats.: Desambelfaro, Sandelfaro. The name might be de Santàlvar [de San Álvaro] but this is contrived and improbable; a better reconstruction is suggested by

the *Repartiment* entries for Alfaro (near Logroño in Navarre), including a Sancius de Alfaro of Játiva and a Domingo Sanxo de Alfaro.
c) Remaining today in the name of the river Bullent and its associated locale Bullentó.
d) Deleted: *vobis*.

332a

Játiva. 18 January (1260) 1261.
Reg. II, fol. 238. MF: 326.

Confirms to Pere Enages [Pedro Iñiguez], of Dicastillo in Navarre, procurator of Prince Sanç [Sancho, the king's youngest son, from 1266 archbishop of Toledo], his town of Benisanó in the Liria district. It is to keep 'all the boundaries and waters that it had in the time of the Saracens.'

Per nos et nostros donamus et concedimus vobis Petro Enneci, procuratori karissimi filii nostri infantis Sancii,[b] et vestris in perpetuum quod alqueria* vestra de Benizanon,[c] que est in termino de Liria, habeat omnes terminos et aquas quos et quas tempore Sarracenorum habebat.

Et vos et vestri habeatis, teneatis, [et] possideatis pacifice et quiete dictam alqueriam, cum omnibus terminis et aquis predictis et suis pertinenciis universis a celo [in abiss]um, ad omnes vestras vestrorumque voluntates inde franche* et libere [faciendas], exceptis sanctis clericis et personis religiosis.

Datum Xative, XV kalendas Februarii, anno domini MCCLX.

a) Modern title: *Donatio alcherie in termino de Liria.* IP flourish: fragment. On the preferred 1261 date, see doc. 324, note a.

b) T: *S*. On the name Enages, see doc. I, note e.

c) MF: Benizaron. T: overstroke, for *-none*?

333

Játiva. 20 January (1260) 1261.
Reg. II, fol. 191v. MF: 327.

Designates for Muḥammad of Morella, *qāʾid* (less probably here *qāḍī*)[a] 'of the Saracens of the Moorish quarter of Játiva,' a salary of a hundred Valencian sous annually, 'while you hold the office of *qāʾid* of the said Saracens,' to be deducted from 'Our revenues and profits of the press [or mill] tax [*almàssera*] on the paper which the said Saracens make.'

Per nos et nostros damus et concedimus tibi Mahometo Almorelli,[b] alcadi[a] Sarracenorum ravalli* Xative, C solidos regalium quolibet anno dum alcadiam[a] dictorum Sarracenorum tenueris. Ita quod habeas ipsos[c] et recipias quolibet anno, in reditibus et exitibus nostris de almaxeram*[d] papiri quem dicti Sarraceni faciunt. Et sic habeas et percipias quolibet anno in dictis reditibus [et exitibus][e] dictos centum solidos, dum ut dictum est dictam alcaidiam[a] tenueris.

Datum Xative, XIII kalendas Februarii, anno domini MCCLX.

a) T: *alcadi, alcadiam,* and *alcaidiam*; the contradictory forms favor either *qāʾid* or *qāḍī*. Extrinsic evidence suggests the former, though *alcadi* should then be *alca[i]do*. An otiose stroke over *alcadiam* belongs with *dictorum*.

b) He appears with identical name form in the *Repartiment*: 'Maomat Morelli filio de Abdella Almorelli.' The Arabic here may have assimilated in the scribe's mind somewhat to its Catalan equivalent *Morellà*, a native of Valencian Morella.

c) T: *ipios*, with overstroke.

d) Sic: accusative.

e) Fragments; nearly destroyed by hole and ink spread. On the preferred 1261 date, see doc. 324, note a.

334a

Játiva. 22 January (1260) 1261.
Reg. 11, fol. 238v. MF: 328.

Notifies Jaume (Jacme) d'Albalat [Jaime de Albalate] castellan of Liria, that the crown has established 'boundaries for the village of Benisanó, which belongs to Pere Enages [Pedro Iñiguez], the procurator of Our beloved son Prince Sanç [Sancho]: namely those it had in the time of the Saracens.' Also commissions d'Albalat to collect 'testimony of the Saracens of the Moorish quarter of Liria, who in the matter of those boundaries have knowledge about those boundaries,' as well as the witness of Halaf (for Khalaf), a resident of Ribarroja, and of the *faqīh* al-ʿAlī or al-Yaʿlā (? Alayelli).[b] The castellan must then 'install Pere Enages in possession of the boundaries of that village, according as you will discover [them] through the testimony of the said Saracens.'

Iacobus dei gracia fideli suo Iacobo de Albalato, alcaido* de Liria, salutem et graciam. Sciatis quod dedimus terminos [[al]]querie* de Benizanon,[c] que est dilecti nostri Petri Ennecí[d] procuratoris infantis Sancii karissimi filii nostri, illos scilicet quos habebat tempore Sarracenorum.

Quare mandamus vobis quatenus, visis presentibus, recipiatis testimonium Sarracenorum nostrorum ra⟨va⟩lli* de Liria qui in facto ipsorum terminorum sciunt super ipsis terminis, et testimonium Halaf vicini de Riba Roya, et de alfaqui* Alayelli; ponentes ipsum Petrum Enneci in possessionem terminorum ipsius alquerie, prout per testimonium dictorum Sarracenorum inveneritis. Et hoc aliquatenus non mutetis.

Datum Xative, XI kalendas Februarii, anno domini MCCLX.

a) IP flourish. On the preferred 1261 date, see doc. 324, note a.
b) Conjectural; possibly al-Ḥajala.
c) T: *Benizano* (with stroke over last half) = *Benizanon(e)*?
d) On the name Enages, see doc. 1, note e.

335

Játiva. 22 January (1260) 1261.[a]
Reg. 11, fol. 192. MF: 330.

Grants to the *qāʾid* of Montesa, Yaḥyā b. Muḥammad b. ʿĪsā, as an estate or fief (*honor*), the king's *re(i)al** at Játiva 'with its buildings, surrounding area, and appurtenances,' to hold at the king's will. Yaḥyā may collect 'all revenues and profits of the same.' This may be a hamlet or cattle place (*rafal*) or else a royal park or residence.

Per nos et nostros damus et concedimus tibi Jahie Abenmahomet Abenaysa, alcaido* de Montesa,[b] r[e]alum*[c] nostrum Xative cum domibus, terminis, et pertinenciis suis dum nostre placuerit voluntati.

Ita quod tu, et quem vel quos volueris loco tui, teneatis dictum realum[c] cum domibus, terminis, et pertinenciis suis omnibus, pro honore;* et [c]olligatis et percipiatis omnes reditus et exitus eiusdem dum nostre ut dictum est placuerit voluntati.

Datum Xative, XI kalendas Februarii, anno domini MCCLX.

a) On the preferred 1261 date, see doc. 324, note a.

b) T: -*eza.*

c) T: -*llum.*

336a

Játiva. 24 January (1260) 1261.
Reg. 11, fol. 192. MF: 329.

Permits the Aragonese knight Martí Llop(is) [Martín López] de Belchite to 'sell your village of Benicolet in the kingdom of Valencia, namely in Albaida Valley in the district of Vilella castle,' including its own district, livestock pens (*rafals*),* and rights 'as contained in the [original] charter of grant.'

[Nos Iacobus etc.] damus licenciam et plenum posse vobis, Martino Luppi de Velxit[b] militi, vendendi alqueriam* v[estr]am de B[enic]olet[c] [que] est in regno Valencie, scilicet in valle de Albaida[d] in termino castri de Vilella, cum rafalis,*[e] affrontacionibus, terminis, [pertinen]ciis[f] [et] suis iuribus universis, ut in carta donacionis quam inde a nobis habetis continetur, franche,* libere, et sine alicuius contradiccione, cuicumque et quibuscumque volueritis, exceptis sanctis clericis et personis religiosis.

Datum Xative, IX kalendas Februarii, anno domini MCCLX.

a) Network of holes down right, clamped by patches; water damaged badly; apparent remnants of interlinear writing, erased, are blottings from facing folio. On the preferred 1261 date, see doc. 324, note a.

b) Sic; for *Belxit.*

c) Probable fragments of b, o. Of geographical possibilities, only Benicolet fits. This may have been written as two words, but more likely the fissure here has extended one word.

d) T: -*ayda.*

e) T: *raffallis.*

f) Fragment of p; apparent ending in *ois* probably involves malformed *ci* as o (note punctuation for double i).

337a

Biar. 5 February (1260) 1261.
Reg. 11, fol. 192v-193. MF: 331.

Confirms to Muḥammad b. al-Aḥmar ('The Red' = Ruví, Roví) of Villena lifetime exemption on his properties in Almirra (Almisra) and its districts and all else in his charter. 'And because of the services you did for Us and daily do, We grant and concede to you that the [one] son or daughter to whom you give or will the said properties' is to enjoy the same privilege and the exemption from all regalian taxes, including labor services of person or animals. He and his heir also 'may receive and have water for irrigating the said properties, and for all other uses, just as was customary in Saracen times.'

Laudamus, concedimus, et confirmamus tibi Mahometo el Ruvio de Vilena, Sarraceno, franquitatem* quam tibi concessimus et fecimus in vita tua de hereditate quam habes in Almizra[b] et terminis eius, et omnia alia que tibi concessimus ut in carta quam inde a nobis habes continetur.

Et propter servicia que nobis fecisti ac cotidie facis, donamus et concedimus tibi quod ille filius tuus sive filia, cui dictam hereditatem dabis seu dimittes, gaudeat in omnibus de franquitate et privilegio a nobis super facto dicte hereditatis ut dictum est tibi concessis, toto tempore vite sue, prout melius in dicta carta quam a nobis habes continetur. Ita vid[e]licet quod dictus filius tuus sive filia sit franchus* sive francha, quantum ad dictam hereditatem, ab omni peita,* cena, exerci[tu] et cavalcata ac eorum redempcionibus, et ab omni alio servicio et exaccione regali; et quod non donet ipse vel filius suus, pro se nec pro bestiis suis, çofram* aliquo tempore vite sue racione predicte hereditatis.

Concedentes tibi et dic[to] [*fol. 193*] [filio sive filie][c] quod accipiatis et habeatis aquam ad rigandam dictam hereditatem, et ad omnes alios usus, [pro]ut [tempore Sarracenorum][d] erat consuetum. Mandantes etc.

Datum apud Biar, nonas Februarii, anno domini MCC[LX].

a) Recto holed at right; left side of verso torn, with loss of three words. On the preferred 1261 date, see doc. 324, note a. On Catalan forms of Muḥammad's Latinized 'El Ruvio,' cf. doc. 224.

b) T: double r.
c) MSup.: *filie* only.
d) MSup.: *Sarracenorum* only.

338a

Denia. 13 February (1260) 1261.
Reg. II, fol. 193. MF: 332.

Conveys to the settlers of Cocentaina several open sites 'within the quarter of the Saracens of Cocentaina and the town of Cocentaina,' all as an 'exempt alod': the farm formerly owned by the knight Romeu Martí [Romeo Martínez] (de Azagra?), another once owned by En Camarasa but now held by the Muslim Tājir (? Dogor), and three farms once held respectively by Iuanes (Ibanyes) [Ibáñez] Esquerdo, (E)ximèn Peris d'Ortís [Jimeno (Eximeno) Pérez de Ortiz], and Llop [Lope (Lupo)] Ochoa,[b] as well as 'all plazas within the said Moorish quarter and the said town,' but excluding 'shops and public ovens' and the king's grain-depot (*almodí*). They can build houses there but 'cannot sell or alienate for the next ten years.'

Per nos et nostros damus et concedimus vobis, universis et singulis populatoribus Cocentanie[c] presentibus et futuris, et vestris in perpetuum, per alodium franchum* et liberum, ortum* qui fuit Romei Martini militis, et ortum qui fuit de En[d] Cama[r]asa et quem tenet Dogor[e] Sarracenus, et ortum qui fuit de Iuayns Esquerdo, et illum ortum qui fuit Eximini Petri de Ortis, et ortum qui fuit Luppi Oxovar, qui omnes sunt infra ravallum* Sarracenorum Cocentanie et villam Cocentanie; et omnes eciam plateas que infra dictum ravallum et dictam villam sunt, exceptis operatori[i]s [et] furnis (ad construendum et edificandum ibi domos) et almudino* nostro.

Quas domos habeatis vos et vestri in perpetuum, teneatis, possideatis, et expletetis, ad dandum, vendendum, impignorandum, alienandum, et ad omnes vestras vestrorumque voluntates inde libere perpetuo faciendas, exceptis militibus, sanctis clericis, et personis religiosis.

Predictam itaque donacionem et concessionem vobis facimus sub hac forma, quod predicta n[on] possitis vendere \nec alienare/[f] hinc ad decem annos proximos venturos.

Datum Denie, idus Februarii, anno domini MCCLX.

a) Original title, within flourishes: *Loci de Cocentayna*. Modern title: *Donatio domorum*. Holed down right and bottom left. First half of line one, with several other words, overtraced (not indicated here) to recover. On the preferred 1261 date, see doc. 324, note a.

b) These name forms deserve comment. Dogor is clear in the text but not in its Arabic equivalent. Camarasa is a Catalan toponym and surname, found in the *Repartiment*. Esquerdo is not the Esquerrer [Izquierdo] family from Lérida, but crusaders from Ezquerra in Burgos; Iuanes's brother Bartomeu appears as Escherdo in the *Repartiment* and Esquerdo in King Jaume's autobiography. The Latin form in this first volume of documents (280, 338, 404, 409, 410) is the same for prename (Ivayns, Ivaynes) as for surname (Ivaynes, Yvagnes, and here Iuannes). This does not relate to Catalan Ivany [Ivo] but to Catalan and Aragonese Iuanes, from a Basque form of Joan [Juan]. Considering the Catalan peculiarity of yn for ny or ñ, Ibanyes [Ibáñez] is another equivalent for both prename and surname in this Latin form Ivayns. Cognate old variants for the prename or surname are Catalan Juany, Jovany, and Jubany. On Navarrese Ochoa (not MF's 'Oxovar'), see doc. 277.

c) T: *Conc-*; twice later (and in the title) without the first n.

d) T: *den.*

e) Initial d flourished.

f) Above deleted: *nec obligare.*

339a

Denia. 13 February (1260) 1261.
Reg. II, fol. 193. MF: 333.

Commissions Andreu [Andrés de] d'Odena, castellan of Cocentaina, and Gomes (Gomis) [Gómez] de Soria, its bailiff, to give a half-jovate 'to every one of those settlers of Cocentaina who want to plant vineyards there,' but only to those who do not have vineyards already. The grants must come from 'that uncultivated wasteland [*erm*] that goes from the bridge of the gully [or Pont del Barranc?], which is the border with Alcudia, up to the Agres River: namely, above the road that goes to Játiva up to the mountains [*sic*].'

Per nos et nostros damus licenciam et plenum posse vobis, Andree de Odena alcaido* et Gomicio de Soria baiulo Cocentanie, quod possitis dare mediam iovatam* terre de illa h[er]ema[b] que est de ponte del barranco* qui dividit cum Alcudia usque ad rivum de Agres, scilicet supra carrariam* que vadit ad Xativam usque ad montes, unicuique illorum populatorum Cocentanie qui ibi vineas plantare voluerint, illis vero qui vineas non habent.

Donaciones autem quas inde ut dictum est facietis ratas habere promittimus atque firmas, et non in aliquo contraveniemus.

Datum Denie, idus Februarii, anno domini MCC sexagesimo.

a) IP flourish. On the preferred 1261 date, see doc. 324, note a.   b) MSup.: *er* symbol.

340a

Alcira. 26 February 1261 (1262).
Reg. II, fol. 200. MF: 379.

To Na Sança (Sanxa) (E)ximenis [Sancha Jiménez] widow of (E)ximèn d'Alberó [Jimeno, (Eximeno) de Albero][b] and to their children forever: 'those two jovates of land that you hold in the hamlet of Corbera, besides those nineteen jovates that you have there.' The two jovates or plowlands may not be sold to clergy; the crown's obligations are the same as 'to citizens of the city of Valencia.'

Per nos et nostros damus et concedimus vobis, domine Sancie Eximini uxori quondam Eximini de Alvaro, et filiis vestris et eiusdem Eximini de Alvaro, et vestris in perpetuum illas duas iovatas* terre quas tenetis in alcheria* de Corbera, ultra illas decem et novem iovatas terre quas ibi habetis.

Quas quidem duas iovatas terre habeatis vos et vestri in perpetuum, teneatis, possideatis, et expletetis, cum terminis, affrontacionibus, et suis pertinenciis universis a celo in abissum, ad dandum, vendendum, impignorandum, alienandum, et ad omnes vestras vestrorumque voluntates cui et quibus volueritis inde libere perpetuo faciendas, exceptis sanctis clericis, et personis religiosis. Et faciemus vobis et vestris ad bonum intellectum pro dictis duabus iovatis terre, secundum quod faciemus civibus civitatis Valencie.

Datum Algezire, IIII kalendas Marcii, anno domini MCCLX primo.

a) Modern title: *Sancie Eximini.* IP flourish. On the choice of date: theoretically this is an incarnational date, expressing 1262 as 1261, and is so presented by MF and the catalogues. Internal context demands a nativity calendar, however; King Jaume was at Alcira in late February (and in Valencian towns from October 1260 into March 1261), but at Montpellier in January 1262 through late June. This demonstrable exception to the incarnational calendar dictates caution for all such double dates that lack internal or extrinsic correctives. See preface volume, ch.14.

b) On the surname Alberó, see doc. 278, note d.

341a

Alcira. 26 February 1261 (1262).
Reg. 11, fol. 200. MF: 378.

Privilege to Guilabert,b esquire of the deceased (E)ximèn d'Alberó [Jimeno (Eximeno) de Albero],c concerning the farm or estate that Ximèn had given him out of his own estate, the hamlet of Alcira called Segreny (earlier Segerra and here Segairen, near Algemesí, today long abandoned). Guilabert need pay no 'levy or other service' (cf. Catalan *servitud* rather than *servei*), but holds it forever as a tax-free alod.

Per nos et nostros concedimus tibi, Guillaberto scutifero*d Eximini de Alvaro quondam, et tuis in perpetuum quod non teneamini dare nobis nec alicui alii aliquid, pro questia* vel aliqua alia servitute, racione illius hereditatis quam tibi dedit dictus Eximinus de Alvaro quondam de hereditate sua de Segairen, alqueria* de Algezira. Immo sitis inde tu et tui franchi*e [et] liberi perpetuo et immunes, prout melius dici potest et intelligi ad tuum tuorumque bonum etf si[n]cerum intellectum.

Mandantes alcaidis,* baiulis, iusticiis,* et universis aliis officialibus et subditis nostris presentibus et futuris quod contra predictam concessionem nostram non veniant, nec aliquem venire permittant.

Datum Algezire,g IIII kalendas Marcii, anno domini MCCLX primo.

a) Modern title: *Guillermi scutifero.* IP flourish. Ordinarily the preferred date would be 1262 (see doc. 340, note a).

b) MF: Gilaberto; MI: Gilabert. Gil(a)bert (Gisilbert, Gelabert) [Gilberto] derives from the German form Gisalberht; our Guilabert derives from the German form Willaperht.

c) MF: Alvero; see doc. 278, note d.
d) T: *-fferio.*
e) T: *-nqui.*
f) Deleted: false-start letter, crosshatched.
g) 'Valencia' imperfectly erased, 'Alcira' overwritten; previous document, on same date, has 'Valencia.'

342a

Valencia. 8 March (1260) 1261.
Reg. 11, fol. 208v. MF: 334.

Grants in perpetuity, to Bernat [Bernardo] Babotb and his wife Raimunda (Ramona),c farms adjoining the royal residence estate (*re(i)al*) at Valencia city, at a yearly rental of four hundred sous, on condition 'that you always improve them, and do not let them in any way deteriorate.' The king obligates himself 'to keep the enclosure walls [*parets*] in good maintenance [*condrets*].'

Nos Iacobus ⟨dei gracia etc. per nos⟩[d] et nostros damus et stabilimus ad censum vobis, Bernardo Babot [et] Raimunde uxori vestre ⟨et vestris in perpetuum, ortos* nostros⟩[e] ad omnes ⟨voluntates vestras vestrorumque libere faciendas, qui sunt⟩ iuxta realum* ⟨nostrum⟩ Valencie. Quos ortos habeatis vo[s] et vestri in perpetuum, teneatis, possideatis, et exp[[letetis, cum]] introitibus ⟨et exitibus, affrontacionibus⟩, et suis pertinenciis universis ⟨a celo⟩ in abissum.

In h⟨oc modo dam⟩us: quod donetis inde vos et vestri nobis et nostris, quolibet anno ⟨in festo⟩ Sancti Michaelis pro censu, CCCC solidos regalium. Nos inde teneamur [tenere] parietes[f] dictorum ortorum condirectas.*

Predictos inde ita⟨que⟩ ort⟨o⟩s vobis et vestris damus et stabilimus sub hac forma, quod ipsos semper melioretis et in aliquo non deterioretis.

Datum Valencie, VIII idus Marcii, anno domini MCCLX.

a) Badly deteriorated; water damaged and stained, torn away at right with loss of text, holed and worn at left side and top, and with left third of text so erased by wear that some of the verso shows through. Quartz-lamp readings clarify somewhat. On the preferred 1261 date, see doc. 324, note a.

b) Catalan surname, ultimately of French origin.

c) Two distinct forms but both derived from same *Raginmund*; here better Raimunda.

d) Supplied by analogy, to fit available spaces.

e) About a fourth of a line, presumably describing the property.

f) With *tenere* or equivalent supplied, the phrase obliges the king to keep the walls in repair; alternatively a Latinized form of Catalan *parieres* (partners) may be suspected.

343

Valencia. 13 March (1260) 1261.[a]
Reg. 11, fol. 196. MF: 335(a).

Notes a charter of crown safeguard to 'Ramon Urgellès, citizen of Valencia,' under fine for violators up to five hundred morabatins.

Cartam guidatici* Raimundo Urgellis[b] civi Valencie, sub ⟨pena⟩ D morabatinorum.*

Datum Valencie, III idus Marcii, anno domini MCCLX.

a) On the preferred 1261 date, see doc. 324, note a.

b) *Urgells*, with stroke over last syllable, as also in doc. 344: *Urgelles?*

344

Valencia. 13 March (1260) 1261.ª
Reg. 11, fol. 196. MF: 335(b).

The same[b] to 'Berenguer Urgellés, his brother, in the usual formula, under the same penalty.'

Item [a]lia⟨m⟩ cartam Berengario Urgellis fratri suo, sub forma communi, sub eadem pena et eodem loco die et anno.ª
[Datum Valencie, III idus Marcii, anno domini MCCLX.]

a) On the preferred 1261 date, see doc. 324, note a.   b) Refers to doc. 343.

345ª

Valencia. 15 March (1260) 1261.
Reg. 11, fol. 196. MF: 336.

Accepts the final accounting by At(ó) [Ató (Otón)] de Foces, 'son of the deceased (E)ximèn [Jimeno (Eximeno)] de Foces,' and by the executors of the deceased Artal d'Ort [Artaldo de Huerto][b] and Ximèn Llop(is) [López] de Foces, of all debts the crown still owes the deceased and of all his obligations and collections connected with the crown, done competently in legal form, followed by mutual negotiation and accord. The crown owes 10,000 Jaca sueldos, to be taken from the castles, towns, and districts held for that purpose by Ximèn and now by his executors, as detailed in the charters of Ximèn: Peñíscola, Alcalá, and Gallinera. Also continuing in their possession are the crown fees from Valencia city's financial exchange (*taula*) and weights and measures, including tariff and transit fees. To these are now added two castles with their towns and districts: Alquézar (north of Barbastro in Aragon) and Sant Esteve de Llitera [San Esteban de Litera] in Catalonia on the Aragon border.

Per nos et nostros recognoscimus et confitemur quod vos, Ato de Focibus filius quondam Eximini de Focibus, et vos Artaldus [de] Orto, et Eximinus Lupi de Focibus, manumissores testamenti quondam dicti Eximini de Focibus, computastis nobiscum bene et fideliter [d]e omnibus debitis que debebamus qualibet racione vel causa dicto Eximino de Focibus, et de omnibus recepcionibus quas ipse fecit pro nobis, et eciam de omnibus aliis de quibus ipse nobis tenebatur et erat quibuslibet de causis obligatus.

Et facto inde legaliter computo, componimus inde vobiscum; et vos facitis inde composicionem nobiscum. Et est certum quod remanet quod debemus vobis pro dicto Eximino de Focibus quondam [id quod][c] debebamus et

DOCUMENT 345

debemus a[d]huc; pro quo tenebat et vos tenetis obligata a nobis castrum et villam de Peniscola, et castra de Alcalano et de Gallinera, cum omnibus terminis et pertinenciis suis, et tabulam ac pensum nostrum, sive lezdam* et pedaticum* Valencie, prout in cartis quas dictus Eximinus de Focibus inde a nobis habebat, et quas vos tenetis, melius et plenius continetur.

Pro quibus decem milibus solidorum iaccensium, obligamus et impignoramus vobis castra nostra et villas de Alcheçar et de Sancto Stephano de Litera, cum omnibus terminis et pertinenciis suis, et cum omnibus reditibus, exitibus, proventibus, peitis,* cenis, monetaticis, et redempcionibus exercituum et cavalcatarum,[d] et cum omnibus aliis iuribus nostris que ibi debemus [= habemus] et habere debemus. Ita quod dicta castra et villas de Alcheçar[e] et de Sancto Stephano, cum omnibus supra dictis, tam diu teneatis vestro proprio pignore obligata quousque in eisdem sit vobis et vestris de dictis decem milibus solidorum plenarie satisfactum. Et non reddatis nec teneamini nobis vel nostris reddere vel tradere dicta castra nec aliquid de predictis, que ut dictum est vobis obligamus pro dictis X milibus solidorum, aliqua racione vel causa, quousque primo fueritis ut dictum est de dictis denariis persoluti, vel nos ipsos vobis solvamus aut illud quod inde vobis remanebit[f] ad solvendum.

Tamen volumus et concedimus vobis quod, de reditibus et exitibus nostris dictorum castrorum et villarum de Alcheçar[e] et de Sancto Stephano, habeatis et recipiatis mille et CCC solidos iaccenses quolibet anno, quos vobis damus pro custodia et retencione dictorum castrorum de Alcheçar[e] et de Sancto Stephano; et [id] quod superaverit[g] recipiatis in solucionem debiti supra dicti.

Preterea confirmamus vobis obligacionem et impignoracionem, quam dicto Eximino de Focibus quondam ut dictum est fecimus, de castris et villis de Peniscola, et de Alcalano, et de Gallinera, cum omnibus suis terminis et iuribus, et de tabula ac penso civitatis Valencie, prout in cartis predictis a nobis inde dicto Eximino de Focibus factis melius et plenius continetur.

Datum Valencie, idus Marcii, anno domini MCC[LX].[h]

a) Holed down upper left, clamped by patches. On the preferred 1261 date, see doc. 324, note a.
b) MF (index and later documents): Orto. MI: Ort. Masculine *ort*, modern *hort* or farm, would Latinize as *de Orto*. If Hortó (Urgel) were meant, *de Ortone* would be expected. Horto is a medieval form of Huerto, north of Sariñena in Aragon, however, and since the context is Aragonese, and singular (H)ort not really a Catalan name then, Huerto seems the best choice.
c) The signs for *pro* and *quod* being similar, the original may have read: *quod remanet quod debemus vobis [id] quod* [not: *pro*] *dicto Eximino de Focibus quondam debebamus*; the succession of *quod* three times may have distracted the scribe. The debt itself was detailed in the previous charters noted in this paragraph and constitutes the missing antecedent for the *pro quibus decem milibus* beginning the next paragraph.
d) T: *-torum*.
e) T: *Alqeçar*, possibly intending *Alqueçar* (horizontal stroke above q). Conformed here to first spelling above.
f) T: *-bat*.
g) Stroke over last syllable, with line of dots along top of stroke (perhaps to cancel).
h) Documents dated on recto and verso have LX; those on facing folio (195v) have LX primo.

346a

Valencia. 23 March (1260) 1261.
Reg. 11, fol. 196v. MF: 337.

An exempt, perpetual grant to Martí [Martín] de Graus,[b] justiciar of Cullera, of 'all that large crook of land [*raconada*] that is called "the grove" [*arb(o)reda, alboreda*: orchard or planted trees],'[c] in the Sueca village district, which is within the Cullera town district. The land is bounded on two sides by the estate or farm of Berenguer Riera, on another side by the Júcar river, and on the fourth by the farm of Guillem [Guillermo] de Mans(o).

Per nos et nostros damus et concedimus per hereditatem propriam, francham,* et liberam vobis, Martino de Gradibus iusticie* de Cullera, et vestris in perpetuum totam illam raconadam* que dicitur arboredam,* que est in termino de Çueicha alqueria* de Cullera; que affrontat ex una parte cum rivo Xucari, et ex duabus partibus in hereditate Berengarii Riera, et ex alia in hereditate Guillelmi de Manso.

Quam raconadam seu arboredam habeatis, teneatis, et possideatis vos et vestri ad habendum, tenendum, possidendum, et expletandum, cum introitibus, exitibus, affrontacionibus, et suis pertinenciis universis a celo in abissum, ad dandum, vendendum, impignorandum, alienandum, et ad omnes vestras vestrorumque voluntates cui et quibus volueritis perpetuo faciendas, exceptis militibus, sanctis, et personis religiosis.

Datum Valencie, X kalendas Aprilis, anno domini MCCLX.

a) Holed down right, clamped by patches. On the preferred 1261 date, see doc. 324, note a.
b) On the surname and toponym, see doc. 301, note b.
c) MF: Arboreda; but the king may simply be using a descriptive adjective, especially since it is in the accusative as a modifier.

Valencia does have La Alboreda in the far north, an Arboleda near Liria, and (from very different Arabic etymologies) Alboret near Bocairente and Alboraiet (today Alboraya) close to Valencia city. The long-gone Alborig, which gave the Alborg area and Torreta Borig north of Sueca a name, is not close enough in appearance or etymology to fit here.

347a

Valencia. 23 March (1260) 1261.
Reg. 11, fols. 196v-197. MF: 338.

Privilege to 'each and every' inhabitant of Utiel on Valencia's western frontier, concerning their lumber industry, exempting them from tariffs and transit fees anywhere in the realms of Aragon (*peatge, lleuda*). This applies to any kind of wood (*madera*, a Castilianism synonymous with *fusta*), 'which you transport or cause to be transported on the river Júcar [as rafts] in the kingdom of Valencia.' They must pay a flat rate of one log or timber out of every fifty, 'not of the best or the worst but of the average,' to be used in the construction or improvements going forward on the castle of Játiva; payment is to be made 'at that place where you remove the said lumber from the said river.' If any official exacts payment of lumber elsewhere on the river, and they can prove it, the crown will credit this to them. They and their lumber are put under crown safeguard, and officials warned to respect their privilege.

Per nos et nostros damus, concedimus, et indulgemus vobis, universis et singulis hominibus de Otiel presentibus et futuris, quod de cetero non donetis nec dare teneamini, in aliquo loco terre nostre, pedaticum* neque lezdam* de aliqua fusta vel madera* quam de cetero per rivum Xucari apportatis vel appor[tari] in regno Valencie[b] faciatis; vobis dantibus nobis et nostris de predicta fusta seu madera de quinquaginta maderis[c] unam maderam tantum, que non sit de melioribus nec de peioribus set sit de mediocribus, ad opus operis castri nostri Xative, in illo videlicet loco in quo dictam fustam [seu] maderam extraxeritis vel extrahi feceritis de dicto rivo.

Verumtamen si, ex quo dictam fustam seu maderam posueritis in dicto rivo, aliquis de terra nostra acceperit de dicta fusta seu madera in aliquo loco terre nostre sine voluntate vestra, nos dictam fustam seu maderam quam a vobis ultra voluntatem vestram acceperint recipiemus in compoto nostro, vobis probantibus illud nobis, et vobis dantibus nobis et nostris de predicta fusta seu madera prout superius est dictum.[d]

Recipimus vos cum tota predicta fusta seu madera, et cum omnibus aliis bonis vestris, in nostra proteccione et guidatico* speciali. Ita quod nullus de nostri gracia confidens [fol. 197] [audeat] dictam fustam vel maderam v[el] aliqua bona vestra in aliquo loco terre nostre marchare* vel impignorare vel in aliquibus [gravare, sine] culpa, crimine, vel debi[t]o alieno, nisi principales debitores fuerint vel pro aliis fideiussores constituti.

Mandantes baiulis, alcaidis,* iusticiis,* ⟨portariis⟩,* iuratis, et universis aliis ⟨officialibus et subditis nostris⟩[e] presentibus et futuris quod contra hanc concessionem nostram non veniant nec aliquem venire permittant, aliqua racione vel causa.

Datum ⟨Valencie⟩,[f] X kalendas Aprilis, anno domini millesimo CCLX.

a) IP flourish. Text on fol. 197 nearly illegible from water damage, holes, and stain. On the preferred 1261 date, see doc. 324, note a. MF incorrectly: Reg. 16 and fol. 196.
b) Deleted: *faciebatis*.
c) T: *-ras*.
d) Sic, as to each form in first and second persons.
e) Below line: *et alie persone et personis* (?).
f) Previous document of same date has Valencia.

348a

Valencia. 27 March 1261.
Reg. II, fols. 197v-198. MF: 339.

Sells to Na Teresa Gil de Vidaure the king's secret wife, Bernat [Bernardo] Escrivà the bailiff of Valencia, Pere [Pedro] de Capellades the king's secretary, Bernat d'Alzamora (Alsamora) a resident of Castellón de Burriana (now: de la Plana), Pere Joan [Juan] of Gerona (Gironés), and Pere de Pocurull (Poculul) all the revenues of Denia and its district and villages for ten years at 'ten thousand sous a year at the end of every year.' This straight purchase gives them all moneys collectible above that sum, without auditing or accounting; they can appoint any bailiffs to do the actual collecting and attend to the usual crown business. These revenues include civil and criminal justice income and transit tax by sea or land, but not treasure trove or the confiscated goods of heretics. It also excludes profit from 'those condemned to death or to mutilation of members, from whom We do not want money to be received,' but such money if connected with a pardon goes to this group or will be credited against the annual lease price. Decrees furthermore 'that, in any towns or places or mountains in the circuit of Denia and its districts and dependencies, there is to be no market except only in Gandía, Cocentaina, and Denia.' No one can 'cart away timber' in the area, from Torres Torres up to the boundary of Gandía, nor construct a port unless they pay to Denia the rates as though they were in Denia. They can exact tariff 'from all Saracens, resident in the said places and districts, on figs and raisins and other merchandise that the said Saracens sell to knights or any other persons,' taxed at the posted rate. Grants that any 'outside' merchant, foreign or from the realms, going to Denia for commerce cannot be the subject of reprisals or confiscation for the crime or debt of another, except sometimes when standing surety. The new managers must, after legal warning, seize all farms of absentee settlers and vacant farms, granting them anew 'to Christians or Saracens to work.' They must garrison the castle with ten men, the crown giving or crediting 1,500 Valencian sous yearly for 'their salary and expenses.' They must also pay, from the lease price, the regular moneys owed by the crown to Sanç Rod(e)ric [Sancho Rodríguez] (for: Sancho Roiz de Corella?) and from Olocaiba[b] to Andreuel·lo [Andresito] (de Carròs [de Carroz] of doc. 38?), and so to others with crown bonds or charters.

Per [nos] et nostros vendimus vobis, dilecte nostre domine Taresie Egidii de Vi[da]ure, Bernardo Scribe b[a]iulo Valencie, [Petro] de C[ap]ellades scriptori nostro, Bernardo de Alzamora[c] habitatori Castilionis campi de Burriana, Petro [I]ohannis de Gerun[da, Petro de] ⟨P⟩ucullull, et vestris hinc ad decem annos primos venturos et completos, om[nes] reditus, exitus, et proventus, et iusticias civiles ⟨et c⟩riminales, et aventuras,* et lezdas* tam maris quam terre, et pedagium,* censualia, laudimia,* percasia,* serv[ic]ia, et omnia alia iu[r]a et singula que nos habemus et debemus habere et percipere quoquo modo in Denia et in alqueriis* [et] terminis ac pertinenciis suis universis, iure et racione dominii vel alia qualibet racione, cum omnibus melioramentis ibi factis et faciendis quoquo modo, integre et sine omni diminucione et retencione nostra et nostrorum et cuiuslibet alterius persone, ut melius potest dici et intelligi ad vestrum et vestrorum bonum et sanum ac utilem intellectum; exceptis illis qui ad mortem fuerint condempnati vel ad mutilacionem membrorum, de quibus nolumus quod pecunia recipiatur, set si forte ad nos venirent et nos veniam faceremus eisdem pro pecunia, ipsam pecuniam totam habeatis et recipiatis vos et vestri vel levetur et deducatur de precio infra scripto; et exceptis inde bonis hereticorum et pecunia seu thesauro invento,[d] que nobis et nostris retinemus.

Predictam itaque vendicionem vobis facimus in hunc modum, quod donetis inde nobis et nostris in unoquoque dictorum X ⟨a⟩nnorum decem milia solidorum regalium, quos solvatis in fine uniuscuiusque anni. Et si eciam que vobis vendimus, ut dictum est superius, plus modo valent vel valebunt in posterum precio supra dicto, totum illud quantumcumque fuerit vobis donamus, dimittimus, et concedimus ac vestris ex mera liberalitate nostra, ad omnes vestras vestrorumque voluntates inde libere faciendas, sic quod inde non teneamini nobis vel nostris aliquid dare vel restituere ullo modo, nec teneamini eciam de predictis omnibus vel de aliquo de predictis computare nobiscum vel cum nostris nec[e] ullam reddere racionem, vobis tamen solventibus nobis et nostris in fine uniuscuiusque anni predicta decem milia solidorum regalium prout superius continetur. Renunciamus eciam ex certa sciencia legi illi, que subvenit deceptis ultra dimidiam iusti precii, et omni alii legi, foro,* [et] consuetudini, pro quibus contra hec venire possimus nos vel nostri aliqua racione vel causa.

Volentes et concedentes[f] vobis quod possitis in Denia et in omnibus terminis suis constituere baiulum seu baiulos, illum vel illos, quem vel quos volueritis, quandocumque et quocienscumque vobis placuerit, vestra auctoritate propria, qui predicta omnia et singula teneant, colligant, et recipiant loco vestri per totum spacium dictorum decem annorum. Et ille qui baiulus inde fuerit pro vobis ut dictum est donet et stabiliat, et possit dare et s[ta]bilire[g] ad tempus vel in perpetuum, omnia que [in] villa Denie et suis terminis ad utilitatem nostram stabilienda fuerint sive da[n]da. Et omnia stabilimenta et donaciones que per vos ibidem facta fuerint infra dictos decem annos rata habebimus adque [= atque] firma, dum tamen fiant ad utilitatem nostram.

Concedentes eciam vobis et statuentes[h] quod, in aliquibus villis seu locis vel montan⟨neis⟩ que sunt in circuitu[i] Denie et suorum terminorum ac pertinenciarum, non sit mercatum nisi tantum in Candia, Cocentania, et Denia; et quod aliqui non possint carricare* aliquod lignum[j] de loco qui dicitur

Torres Torres usque ad terminum de Candia, nec facere portum nisi[k] darent vobis illud ius quod dare deberent in Denia ita bene ac si in portu Denie interessent. Preterea concedimus vobis quod vos, vel illi quos ad hoc constituetis, recipiatis lezdam ab omnibus Sarracenis habitantibus in locis et terminis predictis de ficubus et de adçebib* et de aliis mercibus quas dicti Sarraceni vendent militibus vel quibus[fol. 198]cumque personis, prout dictam lezdam inde dare [c]onsueverunt.

Concedimus eciam vobis et statuimus[h] quod aliquis vel aliqui mercatores seu alii homines [extra]nei, tam terre nostre quam alterius dominacionis, qui venerint ad Deniam vel ad termi[no]s suos causa mercaderie, non marchentur* nec pignorentur culpa, crimine, vel debito alieno, nisi principales debitores vel fideiusso[re]s fuerint m[a]nifesti, nec eciam in hiis [c]asibus ⟨nisi⟩ prius in ipsis fatica* inventa fuerit de directo.

Concedimus eciam vobis quod emp[aretis]* omnes [h]ereditates illorum qui sunt in dictis locis populati et qui hinc usque ad festum S[ancti] Iohannis Baptiste[l] proximum venturum non venerint ad faciendum ibidem residenciam personalem sive vicinaticum* ex quo inde a vobis citati fuerint et moniti, et hereditates eciam heremas; et eas donetis Christianis vel Sarracenis ad laborandum, prout melius vobis videbitur expedire, qui ibidem residenciam faciant et vicinaticum et eas laborent.

Volumus eciam et mandamus vobis quod[m] semper infra dictos decem annos teneatis assidue decem homines in custodia et retencione castri de Denia, pro quibus decem hominibus promittimus dare quolibet anno, pro solidata* et expensis ipsorum, mille et quingentos solidos regalium, quos levetis de precio supra dicto. Et solvatis similiter de dicto precio illos denarios quos Sancius Roderici debet recipere in Denia, et illos denarios quos debet recipere Andriolus in Olocaiba,[n] et omnes alios denarios quos aliqui homines ex concessione nostra ibi debent recipere prout in cartis a nobis inde sibi confectis continetur.

Promittentes vobis et vestris bona fide per nos et nostros quod predicta omnia faciemus vos et vestros tenere, habere, et percipere per totum spacium dictorum decem annorum integre et in pace prout dictum est; et contra predicta vel eorum aliqua non veniemus, nec aliquem venire faciemus vel permittemus, aliqua racione.

Datum Valencie, VI kalendas Aprilis, anno domini MCCLX primo.

a) Text on both folios is worn and holed at top; fol. 197v is holed and stained down the left side.
b) Castell d'Olocaiba near Pedreguer (see doc. 32).
c) Possibly by metastasis for Almassora or Almazora near Castellón de la Plana (the town of Alsamora near Tremp in Catalonia derives its name from this process); but more probably referring to the Valencian branch of Lérida's Almazora family.
d) T: *peccuniam seu thesaurum inventum*.
e) Written onto erasure. f) T: *Conse-*.
g) T: *-liare*. h) T: *esta-*.
i) T: *sir-*. Note too the medieval variant *mercatum* for *-us*, following.
j) T: *lingnum*. k) T: *nizi*.
l) T: *Babt-*. m) T: *que*.
n) T: *-ayba*.

349a

Valencia. 29 March 1261.
Reg. 11, fol. 197. MF: 340.

The king confirms in perpetuity to 'all settlers and heirs' in the castle district of Palma de Gandía and Borró[b] their 'houses' there 'at a fourth or a third' of all produce as rent, and with the boundaries surveyed and assigned by the crown 'distributors.'

Quod nos Iacobus dei gracia etc. per nos et nostros concedimus et confirmamus vobis, universis et singulis populatoribus et heredibus terminorum de Palma et de Borron, et vestris in perpetuum, domos quas habetis in dictis terminis, ad quartum vel ad tercium censum.

Que omnia habeatis [et] possideatis, prout [ipse domus] date et terminate fuerunt vobis per divisores[c] nostros, cum introitibus, exitibus, affrontacionibus, et suis pertinenciis universis a celo in abissum, ad dandum, vendendum, alienandum, et ad omnes vestras vestrorumque voluntates cui et quibus volueritis perpetuo faciendas, exceptis militibus, sanctis, et personis religiosis, salvo tamen nobis et nostris in perpetuum dictam quartam partem[d] omnium fructuum dictarum hereditatum et censu predicto, dominio, et laudimio*, et fatica.*

Datum Valencie, IIII kalendas [Aprilis],[e] anno domini MCCLX primo.

a) Original title, within flourishes: *Loci de Palma et de Borron*. IP flourish, cropped.
b) Borró was the Islamic castle for Rótova southwest of Gandía, now a ruin. Palma is the district to its east.
c) T: *diversores*; the *divisores* were surveyor-divider teams for distributing land (Catalan *repartidors*).
d) Sic: accusative object, oddly within ablative absolute construction.
e) Omitted, but the run of documents before and after is from April.

350a

Valencia. 29 March 1261.
Reg. 11, fol. 197. MF: 341.

Grants to Bernat [Bernardo] Astruc, forever and as tax exempt: buildings and a farm of one fanecate (one-sixth of a cafisate, one-thirty-sixth of a jovate or plowland) in Cotalba, 'and also the whole district of Cotalba' in the borderland of Borró,[b] but at a rental of a fourth of all bread, wine, oil, 'and all other produce that comes from the land of the said district,' on condition of personal, indefinite residence.

Per nos et nostros damus et concedimus per hereditatem propriam, francham,* et liberam tibi Bernardo Astruc et tuis in perpetuum domos franchas et liberas et unam fanecatam* orti,* in Cotalba, et eciam totum terminum

DOCUMENT 351

de Cotalba qui est in marcho* terre^c de Borron. Ita tamen quod tu et tui detis semper nobis et nostris annuatim quartam partem panis, vini et olei, et eciam omnium aliorum fructuum que [= qui] exierint de terra dicti termini, sine aliqua missione nostra et nostrorum.

Et sic habeatis tu et tui omnia supra dicta cum introitibus, [e]xitibus, affrontacionibus, et suis pertinenciis universis a celo in abissum, ad dandum, vendendum, alienandum, et ad omnes vestras vestrorumque voluntates cui et quibus volueritis perpetuo faciendas; exceptis militibus, sanctis, et personis religiosis, et salvo nobis et nostris in perpetuum dictam quartam partem,^d dominio, laudimio,* et fatica.*

Sub hac vero forma damus omnia supra dicta: quod in dicto loco semper tu et tui personalem residenciam faciatis.

Datum Valencie, IV kalendas Aprilis, anno domini MCCLX primo.

a) Modern title: *Donatio facta Bernardo Astruch de termino de Cotalba in Broton* (sic, for *Borron*). IP flourish, cropped.
b) See preceding document for Borró (here basically the modern Rótova district).
c) T: malform, seemingly *marchogre*; cf. Catalan *marc* as zone at a region's border.
d) See doc. 349, note d.

351a

Valencia. 4 April 1261.
Reg. 11, fol. 198. MF: 342.

Grants forever, to keep or alienate, 'that workshop of Ours that used to be the public dyeworks of Alcira,' to Pere [Pedro] Gironès,^b son of the elder Pere Gironès. Rental or tax is twenty Valencian sous every Christmas. The shop is bounded on two sides by the buildings of Guillem [Guillermo] de Bell·lloc, on another by the public street or road, and on the fourth by the buildings of En (Arnau [Arnaldo] de?) Bellveí.^c

Per nos et nostros damus et stabilimus tibi Petro Geronis, filio Petri Geronis, et tuis in perpetuum illud operatorium nostrum Algezire quod solebat esse tinturaria^d Algezire, sicut confrontatur ex duabus partibus cum domibus Guillelmi de Bello loco, et ex alia parte cum domibus de En^e Bellvey, et ex alia parte in via publica. Predictum itaque operatorium cum introitibus, exitibus, affrontacionibus, et suis pertinenciis universis a celo in a[bi]ssum habeatis tu et tui in perpetuum, sub hac forma quod donetis inde nobis et nostris quolibet anno in festo natalis^f domini pro censu XX solidos regalium.

Et sic habeatis tu et tui \in perpetuum/, ut dictum est, dictum operatorium cum omnibus supra dictis ad dandum, vendendum, impignorandum, alienandum, et ad omnes tuas tuorumque voluntates inde libere perpetuo faciendas, exceptis militibus, sanctis clericis, et personis religiosis, salvo tamen semper nobis et nostris in dicto operatorio in^g dicto censu, dominio, laudimio,* et fatica.*

Datum Valencie, pridie nonas Aprilis, anno domini MCCLX primo.

a) IP flourish. S mark in margin. Holes and stains at both sides.
b) MI: Girons. Gironès, also Geronès, means a native of Gerona.
c) From Bellvehí; not Bellvé, from Bellveure. Arnau, the only Bellveí in the *Repartiment*, had received buildings precisely at Alcira in 1249.
d) T: *tinct-*.
e) T: *den*.
f) T: *natha-*.
g) Sic; same form as previous *in*, but perhaps either an error or for *inde*, leaving *censu* etc., as part of the ablative absolute with *salvo*.

352a

Valencia. 6 April 1261.
Reg. 11, fol. 198v. MF: 343.

Appoints Miquel [Miguel] de Valacloche or Vallacroche (probably not: Balacroy)^b as justiciar of Alpuente for life; 'and you are to hear and settle all cases that are to be determined in Alpuente, just as the justiciar of the said place was hitherto accustomed to do,' receiving the usual salary.

Per nos [et] nostros damus et concedimus tibi, Michaeli^c de Balacrox, iu[st]iciatum de Alpuent diebus omnibus vite tue, ita quod tu sis iusticia*^d dicti loci, dum bene et fideliter in ipso officio te habueris. Et audias et determines omnes causas que i[n] Alpuent fuerint determinande, prout iusticia dicti loci hactenus facere consuevit.

Et habeatis et recipiatis^e inde pro tuo officio et labore tantum quantum alii iusticie hactenus inde consueveri[n]t percipere et habere. Et sic habeas et teneas dictum iusticiatum ut dictum est diebus omnibus vite tue, dum bene et fideliter ut dictum est in ipso officio te habueris.

Mandantes universis hominibus de Alpuent presentibus et futuris quod te et non aliquem alium habeant et teneant pro \eorum/^f iusticia^g diebus omnibus vite tue, ut superius est expressum.

Datum Valencie, VIII idus Aprilis, anno domini MCCLX primo.

a) Stained, worn along top.
b) MF: Balacroy; already borrowed by local historians from this catalog. But if the scribe intended his unaccented final letter as a y, the only likely candidate would be the Balacroy (Baladoy) family, which came from Flanders as Balencour and has a Valencian branch. Valacloche better fits the paleographical form here; and though in Aragon (just south of Teruel), it is also not far above and on a direct line with Alpuente. A medieval variant was Vallacroche.
c) T: *-lii*.
d) T: *scis iusticiam*.
e) Sic: verbs in plural.
f) Above deleted: *eodem*.
g) T: *-ciam*.

353a

Valencia. 7 April 1261.
Reg. II, fol. 198v. MF: 344.

Approves 'that covered mill,' which Duran(t) Gil(a)bert (Gelabert) [Durando Gilberto] and Martí Miquel [Martín Miguel] 'have begun to construct and build in Bocairente, adjoining the town [and] outside the gate of the said town that faces and goes out toward Agres,' with water rights and channels. Building wholly at their expense, they are to receive all income for two full years 'from the day it begins to grind.' Thereafter they must give the crown half of all income before paying 'any millage or claim [salary] of the miller as well as any other outlay or expenses' from their own half.

Per nos et nostros damus et stabilimus vobis, Durando Gilberti et Martino Michaelis, et vestris in perpetuum molendinum illud cubertum,*b quod iam incepistis construere et edificarec in Bocairen iuxta villam, ante portam dicte ville que exit et respicit usque Agres; ita quod vos construatis et edificetisc dictum molendinum cum vestris propriis missionibus et expensis. Et a die qua incipiet molere, usque ad duos annos primos venturos et completos, habeatis et recipiatis totum lucrum et iura dicti molendini; sic quod inde aliquid nobisd vel nostris non donetis per dictos d[uo]s annos.

Et transactis ac completis dictis duobus annis, ex tunc donetis vos et vestri nobis et nostris in perpetuum, de omni lucro dicti molendini, medietatem francham*e et liberam ac quitiam,* aliqua molendura vel iure molendinarii nec aliquibus aliis missionibus vel expensis inde non levatis.f

Et aliam medietatem habeatis vos et vestri in perpetuum, ad vestras voluntates inde libere faciendas.

Et sic [h]abeatis vos et vestri perpetuo dictum molendinum, teneatis, possideatis, et expletetis, cum aquis et aquarum ductibus et cum introitibus,g exitibus, affrontacionibus, et suis pertinenciis universis a celo in abissum, et cum omnibus melioramentis ibi factis et faciendis, ad omnes voluntates vestras et vestrorum inde libere faciendas, exceptis militibus, clericis sanctis, et personis religiosis, salvish tamen nobis et nostris in dicto molendino semper predicta medietate nostra, dominio, fatica,* et laudimio.*

Datum Valencie, VII idus Aprilis, anno domini MCCLX primo.

a) Modern title: *Molendinum in Bocayren*. Worn and holed at right.
b) Or: *-enum*? Apparently a form of *coopertum (cupertum)*.
c) T: *he-*.
d) T: *vo-*.
e) T: *-nquam*.
f) Overwritten from: *levetis*.
g) Clumsily corrected letters.
h) Deleted and smeared: a first *tamen*.

354

Valencia. 9 April 1261.
Reg. II, fol. 199. MF: 345.

Confirms 'to you Bāsim [or Bassām?] and the vizier Abū Jaʿfar [elsewhere Abiafer, miscopied by the scribe here] the grant that al-Azraq, brother of Bāsim and uncle of the vizier Abū Jaʿfar, made to you of the castles of Polop, Altea, and Jalón,' which the king had granted to the rebel al-Azraq, and under the conditions of the royal grant as conveyed again in al-Azraq's grant.

Per nos et nostros laudamus, concedimus, et confirmamus vobis,[a] Bacem et alguazir* Aliafar, Sarracenis, \donacionem/ quam Alazrac, frater tui Bacem et avunculus tui alguazir Aliafar, tibi fecit de castris de Polop, de A[l]tea,[b] et de Xalo. De quibus nos donacionem dicto Alazrac feceramus, prout in carta inde a nobis confecta dicto Alazrac, inde similiter vobis confecta, continetur.

Concedentes vobis quod dicta castra habeatis, teneatis,[c] possideatis, et expletetis, prout melius et plenius in dictis cartis continetur.

Datum Valencie, V idus Aprilis, anno domini MCCLX primo.

a) Illogical sequence of address here: *vobis, tui, tui, tibi, vobis, vobis*.
b) Elision, after Arabic fashion (at-Taya), or scribal error.
c) Corrected: *er* deleted, for *e*; *te* blotted.

355

Valencia. 9 April 1261.
Reg. II, fol. 199. MF: 346.

Awards 'to Zayd b. Tarḥīm [? Taram], Saracen, the office of *amīn* of the Saracens of Ibi all the days of your life.' Salary 'for your office and work' is the same as previous holders of the office received. Orders the Muslims of Ibi to accept him.

Per nos et nostros damus et concedimus tibi Aceyto Abentaram, Sarraceno, aleaminatum* Sarracenorum de Ibi diebus omnibus vite tue, ita quod tu sis alaminus* dictorum Sarracenorum omnibus diebus vite tue, dum bene et fideliter in ipso officio te[a] habueris.

Et habeas et percipias inde pro tuo officio et labore tantum quantum alii alamini, qui hactenus ibi fuerunt,[b] inde consueverunt percipere et habere. Et sic habeas et teneas dictum alaminatum, ut dictum est, toto tempore vite tue. Mandantes Sarracenis de Ibi presentibus et futuris etc.

Datum Valencie, V idus Aprilis, anno domini MCCLX primo.

a) T: *et*.
b) Corrected clumsily, apparently from: *fuerit*.

356a

Valencia. 9 April 1261.
Reg. 11, fol. 199. MF: 347.

Confirms to Domènec [Domingo] Marquès (not Marc(h) here),[b] resident of Játiva, 'the whole cattle place [*rafal**] called Collatella,[c] which is in the Carbonera district,' as granted to him by the 'former' *qāʾid* of Játiva, Abū Bakr (Muḥammad b. Yaḥyā b. ʿĪsā),[d] 'as is more fully contained in the Arabic document which he made for you.'

[Per] nos et nostros damus et conc[edim]us et confirmamus per hereditatem propriam, francham,* et liberam vobis, Dominico March[es] habitator[i] Xative, et vestris in perp[etuum] totum rafalum*[e] qui d[icitur] Aqualatella,[c] qui est in termino de Carbonera, cum omnibus pertinen[c]iis suis, quem vos tenetis et habetis [e]x [don]acione alcaidi* X[a]tive quondam nomine Abovecor.[f]

Confirmantes vobis illam [d]onacionem quam de dicto rafalo vobis fecit dictus alcaidus, prout in instrumento sarracenico quod inde ipse vobis fecit plenius continetur; sic quod ipsum rafalum habeatis de cetero vos et vestri et[g] teneatis, cum introitibus, exitibus, affrontacio[nib]us et suis pertinenciis universis a celo in abissum, ad dandum, vendendum, alienandum, et ad omnes vestras vestrorumque voluntates libere perpetuo faciendas, exceptis militibus, sanctis, et personis religiosis.

Datum Valencie, V idus Aprilis, anno domini MCCLX primo.

a) Badly stained and holed over upper third of text.
b) MF: March; but our Játiva landholder appears later in the registers and also in the *Repartiment* with his full name.
c) No longer extant, this must be the Collatella in the Albaida valley, seen only once in the *Repartiment*. Its preceding *rafal*, or the Arabic article, or merely a conveniently prefixed a could explain the text's initial letter. If a persisting Romance name, it may be the diminutive of Catalan *collada*, meaning either a glen or a small hill or even a cluster. The reading of MF and Cats. (CDR) 'Aqualacella' is less probable, and toponymically not very useful. The *Repartiment*'s other promising toponym, Aquellelim (eight entries), is too far away.
d) MF: Abenetos. If Abeneços, this might fit the Játiva dynastic name Ibn ʿĪsā; but it reads instead Abovecor. Elsewhere he becomes Abubequer Abenaiça or Abū Bakr b. ʿĪsā; common to the dynasty, these names may indicate the Muslim ruler or governor prior to Játiva's assimilation by the crown or one of his successors at nearby Montesa.
e) In series here as *rahallum, raphallo*, and *rafallum*, adjusted for uniformity.
f) Or: *-uetor, -uecor*.
g) Before *et*: another *teneatis*, for *habeatis* (?).

357a

Valencia. 9 April 1261.
Reg. II, fol. 199v. MF: 348.

Commissions the bailiff of Alcira, Berenguer de (or Ces) Poses,[b] to grant 'all our workshops' available there to anyone except knights or clerics at an annual rent or tax. Rental norm is the twenty Valencian sous now paid for one of the shops by Arnau Pellisser (Pellicé(r), Palliser) [Arnaldo Pelizero] (or: artisan or merchant in hides)[c] 'according to the length of the said shop.' A settler receiving 'a larger workshop than the aforesaid shop of the said Arnau Pellisser is to give Us and Ours for it a larger rent,' while a smaller shop is to pay less rent and an equal shop the same rent.

Per nos [et] nostros damus licenciam et plenum posse tibi, Berengario de Pausis baiulo Algesi[re], quod possis stabilire et dare ad [c]ensum cui et quibus volueritis [= volueris], [e]xceptis militibus, clericis, et personis religiosis, [omnia] operatoria nostra que sunt ad dandum et stabiliendum in [v]illa nostra Algezire[d] ita videlicet quod, secundum quod n[o]s dedimus et stabili[vi]mus ad censum XX solidorum regalium [A]rnaldo Pellicerio de Algezira operatorium illud, quod ibi tenet pro nobis secundum longitudinem [pre]edicti operatorii, dones et stabilias omnia dicta operatoria nostra ad censum; sic quod qui maius operatorium recipiet quam operatorium predictum dicti Arnaldi Pelicerii donet nobis et nostris pro ipso maiorem censum, et qui recipiet operatorium magnitudine operatorii predicti Arnaldi Pellicerii donet nobis et nostris pro ipso tantum censum quantum nobis donat dictus Arnaldus Pellicer pro suo operatorio predicto, et qui minus operatorium recipiet quam operatorium predictum dicti Arnaldi Pellicerii donet nobis et nostris pro censu[f] minorem censum. Et hoc fiat secundum iustam extimacionem census operatorii predicti Arnaldi Pellicerii.

Et stabilimenta ac donaciones que ita a[g] te inde facta fuerint sub forma supra dicta plenam in omnibus et per omnia obtineant in perpetuum firmitatem. Et nos ipsa, per nos et nostros, promittimus semper firma habere et non contravenire umquam aliquo tempore, aliquo modo, vel aliqua racione.

Datum Valencie, V idus Aprilis, anno domini MCCLX primo.

a) Holed and stained along top.
b) MF: de Paucis. That form would have yielded Pochs (cf. doc. 263).
c) See doc. 99 (*pelliparius*). The adjectival agreement there and here suggests a trade rather than a surname.
d) T: *Alga-*; but other times here: *Alge-*.
e) Conjectural, from remnant of stroke.
f) Deleted: -*m*.
g) Malform.

358a

Valencia. 9 April 1261.
Reg. 11, fols. 199v-200. MF: 349.

The knight Martí Sanç (Sanchis) de Lloris [Martín Sánchez de Lóriz] and his wife Maria Dias (Dies, Diegueç) [María Díaz (Díez)] have sold to Vives, son of Josep [José] (Jucef, Yōsēf) b. Vives, and to Faquim (or as title *alfaquim*, 'the physician-savant'), son of Josep b. Sunana (Zunana), 'Jews of the city of Valencia,' properties in Melilla (near Ruzafa) and its district 'in the territory of the city of Valencia' for 2,700 Valencian sous. The king confirms, with the formulas normal to such documents, this purchase with 'all buildings, farms, vineyards, and the whole estate,' as more fully described in the knight's 'public deed of sale.'

Per nos et nostros consulte et ex certa sciencia laudamus, concedimus, et confirmamus vobis, Vives filio de Iucefo Abenvives[b] et Faquimo[c] filio de Iucefo Abencunayna,[d] Iudeis civitatis Valencie, et vestris in perpetuum vendicionem quam Martinus Sancii de Loriz miles et Maria Diaz uxor eius vobis fecerunt, pro precio duorum milium septingentorum solidorum regalium Valencie, de omnibus domibus, ortis,* vineis, et tota hereditate quam habebant et habere debebant in Malilla et suis terminis, que omnia sunt in territorio[e] civitatis Valencie.

Ita quod predictas omnes domos, ortos, vineas, et hereditatem predictam habeatis vos et vestri in perpetuum, teneatis, possideatis, et expletetis, cum omnibus melioramentis ibi factis et faciendis, et cum introitibus, exitibus, et affrontacionibus, et suis pertinenciis universis a celo in abissum, ad omnes voluntates vestras et vestrorum inde libere perpetuo faciendas, exceptis militibus, sanctis, et personis religiosis, prout melius et plenius [in] instrumento publico vendicionis in[de] vobis et vestris a predicto Martino Sancii et uxore eius Maria facto continetur.

Promittentes bona fide per nos et nostros quod contra predicta vel eorum aliqua non veniemus nec aliquem venire[f] permittemus, umquam aliquo tempore aliquo modo vel aliqua racione. Immo faciemus vos et vestros, et quem vel quos volueritis, omnia et singula supra dicta habere et tenere et pacifice possidere et percipere in perpetuum contra omnes personas, dum tamen vos faciatis querelantibus de vobis super premissis secundum forum* et [*fol. 200*] [c]onsuetudinem[g] Valencie [iust]icie complementum. Mandantes baiulis, iusticiis,* et universis aliis officialibus et sub[di]tis nostris presentibus [et futur]is quod predicta omnia et [s]ingula observent, et faci[a]nt ab omnibus inviolabiliter observari.

Datum Valencie, V idus Aprilis, anno domini MCCLX primo.[h]

a) Fol. 200 badly holed, stained.
b) T: 'Vivas ... Aben Vivas.'
c) T: *ffaqmo* with overstroke. The Jewish *alfaquim* or *ḥakīm* at Jaume's court was a savant

whose education included but far surpassed the profession of medicine. From this group the chancery drew its Arabic-language secretaries and diplomats. Cf. also preface volume, ch.19, and below, doc. 482.

d) T: *Cu* or possibly *Tu*, plus *ayna*, these two elements joined by either an elaborate n or a malformed y; thus Cunaina or Cuyaina is possible, MF's Aben Tuinayna and Régné's Abentuyayna improbable. Related documents give Cunana and Avenczunana. Zunana is considered an orthographical variant of the Judeo-Arabic name Sammana.

e) T: *terret-*.
f) T: *-iere*.
g) Sic, not plural as in doc. 359.
h) Latter parts of date: overwritten on erasure.

359a

Valencia. 11 April 1261.
Reg. 11, fols. 202v-203. MF: 350.

King Jaume [Jaime] records that on April 7 at Valencia city he 'swore to maintain the laws [the *Furs* code] and customs of Valencia henceforth.' He grants to all 'residents of the city and whole kingdom of Valencia' that his successors must swear with this same form 'one after the other.' Each new king, when ready 'to reign at Valencia is to come [here] and, within one month from when he is in the city of Valencia, is to convoke a general parliament [*corts*]' and 'swear before all.' Residents of the whole kingdom must use the *Furs* and no other laws 'in all cases' brought to court.

Recognoscimus et confitemur nos iurasse in civitate Valencie, VII idus Aprilis anno domini MCCLX primo, foros* et consuetudines Valencie tenere de cetero, et perpetuo observare, et numquam in aliquo contravenire.

Et ideo per nos et nostros volumus et concedimus vobis, universis et singulis hominibus habitatoribus civitatis Valencie et tocius regni Valencie presentibus et futuris, in perpetuum quod, prout nos iuravimus et confirmavimus dictos foros et consuetudines, semper de cetero successores nostri teneantur iurare et confirmare ipsos foros et consuetudines ac tenere perpetuo et observare et numquam in aliquo contravenire, sic quod quando dicti successores nostri debebunt regnare apud Valenciam,[b] veniant et infra unum mensem ex quo fuerint ibi in civitate Valencie celebrent curiam generalem, et tunc iurent et confirment ibi dictos foros et consuetudines coram omnibus prout superius est dictum. Et sic semper successores nostri, unus post alium,[c] dictam iuram[d] [*fol. 203*] et confirmacionem facere teneantur sub forma superius prenotata.

Mandantes universis habitatoribus civitatis et tocius regni Valencie, presentibus et futuris, quod de dictis foris et consuetudinibus utantur et uti \teneantur/ de cetero in omnibus causis et non de aliquo vel de aliquibus aliis foris vel consuetudinibus,[e] umquam aliquo tempore, aliqua racione vel causa.

Datum Valencie, III idus Aprilis, anno domini MCCLXI.

DOCUMENT 360

a) Original title: *Valencie*; modern title, at right: *Confirmatio privilegiorum*. IP flourish. Large stain over central text; fol. 203 badly holed and stained.

b) Alternatively, shift my comma back, after *regnare*.

c) T: *unum post alius*.

d) Sic; not *ius* or *iuramentum* but Catalan *jura*.

e) Cf. doc. 358, note g.

360a

Valencia. 12 April 1261.
Reg. II, fol. 203. MF: 351.

Valencia city had loaned 48,000 sous to the king 'for the business of the voyage that We were about to make overseas' (an abortive crusade to the Holy Land), and had received as surety various Valencian castles; the king has now recovered these. He assigns in their stead, for reimbursing: that money 'which We now ought to have for confirmation of the *Furs* [law code] of Valencia, from every citizen of Valencia city, and from all places and towns of its irrigated countryside and districts and dependencies,' including places held by clerics and knights, as well as from Castellón de Burriana, Corbera, Cullera, Gandía, Liria, Onda, and Villafamés. They have priority over all whose claims against the crown are assigned to that same income. The collectors of this money are to repay the 48,000 sous in full, turn over to the crown any surplus, and recover the debt bond.

Recognoscimus et confitemur nos recuperasse a vobis, probis hominibus civitatis Valencie, omnia castra que a nobis tenebatis obligata in regno Valencie pro XL octo milibus solidorum regalium Valencie quos nobis mutuastis ad opus viatici quod facturi eramus in partibus ultramarinis.

Et ideo assignamus vobis dicta XLVIII milia solidorum regalium Valencie habendos et percipiendos in universis et singulis denariis, quos nunc habere debemus pro confirmacione fororum* Valencie ab universis et singulis hominibus civitatis Valencie et omnium aliorum locorum et villarum orte* Valencie et terminorum ac pertinenciarum eiusdem, tam ordinum, clericorum, [et] religiosorum quam militum, et eciam villarum Castilionis de Burriana, de Villafames, de Onda, de Liria,b de Corbera, de Cullera, [et] de Candia et terminorum suorum.

Mandantes collectoribus dictorum denariorum quod, non spectato inde a nobis aliquo alio mandamento, vobis de predictis denariis solvant predicta XLVIII milia solidorum regalium, et recuperent a vobis hunc albaranum* nostrum. Promittentes vobis quod [de] denariis dictorum locorum aliquid non tangemus nec accipiemus, nec tangi seu accipi faciemus vel permittemus, quousque dicti collectores solverint vobis primo de quadraginta octo milibus solidorum regalium supra dictis.

Tamen si de dictis villis vel locis facta vobis primo dicta solucione vestra aliquid inde superaverit, totum illud dicti collectores nobis vel cui manda[ver]imus restituere teneantur. Dictam autem solucionem volumus quod recipiatis in dictis villis et locis, prout superius est expressum, ante et primo quam aliquis alius aliquid recipiat inde, non obstante aliqua assignacione seu obligacione in ipsis alicui vel aliquibus factis vel de cetero faciendis.

Datum Valencie, II idus Aprilis, anno domini MCCLX primo.

a) Large stain at bottom center.
b) Central letters overtraced, blurred.

361a

Valencia. 13 April 1261.
Reg. 11, fol. 201. MF: 352.

Provides the knight Ramon [Ramón] de Villamarí 150 Valencian sous every year for life, 'in gift and special favor.' The king's bailiff at Valencia city is to pay the sum of Ramon out of 'Our share [as crusader-founder] of the [church] tithe of the parish at Moncada, which is in the district of Valencia city.'

Damus et concedimus v[obis, R]aimundo de Vilamari[b] militi, diebus omnibus[c] vite vestre de dono et gracia [sp]eciali centum quinquaginta solidos regalium [quoli]b[et] anno. Quos assign[am]us vobis habendos et perci-[p]iendos in parte nostra dec[i]me parochie [de] Moncada, que est in ter[min]o Valencie. Et sic[d] habeatis et percipiatis dictos centum quinquaginta solidos [r]egalium in parte nostra decime ante dicte quolibet anno, ut dictum est, diebus omnibus vite vestre.[e]

Mandamus baiul[o] nostro Valencie presenti et futuris quod dictos denarios vobis dari et solvi faciat quolibet a[nn]o de dicta parte nostr[a] decime, dum [vobis] fuerit vita comes.

Datum Valencie, idus Aprilis, anno domini MCCLX primo.

a) Badly holed over top half; stained.
b) Seems *Ville-* until magnified; Catalan toponym.
c) T: *ho-*.
d) Blot from facing folio, conjoined with hole, obscures the reading.
e) Deleted: *tue*.

362a

Valencia. 13 April 1261.
Reg. 11, fol. 233. MF: 353.

Dispenses 'all the Jews of the city and kingdom of Valencia' from contributing anything toward the hundred thousand Valencian sous 'that We wish to have from Christians and Saracens of the whole kingdom of Valencia, for confirming the *Furs* [laws] of the said kingdom.' Repeats that 'it was and is Our intention that We have the aforesaid 100,000 sous only from Christians and Saracens.'

[Conc]edimus et indulgemus vobis, universis Iudeis civitatis et regni Valencie, quod non ponatis nec donetis aliquid, nec ponere sive dare ten[e]amini, in [centum]^b milibus solidorum regalium quos a Christianis et Sarracenis tocius regni Valencie predicti habere [v]olumus pro confirmacione furorum* dicti regni.

Immo^c vos inde cum omnibus bonis vestris absolvimus et quitamus*; quoniam intencionis nostre^d fuit et est quod dicta centum milia solidorum regalium [h]abeamus tantum a Christianis et Sarracenis dicti regni Valencie, et quod vos in ipsis aliquid non ponatis nec detis.^{e}

Datum Valencie, idus Aprilis, anno domini MCCLX primo.

a) Modern note at top, partly on document and partly on mounting: *vease el folio que sigue* (to avoid confusion with fol. 233 *bis*).
b) Scribal blunder omits; cf. next paragraph.
c) T: *immos*.
d) Sic: genitive.
e) Double *de*, as error or false start; not *debetis* or *dederitis*.

363a

Valencia. 13 April 1261.
Reg. II, fol. 239rv. MF: 354.

Guillem [Guillermo] de Na G(u)ilsen^b and Pere [Pedro] Mercer (or 'the draper')^c can withhold the eight morabatins rent or tax on their three workshops at Valencia until they recover the 500 Valencian sous 'that We owe you with Our debt bond.' They can also apply toward retiring the debt 'any money [*diners*], if meanwhile We chance to have' such money from levies, services, or other reason, except for the money now coming in 'on account of improving and confirming the *Furs*.' The bailiff is not to demand from them, especially through the king's executive agents (*porters*), either the shop morabatins or any tax until the debt is paid and its bond surrendered.

Iacobus dei gracia etc. concedimus vobis, Guillelmo de Na Guilsen et Petro Mercerii draperiis Valencie, quod retineatis tam diu penes vos illos morabatinos* quos nobis facitis censuales racione trium operatoriorum quos pro nobis tenetis ad censum, in solucionem quingentorum solidorum regalium Valencie quos vobis debemus cum albarano* nostro, donec sitis inde in eisdem plenarie persoluti.

Concedimus eciam vobis quod, si interim forte nos haberemus aliquos denarios ab [h]ominibus civitatis Valencie, racione peite* vel servicii vel alia racione, ultra illos quos nunc nobis^d dant racione melioramenti et confirmamenti quod fecimus de foris* regni Valencie, retineatis et possitis retinere similiter penes vos partem [*fol. 239v*] vobis contingentem in ipsis denariis in solucionem dictorum denariorum, quos ut dictum est vobis deb[emus].

Mandantes baiulis Valencie, presenti et futuris, quod non compellant vos, nec compelli permittant ab aliquibus portariis* nostris vel quibuslibet aliis, ad solvendum dictos octo morabatinos, vel ad ponendum aliquam partem in aliquibus denariis quos habemus ab hominibus civitatis Valencie aliqua racione ut dictum [est], donec de dictis quingentis solidis regalium sitis ut dictum est persoluti; et quod recuperent a vobis, cum inde persoluti fueritis, albaranum quem a nobis habetis de dicto debito.

Datum Valencie, idus Aprilis, anno domini MCCLX primo.

a) IP flourish. Large s at top. Verso stained at top and holed at right side.
b) T: *Guilse* with stroke over *se*. Not a malform for Guillem, the name appears in doc. 14 as Gilsen and Gilcen. Does this relate to the Catalan-Roussillon surname Gelcem?
c) Though associated with drapers' rents in doc. 14, Pere also has the surname Mercer in doc. 192, both craft and name apparently coinciding.
d) T: *vo-*, giving an improbable and different meaning.

364a

Valencia. 13 April 1261.
Reg. 11, fol. 239v. MF: 355.

Guillem [Guillermo] de Rocafull, legal guardian of the children of his brother, the deceased Ramon [Ramón] de Rocafull, has just surrendered to the king debt bonds owed his brother by the crown: 4,513 Valencian sous, still outstanding from a debt of 22,700 Valencian sous, plus 2,485 Jaca sueldos and 5,000 Barcelona sous. In return, to recover the 4,513 sous for the children, Guillem can hold Planes castle, town, and district, with its revenues from Christians and Muslims. If it is captured from Guillem or his castellan, the king must use all force to recover and return it.

Recognoscimus et confitemur debere vobis, dilecto nostro Guillelmo de Rochafolio, tutori filiorum Raimundi de Rochafolio quondam fratris vestri, quattuor milia quingentos^b tredecim^c solidos regalium Valencie, qui remanent ad solvendum de viginti duobus milibus septingentis^d solidis regalium, et de duobus milibus quadringentis octoginta^e quinque solidis iaccensibus, et de quinque milibus solidorum barchinonensium quos dicto Raimundo de Rochafolio quondam debebamus, cum carta nostra quam modo vos nobis reddidistis et tradidistis et nos eam recipimus et [re]cuperamus.

Pro quibus quattuor milibus quingentis tredecim^c solidis regalium tradimus, obligamus, et impignoramus vobis, nomine filiorum dicti fratris vestri quondam, castrum nostrum et villam de Planes que sunt in regno Valencie, cum omnibus alqueriis,* terminis, et pertinenciis suis, et in^f omnibus reditibus, exitibus, proventibus, cenis, peitis,* et aliis iuribus nostris, que nos ibi habemus et habere ac percipere debemus tam a Christianis quam a Sarracenis ibi habitantibus et habitaturis. Ita quod dictum castrum et villam de Planes, cum omnibus supra dictis, tam diu teneatis vestro proprio pignore obligata, et recipiatis, et habeatis integre et pacifice, quousque in eisdem sit vobis et vestris de predictis quattuor milibus quingentis^g tredecim^c solidis plenarie satisfactum vel nos ipsos vel quicquid inde vobis remanebit ad solvendum integre persolvamus.

Promittentes vobis quod si forte, quod deus avertat, aliquo casu dictum castrum sive villa vobis, vel illi qui predicta pro vobis tenebit, furaretur vel auferretur, illud castrum et villam statim recuperabimus toto posse nostro, et predicta vobis et vestris trademus et restituemus statim sine aliqua missione vestra et vestrorum, sic quod inde vobis malum aliquid dicere vel facere nullatenus valeamus.^{h}

Et sic promittimus vobis quod faciemus vos et ⟨vestros⟩ vel quos volueritis loco vestri predicta omnia tenere, habere, et percipere integre et in pace,^{i} prout superius continetur, quousque ut dictum est sitis in eisdem de predicto debito plenarie persolutus.

Datum Valencie, idus Aprilis, anno domini MCCLX primo.

a) A particularly clear, neat script.
b) Phrase not abbreviated.
c) T: *tresd-*.
d) T: *-tos*.
e) T: *octag-*.
g) T: *-tos*.
i) T: *pasce*.
f) For: *cum*.
h) T: *vel-*.

365ª

Valencia. 13 April 1261.
Reg. 11, fol. 241. MF: 356.

The king personally 'apportions and assigns as boundaries for the castle and town of Jérica the limits written below,' with 'the judge, justiciar, jurates, and whole town council of Teruel watching and assenting and in no way opposing.' The boundary runs from El Toro hill as the water flows from the hill or fortification called Montalgrao towards the crossbowman's settlement to an elevated spot and then past a mountain to a ravine (*rambla*) going toward Morella and from a small spring (Catalan *fontanella*, and in the Castilian spoken at Jérica *fuentecilla*) in 'a straight line up to the watch tower [Catalan *talaia*] of the mountain springs' and eventually to the watch tower of Begís. 'And it is certain that these boundaries were attested'; Teruel renounces its claims. Witnesses include: Garcia Romeu [García Romeo], (E)ximèn [Jimeno (Eximeno) de] d'Urrea, Sanç [Sancho de] d'Antillón, (E)ximèn Pere (Peris) d'Arenós [Pérez de Arenoso], Jasbert [Jazberto] viscount of Castellnou, and Carròs [Carroz] lord of Rebollet; the notary Pere [Pedro] de Capellades drafted the document under supervision of the king's chancellor, Guillem de Montcada [Guillermo de Moncada] bishop of Lérida.

DOCUMENT 365

Noverint universi quod nos Iacobus, dei gracia rex Aragonum etc.,[b] per nos et nostros recognoscimus et confitemur quod in presencia iudicis, iusticie,* iuratorum, et tocius concilii Turolii, et ipsis videntibus et volentibus et non in aliquo contradicentibus, divisimus et assignavimus pro terminis castri et ville de Exerica terminos subtos[c] scriptos: videlicet ex parte podii seu castellario quod dicitur [El] Toro sicut aque decurrunt de monte Algarau versus villare[d] ballistarii, et de dicto villari usque ad cabeçum* rasum, et ab ipso cabeço sicut dividit el cerro* et exiit ad ramblam* que vadit ad Morellam (ita quod totum pallatare* remanet intra terminum de Exerica) et de dicta rambla prout vadit ipsa rambla et exit ad fonteçella[m]* que est in introitu[e] pallataris,[f] et ab ipsa fonteçella sicut vadit recta linea usque ad atalayam* fontis del cerro, et ab ipsa atalaya sicut vadit el cerro usque ad vertentes de alcota,* et de ipsis vertentibus de alcota sicut vadit recta linea usque ad summum vertencium de Bexix, et usque ad atalayam de Bexix.

Et est certum quod ipsi fuerunt protestati. Et recognoverunt ac concessi fuerunt quod ipsi vel sui, nec villa seu aldee* Turolii, nullum ius vel proprietatem habuerunt nec habent vel habere debent modo aliquo vel racione in eisdem; set omnes predicti termini sunt et debent esse de castro et villa de Exerica.

Et ideo per nos et nostros do\na/mus, concedimus, et confirmamus predicto castro et ville de Exerica omnes supra dictos et singulos terminos franche*[g] et libere, et sine aliqua retencione nostra et nostrorum et cuiuslibet alterius persone, prout melius dici potest et intelligi atque scribi.

Datum Valencie, idus Aprilis, anno domini MCCLX primo.

Signum † Iacobi dei gracia regis Aragonum etc.
Testes sunt

| Garcias Romei | Sancius de Antillone | Iauzbertus de Castronovo |
| Eximinus de Urrea | Eximinus Petri de Arenosio | Carrocius, dominus Rebolleti |

Sig†num[h] Petri de Capellades qui mandato domini regis, pro domino Guillelmo dei gracia episcopo ilerdensi cancellario suo, hoc scribi fecit et clausit loco, die, et anno prefixo.

---

a) Modern title: *Termini de Exerica*. IP flourish.

b) The formula, to this point, represents either a false start or a later addition; it stops in mid-line, with *Per* beginning a new line, both initials being large and formal, with separate flourishes.

c) Sic; for adverbial *subtus*.

d) T: *villare* (then: *villari*) may have as Catalan original *villar* or *vilar*. Each of the places following should be capitalized if they are toponymical rather than descriptive (they may be a mixture of both). The first *cerro* may be *cero* or even *cepo*.

e) T: *-ruitu*.

f) T: *-arre*, with sweeping stroke above its full length, doubtless for Catalan *paladar* or covered area.

g) T: *-nque*.

h) The cross joining *sig* and *num* is the elaborate notarial sign of Capellades.

366

Valencia. 13 April 1261.
Reg. 11, fol. 202v. MF: 357.

Approves 'all the purchases' made to date or in the future 'by each and every Jew of the city and kingdom of Valencia by just title according to the *Furs* [code] of Valencia: of fields, special farms [*reials*],* vineyards, farms, buildings, and whatever other possessions and estates, from knights, clergy, [or] people of the city, towns, and places' or from anyone else in the kingdom. They need not join the Christians in meeting community tax obligations to the crown but can pay as their own community.

Per nos et nostros laudamus, concedimus, et confirmamus vobis, universis et singulis Iudeis civitatis et regni Valencie^a et vestris successoribus in perpetuum, omnes empciones quas fecistis usque in hunc diem et facietis in posterum iusto titulo secundum forum* Valencie, de campis, realis,* vineis, ortis,* domibus, et omnibus quibuslibet aliis possessionibus et hereditatibus, a militibus, clericis, [vel] hominibus civitatis, villarum, et locorum dicti regni Valencie et ab aliis quibuslibet personis. Sic quod simul cum Christianis non teneamini aliquid ponere vel dare in questiis,* cenis, vel aliis regalibus exaccionibus pro predictis; set pro ipsis nobis per vos ipsos cum aliis bonis vestris nobis et nostris serviatis.

Promittentes quod contra dictas empciones vel aliquam earum non veniemus, nec aliquem venire faciemus aut permittemus, umquam aliquo tempore aliqua racione vel causa. Immo faciemus vos et vestros ipsas habere et tenere in pace, contra omnes personas.

Datum Valencie, idus Aprilis, anno domini MCCLX primo.

a) Deleted: *et vestris suc-*.

367ª

Valencia. 13 April 1261.
Reg. 11, fol. 202. MF: 358.

Validates forever all buildings, farms, vineyards, fields, and other properties acquired by Pere Vicenç [Pedro Vicente], a resident of Játiva, 'with or without a charter, in Játiva and its district, by reason of gift, sale, and exchange.'

Per nos et nostros lau[damus, concedimus], et confirmamus vobis, Petro Vincencii habitatori Xative, et vestris ⟨in perpetuum omnes⟩ [d]omos, ortos,* vineas, camp[os], he[re]ditates, ⟨et possessi⟩[ones] quas ⟨hactenus cum⟩^b cartis et sine cartis habetis, [ten]etis, et possidetis in Xativa et eius terminis racione donacionis, vendicionis,^c et concambii inde vobis fact[i], qualibet racione vel causa.

Ita quod omnia supra dicta et singula habeatis, teneatis, et possideatis vos et vestri in perpetuum pacif[ic]e et quiete, sine aliquo impedimento et contradiccione nostra et nostrorum, ad dandum, vendendum, impignorandum, alienandum et ad omnes vestras et vestrorum voluntates inde libere faciendas, exceptis militibus, sanctis, et personis religiosis, prout melius dici potest etc.

Datum Valencie, idus Aprilis, anno domini MCCLX primo.

a) IP flourish. Top deteriorated, holed.
b) Conjectural.
c) Three words inserted here above line, now washed to illegibility; fragments.

368a

Valencia. 14 April 1261.
Reg. II, fol. 232. MF: 359.

'By reason of an accusation and charge We laid against you,' because of the children of the deceased Ramon [Ramón] de Rocafull, in the affair of Alfàndec de Marinyén (now La Valldigna), the king had confiscated 3,000 Valencian sous from Mengot de Boysal (Buisán),[b] citizen of Valencia. 'And because We now find you innocent of the said charge, We draft for you this receipt of debt for the said money.' Mengot is to recover the sum from 'all the rents and tithes [or civil tenths] or anything that you ought and are bound to pay Us because of your mills.' The king will supplement this with any taxes he may meanwhile derive from Valencia city, Corbera, and Cullera.

⟨Recog⟩noscimus et confitemur debere vobis, Mengoto de Buysano civi Valencie, et vestris tria mili[a] solidorum regalium Valencie, quos a vobis [ha]bu[er]amus racione demande seu peticionis quam vobis fecimus racione filiorum Raimundi de Rochafolio quondam, super facto [de] Alfandech^c de Mari[n]yen. Et quia modo invenimus vos esse inculpabilem de dicta peticione, facimus vobis hunc albaranum* [de]biti dictorum denariorum.

Que quidem tria milia solidorum regalium assignamus vobis habendos et percipiendos super omnibus censualibus,^d et decimis, et eciam quibuslibet aliis que nobis dare debetis et tenemini racione molendinorum vestrorum; ita quod predicta tam diu penes^e vos retineatis, donec de dictis tribus milibus solidorum sitis plenarie persolutus.

E[t]^f si forte interim nos haberemus a probis hominibus civitatis Valencie, vel de Cuillaria, vel de Corbera aliquos denarios racione peite,* servicii, vel alia racione, concedimus vobis quod partem vobis contingentem in ipsis denariis retineatis et possitis retinere similiter penes vos, in solucionem dictorum denariorum.

DOCUMENT 369

Mandantes baiulis et iusticiis* Valencie, Cuillarie, et Corbarie presentibus et futuris quod contra predicta non veniant, nec in aliquo vos aggravent. Immo predicta et singula observent, et faciant observari.
Datum Valencie, XVIII kalendas Madii, anno domini MCCLX primo.

a) Worn, especially at left side.
b) See doc. 284 above. MF and Cats. (CDR): Mengot de Buysano.
c) T: *-aldech*.
d) T: *sen-*.
e) Blottings seem to add letters; erasure.
f) Careless malform: e with overstroke intended.

369a

Valencia. 14 April 1261.
Reg. II, fol. 20Iv. MF: 360.

Gives 'license and full power' to the knight Martí Sanç (Sanchis) de Lloris [Martín Sánchez de Llóriz] 'that you can buy in any place you want in the kingdom of Valencia and from any persons, Christians or Jews,' properties up to a total cost of 1,000 Valencian sous, 'notwithstanding the statute of Valencia' against knights and clergy buying crown land there. Tax-exempt himself for these properties, he can sell or alienate to anyone except clergy and religious Orders.

Per nos et nostros damus licenciam et plenum posse vobis, Martino Sancii de Loriz militi, quod possitis emere in quocumque[b] loco volueritis regni Valencie, et a quibuscumque personis volueritis, Christianis vel Iudeis, libere et sine alicuius contradiccione domos vel hereditatem usque ad summam mille solidorum regalium, non obstante foro* Valencie in quo continetur quod milites, clerici, vel persone religiose non possint emere aliquid de realenco.*
Concedentes vobis quod domos vel hereditatem quas[c] emetis, usque ad dictam summam, habeatis vos et vestri in perpetuum per hereditatem propriam, franc[h]am,* et liberam, teneatis, possideatis, et expletetis cum terminis, affrontacionibus, et suis pertinenciis universis a celo in abissum, ad dandum, vendendum, impignorandum, alienandum, et ad omnes vestras vestrorum[que] voluntates cui et quibus volueritis libere perpetuo faciendas, exceptis sanctis clericis et personis religiosis.
Datum Valencie, XVIII kalendas Madii, anno domini MCCLX primo.

a) Large but mild stain over center.
b) T: *co-*.
c) T: *quam*.

370

Valencia. 14 April 1261.
Reg. 11, fol. 232. MF: 364.

Transfers to the knight (E)ximèn Pere (Peris) d'Orís [Jimeno (Eximeno) Pérez de Oriz] the castle and district of Penáguila. Pelegrí [Pelegrín] de Montagut, seen in doc. 188 under the variant Peregrí [Peregrino], had been holding the castle in pledge, to recover 600 gold Alfonsine morabatins he had loaned the king. Ximèn now loans the king this sum to 'clear' the castle tenure and begins on the present day his own tenure. From the revenues there, Ximèn will recover the 600 gold morabatins; also 3,326 Valencian sous the king owes him, for which he is surrendering a debt bond; and finally a yearly 2,550 sous more, to garrison the castle with seventeen men at 150 sous apiece each year. Until all moneys are repaid, the king cannot take back the castle 'by any law or code,' nor can he 'speak badly of him by any law of Spain, if he does not surrender it.' (These 'laws of Spain' comprise the elusive *Consuetudo* or *Forum Hispanie*.)

Recognoscimus et confitemur nos debere vobis, dilecto nostro Eximino Petri de Oriz militi, et vestris^a sescentos^b morabatinos* bonos alfonsinos in auro; quos nunc nobis accommodastis ad opus quitandi castrum nostrum de Penag[u]ila, quod Pelegrinus de Monte Aguto a nobis tenebat obligatum pro dictis morabatinis. Et eciam debemus vobis tria milia et trecentos^c et viginti et sex solidos regalium Valencie, quos vobis debebamus cum quodam albarano* nostro, quem a vobis recuperavimus et [h]abuimus.

Pro quibus DC morabatinis, et tribus milibus trecentis^c viginti et sex solidis regalium, obligamus et [tra]dimus^d vobis et vestris predictum castrum de Penag[u]ila cum alcheriis,* terminis, et pertinenciis suis et cum reditibus, (e)xitibus, proventibus, et aliis iuribus omnibus ipsius castri et terminorum suorum; ita quod vos et vestri predictum castrum cum omnibus (et) singulis supra dictis habeatis et teneatis tam diu, quousque de toto^e prefato debito sit vobis et vestris (pl)enarie^f satisfactum.

Promittentes vobis in bona fide et legalitate nostra quod predictum castrum, nec de ipsis pertinenciis aliquid, vobis non auferamus^g nec emparabimus* aliqua racione. Immo ipsum cum omnibus supra dictis et singulis faciemus vos et vestros [h]abere et tenere integre et in pace, quousque de omnibus predictis morabatinis et d[en]ariis^d sitis paccatus* ad voluntatem vestram.

Nec vos vel vestri castrum predictum teneamini nobis vel nostris reddere aliquo iure sive foro,* donec de predicto toto debito sit vobis et vestris plenarie satisfactum. Nec nos nec nostri possimus^h vobis vel vestris dicere malum pro aliquo foro [H]ispanie,* si ipsum nobis non redditis.

Est autem s[c]iendum quod debea\ti/s tenere \ad/ custodiam et retencionem[i] dicti castri XVII homines; pro quorum quolibet accipiatis et retineatis, de reditibus et exitibus ante dictis,[j] CL solidos regalium singulis annis. Vos et vestri[k] teneamini computare nobiscum, de omnibus reditibus, exitibus, proventibus, et aliis omnibus iuribus dicti castri et terminorum eius. Et est eciam s[c]iendum quod emparastis iam dictum castrum nostrum, in medio istius presentis mensis Aprilis in quo modo sumus.

Datum[l] Valencie, XVIII kalendas Madii, anno domini MCCLX primo.

a) Deleted: *imperpetuum*.
b) T: *sexc-*.
c) T: *tresen-*.
d) Torn away by previous binding.
e) Deleted: *prefato de*.
f) Deleted: *cos-*.
g) Sic, subjunctive followed by future tense.
h) T: *poci-*.
i) Overwritten: t on p or g.
j) Deleted: *CXL*.
k) Malform: seems *enim*.
l) Deleted: a first *Valencie*.

371a

Valencia. 15 April 1261.
Reg. II, fol. 202. MF: 361.

Guillem d'Octavià (Octovià) [Guillermo de Octaviano] had brought suit for himself and Ponç [Poncio] Malferit ('whose place he holds') against the crown over two cattle places (*rafals*)* and the properties of his deceased father Octavià. The king here makes a settlement of all these claims through Ferrer de (A)piera[b] and Pere Ros [Pedro Rubio],[c] the executors for the deceased's estate, ordering them 'to give, deliver, and assign to Guillem' as the elder son of Octavià all the revenues the father held 'in the fish stalls of Valencia [city],' plus 56 sous in rental that Octavià had 'received in the Lérida plaza in Valencia city.' The latter sum is itemized as 16 sous from Sibília Teixidor (or perhaps Tester),[d] 8 from Bernat [Bernardo] Jover, 32 from Ramon [Ramón] Morell, and a mazmodin from Bernat Borràs. Guillem renounces all further claims on his father's holdings from the crown.

Mandamus vobis, Petro Russi[e] et Ferrario de Apiaria civibus Valencie, manumissoribus testamenti Octoviani quondam, quod tradatis, deliberetis, et assignetis Guillelmo filio quondam maiori Octoviani[f] omne ius quod dictus Octovianus h[ab]ebat et percipere debebat in tabulis piscarie Valencie, et LVI solidos regalium Valencie censuales quos dictus Octovianus habebat et accipiebat in platea Ilerde in civitate Valencie. De quibus facit Sibilia Texteris[g] XVI solidos, et Bernardus Iover[h] VIII solidos, et Raimundus Morel XXXII solidos, racione domorum quas tenent ad dictum censum, et unam mazmudinam*[i] censualem quam Bernardus Borraz facit racione quarundam domorum.

Que omnia et singula eidem Guillelmo de Octoviano, filio maiori dicti Octoviani, tradatis, deliberetis, et assignetis racione peticionis quam ipse Guillelmus pro se et Poncio Malferit, cuius locum habet, faciebat in duobus rafalis* et eciam in bonis omnibus dicti Octoviani; et pro omni iure eidem Guillelmo pertinenti in bonis omnibus supra dicti Octoviani defuncti, aliqua racione vel causa.

Item dicimus et mandamus quod Guillelmus dictus de Octoviano absolvat et definiatʲ omne ius, quod habet et habere debet aliqua racione vel causa in predictis bonis que fuerunt dicti Octoviani; sic quod de cetero non possit facere in predictis bonis aliquam questionem sive demandam.

Datum Valencie, XVII kalendas Madii, anno domini MCCLX primo.

a) Stained at bottom center; worn down right side.
b) Catalan toponym.
c) MF: Ruffi. See note e below, and cf. docs.224, 306.
d) Genitive in text suggests surname, not craft (*teixidora*: weaver); but *texteris* instead of *textoris* makes possible the Catalan surname Tester (found in southern Valencia).
e) A boomerang shape above *ssi*, apparently converting this to some form like *Russier*, is instead a carelessly written accent denoting the double consonant.
f) T: -*ano*.
g) Sic, not: -*toris*.
h) T: *Jou⟨er⟩*.
i) T: *macem*-.
j) T: *diffi*-.

372

Valencia. 15 April 1261.
Reg. II, fol. 233. MF: 362.

In the lawsuit between Guerau Esteve [Geraldo Esteban] and Pere [Pedro] Ferrer, the crown commissions 'Master Gui(u) [Guido], the justiciar of Valencia,' to examine the financial records in their book of accounts. If Pere (from the time of entry up to the receipt or charter accepting the accounts issued by Guerau) 'has in ignorance or knowingly concealed any debts' owed by the two and for which their creditors later sued, both men are equally responsible, despite Guerau's final charter. 'Just as they divided between them the profits they made in the workshop during their partnership, so they are to pay the said debts.' And if Pere 'concealed or did not enter the whole profit they made in the shop (up to the day of entry or up to that charter), and if you can prove by Pere's confession or by witnesses' that the profits surpassed the recorded 8,400 Valencian sous, then Pere must divide the surplus with Guerau. The king's lieutenant has received instructions on taking evidence from the witnesses.

Iacobus dei gracia etc., fideli suo magistro Gui iusticie* Valencie, salutem et graciam. Mandamus vobis firmiter quatenus in causa que vertitur inter Geraldum Stephani ex una parte et Petrum Ferrarii ex altera, procedatis sub hac forma: quod vos personaliter videatis computum factum inter ipsos et librum computi ante dicti.

Et si inveniretis quod ultra dictum computum dictus Petrus Ferrarii celavit ignoranter[a] vel scienter aliqua debita, que ipse et dictus Geraldus Stephani debebant ad diem quo dictum computum fuit factum et usque in diem in quo fuit facta carta definicionis[b] quam dictus Geraldus Stephani fecit predicto Petro Ferrarii, que debita postmodum fuerunt petita per creditores, quod omnia ipsa debita solvant ambo insimul, sic quod sicut lucrum quod faciebant in operatorio tempore sue societatis dividebant inter se sic dicta debita solvant, non obstante carta[c] predicte definicionis.[b]

Item mandamus vobis quod, si Petrus Ferrarii celavit vel non expressit totum lucrum quod fecerunt in dicto operatorio usque ad diem computi facti, vel usque ad diem confeccionis instrumenti definicionis[b] iam dicte, et potest comprobari per confessionem Petri Ferrarii vel per testes productos in causa predicta iuxta formam mandati nostri, prout continetur in litteris quas misimus tenenti locum nostrum in regno Valencie, quod in dicto operatorio fuerint lucrati ultra illam summam octo milium quadringentorum solidorum que fuit expressa inter presentes, teneatur restituere et reducere Petrus Ferrarii in communi totum illud plus quod fuerint lucrati ultra dictam summam de lucro celato vel non revelato, [et] habeat dictus[d] Petrus Ferrarii medietatem et dictus Geraldus Stephani aliam medietatem. Et hoc racione aliqua non mutetis.

Datum Valencie, XVII kalendas Madii, anno domini millesimo CCLX primo.

a) T: *ignior-*; apparently corrected clumsily from start of *inscienter*.
b) T: *diff-*.
c) T: *-te*.
d) T: *dicti P.F.*

373a

Valencia. 15 April 1261.
Reg. 11, fol. 232v. MF: 363.

Hands over to the Aragonese knight Gil Sanç (Sanchis) d'Alagó [Gil Sánchez de Alagón] 'the castle' of Almirra[b] (Almisra), near modern Campo de Mirra, and the 'place' of Benejama, with their districts and revenues. He is to garrison the castle with four men and have tenure, until Almirra and Benejama repay the men's expenses plus a thousand Valencian sous. Gil had paid the latter sum to Arnau de Montsó [Arnaldo de Monzón] on behalf of the crown.

Tradimus et concedimus vobis, Egidi[[o]] Sancii de Alagone, castrum nostrum de Almizadrano; ita quod vos teneatis in custodia dicti [[castri]] quattuor homines, et recipiatis ac colligatis omnes reditus, exitus et iura nostra dicti castri et de Benixama et omnium termino[rum] eorundem, in solucionem mille solidorum regalium Valencie quos cum [h]ac carta[c] recognoscimus[d] vobis debere pro Arnaldo de Monsone, c[ui] eos debebamus et ipsos levavimus de debito quod ei debebamus, et ipsos mille solidos vos dicto Arnaldo de Monsone de mandato nostro solvistis, et in solucionem similiter expensarum quas facietis in custodia dicti castri in dictis quattuor hominibus.

Quod castrum et quem locum de Benixama, cum omnibus terminis eorum et cum omnibus suis iuribus, vobis et vestris pro predictis denariis et missionibus obligamus.

Datum Valencie, XVII kalendas Madii, anno domini MCCLX primo.

a) Holed at right side.
b) MF: Almizadrano. On Almirra, see doc. 157. The text's clumsy 'Almizadranus' is odd but reflects the Almizran form in the *Repartiment* and of doc. 389 below.
c) T: *accarta*.
d) T: *-nosscimus*.

374a

Tortosa. 20 April 1261.
Reg. II, fol. 204rv. MF: 365.

Sells to Bernat [Bernardo] Escrivà, bailiff of Valencia city, at 8,000 Valencian sous a year, the castle and district of Murviedro (modern Sagunto), for five years beginning with the coming Easter Sunday. Bernat is to keep this sale price himself, however, to retire a debt the king already owes him (presumably some 40,000 sous). Though the king retains treasure trove and heretics' confiscated property and allows no money substitutes taken in capital or mutilation cases (money connected with pardons will return to Escrivà), the new owner has exclusive receipt of all revenues, profits, civil and criminal justice, potential income (*aventuras*), tariffs, transit fees, rentals, real-estate sales fees (*lluïsmes*), gains (*perçaçes*), services, and all income. Surplus goes to Escrivà as a gift, but he must garrison the castle with twelve men at his own expense. He can appoint his own bailiffs and rent or sell crown properties as administrator.

Per nos et nostros vendimus vobis, Bernardo Escrive[b] baiulo nostro Valencie, a proximo venturo festo pasche resurreccionis domini ad quinque annos proximos venturos et completos, omnes reditus, exitus, et proventus, iusticias civiles et criminales, et aventuras,* lezdas,* pedagium,* censualia, laudimia,* percacia,* servicia, et omnia alia iura nostra et singula que nos habemus et debemus habere et percipere quoquo modo in Muroveteri et in alqueriis,* terminis, ac pertinenciis suis universis, iure, racione dominii, vel alia qualibet racione, cum omnibus melioramentis ibi factis et faciendis quoquo modo, integre sine omni diminucione et retencione nostra et nostrorum et cuiuslibet alterius persone, ut melius dici potest et intelligi ad vestrum et vestrorum bonum et sanum ac utilem intellectum; exceptis illis qui ad mortem fuerint condempnati vel ad mutilacionem membrorum, de quibus nolumus quod pecunia recipiatur, set si forte ad nos venirent et nos veniam faceremus eisdem pro pecunia, ipsam pecuniam totam habeatis et recipiatis vos et vestri vel levetur et deducatur de precio infra[c] scripto; et exceptis inde bonis hereticorum et pecuniam seu thesaurum inventum,[d] que nobis et nostris retinemus.

Predictam itaque vendicionem vobis facimus in hunc modum: quod donetis inde nobis et nostris in unoquoque V annorum octo milia solidorum regalium Valencie, quos recipiatis et habeatis in solucionem debitorum, quos[e] vobis debemus. Et si[f] hec que vobis vendimus ut dictum est superius plus modo valent vel valebunt in posterum precio supra dicto, totum illud quantumcumque[g] fuerit vobis donamus, dimittimus, ac concedimus et vestris ex mera liberalitate nostra, ad omnes vestras et vestrorum voluntates inde libere faciendas; sic quod inde non teneamini nobis vel nostris aliquid dare vel restituere ullo modo, nec teneamini eciam de predictis omnibus vel de aliquo de predictis omnibus computare nobiscum vel cum nostris nec ullam reddere racionem.

Renunciamus ec[iam] ex certa sciencia legi illi que subvenit deceptis ultra dimidium[h] iusti precii, et omni alii legi, foro,* [vel] consuetudini pro quibus contra hec venire possemus nos vel nostri aliqua racione vel causa; volentes [et] concedentes vobis ⟨et vestris⟩ quod possitis in Muroveteri et in omnibus terminis suis constituere baiulum seu baiulos, illum vel illos, quem vel quos volueritis (quandocumque et quocienscumque[i] vobis placuerit vel vestra auctoritate propria) qui predicta omnia et singula teneant, colligant, et recipiant loco vestri per totum spacium dictorum V annorum.

Et vos, vel ille qui baiulus inde fuerit pro[j] [*fol. 204v*] vobis ut dictum est, donetis et stabiliatis et possitis dare et stabilire ad[k] tempus vel in perpetuum omnia que in Murovet[eri] et su[i]s terminis ad [u]tilitatem n[ostram] substabilie[nda] fuerint sive danda. Et omnia stabilimenta et donaciones que per [v]os ibidem, vel per baiulum quem [i]bi ponetis, facta fueri[n]t [i]nf[ra] dictos V annos, rata habebi[m]us atque firma, dum tamen fiant ad utilitatem nostram.

Volu[m]us eciam et mand[a]mus quod semper infra dict[o]s V annos tenea[tis] ass[idue] duo[decim] homines in custodia et retencione castri de Muroveteri, sine omni missione nostra et nostrorum.

Promittentes vobis et vestris bona fide per nos et nostros quod predicta omnia faciemus vos et vestros tenere et habere et percipere, per totum spacium dictorum V annorum, integre et in p[a]ce, prout dictum est. Et contra predicta vel eorum aliquid non veniemus, nec aliquem venire faciemus vel permittemus, aliquo modo vel aliqua racione.

Datum Dertusie,[l] XII kalendas Madii, anno domini MCCLX primo.

a) Large stain at bottom center; holed at top right and left; water damage.
b) Sic, genitive or dative.
c) T: *imfra*.
d) Sic, not ablative.
e) Sic, with *solidi* as its antecedent.
f) T: *Et sic*; first letter of *et* elaborated as a document's initial.
g) Deleted: false start, *fu*.
h) T: *-diam*.
i) T: *coci-*.
j) T: *qua* (!)
k) Deleted: *ips[os]*.
l) Sic.

375a

Lérida. 29 April 1261.
Reg. II, fol. 203v. MF: 366.

Endows Flamenc ('the Fleming') [Flamenco de] d'Hospital (d'Espital) and his brother Bernat [Bernardo] d'Hospital with ten jovates of tax-exempt land in the district of Castellfort, a dependent village of Morella; if all ten are not available there, land elsewhere around Morella may be added. The estate is bounded on one side by the farm of En Bardella, on another by that of En Ros de Castellfort, on a third by a farm belonging to the town of Ares (del Maestre), and on the fourth by the lower cliffs or lower precipice slopes (*cingles*) at the head of Canelllilles 'as the said precipice goes around, where the rock mass divides and cuts it.'b

Per nos et omnes^c nostros damus et concedimus tibi, Flamenco^d de Hospitali et Bernardo de Hospitali fratribus, et vestris in perpetuum per hereditatem decem iovatas* terre proprie, franche,* et libere in termino de Castel Fort, aldea* Morelle. Quas X iovatas habeatis in terra illa: que affrontant^e ex una parte cum hereditate de En^f Bardella, et ex alia cum hereditate^g de Ares, et ex alia cum hereditate de En^f Ross de Castro Forti,^h et ex alia parte cum cinglis* inferioribus in capite de Canelllilles, sicut vadit in circuituⁱ dicta cingla, sicut rocha* dividit et taillat.*^j

Et si dicta terra, ut dictum est affrontata, non compleverit ad X iovatas, volumus quod illud quod inde deficiet habeatis de aliis terris et hereditatibus termini de Morella que alicui non sunt date vel assignate.

Quas X iovatas terre habeatis vos et vestri in perpetuum, teneatis, possideatis, et expletetis, cum introitibus et exitibus et affrontacionibus, [et] cum suis pertinenciis universis a celo in abissum, ad omnes voluntates vestras vestrorum[que] inde libere perpetuo faciendas, exceptis militibus, clericis, et personis religiosis.

Datum Ilerde, III kalendas Madii, anno domini MCCLX primo.

a) Modern title: *Donatio terre in Morella*. IP flourish. Stain at center.
b) I cannot locate this feature of the land. Latin *cingula* is a variant of *cingulum* and can mean an encircling belt of land; Catalan *cingle* derives from it, meaning a precipice or crag or else a pit, cave, etc. The translation is unsatisfactory without knowing the lie of the land. Morella's 1249 *carta puebla* bounds at one point 'per fundum de Canaliclas.'
c) Rare divergence from formula.

d) Sic, with added overstroke (otiose, or for: *Flamencho?*).
e) Plural and therefore referring to the jovates (but shortly below modifying *terra* as singular), thus the punctuation selected.
f) T: *den*.

g) Properly an estate or farm owned by that town, but here possibly the town itself, which bounds Castellfort on the east.
h) Sic; cf. *de Castel Fort* above.
i) Deleted: a final stroke (i?).
j) T: *tayllat*. (See preface volume, p. 137, for function of y here).

376a

Lérida. 4 May 1261.
Reg. II, fol. 204v. MF: 367.

Appoints Guillem Bertran(d) [Guillermo Beltrán],[b] resident of Peñíscola, life collector and receiver of 'Our whole part of the tenths [either civil rent tax or else the crown's patronal share of diocesan tithes], which We have and ought to receive in Peñíscola and its villages and district: namely of bread and wine and meats and anything else.' He is to supply collection expenses himself, but to add the usual extra tenth as salary (reckoned as a tenth of what is actually collected as the tenth: the Catalan *redelme*). For the privilege, or as a fee, Guillem has paid the crown two hundred Jaca sueldos.

Per nos et nostros damus et concedimus tibi, Guillelmo Bertrandi habitatori Peniscole, quod de cetero diebus omnibus vite tue colligas et recipias pro nobis totam partem nostram decimarum, quam habemus et recipere debemus in Peniscola et suis alqueriis* et terminis suis, panis videlicet et vini et carnium et quorumlibet aliorum, cum tuis propriis missionibus et expensis. Et habeas et percipias inde ad opus tuum, pro tuo officio et labore, retrodecimam integre. Et sic habeas et recipias diebus omnibus vite tue ut dictum est dictam partem nostram decime, dum bene et fideliter in ipso officio te habueris.

Mandantes alcaido* de Peniscola, et universis hominibus eiusdem loci et terminorum suorum presentibus et futuris, quod tibi et non alicui alii respondeant de supra[c] dicta parte nostra quam habemus in decima ante dicta.

Pro hac autem donacione et concessione, recognoscimus et confitemur nos habuisse et recepisse a te ducentos solidos iaccenses, de quibus bene paccati* sumus ad voluntatem nostram, faciendo inde tibi et tuis finem et pactum de non petendo.

Datum Ilerde, IIII nonas Madii, anno domini MCCLX primo.

a) Stain over center; water damaged along left side.
b) MF: Bertrandi.
c) T: *sepedi-*.

377

Lérida. 12 May 1261.
Reg. 11, fol. 205v. MF: 368.

Awards 'freely and out of good will' to Simó [Simón] de Labata,[a] 'Our cleric,' lifetime possession of 'Our full rights that We have, and ought to have and receive, in the tithe of the village of Albaida' and its district. This is probably the king's crusader-patronal church tithe rather than a civil agricultural tenth held in share.

Iacobus dei gracia rex Aragonum etc. per nos et nostros damus et concedimus tibi, Simoni de Lavata clerico nostro, gratis et bona voluntate diebus omnibus vite tue totum ius nostrum, quod habemus et habere ac percipere debemus in decima ville de Albaida[b] et terminorum ac pertinenciarum suarum.

Ita quod, tu et quem vel quos volueris loco tui, habeatis et recipiatis totum ius nostrum dicte decime in tota vita tua ad omnes voluntates tuas inde libere faciendas, sine obstaculo et retencione nostra et nostrorum et cuiuslibet alterius persone, prout melius dici potest et intelligi ad tuum et tuorum bonum commodum et sincerum intellectum.

Datum Ilerde, IIII idus Madii, anno domini MCCLX primo.

a) MF: Lavata. Labata is east of Huesca in Aragon. The surname, twice in the *Repartiment* as Lavata, is unlikely to be the Catalan toponym Llevata (surname Llevat) or surname Labat (L'Abat).
b) T: *-ayda*.

378[a]

Lérida. 24 May 1261.
Reg. 11, fol. 233 *bis* v. MF: 369.

Having reviewed accounts, the king acknowledges that he owes Pere [Pedro] de Capellades, 'Our secretary' or scrivener, 333 Alfonsine gold morabatins (equivalent to some 2,000 Valencian sous at six to a morabatin), 434 Valencian sous, 1,595 Jaca sueldos, and 499 Barcelona sous, plus 5,500 Valencian sous previously owed by the crown to Ramon [Ramón] de Mirambell, 'citizen of Valencia currently staying at [*morari*] Alicante.' For that last debt, Ramon and Pere have surrendered the debt bond to the king, and Pere has become the king's creditor in Ramon's stead. The castle, town, and district of Onda, with all crown revenues, including pasturage fees, now go to Pere until he recovers all those debts, as well as 'the outlay and expenses' he will have in garrisoning and improving the castle. The king cannot interfere or make claims on Onda during that time by appeal to 'any law of Spain' (a reference to the *Forum* or *Consuetudo Hispanie*). If anyone seizes or gains control over the castle or town, in whole or in part, whether once or often, the king undertakes to recover and restore all to Pere.

Recognoscimus et confitemur debere vobis, Petro de Cappelladis,[b] scriptori nostro et vestris trecentos[c] triginta tres morabatinos* et ⟨quinque denarios⟩[d] alfonsinos bonos novos in auro et rectique[e] pensi, et quadringentos triginta quattuor solidos regalium Valencie, et mille quingentos nonaginta quinque solidos iaccenses, et quadringentos nonaginta novem solidos barchinonenses: pro omnibus debitis que vobis debebamus quibuslibet de causis usque in hunc diem, facto inde computo legaliter inter nos et vos, renunciantes excepcioni pecunie non numerate. \Item[f] debemus vobis quinque milia et quingentos solidos regalium Valencie; pro quibus constituimus nos debitores vobis pro Raimundo de Mirambello cive Valencie, qui modo moratur in Alacante, cui ipsos denarios debebamus cum carta nostra quam inde de nobis habebat; quam cartam ipse et vos nobis reddidistis/.

Pro quibus omnibus morabatinis et denariis (regalibus, iaccensibus, [et] barchinonensibus) tradimus, obligamus, et impignoramus vobis et vestris per nos et nostros castrum nostrum et villam de Onda, que sunt in regno[g] Valencie, cum omnibus alcheriis,* terminis, et pertinenciis suis, [et] cum omnibus reditibus, exitibus, proventibus, censibus, [h]erbaticis, et aliis omnibus iuribus eorundem integre et sine aliqua diminucione et retencione nostra et nostrorum et cuiuslibet alterius persone. Ita quod dictum castrum et villam de Onda cum omnibus et singulis supra dictis tanto tempore et tam diu teneatis vos et vestri, vestro proprio pignore obligata; et recipiatis omnia supra dicta, quousque in eisdem de omnibus predictis morabatinis et denariis regalibus, iaccensibus, et barchinonensibus, et de omnibus missionibus et expensis quas facietis in custodia et retencione dicti castri et in melioramentis que ibi feceritis, sitis in eisdem plenarie persoluti.

Promittentes vobis et vestris bona fide, per nos et nostros, quod in predictis vobis vel vestris aliquid non tangemus, emparabimus,* vel accipiemus; nec tangi,[h] emparari, vel accipi faciemus vel permittemus ab aliquo vel aliquibus, aliqua racione vel causa, quousque sit vobis et vestris ut dictum est de omnibus supra dictis integre satisfactum; nec vos vel vestri teneamini nobis vel nostris nec alicui alii reddere dictum castrum vel villam nec aliquid de predictis aliquo iure, racione, vel causa, donec primo sitis de omnibus dictis debitis et missionibus ac expensis plenarie persoluti; nec nos vel nostri possimus vos vel vestros, si predicta nobis vel nostris ut dictum est vel aliquid de predictis non reddideritis, reptare;* nec vobis vel vestris nec rebus vestris dicere malum vel facere, racione alicuius fori [H]ispanie* nec aliquo iure vel aliqua racione, quoniam nos vos et vestros inde absolvimus et quitamus.*[i]

Et si forte, quod absit, aliquis vel aliqui predictum castrum de Onda vel villam vel aliquid de predictis vobis vel vestris, sive illi aut illis qui predicta pro vobis tenebunt, furati fuerint vel abstulerint seu emparaverint semel vel pluries, statim promittimus per nos et nostros ea recuperare et in posse vestro et vestrorum ponere, redire,[j] et mittere sine mora aliqua et diffugio, ut ea obligata et impignorata teneatis sub forma superius comprehensa.

Datum Ilerde, IX kalendas Iunii, anno domini MCCLX primo.

a) Wear and water damage, especially on top two lines.
b) T: *Capelladi*, result of s omitted: not dative or ablative singular (Catalan *capellada* is feminine) or Catalan *capelladi* ('native of Capellades'). Cf. next document. His name ends *-des* in doc. 365.
c) Not, as frequently, *tresc-* or *tres-*.
d) Dubious reading.
e) Sic: double 'and'.
f) Interlinear sentence: above this line, the next, and much of a third.
g) T: *rengno*.
h) T: *-qui*.
i) T: *quiet-*.
j) For: *reddere*.

379

Lérida. 27 May 1261.
Reg. II, fol. 254. MF: 370.

Commissions Pere [Pedro] de Capellades to install, 'from this day forward, six men and one woman in garrisoning and maintaining Onda castle each year, and one castellan [*alcait*] with suitably equipped mount.' The crown will provide 'for each of the aforesaid six men, and for the said woman likewise, 150 Valencian sous each year for salary and board [a total of 1,050 sous]; and [will provide] for the said castellan with his mount 18 pence every day [about 500 sous a year].' In keeping with doc. 378, Pere will find these sums in Onda's crown revenues.

Concedimus, volumus, et mandamus vobis Petro de Cape[ll]ades[a] quod ab hac die in antea teneatis, in custodia et retencione castri de Onda, sex homines et unam mulierem in unoquoque anno et unum alcaidum* cum sua equitatura.

Et promittimus dare vobis pro unoquoque dictorum sex hominum et pro dicta muliere[b] similiter CL solidos regalium in anno pro solidata* et comestione, et pro dicto alcaido cum sua equitatura XVIII denarios quolibet die. Quos omnes denarios habeatis et recipiatis de reditibus et exitibus dicti castri et[c] ville de Onda et terminorum suorum. Et pro ipsis teneatis predicta obligata, simul cum debito quod vobis debemus pro quo predicta vobis impignoravimus sub forma qua predicta inde a nobis tenetis obligata.

Datum Ilerde, VI kalendas Iunii, anno domini MCCLX primo.

a) T: *ds* with overstroke.
b) T: *pro dictam mulierem*.
c) Repeat: *et*.

380ª

Lérida. 13 July 1261.
Reg. II, fol. 207v. MF: 371.

Installs Berenguer Sa (or de) Saleta,[b] citizen of Játiva, as secretary to the court of justice (*cort*) of Játiva for life, to draft all its 'instruments, acts, testimony, and any other public writings' at the same salary as his predecessors got. To keep this gift (or in effect lease) Berenguer must pay the crown every Christmas ninety Valencian sous.

Per nos et nostros damus [et] concedimus tibi, Berengario Ça Salleda civi Xative, scribaniam curie Xative diebus omnibus vite tue; ita quod tu sis scriptor dicte curie, dum bene et fideliter te in ipso officio habueris. Et conficias ac scribas omnia instrumenta, actas [= acta], attestaciones, et quelibet alia scripta publica que in dicta curia fuerint conficienda sive[c] scribenda.

Et habeatis et percipiatis [= habeas et percipias] inde pro tuo officio et labore tantum quantum alii, qui dictam scribaniam hactenus tenuerunt, inde consueverunt percipere et habere. Et sic habeas et teneas dictam scribaniam predictam[d] ut dictum est, diebus omnibus vite tue, dum bene et fideliter te habueris in eadem.[e]

Mandantes probis hominibus Xative, pres[enti]bus et futuris, quod te habeant et teneant de cetero pro scriptore dicte curie et non aliquem alium, ut super[ius] est expressum.

Hanc siquidem[f] donacionem et concessionem[g] tibi facimus in hunc modum, quod dones inde nobis et nostris quolibet anno pro censu, in festo natalis domini, nonaginta solidos regalium.

Datum Ilerde, III idus Iulii, anno domini MCCLX primo.

a) IP flourish, cropped. Stain over central lower half; some spotting. Holed at right side.
b) MF: Salleda. The surname Saleta seems preferable to Salat (*salat, -ada*); Berenguer appears in other documents with *de*.
c) T: *s;*.
d) Sic: 'said' and 'aforesaid.'
e) T: *eidem*.
f) T: *han sciquidem*.
g) T: *conse-*.

381

Tarragona. 5 August 1261.
Reg. II, fol. 236. MF: 372.

(E)ximèn Pere (Peris) d'Arenós [Jimeno (Eximeno) Pérez de Arenoso], 'Our lieutenant in the kingdom of Valencia on behalf of Our son Prince Jaume [Jaime],' receives 'license and full power that you may and do pledge [or obligate] all revenues, returns, and profits that you ought to receive as lifetime income [*honor*] in Játiva, up to next January 1.'

DOCUMENT 382

Concedimus vobis Eximino Petri de Arenoso, tenenti locum nostrum in regno Valencie pro infante Iacobo filio nostro, et damus licenciam et plenum posse quod obligetis et obligare possitis omnes reditus, exitus, et proventus quos pro honore*[a] recipere debetis in Xativa, usque ad kalendas mensis Ianuarii proximum[b] venturi; ratam et firmam[c] habituri obligacionem[d] vel obligaciones quas inde feceritis; promittentes salvare omnibus,[e] quibus reditus, exitus, et proventus predictos obligaveritis, [et eos] facere habere, tenere, et percipere integre et in pace [per] totum spacium temporis supra dicti.

Datum Tarrachone, nonas Augusti, anno [domini] MCCLX primo.

a) Overwritten on *nos: honore*, with final *re* serving carelessly as initial syllable of *recipere* (= *honorecipere*).
b) Sic, adverbial usage.
c) T: -*miam*.
d) Tracks above it are blots from facing folio.
e) Dative of reference.

382[a]

Barcelona. 20 August 1261.
Reg. II, fol. 214. MF: 373.

Assigns 'to the notables [*prohoms*] and whole commune of Valencia present and future forever, a market in that new street (which We are ordering made over as wholly new), in that plaza in which up to now you were wont to hold the market, and in that plaza which is in front of the buildings of the Friars of Penitence of Jesus Christ at the Boatella gate [the Bāb Bayṭāla] through which one goes to the monastery of Sant Vicent, namely so that in the said new street on the said plaza and up to the said Boatella gate, and nowhere else, the said market is to be held every week on Thursday.' All workshops there, new or old, on its length or width or all around, with their rental, overlordship, and fees, are forever the king's. The new street will be forty palms wide and run from the baths of the Aragonese knight En Polo to the residence of the Friars of Penitence (Friars of the Sack).

Per nos et nostros damus, concedimus, et assign[a]mus vobis, probis hominibus et toti universitati Valencie, [ta]m p[rese]ntibus et futuris in perpetuum, me[r]catum in [il]la carraria* nova, [q]uam de novo fieri mandamus, in illa pl[ac]ia* in ⟨qua⟩ ha[cte]nus mercatum tenere consuevistis, et in illa placia que es[t co]ram domibus fratrum penitencie I[hes]u Christi ad portam [de] Buatella[b] per quam itur ad monasterium Sancti Vincencii; ita videlicet quod in dicta carraria nova et supra dicta placia et usque ad dictam portam de Buatella, et non alibi, dictum merca[tum][c] teneatur singulis septimanis[d] in die Iovis.

Predictam itaque donacionem et concessionem et assignacionem vobis facimus et vestris in hunc modum, quod omnia operatoria in dicto mercato

DOCUMENT 383

facta et de novo facienda, tam de longitudine quam eciam de travers*e circumquaque, sint nostra et nostrorum successorum perpetuo; et in eisdem nobis et nostris censum, faticam,* et dominium retinemus. Volumus tamen quod carraria nova, in qua dictum mercatum^c tenebitur, habeat in amplitudine quadraginta palmos; et habeat terminos de longitudine a balneis de En^f Polo usque ad domum fratrum penitencie Ihesu Christi.

Et sic promittimus vobis et vestris bona fide quod dictum mercatum in aliquo alio loco non mutabimus vel assignabimus, nec mutari vel assignari faciemus seu permittemus.

Datum Barchinone, XIII kalendas Septembris, anno domini MCCLX primo.

a) Original title, within flourishes: *Civiu[m] Valencie*. Modern title, at left: *Mercatu[m Val]encie*. IP flourish. Badly stained and holed, with upper fourth of text very difficult to read.
b) Deleted: *et non alibi*.
c) Medieval variant of *-tus*.
d) T: *-iis*.
e) Catalan *travers* or *través* for Latin *tra(ns)verso*.
f) T: *den*. On the name Polo, see doc. 146, note b.

383a

Montpellier. 2 January (1261) 1262.
Reg. II, fol. 216v. MF: 374.

Conveys to Domènec de Muntanyana [Domingo de Montañana],^{b} provincial master of the Templars, 'the buildings, tower, and whole estate that the deceased Guillem [Guillermo] de Les Marxes [?] (otherwise called Moix) held, owned, and possessed in Cullera and its district by Our grant, and which were all given and assigned to him [Guillem] by Guillem de Ratera and the commander of the Hospital[lers] of Valencia, by Our order.'

Per nos et nostros damus et concedimus tibi, Dominico de Montanyana, et tuis in perpetuum per hereditatem propriam, francham,* et liberam domos, turrem, et hereditatem totam quam Guillelmus de les Martxes^c quondam, qui aliter vocabatur Moix, habebat, tenebat, et possidebat in Cullera et eius terminis ex donacione nostra, et que omnia eidem data fuerunt et assignata^d per Guillelmum de Ratera et per commendatorem Hospitalis Valencie de mandato nostro.

Que omnia habeatis [ac] teneatis tu et tui in perpetuum,^{e} possideatis, et expletetis, cum introitibus, exitibus, affrontacionibus, et pertinenciis suis universis a celo in abissum, ad dandum, vendendum, et impignorandum, alienandum, et ad omnes tuas et tuorum voluntates inde libere perpetuo faciendas, exceptis militibus, sanctis clericis, et personis religiosis.

Datum apud Montempessulanum, IIII nonas Ianuarii, anno domini MCCLX primo.

a) Original title, within flourishes: *Dominici de Muntanyana*. Modern title: *Donatio turris in Cullera*. IP flourish. MI puts King Jaume at Montpellier during the first three months of 1262 but not at all in early 1261, thus establishing the more plausible choice of date as 1262 (see doc. 340, note b).

b) Among Aragonese toponyms are Montañana east of Benabarre and another just outside Zaragoza. The Catalan surname Muntanyana may derive from the Aragonese toponym or from the descriptive adjective for 'mountainous,' *muntanyà(na)*, but probably not from the Latin name Montinianus. The text has a Catalan form.

c) Not *Martyes* because lacking a y punctuation. Marchès or Marquès cannot be meant, since they are singular. Strange forms such as [Car]les Maynes (Manyes) or Les Marques do not quite fit.

d) Strokes in the line above are blots from facing folio.

e) Repeated: *teneatis*.

384ª

Montpellier. 23 January (1261) 1262.
Reg. II, fol. 237v. MF: 377.

Confirms the charter of grant by which 'Pere [Pedro] the minstrel' or jongleur (here not the name Joglar or Jutglà^b) gave six plowlands in his village of Les Alcus(s)es^c in the Mogente district to Garrer (a form of Guerrer [Guerrero])^d de Mora. The crown retains the usual regalian title, the property apparently being the ordinary Valencian alod.

Per nos et nostros laudamus, concedimus, et confirmamus vobis, Garrerio de Mora, et vestris in perpetuum donacionem quam Petrus ioculator* vobis fecit de sex iovatis* terre, in alcheria* sua de Alcuça quam habet in regno Valencie, videlicet in termino de Muxen, prout in carta inde ab ipso vobis facta plenius continetur.

Promittentes vobis et vestris quod contra predictam donacionem non veniemus, nec aliquem venire permittemus. Immo faciemus vos et vestros habere et tenere predictam hereditatem, prout in carta quam ut dictum est inde ab eo habetis plenius continetur, salvo iure et dominio que habemus et habere debemus in predicta hereditate.

Datum in Montepessulano, X kalendas Februarii, anno domini millesimo CCLX primo.

a) Modern title: *Confirmatio donationis cuiusdam alcherie in termino de Muxen*. IP flourish. On the preferred date 1262, see doc. 383, note a.

b) In the *Repartiment* several times, he seems to be the jongleur Pere de Vera (wife Marquesa, brother the jongleur 'Centipunyos').

c) MF: Alcuça.

d) MF: Garcés. Cats. (CDR): Garrecio.

385[a]

Montpellier. 19? April 1262.
Reg. 12, fol. 59rv. MF: 382.

Ramon [Ramón] de Suau at the town and castle of Almenara accused the brothers Bertran(d) [Beltrán] and Joan [Juan] Reinal (Reinau, Reinalt) of killing Ramon's brother Bernat [Bernardo] 'unjustly and without cause.' Town officials, doing 'what was legitimately done about murders,' joined Ramon in presenting the denunciation personally before the king at Valencia city; the officials were Domènec Llop(is) [Domingo López] de Portalés[b] castellan, Ferran [Fernando] de Brusca bailiff, and Guillem [Guillermo de] d'Arcayna or Argany (or perhaps Arxiaca, Archiagne)[c] justiciar. King Jaume [Jaime] commissioned Domènec to investigate the facts; Domènec took depositions from the principals 'and many other witnesses.' The king then 'committed the said charges, to be legally followed to a verdict, to Master Gui(u) [Guido][d] the justiciar of Valencia city.' The verdict acquitted Bertran Reinal, but condemned his brother Joan, ordering two hundred gold pieces to be paid, half to the king and half to Ramon de Suau, as the *Furs* prescribed. On appeal Pere Sanchis [Pedro Sánchez] de Calatayud, crown lieutenant for the Valencian kingdom, heard the case because of the king's absence. Bertran Reinal acted as advocate for Joan, Ramon de Suau for the prosecution.

The discussions and witnesses from these preliminaries, along with Bertran and Ramon, came before the king finally at Montpellier. For 'a good three weeks or a month' King Jaume 'saw and carefully examined the records and witnesses of the first trial and the appeals trial,' concluding that Joan had killed Bernat 'in defense of his body' or person. Suau 'the chaplain' (yet a third Suau brother) had demanded a loan of wheat from Bertran Reinal, 'and since the said Bertran was unwilling to lend the said wheat to the said chaplain, the said chaplain struck the said Bertran in the face with a kind of club, so that blood came out.' Bernat de Suau now made 'to strike the brothers Reinal with a sword, unsheathed, and with a cape rolled around his arm' protectively. 'Sitting as a tribunal in Our palace at Montpellier,' and aware that 'justice is more awful for judges than for litigants' (since judges account to God), King Jaume revoked and voided the condemnation by Master Guiu and quitted the fine imposed. Because manslaughter had taken place, however, 'following the *Furs* of Valencia We sentence and condemn the same Joan that he stay for one year outside the city of Valencia; in all else We confirm and strengthen the sentence of the same master Guiu.'

Cum denunciacio facta esset per ⟨Raimundum de⟩ Suau, Dominico Luppi de Portalesio alcaido,* et Ferrando de Brusca baiulo, et Guillelmo de Archiagne iusticie* castri et alquerie* de Almenara, quod Bertrandus Renaldi et Iohannes Renaldi frater suus erant homicide Bernardi de Suau fratris sui, dicens et expresse affirmans quod ipsi predicti duo fratres occiderant ipsum Bernardum de Suau iniuste et sine causa, et petisset dictus denunciator ac supplicasset denunciacioni predictorum, quibus predicta denunciacio fiebat ex parte domini regis quod ipsi de predictis Bertrando et Iohanne facerent id quod de homicidiis^e erat legitime faciendum, ipsi predicti alcaidus et baiulus ac iusticia dicti castri et alquerie denunciacionem predictam domino regi in Valencia personaliter ostenderunt.^f

Qui dominus rex mandavit inquiri legitime de morte predicta a dicto Dominico Luppi an predicti denunciati erant, ut asserebatur, homicide. Qui Dominicus Luppi recepit confessiones dictorum denunciatorum et alios plures testes. Et cum eosdem domino regi obtu\li/sset, idem dominus rex dictam denunciacionem sentencialiter terminandam commisit magistro Guidoni iusticie Valencie.

Qui magister Guido sentencialiter condempnavit Iohannem Renaldi, pro pena homicidii commissi in persona Bernardi de Suau, in CC aureis solvendis domino regi et Raimundo de Suau denuncianti, secundum forum* Valencie, inter se dividendis; et Bertrandum Renaldi denunciatum sentencialiter absolvit.

A qua sentencia per dictum Iohannem Renaldi extitit appellatum ad dominum regem. Et cum dominus rex esset absens, obtulit dictus Iohannes dictam appellacionem se prosecuturum in posse Petri Sancii de Calataiubo, tenentis locum domini regis in regno Valencie. In posse cuius Petri Sancii dictus Iohannes per dictum Bertrandum Renaldi fratrem suum, quem apud ⟦a⟧cta ad totam causam procuratorem suum instituit, fuit prosecutus. Qui Petrus Sancii, negocio coram ipso discusso, et receptis testibus, et a partibus de facto renunciacione facta, et negocio concluso, negocium sic instructum domino regi retulit.

Et cum ita negocium ad nos relatum esset, nos Iacobus dei gracia etc., dicto Bertrando procuratore presente et Raimundo de Suau pro altera parte existente, in villa Montispessulani bene per tres septimanas vel per unum mensem, et nolente[s] in causa procedere cum viderimus et diligenter inspexerimus^g acta et testes cause principalis et cause appellacionis et per testes cause appellacionis sufficienter, perpenderimus dictum Iohannem Renaldi dictum Bernardum de Suau in sui corporis defensionem interfecisse, eo quia reperimus capellanum fratrem dicti Bernardi quesisse mutuum bladi Bertrando Renaldi fratri dicti Iohannis; et cum dictus Bertrandus noluit mutuare dictum bladum dicto capellano, dictus capellanus percussit dictum Bertrandum in facie cum quodam baculo, ita quod exivit inde sanguis.

[*Fol. 59v*] Et eo quia reperimus dictum capellanum d⟦ixisse⟧ fratri suo Bernardo ⟨... videlicet ... compellendi ... ante dictos [?]⟩^h Iohannem et Bertrandum ad iusticiam Almenare ⟨ut⟩ reciperet fideiussum ab eisdem Iohanne et Bertrando ⟨ut extra⟩ Valenciam non eatis quia haberetis ⟨verba et contencionem [?]⟩ cum ipsis; et eo quia reperimus dictum Bernardum de

Suau prius aggressum fuisse dictos Iohannem et Bertrandum Renaldi volendo ipsos percutere cum ense evaginato ⟨et tenen⟩do cappam*ⁱ in brachio revolutam; considerantes quod iudicium magis terribile sit iudicibus quam litigantibus (cum litigatores coram humano iudice, iudices vero deo inspectore ad[h]ibito causas preferant trutinandasʲ), deum habentes pre oculis et eius timorem in corde gerentes, sedentes pro tribunale ⟨in⟩ palacio nostro Montispessulani, sentenciam dicti magistri Guidonis, in hoc quod condempnavit dictum Iohannem Renaldi in ducentis aureis, revocamus et infirmamus, et in predictis CC aureis dictum Iohannem absolvimus, cum nobis sit manifestum per testes in causa appellacionis productos dictum Iohannem interfecisse in sui corporis defensioneᵏ ut dictum est dictum Bernardum de Suau.

Et quia in defensioneᵏ dicti Iohannis ut est predictum dictum homicidium fuit perpetratum per dictum Iohannem, eundem Iohannem sentencialiter condempnamus ut stet per unum annum extra villam Valencie, secundum forum Valencie. In aliis omnibus sentenciam ipsius magistri Guidonis confirmamus et roboramus.

Lata fuit hec sentencia XIII kalendas Madii,ˡ anno domini MCCLX secundo.

a) Top of each side is badly worn away; water damage. Text closed by arabesque at bottom of recto, though in fact it continues on the verso.

b) Catalan surname; possibly also a form of Puértolas or else Portellas (now gone), both near Huesca in Aragon, or a Catalanized form of either name. The textual form, *de Portalsio* with stroke over first two syllables, favors Portalés.

c) Difficult to identify. The Catalan names Arcany or Arcayna or Argany suggest themselves, as well as the Aragonese Arcaine; Aragonese *arcidiano* can be *arcidiagno* and perhaps contract; several Basque names are close (e.g., Arziaga). Catalan *arxidiaca* is a surname as: Artiaga, Ardiaga, Arxiaca, etc.

d) Mestre Gui, Guido (genitive Guidonis), or Guiu are his variants; he appears in the *Repartiment* fifteen times.

e) Sic. For -*dis*?   f) T: *ho*-.

g) T: *inspecx*-.

h) About five words missing (include: *mandaverimus?*).

i) T: *capa* as in Catalan, from Latin *cappa*.

j) Not *truci*-, as first seems.

k) T: *deff*-.

l) MF: n.p. and XVIII. But the text locates this sentencing: in *palacio nostro Montispessulani*; and the linked units after X amount at most to XVI but more probably to XIII.

386a

Montpellier. 22 April 1262.
Reg. 12, fol. 35v. MF: 383.

Confirms beforehand, to Berenguer de Prada, 'prior of the monastery of Sant Vicent [de la Roqueta] of Valencia,' and to the monastery perpetually: 'the grant and assignment which Arnau [Arnaldo] de Puigmon(t)ço will make to you and the said monastery, of all his estates and possessions which he has in Játiva and its district and dependencies, to endow one priest in the chapel of Santa Maria Magdalena, which is in front of the hospital of the said monastery.'

Per nos et nostros laudamus, concedimus, et confirmamus vobis, Berengario de Prada priori monasterii Sancti [Vincencii de]^b Valencia, et successoribus vestris et dicto monasterio, in perpetuum donacionem et assignacionem quam Arnaldus de Podio [Monço] faciet vobis et dicto monasterio, de omnibus hereditatibus et possessionibus quas habet in Xativa et eius terminis vel [pertinenciis] earum, pro constituendo in capella Sancte Marie Magdalene, que est ante hospitale dicti monasterii, uno presbitero in [reme]^bdium anime sue.

Ita quod dictas hereditates et possessiones habeatis vos et successores vestri et monasterium predictum in [perpetuum],^b teneatis, possideatis, et expletetis cum omnibus melioramentis ibi factis et faciendis et cum introitibus, exitibus, affrontacionibus, et suis pertinenciis universis a celo in abissum, per hereditatem propriam, francham,* et liberam sine aliqua retencione nostra et nostrorum et cuiuslibet alterius persone; non obstante foro* Valencie quo cavetur quod hereditates et possessiones de realenco* non vendantur vel alienentur clericis^c sanctis vel personis religiosis, nec obstante aliqua alia racione.

Datum in Montepessulano, X kalendas Madii, anno domini MCCLX secundo.

a) IP flourish. Trimmed at right, losing three words.
b) MSup.
c) Comma, as separate category? See preface volume, pp. 142–143.

387

Montpellier. 4 May 1262.
Reg. 12, fol. 50. MF: 386.

Notifies 'his castellans, justiciars, worthies, and commune of the people of the city of Valencia and of all castles, towns, and places of the whole kingdom of Valencia from the River Júcar up' that the king has installed Gil (Egidi) (E)ximèn(is) [Gil (Egidio) Jiménez (Eximénez)] (de Segura) of Teruel, as bailiff there. Gil can appoint his own bailiffs for actual collecting of all regalian income, and 'will swear on God's holy Gospels, immediately upon taking charge,' to answer or account to all creditors who hold assignments on crown revenues. These creditors must 'come before Us without delay, to reckon what remains to be paid out to them on those debts.'

Iacobus, dei gracia rex Aragonum, Maioricarum, et Valencie, comes Barchinone et Urgelli, et dominus Montispessulani, fidelibus suis alcaidis,* iusticiis,* probis hominibus, et universitati hominum civitatis Valencie et omnium castrorum, villarum, et locorum tocius regni Valencie a rivo Xuqari citra ad quos presentes pervenerint, salutem et graciam.

Sciatis quod nos constituimus fidelem nostrum Egidium Ximini de Turolio in baiulum civitatis Valencie et omnium castrorum, villarum, et locorum predicti regni que sunt a dicto rivo Xuqari citra. Ita quod ipse sit inde baiulus pro nobis et ponat et constituat ibi baiulos, quoscumque voluerit loco sui, et [= ut] recipiant omnes reditus et exitus nostros predictorum locorum.

Unde mandamus vobis firmiter quatenus ipsum et omnes illos quos ipse voluerit, et non aliquos alios pro baiulis teneatis; et eisdem bene et fideliter respondeatis de omnibus reditibus, exitibus, et iuribus nostris, de quibus baiulis nostris consuevistis et tenemini respondere. Et hoc non mutetis, si confiditis de nostri gracia vel amore.

Ipse enim[a] iurabit super sancta dei evangelia,[b] statim cum predicta ut dictum est emparabit,* quod respondeat et respondi faciat bene et fideliter omnibus illis quibus nos villas, castra, et loca et reditus et exitus ac iura nostra obligavimus pro debitis que eis debemus, de omnibus reditibus, exitibus, et iuribus nostris que a nobis tenent obligata, prout ipsos reditus, exitus, et iura recipient, quousque de dictis debitis sit inde eis plenarie satisfactum; ita tamen quod[c] ipsi quibus debita debemus veniant coram nobis incontinenti*[d] et teneantur nobis computare quid eis remanet de ipsis debitis ad solvendum.

Datum in Montepessulano, IIII nonas Madii, anno domini MCCLX secundo.

a) Sic.
b) T: *euuan-*.
c) Malform: *quos*.
d) Not an error for *incontinenter*, but the Roman Law word for 'immediately' (Digest).

388a

Montpellier. 4 May 1262.
Reg. 12, fol. 50v. MF: 385.

Following the formula in doc. 387, 'the lord king made a charter for Arnau de Mon(t)çó [Arnaldo de Monzón], from the Júcar River down: namely in the form of the document of Gil' (Egidi) (E)ximèn(is) [Gil (Egidio) Jiménez (Eximénez)].

Sub e[a]d[em] f[orm]a, ⟨quarto nonas⟩[b] Madii, anno predicto, fec[it] dominus rex Arnaldo de Munço instrumentum a rivo Xucaris ultra, videlicet in forma instrumenti Egidii Eximini.

a) Badly holed and worn.
b) Since this is nearly illegible, the context of surrounding documents is useful. The date immediately above is: Montpellier, fourth nones of May; that below is: third nones. The *eadem* refers to the companion document, our no.387, at Montpellier on the fourth nones.

389

Montpellier. 6 May 1262.
Reg. 12, fol. 40. MF: 387.

Acknowledges the accounting received from Arnau de Mon(t)ço [Arnaldo de Monzón] for the crown revenues of Castalla castle and town from 16 April 1261 to 15 April 1262; and for the castles and towns of Almirra (Almisra), near modern Campo de Mirra,[a] and Benejama from 16 April 1261 to 1 January 1262; for Biar castle and town from 15 April 1261 to the upcoming 1 August 1262; and for 'all outlay and expense which you made for Us and by Our order for any reason and especially for work on the said castles.' Outgo and profits balance. Arnau had included an item of a two thousand sous penalty, 'to which by Our authority you condemned the *amīn* of Castalla, of which you already have had a thousand sous' with the rest due on the next feast of St John the Baptist. Arnau is to keep the revenues only of the castle and town of Biar, and 'make an iron gate in the tower of Biar castle, and make three workshops before [= facing?] the door of the fonduk, and also roof a certain building in that fonduk, and likewise do all the outlay necessary for Our vineyards at Biar' up to next August 1.

Per nos et nostros recognoscimus et confitemur quod vos, Arnaldus de Monsone, reddidistis nobis rectum et legale computum[b] de omnibus recepcionibus quas fecistis de reditibus et exitibus castri et ville de Castaylla, a XVII kalendis Madii anno domini MCCLX primo usque ad XVII kalendas Madii anno domini MCCLX secundo; et de omnibus reditibus et exitibus castrorum et villarum de Almizrano et de Benixamar, a XVII kalendis Madii anno domini MCCLX primo usque in kalendas Ianuarii anno predicto; et de omnibus reditibus et exitibus castri et ville de Biar, a XVII kalendis Madii anno domini MCCLX primo usque ad kalendas Augusti proximas venturas anno domini MCCLX secundo; et de omnibus datis et missionibus quas fecistis inde pro nobis et de mandato nostro qualibet racione, et specialiter in opere dictorum castrorum infra dictum tempus.

De quo computo[b] bene paccati* sumus ad voluntatem nostram, facient[e]s inde vobis et vestris finem et pactum de non petendo; ita quod non teneamini vos nec vestri nobiscum nec cum nostris de predictis iterum computare nec ullam reddere racionem, set sitis inde cum omnibus bonis vestris habitis et habendis liberi penitus et immunes, prout melius dici potest et intelligi ad vestrum vestrorumque bonum et sincerum intellectum.

Et est certum quod, coequatis[c] receptis cum datis, non debemus aliquid tornare vobis, nec vos nobis. Et posuistis in computo[b] nostro predicto duo milia solidorum, in quibus auctoritate nostra condempnastis aliminum* de Casta[y]lla,[d] de quibus iam habuistis mille solidos, et residuos mille solidos debetis recipere in proximo venturo festo Sancti Iohannis Baptiste.[e]

334

DOCUMENT 390

Et est sciendum quod vos debetis facere, in turri castri de Biar, unam portam ferream; et facere, ante portam alfondici,* III operatoria; et eciam cohoperire quandam domum in illo alfondico; et facere similiter omnes missiones necessarias in vinea nostra de Biar, usque in kalendas predicti mensis Augusti proximi venturi. Et vos debetis recipere omnes reditus et exitus castri et ville de Biar tantum usque ad dictas kalendas Augusti proxime venturas, exceptis caloniis* que ibi acciderint.

Datum in Montepessulano, II nonas^f Madii, anno domini MCCLX secundo.

a) On Almirra (Almisra), see doc. 157.
b) T: *compoto* in first use, then *computo* twice.
c) T: *coeca-*.
d) To conform with first spelling; on the function of y, see preface volume, p. 137.
e) T: *Babt-*.
f) MF: *III nonas*.

390a

Montpellier. 6 May 1262.
Reg. 12, fol. 40v. MF: 388.

Privilege 'to all Saracens living in the main Moorish quarter of Játiva present and future' never to be bound to 'dig [cultivate] the vineyard which We made you plant in the district of Játiva for Our purposes'; nor need they ever again 'plant any vineyard for Us, nor do any labor in the said vineyard existing or to come, nor go to any other expense, unless We should give you as fee [*lloguer*] as much as you would have received from others who hire you.'

Nos Iacobus etc. per nos et nostros volumus et concedimus vobis, omnibus Sarracenis in ravallo* maiori Xative commorantibus presentibus et futuris et vestris in perpetuum, quod numquam vos vel vestri teneamini fodere vineam quam fecimus vobis^b plantare in termino Xative ad opus nostri; nec teneamini vos vel vestri plantare aliquam vineam pro nobis de cetero, nec aliquid^c laboris facere in dicta vinea facta nec facienda,^{d} nec aliquam aliam missionem facere, nisi daremus vobis pro logerio* tantum quantum de aliis qui vos conducerent essetis recepturi.

Mandantes baiulis, alcaidis,* [et] iusticiis* presentibus et futuris quod contra predicta non veniant, nec aliquem venire permittant, modo aliquo vel racione.

Datum in Montepessulano, pridie nonas Madii, anno domini MCCLX secundo.

a) IP flourish.
b) Dative of reference, or error for *vos*?
c) T: *-qui*.
d) T: *-dam*.

391a

Montpellier. 9 May 1262.
Reg. 12, fols. 43v-44. MF: 389.

Privilege to the Jews of Valencia city and kingdom. (1) A Christian plaintiff against a Jew must produce both a Jewish and a Christian witness in usury or other cases. (2) Taking oath for usury, contract, or other cases involving a Christian, the Jew is to swear 'by the ten commandments of the law of Moses, and in no other way.' (3) At any crown levy or for other taxes, the Jews may 'send messengers to Us' to discuss it; and the collecting bailiff or agent (*porter*) must hold off until the messengers get home again. (4) Any investigation against Jews must follow the procedures of the Valencian code, the *Furs*. To the protections already in the *Furs*, the king adds another: if arrested for non payment of taxes, Jews must be released by jailors 'every Friday when the star appears, and you are to be free through that whole night and through all day Saturday until the star appears each Saturday,' when the culprit must return himself 'into the aforesaid captivity.' This dawn and evening 'star' (*l'estel de l'alba*, and *del vespre*) are both Venus.

Per nos et nostros concedimus vobis, toti aliame* Iudeorum civitatis et regni Valencie presentibus et futuris, et statuimus in perpetuum quod, si aliquis Christianus habebit querimoniam de aliquo Iudeo et habebit aliqua probare contra eum, probet ea per Christianum et Iudeum tam super facto videlicet usure quam super aliquibus aliis factis, sicut continetur in foro* Valencie et non aliter ullo modo.

Concedimus eciam, volumus, et statuimus quod, quandocumque vos vel aliquem ex vobis opportebit facere iuramentum super facto usure et aliquarum causarum quas habebitis cum Christianis vel super facto aliquorum contractuum, iuretis et faciatis ipsum iuramentum per decem mandata legis Moisen[b] et non aliter ullo[c] modo.

Concedimus eciam vobis quod, quando nos faciemus vobis aliquam exaccionem racione peite* vel aliqua alia racione et volueritis mittere ad nos super ipso facto nuncios vestros, possitis hoc facere; et baiulus sive portarius* \vel ille/ qui dictam exaccionem vobis faciet non capiat vos nec aliquem ex vobis quousque dicti nuncii venerint ad nos et fuerint reversi ad loca propria unde fuerint.

Concedimus eciam vobis quod, quando inquisicio fiet contra vos super aliquibus factis, fiat ipsa inquisicio secundum forum Valencie et non aliter ullo modo. Et hec omnia et singula concedimus et damus vobis ut ea habeatis prout in foro Valencie continetur.

Preterea concedimus vobis quod, quandocumque pro aliquibus exaccionibus nostris capti fueritis, ille qui nomine nostro vos ceperit vel capi fecerit absolvat vobis[d] singulis diebus Veneris cum stella apparebit; et sitis absoluti per totam ipsam noctem et per totum diem Sabbati usque [*fol. 44*] ad ⟨tempus quando⟩ stella apparebit singulis diebus S⟨abbati post diem⟩[e] Veneris. Ita tamen quod prius assecuretis quod ipsa hora, transactis dictis festis, revertamini in capcionem p[redict]am.

Datum in Montepessulano, VII idus Madii, anno domini MCCLX secundo.

a) Original title, within flourishes: *Iudeorum Valencie*. IP flourish. Arabesque closes text at end of fol. 43v, but in fact it continues; fol. 44 badly deteriorated. Left upper margin, hidden under tape but visible in backlighting: *XII denarii*.

b) Latin form of variant Catalan for Moisès: Moisen (Moysè, Moysi); all versions appear, for example, in Ramon Lull's writings.
c) Somewhat below line.
d) Sic, dative of reference for *vos*.
e) Conjectural: quartz lamp does not clarify.

392[a]

Montpellier. 9 May 1262.
Reg. 12, fol. 42rv. MF: 390.

(E)ximèn Pere (Peris) d'Arenós [Jimeno (Eximeno) Pérez de Arenoso], 'Our lieutenant in the kingdom of Valencia on behalf of Prince Jaume [Jaime],' has submitted at Montpellier through his secretary, Pere Domènec [Pedro Domínguez], an accounting of crown revenues for Burriana, the Albufera saltworks, Alfàndec de Marinyén (today La Valldigna) castle, 'the tribute' of Valencia city's Jews, and 'Our mills of Campanar of Valencia [city].' Ximèn had held all these as security for (or to recover from them) a loan he had given the crown of 110,771 Valencian sous. Balancing profits against expenditure, the king still owed on 1 January 1262 (incarnational 1261) 66,072 sous and 90 (?) diners or pence. Ximèn may recover the sum from the same places again; but the Jewish tribute due on next St John's feast in June[b] will be 2,000 sous already assigned by another title to Ximèn and Pere Ferran(dis) [Pedro Fernández].

Per nos et nostros recognoscimus vobis, nobili et dilecto nostro Eximino Petri de Arenoso, tenenti locum nostrum in regno Valencie pro infante Iacobo karissimo filio nostro, quod recepimus a vobis bonum et legale compotum de omnibus recepcionibus quas fecistis de reditibus et exitibus de Burriana et de salinis de Albuferia,[c] et [de] tributo Iudeorum civitatis Valencie, et de castro de Alfandec, et de molendinis nostris de Campanar de Valencia, que omnia a nobis in pignore tenebatis obligata cum quodam instrumento pro centum X milibus DCCLXX et uno solidis regalium Valencie. Quod compotum recepimus apud Montempessulanum, per Petrum Dominici scriptorem vestrum.

De quo compoto[d] sumus bene paccati* ad voluntatem nostram, renunciandis[e] \excepcionibus/ erroris calculi. Et sic de predicto compoto[d] absolvimus inde vos et vestros cum omnibus bonis vestris, ita quod de cetero non teneamini iterum nobiscum de predictis computare nec ullam reddere racionem; immo absolvimus vos et vestros cum omnibus bonis vestris, vobis et vestris pactum de non petendo perpetuo facientes. Et est sciendum quod coequatis[f] omnibus recepcionibus cum debito predicto et missionibus, debemus vobis inter omnia, usque ad kalendas Ianuarii proximo transacti anno domini MCCLX primo, [*fol. 42v*] sexaginta sex milia LXX duos solidos et no⟨ngentos denarios⟩[g] regalium ⟨Vale⟩nc⟨ie⟩; quos vobis assignamus habendos et percipiendos super reditibus et exitibus pred⟨icto⟩rum locorum.

Et est ⟨en⟩im[h] sciendum quod tributum Iudeorum civitatis Valencie istius presentis anni, quod solvere debent in proximo venturo festo Sancti Iohannis Iunii scilicet duo milia solidorum Petro Ferrandi et vobis, assignavimus in questia* Barchinone. Cum aliis residuis quos vobis mandamus dari, est conclusum et computatum in predicto compoto.[i]

Datum in Montepessulano, VII idus Madii, anno domini MCCLX secundo.

a) Upper left margin: *XII denarii*. Arabesque closes folio after the inner date, but text continues on verso. Top and right side of the verso are in poor condition.
b) June 24, principal feast of Saint John the Baptist.
c) Sic.
d) T: *computo*, but harmonized with first spelling.
e) Overwritten on *renunciantes*, deviating from the usual formula.
f) T: *quoe-*.
g) Reconstruction from fragments under quartz lamp.
h) T: i with overstroke, preceded by flaw or blotch; perhaps *inde*; not *eciam*.
i) T: *computo*. Differently punctuated, the *residua* also were assigned on Barcelona's *questia*, and perhaps the assignment rather than the *tributum* goes with the phrase *Petro Ferrandi et vobis*.

393

Montpellier. 10 May 1262.
Reg. 12, fol. 44v. MF: 391.

Privilege 'to all you Jews and all communities of Jews of the city and whole realm of Valencia present and future, that any Saracens who dwell or make their residence in any of your estates in the whole kingdom of Valencia' need not give the poll tax of one besant required of every Muslim every year.

Per nos et nostros concedimus vobis, universis Iudeis et totis aliamis* Iudeorum civitatis et tocius regni Valencie presentibus et futuris, quod aliqui Sarraceni, qui steterint vel habitacionem suam fecerint in aliquibus hereditatibus vestris tocius regni Valencie, non donent nec teneantur dare de cetero illum bisancium quem ab unoquoque dictorum Sarracenorum quolibet anno habere consuevimus.

Immo a dicto bisancio enfranquimus,[a] et franchos* et immunes facimus, Sarracenos predictos. Mandantes baiulis, iusticiis,* curiis, et universis aliis officialibus et subditis nostris presentibus et futuris quod predicta observent, nec aliquem contravenire permittant ullo tempore, modo aliquo sive causa.

Datum in Montepessulano, VI idus Madii, anno domini MCCLX secundo.

a) T: *emf-*.

394

Montpellier. 14 May 1262.
Reg. 12, fol. 51v. MF: 392.

The king conveys 'to the abbot and community of the monastery of Benifassà [Benifazá]' in free gift and for the good of his soul, 4,000 Jaca sueldos, 'for paying the debts you owe.' The monks already hold a bond for 1,730 morabatins from the king. They can collect both sums from the crown taxes, including the king's share of church tithes and firstfruits, in two dependent villages of Morella: Vallibona[a] and Herbeset[b] (Herbés Sobirans, not plain Herbés or Herbés Jussans).

Nos Iacobus etc. recognoscimus et confitemur debere vobis, abbati et conventui monasterii de Benifaçano, quattuor milia solidorum iaccensium quos vobis damus ex gracia speciali ob remedium anime nostre, pro solvendis debitis que debetis.

Quos assignamus vobis habendos et percipiendos in reditibus, exitibus, questiis,* cenis, et aliis iuribus nostris, tam decimis [et] primiciis quam quibuslibet aliis, Vallis Bone et Erbers Desus, aldearum* Morelle. Ita quod dictos reditus, exitus, questias, cenas, decimas, primicias, et alia iura nostra dictorum locorum tam diu et tanto tempore integre colligatis et percipiatis, donec in eisdem fuerit vobis de dictis IIII milibus solidorum, et de mille septingentis triginta morabatinis* quos vobis debemus cum alia carta ut in ipsa carta continetur, plenarie satisfactum.

Promittentes vobis in fide et legalitate nostra quod, in predictis vel eorum aliquibus, aliquid non tangemus, emparabimus,* vel accipiemus, nec tangi, emparari, vel accipi ab aliquo faciemus aut permittemus, donec in eisdem fuerit vobis de dictis denariis et morabatinis plenarie satisfactum.

Datum in Montepessulano, II idus Madii, anno domini MCCLX secundo.

a) MF: Vallbona. b) MF: Erbers.

395

Montpellier. 15 May 1262.
Reg. 12, fol. 51v. MF: 393.

Supplements the grant in doc. 394 for Benifassà [Benifazá] monastery, which gave 4,000 Jaca sueldos, by promising a further 3,000 sueldos (to a total of 7,000 plus the morabatins in the other document), to be paid by some future arrangement.

Recognoscimus et confitemur debere vobis, abbati et conventui monasterii de Benifaçano, septem milia solidorum iaccensium, quos vobis damus ex gracia speciali ob remedium anime nostre, pro solvendis debitis que debetis.

De quibus assignamus vobis habendos et percipiendos quattuor mille solidos[a] in reditibus, exitibus, et aliis iuribus nostris Vallis Bone et Erbers Desus, aldearum* Morelle, ut in albarano* nostro quem inde vobis fecimus continetur.

Et sic remanet quod debemus vobis tria milia solidorum iaccensium. Que[b] tria milia solidorum iaccensium promittimus vobis solvere in pace.

Datum in Montepessulano, idus Madii, anno domini MCCLX secundo.

a) T: *-dos ... mil. sol.*
b) T: *quos.*

396

Montpellier. 23 May 1262.
Reg. 12, fol. 53. MF: 384.

Acknowledges a debt to Pere de Pont [Pedro de la Puente], citizen of Valencia: 3,300 Valencian sous still outstanding from two partly paid debts, whose debt bonds the king has now recovered and for which he substitutes this new statement.

Recognoscimus et confitemur[a] debere vobis, Petro de Ponte civi Valencie, tria milia trecentos[b] solidos regalium, qui remanent vobis ad solvendum de debitis que vobis debebamus in duobus albaranis* nostris, quos a vobis recuperavimus et habuimus. Quos denarios promittimus vobis solvere in pace.

Datum in Montepessulano, X kalendas Iunii,[c] anno domini MCCLX secundo.

a) Letters faintly appearing here are verso bleeding through (d as reversed b etc).
b) T: *tresc-.*
c) MF: X kalends of May / 22 April.

397a

Montpellier. 1 June 1262.
Reg. 12, fol. 62. MF: 394.

A remission or amnesty for the cathedral sacristan, Guillem [Guillermo de] d'Alaric[b] 'and for your household,' from any charges or punishment that could be brought against either of them 'by reason or occasion of the complaint which Arnau [Arnaldo] Marc(h) lodged against you before Us in the matter of his wife: whom you with your said household had carried away in Gerona, as he charged, and [of whom] you had carnal knowledge.'

Per nos et nostros remittimus, absolvimus, et definimus vobis, dilecto nostro Guillelmo de Alarico sacriste Valencie, et familie vestre et vestris in perpetuum, omnem peticionem, questionem, et demandam, et omnem penam civilem et criminalem quam contra vos et dictam familiam vestram et bona vestra possemus facere, movere, infligere vel imponere racione sive occasione querimonie quam Arnaldus March contra vos proponebat coram nobis pro facto uxoris sue, quam ut ipse asserebat vos cum dicta familia vestra sibi in Gerunda abstuleratis et eam carnaliter cognoveratis.

Ita quod racione predicta non teneamini nobis, nec dicto Arnaldo March, nec alicui alii persone, umquam aliquo tempore in aliquo respondere, set sitis inde, cum omnibus bonis vestris habitis et habendis, liberi penitus et immunes, prout melius dici potest et intelligi ad vestrum vestrorumque bonum et sincerum intellectum.

Datum in Montepessulano, kalendas Iunii, anno domini MCCLX secundo.

a) Upper left margin: *XII denarii*.
b) MF: Alarico. The Catalan surname Alaric also has the variant forms Alerig and (in Valencia) Alarí, all from the proper name Alaric.

398

Montpellier. 1 June 1262.
Reg. 12, fol. 62v. MF: 395.

The king had given to Miquel d'Espanya [Miguel de España] and his wife Simona a corrody or life pension at the monastery of Sant Vicent [San Vicente] (de la Roqueta), but has recovered that charter and is substituting a lifetime annuity of 'six cafises of grain at the measure of Valencia, and 60 quarters of good wine by the quarters of Valencia, and 150 Valencian sous,' all taken from 'Our Játiva revenues and profits.' Half the money is to be paid on the feast of St John the Baptist and the other half the following Christmas. The wheat and wine can be taken at their respective harvest times. Should either die, the survivor will receive only half.

Per nos et nostros, intuitu pietatis et in emenda* et compensacione^a \victus et vestitus, que/ tibi Michaeli de [H]ispania^b et Simone uxori tue dederamus in vita vestra in monasterio Sancti Vincencii Valencie cum carta nostra \quam a te recuperavimus/, idcirco damus et concedimus tibi dicto Michaeli et Simone uxori tue, quolibet anno toto tempore vite vestre,^c sex caficia* frumenti ad mensuram Valencie, et LX quarteria \vini boni de quarterii[s] Valencie/, et CL solidos \regalium/^d pro aliis victualibus et vestibus.

Que omnia habeatis et percipiatis quolibet anno, dum vobis fuerit vita comes, in reditibus et exitibus nostris Xative in hunc modum, videlicet dictum triticum tempore messium, et vinum tempore vindemiarum, et denarios per duos terminos uniuscuiusque anni, medietatem videlicet in festo Sancti Iohannis Baptiste^e et aliam medietatem in sequenti festo natalis domini.

Predictam itaque donacionem et concessionem vobis facimus sub hac forma quod, quando oportuerit te dictum Michaelem \aut/^f uxorem mori, ille \ex vobis/^g qui supervixerit altero percipiat quolibet anno in vita sua medietatem omnium predictorum. Mandantes baiulis nostris Xative etc.

Datum in Montepessulano, kalendas Iunii, anno domini MCCLX secundo.

a) Deleted: *quam*.
b) T: *Ys-*. Miquel is in the *Repartiment* as de Espayna (on yn here, see preface volume, p. 137).
c) Alternation of singular and plural reflects inclusion of wife.
d) Interlinear insert nearly intermingles with previous insert confusingly.
e) T: *Babt-*.
f) Above deleted: *vel*.
g) Above deleted: *vestrum*.

399a

Montpellier. 9 June 1262.
Reg. 12, fol. 63v. MF: 396.

Appoints 'Aḥmad an-Najjār [Anajar]^b the Saracen' as *amīn* of the Muslims of Cuart de Poblet^c for life. He may 'use the office of the aláminate' as his predecessors did and receive the same salary. Orders the local Muslims to accept him.

Per nos et nostros damus et concedimus tibi, Azmet Anajar, Sarraceno, aláminatum Sarracenorum de Quart diebus omnibus vite tue, ita quod tu sis aláminus* dictorum Sarracenorum toto tempore vite tue, dum bene et fideliter in ipso officio te habebis, et utaris de officio aláminatus in omnibus et per omnia sicut alámini quondam dicti loci uti consueverunt.

Concedimus eciam tibi quod habeas et percipias inde, pro tuo officio et labore, tantum quantum alii qui quondam alámini fuerunt dicti loci inde consueverunt recipere et habere.

Mandantes universis et singulis Sarracenis de Quart presentibus et futuris quod te et non aliquem alium habeant et teneant de cetero pro eorum alamino, diebus omnibus vite tue ut superius continetur.

Datum in Montepessulano, V idus Iunii, anno domini MCCLX secundo.

a) Upper left margin cropped, leaving fragment of money payment: *denarii* (?).
b) On the surname see docs.12, 115, 157.
c) MF: Cuarte. Cuart de Poblet (de la Huerta; de la Vega), immediately outside Valencia city, was a privileged Mudejar community at this time; Cuart de les Valls (de los Valles; de Sagunto), four times more distant from Valencia city, was far less important and its Muslims at this period less visible.

400a

Montpellier. 10 June 1262.
Reg. 12, fol. 55. MF: 397.

Grants to Guillem [Guillermo] Peverán (or Peborén?)[b] four jovates in the district of Aldaya in the irrigated countryside of Valencia city, with an annual rent of four pounds of wax to the monastery of Sant Vicent [San Vicente] (de la Roqueta). They lie in five sections. The first is bordered by the road to Silla, the irrigation channel for Cuart de Poblet, the farm of Bernat de l'Aldaia [Bernardo de la Aldaya],[c] and the farm of Ibn ʿĪsā al-Mādhāʾinī (? Amiterini).[d] The second is bound by that channel, the same road, the farm of the niece (less probably granddaughter or aunt)[e] of the Muslim *amīn* of Vall de Uxó and the farm of ʿAlī al-Zayyālī (? Sereli). The third has vineyards of the monastery on two sides, with the Silla road and the farm of (E)ximèn Romeu [Jimeno (Eximeno) Romeo] on the others. The fourth has the Silla road and the same vineyards bordering two sides, with the farms of Pere [Pedro] the convert and of Saʿīd al-Ghamrī (Algambri) on the other two. The fifth is bound by that same channel, and the same farms of Bernat, and of that niece and of Saʿīd.

Per n⟨os et⟩ nostros dam[us] et concedimus tibi Guillelmo Pebor[e]n[f] et tuis in perpetuum illas IIII[g] iovatas* ter⟨re que sunt in⟩ regno Valencie, in orta* civitatis Valencie, \in termino de L[a] Aldeya/.[h] Et sunt in V partitis, quarum una pa[rtit]a confrontat[ur] ex una parte cum hereditate Bernardi de La Aldeya, et ex altera cum hereditate de Abniça Amiterini,[i] et ex alte[ra] in cequia* de Quart, et ex altera in via que vadit ad Sillam.[j] Et[k] altera partita confrontatur ex una parte cum hereditate de Ali \Sereli/,[l] et ex altera cum hereditate neptis[m] alamini Uxoni, et ex altera in cequia predicta de Q[ua]rt, et ex altera in via predicta que vadit ad Sillam.

Et tercia partita confrontatur ex duabus partibus cum vineis monasterii Sancti Vincencii de Valencia, et ex altera cum hereditate Eximini Romei, et ex altera in via predicta que vadit ad Sillam.[n] Et quarta partita confrontatur in una partita [= parte] in vineis predicti monasterii Sancti Vincencii, et ex altera parte cum hereditate de Saat Algambri, et ex altera in via predicta que vadit ad Sillam,[n] et ex altera cum hereditate Petri baptizati.[o] Et quinta partita confrontatur ex una parte cum hereditate Bernardi de L[a] Aldeya, et ex altera cum hereditate de Saat Algambri, et ex altera in cequia predicta de Quart, et ex altera[p] cum hereditate neptis alamini predicti de Uxon.[q]

Predictas itaque IIII iovatas terre, ut superius confrontantur, tibi et tuis damus in perpetuum cum introitibus, exitibus, affrontacionibus, et suis pertinenciis universis a celo in abissum; in hunc modum quod tu et tui donetis inde \monasterio Sancti Vincencii Valencie/[r] semper, quolibet anno pro[s] censu in festo natalis domini quattuor libras cere. Et sic habeatis tu et tui in perpetuum, teneatis, possideatis, et expletetis predictas quattuor iovatas terre cum omnibus supra dictis, ad dandum, vendendum, impignorandum, alienandum, et ad omnes tuas tuorumque voluntates cui et quibus volueritis franche et libere perpetuo faciendas, exceptis militibus, sanctis clericis, et personis religiosis; salvo tamen semper \dicto monasterio/[t] in dictis quattuor iovatis terre dicto censu, dominio, laudimio,* et fatica.*

Datum in Montepessulano, quarto idus Iunii, anno domini MCCLX secundo.

a) Modern title (after deleted *ren*): *Paboren*. Apparent modern letter at holed top is part of older pagination: *LIII*? Apparent fragments at right are stains at torn edges.

b) Names such as Pabó, Peborde (Paborde), or de Borán seem less likely than Pe(r)verán, though none is satisfactory.

c) Catalonia has at least one Aldea, and medieval Aragon several, such as the Alde(i)a in the Alagón district. La Aldaya, Catalan L'Aldaia, is close to Valencia city. Arabic ḍay'a from which the common designation *aldea* derives, underlies the variant forms.

d) No equivalent seems satisfactory; al-Matarī, or compounds with Amet (as Aḥmad with 'Arīnī), offer possibilities.

e) The Latin bears all these meanings, if medieval 'aunt' is added; but Catalan *neboda* would probably influence the reading of *neptis* as 'niece.'

f) The first syllable is clear, the remainder reasonably so, but the hole could contain an ascender (d) or even two letters (*de*); r and n might possibly be distortions, with a different reading if there were no hole. There is no preceding *de*. See note b.

g) T: [*I*]*IIIr*.

h) T: *laldeya*; in next sentence: *La Al*-.

i) Possibly: *Amice*-.

j) T: *ad insillam*; delete *ad* or *in*. Next paragraph has *ad Sillam* twice.

k) T: *et ex* (otiose *ex*).

l) Above deleted: *aseri*. m) Not: *nepotis*.

n) T: *Ci*-. o) T: *babt*-.

p) Repeated: *et ex altera*.

q) Sic; above: *Uxoni* as genitive.

r) Above deleted *nobis et nostris*, in another hand.

s) Deleted: *festo*.

t) Above deleted: *vobis et vestris*, in another hand.

401

Montpellier. 21 July 1262.[a]
Reg. 12, fol. 65v. MF: 399.

Ratifies 'all the verdicts passed by Bernat [Bernardo] Calvet, Bartomeu [Bartolomé de] d'Ossal,[b] Master Guillem [Guillermo de] d'Arbea,[c] and Ferrer de (A)piera in the case argued between Bernat de Pont [de la Puente] on one side and Margarida [Margarita] the wife of the deceased Octavià (Octovià) [Octaviano] citizen of Valencia and her legal representatives on the other.' From an honor or life estate, which her first husband Pere [Pedro] de Cervera had held 'in the place called Llosa [La Llosa de la Plana] and La Rapita'd in the Murviedro district (modern Sagunto), she (acting 'for herself and her daughter and her own') had granted or sold in perpetuity to de Pont enough land for plowing by 'a yoke of oxen' and 'fallow new and old in a suitable place.'

Per nos et nostros laudamus, concedimus, et confirmamus sentencias omnes latas per Bernardum Calveti, Bartholomeum de Ossal, magistrum Guillelmum de Arbea, et Ferrarium de Apiaria, in causa que vertebatur inter Bernardum de Ponte ex una parte et Margaritam uxorem quondam Octoviani civis V[a]llencie et procuratores suos ex altera prout in sentencia ab unoquoque dictorum iudicum inde lata melius et plenius continetur, super facto videlicet cuiusdam honoris* sive terre quam dicta Margarita per se et filiam suam ac suos dedit et stabilivit predicto Bernardo de Ponte et suis in perpetuum, sufficientis ad unum par bovum^e ad guaretum*^{f} novum et vetus in loco congruo, de illo videlicet honore quod [= quem] Petrus de Cervaria defunctus, primus maritus eius, habebat in loco qui dicitur Losa et Rapita, et qui est in termino Muriveteris, prout in carta donacionis et stabilimenti [melius continetur].^{g}

[Datum in Montepessulano, XII kalendas Augusti, anno domini MCCLXII].^{a}

a) The document above this, and the three below, bear that dateline.
b) Not d'Aucel etc. but the surname Os(s)al from the Jaca region in Aragon; Manuel Alvar argues that it is an Aragonese variant of modern Ossau in France.
c) Arbea, a variant of Arbe, was Aragonese (and Basque). On the names and persons of Piera and Octavià see doc. 371.
d) Clearly a single place, by the Latin. The nearest La Rapita today is a landscape feature too distant to fit here; probably La Llosa has absorbed it.
e) T: *bobum*.
f) Catalan *guaret* (see translation in abstract).
g) Document ends abruptly.

402a

Montpellier. 22 July 1262.
Reg. 12, fol. 56v. MF: 398.

Validates a debt of 500 Valencian sous the crown owes Mengot de Boysal (Buisán),^{b} justiciar of Valencia city, 'by reason of your horse, which We received from Bartomeu [Bartolomé] de Corbera at Montpellier and gave to Gastó [Gastón] de Castellet Our majordomo.' Assigns collection of this to 'the fourths [of agricultural profits], to court income, and to Our other revenues of [the municipal] court at Valencia city.'

[Nos Iacobus etc. recognoscimus et confitemur]ᶜ debere vobis Mengoto de Boysano iusticie* Valencie quingentos [solidos] regalium, quos vobis d[e]bemus racione cuiusdam equi vestri, quem in Montepessulano a Bartholomeo de Corbera accepimus et dedimus Gastono de Castelletᵈ maioridomoᵉ nostro.

Quos assignamus vobis habendos et perc[i]piendos in quarti[s], caloniis,* et aliis red[i]tibus et exitibus nostris curie Valencie. Ita quod tam diu et tanto tempore predictos reditus et exitus colligatis et percipiatis, donec in eisdem sit vobis de dictis D solidis plenarie satisfactum.

Datum in Montepessulano, XI kalendas Augusti, anno domini MCCLX secundo.

a) Trimmed at top and right side.
b) MF: de Buysano. On this Aragonese surname and its derivation, as well as the proper name Mengot, see doc. 284, note b.
c) MSup.

d) Less likely: *Castellot*. Though there is an Aragonese Castellot (Teruel), both Castellot and Castellet are Catalan toponyms, and Castellet is likewise a surname.
e) Sic, not the more expected *maiori domus*.

403ᵃ

Montpellier. 27 July 1262.
Reg. 12, fol. 67. MF: 400.

Grants to Pere d'Osca [Pedro de Huesca] and his wife Sança (Sanxa) [Sancha] Bascuésᵇ in perpetuity three jovates or plowlands in the Alcira district, in the hamlet of Tora.ᶜ The king had given these jovates to Ceveró de Canet, then 'confiscated and recovered them' from him by reason of non-residence, and then ordered them assigned as here by his Alcira bailiff Berenguer de Poses.ᵈ To gain permanent title, the pair must hold it ten years, establish personal residence, and agree not to alienate to clergy or knights.

Per nos et nostros damus et concedimus tibi, Petro de Osca et Sancie Bascues uxori tue, et vestris in perpetuum per hereditatem propriam, francham,* et liberam, illas tres iovatas* terre que sunt in regno Valencie, in alqueria* de Tora termino Aliezire, quas nos dedimus Cerverono de Caneto et quas postea emparavimus* et recuperavimus ab eodem racione absencie, et quas Berengarius de Pausis baiulus noster Aliezire vobis de mandato nostro assignavit; concedentes vobis et vestris in perpetuum quod predictas tres iovatas terre cum introitibus, exitibus, affrontacionibus, et suis pertinenciis univers[i]s a celo in abissum habeatis, teneatis, possideatis, et expletetis per hereditatem propriam, francham, et liberam ad dandum, vendendum, impignorandum, alienandum, et ad omnes vestras vestrorumque volun[t]ates inde franche et libere perpetuo faciendas, exceptis militibus, sanctis clericis, et personis religiosis.

DOCUMENT 404

Predictam itaque donacionem vobis et vestris facimus in hunc modum, quod predictas III iovatas terre non possitis dare, vendere, vel alienare hinc ad X annos primos venturos, et quod in ipsis faciatis residenciam personalem.

Datum in Montepessulano, VI kalendas Augusti, anno domini MCCLX secundo.

a) Modern title: *Donatio alcherie in termino Algezire*. IP flourish. Worn down right side; stained.
b) Bascués was below Casbas, east of Huesca in Aragon. The Catalan surname Bascú (a southern French variant of Vascó or Basque) would be equivalent, 'de' supplying for the genitive ending *es*.
c) MF: Tona. Tora, a village of Alcira, appears six times in the *Repartiment* but no longer exists.
d) MF: de Pausis.

404a

Barcelona. 6 September 1262.
Reg. 12, fols. 68v-69. MF: 401.

Awards to Arí(a)s Iuanes (Ibanyes) [Aries Ibáñez][b] the village of Algorfes with its dependent livestock pens (*rafals*)* in the district of Jijona (?) on the same conditions under which it was formerly held by Arnau [Arnaldo] de Togores (Tugures). It is bordered by the life-tenure farms (*honors*) of Ponç [Poncio de] d'Olzet, of Ferran [Fernando] Bergés or Borges,[c] of Miquel [Miguel] Llorac, and (formerly) of the widow of Bernat [Bernardo] de Mora. It is also bordered by the public road and by the hamlet that belonged to Bernat de Font [de la Fuente] but now is held by Guillem [Guillermo] de Cases and his brothers. On the death of Aries the village, with its improvements but unencumbered with debts, will return to the crown; it includes 'the houses built or to be built there,' ovens, grazing, waters, woods, hunting, all revenues, and 'vineyards both planted and to be planted.'

Per nos et nostros damus et concedimus vobis, dilecto nostro Aries Ivaynes, diebus omnibus vite vestre quandam alqueriam* cum suis rafalis*[d] in termino de Sasenum [?],[e] que vocatur Algorffes, quam alqueriam cum dictis rafalis[d] Arnaldus de Tuguriis olim tenuit et possedit, sicut confrontatur in honore* Poncii de Olzeto, et in alqueria que fuit Bernardi de Fonte que modo est Guillelmi de Casis et fratrum suorum, et in honore Michaelis de Loraco, et in honore qui fuit uxoris Bernardi de Mora quondam, et in honore Ferrandi Berges,[c] et in camino publico.

Quam alqueriam predictam, cum suis rafalis,[d] et cum domibus ibi constructis et construendis, et cum omnibus reditibus et exitibus suis, et cum introitibus, exitibus,[f] affrontacionibus, et suis pertinenciis universis a celo in abissum, et cum pratis, paschuis, herbis, aquis, lignis, furnis, silvis, garrici[i]s,* nemoribus, venacionibus, montibus, et planis, et cum vineis tam plantatis quam \eciam/ ad plantandum, et cum terris cultis et incultis, et cum omnibus iuribus pertinentibus ad predictam alqueriam et suos rafalos[d] et terminos eorundem (prout melius et plenius nos et Arnaldus de Tuguriis quondam supra dicta tenuimus et possedimus et ipse Arnaldus tenuit et possedit) vos et vestri habeatis, teneatis, possideatis, et expletetis pacifice et quiete quam diu vobis fuerit vita comes, prout melius dici potest et intelligi ad vestrum bonum et sincerum intellectum.

Post obitum vero vestrum, iam dicta alqueria [*fol. 69*] [cum omnibus melioramenti]s[g] et cum universis et singulis supra dictis nobis et nostris, sine impedimento [et sine debitorum][h] onere,[i] ⟨libere revertatur⟩.

Datum Barchinone, VIII idus Septembris, anno domini MCC[LX secundo].[j]

a) Fol. 69 trimmed along left side, about a fifth of its text.
b) Not the zodiac sign, Catalan *Aries*, but the Germanic-Spanish Arias, into Catalan, for example, as the surname Arís. The genitive surname, in the text as *Iuayns* with stroke over last three letters, is the Latin Iohannes, into Catalan from a Basque form as Iuanes (Ibanyes); see doc. 280, note b.
c) T: *Brges*, with stroke over *br* (Vergés, Bargés etc. are all variants of Verger). The name Burgés or its variant Borgés seems less likely; see its form in doc. 493, note b; the Aragonese toponym Borja has a rare variant, Borges. For the preceding name, Alzet might be expected, and the text's initial letter is blobbed, but Olzet fits the paleographic shape better and was not unknown as a surname.
d) T: *raffa-*.
e) MF: Fasnum; but initial letter is s with half-bar as in *sic* in the next line of script, and an overstroke requires extension somewhere. If extended as *Sasonum* or a distorted *Scisonem* this is recognizably ancient Saxona or Sasena, modern Jijona. It may, however, be something else. Algorfes does not help identify it, being itself something of a mystery; it is not Algorfa east of Orihuela or the Algorf formerly in the Albaida valley.
f) Deleted: *suis*.
g) MSup. incorrectly: *[. . . regali]s*.
h) MSup: *[. . . debitor]*.
i) T: *ho-*.
j) MSup.

405[a]

Lérida. 13 October 1262.
Reg. 14, fol. 1. MF: 402.

Garcia(s) Pere (Peris) [García Pérez] de Castalla, at the king's 'wish and command' has given 'sworn homage' to ex-sultan Abū Zayd for the castle of Castalla, close to Biar in southern Valencia. He now holds it for Abū Zayd and the king (to whom he has paid a desired sum) under the same conditions as 'the noble Bernat Guillem d'Entença [Bernardo Guillermo de Entenza] held [non-Valencian] Roda[b] castle' for the same two. Also closes the contractual obligations of the same Bernat (as tenant of Castalla, not Roda?).

Recognoscimus et confitemur quod vos, Garsias Petri de Castaylla, de mandato et voluntate nostra fecistis homagium fidelitatis Ceido Abuzeit de castro de Castaylla. Ita quod illud pro nobis et dicto Ceido Abuzeit teneatis in fidelitate, sicut nobilis Bernardus Guillelmi^c de Entenza tenebat pro nobis et ipso castrum de Roda in fidelitate.

Et quia de hoc a vobis Bernardo paccati* sumus ad voluntatem nostram, facimus vobis et vestris finem^d et pactum de non petendo. Ita quod racione^e predicta non teneamini nobis vel nostris umquam in aliquo respondere, ⟨neque⟩ nos vel nostri possimus inde vobis vel vestris peticionem aliquam facere vel demandam. Set sitis inde vos et vestri liberi, quiti,*^f et penitus absoluti, prout melius dici potest et intelligi ad vestrum [et] vestrorum bonum [et] sincerum intellectum.

In cuius rei testimonium, presentem cartam sigilli nostri munimine fecimus roborari.

Datum Ilerde, III idus Octobris, anno domini MCCLX secundo.

a) Original title (?), centered: *Nota*. Modern title, at right: *Castri de Castaylla*.

b) Roda de Isábena (de Ribagorza), north of Benabarre in Aragon's Huesca province, rather than the more important castle Rueda de Jalón southwest of Zaragoza in Aragon? (Roda de Ter, and the Roda de Berà castle of Tarragona, are not in question.) On the name Castalla, see doc. 31.

c) T: G with stroke through; genitive form mine.

d) Deleted: second *finem*.

e) Malform: tail of r joins back of c, so *rce* seems *ire (in re)*.

f) Not: *-tii*.

406ª

Lérida. 21 October 1262.
Reg. 12, fol. 72. MF: 403.

Grants 'to Miquel Sanç (Sanchis, Sanxes) [Miguel Sánchez], shepherd [head stockman or master shepherd?] of Our beloved Na Teresa Gil de Vidaure [the king's secret wife], in perpetuity, half of that public oven that We had given to Mir(ó) [Mirón], resident of Segorbe, in the town of Segorbe, which oven is in the town plaza of Segorbe.' He must pay ten sous every Christmas 'for rental of your half of the said oven,' must respect the king's residual lordship, and must not alienate to clergy or knights.

Noverint universi quod nos Iacobus, dei gracia rex Aragonum, Maioricarum, et Valencie, comes Barchinone et Urgelli, et dominus Montispessulani, per nos et nostros damus, concedimus, et stabilimus ad censum tibi Mich[a]eli^b Sancii, pastori dilecte nostre dompne Taresie Egidii de Bidaure,^c et tuis in perpetuum medietatem illius furni quem nos dederamus Mirono, habitatori de Sogorbio,^d in villa Sogorbi[i] ad medietatem; qui furnus est in platea ville Sogorbii. Ita tamen quod tu et tui donetis nobis et nostris, singulis annis in festo natalis domini, decem solidos regalium pro censu tue^e medietatis furni predicti.

DOCUMENT 407

Et sic de cetero tu et tui habeatis, teneatis, et possideatis medietatem dicti furni, prout nos ipsam habemus et habere debemus, cum introitibus, exitibus, affrontacionibus, et suis pertinenciis universis a celo in abissum, ad dandum, vendendum, impignorandum, alienandum, et ad omnes vestras vestrorumque voluntates cui et quibus volueritis perpetuo faciendas, exceptis tamen militibus, sanctis clericis, et personis religiosis; et salvo nobis et nostris in perpetuum dicto censu, dominio, laudimio* et fatica.*

D[a]tum Ilerde, XII kalendas Novembris, anno domini MCCLX secundo.

a) Modern title: *Furnus in Sugurbio*. IP flourish. At left upper margin: *nihil*, with small o below and large a below that.
b) T: *Micheli*.
c) For: *Vi-*. Only first stroke of r made.
d) *Segorb*; harmonized with other forms in sentence.
e) T: *tue* with otiose overstroke.

407a

Lérida. 22 October 1262.
Reg. 8, fols. 61v-62. MF: 381.

'On 20 October 1262 the lord king imposed these taxes [*quèsties*] on the kingdom of Valencia; and Bernat [Bernardo] de Puigdàlber (Puigdalba)[b] collected above the Júcar River, and Pere [Pedro] Bonastruc[c] below the Júcar.' Debts or withdrawals from the sixteen towns in the first group are to be made by: Benvenist [Benveniste] de Porta, Bernat Duhest,[d] the prior of Sant Vicent [San Vicente] de la Roqueta (Berenguer de Prada), and the town of Albalat. From the eighteen below the Júcar, withdrawals will be made by Miquel [Miguel] Violeta on behalf of Esteve [Esteban] de Trullar[e] and Guillem [Guillermo] of Narbonne. Others in the text are Pere de Roda [de Roda, or Rueda] and Joan de la Pena or Penya [Juan de la Peña]. Towns named are: Ademuz, Albalat,[f] Alcira, Almenara, Alpuente, Arcos de las Salinas, Burriana, Castielfabib, Cullera, Liria, Morella, Murviedro (modern Sagunto), Onda, Peñíscola, and Segorbe; in group two: Agres, Albaida, Alcoy, Almirra or Almisra (near Campo de Mirra), Berdia (near Benicadell)[g], Bocairente, Calpe, Cocentaina, Corbera, Denia, Gandía, Játiva, Luchente, Montes, Onteniente, Palma, Rótova, Sumacárcel, and Villanueva de Carbonera.[h]

Anno domini MCCLX secundo, XI kalendas Novembris, iactavit dominus rex questias regni Valencie. Et collegit a rivo Xucari citra Bernardus de Puydalber, et ultra Xucarum Petrus Bonastruch.

A[i] Peniscola	M solidos	MD solidos	dimisit DC solidos
C Morella	VIIII milia solidorum	XII milia solidorum	dimisit eis IIII milia denariorum [= solidorum]
A Burriana	II milia solidorum	III milia solidorum	dimisit mille solidos
A Onda	III milia solidorum	IIII milia D solidos	dimisit MD solidos
Almanara \Albalat/[j]	D solidos	DCCL solidos	dimisit CCL solidos
A Murvedre	V milia solidorum	VII milia D solidos	dimisit II milia DCC solidos
A[k] Sogorb	II milia solidorum	III milia solidorum	
C Liria	II milia solidorum	III milia solidorum	quod solverant tantum pro libro quantum homines Muriveteris
Castelhabib \Albalat/[j]	DCCC solidos	MCC solidos	
Ademuz \Albalat/[j]	D solidos	DCCL solidos	[Albalat][l]
C Alpuente[m] Arcos[n]	D solidos	DCCL solidos	[Albalat][l]
C Algezira	IIII milia solidorum	VI milia solidorum	
C Cuyllera	M solidos	MD solidos	dimisit totum

Debet recipere in istis denariis Benvenist de Porta XX milia solidorum regalium.

Item Bernardus Duhest	III milia CCC solidos iaccenses.
Item prior Sancti Vincencii	VI milia DCLXVII solidos, VI denarios regalium.
Item Albalat	D solidos regalium.

[fol. 62]   [Petrus de En Astruch][o]

C[p] Xativa	[... solidos]		
C Corbera	MD solidos	II milia CCL solidos	
C Candia	IIII milia solidorum	VI milia solidorum	
Denia	nichil[q]		
C Roto[v]a	cum alqueriis suis	D solidos	DCCL solidos
C Palma			

DOCUMENT 407

C Luchen	DCCC solidos	MCC solidos	
C Villanova de Carbonera	CC solidos	CCC solidos	
C Berdida } C Montes }	CC solidos	CCC solidos	
C Albayda	M solidos	MD solidos	dimisit D solidos
C Ontignen cum alchariis suis	II milia solidorum	III milia solidorum	dimisit II milia [solidorum]
C Somacarcer	CC solidos	CCC solidos	
C Coçoltania[r]	M solidos	MD solidos	dimisit D solidos
C Alcoy	D solidos	DCCL solidos	dimisit CCL solidos
C Almizran[s]	CC solidos	CCC solidos	dimisit totum
C Calp	CCCC solidos	DC solidos	dimisit CCC solidos Iohannes [de l]a Pe[na][t] LCC solidos [?]
C Bocayren	DCC solidos	ML solidos	dimisit CCCC solidos
Agres	CC solidos	CCC solidos	Petrus de Roda

Debet recipere Michael Violeta, pro Stephano de Trullar,[c] in istis denariis X milia [solidorum][u] regalium.

Item Guillelmus de Narbona, in denariis ferialium de Ontignen, MDCCLXVII [solidos] regalium.

a) Holed somewhat at left side; fol. 62 trimmed at left with loss of some letters. In both folios the *dimisit* column appears to be a subsequent set of entries. A line across the page, above the date, boxes the first statement; subsequent lines are as indicated. MF notes only the year, consequently locating the document just after the ambiguous double years of the first three months of the year and just before a document of 14 April 1262.

b) Catalan toponym; also Puigdalba. See also docs. 232, 497.

c) Not the toponym and surname Bonastre. Bonastruc is normally a Jewish name.

d) Clear in the text. An Aragonese name, it is Duest on fol. 76.

e) T: *Tllar*, with slanted line at upper right of T. The surname Trullar, more usually Trullà, fits best (not to be confused with the toponym and surname in the plural: Trullàs or Trullars). The surname Triller and Trilla(s) seem less likely, and *Cuell-* is not possible.

f) Albalat appears four times in the list north of the Júcar. A common Arabic toponym, it is likely to designate here one of three places: Albalat de la Ribera (near the Júcar, south of Valencia city), Albalat dels Sorrells or de Codinats (on Valencia city's countryside), or Albalat dels Taronchers (or de Segart, or de Pardines) near Sagunto.

g) On Benicadell, see docs. 146, 185; on Almisra, doc. 157.

h) In the Albaida Valley, near Rugat, Vilanova [Villanueva] eludes further identification. Perhaps it was a settlement by King Jaume near the Castell de Carbonera.

i) These letters, A and T or C are subsequent notations; some entries do not have them; some on fol. 62 have lost their letters in trimming. The C for Morella is overwritten, perhaps from an A.

j) Added sic, as afterthought.

k) A is overwritten on deleted *sug-* (?).

l) Deleted, at these spaces.

m) Deleted: *Albalat* (inserted as above).
n) Inserted, without information; assimilated perhaps to another entry's figure.
o) On mounting tape, where the top of the manuscript is cut away, a modern hand has attempted a substitute: *P. den Astruch* (!). Could this have been, as above: *Petrus Bonastruch*?
p) From here down to the Montes entry, fragments at trimmed edge suggest letters before each name, probably C, some perhaps T.
q) A later entry, hurriedly scratched in.

r) Unusual form, also found in the *Repartiment*.
s) Sic: -*an*.
t) Scribbled as an afterthought, with letters malformed; the surname could be *den* Pena. However, the exceedingly small script, combined with formlessness of stroke, suggests other transcriptions, both for the surname and (in place of *LCC solidos*) as *habet molendina*. Joan de la Porta served in the queen's household around this time.
u) MSup.

408ª

Lérida. 26? October 1262.
Reg. 12, fol. 47. MF: 405.

The deceased Bla(s)i [Blas] (father-in-law of Guillem [Guillermo] de Plana citizen of Valencia)ᵇ had provided in his will that half his goods go to religious causes if his son Bernat [Bernardo] died without issue. Bernat now dead and the condition fulfilled, the bishop of Valencia (Andreu d'Albalat O.P. [Andrés de Albalate]) had ordered Blai's daughter and heiress Francesca [Francisca], Guillem's wife, to release the half 'so that he might distribute it.' After 'counsel with notables [*prohoms*] of Valencia city,' and 'especially since We desire that the wishes of testators be fully carried out,' the king orders the justiciar of Valencia city, Mengot de Boysal (Buisán),ᶜ not to impede the bishop's decree but to facilitate it, 'unless this be against the *Furs* of Valencia.'

Iacobus dei gracia rex Aragonum etc. dilecto suo Mingoto de Boysano iusticie* Valencie etc. Intelleximus quod Blasius quondam def[unctus], socer Guillelmi de Plana civis Valencie, ordinavit in suo testamento quod, si Bernardus filius suus decederet sine liberis, medietas omnium [bonorum] suorum daretur amore dei in remedium anime sue.

Unde cum dictus Bernardus filius suus decesserit sine liberis, et episcopus [Valencie] mandaverit Francisce, uxori Guillelmi de Plana filie dicti Blasii et heredi, quod prefata medietas traderetur sibi ut ⟨ipsam⟩ possit distribuere amore dei in remedium anime prefati defuncti, de consilio proborum hominum Valencie et deum timentes mandamus vobis firmiter quatenus dictum episcopum non impediatis in ipso facto, nec impediri aliquatenus permittatis.

Immo sentenciam, quam ipse tulit, faciatis execucioni mandari, presertim cum nos velimus quod voluntates testatorum plenarie impleantur. Et hoc aliquatenus non mutetis, si confiditis de nostri gracia et amore, nisi hoc esset contra forum* Valencie.

Datum Ilerde, [VII]ᵈ kalendas Novembris, anno domini MCCLX secundo.

a) Torn away down right and mounted, with edge of each line worn and dim.

b) More clumsily, *civis* as nominative may modify *Blasius*. On the name Plana, see doc. 112n.

c) On (Do)mengot and Boysal, see doc. 284n.

d) The document above on this folio and the two documents below lack a day in the dateline; the Lérida stay lasted all through the kalends of November. Faint tracks may indicate either *VII* or *XII*.

409

Lérida. 28 October 1262.
Reg. 12, fol. 72v. MF: 404.

Injunction in favor of Pere [Pedro] de Barberà, a draper, prohibiting distraint or criminal penalties against him or his possessions 'by reason or occasion of the textiles that you sold' to Pere Pascasi [Pascasio] of La Massarra,[a] and to Iuanes (Ibanyes) Domènec [Ibáñez ? Domínguez] and his wife.[b] Pere must nevertheless stand ready to satisfy them in a civil suit, according to the *Furs* of Valencia.

Per nos et nostros remittimus, absolvimus, et definimus[c] tibi, Petro de Barberano draperio Valencie, et tuis in perpetuum omnem peticionem, questionem, et demandam, et omnem penam [civilem et][d] criminalem quam contra te vel bona tua possemus facere, movere, infligere, vel imponere racione sive occasione pannorum quos vendidistis[e] Petro Paschasii de Lamaçerana, Ivaynes[b] Dominici, et uxori sue.

Ita scilicet quod racione dicte vendicionis non teneamini tu nec tui nobis vel nostris umquam aliquo tempore in aliquo respondere. Set sitis inde tu et tui com omnibus bonis vestris habitis et habendis liberi et penitus perpetuo absoluti, prout melius dici potest et intelligi ad tuum tuorumque bonum et sincerum intellectum, te tamen faciente predictis Petro Paschasii, Ivaynes[b] Dominici, et uxori sue complementum iuris secundum forum* Valencie, si de te racione predicta querimoniam duxerint proponendam.

Mandantes alcaidis,* baiulis, iusticiis,* et universis aliis officialibus et sub[d]itis nostris presentibus et futuris quod predicta omnia et singula firma habeant et observent, et contra ipsa non veniant umquam aliquo tempore, nec aliquem venire permittant aliqua racione vel causa.

Datum Ilerde, V kalendas Novembris, anno domini MCCLX secundo.

a) A spring near Bocairente in Valencia; not a wholly satisfactory identification by reason both of its obscurity and of its rather longer form. See also Almacera near Valencia city.

b) On *Ivayns* with overstroke, see doc. 338n. This Ibanyes may be the Johannes Dominici listed several times in the *Repartiment*.

c) T: *diffi-*.

d) Deleted.

e) For *vendidisti*? By design or confusion the scribe assimilates this past action to the plural *tu et tui* verbs here.

410a

Lérida. 10 November 1262.
Reg. 14, fol. 3. MF: 406.

An agreement with Ramon Iuanes (Ibanyes) [Ramón Ibáñez] commander of Alcañiz, by which the knights of Calatrava will hand over their Bejís castle, town, and district, as more fully explained in a separate contract, with the bishops of Zaragoza (Arnau [Arnaldo] de Peralta) and Tortosa (Bernat [Bernardo de] d'Olivella) as intermediaries. In return the king 'will reprieve and acquit both the Master and your whole Order of Calatrava from all investigations, charges, and actions that We or Ours could make or move against you and your Order by reason of the Mastership of Alcañiz and by reason of the crimes and injuries done to Us and Our land by your castles and towns of Bejís and Villena.'

Nos Iacobus etc. convenimus et promittimus vobis, dilecto nostro Raimundo Yvagnes[b] commendatori de Alcanicio, quod si vos feceritis concambium cum nobis de castro vestro et villa de Bexix cum terminis et pertinenciis suis, ad cognicionem venerabilium et dilectorum nostrorum episcoporum cesaraugustani et dertusensis,[c] secundum quod in compromisso facto inter nos et vos plenius continetur, nos faciemus vobis absolucionem et remissionem et magistro et toti ordini vestro Calatrave de omnibus questionibus, peticionibus, et demandis, quas nos vel nostri possemus facere vel movere vobis et ordini vestro racione magistratus de Alcanicio et racione maleficiorum[d] et iniuriarum a castris et villis vestris de Bexix et de Bilena nobis et terre nostre illatarum.

Datum Ilerde, IIII idus Novembris, anno domini MCCLX secundo.

a) Modern title: *Pactum inter dominum regem et commendatorem de Alcanycio super castro de Bexix*. Left upper margin: *II solidi*.
b) Or: -*nis*; cf. doc. 280, note b.
c) T: *cesaraug., dertusen.*, with overstrokes; I have filled out each adjective as genitive singular.
d) Or: *malefactorum*; T: *malefcarum* with stroke.

411a

Lérida. 12 November 1262.
Reg. 12, fol. 73v. MF: 407.

Arnau [Arnaldo] de Puigmon(t)só in his testament willed all his Játiva properties to 'the hospital of the monastery of Sant Vicent [San Vicente (de la Roqueta)], which is fairly close to the city of Valencia,' excepting his farm estate (*reial*) held by Barceló de Molins 'near the wall' of Játiva. This endows a priest to celebrate mass and the liturgical hours 'in the chapel of the said hospital' for the souls of Arnau and of all deceased Christians.

Surplus goes to the office of treasurer 'of the poor of the said hospital.' Waiving contrary statutes, the king approves and confirms 'with Our major seal.'

Nos [Iacobus etc.], attendentes piam et laudabilem ordinacionem quam Arnaldus quondam[b] de Podio Monço fecit in suo testamento,[c] in quo legavit hospitali monasterii Sancti Vincencii, quod est satis prope civitatem Valencie, omnes honores* et possessiones quas habet [= habebat] apud Exativam, excepto regali* quod est prope murum ipsius ville quod tenet Barcelonus de Molendinis, et mandavit quod in capella dicti hospitalis institueretur unus presbiter qui celebraret ibi divina officia ad honorem dei et pro salute anime sue et omnium fidelium defunctorum et haberet honores predictos, et si quid superesset, facta institucione dicti presbiteri idonee[d] de fructibus et reditibus dicti honoris, converteretur in procuracione pauperum eiusdem hospitalis: per nos et nostros ex certa sciencia laudamus, approbamus, et confirmamus ordinacionem predictam; laudantes et perpetuo concedentes libere et absolute dicto hospitali et eiusdem capelle honores et possessiones \predictas/, non obstante foro* Valencie nec privilegio et mandato a nobis in contrarium facto, videlicet quod aliqui honores existentes in regno Valencie non possint vendi, dari, vel alienari militibus neque sanctis.

In cuius rei perpetuum testimonium et memoriam, presentem cartam sigilli nostri maioris munimine fecimus roborari.

Datum Ilerde, pridie idus Novembris, anno domini MCCLX secundo.

a) IP flourish.
b) T: *co-*.
c) Overtraced: initial t.
d) T: *yd-* (adverbial).

412a

Lérida. 13 November 1262.
Reg. 12, fol. 74. MF: 408.

Protects the person and property of Guillem [Guillermo] de Sant Melià [San Emiliano][b] (probably of the Lérida family of Albigensian heretics, now a resident and mill owner in Valencia) from civil or criminal proceedings 'because of what has been discovered, up to this day,' as to your 'crime of heretical wickedness.'

Per nos et nostros remittimus, absolvimus, et definimus[c] vobis Guillelmo de Sancto Milione et vestris in perpetuum omnem peticionem, questionem, et demandam et omnem penam civilem et criminalem, quam contra vos vel bona vestra possemus facere, movere, infligere, vel imponere propter illud quod usque in hanc diem repertum est vos [esse]ᵈ in crimine pravitatis heretice commisse.

Ita quod hac de causa non teneamini vos vel vestri umquam nobis vel nostris in aliquo respondere; set sitis inde cum omnibus bonis vestris habitis et habendis liberi et penitus perpetuo absoluti, prout melius dici potest et intelligi ad vestrum vestrorumque bonum et sincerum intellectum.

Mandantes vicariis, iusticiis,* baiulis, curiis, paciariis,*ᵉ et universis aliis officialibus et subditis nostris presentibus et futuris quod hanc remissione[m], absolucionem, et definicionemᶜ nostram firmam habeant et observent, et contra ipsam non veniant nec aliquem venire permittant umquam aliquo tempore, aliquo modo vel aliqua racione.

Datum Ilerde, idus Novembris, anno domini MCCLX secundo.

a) IP flourish.
b) MF: Santo Melione. On this name, see doc. 2.
c) T: *deffi-*.
d) Alternatively: *vos in crimine ... com-m[is]isse.*
e) From Latin *pactio* not *pax*.

413a

Lérida. 19 November 1262.
Reg. 12, fol. 1,v. MF: 409.

Grants to Bernat [Bernardo] de Fraga, as an exempt holding in perpetuity, properties 'confiscated by reason of heretical wickedness': a vineyard of Bernat Calça and his wife Mabília in the Morella district, half the buildings of Borràs Calçaᵇ 'in the town of Morella,' and the large farmhouse (*mas*) and estate of Guillem [Guillermo] Serràᶜ at Forcall in the Morella district—but excluding that property of Guillem 'that pays rent to the monastery' of Santa María de Veruela (south of Tarazona in Aragon). The vineyard is bounded on two sides by public roads, on another by the property of Bernat de Forés, and on a fourth by that of Bernat de Villalba. The buildings are bounded by a road and on three sides by the buildings, respectively, of Pere [Pedro] de Saut,ᵈ Domènec [Domingo] Calça, and Nicolau [Nicolás] de Gargalló.ᵉ The *mas* is bounded by the land of Joan [Juan] de Biosca, the Bergantes River, the farm formerly of Arnau [Arnaldo] Serrà, and by 'rock hill(s).' He must 'make personal residence in Morella' and not alienate or sell for ten years.

Per nos et nostros damus et concedimus tibi, Bernardo de Fraga, et tuis in perpetuum (per hereditatem propriam, francham,* et liberam) vineam illam (que fuit Bernardi Calça et Mabilie uxoris sue) que est in termino Morelle; et medietatem illarum domorum que fuerunt Borracii Calça, et sunt in villa Morelle; et mansum* et hereditatem que fuerunt Guillelmi Serrani, que sunt in Forcaylo termino Morelle.

Affrontatur autem dicta vinea de duabus partibus in viis publicis, de tercia parte in Bernardo de Fores, de quarta parte in Bernardo de Vilalba.[f] Et dicte domus affrontantur de prima parte in via publica, de secunda in domibus Petri de Saut, de tercia in domibus Dominici Calça, [et] de quarta in domibus Nicolai de Gargallo. Et dictus mansus affrontatur de prima parte in Iohanne de Bioscha, de secunda in penis,[*g] de tercia in rivo de Vergantes, [et] de quarta in hereditate que fuit Arnaldi Serrani.

Quicquid sub hiis affrontacionibus predictarum donacionum concluditur et determinatur, totum damus tibi predicto Bernardo de Fraga et tuis, excepta hereditate illa quam dictus Guillelmus Serrani tenebat, que facit censum monasterio de Berola; que omnia nobis[h] sunt, racione pravitatis heretice, confiscata. Ita scilicet quod predicta omnia habeatis tu et tui in perpetuum, teneatis, possideatis, et expletetis cum introitibus, exitibus, affrontacionibus predictis, et suis pertinenciis universis a celo in abissum ad dandum, vendendum, impignorandum, alienandum, et ad omnes tuas tuorumque voluntates cui et quibus volueritis libere perpetuo faciendas, exceptis militibus, sanctis clericis, et personis religiosis.

Predictam autem donacionem tibi et tuis facimus in hunc modum: quod predicta omnia non possitis dare vel vendere hinc ad decem annos primos venturos, et quod in Morella faciatis residenciam personalem.

Datum Ilerde, XIII kalendas Decembris, anno domini MCCLX secundo.

a) Original title, within flourishes: *Bernardi de Fraga*. Modern title, at right: *Donatio hereditatum in Morella*. IP flourish.

b) Calça is a Catalan toponym and surname. Borràs is typically Catalan. But Mabília is uncommon and may be a wife from Aragon; perhaps it is a form of Mabel, or a feminine of the Catalan prename Mavil.

c) MF: Ferrer. But f has a crossbar throughout the charter; moreover, *Ferrarii* would demand the usual mark over double i. It is possibly Seriani for Sarrià (variants Sarrian, Serriano).

d) Fairly clear, but an odd name. For: Sant, or Sanet? The Latin does not accomodate Catalan Sau, Sautó, Saús, or Sauter, or Aragonese Sáuca. The Catalan name Saüc has a variant, Saüt; words like *assaut* (assalt) and *asaut* (asalt) may not be names.

e) The text is clear, and the masculine not impossible as a surname, but the toponym Gargallà is more common.

f) Sic, here and several times below: *in* with surname; Villalba is east of Calatayud in Aragon.

g) Sic; to transcribe as nn would reflect its Latin origin, *pinna*, but confuse it with Latin for feather. Cf. Catalan *penya*, *pena*.

h) Seems *vobis*, but doc. 414 clarifies the formula.

414a

Lérida. 20 November 1262.
Reg. 12, fol. 1. MF: 410.

Grants to Pere [Pedro] de Fraga (probably a relative of Bernat [Bernardo] in doc. 413),[b] under the same conditions, another set of properties confiscated for the same crime of heresy: the farmhouse (*mas*) of Bernat Calça and his wife Mabília 'near the well of Moralles' (perhaps Povet de Morayles?), the field of Bernat and his wife 'near Fuente de Vinachos' (Font de Vinatxos),[c] half of the *mas* of Borràs Calça in Camps de Vuldiaves,[d] half the field extending from 'the lower' Puig-Forca up to Morella, half the field and vineyard in the Barranc de Planells owned by Borràs and his wife Dolça [Dulce], and half the plot (*solar*) and vineyard of the same two.

Per nos et nostros damus et concedimus tibi, Petro de Fraga, et tuis in perpetuum per hereditatem propriam, francham,* et liberam mansum* qui fuit Bernardi de Calça et Mabilie uxoris sue, qui est prope puteum de Morayllis[e] et campum qui fuit p⟨roprietas⟩ Bernardi et uxoris sue, qui est prope fontem de Vinaxos; et medietatem illius mansi qui fuit Borracii Calça, qui est in Camps de Vuldiaves; et medietatem illius campi qui est de podio de Forca inferius usque ad Morellam; et medietatem ⟨i⟩ll⟨ius⟩ campi et vinee que sunt in barrancho* de Planells, que fuerunt Borracii et Dulcie uxoris eius; et me⟨diet⟩atem illius solarii,[f] et medietatem illius vinee que fuerunt predictorum Borracii et uxoris sue; que omnia sunt in ⟨termi⟩no Morelle, et nobis sunt confiscata racione heretice pravitatis.

Ita \scilicet/ quod predicta omnia habeatis tu et tui ⟨in perpetuum, tenea⟩tis, possideatis, et expletetis, cum introitibus, exitibus, affrontacionibus, et aliis pertinenciis universis a celo ⟨in⟩ abissum ad dandum, vendendum, impignorandum, alienandum, et ad omnes tuas tuorumque voluntates ⟨cui et quibus volueritis⟩ libere perpetuo faciendas, exceptis militibus, sanctis clericis, et personis religiosis. Predictam autem donacionem ⟨tibi⟩ et tuis facimus sub hac forma: quod in Morella faciatis residenciam personalem, et predicta dare ⟨ve⟩l vendere non ⟨possitis hinc ad⟩ decem annos ⟨primos venturos⟩.

[Datum Ilerde, XII [?] kalendas Decembris, anno domini MCCLXII].[g]

a) Modern title: *Donatio hereditatum in Morella facta Petro de Fraga*. IP flourish. Dim; right side badly deteriorated; last line nearly illegible.
b) MF: Bernardo, as in doc. 413. On the persons here, see that document.
c) For long the major source of Morella city's water, Vinachos lies northwest just outside town, thus locating this field.
d) Clear in text, but I cannot identify it.
e) T: *Moraylls*, stroke over last four letters.
f) Cf. Catalan *solar*: site for building, family seat, property. T: *solau* with stroke over u.
g) Dateline is from the preceding document; following documents have XI kalends and XIII kalends.

415a

Lérida. 20 November 1262.
Reg. 12, fol. 1. MF: 411.

Grants to the Aragonese Garcia [García] de Borja,[b] under the same conditions as in the preceding two documents, lands in the district of Morella, confiscated for heresy: half the field of the same Bernat [Bernardo] Calça and his wife Mabília 'in a place called (La) Font del Cup,' the farm of Ramon [Ramón] Forner in Vallibona, the farm of Berenguer Forner there, and the farm of Ramona (Raimunda) Martí(niç) [Martínez] in Forcall.

DOCUMENT 416

Per nos et nostros damus et concedimus tibi, Garcie de Borgia, et tuis in perpetuum per hereditatem propriam, francham,* et liberam medietatem illius campi qui fuit Bernardi Calça et Mabilie uxoris sue, qui est in termino Morelle in loco qui dicitur La Font de Cup;[c] et hereditatem que fuit Raimundi Forner, que est in Valbona termino Morelle; et hereditatem similiter que fuit Berengarii Forner, et est in dicto loco de Vallisbona[d] termino Morelle; et hereditatem que fuit similiter Raimunde[e] Martini, que est in Forcayllo et termino eiusdem; que omnia nobis sunt confiscata racione heretice pravitatis.

Ita scilicet quod predicta omnia habeatis tu et tui in perpetuum, teneatis, possideatis, et expletetis, cum introitibus, exitibus, affrontacionibus, et suis pertinenciis universis a celo in abissum ad dandum, vendendum, impignorandum, alienandum, et ad omnes tuas tuorumque volunta⟦tes⟧ cui et quibus volueritis perpetuo faciendas, exceptis militibus, sanctis clericis, et personis religiosis.

Predictam autem donacionem tibi et tuis facimus in hunc modum: quod predicta non possitis dare vel vendere aut alienare hinc ad X annos primos venturos, et quod in Morella residenciam facia[ti]s[f] personalem.

Datum Ilerde, XII kalendas Decembris, anno domini MCCLX secundo.

a) Modern title: *Donatio quarundam hereditatum in Morella, facta Guillelmo de Borgia*. IP flourish. Right side worn.
b) Cf. doc. 92, note b.
c) Rather than Cap; confirmed by clearer script of doc. 416.
d) Sic; cf. *Valbona*, without overstroke, above.
e) T: *Re*; the previous Ramon was: R.
f) Previous verb was plural; subject of both: *tu et tui*.

416a

Lérida. 21 November 1262.
Reg. 12, fol. 1,v. MF: 412.

Grants to the Aragonese Felip [Felipe] de Ayerbe, as an exempt estate in perpetuity, properties confiscated for the crime of heresy: half a field of the same Bernat [Bernardo] de Calça and his wife Mabília 'in the place called (La) Font del Cup,'[b] and the farm of Arnau [Arnaldo] de Segàr(r)ia (Segarra) in Catí (?),[c] both places in the district of Morella.

Per nos et nostros damus et concedimus tibi, Philipo ⟨de A⟩ye⟨r⟩be, et tuis ⟨in perpetuum⟩ per hereditatem propriam, ⟨francham,* et liber⟩am hereditatem totam que fuit Arnaldi Sega⟨rri⟩,[d] que est in ⟨Catin [?]⟩[e] termino Morelle; et medietatem illius campi qui fuit Bernardi de Calça et Mabilie uxoris sue, qui est in termino Morelle in loco qui dicitur Font del Cup,[b] que omnia nobis sunt confiscata, racione heretice pravitatis.

Ita scilicet quod predicta omnia habeatis tu et tui in perpetuum, teneatis, possideatis, et expletetis, cum introitibus, exitibus, affrontacionibus, et suis

DOCUMENT 417

pertinenciis universis a celo in abissum, ad dandum, ven[dendum], impignorandum, alienandum, et ad omnes tuas tuorumque voluntates[f] cui et quibus volueritis perpetuo faciendas, exceptis militibus, sanctis clericis, et personis religiosis.

Predictam autem donacionem tibi et tuis facimus in hunc modum: quod predicta non possitis dare vel vendere hinc ad X annos venturos, et quod in Morella faciatis residenciam personalem.

Datum Ilerde, XI kalendas Decembris, anno domini MCCLX secundo.

a) Upper half badly deteriorated; water damage, with many words nearly worn away.
b) Though dim, prefer to Cap.
c) Unless this is an obscure zone hardly on the map, the best candidate within Morella's wider jurisdiction was Catí, some distance southeast of Morella.
d) Quartz-lamp reading.
e) Dim; see note c.
f) Otiose swirl-sign above, before an abbreviation was converted by the scribe to full word.

417a

Lérida. 25 November 1262.
Reg. 8, fol. 76v. MF: 413.

Records that, on this day, 'the lord king sent the documents written below, for collecting herbage [grazing fee] in Aragon, Catalonia, and Valencia.' For the kingdom of Valencia the royal butler (*reboster*) Guillem [Guillermo] of Narbonne 'sent [orders] for collecting the herbage from all flocks' of cities and places of Orders, clergy, knights, or the crown. The nominative indicates that Guillem supervised or 'sent off' the letters, rather than himself being sent.

Anno domini MCCLX secundo, VII kalendas Decembris, misit dominus rex [istos][b] inferius scriptos pro [h]erbagi[o] colligendo in Aragonia, Catalonia, et regno Valencie.

Videlicet Guillelmus[c] de Narbona repositarius* misit ad regnum Valencie pro colligendo [h]erbagium omnium ganatorum,* per totum regnum predictum—tam de villis et locis ordinum religiosorum, clericorum, [et] militum quam domini regis.[d]

a) Folio begins with a line drawn from left to right and holds eight short entries; non-Valencian items continue after our document, on this and the next folio (rv).
b) Fragments, possibly: *suos*.
c) *Guillelmus* is nominative, both sent and sender.
d) Under the same heading, in the first paragraph, sixteen items follow, roughly the same: collecting herbage from Teruel, Daroca, Calatayud, Zaragoza, Exea, Huesca, Barbastro, Jaca, Pallars with Ribagorza, Litera, Montalbán, Cerdaña/Cerdagne with Conflent, Roussillon, and lesser places. Mostly Aragonese, they show the sheepwalk country for transhumant stock.

418a

Lérida. 1 December 1262.
Reg. 14, fol. 4rv. MF: 414.

The king releases Bernat [Bernardo] Escrivà 'and all associates from the lease of the revenues and income of Denia, which you held for Us up to the [number of] stated years.' Now Bernat must 'surrender the said revenues and income to Arnau de Mon(t)só [Arnaldo de Monzón], Our bailiff of the kingdom of Valencia from the Júcar River down, and hand over to him the castle of Denia.' Bernat must account to Arnau for all revenues from the day he took them over and must surrender these moneys after deducting expenses.

Iacobus dei gracia rex Aragonum, Maioricarum, et Valencie, comes Barchinone et Urgelli, et dominus Montispessulani, fideli suo Bernardo[b] Scribe, salutem et graciam. Noveritis quod absolvimus vos et omnes socios vestros ab empcione quam a nobis feceratis de reditibus et exitibus Denie, usque dictos[c] annos.

Quare mandamus vobis quatenus, visis presentibus, desemparetis* dictos reditus et exitus Arnaldo de Monsone, baiulo nostro regni Valencie a rivo Xucari ultra; et tradatis sibi castrum de Denia; et computetis cum eodem de omnibus que recepistis[d] de predictis reditibus et exitibus a die qua ipsos emparavistis citra. Et quicquid inde percepistis, sibi statim [*fol. 4v*] ⟨donetis; teneatis⟩ et habeatis aliquas vero missiones.

⟨Datum Ilerde⟩, kalendas Decembris, anno domini MCCLX secundo.

a) The top line of fol. 4v is worn and holed to near illegibility. After the last line on fol. 4 at bottom left, two isolated words appear, as though a line begins but is interrupted (*sibi statim*: see text), thus discouraging the reader from turning the page.
b) Malform: *bn* seems *by*.
c) Sic (cf. *dictos* in line below it).
d) Corrected by scribe, from *-pestis*.

419

Valencia. 2 January (1262) 1263.
Reg. 17, fol. 102. MF: 415.

Prince Pere [Pedro] acknowledges a debt of 3,000 Valencian sous received from Bernat [Bernardo] Escrivà and assigns repayment from all revenues and taxes of the town of Burriana. 'But if We should not have [these revenues] at hand,' payment can be arranged from 'another suitable town.'

Nos infans Petrus etc. recognoscimus et confitemur nos debere vobis, Bernardo scriptori,[a] tria milia solidorum regalium, quos a vobis recepimus numerando.

Que predicta[b] tria milia solidorum regalium assignamus vobis et vestris habendos et percipiendos in universis reditibus, exitibus, et proventibus ville Burriane. Promittentes vobis bona fide quod in predictis vel aliquo predictorum non tangemus vel accipiemus, nec tangi vel accipi faciemus aliquo modo vel aliqua racione, donec de predictis denariis fuerit vobis ad voluntatem vestram plenarie satisfactum.

Verum si dictos reditus predicte ville de Burriana non habeamus[c] ad manus nostras, [[a]]ssignabimus dictos denarios vobis percipiendos in alia villa competenti, taliter quod \vos/inde a nobis paccatus* eritis et contentus.

Datum Valencie, IIII nonas Ianuarii, anno domini MCCLX secundo.[d]

a) Or *S-*. This is Bernat Escrivà (Latin *Scriba*), whose office and surname are identical; see doc. 9 note b.
b) T: *Quos predictos*; correctly done in first part of the sentence, but mixed here.
c) T: *habemus*, with stroke through ascender of b; not *habebimus*.
d) The dateline would pose a problem if this charter came from the king, who was not at Valencia then by any reckoning; but Prince Pere as royal lieutenant issued it.

420[a]

Huesca. 3 January (1262) 1263.
Reg. 12, fols. 5v-6. MF: 375.

Report on a lawsuit brought by the knight Blasc (E)ximèn(is) d'Arenós [Blasco Jiménez (Eximénez) de Arenoso] against Pericó Esteve [Perico Esteban], 'the commander [for Calatrava] at Bejís,[b] and against the Saracens of Bejís' about injuries received. Blasc put the goods of Pericó and the Saracens under distraint, in the power of the justiciar and town council of El Toro. Pericó then set these same goods as bail or surety;[c] both then appeared last Christmas to plead their cases before the king in person, as detailed by Sadurní (Saturní) [Saturnino], the secretary or notary public of El Toro. Blasc presented his arguments personally, then Pericó and his lawyer made their case, for twelve days. Both sides must now respect the verdict (or arbitration?) in the charter of Sadurní, though Pericó and the Muslims may still sue Blasc over items not covered there.

Noverint universi quod, cum contencio esset inter Blaschum Eximini ex una parte et Pericorum[d] Stephani commendatorem de Bexis et Sarracenos de Bexis ex altera, super iniuriis quas dictus commendator et Sarraceni de Bexis intulerant dicto B⟨l⟩ascho Eximini ut Blaschus asserebat, et ipse Blaschus hac de causa pignorasset commendatorem et Sarracenos predictos et illa pignora tornasset in posse iusticie* et concilii de Toro, dictus commendator manulevavit* ipsa pignora sub tali forma quod quelibet pars sub omne periculo compareret coram nos [*sic*][e] Iacobus dei gracia rex Aragonum, Maioricarum et Valencie, comes Barchinone et Urgelli, et dominus Montispessulani, parata[f] facere ius alteri parti in posse nostro in festo nativitatis[g] domini proxime transacto, ut in carta compromissi inde facta per manum Saturnini scriptoris de El[h] Toro continetur.

Unde cum dictus Blaschus Eximini personaliter comparuit in dicto termino ante presencia nostra, commendatore ipso vel alio pro eodem interim[i] comparente, per duodecim dies sequentes, expectatus eum [*fol. 6*] in [[. . .]][j] ⟨finem imponere⟩[k] possimus, volumus et mandamus quatenus ea, que in predicta carta eorundem nobis exhibita et per manum Saturnini notarii publici de El[h] Toro videlicet inde confecta continentur plenius, observentur; salvo tamen commendatori et Sarracenis predictis si aliquam peticionem super aliis voluerint movere inde contra dictum Blaschum Eximinum.

Data[l] Osce, III nonas Ianuarii, anno domini MCCLX secundo.[m]

a) IP flourish. Text dim; fol. 6 deteriorated and hardly legible.
b) MF: Bexix.
c) Cf. Catalan *manllevar*.
d) Sic, with clear wishbone-shaped r descending. For: *Periconum*?
e) The case governed by *coram* is here ignored, and the nominative title used throughout, except for the ablative *comite*.
f) Final letter is blunted by a flaw in the paper and blotted.
g) Variation from the more usual *natalis*.
h) T: *del*.
i) Doubtful word.
j) Three or four words missing; holed, with fragments.
k) Or, from the fragments: *comparere*.
l) Sic; previous document had: *Data fuit [sentencia] in palacio domini regis Osce*.
m) MF misreads as *primo*, completely misplacing it by one year.

421a

Huesca. 7 January (1262) 1263.
Reg. 14, fol. 5. MF: 416.

Commissions the Dominican bishop of Valencia Friar Andreu d'Albalat [Andrés de Albalate], Gonsal(bo) [Gonsal(v)o] Peris [Pérez] archdeacon of Valencia and Calatayud, and Bernat [Bernardo] Vidal de Besalú (canon and notary) with 'full authority to investigate and judge concerning all disputes going on between Us and Our men on the one side and the illustrious king of Castile and his men on the other, both about the matter of the towns and boundaries [or districts] and about the matter of legal pledges and all injuries' done by each side to the other. The king agrees to abide by their arbitral decision.

Damus et concedimus vobis venerabilibus et dilectis nostris, fratri Andree episcopo Valencie, et Gonçalbo Petri archidiacono Valencie et Calataiubi, et Bernardo Vitalli de Besalduno, plenum posse ut super facto contencionum omnium, que vertentur[b] inter nos et homines nostros ex una parte et illustrem regem Castelle[c] et homines suos ex altera, tam super facto villarum et terminorum quam super facto pignorum[d] et iniuriarum omnium per homines suos hominibus nostris et per homines nostros hominibus suis illatarum, videatis et cognoscatis; et per predicta determinetis, prout vobis de iure melius videbitur expediri.

Promittentes nos habere ratum et firmum quicquid per vos super premissis factum fuerit et eciam ordinatum.

Datum Osce, VII idus Ianuarii, [anno domini MCCLX secundo].[e]

a) Upper left margin: not an indication of payment but only a blot from [habea]nt on the facing folio.
b) Overwritten: n on s.
c) T: -llem.
d) Sic, not *pugnarum*.
e) The year is from other documents in the series (when given) above and below this one.

422

Zaragoza? 31 January (1262) 1263?.[a]
Reg. 8, fol. 69v. MF: 380.

Record or memo: 'Bernat [Bernardo] de Claret, resident of Játiva, promised that when he sells his estate at Játiva, he will give to the said lord king a hundred Valencian sous.'

Promisit Bernardus de Claret[b] habitator Xative quod, quando vendet[c] hereditatem suam de Xativa, d[[abit]] dicto domino regi[d] C solidos regalium.

a) MF supplies the unlikely date '1261-1262,' without month or day. This two-line document at the top of the folio is followed by a short item containing as interior date the second kalends of February 1262; arabesques over the rest of the folio separate the two entries from the series beginning on folio 70. Arabesques over most of fol. 69 similarly cut our entries away from previous items; in any case, the only document on fol. 69 is dated at Monzón, the second kalends of July 1265. The mélange of entries at this point of the register is either undated or runs a broad gamut. Hence our likeliest clue is the companion document on fol. 69v. By the ambiguous archival chronology, this can be translated either as 1262 (when the king was at Montpellier) or as 1263 (when he was at Zaragoza). The more usual choice for this period is the later year, though the earlier cannot be excluded.
b) Last letter blurred.
c) Malform: *vendat*?
d) Long space, with dash.

423

Valencia.[a] 1 February (1262) 1263.
Reg. 17, fol. 102v. MF: 417.

Prince Pere [Pedro] recovers from Arnau de Font[b] [Arnaldo de la Fuente], 'citizen of Valencia,' the debt bond Arnau held against him for 426 Valencian sous. He consolidates this with a new loan of 1,000 sous from Arnau. The total 1,426 sous will be paid on the coming feast of Pentecost or else will be assigned for recovery from the taxes of a suitable place.

DOCUMENT 424

Nos infans Petrus etc. recognoscimus et confitemur etc. nos debere vobis, Arnaldo de Fonte[b] civi Valencie, quadringentos viginti sex solidos regalium ex una parte, quos vobis debebamus cum albarano* quem a vobis recuperavimus; item mille solidos regalium quos a vobis in presenti recepimus numerando.

Quos omnes predictos denarios promittimus vobis et vestris vel cui volueritis solvere ad voluntatem vestram in pace, in primo venturo festo pentecostes, vel assignare vobis in loco competenti, taliter quod a nobis paccatus* eritis et contentus.[c]

Datum Valencie, kalendas Februarii, anno domini MCLX secundo.

a) Part of the series noted in doc. 419, note d, done by the prince and therefore with different city than the king's personal charters.
b) MF: Ponte; but the initial letter is clearly not this scribe's p.
c) Smeared.

424a

Zaragoza. 5 February (1262) 1263.
Reg. 14, fol. 7. MF: 418.

A tax-farming agreement, by which 'We sell to you the community [*aljama*] of the Saracens of Pego, and to him or them [to whom] you wish [to resell],' all regalian revenues 'in Pego and the whole valley and its district' for one year after next January 1 for 5,500 Valencian sous, to be paid 'in Our stead' to the Aragonese Pere [Pedro] de Berbegal, archpriest of Daroca and castellan (*alcait*) of Pego castle. They must pay extra to Pere: 'all outlay and expenses of his custody of the said castle.' Nor can they deduct anything as expenses from the 5,500 sous 'price' by reason of the village or of the estate held by Huguet [Huguito] de Romaní with Pere d'Or,[b] or for any other reason.

⟨Ve⟩ndimus vobis aliame* Sarracenorum de Pego, et cui vel quibus volueritis, a kalendis Ianuarii proxime preteritis ad unum annum primum venturum ⟨omnes⟩ reditus, exitus, proventus, et alia iura que habemus et habere debemus qualibet racione in Pego et[c] tota valle ac terminis eius, precio q⟨uin⟩que milium et quingentorum solidorum regalium Valencie; quos solvatis et tradatis loco nostri Petro de Berbegal, archipresbitero Daroce et alcaido* dicti castri de Pego.

Sic quod inde aliquid non levetis racione custodie castri de Pego; set vos, ultra dictum precium, solvatis dicto Petro de Berbegal omnes missiones et expensas custodie dicti castri per dictum unum annum. Nec levetis eciam inde aliquid racione alquerie*[d] et racione hereditatis quam ibi habent Petrus de Auro [?][b] et Huguetus de Romanino; nec racione ⟨serviciorum [?]⟩[e], nec aliqua alia racione. Set vos donetis et solvatis nobis ut dictum est predictos V mille et D solidos quitios* et sine aliqua deduccione quam inde non faciatis.

DOCUMENT 425

Datum Cesarauguste, nonas Februarii, anno domini MCCLX secundo.

a) Water damage along top, especially at left.
b) Probable. T: seems at first *Olivo*; under magnification it appears rather *Auro* plus a slight h or b above the u; the a seems especially clear. This may be a trick of the pen, skipping on the downstroke. Pere d'Or (d'Auro) was active in the king's entourage in these years (see MI). But Auró is a Catalan surname; *or* is Catalan (and *aur* is Aragonese) for gold (Latin de Auro). The *Repartiment* has a Garcia d'Aoro in Valencia's Barcelona settlement.
c) Overwritten on: *ac*.
d) T: *alcarie*.
e) Not the expected *convenienciarum* as in the next document, nor *iurium aliquorum*.

425a

Zaragoza. 19 February (1262) 1263.
Reg. 12, fol. 10v. MF: 419.

Endorses the contract between (E)ximèn Llop(is) [Jimeno (Eximeno) López] de Foces[b] and (E)ximèn Pere (Peris) d'Orís [Pérez de Oriz][c]: twelve Valencian jovates or plowlands held by Foces in 'the suburb' (*(ar)raval*) of Penáguila and in Benifallim,[d] in exchange for the farm or estate held by Pérez de Oriz 'in the town of Calatorao' near Zaragoza in Aragon. The king expressly 'renounces' any understandings or residual consent-right in the crown charter for the jovates of Foces.

Per nos et nostros laudamus, concedimus, et in perpetuum confirmamus illud concambium, quod vos dilectus noster Eximinus Lupi de Focibus fecistis de duodecim iovatis* terre, quas ex donacione nostra habebatis in Benaguila cum carta nostra, videlicet in ravalo de Benaguila et in Benahalim, cum hereditate quam Eximinus Petri de Uris[c] habebat in villa de Caraturau.[e]

Promittentes per nos et nostros concambium predictum habere ratum perpetuo et firmum, et numquam in aliquo contravenire aliquo modo vel aliqua racione, nec racione conveniencie vel convenienciarum contentarum in instrumento donacionis dictarum duodecim iovatarum a nobis \vobis/ facte. Immo omnibus predictis ex certa sciencia penitus renunciamus.

Datum Cesarauguste, XI kalendas Marcii, anno domini MCCLX secundo.

a) Text deteriorated by damp at upper right portion.
b) MF identifies him in his index with the Ximèn de Foces repeatedly seen as king's lieutenant over the kingdom of Valencia. The different name form here suggests another member of that family, confirmed by the appearance of both men together in doc. 345. Foces, now a ruin, lay near Ibieca, east of Huesca in Aragon.
c) Perhaps Urís, a Catalan surname. Three times cited in MI, he seems to have no connection with the Catalan castle of Orís near Vich; his Zaragoza estate might suggest Urriés there as his origins, whence the Urríes family. His name form does not suggest the Urrea lineage. T: *Uris* but with the last letter a spiral usually indicating *us* (Urius). This may be scribal sloppiness or a malform; however, the same sign substitutes for s in *nostris* in doc. 431.
d) MF: Benahalim.
e) Sic. A variant for Calatorao was Calatorau.

426a

Zaragoza. 20 February (1262) 1263.
Reg. 14. fol. 9. MF: 420.

By a transfer of obligations the king declares himself 'debtor and payer' of 1,000 Valencian sous to Guillem [Guillermo] de Plana, a citizen of Valencia, 'on behalf of the noble man Carròs [Carroz] lord of Rebollet, who owed them to you.' Guillem is to take payment from 'the second third that you and your associates ought to give Us' by reason of the office of weights at Valencia city. The king then reimburses himself by deducting or canceling an equal sum from the debt that he in turn owed Carròs. This deduction has been noted in the debt bond Carròs holds against the king. Gil (Egidi) (E)ximèn [Gil (Egidio) Jiménez (Eximénez)] (de Segura),[b] 'bailiff of the kingdom of Valencia,' will see to the delivery of the (weights) money to Guillem.

Recognoscimus et confitemur debere vobis, Guillelmo de Plana civi Valencie, mille solidos regalium Valencie. Pro quibus constituimus nos debitores et paccatores* vobis pro nobili viro Carrocio, domino Rebolleti, qui eos vobis debebat; et eosdem mille solidos deduximus et levavimus de albarano* debiti quod[c] debemus dicto Carrocio.

Quos mille solidos assignamus vobis habendos et percipiendos in secunda tercia, quam vos et socii vestri nobis dare debetis racione tabule nostre pensi Valencie, non obstantibus aliquibus assignacionibus quas ibidem aliquibus vel alicui duximus faciendas.

Mandantes Egidio Eximini baiulo regni Valencie, vel eius locum tenenti, quod predictos mille solidos [pro][d] vobis recipiat in computo.

Datum Cesarauguste, X kalendas Marcii, anno domini MCCLX secundo.

a) Damp stain at left dims text considerably.
b) Of Teruel, in Aragon, bailiff only from the Júcar River north (see docs. 387, 427); confused, MF indexes him as two bailiffs of the same name. On the name Plana, see doc. 112, note a.
c) Deleted: *ei*.
d) Without my *pro*, a dative of reference.

427a

Zaragoza. 20 February (1262) 1263.
Reg. 12, fol. 10v. MF: 421.

Endorses the farming or 'sale' of public utilities by the same Gil Ximèn, bailiff of the Valencian kingdom above the Júcar River, to the citizens of Valencia Ferrer de Matoses, Guillem [Guillermo] and Berenguer [Berengario] de Plana,[b] Pere Sanç (Sanchis) [Pedro Sánchez], 'and your other associates.' Covering Valencia city's office of weights, the saltworks, and the Albufera lagoon from last January 1, the conditions and price in the original contract are not only approved but extended to a total of two years.

DOCUMENT 428

Per nos et nostros concedimus et confirmamus vobis, Ferrario de Matosis, Guillelmo de Plana, Berengario de Plana, [et] Petro Sancii civibus Valencie, et aliis sociis vestris, omnem illam vendicionem quam fidelis noster Egidius Eximini, baiulus regni Valencie [a] rivo Xucari citra, vobis fecit a kalendis Ianuarii proxim[e] transactis usque ad unum annum de tabula pensi Valencie, de salinis, et de Albufera Valencie, prout in instrumento quod de dicta vendicione fecit vobis predictus Egidius Eximini plenius continetur.

Volentes eciam et concedentes vobis dictam tabulam pensi, salinas, et Albuferam Valencie ante dictas, a predictis kalendis Ianuarii transactis usque ad duos annos, pro eodem precio pro quo predicta in isto anno habetis, et cum ipsis condicionibus que in instrumento quod a dicto Egidio Eximini habetis continentur. Promittentes vobis quod omnia predicta et singula faciemus vos habere et tenere in pace, per totum spacium dictorum duorum annorum, et quod contra vendicionem predictam per dictum Egidium Eximini vobis factam, nec eciam contra confirmacionem quam vobis facimus, inde non veniemus, nec aliquem venire aliqua racione faciemus vel permittemus.

Mandantes dicto Egidio Eximini baiulo Valencie, et aliis baiulis Valencie qui pro tempore fuerint, quod predicta omnia et singula obser⟨vent⟩ et faciant ab omnibus in⟨viola⟩biliter observari, et contra ipsa non veniant vel aliquem venire permittant, si de nostra confidunt[c] gracia vel amore.

Datum Cesarauguste, X kalendas Marcii, anno domini MCCLX secundo.

a) Text disfigured by two blotches at bottom.
b) See doc. 112, note a.
c) T: -*dint*.

428[a]

Zaragoza. 20 February (1262) 1263.
Reg. 14, fol. 10. MF: 422.

Until such time as the crown could return the castle of Jalón to Carròs [Carroz] lord of Rebollet, it had assigned a pension of 900 besants every year, 'reckoned at an exchange of three sous and four pence [*diners*] for each besant,' to be drawn from crown revenues at Gandía and from crown rents from the farm and village of Pere Sabata [Pedro Zapata]. The king has recovered that charter and now issues a revised form: the besants are to come from crown revenues at Pop and Denia, after deducting 'the expenses of tenure and of garrisoning the said castle of Pop and castle of Denia.'

Assignamus et donamus vobis, Carrocio domino Rebolleti, nongentos bisancios annuatim habendos et recipiendos in reditibus, exitibus, et proventibus ac iuribus nostris de Pop et de Denia; ita quod, deductis expensis retencionis et custodie castri predicti de Pop et castri de Denia, recipiatis et habeatis inde dictos nongentos bisancios quolibet anno.

Quos nongentos bisancios vobis donamus in emenda* nongentorum bisanciorum quos vobis dederamus et assignaveramus in reditibus et exitibus nostris Candie et hereditatis et alquerie* que fuit Petri Çapata, que [omnia] vobis dederamus cum carta nostra quousque restituerimus vobis castrum de Xalone sicut in ipsa carta continebatur, quam cartam a vobis recuperavimus racione emende quam inde ut dictum est vobis fecimus. Qui bisancii computentur ad racionem de tribus solidis et quattuor denariis pro quolibet bisancio.

Volentes et concedentes vobis quod dictos nongentos bisancios quolibet anno habeatis et recipiatis, ut dictum est, quousque vobis reddiderimus castrum de Xalone cum omnibus pertinenciis ac terminis suis.

Datum Cesarauguste, X kalendas Marcii, anno domini MCCLX secundo.

a) Modern title: *Assignatio facta Carrocio domino Rebolleti, de nongentis bisanciis quolibet anno solvendis super iuribus de Pop et de Denia.*

429a

Zaragoza. 20? February (1262) 1263.
Reg. 12, fol. 147v. MF: 447 and 499.

Conveys to the Aragonese knight Guillem [Guillermo] de Bielsa all the crown revenues of the Játiva district, and especially all the revenues, civil and criminal justice income, potential fees (*aventures*), and the saltworks at Castellón de Játiva and Calpe. The crown retains treasure trove and confiscations from heretics; no profit can be taken from capital punishment or judicial maiming, unless in connection with reprieves (which Guillem gets). All Christians, Jews, and Moors of all classes and status below the Júcar River must use this salt and no other. The contract runs five years from next January, Guillem paying the crown 30,000 sous each year, half at Christmas and half on St Mary's feast in August, and keeping all surplus without accounting for it. 'The Christians enjoy their [custom] law, so that nothing may be taken from them according to their law, and the Saracens enjoy their Sunna just as they did in the time of the Saracens.'

Per nos et nostros vendimus vobis, Guillelmo de ⟨Bielsa⟩b militi, et vestris et cui vel quibus volueritis, a prox[imo] transacto mense Ianuarii usque ad quinque annos primos venturos et completos, omnes reditus, exitus, proventus, et iusticias civiles et criminales, [et] aventuras,* et salinas de Castilione et de Calp, et omnia alia iura et singula que nos habemus et habere debemus et percipere quoquo modo in Xativa et eius [termi]nis iure et racione dominii vel alia qualibet racione; exceptis illis qui ad mortem fuerint condempnati vel ad mutilacionem membrorum, de quibus nolumus quod pecunia recipiatur, setc si forte ad nos venerint et nos veniam faciemusd eisdem pro pecunia, ipsam pecuniam totam habeatis et recipiatis vos et vestri vel tenetur et deducatur in precio infra scripto, et exceptis inde bonis hereticorum et pecunia seu thesauro[e] invento, que nobis et nostris retinemus.[f]

Predictam itaque vendicionem facimus vobis et vestris in hunc modum, quod donetis inde nobis et nostris in unoquoque dictorum quinque annorum XXX milia solidorum, quos solvatis nobis et nostris per duos terminos uniuscuiusque anni, scilicet medietatem in festo Sancte Marie Augusti et aliam medietatem in festo natalis domini.

Et si hoc quod vendimus vobis,[g] ut dictum est superius, plus modo valet vel valebunt [= valebit] in posterum precio supra dicto, totum illud (quantumcumque fuerit) vobis donamus, dimittimus, et concedimus ac[h] vestris ex mera liberalitate nostra, ad omnes vestras et vestrorum \voluntates/ inde libere faciendas; sic quod inde non teneamini nobis vel nostris aliquid dare [v]el restituere ullo modo, nec teneamini eciam de predictis omnibus vel de aliquo de predictis computare nobiscum vel cum nostris nec ullam reddere racionem, vobis inde solventibus nobis et nostris predicta XXX milia solidorum quolibet anno per terminos supra dictos ut superius continetur, et servantibus Christianis eorum forum* sic quod nichil ab eisdem accipiatis nisi secundum forum, et servantibus eciam Sarracenis eorum açunam* prout tempore Sarracenorum eisdem servabatur.

Renunciantes ex certa sciencia illi legi que subvenit deceptis ultra dimidiam iusti precii, et omni alii legi, foro, et consuetudini pro quibus nos vel nostri contra predicta vel eorum aliqua in aliquo venire possemus aliqua racione. Promittentes per nos et nostros vobis et vestris quod faciemus universos et singulos homines regni Valencie qui sunt a rivo[i] Xucari ultra, tam Christianos quam Iudeos, et tam Sarracenos et tam homines militum, ordinum, clericorum, [et] nostrorum quam quorumlibet aliorum, uti de sale salinarum predictarum et non de aliquo alio sale.

Et est sciendum quod debemus recipere in computo nostro precii supra dicti donaciones censualium a nobis in Xativa factas et terminis suis, prout recipere in computo consuevimus ab aliis qui baiuliam predictam pro nobis tenuerint.[j] Et debemus similiter recipere in computo nostro seu in solucione dicti precii missiones necessarias predictis salinis, quas vos ad commodum ipsarum salinarum facietis.

[Datum Cesarauguste, X kalendas Marcii, anno domini MCCLXII].[k]

a) Somewhat damp damaged at top right.
b) MF, both times: 'de. . . .' The overstroke indicates double s, a common variant. Bielsa is in Aragonese Sobrarbe (Huesca province); Guillem is in the *Repartiment* and later served as bailiff in Valencia.
c) T: *sed*, a rare departure from *set* or symbol.
d) T: *facemus* with *er* curl; the scribe's sequence of tenses seems to be future perfect followed by imperfect subjunctive: *faceremus*.
e) T: *tre-*; cf. Catalan *tresor*, variant *tresaur*.
f) T: *tenmmus* with overstroke from n on and with curl-sign above t; *retine[a]mus* or *tene[a]mus* intended? Malform r at start?
g) Deleted: *et vestris*.
h) T: *acc*.
i) Otiose curl above r.
j) Sic.

k) No date or place appears. MF catalogs it first as no. 477, without date or place, merely as 1262–63; forgetful, he enters it again as no. 499, this time with the bracketed (moot) date of third kalends of December 1263 (November 29). It appears alone on fol. 147v; on fol. 147, before it, one document has Zaragoza, tenth kalends of March 1263 (February 20), with the other undated; before that again, two documents on fol. 146v are from nearby Egea, respectively on the fifth and third kalends. After our document comes an undated long document on Zaragoza's Jews on fol. 148, then three in a row from Egea on the third kalends of March 1263 (fols. 148v, 149). Similarity of script does not help. The November date is therefore indefensible, and the document may be assimilated either to the tenth kalends of March at Zaragoza or to the third kalends at Egea, or possibly be put in between—that is, it falls on or between February 20 to 27, at Zaragoza for most of that time.

430a

Zaragoza. 21 February (1262) 1263.
Reg. 14, fol. 10. MF: 423.

Attests that Carròs [Carroz] the lord of Rebollet 'submitted to Us an accounting for all you received from the revenues, income, and profits' of Pop castle and its district, and 'from the estate and hamlet at Gandía that We got from Pere Sabata [Pedro Zapata].' Balancing income against outlay, expenses, and debt reveals a deficit of 18,983 Valencian sous in favor of Carròs. Repayment (plus expenses of tenure) is assigned from all crown income at Denia castle and town, and from Calpe castle, including their districts and rights 'both on land and sea.'

Re[cognoscim]us et confitemur quod vos, Carrocius dominus Rebolleti, reddidistis nobis compotum de omnibus que recepistis [de] reditibus, exitibus, [et] proventibus castri de Pop et omnium terminorum et pertinenciarum eiusdem, et de hereditate et alqueria* de Gandia quam habuimus a Petro Çapata, [et de] omnibus datis et expensis quas fecistis inde pro nobis, et de debitis eciam que vobis debebamus usque in hunc diem.

Et facto diligenter dicto compoto,b remanet quod vobis debemus dicto Carrocio inter omnia decem \et octo/c milia \DCCCCLXXX/d tres solidos regalium Valencie, quos assignamus vobis habendos et percipiendos in reditibus, exitibus, proventibus, et omnibus aliis iuribus nostris castri et ville de Denia et castri de Calp, tam maris quam terre, et omnium terminorum et pertinenciarum suarum; ita quod predicta omnia tam diu teneatis et omnes reditus, exitus, et proventus eorundem recipiatis, quousque in eisdem de toto predicto debito et de omnibus missionibus et expensis quas facietis in custodia dictorum castrorum vobis et vestris fuerit satisfactum.

Datum Cesarauguste, IX kalendas Marcii, anno domini MCCLX secundo.

a) Modern title: *Impignoratio villarum de Denia et castri de Calp, pro debito*. Badly worn at top and down left.
b) T: *computo*; cf. *-poto* above.
c) Above deleted: *novem*.
d) Above deleted: *quadringentos quinque*.

431

Zaragoza. 22 February (1262) 1263.
Reg. 12, fol. 13v. MF: 424.

Dismisses all charges and civil or criminal penalties that the crown might 'inflict or impose' on the persons or property of the Valencian citizens Guillem [Guillermo] and Berenguer de Plana. The threat had derived 'from the investigation' that Pere Sanç (Sanchis) [Pedro Sánchez] of Calatayud 'made against you, at Our command, concerning the accusation that the citizen of Valencia Berenguer Dalmau [Dalmacio] lodged against you in Our presence.'

Per nos et nostros absolvimus et definimus[a] vobis, Guillelmo de Plana [et] Berengario de Plana civibus Valencie, omnem peticionem et demandam et omnem penam civilem et criminalem quam contra vos vel bona vestra infligere seu imponere possimus, racione inquisicionis quam contra vos de mandato nostro fecerat apud Valenciam dilectus noster Petrus Sancii de Calataiubo, propter querimoniam quam Berengarius Dalmacii civis Valencie proposuerat contra vos coram presencia nostra.

Ita quod non teneamini nobis nec nostris,[b] nec dicto Berengario Dalmacii, nec eciam alicui alii persone numquam[c] de cetero super predictam inquisicionem in aliquo respondere; set sitis inde cum omnibus bonis vestris mobilibus et immobilibus ubique habitis et habendis liberi, quitii,* et penitus perpetuo absoluti, sicut melius dici vel intelligi potest ad vestrum bonum, sincerum, et utilem intellectum.

Mandantes baiulo, iusticie,* et probis hominibus Valencie, presentibus et futuris, quod contra hanc definicionem[a] nostram et absolucionem non veniant, nec aliquem venire permittant, umquam aliquo tempore vel aliqua racione.

Datum Cesarauguste, VIII kalendas Marcii, anno domini MCCLX secundo.

a) T: *diff-*.
b) Final s is instead an *us* symbol.
c) Sic, double negative.

432[a]

Zaragoza. 22 February (1262) 1263.
Reg. 12, fol. 13. MF: 425.

Delivers to Prince Pere [Pedro], 'in compensation and substitution for the castle and town' previously assigned (to pay 8,000 sous owed him by the crown): the castle and town of Pego, with all rights and revenues, civil and criminal justice, and inhabitants Christian or Muslim. Pere can install and remove his own bailiff and castellan. If a surplus results, he must make an accounting; if a deficit results, the crown will make up for the inadequacy.

[Concedimus et don]amus vobis, karissimo et dilectissimo filio nostro infanti Petro, in compensacionem et emendam*ᵇ castri et ville de ⟨...⟩,ᶜ castrum et villam de Pego pro octo milibus solidorum. Ita quod predictam villam et castrum de Pego cum omnibus iuribus [et] pertinenciis suis, et cum omnibus reditibus, exitibus, et proventibus et aliis iuribus nostris, et omnibus ⟨nobis competentibus⟩,ᵈ et omnibus hominibus et mulieribus habitantibus et habitaturis ibidem tam Christianis quam Sarracenis, et cum ⟨eorum⟩ᵉ iusticiis civilibus et criminalibus, vos et vestri habeatis, teneatis, et possideatis perpetuo ad omnes voluntates vestras ⟨et vestrorum⟩ᵉ libere faciendas.

Verumtamen si reditus, exitus, et proventus, et iura, que habemus et habere debemus, habere et per⟨cipere⟩ debemusᶠ in dicta villa et castro de Pego non suffecerint ad complementum dictorum octo milium solidorum, promittimus vobis et vestris restituere et donare quicquid vobis de predictis octo milibus solidorum remanserit ad solvendum. Et vos teneamini nobis reddere quicquid valuerint dicti reditus castri et ville de Pego ultra summam dictorum octo milium solidorum.

Volumus preterea et concedimus vobis quod in dicta villa et castro de Pego possitis ponere baiulum et alcaidum,* et eos quandocumque volueritis removere; qui predicti baiulus et alcaidus teneantur vobis et vestris tamquam nobis fideliter respondere.

Datum Cesarauguste, VIII kalendas Marcii, anno domini MCCLX secundo.

a) Modern title: *Donatio facta infanti Petro, de villa de Pego*. Top and right of text are holed, with some letters nearly washed away by damp damage. A later hand has written upon some two dozen words to restore them; but unlike other cases of overwriting, which rather overtraced the original, this is a careless distortion of the text. One can discern k under the modern overwritten ch, an abbreviation under the present full *mille*, and even *nobis competentibus* under *isis*. The overwritten words, not indicated here in detail, are mostly in the first section of the document down to: *Pego cum ... iuribus*.

b) Both nouns are in accusative, by overstroke; cf. doc. 435, where the same is filled out. The usage is correct, if less usual.

c) Name of castle washed away, without fragments or clues. From space and Peter's recent history, possibly *Cauquolibero* (Collioure); eight months earlier the king gave Huesca's revenues to cover loss of that 'castle and town,' for which Pego may now substitute more permanently.

d) Overwritten: *isis* in modern hand.

e) Conjectural, from formulae.

f) Sic, phrase repeated.

433ᵃ

Zaragoza. 22 February (1262) 1263.
Reg. 14, fol. 10v. MF: 426.

The king informs 'all notables [*prohoms*], whether Christians, Jews, or Saracens,' at the castles-with-towns of Alcira, Alfàndec de Marinyén (today (La) Valldigna), Burriana, Corbera, Onteniente, and Pego, and at the towns of Gandía and Cárcer, and 'all the Saracens of Liria' that they must answer to

Prince Pere [Pedro] as to the king for revenues, rule, and civil and criminal justice there.

⟨Fidelibus suis singulis et⟩[b] universis bonis hominibus, tam Christianis [et] tam Iudeis quam Sarracenis, castri et ville de Aliezira, ⟨et castri et ville de⟩ Corbera, ⟨et⟩ castri et ville de Alfandech de Mara[n]yen, et ville de Candia, et castri et ville de Pego, et ville de Carcer, ⟨et castri et ville de⟩ Ontynen, et castri et ville de Borriana, et universis Sarracenis de[c] Liria, salutem et graciam.

Noveritis nos dedisse ⟨karissimo et dilecto[d] filio⟩ nostro infanti Petro dictas villas et castra, cum omnibus reditibus, exitibus, et proventibus et omnibus aliis iuribus, et iusticiis civilibus et criminalibus, et pertinenciis suis.

Quare vobis firmiter dicimus[e] et mandamus quatenus de cetero, visis litteris istis respondeatis[f] inde filio nostro, vel cui ipse mandaverit loco sui, de omnibus supra dictis secundum quod nobis consuevistis hactenus respondere,[f] prout in instrumentis inde a nobis confectis videbitis contineri. Et hoc aliquatenus[g] non mutetis.

Datum Cesarauguste, VIII kalendas Marcii, anno domini MCCLX secundo.

a) Modern title (invisible under mounting material but discernible with strong back lighting): *Infantis Petri*. Badly deteriorated down right, worn at left top, and holed especially along top lines.
b) Quartz reading. Soldevila: 'illegible.'
c) Blotted.
d) Soldevila, *Pere*, has: *nobili*.
e) T: *dis-*.
f) Soldevila: *impen-*.
g) Soldevila: *-quot*.

434a

Zaragoza. 22 February (1262) 1263.
Reg. 14, fol. 10v. MF: 427.

Conveys to Prince Pere [Pedro] the revenues from Valencia city's financial exchange, saltworks, and Albufera lagoon until he has recovered the 14,000 sous remaining to be paid out of those 50,000 sous 'that We had given [assigned] you for expenses you had incurred in Valencia.' The city's bailiff must disburse this, with priority over other debt bond assignments, from those revenues during 'the coming year.'

Damus et assignamus vobis, karissimo et dilecto filio nostro infanti Petro, in reditibus et exitibus nostris tabule Valencie et saline et de[b] Albuffera, quattuordecim milia solidorum, qui vobis remanserunt ad solvendum de illis quinquaginta milibus solidorum[c] quos vobis dederamus pro expensis quas in Valencia feceratis.

Promittentes vobis quod in predictis reditibus et exitibus non [tangemus],[d] nec tangi aliquid faciemus vel eciam permittemus, donec de predictis quattuordecim milibus solidorum fuerit vobis ad voluntatem vestram plenarie satisfactum.

Mandantes baiulo Valencie presenti et futuro quod predicta[c] quattuordecim milia solidorum vobis solvant, vel cui volueritis loco vestri, de reditibus et exitibus primi anni venturi, aliquibus assignacionibus ibi aliquibus factis [vel] faciendis in aliquo non obstantibus.

Datum Cesarauguste, VIII kalendas Marcii, anno domini MCCLX secundo.

a) Modern title: *Eiusdem.* IP flourish: fragment.
b) Blotted.
c) T: *illis quinquaginta mill. sol.* The scribe declined accompanying adjectives while leaving *mill.* (presumably always *mille*) and money abbreviated.
d) Unaccountably omitted by scribe.
e) T: *-ctos.*

435ª

Zaragoza. 22 February (1262) 1263.
Reg. 14, fol. 10v. MF: 428.

'In recompense for those 3,000 Valencian sous that We had assigned you from Tous and Tárbena,' the king substitutes an equivalent sum Prince Pere [Pedro] is to recover from 'Our Albufera [lagoon] of Valencia and its revenues.' Pere is to draw these fully, and with priority over all other assignments, every year until satisfied.

Damus et assignamus vobis, karissimo filio nostro infanti Petro, in compensacionem illorum trium milium solidorum regalium quos assignaveramus vobis in Tovos[b] et Terra Bona,[c] tria milia solidorum regalium in Albufcria[d] nostra Valencie et in reditibus eiusdem. Quos habeatis, teneatis, et perpetuo possideatis, ac quolibet anno percipiatis in reditibus, exitibus, ac aliis iuribus dicte Albuferie[d] integre et in pace.

Mandantes baiulis Valencie presentibus et futuris quod hanc donacionem et concessionem et assignacionem nostram firmam habeant et observent, et faciant ab omnibus observari, non expectato inde nostro alio mandamento, nec obstante aliqua alia assignacione in reditibus, exitibus, et aliis iuribus dicte Albuferie a nobis alicui[e] vel aliquibus facta.

Datum Cesarauguste, VIII kalendas Marcii, anno domini MCCLX ⟨secundo⟩.[f]

a) Modern title: *Eiusdem.*
b) Soldevila, *Pere,* has: *in terras.*
c) Soldevila: *et nostra bona.*
d) Sic.
e) Soldevila: *aliquo.*
f) Obliterated; year taken from surrounding documents.

436a

Zaragoza. 22 February (1262) 1263.
Reg. 14, fol. 11. MF: 429.

Assigns to Prince Pere [Pedro] 12,000 Valencian sous, which remain to be paid out of the 50,000 the crown allowed 'for the expenses you had incurred in Valencia.' He is to receive them, with priority claim, from the crown revenues at Játiva during the coming year, Játiva's bailiff facilitating the payment.

⟨Damus et assignamus⟩ vobis, karissimo et dilecto filio nostro infanti Petro, in reditibus, exitibus, proventibus, et aliis ⟨iuribus nostris Xative illa⟩[b] duodecim milia solidorum, qui vobis remanserunt ad solvendum de illis quinquaginta milibus solidorum quos vobis dederamus pro ⟨expens⟩is quas feceratis in Valencia. Promittentes vobis quod in predictis vel aliquo predictorum non tangemus vel accipiemus, nec ⟨tangi⟩ seu accipi faciemus, donec de predictis XII milibus solidorum fuerit vobis ad voluntatem vestram plenarie satisfactum.

Mandantes baiulo Xative, presenti et futuro, quod predicta XII milia solidorum vobis vel cui volueritis solvant de reditibus et exitibus primi anni venturi, non obstantibus aliquibus assignacionibus ibi aliquibus factis vel eciam faciendis.

Datum Cesarauguste, VIII kalendas Marcii, anno domini MCCLX secundo.

a) Badly deteriorated at top right, but especially all down left side; stained, holed, and damp damaged.
b) Under quartz lamp.

437

Zaragoza. 22 February (1262) 1263.
Reg. 14, fol. 11. MF: 430.

Pere Sabata [Pedro Zapata] of Alcira had loaned the king 10,000 Valencian sous, recovered them by assignment as collector for 'the town of Gandía and its district, both from Christians and Saracens,' and finally at the king's order presented his accounts to be audited by Carròs [Carroz] lord of Rebollet. Now at Zaragoza he is returning the debt bond and receiving this 'receipt of cognizance and quittance.'

Recognoscimus et confitemur quod vos, dilectus noster Petrus Çapata de Aliazira, mandato nostro computastis cum dilecto nostro Carrocio domino Rebolleti de omnibus reditibus, exitibus, ac aliis proventibus quos recepistis et habuistis de villa de Candia et terminorum suorum, tam a Christianis quam [a] Sarracenis, racione illorum decem milium solidorum regalium quos nobis accommodaveratis.

Unde, q[u]i[a]a vos de predictis denariis estis persoluti,b et albaranum* quem inde habebatis a nobis reddidistis nobis nunc apud Cesaraugustam, est certum quod nos similiter de predicto computo a vobis sumus bene paccati.* Facimus inde vobis et vestris hunc albaranum recognicionis et absolucionis, et pactum de non petendo; ita quod nobis nec nostris non teneamini de cetero de predictis in aliquo respondere, set sitis inde penitus absolutib cum omnibus bonis vestris, sicut melius dici vel intelligi potest, a[d] vestrum et vestrorum bonum et util⟨em⟩ intellectum.

Datum Cesarauguste, VIII kalendas Marcii, anno domini MCCLX secundo.

a) Malform; apparently *si*, the abbreviation *qi* is carelessly formed and without further strokes, unless that of *unde* was meant to serve. b) T: *-tus*.

438a

Zaragoza. 23 February (1262) 1263.
Reg. 12, fol. 13. MF: 431.

The king allows Prince Pere [Pedro] 'to sell, obligate, or pledge, through one year, all revenues and profits of all the places We gave you in the kingdom of Valencia,' assuring the purchasers that the crown too will support their title during this year.

Nos Iacobus dei gracia etc. damus licenciam et plenum posse vobis, karissimo filio nostro infanti Petro, quod possitis vendere, obligare, vel impignorare per unum annum omnes reditus et exitus omnium locorum que vobis dedimus in regno Valencie.

Promittentes illi vel illis quibus vos vendideritis, obligaveritis, vel impignoraveritis reditus et exitus predictos quod faciemus eos habere, tenere, et percipere in pace predicta omnia per totum predictum annum.

Datum Cesarauguste, VII kalendas Marcii, anno domini MCCLX secundo.

a) Deteriorated on both sides at top; stained at left side.

439a

Zaragoza. 25 February (1262) 1263.
Reg. 12, fols. 14v-15. MF: 432.

Approves the accounting made by the executors of the deceased (E)ximèn [Jimeno (Eximeno)] de Foces—his son At(ó) [Ató (Otón)] de Foces, Artal d'Ort [Artaldo de Huerto],b and Ximèn Llop(is) [López] de Foces—including moneyage, homicide fee, hospitality tax, fines and justice, Valencia

DOCUMENT 439

city's financial exchange and office of weights, the castles of Alcalá, Gallinera, and Peñíscola, and (near Huesca in Aragon) Alquézar and San Esteban de Litera. Ximèn had held these to recover loans he had made to the crown, but the audit reveals that 21,247 Jaca sueldos are still owed to him and his heir. To pay, the crown obligates the castles and towns of Alcalá, Gallinera, and Peñíscola, as well as Alquézar and San Esteban de Litera, including tribute, transit and tariff fees, army service and its commutation, agricultural fifths, hospitality, and moneyage. For the Aragonese castles' tenure and expenses, the crown contributes 1,300 sueldos a year. For the garrison of five men needed at Alcalá, ten at Gallinera, and six at Peñíscola, it awards 150 sueldos apiece yearly, or 3,150 in sum. In a rare move, the crown retains the right to review this audit later and to make demands on the basis of findings. A debt the deceased Pere [Pedro] de (blank in manuscript) owed is deliberately omitted from this record, as is the thousand morabatins that Joan Deça [Juan Deza]c 'owed for Us to the said Ximèn de Foces deceased,' as well as a debt owed to Ató with a bond for recovery from Alquézar and San Esteban de Litera (of which 1,500 sueldos had already been paid at Barcelona).

Per nos et nostros recognoscimus et confitemur quod vos, nobilis Ato de Focibus filius quondam nobilis Eximini de Fo[cibus, Ar]⟨tall⟩[us de Orto, et]d Eximinus Luppi de Focibus, manumissores testamenti Eximini de Focibus predicti, computavistis nunc apud Cesaraugustam nobiscum de o[mnibus recep]ecionibus quas umquam \usque/ in hodiernum diem dictus Eximinus de Focibus in vita sua fecit, et vos post obitum eius fecistis pro nobis nomine eius, [de omnibus]d peitis,* monetaticis, \homicidiis/, et cenis, caloniis,* iusticiis, et de omnibus aliis, [et de] tabula et penso civitatis Valencie, et de eius reditibus, [et de castro]d de Alcalano, et de Gallinera, et de eorum pertinenciis, et de Paniscolaf et eius pertinenciis, et de Alquezar,g et de Sancto Stephano de Literah et eius [pertinenciis].d

Que omnia predicta loca predictus nobilis Eximinus de Focibus quondam a nobis tenebat pignori obligata; et reditus omnium predictorum locorum [eidemd do]naveramus et [= in] solucionem debitorum que sibi debebamus.

Unde facto de predictis recepcionibus computo bene et fideliter, et de omnibus aliis que pro [nobis]d recepistis usque in hunc diem ut dictum est qualibet causa vel racione, concedimus nos esse bene paccatos* a vobis et contentos de toto [com]putoi ad voluntatem nostram, renunciantes errori calculi*j et omni alii foro,* racioni,k consuetudini, et auxilio pro quibus contra predicta vel aliquid predictorum possemus venire.

Et deductis ac remotis omnibus recepcionibus, quas pro nobis fecistis de omnibus predictis locis usque in hunc diem de debito sive debitis que dicto Eximino de Focibus et vobis loco ipsius debebamus, remanet adhuc quod debemus vobis predictis Ato de Focibus filio quondam dicti Eximini de Focibus, et Artallo de Orto, et Eximino Luppi de Focibus, manumissoribus testamenti ipsius Eximini de Focibus et vestris, pro omnibus debitis, viginti unum milia ducentos quadraginta septem solidos iaccenses. Pro quibus obligamus vobis et vestris et impignoramus castra nostra et villas nostras de Paniscola, de Alcalano, de Gallinera, de Alquezar,g et de Sancto Stephano de Literah cum alqueriis* et aldeis* et terminis, et pertinenciis, iuribus, et reditibus eorum; et cum omnibus questiis,* cenis, pedagiis,* leudis,* tributis, monetaticis, quintis, [et] exercitibus [et] cavalcatis et eorum redempcionibus; ita quod predicta castra et villas tantum et tam diu teneatis cum omnibus supra dictis, et recipiatis, quousque de toto predicto debito sitis vos et vestri in eis et eorum reditibus integre satisfacti. Promittentes vobis quod predicta castra et villas vel aliquid eorum, nec reditus eorum, nec aliquid de predictis non tangemus nec accipiemus, nec tangi vel accipi faciemus, donec in eisdem sit vobis de dicto debito integre satisfactum.

Volumus eciam et mandamus vobis quod teneatis in custodia castri de Alcalano quinque homines, et in custodia castri de Gallinera decem homines, et in custodia castri de Paniscola sex homines, et sic sunt viginti unus homines; pro unoquoque quorum promittimus vobis dare centum quinquaginta solidos in anno. Et vobis tenentibus dictos homines in dictis castris ut dictum est, si dicta castra vel eorum aliquid vobis vel vestris ablata seu furata fuerint, promittimus statim cum nostris expensis illud sive illa recuperare, et ea vobis tradere ut ea teneatis sub forma predicta. Damus eciam vobis, pro custodia et missione castrorum de Alquezarg et de Sancto Stephano de Litera,h MCCC solidos in unoquoque anno. Quas missiones una cum debito ante dicto habeatis super dictis castris et villis, et de reditibus eorum, ut superius est dictum.

Retinemus tamen quod possimus dicere contra computum[l] quod super premissis nobis ut dictum est reddidistis; et vos teneamini nobis emendare et restituere, si quid in dicto computo posuistis ultra vel minus quod debebatis \in/ dampnum nostrum. Preterea eciam [*fol. 15*] [recognoscimus et] confirmamus [quod vos non] posuistis ⟨sive⟩ computastis nobis in hoc computo debitum quod debebamus vobis pro Petro de [*blank*]m quondam; [nec eciam illos]n mille morabatinos* quos Iohannes Deç⟨a⟩ debebat pro nobis dicto Eximino de Focibus quondam; nec eciam morabatinos quos vobis Ato de [Focibus debemus cum]o albarano* nostro quem penes vos tenetis, et quos habetis super castris et villis de Alquezarg et de Sancto Stephano [de Litera] de quibus [deducantur mille et] quingenti solidi quos vobis solvimus in denariis Barchinonep numerando.

Datum Cesarauguste, V kalendas Marcii, anno domini MCC[LX secundo].

a) Trimmed and mounted, loses words especially at top right and on fol. 15r at left side.
b) On Ort [Huerto] name, see doc. 345, note b. Masculine *ort*, modern *hort*, or farm would Latinize as *de Orto*. If Hortó (Urgel) were meant, *de Ortone* would be expected. Horto is a medieval form of Huerto, north of Sariñena in Aragon, however; and since the context here is Aragonese, and singular (H)ort not really a Catalan name then, Huerto seems the best choice.

c) The name appears more clearly in the charter of debt. Improbably a Catalan name (e.g., the Conca Deçà [Tremp]), it seems a form of Galician or Aragonese Deza (also a toponym near Soria in Castile).
d) MSup.
e) MSup.: *milia* (sic).
f) T: *-chola*.
g) Central vowels by overstroke. Other medieval forms include Alchezar, Alqueçar.
h) T: *litt-*.
i) MSup.: *co* . . . .
j) T: *-coli*.
k) Overwritten: i on e.
l) T: *-potum*.
m) Left blank by scribe, to fill in later.
n) Or a number, instead of *illos*.
o) MSup.: *Focibus cum*.
p) T: *inde Barchinona*, clearly! Perhaps intended: *inde in denariis barchinonensibus* or *apud Barchinonam*.

440a

Zaragoza. 25 February (1262) 1263.
Reg. 14, fols. 11v-12. MF: 433.

Guerau (Guiral)[b] Esteve [Guerao Esteban] had sued Pere [Pedro] Ferrer, alleging 'deceit in the matter of the [commercial] company that had been formed between them,' so that Guerau had not received his fair share of profits. Guerau secured a crown order that the lieutenant of the Valencian realm must hear witnesses. Eventually the judge, Master Gui(u) [Guido], then justiciar at Valencia city, found against Pere, condemning him to pay 2,750 sous to Guerau. On Pere's appeal, the king heard arguments from both sides, reviewed the trial record and verdict, and reversed Guiu's sentence and those proceedings. Meanwhile, after arbitration involving debts owed Pere by Guerau, Pere had followed Guiu's order and paid a revised sum to Guerau Martí(nis) [Martínez], Gallard (Gualart) [Gallardo] de Mans(o), Esteve de Llinares [Linares],[c] and Ramon (?) [Ramón] de Capella (?)[d] 'by reason of the said sentence'; Guerau must now repay that sum to Pere. If satisfactory proofs can be presented before the next feast of Pentecost, and if the fraud alleged by Guerau is a larger sum than the value of the cloth and other merchandise Guiu confiscated from Pere's shop at the time of the first verdict, the crown does allow that Pere pay Guerau the difference. However, if the merchandise (presumably turned over to Guerau then) is worth more, Guerau must repay that difference to Pere. And Guerau must repay all debts he can be proved to owe Pere. Signing as witnesses are Bernat Guillem d'Entença [Bernardo Guillermo de Entenza], (E)ximèn [Jimeno de] d'Urrea, Guillem de Pueyo,[e] Ferrís [Ferriz] de Lizana, and Berenguer d'Alagó [de Alagón].

Noverint universi quod causa fuit inter Petrum Ferrarii ex una parte et Guiraldum[b] Stephani ex altera, super peticione quam faciebat dictus Guiraldus Stephani predicto Petro Ferrarii, dicendo quod dictus Petrus Ferrarii deceperat ipsum in facto societatis que facta fuerat inter eos, et quod non dederat ei partem sibi pertinentem in lucro quod factum[f] fuerat per eos in dicta societate.

DOCUMENT 440

Et super hoc obtinuit a nobis Iacobo dei gracia etc. litteras, in quibus mandavimus tenenti tunc locum nostrum in regno Valencie quod super facto predicto reciperet[g] testes de credencia et de consciencia. Et magister Guido, tunc iusticia* Valencie, tulit in dicto facto sentenciam contra dictum Petrum Ferrarii, condempnando ipsum in duobus milibus et DCC\L/[h] solidis.

A qua sentencia predictus Petrus Ferrarii ad nos appellavit. Et nos visis et auditis et intellectis[i] allegacionibus et posicionibus, responsionibus, et defensionibus utriusque partis, et viso toto processu dicte cause, et visa sentencia lata per dictum magistrum Guidonem, deum habe[n]tes pre oculis, et habito prudencium consilio, partibus in nostra presencia constitutis, sentenciam predictam dicti magistri Guidonis et omnia que in dicta causa processa fuerunt contra dictum Petrum Ferrarii penitus revocamus; et condempnamus dictum Guiraldum Stephani ad solvendum et restituendum dicto Petro Ferrarii totum illud quod dictus Petrus Ferrarii solvit, mandato \dicti/ magistri Guidonis, Guiraldo Martini, Gualardo de Manso, Stephano de Linares [*fol. 12*] [et] ⟨Raimundo de C⟩apella [?][j] racione dicte sentencie, postquam composicio fuit facta inter ipsos Petrum Ferrarii et Guiraldum Stephani super facto debitorum que solvere promiserat et debebat dictus Guiraldus Stephani ut in carta inde facta continetur.

Volumus eciam quod fiat compensacio ⟨tali modo⟩ quod si fraus quam dictus Guiraldus Stephani asserit sibi facta fuisse per dictum Petrum Ferrarii est maioris quantitatis quam panni et alie [res] quas magister Guido extraxit de operatorio dicti Petri Ferrarii, racione dicte sentencie contra ipsum Petrum Ferrarii[k] late, dictus Petrus Ferrarii restituat dicto Guiraldo Stephani tantum quantum plus erat peticio dicte fraudis. Et si magis valebant dicti panni et alie res quam erat peticio fraudis predicte, dictus Guiraldus Stephani restituat dicto Petro Ferrarii illud quantumcumque amplius erat, dum tamen predicta possint legitime probari hinc usque ad festum pentecostes[l] proximum venturum.[m]

Et similiter dictus Guiraldus Stephani solvat dicto Petro Ferrarii omnia debita in quibus est ei obligatus, cum cartis et sine cartis, prout hoc probare poterit legitime contra ipsum Guiraldum Stephani.

Datum Cesarauguste, V kalendas Marcii, anno domini MCCLXII.

Signum etc. inde[n]

| Testes sunt: | Eximinus de Urrea | Ferricius de Liçana |
| Bernardus Guillelmi de Entença[o] | Guillelmus de Podio | Berengarius de Alagon[p] |

a) Modern title: *Inter Petrum Ferrarii ex una parte et Guiraldum Stephani ex altera.* Text on folio 12 holed, damp damaged, and badly worn at top line and top corner. Unusually large initial letter.

b) The d-ending of the Latin text suggests merger or confusion with Gerald [Geraldo], considered by some a variant.

c) Aragonese toponym (Linares de Mora in Teruel, or Linás de Broto in Huesca); the

Catalan surname derives here from the Spanish and is not the surname and toponyms Llinar(e)s (Llinás).

d) If Capella, the illegible first name may well be Ramon (the only representative in the *Repartiment*, a Zaragozan). If Capella⟨des⟩, then the Catalan surname fits Pere or Bernat, the only active representatives probable. Capell, Capella, and Capellà are less probable Catalan surnames here. See note j.

e) An Aragonese knight, not therefore de Puig; the Huesca province has several Pueyo toponyms. Cf. doc. 131. The other signatories are well enough known; cf. Urrea de Jalón and Lizana (now gone) near Barbañules, both in Aragon.

f) T: *-tus.*
g) T: *-rent.*

h) Or: *DCCC\L/* or even *DCCC\os/*; the raised element may involve an extra C squeezed onto the line.

i) Repeated: *et intellectis.*

j) The first name, probably the usual initial, is illegible; the second may well be ⟨C⟩apella-⟨des⟩; for an appropriate first name in either case, see note d.

k) Deleted: *facte.*

l) Or: *-em* (*-e* with overstroke); traditionally declined *pentecoste, -es* (fem.).

m) T: *proximo venturo.*

n) T: i with overstroke; the usual formula begins *Signum + Iacobi dei gracia,* and this is neither a botched cross nor a substitute for *Iacobi.* Possibly it is a carelessly formed, repeated c with overstroke.

o) T: *den-*. p) T: *da-*.

441a

Zaragoza. 25 February (1262) 1263.
Reg. 14, fol. 12. MF: 434(a).

Notifies the justiciar of Valencia city (the Guillem [Guillermo] de Porcià of doc. 442): 'If Pere [Pedro] Ferrer will be obligated to pay anything in connection with the charges made about him, because of debts he owes' in doc. 440, from now until St Michael's feast in September, the crown waives his rental 'fourth,' which must not be asked or accepted from him.

Iacobus dei gracia etc., fideli suo iusticie* Valencie, [salutem]. Mandamus vobis quod, si Petrus Ferrarii debebit solvere hinc usque ad festum Sancti Michaelis Septembris proximum venturum aliquot[b] pro querimoniis que fient de ipso, racione debitorum que debet, ipsum quartum ab eo non petatis nec accipiatis, quoniam nos ipsum eidem duximus remittendum.
Datum Cesarauguste, V kalendas Marcii, anno domini MCCLXII.

a) Modern title: *Eorundem* (deleted before it: *Eundem*), referring to the case above in doc. 440.
b) Sic. For: *aliquid*?

442a

Zaragoza. 25 February (1262) 1263.
Reg. 14, fol. 12. MF: 434(b).

Writing to Guillem [Guillermo] de Porcià[b] in connection with doc. 440, the king 'states and orders you strictly to see that the verdict that We just now delivered at Zaragoza, in the case between Pere [Pedro] Ferrer on one side and Guerau (Guiral) Esteve [Guerao Esteban] on the other, and everything contained in the said verdict, be carried out and observed inviolably,' in such wise that the dispute not resume.

Iacobus dei gracia etc., fideli suo iusticie* Valencie, [salutem]. Dicimus et mandamus vobis firmiter quod sentenciam quam nos tulimus nunc in Cesaraugusta, in causa que vertebatur inter Petrum Ferrarii ex una parte et Guiraldum Stephani ex altera, et omnia que in ipsa sentencia continentur, compleri et observari inviolabiliter faciatis, prout in ipsa sentencia plenius et melius continetur, taliter facientes quod non oporteat partes super hoc de cetero laborare.

Datum Cesarauguste, V kalendas Marcii, anno domini MCCLXII.

a) Modern title: *Eorundem.*   b) On this name, see doc. 55.

443a

Zaragoza. 25 February (1262) 1263.
Reg. 14, fol. 12. MF: 434(c).

Guerau (Guiral) Esteve [Guerao Esteban] got a restraining order from the crown in connection with the lawsuit in doc. 440 concerning payment of the debt he owed Pere [Pedro] Ferrer. Despite this, the justiciar of Valencia city, Master Gui(u) [Guido], confiscated 'a certain horse of his,' which then died. The current justiciar, Guillem [Guillermo] de Porcià,[b] cannot force Pere to count the value of the horse toward satisfying Guerau's debts; 'but the said Guerau Esteve is obligated to the same Pere Ferrer for the entire aforesaid debt.'

Iacobus dei gracia [etc.], fideli suo Guillelmo de Porciano, iusticie* Valencie, salutem. Intelleximus quod, tempore quo magister Guido erat iusticia Valencie, Guiraldus Stephani obtinuit a nobis cartam alongamenti* de debito quod debebat Petro Ferrarii; et quod iusticia predictus,[c] non obstante dicto alongamento, pignoravit Guiraldo Stephani quendam equum suum; et dum tenebat ipsum pignoratum, obiit equus predictus.

Unde mandamus vobis quod, si[d] ita est, non compellatis nec compelli permittatis dominum Petrum Ferrarii ad recipiendum illud quod valebat dictus equus in solucione debiti quod dictus Guiraldus Stephani ei debebat. Set dictus Guiraldus Stephani teneatur eidem Petro Ferrarii pro toto debito supra dicto.

Datum [Cesarauguste], V kalendas Marcii, anno domini MCCLXII.

a) Modern title: *Eorundem.*
b) On this name, see doc. 55.

c) Masculine, since the *iusticia* was a male functionary.
d) Deleted: *racione equi.*

444

Zaragoza. 28 February (1262) 1263.
Reg. 14, fol. 12v. MF: 435.

Accepts and approves the accounting by the Valencian citizen Arnau de Font [Arnaldo de la Fuente] for all crown revenues from Murviedro (modern Sagunto) and from specified revenue sources at Valencia city: 'from the dyeworks,ª Moorish quarter, new Jewish quarter, grain warehouse, and from the cloth industry and the pelt industry [or merchandising], and the stalls of the new and old financial exchange.' On balance, the crown owes Arnau 17,584 Valencian sous and 3 pence (*diners*). To recover 15,000 of this, he 'buys' or takes over all crown revenues from Valencia city's Moorish and new Jewish quarter and from its dyeworks for two full years from the January 1, just past; any surplus can be kept in free gift. Gil (Egidi) (E)ximèn(is) [Gil (Egidio) Jiménez (Eximénez)] (de Segura, of Teruel), bailiff for the Valencian kingdom above the Júcar, is to find the remaining 2,584 sous and 3 pence of the debt 'from other revenues' of the crown at Valencia city or elsewhere in his bailiate.

Recognoscimus et confitemur vobis, Arnaldo de Fonte civi Valencie, quod reddidistis nobis compotum bene et fideliter, de omnibus recepcionibus quas fecistis pro nobis de reditibus, exitibus, et iuribus nostris Muriveteris, et de tintureria, moreria,* iudaria nova, almudino,* et de censuali draperie, pellicerie, et tabularum cambii novi et veteris civitatis Valencie, usque in hunc diem. De quo compoto^b confitemur a vobis esse \bene/ paccati* ad voluntatem nostram, et clamamus inde vos cum omnibus bonis vestris quitium* et penitus absolutum.^c Et deductis ac levatis predictis recepcionibus de debito quod vobis debebamus cum carta nostra quam modo a vobis recuperavimus, remanet quod debemus adhuc vobis dicto Arnaldo de Fonte et vestris decem et septem milia quingentos octoginta^d quattuor solidos et tres denarios regalium Valencie.

Et vendimus vobis, a kalendis Ianuarii proxime preteritis ad duos annos primos venturos et completos, omnes reditus, exitus, et quelibet alia iura nostra morerie,^e tinturarie,^f et iudarie nove civitatis Valencie, cum omnibus suis pertinenciis, precio videlicet quindecim milium solidorum regalium Valencie, qui deducantur et leventur de supra dictis decem et septem milibus quingentis octoginta^d quattuor solidis et tribus denariis regalium, quos ut dictum est vobis debemus. Et si hec vendicio plus valet vel valebit precio supra dicto, totum illud vobis damus ex mera liberalitate nostra.

Preterea volumus et mandamus Egidio Eximini, baiulo pro nobis in regno Valencie a rivo Xuchari citra, quod de aliis reditibus et exitibus nostris civitatis Valencie vel aliorum locorum baiulie sue solvat vobis residuos duo milia quingentos octoginta^d quattuor solidos et tres denarios regalium.

Datum Cesarauguste, II kalendas Marcii, anno domini MCCLX secundo.

a) MF, incorrectly: 'tintorería mora y judía.'
b) T: *computo*; above: *-oto*.
c) Sic: *vos* with singular adjective, as against *[nos] paccati*.
d) T: *octuag-* (cf. *octog-* above and below).
e) T: *morarie*; harmonized with previous spelling.
f) T: *tinct-*; above: *tint-*.

445a

Zaragoza. 1 March (1262) 1263.
Reg. 14, fol. 13. MF: 436.

Reorganizes the crown debt to Adam [Adán][b] of Paterna, recovering the original bond for 12,000 Valencian sous from (his lawyer?) 'Bernat [Bernardo] Escrivà, resident of Castellón in the Camp [Campo][c] de Burriana.' The 10,200 sous still outstanding are here acknowledged and assigned for payment from the crown revenues of Murviedro (modern Sagunto), which Adam will control until repaid.

⟨Nos⟩ Iacobus dei gracia rex Aragonum etc. recognoscimus et confitemur de⟦bere⟧ vobis Ade de Paterna et vestris ⟨X milia et CC⟩ solidos regalium, qui vobis remanent ad solvendum de XII milibus solidorum quos vobis debebamus cum alba⟨rano⟩* quem modo recuperavimus in Cesaraugusta a Bernardo Scribe,[d] habitatore in Castilione campi de Burriana.

Que X milia et CC solidos[e] regalium assignamus vobis et vestris habenda et percipienda in reditibus et exitibus nostris Muriveteris. Ita quod predictos reditus et exitus tam diu teneatis, donec in eisdem sit vobis et vestris plenarie satisfactum.

Datum Cesarauguste, kalendas Marcii, anno domini MCCLX secundo.

a) Badly damaged along top line; stained at left.
b) On this name, see docs. 95 through 98.
c) Capital c: the Burriana district.
d) See doc. 9, note b.
e) Both *milia* and *solidos* are radical abbreviations, but the modifying *habenda* demands *milia*, whereas *solidorum* would not be an appropriate genitive in that word's position. The result is clumsy.

446

Zaragoza. 1 March (1262) 1263.
Reg. 14, fol. 13. MF: 437.

Gil (Egidi) (E)ximèn [Gil (Egidio) Jiménez (Eximénez)], (de Segura, of Teruel),[a] Valencia's bailiff above the Júcar River, had surrendered to Ximèn Pere (Peris) d'Arenós [Jimeno Pérez de Arenoso] 'all revenues and profits from the saltworks and from Our Albufera [lagoon] of Valencia city for the past year.' At the audit with Ximèn, the king deducted this income from the crown debt to Gil, so no further accounting is required from Ximèn.

Confitemur etc. quod vos Egidius Eximini, baiulus regni Valencie a rivo Xucari citra, dedistis et tradidistis Eximino Petri de Arenoso omnes reditus et exitus salinarum et Alboferre nostre Valencie anni preteriti. Quos omnes reditus \et exitus/ nos deduximus de debito quod debebamus dicto Eximino[b] Petri de Arenoso, quando nobiscum computavit.

De quibus reditibus et exitibus salinarum et Alboferre predicte anni preteriti non teneamini nobiscum computare. Ideoque dictus Eximinus Petri recepit dictos reditus et exitus in solucionem[c] debiti quod sibi debebamus, ut superius continetur.

Datum Cesarauguste, kalendas Marcii, anno domini MCCLX secundo.

a) On Gil, see doc. 387.
b) Initial e corrected by overwriting on the lower case letter.
c) Accusative: correct if less usual usage, found elsewhere in the registers.

447a

Zaragoza. 1 March (1262) 1263.
Reg. 14, fol. 13. MF: 438.

Informs the same Gil Ximèn, Valencia's bailiff above the Júcar, that his audit with the king must include the 7,747 Valencian sous Gil paid at the king's order to help retire a debt owed to the citizen of Valencia Arnau de Font [Arnaldo de la Fuente] and another 7,760 paid toward the crown's debt to Bernat [Bernardo] Escrivà[b] from the same bailiate of Gil.

Confitemur etc. quod vos fidelis noster Egidius Eximini, baiulus regni Valencie a rivo Xucari citra, de mandato nostro dedistis et solvistis, de reditibus et exitibus nostris baiulie Valencie anni preteriti, Arnaldo de Fonte civi Valencie VII milia DCCXLVII solidos regalium Valencie, et Bernardo Scribe VII milia DCCLX solidos regalium.

Quos omnes denarios deduximus de debitis que predictis Arnaldo de Fonte et Bernardo Scribe debebamus; et debemus ipsos recipere in compoto quod vos debetis nobis reddere de reditibus et exitibus civitatis Valencie anni preteriti.

Datum Cesarauguste, kalendas Marcii, anno domini MCCLX secundo.

a) Script from verso bleeds through as a distraction; stained at right side.
b) On this name, see doc. 9, note b.

448a

Zaragoza. 1 March (1262) 1263.
Reg. 14, fol. 13. MF: 439.

The same Gil Ximèn, bailiff above the Júcar, has rendered accounts for all crown revenues of Murviedro (modern Sagunto) over the past year, including payment, at the king's order, of 7,500 Valencian sous to the same Bernat Escrivà, done by 'sale' or transfer of Murviedro's revenues, after expenses. The king had therefore deducted that sum from his debt to Escrivà at the latter's recent accounting.

Confitemur etc. quod vos, fidelis noster Egidius Eximini baiulus supra dictus, reddidistis nobis bene et fideliter compotum de omnibus reditibus et exitibus castri et ville Muriveteris, anni preteriti. Ita quod solvistis de mandato nostro Bernardo Scribe^a Valencie VII milia et D solidos regalium Valencie; pro quibus VII milibus D solidis fuerunt venditi omnes reditus et exitus dicti castri et ville, solutis omnibus [missionibus] dicti castri. Quos omnes denarios nos deduximus de debito quod dicto Bernardo Scribe debebamus quando nobiscum compotavit apud Cesaraugustam.

Et sic confitemur nos in eo paccatos* ad nostram voluntatem; ita quod non teneamini umquam^b nobis vel nostris in aliquo respondere.

Datum Cesarauguste, kalendas Marcii, anno domini MCCLX secundo.

a) See doc. 9, note b, on this name. No *civi* follows it here.
b) T: *nunquam*.

449a

Zaragoza. 1 March (1262) 1263.
Reg. 14, fol. 13v. MF: 440.

Receipt to the same Gil Ximèn, who on the king's order had paid to the same Bernat Escrivà 3,700 sous, taken from the past year's crown revenues at Vall de Uxó, after meeting the expenses of Uxó castle. The king deducted this sum from his debt to Escrivà at the recent audit with the latter.

Recognoscimus et confitemur quod vos, fidelis noster Egidius Eximini, baiulus regni Valencie a rivo Xuca[ri] citra, dedistis et solvistis de mandato nostro de reditibus et exitibus nostris vallis de Uxone^b anni preter[iti], Bernardo Scribe^c civi Valencie, tria milia DCC solidos, solutis missionibus castri de Uxone.^b

Quos omnes denarios no[s de]duximus de debito quod debebamus dicto Bernardo Scribe, quando computavit nobiscum apud Cesaraugustam. De quibus denariis a vobis sumus paccati* ad nostram voluntatem; ita quod non teneamini nobis vel nostris de ipsis in aliquo respondere.

Datum Cesarauguste, kalendas Marcii, anno domini MCCLX secundo.

a) Stained and worn at right and left top.
b) T: *duxo* with overstroke.
c) On this name, see doc. 9, note b.

450

Zaragoza. 1 March (1262) 1263.
Reg. 14, fol. 13v. MF: 441.

Accepts the accounting of revenues that the same Gil Ximèn, crown bailiff above the Júcar, took from Valencia city's financial exchange (*taula de canvi*) over the past year. This includes large disbursements to individuals at the king's order, totaling 21,100 Valencian sous: 16,500 to Artal d'Ort [Artaldo de Huerto][a] as executor for the testament of (E)ximèn [Jimeno (Eximeno)] de Foces; 1,000 to Carròs [Carroz] lord of Rebollet; 1,000 to Domènec Llop(is) [Domingo López], castellan (*alcait*) of Almenara for castle tenure; 1,200 to reduce the king's debt to Guillem [Guillermo] de Plana; and 1,400 to the 'Saracen of Jérica' Ouetar or Ovecar (possibly for Obeda, the Banū 'Ubāda being a founding tribe at Jérica; but Ovecar is a form of Abū Bakr).

Recognoscimus et confitemur quod vos, Egidius Eximini baiulus regni Valencie a rivo Xucari citra, reddi[di]stis nobis rectum et legale compotum, de omnibus reditibus et exitibus tabule Valencie anni preteriti. Ita quod solvistis[b] de mandato nostro Artaldo de Orto manumissori testamenti Eximini de Focibus XVI milia D solidos regalium, et Carrocio domino Rebolleti mille solidos, et Dominico Lupi alcaido* de Almenara pro custodia castri mille solidos regalium Valencie, et Ovetar[c] Sarraceno de Xerica M et CCCC solidos, et Guillelmo de Plana pro debito quod sibi debebamus mille et CC solidos quos deduximus de compoto suo.[d]

Et sic est summa, quod solvistis de mandato nostro XXI milia C solidos regalium Valencie. De quibus omnibus denariis, de compoto predicto, a vobis bene paccati* sumus; ita quod non teneamini umquam nobis vel nostris de predictis denariis in aliquo respondere.

Datum Cesarauguste, kalendas Marcii, anno domini MCCLX secundo.

a) On Ort as Huerto here, see doc. 439, note b. On the name Plana, see doc. 112, note b.
b) Deleted: *nobis*.
c) Less probably: *Ovecar*.
d) T: *computo*; harmonized with text's other spellings. *Suo* malformed, seeming *tuo*; context requires third person singular.

451a

Zaragoza. 1 March (1262) 1263.
Reg. 14, fol. 14. MF: 442.

Licenses the same Gil Ximèn, bailiff above the Júcar, to apply revenues from the Jewish community at Teruel and from the commercial tolls there (*portatge*) 'to cover the expenses necessary in [building or maintaining the new] irrigation canal of Alcira.' After disbursing these 'for the business of the said expenses,' he is to make an accounting to the king.

Assignamus vobis Egidio Eximini, baiulo regni Valencie a rivo Xucari citra, omnes reditus et exitus portatici* nostri Turolii, et omnes reditus[b] et exitus Iudeorum Turolii, ad faciendum expensas in cequia* Aliasire necessarias.

Concedentes vobis quod omnes predictos reditus et exitus possitis obligare et impignorare ad opus predictarum expensarum; promittentes vobis quod faciemus[c] vos dictos reditus et exitus tenere et percipere in pace, vel ipsos cui ipsos reditus obligaveritis, vobis reddent(ibus) nobis compotum de eisdem expensis.

Datum Cesarauguste, kalendas Marcii, anno domini MCCLX secundo.

a) Top right and left worn; left trimmed and patched.
b) Obscured by large stain.
c) Deleted: *vobis*.

452a

Zaragoza (La Aljafería palace). 1 March (1262) 1263.
Reg. 12, fol. 19. MF: 443.

The town council of Ademuz had sued the Aragonese knight Hurtado (Furtado) de L(l)iori[b] over their claimed right to build a public oven or bakery and mills 'in the district and on their properties in Ademuz,' citing 'the book of laws granted them by King Pere [Pedro],' the father of King Jaume [Jaime], which allowed both utilities 'in their houses and farms.' Hurtado countered with a privilege of the same King Pere restricting the oven in town as a monopoly to the deceased Garcia Romeu [García Romeo], with a second document (bearing Garcia's seal), by which Hurtado's father, Gil de Liori, secured ownership of Garcia's property and oven, and with a confirmation of all this by King Jaume. The case was argued before Bertran de Vilanova [Beltrán de Villanueva], 'specially assigned by Us to hear the process of the entire case.' Bertran presented the evidence for review by the king, who 'took counsel of wise men' and issued his verdict. The Ademuz people could build mills, because King Pere had not restricted them, but no 'oven or ovens' without Hurtado's permission; if one oven proved insufficient, more could be added. This hearing took place in the Aljafería palace at Zaragoza. Witnesses included Bernat Guillem d'Entença [Bernardo Guillermo de Entenza], (E)ximèn Pere (Peris) d'Arenós [Jimeno (Eximeno) Pérez de Arenoso], Martí Pere (Peris) [Martín Pérez] de Pina justiciar of Aragon, 'and many more.'

Noverint universi quod cum causa verteretur coram nobis Iacobo dei gracia rege Aragonum etc., inter procuratores concilii de Ademuz[c] ex una parte agentes, et Furtadum de Liori ex altera defendentem, super furno et molendinis que homines de Ademuz asserebant se posse construere in termino et suis hereditatibus in Ademuz, et ex parte dicti Furtadi fuisset eis semper prohibitum ea ibidem non posse construere, dicti procuratores ostenderunt[d] quendam librum de foris,* populatoribus de Ademuz ab illustri rege Petro bone memorie patre nostro eis concessum, per quem asserebant quod poterant in domibus et hereditatibus suis facere et construere furnos et molendina.

Ad quod dictus Furtadus in defensionem[e] sui ostendit[d] privilegium dicti regis Petri concessum Garcie[f] Romei quondam, in quo continebatur quod ipse rex Petrus dederat eidem Garsie Romei furnum suum de Ademuz cum alia hereditate sua et quod nullus alius preter ipsum[g] vel qui ipse vellet posset aliquo tempore construere vel facere furnum in villa de Ademuz, nec alibi decoquere[h] panes suos nisi in dicto furno. Ostendit eciam instrumentum, sigillo dicti Garsie sigillatum, in quo continebatur quod ipse Garsia Romei dederat ipsum furnum cum hereditate predicta Egidio de Liori patri dicti Furtadi et suis, sicut dictus rex contulerat eam sibi. Ostendit[d] eciam instrumentum concessionis et confirmacionis nostre de omnibus supra dictis.

Et cum contra predicta privilegia ex parte dictorum procuratorum extitisset plurimum allegatum et ex parte ipsius Furtadi in defensionem[e] sui responsum (coram fideli nostro Bertrando de Villanova per nos ad audiendum processum tocius cause specialiter assignatum [= assignato]), prout in actis inde confectis plenius continetur, et per ipsum acta et processus ipsius cause coram nostri presencia lecta fuissent: nos Iacobus dei gracia rex predictus, visis libro fororum predicto et privilegiis dicti Furtadi, et allegacionibus utriusque partis[i] plenius intellectis, habito consilio sapiencium,[j] deum habendo pre oculis, sentenciando pronunciamus quod dicti homines presentes et futuri populatores de Ademuz possint construere molendina in termino de Ademuz, quia in privilegio predicti regis Petri non erat prohibitum eis construere molendina.

Mandantes quod non faciant furnum vel furnos in villa de Ademuz nisi Furtadus vel eius successores et ipsi quos ipsi voluerint; nec decoquant[k] alibi panes suos de cetero; et si unus non suffecerit, quod faciant plures fieri ad complementum populatorum presencium et futurorum. Et partes iudicium receperunt.

DOCUMENT 453

Lata est hec sentencia apud Cesaraugustam, in aliafaria* domini regis, kalendas Marcii, anno domini MCCLX secundo, presentibus Bernardo Guillelmi de Entenza, Eximino Petri de Arenoso, Martino Petri iusticia* Aragonie, et pluribus aliis.

a) Modern title at right: *Ville de Ademuz, super molendinis et furnis*. Entry semiboxed but partial from cropping of top, appears like an original title: ⟨*anno*⟩ *domini millesimo CCLX tercio, VIII kalendas Aprilis*. But this date does not jibe with the document's; since it does not belong to a previous document, it must represent the remnant of a brief note. IP flourish. Script unusually small.

b) The Liori were Aragonese knights, originally from Navarre; Hurtado and Gil are their recurring family names, with the 'Catalan' spelling of their surname, Lliori, as an option.

MF gives the first name here incorrectly as Ferrando.
c) Overwritten clumsily by a modern hand.
d) T: *ho-*.
e) Sic: accusative, plus *sui*.
f) T: G, usually *Guillelmus*, but clarified below in text.
g) T: *ipse*.
h) T: *decohere*; cf. note k.
i) Both words by modern hand over words now unclear.
j) T: *-ntu* with overstroke. For *sapientum*?
k) T: *decocant*, possibly *decocuant*.

453a

Zaragoza. 3 March (1262) 1263.
Reg. 12, fol. 17rv. MF: 444.

(E)ximèn Pere (Peris) d'Arenós [Jimeno (Eximeno) Pérez de Arenoso] held a debt bond against the crown for 66,072 Valencian sous and 9 pence (*diners*) assigned for recovery on crown revenues at Burriana, on the castle of Alfàndec de Marinyén (today La Valldigna), on crown rents of 'Our mills at Campanar' near Valencia city, and from that city's saltworks, Albufera lagoon, and Jewish tribute. Ximèn has 'now' made an accounting for his administration of these finances, done at Cabañas de Ebro. Expenses and outlay, especially 22,450 Jaca sueldos, balance income, so that the crown now owes him a total of 63,041 Jaca sueldos. Ximèn can recover these from Murviedro (modern Sagunto), Uncastillo (near Zaragoza), the transit fee (*peatge*) of Vilella (or Velilla), pasturage, hospitality fee, tributes, and all other crown revenues. He can also hold the income from the Jewish community of Valencia city, and from the mills of Campanar 'which We bought from you.'

Noverint universi quod nos Iacobus, dei gracia rex Aragonum, Maioricarum, et Valencie, comes Barchinone et Urgelli, et dominus Montispessulani, recognoscimus et confitemur quod recepimus a vobis, nobili et dilecto Eximino Petri de Arenoso, nunc apud Cabanas rectum et fidele computum de omnibus recepcionibus quas fecistis de reditibus, exitibus, et proventibus de Burriana; et de salinis, Albuferia,[b] et tributo Iudeorum civitatis Valencie; et de castro de Alfandeg,[c] ac molendinis nostris de Campanar de Valencia. Que omnia a nobis tenebatis pignori obligata, cum quodam instrumento nostro, pro sexaginta sex milibus septuaginta duobus solidis et novem denariis regalium Valencie.

De quo computo confitemur [nos] bene esse a vobis paccatos* et vestris in perpetuum, renunciantes errori calculi[d] et omni iuri et auxilio iuris, fori,* et consuetudinis quibus contra predicta in aliquo venire possemus ad predictum computum revocandum. Ita quod numquam de cetero teneamini nobiscum venire ad computandum vel computare vel cum aliquo alio, loco vel nomine nostri vel nostrorum, de predictis aut aliquo predictorum; nec ullam [= ullum] nobis vel nostris, aut alicui alii loco vel nomine nostri vel nostrorum, reddere computum; set sitis inde vos et vestri cum omnibus bonis vestris mobilibus et immobilibus ubique habitis et habendis penitus et perpetuo absoluti, ut melius dici et intelligi potest ad vestram utilitatem et vestrorum.

Sciendum est tamen quod computavistis et computatis ⟨de⟩ omnibus predictis et singulis recepcionibus, quas pro nobis vel de mandato nostro fecistis, cum donatis, expensis, et missionibus predictis, et cum omnibus debitis que nos vobis quolibet modo debemus [*fol. 17v*] usque in [h]odiernam diem, et cum viginti duobus milibus quadringentis quinquaginta solidis iaccensibus quos vobis debebamus ⟨cum carta⟩. Pro quo augmentavimus debita que nos debemus vobis; et restituemus vobis et vestris ⟨sexaginta tria milia et quadra⟩ginta[e] et unum solidos iaccenses. In quibus omnibus obligamus vobis et vestris, et cui vel quibus volueritis ⟨loco vestri, de castro et villa de Muroveteri⟩[f] et de Uno Castello cum ⟨peda⟩giis* ⟨et lezdis*⟩[g] de fontibus de Vilella,[h] et cum pascuis, ⟨portaticis,* passaticis,* herbis,⟩[i] [h]erbagiis, peitis,* cenis, tributis, et cum ⟨omnibus aliis reditibus⟩, exitibus, proventibus et iuribus nostris, quos ⟨et que habemus et⟩ percipimus et percipere debemus quolibet ⟨modo vel racione⟩. Obligamus eciam vobis Iudeos nostros Valencie, et molendina nostra ⟨de Campanar⟩ que a vobis emimus. Ita quod predicta omnia castra et villas, Iudeos et molendina tam diu teneatis, et omnes reditus, ⟨exitus, et pro⟩ventus eorundem cum peitis, cenis, questiis, tributis, et [h]erbagiis habeatis, teneatis, et percipiatis integre et sine ⟨diminucione⟩ aliqua in solucione dicti debiti, tam diu quousque in eisdem sit vobis et vestris de predictis sexaginta tribus milibus quadraginta et uno solidis iaccensibus plenarie satisfactum.

Promittentes vobis et vestris bona fide quod dicta castra et villas predictas, et omnes reditus, exitus,[j] et proventus nostros predictorum locorum, cum peitis, cenis, questiis, tributis, [h]erbagiis, aut aliquo de predictis, non auferemus nec emparabimus,* nec emparari vel auferri faciemus vel permittemus, aliquo modo vel aliqua racione. Immo ipsa omnia et singula faciemus vos et vestros et quos volueritis habere, tenere, possidere, et percipere integre et in pace, quousque in eisdem sitis vos et vestri de omnibus predictis denariis plenarie persoluti.

Datum Cesarauguste, V nonas Marcii, anno domini MCCLX secundo.

a) Dim and worn on both sides of recto; first half of verso nearly illegible from wear and damp damage. Among orthographical variants, this scribe particularly indulged himself in double t: *reddittus, exittus, obligatta, persolutti.*

b) Not genitive; thus the saltworks, though probably *comprising* those of the Albufera or *including* them, are separate here from the Albufera revenues as such.

c) Sic; Arabic ḳ (also q), in this toponym normally Catalan c.

d) T: *cauc-*.

e) Partly reconstructed from later context.

f) Supplied from documents settling his estate after his death in late 1266, which will appear in this *Diplomatarium*; though conjectural, Murviedro castle and town are highly probable as the illegible final word in this dim phrase.

g) Unsatisfactory, but conveying the number and general shape of the letters. Not *primiciis* or *portaticis*; possibly *de* instead of *et*; not *Petri* (as in Pere de Fonts of Vilella, when translated). Further quartz-lamp examination might clarify.

h) If not a person (*P. de Fonts, de Vilella*) or a place beginning with Fonts [Fuentes], there are several Vilellas. A castle of that name defended Luchente in the Valle de Albaida, and villages so named lay respectively north of Carcagente and south of Sueca—all three Valencian places now long disappeared or in ruins. Besides Catalan towns called Vilella, Aragonese Velillas was sometimes given so, as were Velilla de Cinca and Velilla de Ebro. The Catalan surname in Valencia, Vilella, seems not at issue here.

i) Conjectural; space for two, perhaps three, taxes.

j) T: *exitibus*.

454a

Zaragoza. 6 March (1262) 1263.
Reg. 14, fol. 14. MF: 445.

Pere [Pedro] de Berbegal, archpriest of Daroca, lends the king 2,000 Jaca sueldos at Zaragoza. For this and previous loans the king continues him as castellan of Pego in Valencia with its revenues, as expressed in a charter already held. The king conveys to the archpriest the castle of Zancaríes (Zancorias)[b] and the place of Arcos de las Salinas (then neighbors in the kingdom of Valencia, now in modern Teruel province). The Jew Salamah (Salimah) of Daroca is to operate the saltworks but will pay Berbegal 8,000 sueldos yearly. For tenure and garrisoning the castle of Zancaríes, Berbegal is to receive (over and above recovery of his loans) 'as much as We had promised to pay Pedroco [for Pere de Roca?], who held the same castle for Us.'

Recognoscimus et confitemur debere vobis, Petro de Berbegal archipresbitero Daroce, et vestris duo milia solidorum iaccensium, quos nobis modo mutuastis in Cesaraugusta. Pro quibus duobus milibus solidorum et eciam pro omnibus aliis denariis quos vobis debemus et vobis assignaveramus in reditibus et exitibus nostris de Pego (sicut in carta quam inde vobis fecimus continetur) obligamus, tradimus, et impignoramus vobis castrum de Çancharies,[c] et locum de Archos, et salinas ipsius loci et omnes reditus et exitus quos ibi habemus et habere debemus aut percipere quoquo modo. Ita videlicet quod Çalema de Darocha Iudeus teneat dictas salinas, et donet vobis quolibet anno octo milia solidorum iaccensium, in solucionem debitorum que vobis debemus ut dictum est, tam diu quousque de dictis debitis vobis fuerit plenarie satisfactum.

Et ultra hoc donet ac dare teneatur vobis quolibet anno, pro custodia et retencione castri predicti de Çancharies, tantum quantum inde dare promiseramus Pedroco[d] qui dictum castrum tenebat pro nobis. Promittentes vobis quod in predictis aliquid non tangemus vel emparabimus,* quousque vos \ut/[c] dictum est fueritis de predictis debitis integre persoluti; nec vos teneamini nobis dictum castrum de Çancharies reddere, donec vobis fuerit satisfactum de debitis supra dictis.

Datum Cesarauguste, II nonas Marcii, anno domini MCCLX secundo.

a) Original title, boxed: *Donacio Petri de Berbegal, quod tenet castellum de Çancharias et salinas de Arcubus etc.* Modern title: *Impignoratio de Cancharias et de Archos et salinarum ipsius loci.* On the name Salamah, see doc. 5, note b.
b) Given variously by historians as Zancorias, Gancharias, and Zantharies. MF: Çancharias.
c) Ending *es* or *os*, clarified by usage below in text.
d) Under magnification: *Pedroco* or *Petroco* with sign to extend; this may be the royal secretary and (elsewhere) castellan Pere [Pedro] de Roca, malformed by the scribe. Possibly meant as *Petro Roco*, improbably as *Peret Roco*, not *Pedrolo*. It seems unrelated to toponyms such as Petra Roga (modern Perarrúa in Aragon). Men like Pedrux and Petroccal appear in the *Repartiment.* The Aragonese medieval names Pedrot and Petruç do not quite fit, nor the Catalan surname Pedrós (Latin *petrosus*).
e) Above deleted: *vos* (repeated).

455a

Zaragoza. 20 March (1262) 1263.
Reg. 12, fol. 18v. MF: 446.

Grants Bernat David (Daviu) [Bernardo David] in perpetuity as an exempt estate six plowlands or jovates in the Les Alcus(s)es district (near Mogente), bounded on one side by the farm of Pere [Pedro] de El Turmo[b] and a ravine, on another by Saʿd al-Mughāwir (the *almogàver*), on a third by a mount or hill, and on the fourth by the farm of Arnau [Arnaldo] de Rebost (?).[c]

Per nos et nostros damus et concedimus tibi, Bernardo David, et tuis in perpetuum per hereditatem propriam, francham,* et liberam sex iovatas* terre in regno Valencie, in termino de Les Alcuçoles,[d] sicut confrontantur ex una parte ⟨c⟩um hereditate Petri de Tormo et cum barrancho,* et ex altera cum hereditate de Çahat Almogabar, et ex altera cum montanya,[e] et ex altera cum hereditate Arnaldi de Reposito.[f]

Predictas itaque sex iovatas terre tibi et tuis in perpetuum damus per hereditatem propriam, francham, et liberam cum introitibus, exitibus, et affrontacionibus predictis, et suis pertinenciis universis a celo in abissum,[g] ad habendum, tenendum, possidendum, et expletandum, dandum, vendendum, impignorandum, alienandum, et ad omnes tuas tuorumque voluntates cui et quibus volueritis inde franche et libere perpetue[h] faciendas exceptis militibus, sanctis clericis, et personis religiosis.

Datum Cesarauguste, XIII kalendas Aprilis, anno domini MCCLX secundo.

a) Original title, semiboxed: *Carta donacionis*. IP flourish. Water damage at top and down right.
b) Tormo was a variant for El Turmo near Boltaña in Aragon.
c) Rebost fits the Latin better, with cognate *rebostero* also possible as indicating an office.

d) T: *les al Cuçoles*, as *Alcuça* above in doc. 384, with such variants in future documents as *Alcuces* and *de Alcuciis*.
e) Or: *montayna*; n supplied by overstroke. See preface volume, p. 137, on y with n.
f) T: *repoito*, with stroke over central vowels.
g) T: *ha-*.
h) Sic, for more usual *-tuo*.

456a

Zaragoza. 28 March 1263.
Reg. 12, fol. 20. MF: 448.

Accepts from 'Bernat [Bernardo] Escrivà of Burriana' his accounting for the crown income at Murviedro (modern Sagunto), Vall de Uxó, 'and also Tarragona and its Camp' or district, including rents, fines, work services, property-sale fees (*lluïsmes*), and all other revenues. Balanced against expenses and outlay, and consolidated with every debt held by Bernat for any reason against the crown, there is a deficit of 12,726 Valencian sous in Bernat's favor. He is to hold Uxó: 'ordering all Saracens of the same castle and district to answer to you or your appointee and to no one else for all of the above, until your debt is wholly repaid.' Bernat has still to render accounts due for Onda castle and town, including expenses incurred 'from the time you took over and recovered the said castle from the worthy men [*prohoms*] of Valencia city, at Our command and for Us, until at Our order you handed it over to Pere [Pedro] de Capellades.' A similar audit is due for Denia, 'which We had sold [leased] to you and your associates for 10,000 sous a year, namely, for fifteen months [as reckoned] at the rate of the said 10,000 sous.'

Noverin[t] universi quod nos Iacobus, dei gracia rex Aragonum etc., per nos et nostros confitemur et recognoscimus quod vos, fidelis noster Bernardus Scriba[b] de Burriana, reddidistis nobis rectum, ⟨bonum, et legale computum⟩[c] de omnibus recepcionibus quas fecistis de reditibus, exitibus, laudimiis,* censibus, caloniis,* serviciis, et quibuslibet aliis proventibus et iuribus nostris Valencie, Muriveteris, et Uxonis[d] et eciam Tarrachone et campi eiusdem; et de omnibus expensis, missionibus, et datis [que] pro nobis et mandato nostro fecistis qualibet racione, a prima[e] die qua predicta pro nobis emparastis* usque in hunc[e] diem.

De quo computo confitemur nos esse bene paccati* de vobis, renunciantes errori calculi seu computi, et omni iuri, foro,* et consuetudini, quibus contra predictum computum venire possemus; facientes inde vobis et vestris bonum finem et pactum de non petendo; et absolventes inde vos et vestros et omnes res vestras, mobiles et immobiles, ubique habitas et habendas. Ita quod numquam de cetero super predictis vel aliquo predictorum teneamini nobiscum vel nostris in aliquo computare, nec ullam reddere racionem; set sitis inde vos ⟨et⟩ vestri cum omnibus bonis vestris penitus perpetuo absoluti, sicut melius dici vel intelligi potest ad vestrum et vestrorum bonum et sincerum intellectum.

Et computatis omnibus recepcionibus, datis, missionibus, et expensis, remanet quod debemus vobis dicto Bernardo Scribe inter omnia et pro omnibus debitis que umquam vobis debuimus usque in hunc[c] diem, cum cartis et sine cartis aliqua racione, duodecim milia septingentos viginti sex solidos regalium Valencie; quos assignamus vobis habendos et percipiendos in reditibus, exitibus, ac aliis iuribus nostris castri de Uxone[f] et pertinenciarum suarum. Volentes et concedentes vobis et vestris quod dictos reditus et exitus, proventus ac alia iura nostra dicti castri de Uxone[f] et pertinenciarum suarum habeatis et teneatis et percipiatis, quousque in ipsis sit vobis satisfactum de omnibus denariis ante dictis. Mandantes universis Sarracenis eiusdem castri et terminorum suorum quod vobis et cui mandaveritis respondeant de omnibus supra dictis et non alicui alii persone, quousque in ipsis sitis plenarie persolutus[g] de toto debito ante dicto.

Est autem sciendum quod vos dictus Bernardus Scriba[b] debetis reddere nobis computum de eo quod recepistis de reditibus, exitibus, ac aliis iuribus nostris castri et ville de Onda, et de expensis et missionibus quas inde fecistis de mandato nostro et pro nobis, ex quo dictum castrum emparastis pro nobis et recuperastis a probis hominibus civitatis Valencie usque quo ipsum Petro de Capellatis scriptori nostro tradidistis de mandato nostro. Et eciam debetis vos et socii vestri reddere nobis computum[h] de reditibus, exitibus, ac aliis iuribus de Denia, quos vendideramus vobis et sociis vestris pro decem milibus solidorum quolibet anno, videlicet de quindecim mensibus ad racionem dictorum decem milium solidorum.

Datum Cesarauguste, V kalendas Aprilis, anno domini MCCLX tercio.

a) Original title, semiboxed: *Bernardi Scriba*. Top lines badly deteriorated and damp damaged; trimmed and holed at left top.
b) See doc. 9. Form genitive or as here nominative.
c) Quartz-lamp reading.
d) T: *Uxon* with stroke over first letter.
e) Feminine modifier, then masculine, then ambiguous, in the three uses here.
f) T: *Uxo* with sweeping overstroke.
g) The honorific plural-for-singular uses plural verbs and singular adjectival forms here, as also in *vobis dicto* and *vos dictus*, a medieval peculiarity somewhat obstrusive here.
h) T: *-potum*; harmonized with spelling above.

457a

Zaragoza. 31 March 1263.
Reg. 14, fol. 16. MF: 449.

Recognizes that the king's secretary Pere [Pedro] de Capellades has paid 1,200 Valencian sous to satisfy the crown debt to Tarac or Tarragó de Granyena (Granyana) [Táraco de Grañén],[b] with the debt bond recovered. To repay this and other debts to Pere as described in a charter 'sealed with Our Great Seal,' the king hands over Onda castle, town, and district with all crown revenues to hold until satisfied.

Recognoscimus et confitemur quod vos, fidelis noster scriptor Petrus de Capellades, dedistis et solvistis de mandato nostro, de reditibus videlicet et exitibus de Onda, Tarragono de Graynena mille ducentos solidos regalium Valencie quos sibi debebamus cum carta nostra, quam ab eo recuperavimus et habuimus.

Pro quibus mille ducentis solidis regalium obligamus vobis et vestris castrum et villam de Onda, cum terminis suis et cum reditibus et exitibus et aliis proventibus eorundem; ita quod ipsa obligata teneatis, simul cum aliis debitis que vobis debemus cum carta nostra, sub forma et condicionibus contentis in dicta carta, sigillo nostro maiori sigillata.

Datum Cesarauguste, pridie kalendas Aprilis, anno domini MCCLX tercio.

a) Modern title, at right: *Impignoratio ville de Onda, pro debito.*
b) Catalan Tarac and Castilian Táraco are the same name. Tarragó is a Catalan family name. Granyena in Catalonia is both a toponym and a surname. Grañén is above Sariñena near Huesca. The Latin form here, with Catalanized *yn* for *ny*, suggests the choice Tarragó de Granyena.

458a

Zaragoza. 4 April 1263.
Reg. 12, fol. 22. MF: 450.

Installs Guillem Provençal [Guillermo Provenzal][b] for life in the secretariat-notariate of Onteniente, 'to draft and write all documents and any kind of writings.' Guillem will pay the crown twenty Valencian sous every Christmas; his office has a monopoly here.

⟨Noverint universi quod nos Iacobus⟩, dei gracia rex Aragonum etc., per nos et nostros damus et concedimus tibi, Guillelmo Provincial[is], diebus omnibus vite tue ⟨scribaniam de Ontynen⟩. Ita quod tu sis scriptor dicte ville toto tempore vite tue, dum bonus, fidelis, et sufficiens fueris in ipso officio; ⟨et inde confici⟩as et scribas omnia instrumenta ac alia scripta quelibet que in dicta villa ⟨fuerint conficienda seu scribenda⟩.

Predictam autem scribaniam tibi donamus in hunc modum: quod dones inde nobis et nostris quolibet anno [in] festo natalis domini viginti solidos regalium. Et sic habeas et teneas scribaniam predictam toto tempore vite tue, dum ut dictum est in ipso officio fueris bonus, sufficiens, et legalis.

Mandantes hominibus de Ontynen quod te et non aliquem alium habeant et teneant pro eorum scriptore, ut superius est expressum.

Datum Cesarauguste, pridie nonas Aprilis, anno domini MCCLX tercio.

a) Most of the document is washed away to near illegibility.
b) MF: Provincial.

459a

Lérida. 24 April 1263.
Reg. 14, fol. 16v. MF: 452.

Ratifies the title or incumbency Prince Pere [Pedro] conferred on the knight Guillem [Guillermo] de Romaní, of the revenues of Ribarroja during 'the coming two years,' as detailed in Pere's charter. No one, including the king, may interfere with this.

⟨Quod⟩ [nos] ⟨Iacobus⟩, dei gracia rex Aragonum etc., l⟦au⟧damus, concedimus, et confirmamus vobis, Arnaldo de Romanino militi, et vestris obligacio⟦nem⟧b quam karissimus filius noster infans Petrus vobis fecit de reditibus et exitibus de Riba Roya usque ad duos annos pri⟦mo⟧s vent\ur/os, [ut]b in carta ab ipso inde vobis facta melius et plenius continetur.

Promittentes quod faciemus vos et vestros habere, tenere, percipere, [ac]b colligere in pace reditus et exitus supra dictos,c per totum spacium dictorum duorum annorum. Et contra predictam obligacionem non veniemus, nec aliquem venire permittemus aut faciemus, aliquo modo vel aliqua racione.

Datum Ilerde, VIII kalendas Madii, anno domini MCCLX tercio.

a) Modern title: *Confirmatio Arnaldi de Romanino, militi, obligationis.* Top line damaged; right side trimmed, losing letters.
b) MSup.
c) T: *supradictum*.

460a

Lérida. 29 April 1263.
Reg. 12, fol. 24. MF: 453.

Reports how Salamah (Salimah) b. Shulana (Shunana?),b a Jew, was 'found with the convert Maria [María] in the country place [*reial*]* of your brother the Jew Ismael (Yišmāʿēl) by the justiciar of Játiva, who arrested you in the said place; and you were charged with having had relations with the said convert, and indeed you and the said convert confessed to having had intercourse with each other.' The crown reprieves or gives amnesty to both brothers, protecting them (and those who gave surety or bail for them) from any civil or criminal charges and penalties. For this privilege the brothers paid 5,000[c] Valencian sous.

[Per] nos et nostros recognoscimus et confitemur tibi, Çulema Abin Çulana, Iudeo, et tuis quod tu fuisti cum Maria[d] baptizata inventus in realo* Ismaelis[e] Iudei ⟨frat⟩ris tui per iusticiam* Xative, qui te et dictam baptizatam cepit in loco predicto. Et fuisti inculpatus[f] quod habueras rem cum dicta baptizata. Et eciam tu et dicta baptizata confessi fuistis rem ad invicem habuisse.

Unde per nos et nostros absolvimus, indulgemus, et remittimus tibi Çulema Abin Çulana, et Ismaeli[e] Abin Çulana fratri tuo, et vestris perpetuo totam peticionem, tam criminalem quam civilem, quam contra vos vel vestros habebamus vel habere modo aliquo poteramus racione predicta. Ita quod racione ante dicta umquam nos vel nostri vobis vel vestris penam* aliquam criminalem vel civilem imponere non possimus. Immo vocamus vos et vestros inde franchos* et liberos, et omnes caplevatores* inde datos, cum omnibus bonis vestris et eorum. Et facimus vobis et vestris finem et pactum de non petendo, prout melius dici vel intelligi potest ad vestrum et vestrorum bonum et sincerum intellectum, nobis et nostris silencium perpetuum imponentes.

Pro hac autem absolucione, remissione, et definicione[g] confitemur recepisse a vobis quinque milia solidorum regalium. De quibus ad voluntatem nostram nos concedimus esse paccatos,* renunciantes excepcioni non receptorum denariorum et doli, et eciam omni iuri quod posset in pre⟦dict⟧o facto nocere aliquo modo vel aliqua racione.

Datum Ilerde, III kalendas Madii, anno domini MCCLX tercio.

a) Top badly worn; holed at top left.
b) Çulema would stand for Arabic: Salīmah or Salāmah; Jews in the Arabic world sometimes used the latter instead of the Arabic forms for Solomon (see doc. 5, note b). Shulana may well be the Avenczunana encountered elsewhere, and the Shunana (Zunana) in doc. 358 (see note d).
c) MF: 15,000.
d) T: M̂; at first can seem *quadam* or *aliqua*.
e) T: *Isml* with overstroke.
f) T: *-pactus*.
g) T: *diff-*.

461a

Lérida. 29 April 1263.
Reg. 12, fol. 23. MF: 454.

Impressed by 'the charities, alms, and sacrifices that you canons and clerics of Valencia city and its district, with your [lay] associates, accomplish in the brotherhood that you have recently established, called [of] Blessed Jaume [Jaime],' the king licenses a membership increase to a hundred laymen but no more, on condition that all construct and build an altar to the saint in the cathedral.

Quod nos Iacobus etc., attendentes caritates et elemosinas[b] ac sacrificia quas et que vos, canonici et clerici ecclesie civitatis Valencie et eius termini, cum vestris confratribus facitis in confratria quam nunc fecistis, que vocatur Beatus Iacobus,[c] per[d] nos et nostros concedimus vobis predictis canonicis et clericis quod possitis recipere in dicta confratria centum laicos tantum, dum bene usi[e] fuerint de eadem.

Predictam itaque graciam vobis, canonicis et clericis et centum laicis supra dictis, concedimus in hunc modum: quod vos simul cum centum laicis supra dictis construatis et edificetis,[f] et construere et edificare[f] teneamini, altare Sancti[g] Iacobi in sede Valencie, ex quo dicta confratria ut dictum est Beati Iacobi nuncupatur.

Datum Ilerde, III[h] kalendas Madii, anno domini MCCLX tercio.

a) IP flourish.
b) T: *he-*.
c) Sic, nominative; in last sentence, genitive.
d) Smeared; correction appears as though double p.
e) Sic.
f) T: *he-*.
g) Sic; *Beati* above and below.
h) Blot before number, but only: *III*.

462a

Lérida. 1 May 1263.
Reg. 12, fol. 27. MF: 455.

Appoints Domènec [Domingo] Corberó[b] (?) for life to the scribal secretariat at Cullera, both of the court and of the town, at the salary received by previous scribes there. And 'you will give to Us and Ours forever, as rent for the said secretariat every year, a hundred Valencian sous, half at Christmas and half on the feast of Saint John the Baptist.'

Per [[nos]] et nostros damus et concedimus tibi, Dominico Curberii,[b] scribaniam de Cullera[c] tam curie quam ville, diebus omnibus vite tue; ita quod tu et non aliquis alius sis scriptor dicte ville et curie eiusdem, et scribas et conficias instrumenta publica, acta, et alia que in dicta villa et curia eiusdem erunt scribenda seu[d] conficienda. Et percipias pro tuo officio et labore de instrumentis publicis, actis et aliis scriptis prout scriptores dicte ville de ipsis percipere [h]actenus consueverunt.

Tu vero Dominicus Curberii[b] predictus dabis perpetuo nobis et nostris, pro censu dicte scribanie singulis annis C solidos regalium Valencie. De quibus solvas[e] medietatem in festo natalis domini, et aliam medietatem in festo Sancti Iohannis Baptiste. Et sic habeas, teneas, et possideas dictam scribaniam cum omnibus iuribus suis, dum tibi vita fuerit comes et dum bene et fideliter te habebis in officio ante dicto.

Mandantes iusticie* et universis hominibus de Cullera, presentibus et futuris, quod contra istam donacionem non veniant aliquo modo vel aliqua racione.

Datum Ilerde, kalendas Madii, anno domini MCCLX tercio.

a) IP flourish.
b) MF: Ramon Taberni. Cats. (CDR): Ramon Tarbin. Ramon is an error. The surname, however, appears first as *chrii* (genitive) with a sweeping overstroke initiated by a u shape over the c. Later in the text the same set of consonants has its overstroke intercepted over the c by a u. MF read c as t (here unlikely), and supplied a, e, n. Though this consonantal abbreviation invites vowels and other additions at whim, the initial syllable seems clearly *cur*, and the obvious *curvaria* or *corvaria* in Latin becomes the Catalan surname Corberó, derived from Corbera. The alternate *cervaria* ⟩ Cervera ⟩ Cerveró seems unlikely in view of the u. Corberà (prename, surname, and toponym) seems not involved here.
c) T: *Cuilra* with overstroke.
d) T: *sed* symbol.
e) Deleted: overstroke.

463ª

Lérida. 4 May 1263.
Reg. 14, fol. 17. MF: 456.

To recover debts owed by Guillem [Guillermo de] d'Aguiló,[b] Pere Pont [Pedro de la Puente], a crown agent (*porter*), receives 'full power to operate and conduct, at your own expense and outlay, the housing [*casal*: singular] of mills' owned by Guillem in Rascanya [Rascaña] (today Els Orriols, at Valencia city). Pere can keep the revenues 'of the said mills' until repaid for the debts plus his expenses in this enterprise.

Concedimus ac damus licenciam et plenum posse vobis, Petro de Ponte portario* nostro, operandi et constituendi[c] ⟨de⟩ vestris propriis expensis et missionibus illud casal*[d] molendinorum quod Guillelmus de Aquilone[e] habet in Rascayna, in facto dicto opere[f] percipiendi omnes reditus et exitus dictorum molendinorum, tam diu et tanto tempore quousque in ipsis reditibus et exitibus sitis persolutus[g] de omnibus debitis que dictus Guillelmus de Aquilone[e] vobis solvere tenetur, et eciam de omnibus missionibus et expensis quas in dicto opere seu in aliis necessariis dictorum molendinorum facietis.

Mandantes baiulo et iusticie* Valencie presentibus et futuris quod dictum casal[d] seu dicta molendina vos tenere et habere et possidere faciant in pace, et percipere omnes reditus et exitus supra dictos, quousque ut dictum est de omnibus debitis que dictus Guillelmus de Aquilone[e] debet vobis et de omnibus missionibus et expensis quas facietis ibidem sit vobis plenarie satisfactum, obligacione aliqua alicui vel aliquibus per dictum Guillelmum de

DOCUMENT 464

Aquilone^e de dicto casale seu de molendinis predictis facta in aliquo non obstante.

Datum Ilerde, IIII nonas Madii, anno domini MCCLX tercio.

a) Modern title: *Licentia construendi molendina in Valencia*. IP flourish.
b) On this Catalan name (not the Aragon toponym) see doc. 71, note b.
c) Not *construendi*, despite title.
d) T: *casal*, following Catalan nominative form (masc.), rather than the usual Latin *casalis* (masc., fem.) and *casale* (neuter). The singular indicates a mill complex as a unity.
e) T: q with superscript i for *qui*.
f) Sic. Probably not for: *dicti operis*; see below: *in dicto opere*, here extended to signify completion.
g) Singular; see doc. 456, note g.

464^a

Lérida. 7 May 1263.
Reg. 12, fol. 28v. MF: 457.

Charter taking 'into Our protection, care, and safeguard' three churches in the Elne diocese in Roussillon (Sant Feliu d'Avall, Canet de Rosselló,^b and one missing here), with all their properties, people, finances, and appurtenances, held by the illegitimate son of King Jaume [Jaime], Jaume Sarroca (de Roca), royal secretary and canon of Valencia. The protection extends to his rights of patronage and advocacy in these churches.^c Under penalty of a thousand morabatins' fine, no one can intrude or offend there, even legally by reason of crime or debt—except where Roca or his people stand surety for another, and then only with a tribunal's statement that recourse has been exhausted (*fadiga de dret*).

Quod nos Iacobus etc. recipimus et constituimus in nostra proteccione, [[c]ustod[ia], commenda,* et guidatico* speciali ecclesias [de . . .]^d et de Sanato^e et de Sancto Felice inferiorum, quas vos fidelis et dilectus scriptor noster Iacobus de Rocha canonicus Valencie [tenetis] in episcopatu elnensi, et procuracionem^f earundem, et homines, honores,* et alia bona omnia ipsarum ecclesiarum, et mobilia et immobilia ubique^g [habita]^h et habenda.

Ita quod nullus sit ausus, de nostri gracia confidens, predictas ecclesias vel procuracionem earundem, homines, honores, vel alia eorum bona in aliquo loco dominacionis nostre invadere, capere, detinere, marchare,* offendere, vel gravare, aut eciam pignorare culpa, crimine, vel debito alieno, nisi vos dictusⁱ Iacobus vel homines predicti principales fueritis debitores vel fideiussores pro aliis constituti, nec eciam in hiis casibus nisi prius in vobis et ipsis fatica* inventa fuerit de directo. Mandantes etc. sub pena mille morabatinorum.*

Datum Ilerde, nonas Madii, anno domini MCCLX tercio.

a) Torn away at right corner; some water damage.
b) Canet is east of Perpignan, Sant Feliu west.
c) MF incorrectly: 'procurador del obispado de Elna.'
d) MSup.: *in* . . . .
e) Crabbed initial s, somewhat malformed; can seem: *Gonato*.
f) Or: *-ne* (abbreviation).
g) Seems a with superscript i, before *que*; u must be intended.
h) MSup.
i) T: *-cte*.

465a

Lérida. 8 May 1263.
Reg. 14, fol. 17v. MF: 458.

Acknowledges that Arnau de Mon(t)só [Arnaldo de Monzón],[b] bailiff below the Júcar, has presented accounts for crown revenue from the whole bailiate up to last January 1, including labor services, Mudejar labor services (*sofres*), fines, gains (*perçaç*), and 'what you got from that ship that wrecked off Denia.' Balancing outgo and receipts, the crown owes Arnau 21,235 Valencian sous; he is to recover this from 'your bailiate of Játiva, and in Jalón Valley, and from the castles, towns, and other places you hold for Us below the Júcar.'

Recognoscimus vobis Arnaldo de Monsono, baiulo nostro regni Valencie a [rivo][c] Xuchari ultra, quod venistis nobiscum modo in Ilerda ad rectum et legale compotum, de omnibus recepcionibus quas fecistis pro nobis in castris et villis et locis tocius baiulie vestre predicte, tam videlicet de reditibus, exitibus, proventibus, serviciis, percaciis,* soffris,* et caloniis* quam de eo quod habuistis de ligno illo quod fregit apud[d] Deniam, quam eciam de quibuslibet aliis, et de omnibus eciam datis, missionibus, solucionibus, et expensis qua[s] pro nobis et de mandato ac voluntate nostra fecistis, a die scilicet qua dictam baiuliam pro nobis emparastis* usque ad kalendas Ianuarii proximo[e] preteritas.

De quo compoto[f] bene paccati* sumus ad voluntatem nostram, facientes inde vobis et vestris finem et pactum de non petendo. Ita quod non teneamini inde vos vel vestri nobiscum nec cum nostris de predictis iterum computare nec ullam reddere racionem; set sitis inde vos et vestri cum omnibus bonis vestris habitis et habendis liberi et penitus perpetuo absoluti, prout melius dici potest et intelligi ad vestrum et vestrorum bonum et sincerum[g] intellectum. Renunciantes eciam errori calculi quantum ad hoc, et omni alii iuri, foro,* racioni, et consuetudini quibus contra dictum compotum in aliquo venire possemus.

Et est certum quod, coequatis recepcionibus quas pro nobis quoquo modo fecistis usque in dictis kalendis Ianuarii proximo[e] preteritis, cum missionibus, datis, solucionibus, ac expensis quas ut dictum [est] fecistis, debemus vobis tornare viginti unum milia ducentos triginta et quinque solidos regalium Valencie.

DOCUMENT 466

Pro quibus omnibus denariis obligamus et impignoramus vobis et vestris omnes reditus, exitus, proventus, et omnia alia iura nostra que percipimus et percipere et habere debemus in baiulia vestra Xative, et in valle Xalonis, et [in baiuliis]ʰ castrorum, villarum, et aliorum locorum quas et que ultra Xucharum pro nobis tenetis. Promittentes vobis et vestris in fide et legalitate nostra quod in predictis aliquid non tangemus, nec tangi faciemus vel permittemus, donec sitis integre et plenarie persolutusⁱ de debito supra dicto.

Datum Ilerde, VIII idus Madii, anno domini MCCLX tercio.

a) Modern title: *Impignoratio Arnaldi de Monsono baiuli regni Valencie reddituum baiulie Xative et [de] Valle Xalonis.*
b) MF: Montzó.
c) Needed, since accusative *Xucharum* below signals a genitive of that word in *Xucari.*
d) T: *aput.*
e) Adverbial, not: *proxime.*
f) T: *computo*; assimilated to first spelling above.
g) T: *scin-.*
h) Scribe omits, for rhetorical effect?
i) Singular.

466ª

Lérida. 9 May 1263.
Reg. 14, fol. 19rv (Arabic 18 *bis* rv). MF: 459.

Leases the saltworks of Arcos de las Salinas (then in Valencia) to the Jew Samuel (Šĕmūʾēl), son-in-law of Salamah (Salimah) of Daroca, for four years beginning the past Easter, including 'the caldrons in which the salt of those saltworks is cooked' and appurtenances, as currently held. The annual price of 12,000 (Jaca) sueldosᵇ is to be paid in three installments each year, with 5,000 going to retire the crown debts to Salamah and the remaining 7,000 to other crown creditors as will be directed. In the first year only 2,300 sueldos go to Salamah; Pere [Pedro] de Berbegal, archpriest of Daroca, gets the rest: 1,000 for tenure of nearby (and then Valencian) Zancharíes (Zancorias) castle, 8,000 in lump sum, and 700 for a supervisory role in salt revenues. Only this salt can be used in Teruel and its district 'as in the instructions that the supervisor [Berbegal] of the said saltworks holds,' with the purchaser paying fifteen Jaca pennies (*diners*) 'for each measure [*faneca*] whether raw or processed' (a variable 30 to 50 liters). The Arcos town council must protect them from distraint of property or animals. (The salt *vecamentum* may relate to Catalan *vessament*, an overflow or pouring, or perhaps to Latin *bacina* as in *ius bassini*, meaning salt fee).

Nos Iacobus etc. vendimus et tradimus vobis Samueli, genero Çaleme de Darocha, a proximo preterito festo pasc[h]e resurreccionis domini usque ad IIIIᶜ annos primos venturos et continue completos, salinas nostras de Archos; et quod teneatis caldirias*ᵈ in quibusᵉ decoquitur sal ipsarum salinarum, et domos, et terium,^f sicut iam consuevistis tenere. Ita videlicet quod quolibet anno detis et solvatis nobis duodecim milia solidorum, sic quod in presenti anno detis et solvatis Petro de Berbegal archipresbitero Daroc[h]e octo milia solidorum, et eodem^g archipresbitero mille solidos pro custodia castri de Çancharies, et septingentos solidos custodie vecamenti*^h salis predictarum salinarum. Residuos vero duo milia CCC solidos recipiatis in solucionem debitorum que nos debemus Çaleme de Darocha socero vestro. In sequentibus vero annis, faciatis soluciones de septem milibus solidorum quolibet anno, ubi nos vobis mandaverimus; et residua^i quinque milia solidorum recipiatis quitios* in solucionem debitorum que dicto Çaleme socero vestro debemus.

Vos vero faciatis soluciones de denariis de quibus nobis tenemini respondere, tam de presenti anno quam sequentibus, per tres terminos uniuscuiusque anni, iis denariis. Et sic vobis solventibus dictos denarios prout superius est expressum, habeatis [et] teneatis dictas salinas, et reditus et exitus earundem recipiatis, per totum spacium dictorum IIII^c annorum. Promittentes vobis quod in dictis salinis aliquid non tangemus vel accipiemus, nec tangi vel accipi faciemus seu permittemus, per totum spacium supra dictum. Immo faciemus vos et vestros dictas salinas habere et tenere, et reditus earundem percipere, pacifice et quiete.

Nos autem faciemus vobis teneri^j vecamentum^h salis predicti, sic quod non sint ausi [*fol. 19v*] in Turoli[o] nec in aliis locis [et] villis uti vel eius aldeis uti^k de alio sale, nisi de salinis predictis, prout in i[n]str⟨uccione⟩ quam tenet ille qui est custos dictarum salinarum plenius continetur, sic quod illi qui emerint sal de dictis salinis teneantur dare XV denarios iaccenses pro qualibet fanecha,* sive cruda fuerit sive decocta. Nos autem faciemus in dictis salinis vos, et homines vestros, et res vestras consistere salve pariter et secure.

Mandantes concilio de Archos quod vos et homines vestros et res vestras manuteneant et defendant, ita quod nullus sit ausus pignorare vel capere bestias, nec aliquas res vestras, in aliquo loco, aliquo modo, vel aliqua racione, nisi principales fuerint^l debitores vel fideiussores pro aliquo constituti.

Datum Ilerde, VII idus Madii, anno domini MCCLX tercio.

a) Spotting, from ink spread, along top. MF lists the folio as 18 *bis* and there is an Arabic 18 *bis* at the bottom; the standard Roman foliation of the register (later folios cross out the Arabic) has this as 19rv. Roman 19 has an added Roman 18 at top left. The confusion has been caused by binding an alien folio (the present 18, with 66 at the bottom) between the original folios 17 and 18; among other problems, this interrupts our doc. 467. On the name Salamah, see doc. 5, note b; on Zancharíes, see doc. 454, note b.

b) Though unexpressed here, our other documents on Arcos salt never use Valencian sous; where not expressed as morabatins or a similar money, the accounts are in Jaca sueldos; and cf. *XV denarios iaccenses* in the antepenult paragraph below.

c) T: *IIII*^or.

d) T: *caldiras* with long overstroke. See late Latin *caldaria*.

e) Underlined by a later hand: *in quibus* through *terium*.
f) T: seems *trum*, with loop above t; unless it is a term connected with salt technology, perhaps malformed *terram* was intended as supplementing *domos*, or simply *terrarium* (Catalan *terrer*) or land.
g) Malform, or as error *idem*.

h) T: *vecamt-* with long overstroke.
i) T: *-duos*; probably this scribe understood his plural *mille* as indeclinable throughout the text. I have extended all his abbreviations as *milia solidorum*.
j) Sic, with dative of reference.
k) Sic, repeated.
l) T: *-runt*.

467a

Lérida. 9 May 1263.
Reg. 14, fols. 17v-18 (Arabic 19)b. MF: 460.

Arnau de Mon(t)só [Arnaldo de Monzón], bailiff below the Júcar, has just loaned the crown 10,000 Valencian sous, but on the king's order has delivered the sum to the count of Urgel. For recovery, he is receiving the castle and town of Peña Cadiell (Sierra de Benicadell) and the castle and town of Berdia (in the Sierra de Bernia, near Benisa), both places now gone, with their districts and revenues. He also gets 'the entire fee on flocks [*herbatge* or pasturage] of the kingdom of Valencia and all revenues and profits of the saltworks of your aforesaid bailiate, with no retention' by crown or anyone else and no encumbrances, until repaid. Should the castles be taken or lost, the king must secure and return them to him.

Recognoscimus et confitemur debere vobis Arnaldo de Monsono, baiulo nostro in regno Valencie a rivo Xuchari ultra, et vestris decem milia solidorum regalium Valencie; quos modo nobis in Ilerda mutuastis, et ipsos de mandato nostri dedistis comiti urgellensi.c

Pro quibus decem milibus solidorum regalium obligamus et impignoramus vobis et vestris per nos et nostros castra nostra et villas de Penacadeld et de Berdia, que sunt in regno Valencie, cum omnibus alqueriis,* terminis, et pertinenciis suis et cum omnibus reditibus, exitibus, proventibus, censibus, et omnibus aliis iuribus eiusdem integre sine aliqua diminucione, et totum [h]erbagium regni Valencie, et omnes reditus et exitus salinarum baiulie vestre predicte, sine aliqua retencione nostra et nostrorum et cuiuslibet alterius persone. Ita quod predicta castra et villas nostras de Penacadel et de Berdia, cum omnibus et singulis supra dictis, tanto tempore [*fol. 19; Arabic 18*]b [et tam] diu t[e]neatis vos et vestri, vestro proprio pignore obligata, et recipiatis omnia supra dicta, quousque in eodem d[e o]mnibus predictis ⟨de⟩nariis, et de omnibus missionibus et expensis quas facietis in custodia et retencione dictorum castrorum, et in melioramentis que ibi feceritis, sitis in eisdem plenarie persoluti.

Promittentes vobis et vestris bona fide per nos et nostros quod in predictis vobis vel vestris aliquid non tangemus, emparabimus,* vel accipiemus, nec tangi, emparari, vel accipi faciemus vel permittemus ab aliquo vel aliquibus aliqua racione vel causa, quousque sit vobis et vestris ut dictum est de omnibus predictis denariis integre satisfactum; nec vos vel vestri teneamini nobis vel nostris nec alicui alii reddere dicta castra vel villas nec aliquid de predictis aliquo iure, racione, vel causa, donec primo sitis de omnibus predictis [decem] milibus solidorum et missionibus ac expensis plenarie persoluti;[e] nec nos vel nostri possimus vos vel vestros, si predicta nobis vel nostris ut dictum est vel aliquid de predictis non reddideritis, reptare*; nec vobis vel vestris dicere malum vel facere, racione alicuius fori [H]ispanie* nec aliquo iure vel aliqua racione; quoniam nos vos et vestros inde absolvimus et quitamus*.

Et si forte, quod absit, aliquis vel aliqui predicta castra de Penacadel et de Berdia vel aliquid de predictis vobis vel vestris, sive illi aut illis qui predicta [pro] vobis tenebunt, furati fuerint vel abstulerint seu emparaverint semel vel pluries, statim promittimus per nos et nostros ea recuperare et in posse vestro et vestrorum ponere, redire,[f] et mittere sine mora aliqua et diffugio, ut ea obligata et impignorata teneatis sub forma superius comprehensa.

Datum Ilerde, VII idus Madii, anno domini millesimo CCLX tercio.

a) Modern title: *Impignoratio locorum de Penacadel et de Berdia in regno Valentie, pro debito.* Fol. 19 is water damaged at top and left side; upper left side somewhat trimmed away.
b) An alien folio separates the first part of this document (on fol. 17v) from the second (on Arabic fol. 18 or 18 *bis*, but Roman fol. 19: see above, doc. 466, note a).
c) Sic, adjectival. See Àlvar de Cabrera in docs. 79, 85.
d) First syllables overtraced by modern hand.
e) T: -*us* corrected by scribe.
f) Sic, for *reddere*.

468a

Lérida. 9 May 1263.
Reg. 14, fol. 20v. MF: 461.

The king had assigned payment of his debt of 80 Valencian sous to 'Our secretary' Pere [Pedro] de Capellades from 'the tenth and rent of the past year' that Gauceran [Galcerán] de Mon(t)cada owes the crown (for a farm and mills in Onda, which Gauceran had bought from Bernat [Bernardo] Escrivà). If the sum is not forthcoming, Pere can recover it, and all other debts owed him by the crown, from the revenues of Onda: 'since We deducted the 80 sous so you could have them from the said Gauceran.'

Concedi[mus] vobis Petro de Capellades scriptori nostro quod, si a Gaucerando de Moncada non poteritis habere o[ct]oginta[b] solidos regalium racione decime et census anni preteriti, quos ipse dare debebat pro hereditate et mol[end]inis que habet in Onda et que emit a Bernardo scriptore,[c] vos ipsos octoginta[b] solidos regalium habeatis in reditibus et exitibus nostris de Onda, simul cum aliis debitis que vobis debemus; quoniam dictos octoginta[b] solidos levavimus iam de debito quod vobis debebamus, ut ipsos habeatis[d] a dicto Gaucerando prout superius continetur.

Datum Ilerde, VII idus Madii, anno domini MCCLX tercio.

a) Stained over right part of text and at top left.
b) T: *octuag-*.
c) Either his office or name; more usually *Bernardus Scribe* (or *Scriba*) as a name (*scriptor noster*); see above, doc. 9, note b.
d) Last part of word blotted.

469a

Lérida. 9 May 1263.
Reg. 14, fol. 20 (Arabic 19). MF: 462.

The king's secretary, Pere [Pedro] de Capellades, has rendered accounts to date for his tenure and taxes of Onda castle, town, and district, including outlay, bills, meat tax (*carnatge*), and debts, and 'the custody of Onda castle.' Reckoning as well the debt bonds he himself holds against the crown (returned to the king in the audit), Pere is owed now 4,825 Jaca sueldos and 417 gold Alfonsine morabatins. To recover, he can hold Onda castle, town, and district. Protective legal formulae for the audit and castle contract are multiplied. A final note records that 'you have included in this reckoning all payment you made in other places' besides Onda.

No[s] Iac[obus de]i gracia rex Aragonum etc.[b] per nos et nostros recognoscimus et confitemur vobis, Petro de Capel[[lad]]es scriptori ⟨nostro⟩, quod m[o]do in Ilerda reddidistis nobis compotum bonum et legale de omnibus reditibus, exitibus, carnagiis,* serviciis, iuribus, ⟨pro⟩ventibus, et omnibus aliis que vos et alii pro vobis habuistis et recepistis de castro et villa de Onda et terminorum suorum, a die qua [pre]dicta emparastis* vel emparari fecistis usque in hunc[c] diem; et de omnibus debitis, que vobis debebamus, et solucionibus quas pro nobis fe[c]istis; et de missionibus et expensis quas similiter in custodia castri de Onda et [in] aliis vos, et illi qui predicta pro vobis tenuerunt, usque in hunc diem fecistis.

De quo compoto tenemus nos per bene paccatos* a vobis et vestris per nos et nostros. Et clamamus inde vos cum omnibus [b]onis vestris habitis et habendis ubique liberi et penitus absoluti, prout melius dici potest et intelligi ad vestrum et vestrorum bonum et utilem intellectum; sic quod inde non teneamini nobiscum iterum computare, nec ullam reddere racionem nec cum nostris, renunciantes errori calculi et omni alii iuri, foro,* et consuetudini pro quibus contra hoc venire possemus.

Et est certum quod, levatis omnibus recepcionibus quas pro nobis fecistis quoquo modo de debitis que vobis debebamus cum cartis et albaranis* nostris, quos a vobis modo recuperavimus, remanet quod debemus vobis dicto

Petro de Capellades et vestris quattuor milia octingentos viginti quinque solidos iaccenses et quadringentos decem et septem morabatinos* bonos novos alfonçinos in auro, facto inde inter nos et vos legaliter compoto.ᵈ Pro quibus omnibus morabatinis et denariis tradimus, obligamus, et impignoramus vobis et vestris per nos et nostros castrum nostrum et villam de Onda, que sunt in regno Valencie, cum omnibus alqueriis,* terminis, et pertinenciis suis et cum omnibus reditibus, exitibus, proventibus, censibus, [h]erbaticis, et aliis omnibus iuribus eorundem integre et sine aliqua diminucione et retencione nostra et nostrorum et cuiuslibet alterius persone. Ita quod dictum castrum et villam de Onda, cum omnibus et singulis supra dictis, tanto tempore et tam diu teneatis vos et vestri, vestro proprio pignoreᵉ obligata, et recipiatis omnia supra dicta, quousque in eisdem de omnibus predictis morabatinis et denariis, et de omnibus missionibus et expensis quas facietis in custodia et retencione dicti castri, et in melioramentis que ibi feceritis, sitis in eisdemᶠ plenarie persoluti.

Promittentes vobis et vestris bona fide per nos et nostros quod in predictis vobis vel vestris aliquid non tangemus, emparabimus, vel accipi[e]mus; nec tangi, emparari, vel accipi faciemus vel permittemus ab aliquo vel aliquibus aliqua racione vel causa, quousque sit vobis et vestris ut dictum est de omnibus supra dictis integre satisfactum; nec vos vel vestri teneamini nobis vel nostris nec alicui alii reddere dictum castrum vel villam nec aliquid de predictis aliquo iure, racione, vel causa, donec primo sitis de omnibus dictis debitis et missionibus ac expensis plenarie persoluti; nec nos vel nostri possimus vos vel vestros, si predicta nobis vel nostris ut dictum est vel aliquid de predictis non reddideritis, reptare*; nec vobis vel vestris nec rebus vestris dicere malum vel facere, racione alicuius fori [H]ispanie,* nec aliquo iure vel aliqua racione, quoniam nos vos et vestros inde absolvimus et quitamus.*

Et si forte, quod absit, aliquis vel aliqui predictum castrum de Onda vel villam vel aliquid de predictis vobis vel vestris, sive illi aut illis qui predicta pro vobis tenebunt, furati fuerint aut abstulerint seu emparaverint semel vel pluries, statim promittimus per nos et nostros ea recuperare et in posse vestro et vestrorum ponere, redire,ᵍ et mittere, sine mora aliqua et diffugio, ut ea obligata et impignorata teneatis su[b] forma superius comprehensa.

Est tamen sciendum quod posuistis in hoc compoto nostro omnes soluciones quas vobis fecimus in aliisᶜ partibus, ultra recepciones quas fecistis pro nobis ut dictum est de Onda et eius terminis.

Datum Ilerde, VII idus Madii, anno domini MCCLX tercio.

a) Modern title: *Impignoratio ville de Onda, pro debito*. Stained and damp damaged at top, especially at left.
b) Opening formula entered by scribe earlier or later, or at least has faded.
c) Masculine; cf. preceding *die qua*.
d) T: *computo*, harmonized with usage above.
e) T: otiose overstroke.
f) Sic: repeated *in eisdem*.
g) Sic, for: *reddere*.

470a

Lérida. 9 May 1263.
Reg. 12, fol. 28v. MF: 463.

Domènec [Domingo] de Sert, his wife Maria [María] the convert, and their children 'have made themselves Saracens,' so the crown has confiscated their 'buildings in Valencia' city, granting these now 'as a free and frank alod' to Miquel (Miquelet?) [Miguel (Miguelito?)]b] de Besalú 'of Our household.' The property, which 'you cannot sell' during the coming five years, is bounded by the buildings of Joan Francesc [Juan Francisco] on one side, by those of Bernat [Bernardo] Trompador or 'the trumpeter'c on another, those of Bartomeu Barber [Bartolomé Barbero] or 'the barber' on a third, and those of Na Set Gilia (for Na Santacília or Santa Gília?).d

Per nos et nostros damus et concedimus tibi, Michaeli de Bisulduno de domo nostra, et tuis in perpetuum per alodium franchum* et liberum, domos que fuerunt Dominici de Sert et Marie baptizatee uxoris eius et filiorum eorundem, que sunt in Valencia et nobis sunt confiscate ideo quia nobis certum est quod predicti fecerunt se Sarracenos.

Que quidem domusf affrontantur ex una parte in domibus Iohannis Francisci, et ex altera in domibus Bernardi trompador,*c et ex altera in domibus Bartholomei [b]arbitonsoris, et ex altera parte in domibus de Na* Set Gilia.g

Predictas itaque domos tibi et tuis damus in perpetuum, ut dictum est, per alodium franchum et liberum cum introitibus, exitibus, [et] affrontacionibus predictis, et suis pertinenciis universis a celo in abissum; ad habendum, tenendum, possidendum, et expletandum; dandum, vendendum, impignorandum, alienandum, et ad omnes tuas tuorumque voluntates, cui et quibus volueritis, inde franche et libere perpetuo faciendas; exceptis militibus, sanctis clericis, et personis religiosis. Hanc vero donacionem facimus tibi in hunc modum: quod non possitis dictas domos vendere hinc usque ad V annos primos venturos.

Datum Ilerde, \VII idus/h Madii, anno domini MCCLX tercio.

a) IP flourish. Stained down left; somewhat holed at right.
b) Twice in later documents he appears as Miquelet, a diminutive.
c) If this were his trade, one would expect the genitive in the text, agreeing with *Bernardi*. It may be both surname and craft.
d) It does not seem to be the Italianate (and Provençal) *Ser* form. *Set* may be miscopied *Sent* or *Sta*. If *Gilia*, that is the Catalan feminine of Gil; both Aragon and Catalonia had toponyms and surnames derived from Santa Cecília as Santa Cília. 'Setcília' by elision or 'Set Gília' are both possible. The names Set [Set], Setè [Séptimo], Cetí [Cetino], and Arabo-Hebraic Sitt/Cet, do not fit easily into our combination. Cf. note g.
e) T: *babt-*.
f) T: *domos*.
g) The scribe's G resembles his S (for soft c, yielding Cilia). The better reading is Gilia.
h) Above deleted: *nonas*.

471

Lérida. 12 May 1263.
Reg. 12, fol. 32v. MF: 464.

Protects 'Bernat [Bernardo] Sa Clusa,[a] resident of Albaida,' from all charges and criminal or civil penalties 'by reason of the death of Gerard (or Guillem?) [Gerardo (or Guillermo?)] Arquer or "the archer"[b] of Albaida, whom it is said you killed because you had found him committing adultery with your wife.' Because Bernat 'has proved this legally,' the king declares him 'exonerated and acquitted of the said homicide' and so notifies all officials and subjects.

Per nos et nostros absolvimus et definimus[c] tibi, Bernardo Ça Clusa habitatori de Albaida,[d] omnem questionem et demandam et omnem penam civilem et criminalem quam contra te vel bona tua facere vel infligere possemus, racione mortis Gerardi[b] Arquer de Albaida, quem ut dicitur tu interfecisti, pro eo quia tu [eum] adulterando[e] inveneras cum uxore tua.

Et quia hoc legitime probavisti, facimus tibi de dicto homicidio definicionem[c] et absolucionem predictam; ita quod de cetero nobis vel nostris, seu alicui alii persone, non tenearis in aliquo respondere. Immo sis inde cum omnibus bonis tuis, mobilibus et immobilibus, habitis et habendis, libere et penitus absolutus prout melius dici vel intelligi potest ad tuum et tuorum bonum et sincerum intellectum. Mandantes baiulis, iusticiis,* et universis aliis officialibus et subditis nostris, etc.

Datum Ilerde, IIII idus Madii, anno domini MCCLX tercio.

a) Clusa (or Clua) and Saclosa are Catalan surnames, (La) Clusa a toponym. Sa and Ça can merge with a name, disappear, or yield to de.
b) T: G with a small dome as overstroke, less likely to be Guillem, which is usually a plain G.
Arquer is not genitive or even Latin (as with *urces*) and therefore probably a surname rather than, or as well as, his trade; this is not *ballester*, a crossbowman.
c) T: *diff-*.
d) T: *-ayda*.
e) Sic.

472[a]

Lérida. 17 May 1263.
Reg. 12, fol. 79v. MF: 465.

The king 'founded and endowed the church and monastery of Sant Vicent [San Vicente (de la Roqueta)] of Valencia city' to honor Christ, the Virgin, and the martyr Vicent, and for his own and his parents' souls. 'And because it is Our conviction that the lord Jesus Christ subjected the city and whole kingdom of Valencia to Us, and snatched it from the power and hands of the pagans' by Vicent's intercession, the king promises to give the monastery and its prior, Berenguer de Prada, 'Our entire chapel which We carry and cause to be carried along with Us, namely crosses, chalices, thuribles, and images, with tabernacles and gold and silver ornaments, with and without precious stones and relics, and chasubles, vestments, and everything else.' On the king's death these and future additions are to go into 'the church and monastery' without diminution. Each new prior and sacristan must swear on the Gospels before the king's bailiff that they will 'well and faithfully guard' this and sell or alienate none of it.

Quod cum nos Iacobus dei gracia etc., ad[b] honorem domini nostri Ihesu Christi, et Beate Marie eius matris, et[c] Beati Vincencii martyris, fundaverimus et dotaverimus ecclesiam et monasterium Sancti Vincencii de Valencia ob remedium anime nostre et parentum nostrorum, et quia fides nostra talis est quod dominus Ihesus Christus ad preces specialiter Beati Vincencii nobis civitatem et totum regnum Valencie subiugavit et eripuit de posse et manibus paganorum, ideo per nos et nostros donamus et offerimus de presenti dicte ecclesie et monasterio Sancti Vincencii, et vobis Berengario de Prata[d] priori eiusdem monasterii recipienti, et vestris successoribus prioribus dicti monasterii in perpetuum, gratis et ex certa sciencia totam capellam nostram quam nobiscum portamus et facimus portari, videlicet[e] cruces, calices, turibula, et imagines,[f] cum tabernaculis; et omnia alia apparamenta et ornamenta [au]rea et argentea, cum lapidibus preciosis et reliquiis et sine lapidibus preciosis ac sine reliquiis; et casulas,*[g] vestimenta, et omnia alia quocumque nomine censeantur ad dictam capellam pertinencia,[h] prout nos ipsa omnia habemus et tenemus.

Et inde vos modo in corporalem possessionem inducimus et ponimus; ita videlicet quod statim post obitum nostrum vobis, dicto Berengario de Prata priori vel cuicumque priori qui ibi tunc fuerit, tradantur et donentur; et vos emparetis* et recipiatis omnia supra dicta et singula, cum omnibus aliis que dicte capelle de cetero adiungemus et augmentabimus,[i] integre et sine aliqua diminucione. Et omnia predicta semper teneatis in ecclesia et monasterio supra dicto, ad honorem dei, et Beate Marie eius matris, et Beati Vincencii, et omnium sanctorum, et in remissionem peccatorum nostrorum, prout hec omnia melius et plenius dici possunt et intelligi quoquomodo, sine aliqua retencione nostra et nostrorum et cuiuslibet alterius persone.

Statuentes in perpetuum quod prior et sacrista, qui in dicto monasterio fuerint, iurent semper super sancta dei evangelia, in posse baiuli nostri Valencie in principio sue administracionis,[j] quod predicta bene et fideliter custodiant et ipsa vel aliquid ex ipsis non vendant nec aliter alienent aliqua racione vel causa, nec vendi vel alienari faciant, sustineant, vel permittant; set ea teneant in servicium ecclesie et monasterii predicti in perpetuum, prout superius continetur.

Datum Ilerde, XVI kalendas Iunii, anno domini MCCLX tercio.

a) Water damaged especially at top and left side.
b) Erasure and rewrite here distort.
c) Malform: *et* sign converted into a (unless *ac* intended).
d) In other charters he is Prada; the surname Prat is less likely, though Prat and Prada are respectively singular and plural forms of the same Latin *pratum*.
e) T: *vidhe-*.
f) T: *turr-; ym-*.
g) T: *-llas*.
h) Smeared somewhat, as are three words below: text not much affected.
i) T: *aucm-*.
j) T: *aministatois* with overstroke, for *amm-*?

473a

Lérida. 24 May 1263.
Reg. 12, fol. 81v. MF: 466.

Ratifies 'all verdicts [or decisions] delivered in the kingdom of Valencia by the noble and beloved (E)ximèn Pere (Peris) d'Arenós [Jimeno (Eximeno) Pérez de Arenoso] or his lieutenant, both in original cases and in appeals,' unless appeal is in process against these—and even then if the appellant shall not have proceeded according to the *Furs* of Valencia.

Per nos et nostros confirmamus omnes sentencias latas in regno Valencie per nobilem et dilectum Eximinum Petri de Arenoso, vel eius locum tenentem in eodem regno, tam in causis principalibus quam in causis appellacionum, si a dictis sentenciis non extitit appellatum; et eciam ipsas sentencias a quibus appellatum extitit, si appellans non fuerit appellacionem secundum forum* Valencie prosecutus.
Datum Ilerde, IX kalendas Iunii, anno domini MCCLX tercio.

a) Original title, semiboxed: *Carta confirmacionis sentenciarum latarum in regno Valencie per Exim[i]num Petri.*

474a

Lérida. 24 May 1263.
Reg. 12, fol. 81. MF: 467.

Pala(h)í (Palasí) [Palazín] de Foces has held the castles and districts of Palma and Peña Cadiell (Sierra de Benicadell) from 1 January 1260 to 1 January 1263. The audit of his receipts is approved, including the Muslims' polltax besant there and 'all outlay and expenses you incurred in the custody and maintenance of the said castles.' On balance, the crown now owes Palahí 1,290 Valencian sous from the audit. To this it adds 1,480 Barcelona sous, 6,770 Jaca sueldos, and 677 Valencian sous 'owed to your deceased brother Artal [Artaldo] de Foces as contained in the charter or bond made by Us.' Palahí is to recover all these moneys by continuing in possession of those same two castles and their revenues.

DOCUMENT 475

Noverint universi quod nos Iacobus etc. recognoscimus et confitemur vobis, dilecto nostro[b] Palazino de Focibus, quod computastis modo in Ilerda rectum et legale compotum de omnibus recepcionibus quas vos vel alii pro vobis fecistis de reditibus, exitibus, proventibus, bisanciis, et aliis iuribus nostris de castris de Penacadella et de Palma et terminorum suorum, a kalendis Ianuarii anni videlicet domini MCCLX usque in kalendis Ianuarii proxime preteritis; et de omnibus missionibus et expensis quas fecistis in custodia et retencione dictorum castrorum, usque in dictis kalendis Ianuarii proxime preteritis. De quo compoto[c] tenemus nos per bene paccatos* ad nostram voluntatem, renunciantes errori calculi[d] et omni alii iuri, racioni, foro,* et consuetudini quibus contra predictum compotum venire in aliquo possemus.

Et facto dicto compoto[c] inde[e] ut dictum est bene et fideliter inter nos et vos, remanet quod debemus vobis dicto Palazino de Focibus MCCXC solidos regalium Valencie ultra debitum mille CCCCLXXX solidorum barchinonensium, et VI milia DCCLXX solidos iaccenses, et DCLXXVII solidos regalium quos debebamus Artallo de Focibus quondam fratri vestro prout in carta sive albarano* inde a nobis facto continetur. Que debita vobis recognoscimus et confitemur debere.

Pro quibus omnibus denariis regalibus, barchinonensibus, et iaccensibus, obligamus et impignoramus vobis castra nostra predicta de Penacadella et de Palma, cum omnibus alcheriis,* terminis, et pertinenciis suis, et cum omnibus reditibus, exitibus, proventibus, peitis,* cenis, et iuribus nostris omnibus que ibi habemus et habere debemus; ita quod predicta omnia tam diu teneatis quousque de omnibus supra dictis debitis sit vobis et vestris in eisdem integre satisfactum.

Datum Ilerde, nono kalendas Iunii, anno domini MCCLX tercio.

a) Left margin: *nihil*. Water damaged and worn on right.
b) Large stain above. On the name Palasí, see doc. 34, note b.
c) T: *computo*, harmonized with spelling above.
d) T: *cauc-*.
e) Malform (not for *taliter*?) as though *inter*, possibly a false start for the *inter* seven words later on. Formula indicates *inde* rather than *integre* or other possibilities intended.

475a

Lérida. 28 May 1263.
Reg. 12, fol. 85. MF: 468.

The crown 'gave, granted, and in part sold to you, Pons Guillem [Poncio Guillermo] of Villafranca, Our castle of Travadell with its district and villages' (today in the Vall de Travadell) to hold for life. Now, 'in exchange and compensation,' it substitutes Garg (Garx) castle and district. If the two compare unequally in revenues after payment for the castle guard (*guarda*) at either place is included, any surplus after the first three years will go to the crown. Any deficit over those three years will be covered by adding revenues from the towns that Pere Dies (Dias, Diegueç) [Pedro Díaz (Díez)] had been holding along with Garg, and if necessary by other places. Garg does not seem Gorga, a village also in the Vall de Travadell, or Gata de Gorgos in the mountains toward Denia, but Gar(t)x castle and town near Bolulla.

⟨Recognoscimus et confitemur⟩ vobis fideli nostro Poncio Guillelmi de Villafranca dedisse, concessisse, et in parte vendidisse castrum nostrum de Travatello ⟨cum termi⟩nis et alcheriis* suis, ut illud pro nobis libere teneretis in omni vita vestra; et post obitum vestrum nobis et nostris reverteretur.

Et quia nobis predictum castrum de Travatello recuperamus, pro cambio et emenda* eiusdem castri et terminorum et alcheriarum eiusdem per nos et nostros damus et concedimus vobis et vestris in omni vita vestra castrum nostrum de Garg,[b] et omnes alcherias et terminos scilicet et universas pertinencias[c] eiusdem; ita quod dictum castrum de Garg cum predictis et aliis iuribus suis teneatis vos et vestri pro nobis et nostris libere, racione concambii et emende predicti castri de Travatello, dum vobis fuerit vita comes. Et post obitum vestrum dictum castrum cum omnibus terminis et alcheriis suis nobis et nostris pacifice revertatur; promittentes vobis quod dictum castrum de Garg, cum terminis et alcheriis suis ac melioramentis, faciemus vos et vestros habere et tenere libere et in pace in omni vita vestra.

Et quod si reditus, exitus, et proventus predicti castri de Garg et terminorum suorum non valuerint usque ad III annos proximo venientes tantum quantum valent reditus castri et terminorum de Travatello, soluta tamen de predictis reditibus et exitibus utriusque castri (videlicet de illis de Travatello guarda* castri de Travatello, et de illis de Garg guarda castri de Garg), quidquid minus valuerint promittimus vobis restituere et emendare ad vestrum bonum et sanum intellectum. Cum[d] tamen si magis valuerint reditus et exitus castri de Garg post predictos III annos quam reditus et exitus castri de Travatello, soluta guarda de reditibus suis iuxta formam predictam, illa magis valencia nobis reddere et restituere teneamini.

Mandantes universis hominibus dicti castri [et] terminorum et alcheriarum suarum ut vos dum vixeritis in dominum[e] habeant, et vobis respondeant tamquam nobis de reditibus et exitibus et universis iuribus quibus racione predicti castri et terminorum suorum tenentur nobis respondere. Pro illo tamen quod vobis haberemus[d] emendare, si non valent tantum reditus de Garg quantum reditus de Travatello ut est dictum, vobis obligamus et illud vobis assignamus in illis alcheriis quas extra terminos dicti castri de Garg una cum ipso castro pro nobis tenebat Petrus Diaç; et si ille alcherie non suffecerint pro illo quod deficeret, aliam assignacionem vobis alibi faciemus.

Datum Ilerde, V kalendas Iunii, anno domini MCCLX tercio.

a) Water damage especially on upper left of text. On the surname Dies, see doc. 52, note b.
b) Deleted by a single line through: *cum predictis et aliis iuribus suis*. Garg itself appears throughout without overstrokes.
c) In the first declension, usually as appurtenances, estates, and the like.
d) Sic.
e) T: *dnm* with overstroke; less likely: *dominium*.

476

Lérida. 1 June 1263.
Reg. 12, fol. 85v. MF: 469.

Since a previous charter made all the properties of Santes Creus [Santas Cruces] monastery in Catalonia exempt and free ('especially the buildings now existing in the kingdom of Valencia or to be established later'), and since all its movable and immovable properties, whether under others or the monastery directly, are protected from distraint, the king now tells 'the bailiff, justiciar, and worthy men of Valencia, [and] royal messengers [*porters*], officers of the court [*saigs*], and Our other officials and subjects' that 'the monastery and brothers installed there may carry off wheat, barley, and whatever cereal they wish for their operations, despite any contrary privilege made and to be made' in Valencia city or kingdom.

Iacobus dei gracia etc., fidelibus suis baiulo, iusticie,* et probis hominibus Valencie, portariis,* saionibus,* et aliis officialibus et subditis nostris ad quos presentes pervenerint, salutem et graciam.

Cum^a omnia bona monasterii^b Sanctarum Crucium francha* fecerimus et libera per totam terram nostram, sicut in privilegio inde confecto lacius continetur, et specialiter domos que nunc sunt in regno Valencie et pro tempore ibidem fuerint institute (videlicet quod de dictis domibus aliqua bona mobilia et immobilia, sive fuerint propria ipsius monasterii vel aliarum personarum, aliqui vestrum vel quilibet alii homines terre nostre non abstrahant nec abstrahi faciant, immo ipsas domos et bona que ibidem fuerint illabata [= illibata] et inconcussa preservent, protegant, et defendant):

Volumus eciam et concedimus quod dictum monasterium et fratres ibidem constituti possint inde abstrahere frumentum, ordeum, et quodcumque aliud bladum voluerint ad suum opus, non obstante aliqua indulgencia facta et facienda contra^c versantibus in civitate Valencie vel in regno.

Datum Ilerde, kalendas Iunii, anno domini MCCLXIII.

a) Though a hole here raises doubts as to whether this is *Q[uo]d*, minute examination confirms *Cu[m]*.
b) T: *-ria*; intended, less probably: *et monasteria*.
c) T: *qt*, with appropriate mark.

477a

Lérida. 14 June 1263.
Reg. 14, fol. 26. MF: 471.

'Full authority' to the Aragonese knight Martí Pere (Peris) [Martín Pérez de] d'Alfaro to buy ten plowlands or jovates 'wherever you want in the kingdom of Valencia from any of Our vassals [*homs*],' notwithstanding 'any conditions placed in documents drawn by Us or in the *Furs* of Valencia' prohibiting such alienation by the king's 'men' to clergy or klights. He will hold this land 'exempt and free, without any encumbrance or service, just as knights of the kingdom of Valencia hold their estates there.'

No[v]erint [un]iversi quod nos Iacobus etc. per nos et nostros d[a]mus et [con]cedimus licenciam et plenum posse vobis, Martino Petri de Alfaro militi, quod possitis emere decem iovatas* terre ubicumque volueritis in regno [V]alencie, a quibus[dam] hominibus nostris; volentes et concedentes predictis hominibus nostris quod ipsi possint vobis vendere sine aliquo impedimento et cont\ra/rietate.b

Et habeatis [eas] vos et vestri in perpetuum franc[h]as* et liberas, sine aliquo onerec et servicio, prout milites regni Valencie suas habent hereditates ibi, vestras et vestrorum voluntates cui et quibus volueritis libere et perpetuo faciendas, exceptis sanctis clericis et personis religiosis, non obstantibus aliquibus condicionibus appositis in instrumentis factis a nobis, seu in foro* Valencie, huic nostre donacioni seu concessioni repugnantibus, videlicet quod homines nostri suas hereditates regni Valencie non possent dare, vendere, vel alienared militibus, sanctis clericis, vel personis religiosis.

Datum Ilerde, XVIIIe kalendas Iulii, anno domini MCCLX tercio.

a) Original title, semiboxed in upper right: *Carta Martini de Alfaro*. IP flourish. Top lines holed and deteriorated.
b) Begins: *qt* with double loop above.
c) T: *ho-*.
d) T: *dari, vendi, vel alienari*.
e) MF: *XVII*.

478a

Lérida. 15 June 1263.
Reg. 14, fol. 25. MF: 470.

Acknowledges a debt of 9,000b Jaca sueldos to 'the Jew of Tortosa' Astruc Jacob S(h)ashón (Sassoon, Xixo(n): Yaʿăqōb Šašon), 'by reason of that investigation [or prosecution] that the Master of the Templars Ramon [Ramón] de Mon(t)cada and Pere [Pedro] de Mon(t)cada conducted against you.' This and a second debt are to be paid from the revenues of Peñíscola, 'so that you hold the said castle and town, and all Our other [financial] claims there,' until fully repaid.

DOCUMENT 479

Recognoscimus et confitemur debere vobis, Astrugo Iacob Xichoni Iudeo Dertuse et vestris, novem milia solidorum iaccensium; quos habueramus a vobis racione illius inquisicionis quam magister Templi Raimundus de Montecathano[c] et Petrus de Montecathano[c] fecerant[d] contra vos.

Pro quibus obligamus et impignoramus vobis castrum et villam de Paniscola cum omnibus reditibus, exitibus, proventibus, et aliis iuribus nostris, simul cum alio debito quod vobis debemus; ita quod dictum castrum et villam, et omnia alia iura nostra predicta, tam diu teneatis quousque de dictis novem milibus solidorum vobis et vestris fuerit plenarie satisfactum.

Datum Ilerde, XVII kalendas Iulii, anno domini MCCLX tercio.

a) Original title, fully boxed: *Albaranum debiti Astrug[i] Iacob Xixoni*. T: *Albaranu* (with overstroke) [= *-nus*?]. Historians give this family variously as Xixó, Xixón, and Chico, with MF preferring Sixó. The form Sa- shón or Sasson seems most likely, with such local variants as Shashón and Sassoon.

b) MF: 20,000.

c) T: *montecho* with overstroke; cf. doc. 195, note c.

d) Perhaps: *-runt*.

479a

Lérida. 16 June 1263.
Reg. 14, fol. 26. MF: 472.

A dispute between 'the people of Morella and its district' as defendants and Bernat [Bernardo de] d'Olivella, the bishop of Tortosa, and his chapter as plaintiffs, over the firstfruits demanded by the diocese, was submitted to the king for arbitration, to be binding under 2,000 gold pieces given by the violator to the other party. Acting for the Morellans were Martí Julià [Martín Julián] a knight, Flamenc ('the Fleming') [Flamenco de] d'Hospital (d'Espital) the justiciar, Domènec [Domingo] Piquer, and Bernat de Salses.[b] Having heard and read the evidence from both sides, the king announces that bishop and chapter 'may have and collect, from this day forward through all ages, two-thirds of the firstfruits on bread, wine, meat, and other crops [or products] on which it is customary to pay firstfruits' there. The Morellans keep the other third 'for maintenance of the church or other needs of the people of Morella, as it shall please the same people to distribute and dispose.' A second copy was prepared, 'divided, like the first, through letters of the alphabet' (the matching torn edges serving for later validation).

Cum inter venerabilem patrem Bernardum dei gracia [episcopum] et capitulum dertusense agentes ex una parte, et homines de Morella et terminis suis ex altera defendentes, orta esset materia questionis, super eo videlicet quod dicti episcopus et capitulum ab eisdem hominibus primicias exigebant, tandem in illustrissimum dominum Iacobum dei gracia etc. ab eisdem capitulo [= episcopo] et capitulo per se, et Martino Iuliano milite,

Flamenco de Hospitali iusticia,* Dominico Piquerii, et Bernardo de Salçes nomine universitatis Morelle et ipsius terminorum, sub pena duorum milium aureorum existit^c compromissum: ita quod quicquid ipse diceret inter eos, iure, laude, composicione, et arbitrio seu voluntate, ratum et firmum sub pena predicta perpetuo a partibus haberetur. Quam penam dare teneatur pars non adquiescens parti arbitrio adquiescenti.

Unde nos Iacobus, dei gracia rex Aragonum supra dictus, visis et auditis racionibus utriusque partis, componendo et amicabiliter pro bono pacis arbitrando dicimus inter partes sub pena duorum milium aureorum predicta quod episcopus et capitulum ante dicti habeant et percipiant, ab hac die in antea per secula cuncta, duas partes primiciarum panis, vini, carnium, et aliorum fructuum qui dante domino provenerint in villa et terminis de Morella, de quibus consuetum est primicias dari.

Item dicimus arbitrando et pronunciamus, sub pena predicta, quod homines de Morella et terminis suis habeant et recipiant in perpetuum terciam partem primiciarum panis et vini, carnium et aliorum fructuum, prout superius est expressum, pro operibus ecclesie vel aliis necessariis hominum de Morella, prout eisdem hominibus placuerit ponere et ordinare.

Nos autem partes predicte prefatam sentenciam et omnia et singula supra dicta laudamus, concedimus, et firmamus, et in omnibus et per omnia approbamus.

Lata, arbitrali sentencia, XVI kalendas Iulii, anno domini MCCLX tercio, apud Ilerdam.^d

  ABC^e ABC ABC

Alia sub eadem forma, divisa cum prima per alphabetum.

a) Original title, semiboxed: *Sentencia arbitralis, inter episcopum dertusensem et homines de Morella*. IP flourish. Small arabesque or divider below title.
b) Surname, and a toponym in Roussillon.
c) Sic; for *extitit?*
d) MF: *sin lugar*.
e) About an inch high, marching across the right half of the manuscript, a rare example in these registers of the double document 'per alphabetum divisum.'

480^a

Pina de Ebro.^b 20 June 1263.
Reg. 12, fol. 90. MF: 473.

Awards to Arnal Llorenç (Llorens) [Arnaldo Lorenzo] the concession or franchise 'to cause to be manufactured or struck the silver coin called a *millarès* [thousandth of a pound], namely in accordance with the law of ten pennies [*diners*] only: in such wise that in twelve *millareses* are found ten millarensic pennies of silver, at eleven [pennies] and a half-penny [or *òbol*] of fine silver.' He must do this 'in the city of Valencia' and give to the crown bailiff twelve of these Valencian pennies or *re(i)als* out of every mark's worth (38 Valencian sous, at 12 pennies to the sou) struck. 'And We can place a supervisor there for supervising and inspecting that the said money be made well and legally according to the aforesaid law.' Arnau has both job security and a monopoly on *millareses* throughout the kingdom. He swears 'to attend to and fulfill all the aforesaid' and not voluntarily to cease producing, but 'to try energetically to keep manufacturing continuously.'

Per nos et nostros concedimus tibi, Arnaldo Laurencii, quod possis facere operari et cudi, libere et sine alicuius contradiccione et impedimento, monetam argenti que vocatur millares, ad legem videlicet decem denariorum tantum; ita tamen quod in duodecim millarensibus^c inveniantur decem denarii millarenses^c argenti ad undecim et obolum argenti fini. Et dictam monetam operari et cudi facias^d in civitate Valencie.

Et nos possimus ibi ponere custodiam quam velimus, ad custodiendum et videndum quod dicta moneta fiat bene et legaliter ad legem predictam. Et racione dicte monete dabis nobis et nostris, de qualibet marcha argenti que monetabitur de cetero in dicta moneta, duodecim denarios regalium Valencie, et baiulo nostro Valencie loco nostri. Et te complente nobis vel nostris pacta predicta, promittimus tibi legaliter quod non auferemus tibi dictum officium vel monetam, nec alicui alii dabimus licenciam operandi vel cudendi in regno Valencie dictos millarenses, nec contra predicta veniemus vel aliquem venire permittemus aliquo modo vel aliqua racione.

Et ego, Arnaldus Laurencii predictus, promitto vobis, domino meo Iacobo regi predicto, attendere et complere omnia predicta, ut superius sunt notata, et quod dicta moneta non cessabit operari per aliquod tempus de voluntate mea, immo conabor toto posse quod continue operetur.

Datum apud Pinam, XII kalendas Iulii, anno domini MCCLX tercio.

a) IP flourish. Mild damp damage along right.
b) Three-fourths of the way from Lérida to Zaragoza.
c) T includes n; the usual plural is *millareses*, Catalan *millaresos*.
d) T: *façias*.

481a

Lérida. 26 June 1263.
Reg. 12, fol. 91. MF: 474.

For his soul's sake and his parents' souls, 'and out of devotion,' the king consigns to Guillem [Guillermo] Oller and his wife, 'as a personal benefice' for life, one of the annuities or corrodies in his gift at Sant Vicent [San Vicente] de la Roqueta near Valencia city: 'board and keep in the monastery, just as the other pensioners [corrodians] of that monastery collect the same.'

DOCUMENT 482

⟨Nos Iacobus etc., ob⟩ remedium anime nostre et parentum nostrorum[b] ac intuitu pietatis, damus et concedimus tibi Guillelmo Oller de [... et ...][c] uxori tue in beneficium personale diebus omnibus vite vestre victum et vestitum in monasterio Sancti Vincencii [Valencie, sicut alii] porcionarii eiusdem monasterii illud ⟨ibidem⟩ percipiunt.

Mandantes prioribus eiusdem monasterii, presenti scil[icet et futuris, quod] ⟨vobis⟩ et unicuique[d] vestrum donent in dicto monasterio victum et vestitum, prout aliis porcionariis ipsius monasterii, ut [dictum est].

Datum Ilerde, VI kalendas Iulii, anno domini MCCLX tercio.

a) Left side of text cut away, in a triangle of missing words (base at the top). Central portion of text worn and water damaged.
b) T: *nrm* with overstroke.
c) Word cut away. The missing place may be Castellón de Burriana, or its hamlet 'Benimarva' which Guillem received in co-grant in the *Repartiment*. Guillem does not appear again in the registers.
d) Both words overtraced.

482[a]

Lérida. 29 June 1263.
Reg. 12, fol. 92v. MF: 475.

The sons of Joan [Juan] de Garrigues (Garriga) and those of the Jew Aaró [Aarón] ('Ahărōn), the deceased crown physician, have sued in the king's presence at Lérida for possession of the property 'of the said Aaró, which We gave to Joan' at Játiva. After 'each of them exposed his privileges and claims,' the king 'adjudicated the said estate to the said sons of Joan,' and 'We annul every charter of the sons of the said Aaró,' so they cannot be proffered again. No impediment is to hinder Joan's sons or 'those to whom they shall have sold the property.'

Iacobus dei gracia rex Aragonum, Maioricarum, et Valencie, comes Barchinone et Urgelli, et dominus Montispessulani, fidelibus suis baiulo et iusticie* Xative presentibus et futuris, salutem et graciam. Sciatis quod filii Iohannis de Garigues[b] et filii Haron[c] quondam alfaquim*[d] nostri, super facto illius hereditatis que fuit dicti Haron[c] quam dedimus dicto Iohanni de Garigues, fuerunt apud Ilerdam[e] coram nostri presencia constituti. Et quilibet eorum ostenderunt nobis omnia privilegia et iura sua.

Quibus visis et intellectis, dictam hereditatem adiudicavimus dictis filiis Iohannis de Garigues. Quare vobis firmiter et districte dicimus et mandamus quatenus in dicta hereditate dictis filiis Iohannis de Garigues, et quibus ipsi eam vendiderint, racione predictorum filiorum dicti Haron[c] de cetero nullum impedimentum faciatis nec fieri ab aliquo permittatis.

Et deinceps omne instrumentum filiorum dicti Haron[c] annullamus,[f] quod non possit ostendi[g] contra dictam hereditatem predictorum filiorum Iohannis de Garigues penitus[h] ac eis sanius.

Datum Ilerde, III kalendas Iulii, anno domini MCCLX tercio.

a) Mild water staining down left.
b) T: *Guarigues*; all three subsequent spellings here are *Ga-*. Documents on the case use both singular (La) Garriga and plural (Les) Garrigues.
c) T: *Haro* with sweeping overstroke, in each of its four appearances here. Probably not genitive *Haronis* but indeclinable as in the next document under the form *Aron*.
d) Or: *-ini*; the next document declines his office in the dative as *-imo*. On *alfaquim [alhaquín]* (Arabic: *al-ḥakīm*) as physician-savant, see preface volume, ch.19; see also doc. 358, note c.
e) Malform; seems *Ylerdim*.
f) T: *anu-*.
g) T: *ho-*.
h) Sic.

483

Barcelona. 8 July 1263.
Reg. 12, fol. 93v. MF: 476.

Awards to the Jews Samuel (Šĕmūʾēl) and Isaac (Yiṣḥaq), sons of the same deceased court physician Aaró, compensation in the same case a week later. The sons 'have sued many times in Our court, petitioning that We restore to you a certain estate' at Játiva given first to Aaró and afterwards to the same Joan de Garrigues. 'It is clear that We gave the grant of the said estate to your father'; and now, 'unwilling to cause you any injury, We promise and agree' to provide in recompense by the coming Christmas 'an estate at Játiva worth 3,000 sous' or its cash equivalent. On *alfaquim* as physician, and on Garriga (Garrigues), see the preceding document.

Recognoscimus vobis Samueli et Issacho, filiis de Aron[a] Iudeo quondam alfaquimo* nostro, quod comparuistis multocies coram nobis, supplicantes ut rederemus vobis quandam hereditatem quam dederamus predicto patri vestro apud Xativam; quam hereditatem nos postea dederamus Iohanni de Gariga;[b] unde constet nobis nos fecisse donacionem de dicta hereditate predicto patri vestro.

Nolentes facere vobis aliquam iniuriam, promittimus et convenimus vobis, predictis Samueli et Issacho filiis quondam de Aron,[a] quod hinc usque ad proximum festum venturum natalis domini in emendam* sive restitucionem[c] dicte hereditatis, dabimus vobis hereditatem apud Xativam tria milia solidorum regalium valentem. Quod nisi fecerimus incontinenti,*[d] promittimus vobis dare racione dicte hereditatis tria milia solidorum predicte monete ad voluntatem vestram.

Datum Barchinone, VIII idus Iulii, anno domini MCCLX tercio.

a) Sic. Cf. doc. 482, note c.
b) Cf. spellings in previous document.
c) Overstroke in both words conveys n but also, by frequent usage in these documents, the accusative m.
d) Not *incontinenter* but Roman law 'immediately.'

484a

Barcelona. 25 July 1263.
Reg. 14, fol. 32rv. MF: 477.

Conveys to the crown secretary Jaume [Jaime] Sarroca or de Roca (the king's illegitimate son) the castle of Sumacárcel with its district, villages, and revenues, including the pasturage charge on flocks (*herbatge*). From it he is to recover all debts he holds against the crown, with or without debt bond receipts, including this one: 4,268 Valencian sous and 400 Barcelonan sous. He will also draw all expenses for improvements, castle administration, and defense, establishing four fighting men there at 150 Valencian sous a year apiece; 'and you are to keep there one woman and one dog, for which woman and dog We undertake to pay you yearly 150 sous, and you are to keep also in the castle one animal' (mule) at a hundred sous. The formulae protecting and assuring full control of castle and region, without diminution, are detailed.

Noverint universi quod nos Iacobus dei gracia rex Aragonum etc. per nos et nostros recognoscimus et confitemur debere vobis fi[d]eli scriptori nostro Iacobo de Rocha et vestris, pro omnibus debitis que vobis debuimus[b] et debemus cum albaranis* vel sine albaranis, usque in presentem diem qua presens scribitur albaranus, quattuor milia ducentos sexaginta octo solidos regalium et quadringentos solidos barchinonenses.

Pro quibus denariis omnibus tradimus, obligamus, et impignoramus vobis et vestris per nos et nostros castrum nostrum de Somacarcel quod est in regno Valencie, cum omnibus alqueriis,* terminis, et pertinenciis suis et cum omnibus reditibus, exitibus, proventibus, censibus, [h]erbaticis, et aliis omnibus iuribus eiusdem, integre et sine aliqua diminucione et retencione nostra et nostrorum et cuiuslibet alterius persone; ita quod predictum castrum de Somacarcel cum omnibus et singulis supra dictis tanto tempore et tam diu teneatis vos et vestri, vestro pignore obligata,[c] et recipiatis omnia et singula supra dicta, quousque in eisdem de omnibus predictis denariis, et de omnibus missionibus[d] et expensis quas facietis in custodia et retencione dicti castri, et in melioramentis[e] que ibi feceritis, sitis in eisdem plenarie persoluti.

Promittentes vobis et vestris bona fide per nos et nostros quod in predictis vobis et vestris aliquid non tangemus, emparabimus,* vel accipiemus nec tangi, emparari, vel accipi faciemus vel permittemus ab aliquo vel aliquibus, aliqua racione vel causa, quousque sit vobis et vestris ut dictum est de omnibus supra dictis denariis integre satisfactum; nec vos vel vestri teneamini nobis vel nostris,[f] nec alicui alii reddere dictum castrum nec aliquid de predictis aliquo iure, racione, vel causa, donec primo sitis de omnibus dictis debitis et missionibus ac expensis plenarie persoluti; nec nos vel nostri possimus vos vel vestros, si predicta nobis vel nostris ut dictum est vel aliquid de predictis non reddideritis, reptare;* nec vobis vel vestris nec rebus vestris dicere^g malum vel facere, racione alicuius fori [H]ispanie* nec aliquo iure vel aliqua racione, quoniam nos vos et vestros absolvimus et quitamus.*

Et si forte, quod absit, aliquis vel aliqui predictum castrum de Somacarcel vel aliquid de predictis vobis vel vestris, aut illi vel illis qui pro vobis predicta tenebunt, furati fuerint vel abstulerint seu emparaverint semel vel pluries, statim^h promittimus^i per nos et nostros ea recuperare et in posse vestro et vestrorum ponere, reducere,^{j} et mittere sine mora aliqua et diffugio, ut ea obligata et impignorata teneatis sub forma superius compre[h]ensa.

Concedimus eciam vobis quod in dicto castro teneatis quattuor homines, pro quorum [quo]libet^k promittimus vobis dare in anno centum quinquaginta solidos regalium; et teneatis ibidem quandam muli[[e]]rem et unum canem, pro qua muliere et cane promittimus vobis dare in anno centum L solidos regalium; et teneatis eciam in dicto castro unam bestiam, pro qua [*fol. 32v*] promittimus vobis dare C [solidos] regalium in anno.

Quos omnes den[[arios]] supra dictos, simul cum toto debito predicto, et cum missionibus et expensis quas facietis in retencione et custodia dicti castri, et in melioramentis que ibidem feceritis tam in opere quam in quibuslibet aliis, et cum toto eo quod nobis mutuaveritis vel extraxeritis quolibet modo vel qualibet racione, assignamus vobis et vestris habendos et recipiendos et recuperandos in universis et singulis reditibus, exitibus, proventibus, censibus, [h]erbatico, et in omnibus aliis iuribus dicto castro pertinentibus vel debentibus racione aliqua pertinere; ita quod omnia et singula supra dicta tam diu et tanto tempore teneatis, habeatis, et percipiatis quousque de omnibus et singulis superius nominatis et contentis vobis et vestris et cui volueritis sit, ut dictum est, integre et plenarie satisfactum.

Datum Barchinone, octavo kalendas Augusti, anno domini MCCLX tercio.

a) Original title, semiboxed: *Albaranum d[ebi]ti [I]acobi de Rocha*; T: *Albaranu* (with overstroke) [= *-nus*?]. Modern title: *Impignoratio castri* [above deleted: *ville*] *de Somacarcel, pro debito*. Below titles, a small arabesque. Some holes, especially at bottom right and along top of verso.
b) Scribe corrected from: *debemus*.
c) Sic, with antecedent not *castrum* but *omnia et singula*.
d) T: *mess-*.
e) Deleted: *et*.
f) Deleted: *ut dictum est, vel aliquid de predictis*.
g) Odd form: a wraparound i provides e as well.
h) T: *stattimus*.
i) T: *permitimus*.
j) Not *redire*, as often in this formula.
k) T: *pro quorumlibet*.

485a

Barcelona. 3 August 1263.
Reg. 14, fol. 32v. MF: 478.

Acknowledges a debt of a hundred morabatins, to Berenguer Vives of Morella, 'which We owed with a debt bond [surrendered by Berenguer] to your father.' Recovery is assigned from Morella's fines and justice fees (*calònies*).

Nos Iacobus dei graciab etc. recognoscimus et confitemur debere tibi, Berengarioc Vives de Morella, et tuis centum morabatinos,* quos patri tuo quondam debebamus cum albarano* nostro quem a te recuperavimus et habuimus.

Quos morabatinos assignamus tibi habendos et percipiendos in caloniis* curie Morelle; ita quod dictas calonias tu et tui tam diu percipiatis donec de dictis morabatinis sitis plenarie persoluti.

Datum Barchinone, III nonas Augusti, anno domini MCCLX tercio.

a) Original title, semiboxed: *Albaranum debiti Berengarii Vives*; T: *Albaranu* (with overstroke) [= *-nus*?].
b) Form *cetera* converted to *gracia*.

c) T: *Bgo*, presumably therefore not the B(ernat) [Bernardo] Vives in the *Repartiment*. Cf. too the original but not necessarily simultaneous title.

486a

Barcelona. 20 August 1263.
Reg. 12, fol. 103v. MF: 479.

Grants the Jew Jahudà (Jafudà, Judà: Yĕhūdāh) b. Lavi de (la) Cavalleria [Caballería], bailiff of Zaragoza, 'that section of land of Ours in the irrigated plain [*horta*] of Valencia [city].' (Medieval Latin *placia* here is not the urban plaza but a rural piece of land.) It is bounded on two sides by a farm Judà previously bought from the sons of the deceased Bertran(d) [Beltrán] de Valatz (Vallaz)b and on a third side by 'the public road.' On the fourth side is the street or way 'by which one goes to an estate formerly belonging to Arnau de Font [Arnaldo de la Fuente], and to Our *reial* or farm, and to a certain farm you bought from Sans [Sancho] de Vall.'c This *reial* (Latin *regale*) probably is not the celebrated *real* or palace park at Valencia city but a farming estate.d

Per nos et nostros damus et concedimus vobis, fideli nostro Iahudano de Cavalleria baiulo nostro in Cesaraugusta, et vestris in perpetuum illam placiam*e terre nostram, que est in orta*f Valencie. Et affrontat ex duabus partibus cum orto* vestro, quem emistis a filiis Bertrandi de Valatsb quondam; et ex alia parte in via publica; et ex alia in quadam carraria,* per quam itur ad hereditatem quondamg Arnaldi de Fonte, et ad regale* sive ortum nostrum, et ad quendam alium ortum vestrum quem emistis a Sancio de Vallo.

Quam placiam sive terram habeatis vos et vestri in perpetuum, per hereditatem propriam, francham,* et liberam cum omnibus melioramentis et edificiish que ibi feceritis, et cum introitibus et exitibus, affrontacionibus et suis pertinenciis universis a celo in abissum, ad omnes voluntates vestras et vestrorum inde libere perpetuo faciendas, exceptis militibus, clericis sanctis, et personis religiosis.

Datum Barchinone, XIII kalendas Septembris, anno domini MCCLX tercio.

a) IP flourish.
b) In the *Repartiment* as a Zaragoza man; variously Ballaz, Vallatz, and apparently Ballasque. It may relate to French Balasque, Castilian Velasco, and Catalan Balasc (also a toponym). Catalan Ballat (Ballach) is not a variant but another name. Not: Vallars.
c) The text's Latin *vallum* indicates this is not the equivalent of Spanish *valle*, but from the stronger stem for a palisade or fort. The Catalan surname Vall is the same in both cases.
d) MF: 'Real o jardín del rey'; but the *sive ortum* and the use of *regale* elsewhere in the registers for a farm discourage too confident a placement (across the river, north of the city).
e) Sic.
f) Latin *(h)orta*, the cultivated and irrigated plain, is here distinguished (eight words below) from *(h)ortus*: a component farm.
g) More usually conveying its meaning of 'deceased,' as just above in this same sentence, it must carry here the meaning 'formerly,' since Arnau de Font will turn up in later documents (presumably the same man?).
h) T: *he-*.

487a

Barcelona. 23 August 1263.
Reg. 12, fol. 104v. MF: 480.

Grants Ramon [Ramón] Falconer[b] and his wife Maria [María], as an exempt estate in perpetuity, eight jovates or plowlands in Valencia city's wider district. The property may be 'in any place' he wishes within 'that unirrigated or flat land called Els Germanells'[c] (in the Rafelbuñol subdistrict). It is bounded on one side by 'the mills at Museros,' on another by Masamagrell, on a third by the hamlet (*alqueria*) of Berenguer Dalmau [Dalmacio], and on a fourth by the ridges or small hills (*puigs*) of Els Germanells (two rises separated by a watercourse there, which gave their name to the plain around).

Per nos et nostros damus et concedimus vobis, Raimundo Falconerii, et uxori vestre Marie, et vestris in perpetuum VIII iovatas* terre in termino Valencie, videlicet in illo seccano*[d] sive plano qui vocatur de Els[e] Germanels. Quod seccanum sive planum [= planus] affrontat ex una parte in podiis de Els[e] Germanels, ex alia parte in alcheria* Berengarii Dalmacii, et ex alia parte in molendinis de Museros, et ex ⟨alia⟩ parte in termino de Massamagrel.

Ita quod in predicto plano sive seccano, in quocumque loco volueritis modo[f] ipsas iovatas recipere, et ipsas habeatis vos et vestri in perpetuum per hereditatem propriam, francham,* et liberam, cum omnibus melioramentis que ibi feceritis, et cum introitibus, exitibus, affrontacionibus, et suis pertinenciis universis a celo in abissum ad omnes voluntates vestras et vestrorum inde libere perpetuo faciendas, exceptis militibus, clericis sanctis, et personis religiosis.

Datum Barchinone, X kalendas Septembris, anno domini MCCLX tercio.

a) Worn down right side; upper right corner missing, not affecting text much. Water stained down left.
b) Falconer's surname in the registers does sometimes modify his prename adjectivally. Thus name and crown office may coincide (Ramon the falconer) as *Bernardus Scribe* and *scriba*. See doc. 76.
c) MF: Gerracinels, and Germanells.
d) T: *secano*, influenced by Catalan *secà* (Spanish *secano*).
e) T: *dels*.
f) Either in the sense of *nunc* or as *et modo*, with *et* displaced now to the clumsy *et habeatis*.

488a

Barcelona. 23 August 1263.
Reg. 12, fol. 105v. MF: 481.

Bartomeu [Bartolomé de] d'Ossal,[b] then lieutenant of Valencia city's justiciar 'the distinguished' Llop (Lupo) Sorigó (? de Aizcorroç?),[c] had rendered 'verdicts' against the children of the deceased Esteve [Esteban] de Soria and against their guardian, Martí d'Osca [Martín de Huesca], in favor of Guillem [Guillermo] de Torre. The first decision awarded 180 mazmodins, the other(s) gave 47 mazmodins and 134 Jaca sueldos. In view of these awards, Bartomeu's superior Llop (now dead or retired)[d] 'sold' to Guillem 'two jovates [plowlands], minus eight fanecates, of vineyards,' which had belonged to the dead Esteve. The present charter confirms Llop's 'grant' and sale, which had been more fully detailed in Llop's 'charter of sale.'

Per nos et nostros laudamus, concedimus, et confirmamus vobis, Guillelmo de Turri, et vestris ⟨in perpetuum, vendicion⟩em illam quam [insi]gnis [Lupus de] Çoricho iusticia* quondam Valencie vobis fecit de duabus iovatis,* minus octo fanechatas,*[e] de vineis que fuerant quonda[m] Stephani de Soria; quas vobis vendidit racione centum octoginta[f] mazmudinarum*[g] in quibus Martinus de Oscha tutor et curat[or] filiorum dicti Stephani de Soria et ipsi filii dicti Stephani fuerunt vobis condempnati per sentencias Bartholomei ⟨de Ossal⟩[h] tenentis tunc locum dicti Lupi de Çoricho ex una parte, et racione quadraginta septem mazmudinarum[g] et centum XXX et q[uattuor][i] solidorum iaccensium in quibus fuerunt similiter vobis condempnati in dictis sentenciis, prout in eisdem sentenciis continetur et pron[unciatur]. Que omnia in carta vendicionis a dicto Lupo de Çoricho inde vobis ⟨facte⟩[j] melius et plenius contine[n]tur.

Volentes et concedentes ⟨vobis⟩ et vestris in perpetuum quod predictas duas iovatas vinearum minus octo fanechatas[k] habeatis vos et vestri in perpetuum, ad omnes voluntates vestras et vestrorum inde libere faciendas sine impedimento aliquo et contradiccione nostra et nostrorum et cuiuslibet alterius persone.

Datum Barchinone, X kalendas Septembris, anno domini MCCLX tercio.

a) Badly deteriorated in upper third, by damp and wear. Trimmed down right, losing no words. Dim.
b) Aragonese surname, originally Ossau (southern France). See doc. 401, note b.
c) MF and others: Çorito; on this puzzling surname, see doc. 234, note b, and cf. doc. 489.
d) *Quondam* bears both meanings; his only previous appearance in office in the registers was for July 1259.

e) Abbreviation, filled out as accusative, because the same phrase below has *minus* taking the accusative rather than the expected ablative.
f) T: *octuag-*.
g) T: *maçem-*.
h) Fragments suggest: *Do-*.
i) Conjectural, from space and context.
j) Sic, agreeing with *vendicionis*.
k) Sic, *minus* with accusative.

489a

Barcelona. 25 August 1263.
Reg. 12, fol. 107. MF: 486.

Records a lawsuit between Domènec [Domingo de] d'Estada on the one side and, on the other, the settlers of Albal represented by Guillem [Guillermo] de Subirats the bailiff of Albal, Romeu Amat [Romeo Amado], Berenguer Amat, and Bernat [Bernardo] Batl(l)e, or Badell, Batel(l)b—as well as 'the residents and settlers of Catarroja' represented by Azemar Pere (Peris) [Aznar Pérez] de Pina the bailiff of Catarroja, Pere Peregrí [Pedro Peregrino de] d'Atrosillo, Pere de Ripoll, Martí [Martín] Guasc(h), and Adam [Adán] de Castellros.c Domènec 'wanted to irrigate his farm, which he has in the hamlet called Beniparrell,' with water the others claimed. The verdict of Llop [Lope (Lupo)] de Sorigó or Aizcorroç (?),d 'then the justiciar of Valencia' (city), went against the people of Albal and Catarroja, as fully explained in the original verdict and here confirmed by the crown.

Per nos et nostros laud⟨amus⟩, concedimus, ⟨et confirmamus⟩ sentenciam latam per Lupum de Açcorichod tunc iusticiam* Valencie, in causa que vertebatur inter Dominicum de Stada ag⟨entem⟩ ex una parte et Guillelmum de Subiratç baiulum de Alval,e Romeum Amat, Berengarium Amat, [et] Bernardum Batelb pro se et hominibus populatoribus de Albal,e et Açnarium Petri de Pina baiulum de Cataroia, Petrum Peregrini de Atrossillo,f Petrum de Ripol, Martinum Guaschi, et Adam de Castel⟨ri⟩oç, habitatores et populatores de Cataroia ex parte altera defendentes, super facto aque de qua dictus Dominicus de Stada volebat rigare hereditatem suam quam habet in alqueriam* [= alqueria] que vocatur Vinaparrel.

In qua quidem sentencia fuerunt condempnati homines et populatores predicti de Alvase et de Cataroia,g prout hec omnia in sentencia predicta melius et plenius contine[n]tur.

Datum Barchinone, VIII[h] kalendas Septembris, anno domini MCCLX tercio.

a) Badly deteriorated at left, especially on top. Some traces between lines at top left seem to be blotting from the facing folio, due to damp.
b) T: *Batl* (improbable: *Barl*) with overstroke. Surnames such as Batella, (A)badal, Baduell, and Batl(l)e may not fit perhaps as well as Badell, more familiar in its forms Vedell and Vadell.
c) The text's *Castel(. . .)oç*, which could read Castelrioç, Castel(l)roç, or Castelaroç, cannot be the contemporary Adam de Castellazol. An En Castellros was among the barons on the Majorcan crusade, a key perhaps to this name. A foreign substance blots the illegible letter(s).
d) See the discussion of this strange name and its variants in doc. 234, note b, and cf. doc. 488.
e) Note the three variants: *Alval, Albal, Alvas.*
f) T: *Atsillo* with suprascript o after t.
g) T: *Cattarroja*, with first t malformed as r; harmonized with the two previous spellings.
h) MF: *IIII.*

490

Barcelona. 27 August 1263.
Reg. 12, fol. 114v. MF: 483.

Berenguer Arnau [Arnaldo de] d'Anglesola (Latin de Angularia)[a] had sued Bernat [Bernardo] de Portella for damages. When Berenguer 'left the lord king while he was in the siege of the castle of Morella, and the lord king gave his special safeguard and ordered Bernat Guillem d'Entença [Guillermo de Entenza] and Huguet [Huguito de] d'Anglesola to take him along with them on behalf of the lord king,' Bernat de Portella convoyed him instead 'and seized his household followers and mounts and many other things' to the value of 700 mazmodins, 'and he seized and wounded Guillem de Puigvert who was with him [Berenguer] and held him captive for six months, and because of the expense of guarding him extorted 450 sous from him, and he seized Berenguer de Calas[b] and Palau [Palacio], his esquires, and a certain messenger [*troter*] named Arnau Martí(nis) [Martínez].' Berenguer demanded redress from the king 'according to the *Usatges* of Barcelona.' Summoned legally, Bernat de Portella refused to come or to offer satisfaction. After reviewing the data and receiving Berenguer's oath, the king condemned the 'contumacious' Bernat to full restitution. The king's vicar Pere [Pedro] de Vilaregut (Vilaragut) and his 'men' are to put Berenguer in possession of Bernat's properties to the sum of 7,700 mazmodins (ten times the value Berenguer lost) and to protect him.

Coram nobis Iacobo dei gracia rege[c] Aragonum, Maioricarum, et Valencie, comite Barchinone et Urgelli, et domino Montispessulani, proposuit Berengarius Arnaldi de[d] Anglesola[a] quod cum ipse recederet a domino rege dum erat in obsidione castri de Morella, et idem dominus rex specialiter

DOCUMENT 490

guidasset* eum et mandasset nobili Bernardo Guillelmi de Entença et Hugueto de Anglesola[a] quod ducerent ipsum ex parte domini regis securum:[c] Bernardus de Portella guidavit ipsum Berengarium Arnaldi in via, ut [= ac?] familiam suam et equitaturas et multas alias res suas, valentes septingentas mazmutinas,* ut [= ac?][f] cepit et vulneravit Guillelmum de Podio Viridi qui cum eo erat (et captum tenuit per sex menses, et racione expensarum custodie extorsit ab eo quadringentos quinquaginta solidos), et cepit Berengarium de Calos et Palau scutiferos suos et quendam[g] troterium nomine Arnaldum Martini.

Et petiit quod nos de predictis secundum usaticos* Barchinone sibi emendam* et satisfaccionem fieri faceremus. Super qua invasione et maleficio, racione iniurie nobis illate, nos ex officio nostro et ad requisicionem dicti Berengarii Arnaldi (tam racione predicte peticionis per Berengarium Arnaldi proposite, quam racione iniurie nobis in dicta invasione et maleficio illate) dictum Bernardum de Portella legitime monuimus quod coram nostra presencia compareret.

Et quia legitime citatus coram nobis noluit comparere, nec super dicta peticione Berengarii Arnaldi idonee satisdare, propter ipsius contumaciam (recepto prius iuramento dicti Berengarii Arnaldi et facta summaria cognicione super hiis que ⟨petita⟩[h] sunt) sentencialiter pronunciamus dictum Berengarium Arnaldi in possessionem bonorum dicti Bernardi de Portella (valencium septem milium et septingentarum mazmutinarum) esse mittendum.

Mandantes Petro de Vilari Accuto vicario ⟨nostro⟩ quod dictum Berengarium Arnaldi in predictam possessionem bonorum dicti Bernardi de Portella (valencium septem milia[i] septingentas mazmutinas) inducat, ac tueatur inductum.

Mandamus[j] insuper omnibus hominibus vicarie predicte quod dictum vicarium iuvent in predictis quandocumque et quocienscumque ab ipso fuerint requisiti.

Lata fuit hec sentencia VI kalendas Septembris, anno domini MCCLX tercio [in Barchinona, in palacio domini regis].[k]

a) T throughout: *angla* with overstroke; on Anglesola/Angularia, see doc. 48, note b.
b) Possibly the Berenguer de Gallach in the *Repartiment*. Last vowel is blurred: Calas? Not Calaf, Calis.
c) T: *regi*; but in same line: *comite*.
d) Repeated: *de de*.
e) Not: *secum*.
f) Sic; error, or stress on a conspiracy? Not *ut caperet*.
g) T: *qnda* with overstroke; perhaps *quondam* for 'deceased' or 'former'?
h) Sic, not *predicta*.
i) Not *valencium milium* as just above.
j) Sic, not a participle as in the preceding clause.
k) Bracketed portion supplied from preceding document on this folio (doc. 491 below); it has a similar dateline and topic.

491ª

Barcelona. 27 August 1263.
Reg. 12, fol. 114v. Not in MF.ᵇ

Ramon de Guàrdia [Ramón de Guardia], in the name of Na Tomasa his wife, has sued Bernat [Bernardo] Portella for 'the castles, fiefs, possessions, and all properties' that Bernat now 'holds and possesses' from his deceased grandfather and namesake. Bernat refused to respond to Ramon's claim 'of a substitution made in the will' of the elder Bernat; nor would he 'offer surety, as he ought, that he would answer at law in Our court about the aforesaid action.' After summary review, with Bernat still contumacious, the king now passes sentence: in the interest of legal order, Ramon (for his wife) gets all those legacies. The crown vicar Pere [Pedro] de Vilaregut (Vilaragut) must implement the verdict and protect Ramon once installed. Subjects of the vicar must facilitate matters 'as often and whenever called upon.' The hearing and sentence took place 'in the palace of the lord king at Barcelona.'

Coram nobis domino Iacobo rege Aragonum,ᶜ Maioricarum et Valencie, comite Barchinone et Urgelli, et domino Montispessulani, Raimundus de Guardia nomine domine Thomasie uxoris sue petit [= petiit?] a Bernardo de Portella castra, honores,* et possessiones, et omnia bona que fuerunt Bernardi quondam de Portella avi dicti Bernardi, racione substitucionis facte in testamento dicti Bernardi quondam. Super qua peticione ad instanciam dicti Raimundi, dictus Bernardus de Portella, citatus legitime, noluit comparere nec idoneeᵈ ut debuit satisdare, quod super predicta peticione in curia nostra dicto Raimundo faceret iusticie complementum.

Unde nos Iacobus etc., propter dicti Bernardi contumaciam, habita summaria cognicione, sentencialiter pronunciamus dictum Raimundum nomine dicte uxoris sue in possessionem castrorum, bonorum, et possessionum, et aliorum bonorum que fuerunt dicti Bernardi quondam de Portella, que iste Bernardus de Portella detinet et possidet,ᵉ rei servande causa, esse mittendum.

Mandantes Petro [de] Vilari Accuto vicario nostro quod dictum Raimundum, nomine dicte Thomasie uxoris sue, in possessionem predictam inducat et tu[e]atur inductum. Mandamusᶠ insuper omnibus hominibus vicarie predicte quod dictum vicarium iuvent in predictis quandocumque et quocienscumque ab ipso fuerint requisiti.

Lata [fuit]ᵍ hec sentencia VI kalendas Septembris, MCCLX tercio in Barchinona, in palacio domini regis.

a) Above first words of text, as false start perhaps: *Per nos et nostros*. The proper formula, here as in the document below it, begins *Coram nobis*.
b) On the same folio as the document preceding, and giving it context, though not explicitly dealing with Portella's Valencian holdings.
c) Deleted: *et*, perhaps as part of *etc*.
d) T: *yd-*.
e) Overwritten: i on e.
f) Not the participle as in the preceding clause.
g) Supplied as in doc. 490 on the same folio: not *est*.

492a

Barcelona. 27 August 1263.
Reg. 12, fol. 109v. MF: 484.

Conveys 'Our royal residence or buildings of Alcira' to Berenguer de (or Ces) Poses[b] for life, on condition that he 'keep, and dwell in, the said buildings or royal residence.' When needed, the king will have repairs done at Our own expense whenever and as often as it shall be necessary.' This *reial* or *regalis* cannot be *rafal** expressed as *re(i)al* but seems the local palace for the king's frequent stays there, perhaps taken over from the previously ruling *ra'īs*.

Per nos et nostros damus et concedimus vobis, fideli nostro Berengario de Pa\u/sis, omnibus diebus vite vestre, realum*[c] sive domos nostras de Alieçira,[d] ita quod predictas domos sive realum teneatis et habeatis et ibi habitetis dum vobis fuerit vita comes; promittentes vobis quod predictas domos sive realum[c] faciemus vos in tota vita vestra tenere et habere ac pacifice possidere.

Et si forte reparacio aliqua fuerit necessaria[e] in predictis domibus, predictam reparacionem faciemus fieri cum nostra missione propria quandocumque et quocienscumque ibidem fuerit necessaria.[f]

Datum Barchinone, VI kalendas Septembris, anno domini MCCLX tercio.

a) Left side of text cut by heavy wrinkle.
b) Not Poc(h)s (Latin *de paucis*) as MF has for this same official, above in doc. 357, note b.
c) T: *-llum*.
d) Overwritten: i on z.
e) T: *reparacionem aliquam fuerit necessariam*.
f) T: *-am*.

493a

Barcelona. 29 August 1263.
Reg. 14, fol. 36. MF: 485.

The king recognizes that the Barcelona citizens Guillem Burguès (Burgues) [Guillermo Burgués][b] and Bernat Sabater [Bernardo Zapatero] or 'the shoemaker' have underwritten his debt of 12,000 Barcelonan sous to Guillem Borrell, a sum to cover 'oil and wax and moneys' (*bossonalla*, a form of *billonalla*) from the brothers Guillem and Pere [Pedro] Borrell. To protect these guarantors, the king now pledges 'the entire rents' from Guillem de Llacera (Lassera), Pere de Castellazol [Castellizuello],[c] Pere Carbonell, and the Jew Benvenist [Benveniste] de Porta 'for Our mills at Barcelona, which they hold from Us.' He also pledges Onda castle, town, and district, currently held by Pere de Capellades to repay a debt bond against the crown; when satisfied, Pere will continue his administration, but with the revenues kept in pledge. Burguès and Sabater have exclusive control of both sources, can sublet to Guillem Borrell or anyone else, and recover 'expenses, outlay, and interest' as well as their capital.

Recognoscimus et confitemur vobis, fidelibus nostris Guillelmo Burgensii[b] [et] B[ernardo] Sabater civibus [Barchinone],[d] quod ad instanciam precum ⟨nostrarum [?]⟩ [et de mand]ato nostro speciali constituistis vos fideiussores pro nobis Guillelmo Borrelli, in duodecim milibus solidorum barchinonensium que ei debemus, pro restitucione quam ei facimus [= fecimus?] de oleo et cera et bossonallia* que ab eo et Petro Borrelli quondam fratre suo habuimus.

Et ideo promit[t]imus vobis inde fide nostra observare vos inde[e] indempnes. Et pro hiis attendendis et complendis obligamus vobis et vestris per nos et nostros totum censum quem nobis faciunt censuales Guillelmus de Lacera, Petrus de Castro Aciolo, Petrus Carbonelli, et Benvenist de Porta, pro molendinis nostris Barchinone que pro nobis tenent.

Et obligamus inde vobis similiter castrum nostrum et villam de Onda, cum omnibus terminis et pertinenciis suis, et cum omnibus reditibus et iuribus que ibi habemus et habere debemus; ita quod cum Petrus de Capellades (qui dictum castrum et villam de Onda cum suis iuribus a nobis tenet obligatum pro debitis que ei debemus, ut in cartis et albaranis* quos inde a nobis habet continetur) fuerit solutus de dictis debitis, teneat ipse Petrus dictum castrum et villam de Onda pro vobis, cum omnibus suis iuribus impignorata et obligata. Et vos recipiatis censum dictorum molendinorum et castri de Onda tam diu quousque in eisdem reditibus et iuribus sit vobis et vestris de dictis XII milibus solidorum, et de dampno [et][f] interesse* quod inde sustinere et facere nos [= vos][g] oportuerit, integre satisfactum.

Promittentes vobis bona fide quod contra predicta non veniemus, nec aliquem venire permittemus vel faciemus ullo modo. Concedimus eciam vobis quod possitis auctoritate vestra dictum censum predictorum molendinorum et reditus de Onda obligare et vendere Guillelmo Borrelli predicto vel cui volueritis; et obligacionem aut vendicionem quam inde feceritis laudamus et confirmamus modo et forma superius comprehensis.

Mandantes dictis Guillelmo de Lacera, Petro de Castro Aciolo, Petro Carbonelli, et Benvenist de Porta quod vobis vel cui volueritis respondeant de censu predicto dictorum molendinorum. Et similiter mandamus dicto

DOCUMENT 495

Petro de Capellades quod vobis respondeat de dictis reditibus de Onda, sicut superius dictum est.

Promittentes insuper vobis quod de cetero dictum censum dictorum molendinorum, et reditus et exitus de Onda, alicui vel aliquibus non vendemus, impignor[abi]mus, vel alienabimus, quousque de omnibus supra dictis XII milibus solidorum, et de dampnis et missionibus et interesse, si quid vos[h] vel vestros oportuerit sustinere, integre et plenarie fuerit satisfactum.

Datum Barchinone, IIII kalendas Sep[tembris], anno domini MCCLX tercio.

a) Holed along top, at bottom right, and along upper left margin.
b) T: *Burgsii* with overstroke. This is not the same name or root as Burgues (Burgas), unaccented. Deleted after it in text, false start: *et Bn*.
c) Also Castellasol, crown subvicar at Barcelona. Castellazol is the Aragonese baronial family Castellizuelo; see also the toponym Castillazuelo, above Barbastro.
d) Fragments of flourish from b and h.
e) Sic, repeated.
f) See the correct form in the final sentence.
g) Cf. *vos* below in note h.
h) Sic; but cf. *nos* above in note g.

494

Barcelona. 29 August 1263.
Reg. 12, fol. III. MF: 482.

Records that a passport or charter of safeguard was issued to 'En Claramunt of Valencia,' probably the city court's secretary Bernat [Bernardo] de Claramunt. The 'usual formulary' had been employed, and the penalty for transgressors would be a thousand morabatins.

Carta guidatici* de En[a] Claramunt de Valencia, sub forma communi [et] sub pena milium morabatinorum.*

Datum Barchinone, IIII[b] kalendas Septembris, anno domini MCCLX tercio.

a) T: *den*.
b) MF: *VIII*.

495a

Barcelona. 29 August 1263.
Reg. 12, fol. 106v. MF: 487.

The king orders his bailiff and justiciar at Valencia city 'not to allow anyone to enter the buildings or farms' (Latin adjective *regalis* as neuter plural) of Jahudà (Jafudà, Judà: Yĕhūdāh) b. Lavi de (la) Cavalleria [Caballería], bailiff of Zaragoza, 'nor dwell there, unless acting according to the wishes of the aforesaid Judà de Cavalleria.' Violators are to incur 'the penalty that the

Furs of Valencia shall impose and demand,' as well as the king's displeasure. (On *re(i)als* here as 'farms,' cf. doc. 486.)

Fidelibus suis baiulo et iusticie* Valencie, salutem et graciam. Mandamus vobis firmiter quatenus non permittatis aliquem vel aliquos intrare domos nec regalia*ᵇ fidelis nostri Iahudani de Cavalleria baiuli Cesarauguste, nec in eisdem [h]ospitari, nisi processerit de voluntate predicti Iahudani de Cavalleria. Et si aliquis ibi intrare voluerit vel hospitari,ᶜ ab illo vel illis penam habeatis quam forus*ᵈ Valencie dictaverit et requiret.

Et hoc non mutetis aliqua racione; alias sciatis quod nobis plurimum displiceret.

Datum Barchinone, IIII kalendas Septembris, anno domini MCCLX tercio.

a) Water damage and stain down right side; trimmed at left, without loss of text.
b) Sic.
c) Sic; above: *os-*.
d) Medieval variant of *forum*, more often plural; cf. Catalan *fur(s)*.

496ᵃ

Barcelona. 29 August 1263.
Reg. 12, fol. 106v. MF: 488.

The Jewish community of Murviedro (modern Sagunto) has owed the crown 500 Valencian sous each Christmas 'as tribute.' For as long as pleases the king, this is now reduced to 300 sous every Christmas.ᵇ 'Our bailiff of Murviedro is to demand and have from you' that much 'and no more.'

Concedimus vobis universis et singulis Iudeis Muriveteris quod de illis quingentis solidis, quos nobis datis et dare tenemini quolibet anno in festo natalis domini pro tributo, non detis nec solvatis nobis nisi CCC solidos quolibet anno in dicto festo, dum nostre placuerit voluntati.

Mandantes baiulo nostro Muriveteris quod a vobis predictos CCC solidos exigat et habeat, quolibet anno in festo natalis domini, et non amplius dum nostre placuerit voluntati ut est dictum.

Datum Barchinone, IIII kalendas Septembris, anno domini MCCLX tercio.

a) Dim and damp stained at left of text.
b) MF: total exemption.

497ᵃ

Lérida. 8 September 1263.
Reg. 12, fol. 113v. MF: 489.

Ratifies the sale by Gil (Egidi) (E)ximèn(is) [Gil (Egidio) Jiménez (Eximénez)] de Segura of Teruel, bailiff above the Júcar River, to Bernat [Bernardo] de Puigdàlber (Puigdalba), of 'some buildings [in Valencia city] on the street [or neighborhood district] of Montpellier, at the price of [over] a hundred Valencian sous.' These buildings the king had confiscated 'because the convert Maria [María], who owned them, took flight with her children into Granada; and there, under the protection of the Saracens, she made herself a Saracen, with her children.' The buildings are bounded on one side by those of En Ra(da)mir [Ramiro], on another by the public road, and on another by the buildings of Joan Pellicer (Pellisser) [Juan Pellizero],[b] and on the fourth by those of Bernat Trompador,[b] all as in Gil's charter.

Per nos et nostros laudamus, concedimus, et confirmamus vobis Bernardo de Podio Albero et vestris in perpetuum vendicionem quam Egidius Eximini, [baiulus] regni Valencie a rivo Xucari citra, vobis fecit de quibusdam domibus que sunt in carraria* Montispessulani, precio C[LC?][c] solidorum regalium.

Que domus nobis erant confiscate quia Maria baptizata,[d] cui dicte domus erant, arripuit iter cum filiis suis apud Granatam et ibidem in posse Sarracenorum cum dictis filiis suis se fecit Sarracenam. Que domus affrontant ex una parte in domibus de En^e ⟨Rabdamir⟩, et ex alia in via publica, et ex alia in domibus Iohannis Pelicer,[b] et ex alia in domibus Bernardi Trompador,[b] ut in carta quam dictus Egidius Eximini inde vobis fecit melius et plenius continetur.

Promittentes quod contra dictam vendicionem non veniemus, nec aliquem venire faciemus aut permittemus, aliqua racione. Mandantes baiulis, iusticiis,* et aliis officialibus et subditis nostris presentibus et futuris quod predictam vendicionem firmam habeant et observent, et non contraveniant aliqua racione, nec aliquem contravenire permittant.

Datum Ilerde, VI idus Septembris, anno domini MCCLX tercio.

a) Deteriorated especially along right side.
b) The Catalan and nominative form with a genitive prename here may argue against these names as designating merely a craft, respectively 'hide merchant' and 'trumpeter,' though surname and craft may here coincide. On Pellicer, see docs. 99, 357.
c) The hole forms an inverted triangle, resting on the script's base line; it leaves room for only three letter-numbers but probably does require three, even allowing for spreading of the space by the hole. No signs of X are visible at or below the base line; another C would surely not leave the gap on the fringe of paper still left; and the final fragment of letter suggests a C. Thus a reasonable conjecture is: *CLC* or *CIC*, with the space involved suggesting the former.
d) T: *babt-*.
e) T: *den*.

DOCUMENT 498

498a

Monzón. 14 September 1263.
Reg. 14, fol. 41. MF: 490.

Receipt to Salamah (Salimah)[b] de Daroca, 'a Jew of Monzón,' acknowledging a consolidated debt of 3,850 Alfonsine gold morabatins (minus 51 Jaca sueldos), plus 5,000 of the same morabatins 'of the payment[c] of Castile.' After this accounting, the king gives Salamah the saltworks of (then Valencian) Arcos de las Salinas, from the coming Easter on, until the sums are recovered. Salamah must yet account for the revenues of the Lérida Jews, 'the profits of grass [grazing fee: *herba* as *herbatge*?] and of the building for oil from the oil press'[d] (*almàssera*), and the brokerage charge (*corredura*) on linen and wool, up to January 1. All this the king can then recover, since Arcos goes to Salamah as substitute.

Noverint universi quod nos Iacobus etc. recognoscimus et confitemur debere vobis, Çaleme[b] de Daroca, Iudeo Montissonis,[e] tria milia octingentos quinquaginta morabatinos* bono[s] novo[s][f] alfonsinos in auro rectos et recti ponderis, minus quinquaginta et unum solidos iaccenses,[g] et debemus vobis quinque milia morabatinorum alfonsinorum[h] \de/ paga*[c] de Castella, pro omnibus debitis que umquam vobis debuimus usque in hunc diem cum cartis.

Facto inde legaliter compoto inter nos et vos, pro omnibus debitis obligamus et impignoramus vobis et vestris et cui vel quibus volueritis omnes reditus, exitus, et iura nostra salinarum de Archos, a festo pasche \resurreccionis domini/ proximo venturo in antea; ita quod a dicto festo in antea predicta[i] omnia tanto tempore et tam diu teneatis et percipiatis ac habeatis, quousque in eisdem de omnibus predictis debitis sit vobis et vestris plenarie satisfactum. Promittentes vobis et vestris bona fide quod in predictis aliquid non tangemus nec emparabimus* quousque, ut dictum est, fueritis in eisdem vos et vestri de predictis debitis plenarie persoluti.

Est autem sciendum quod[j] debetis nobis reddere compotum de omnibus recepcionibus quas fecistis de reditibus et exitibus nostris iudarie Ilerde, et de exitibus [h]erbe et domus olei de almacera* Ilerde et correture* lini et lane Ilerde, a die videlicet qua predicta vobis obligavimus et ea emparastis usque in kalendis Ianuarii proxime venturis. Et nos statim in kalendis Ianuarii possumus et debemus emparare omnia que[k] ut dictum est vobis obligavimus in Ilerda (et obligare cuicumque voluerimus) quia in emenda*[l] predictorum obligamus vobis predictas salinas de Archos.

Volentes quod predictas salinas et omnes reditus et exitus ac iura eorundem teneatis vos et quem vel quos volueritis pacifice in solucionem dictorum debitorum semper d[[e]] cetero, ut dictum est, non obstantibus aliquibus assignacionibus vel obligacionibus ibi a nobis factis cum cartis vel sine cartis vel de cetero faciendis. Mandantes toti concilio de Archos etc.

Datum apud Monsonem,ᵉ XVIII kalendas Octobris, anno domini MCCLX tercio.

a) Modern title: *Impignoratio salinarum de Archos*. Text badly spotted by ink spread, as in general is this section of the register.
b) MF: Çalem. On this name see doc. 5, note b.
c) Medieval Latin *paca, paga* (Catalan and Spanish *paga*) means 'pay'; here it must mean 'money' or else implies some transaction with Castile. See its similar use in doc. 5.
d) This may be the public oil press, or its storage facility; if the press only, the phrase is unnecessarily complicated.

e) Contrast the undeclined element of Monzón in the dateline as against the form in the document's first sentence.
f) Or left as is, modifying *auro* (unlikely), or perhaps an error for: *bone monete*.
g) Sic, *minus* governing accusative.
h) T: *mill. morabatinos alfonsinos*; cf. *milia* in construction immediately preceding.
i) Deleted: *redditus*.
j) Repeated: *quod*.
k) Deleted: *vobis*.
l) Ambiguous, possibly for accusative.

499

Zaragoza. 26 September 1263.
Reg. 12, fol. 119v. MF: 491.

Instructs Gil Ximèn (see doc. 497), bailiff above the Júcar, and the Morella bailiff or their lieutenants 'to give and pay to Our faithful bailiff of Tortosa, Astruc Jacob S(h)ashón or Xixó(n) (Yaʿāqōb Šašon),ᵃ from Our Morella firstfruits,' 500 sous a year during the next five years. This money is 'for the purpose of works on Our castle of Peñíscola.'

Fideli suo Egidio Eximini baiulo regni Valencie a rivo Xucari citra, et baiulo Morelle presenti et futuris vel quibuslibet locum tenentibus, salutem et graciam.

Mandamus vobis firmiter quod de primicia nostra Morelle donetis et solvatis fideli baiulo nostro Dertuse, Astrugo Iacob Xixonis,ᵃ per quinque annos primos venturos et completos, quingentos solidos annuatim (quos sibi damus ad opus operis castri nostri de Peniscola) non expectato alio nostro mandamento. Contra hoc, racione aliqua, non venietis [etc.].ᵇ

Datum Cesarauguste, VI kalendas Octobris, anno domini MCCLX tercio.

a) MF: Sixó. T: *xixo* with sweeping overstroke; genitive intended? On this name, see doc. 478.

b) Two tentative strokes suggest *etc.* begun.

DOCUMENT 500

500ª

Zaragoza. 30 September 1263.
Reg. 12, fols. 118v-119. MF: 492.

Grants forever as a tax-exempt estate to Abū Jaʿfar Ḥamīd (or Aḥmad), son of the deceased Abū Saʿīd (? Acet) b. Hudhayl, Polop castle and town 'and the tower called Altea,' with their villages, buildings, and everything in or on them, including royal claims or rights. Abū Jaʿfar can dispose of all or part, 'but only to Us or Ours, or to Saracens of Our land'; he can also give or divide it among his relatives, who must then reside there personally. Grants also that Muslim slaves fleeing to the castle or territory from anywhere else become free and cannot be extradited but 'can thereafter go and remain and return safely and securely through the whole land of Our dominion.'

Per nos et nostros damus et concedimus per hereditatem propriam, francham,* et liberam tibi Abuliafar Hamet, filio quondam de Acet Abinhudey, et tuis in perpetuum castrum et villam de Polop et turrem que dicitur Altea, cum earum alqueriis,* et cum domibus constructis et construhendis, columbariis, campis, vineis, ortis,* arboribus fru[c]tiferis et infructiferis, aquis, pratis, piscacionibus, montibus, terris heremis et populatis, cum introitibus et exitibus, terminis et pertinenciis suis, et cum omnibus iuribus que ibi habemus et modo aliquo habere debemus, ad dandum, vendendum, impignorandum, alienandum, et ad omnes tuas tuorumque voluntates cui et quibus volueritis perpetuo faciendas, exceptis militibus, clericis sanctis, et personis religiosis.

Hoc tamen intellecto, quod aliquid de predictis tu vel tui vendere non possitis numquamᵇ aliquo tempore, aut aliter alienare, aliquibus aliis per[*fol. 119*][[sonis]] nisi ta[ntum]] nobis vel nostris aut Sarracenis terre nostre; set possitis omnia supra dicta dimittere seu dividere parentibus seu consanguineis vestris, qui ibidem [[te]]neant resi[[den]]ciam personalem.

Concedimus insuper quod, si aliquis Sarracenus captivus fugam rapuerit de aliqua parte et in dicto castro venerit seu in dicta terra, nullus inde extrahi possit; set sit semper de predicta captivitate liberatus vel solutus, et possit per totam terram dominacionis nostre deinde i⟨r⟩e et stare atque redire salve pariter et secure.

Mandantes alcaidis,* baiulis, iusticiis,* et universis aliis officialibus et subditis nostris presentibus et futuris quod predicta omnia et singula firma habeant et observent, et faciant ab omnibus inviolabiliter observari, et contra ipsa non veniant nec aliquem contravenire permittant, aliquo tempore aliqua racione.

Datum Cesarauguste, pridie kalendas Octobris, anno domini MCCLX tercio.

a) IP flourish. Fol. 119 is worn and holed at left.   b) Sic, double negative.

quibus assignacionibus vel obligacionibus ibi a nobis factis cum cartis vel sine cartis vel de cetero faciendis. Mandantes toti concilio de Archos etc.

Datum apud Monsonem,^e XVIII kalendas Octobris, anno domini MCCLX tercio.

a) Modern title: *Impignoratio salinarum de Archos*. Text badly spotted by ink spread, as in general is this section of the register.
b) MF: Çalem. On this name see doc. 5, note b.
c) Medieval Latin *paca, paga* (Catalan and Spanish *paga*) means 'pay'; here it must mean 'money' or else implies some transaction with Castile. See its similar use in doc. 5.
d) This may be the public oil press, or its storage facility; if the press only, the phrase is unnecessarily complicated.

e) Contrast the undeclined element of Monzón in the dateline as against the form in the document's first sentence.
f) Or left as is, modifying *auro* (unlikely), or perhaps an error for: *bone monete*.
g) Sic, *minus* governing accusative.
h) T: *mill. morabatinos alfonsinos*; cf. *milia* in construction immediately preceding.
i) Deleted: *redditus*.
j) Repeated: *quod*.
k) Deleted: *vobis*.
l) Ambiguous, possibly for accusative.

499

Zaragoza. 26 September 1263.
Reg. 12, fol. 119v. MF: 491.

Instructs Gil Ximèn (see doc. 497), bailiff above the Júcar, and the Morella bailiff or their lieutenants 'to give and pay to Our faithful bailiff of Tortosa, Astruc Jacob S(h)ashón or Xixó(n) (Yaʿāqōb Šašon),^a from Our Morella firstfruits,' 500 sous a year during the next five years. This money is 'for the purpose of works on Our castle of Peñíscola.'

Fideli suo Egidio Eximini baiulo regni Valencie a rivo Xucari citra, et baiulo Morelle presenti et futuris vel quibuslibet locum tenentibus, salutem et graciam.

Mandamus vobis firmiter quod de primicia nostra Morelle donetis et solvatis fideli baiulo nostro Dertuse, Astrugo Iacob Xixonis,^a per quinque annos primos venturos et completos, quingentos solidos annuatim (quos sibi damus ad opus operis castri nostri de Peniscola) non expectato alio nostro mandamento. Contra hoc, racione aliqua, non venietis [etc.].^b

Datum Cesarauguste, VI kalendas Octobris, anno domini MCCLX tercio.

a) MF: Sixó. T: *xixo* with sweeping overstroke; genitive intended? On this name, see doc. 478.

b) Two tentative strokes suggest *etc.* begun.

500ª

Zaragoza. 30 September 1263.
Reg. 12, fols. 118v-119. MF: 492.

Grants forever as a tax-exempt estate to Abū Jaʿfar Ḥamīd (or Aḥmad), son of the deceased Abū Saʿīd (? Acet) b. Hudhayl, Polop castle and town 'and the tower called Altea,' with their villages, buildings, and everything in or on them, including royal claims or rights. Abū Jaʿfar can dispose of all or part, 'but only to Us or Ours, or to Saracens of Our land'; he can also give or divide it among his relatives, who must then reside there personally. Grants also that Muslim slaves fleeing to the castle or territory from anywhere else become free and cannot be extradited but 'can thereafter go and remain and return safely and securely through the whole land of Our dominion.'

Per nos et nostros damus et concedimus per hereditatem propriam, francham,* et liberam tibi Abuliafar Hamet, filio quondam de Acet Abinhudey, et tuis in perpetuum castrum et villam de Polop et turrem que dicitur Altea, cum earum alqueriis,* et cum domibus constructis et construhendis, columbariis, campis, vineis, ortis,* arboribus fru[c]tiferis et infructiferis, aquis, pratis, piscacionibus, montibus, terris heremis et populatis, cum introitibus et exitibus, terminis et pertinenciis suis, et cum omnibus iuribus que ibi habemus et modo aliquo habere debemus, ad dandum, vendendum, impignorandum, alienandum, et ad omnes tuas tuorumque voluntates cui et quibus volueritis perpetuo faciendas, exceptis militibus, clericis sanctis, et personis religiosis.

Hoc tamen intellecto, quod aliquid de predictis tu vel tui vendere non possitis numquamᵇ aliquo tempore, aut aliter alienare, aliquibus aliis per[*fol. 119*][sonis] nisi ta[ntum] nobis vel nostris aut Sarracenis terre nostre; set possitis omnia supra dicta dimittere seu dividere parentibus seu consanguineis vestris, qui ibidem [te]neant resi[den]ciam personalem.

Concedimus insuper quod, si aliquis Sarracenus captivus fugam rapuerit de aliqua parte et in dicto castro venerit seu in dicta terra, nullus inde extrahi possit; set sit semper de predicta captivitate liberatus vel solutus, et possit per totam terram dominacionis nostre deinde i⟨r⟩e et stare atque redire salve pariter et secure.

Mandantes alcaidis,* baiulis, iusticiis,* et universis aliis officialibus et subditis nostris presentibus et futuris quod predicta omnia et singula firma habeant et observent, et faciant ab omnibus inviolabiliter observari, et contra ipsa non veniant nec aliquem contravenire permittant, aliquo tempore aliqua racione.

Datum Cesarauguste, pridie kalendas Octobris, anno domini MCCLX tercio.

a) IP flourish. Fol. 119 is worn and holed at left.   b) Sic, double negative.